रज़ा
पुस्तक माला

विचार का कपड़ा

पर्यावरण-विचार

रज़ा फ़ाउण्डेशन | THE RAZA FOUNDATION

विचार का कपड़ा

अनुपम मिश्र

राजकमल प्रकाशन

रज़ा पुस्तक माला : **पर्यावरण** | **विचार**
प्रधान सम्पादक : अशोक वाजपेयी | सम्पादक : पीयूष दईया
राजकमल प्रकाशन प्रा.लि. और रज़ा फ़ाउण्डेशन का सह-प्रकाशन

ISBN-978-93-89577-72-3

मूल्य : ₹1195

पहला संस्करण : 2020

प्रकाशक : राजकमल प्रकाशन प्रा. लि.
1-बी, नेताजी सुभाष मार्ग, दरियागंज
नई दिल्ली-110 002

शाखाएँ : अशोक राजपथ, साइंस कॉलेज के सामने, पटना-800 006
पहली मंज़िल, दरबारी बिल्डिंग, महात्मा गांधी मार्ग, इलाहाबाद-211 001
36 ए, शेक्सपियर सरणी, कोलकाता-700 017

वेबसाइट : www.rajkamalprakashan.com
ई-मेल : info@rajkamalprakashan.com

मुद्रक : यश प्रिंटोग्राफिक्स
नोएडा-201 301 (उत्तर प्रदेश)

VICHAR KA KAPDA
by Anupam Mishra

आमुख

कलाओं में भारतीय आधुनिकता के एक मूर्धन्य सैयद हैदर रज़ा एक अथक और अनोखे चित्रकार तो थे ही उनकी अन्य कलाओं में भी गहरी दिलचस्पी थी। विशेषतः कविता और विचार में। वे हिन्दी को अपनी मातृभाषा मानते थे और हालाँकि उनका फ्रेंच और अँग्रेज़ी का ज्ञान और उन पर अधिकार गहरा था, वे, फ्रांस में साठ वर्ष बिताने के बाद भी, हिन्दी में रमे रहे। यह आकस्मिक नहीं है कि अपने कला-जीवन के उत्तरार्द्ध में उनके सभी चित्रों के शीर्षक हिन्दी में होते थे। वे संसार के श्रेष्ठ चित्रकारों में, २०-२१वीं सदियों में, शायद अकेले हैं जिन्होंने अपने सौ से अधिक चित्रों में देवनागरी में संस्कृत, हिन्दी और उर्दू कविता में पंक्तियाँ अंकित कीं। बरसों तक मैं जब उनके साथ कुछ समय पेरिस में बिताने जाता था तो उनके इसरार पर अपने साथ नवप्रकाशित हिन्दी कविता की पुस्तकें ले जाता था : उनके पुस्तक-संग्रह में, जो अब दिल्ली स्थित रज़ा अभिलेखागार का एक हिस्सा है, हिन्दी कविता का एक बड़ा संग्रह शामिल था।

रज़ा की एक चिन्ता यह भी थी कि हिन्दी में कई विषयों में अच्छी पुस्तकों की कमी है। विशेषतः कलाओं और विचार आदि को लेकर। वे चाहते थे कि हमें कुछ पहल करनी चाहिये। २०१६ में साढ़े चौरानवे वर्ष की आयु में उनकी मृत्यु के बाद रज़ा फ़ाउण्डेशन ने उनकी इच्छा का सम्मान करते हुए हिन्दी में कुछ नयी क़िस्म की पुस्तकें प्रकाशित करने की पहल *रज़ा पुस्तक माला* के रूप में की है, जिनमें कुछ अप्राप्य पूर्व प्रकाशित पुस्तकों का पुनर्प्रकाशन भी शामिल है। उनमें गाँधी, संस्कृति-

चिन्तन, संवाद, भारतीय भाषाओं से विशेषत: कला-चिन्तन के हिन्दी अनुवाद, कविता आदि की पुस्तकें शामिल की जा रही हैं।

क़ायदे से अनुपम मिश्र न लेखक थे, न पत्रकार। वे साफ़ माथे के एक आदमी थे जो हर हालत में माथा ऊँचा और साफ़ रखना चाहते थे। उनकी निराकांक्षा उनकी बुनियादी बेचैनियों को ढाँप नहीं पाती थी। ये बेचैनियाँ ही उन्हें कई बार ऐसे प्रसंगों, व्यक्तियों, घटनाओं, वृत्तियों को खुली नज़र देखने-समझने की ओर ले जाती थीं। उनकी संवेदना में ऐसी ऐन्द्रियता थी कि वे विचार का कपड़ा भी पहचान लेती थी। कुल मिलाकर अनुपम मिश्र की अकाल मृत्यु के बाद शेष रह गयी सामग्री में से किया गया यह संचयन हिन्दी में सहज, निर्मल और पारदर्शी, मानवीय गरमाहट से भरे गद्य का विरल उपहार है। हमें मरणोत्तर अनुपम मिश्र को उनकी भरी-पूरी जीवन्तता में प्रस्तुत करने में प्रसन्नता है।

अशोक वाजपेयी

नवम्बर २०१९, नयी दिल्ली

क्रम

दिनमान

अग्नि परीक्षा से खरा निकला संघ

१० जुलाई को आधी रात तक प्रबन्ध समिति में एक प्रस्ताव पर बहस होती रही थी। जागरूक लोकसेवक जानते थे कि बाबा ने मसविदा प्रस्ताव की गेंद को प्रबन्ध समिति और खुले अधिवेशन के मैदान में ठेल दिया है। कुछ लोग यह भी जानते थे कि प्रस्ताव पर सर्वानुमति नहीं हो पा रही है। फिर भी जब ११ जुलाई को सुबह खुला अधिवेशन शुरू हुआ तो ऐसा नहीं लगा कि प्रबन्ध समिति के अनिर्णय की छाया उस पर मँडरा रही हो। सिद्धराज जी अध्यक्षता कर रहे थे और दादा धर्माधिकारी भी मंच पर उपस्थित थे। सम्भावना थी कि आज दादा बोलेंगे।

खुले अधिवेशन में बिहार के आन्दोलन पर बोलना रामकुमार जी ने शुरू किया। उन्होंने कहा कि आने वाला इतिहास हमें नपुंसक न कहे, कायर न कहे। आज पूरे देश में और ख़ासकर, बिहार में जो परिस्थिति बन रही है उसमें हमें सार्थक रोल ढूँढ़ना चाहिये। हमसे बहुत से लोग निष्ठा वाले लोग हैं। हम लोकविरुद्ध न हों। हमारी निष्ठा लोकांक्षा के साथ हमारे तादात्म्य में आड़े न आये।

बिहार के अयूब ख़ान का भाषण जोशीला था। उन्होंने कहा—जे.पी. और वैद्यनाथबाबू का भाषण सुनने के बाद मैं सोच रहा था कि बिहार में जो लोकशक्ति प्रकट हुई है उसे ग्रामस्वराज्य के काम में लगाने के बारे में हम यहाँ विचार करेंगे और कोई कार्यक्रम बनायेंगे। लेकिन हमारे हाल कुन्ती की तरह हो रहे हैं। वह बार-बार सूर्य का आह्वान करती रही लेकिन जब सूर्य आया तो आँखें मूँद कर भाग गयी। हम भी लगातार लोकशक्ति का आवाहन कर रहे थे लेकिन अब बिहार में जब लोकशक्ति जागृति हुई है तो

उससे दूर भाग रहे हैं। हम बैठे-बैठे शास्त्र की बातें करते रहते हैं। लेकिन नदी में तैरने का शास्त्र समझा दिया जाये तो आदमी तैरना नहीं सीखेगा। वह डूब जायेगा। आदमी जब नदी में कूदता है तभी तैरना सीखता है।

बिहार में हमने अपनी आँखों शोषण देखा है। पूर्णिया शोषण का उदाहरण है। बिहार बुद्ध और महावीर का प्रदेश है। लेकिन अब वहाँ शोषण और अत्याचार की हद हो गयी है। आग सुलग रही है चारों तरफ़। आप सोच नहीं सकते कि जे.पी. नहीं होते तो बिहार में क्या होता? जे.पी. ने जनता के असन्तोष और आक्रोश को कितने शान्तिपूर्ण प्रकटन का अवसर दिया है, इसका उदाहरण है—पाँच जून का जुलूस। कितने लाख लोग उसमें थे। इन्दिरा ब्रिगेड के लोगों ने उस पर गोली चलायी। लेकिन जुलूस के लोगों ने उसका कोई जवाब नहीं दिया पूरा कार्यक्रम इतना अहिंसक हुआ। यहाँ बैठ कर जो चर्चा करते हैं वे अगर बिहार में होते तो उन्हें दिखता और समझ में आता। अगर हम इसी तरह बैठ कर सोचते रहे तो जनता हमें अपना आदमी नहीं समझेगी। ऐसे लोग हिमालय में क्यों नहीं चले जाते?

जो लोग समझते हैं कि बिहार का आन्दोलन जे.पी. के हाथ से निकल जायेगा उनके लिए अयूब ख़ान ने कहा—बिहार में घोड़े पर बैठे हुए हैं। उनकी लगाम हमारे हाथों में है। घोड़ा उधर ही जायेगा जिधर हमारी मर्ज़ी होगी। अन्त में उन्होंने चेतावनी दी—अगर सर्वोदय वाले बैठ कर विचार ही करते रहे तो ज़माना माफ़ नहीं करेगा। देश ने और सर्वोदय आन्दोलन ने एक दिशा ली है। इसकी दिशा मत बदलो। एकमत होकर इस आन्दोलन के समर्थन का प्रस्ताव करो। अयूब ख़ान के भाषणों में बार-बार तालियाँ बजीं। एक लोकसेवक ने कहा पहले ऐसा नहीं होता था। लेकिन यहाँ वातावरण ही वाद-विवाद का बन गया है।

सोमभाई का भाषण उत्तेजनाहीन लेकिन तत्त्वपूर्ण था। उन्होंने कहा कि हरियाणा सर्वोदय मण्डल ने क़रीब-क़रीब सर्वसम्मति से बिहार आन्दोलन के समर्थन में प्रस्ताव पारित किया है। एक लोकसेवक ने उठ कर कहा कि उनकी सम्मति नहीं थी। सोमभाई ने कहा कि इसलिए उन्होंने क़रीब-क़रीब सर्वसम्मति शब्द का उपयोग किया है और आपने भी वहाँ विरोध नहीं किया था। अनुमति दी थी। फिर उन्होंने कहा मुझे ख़ुशी है कि यहाँ भी विधान सभा विसर्जन के अलावा सब बातों पर सहमति है। लेकिन मुझे समझ में नहीं आता कि विसर्जन की माँग में अनैतिक क्या है?

प्रजातन्त्र में प्रजा की सम्मति की बात कही जाती है। अगर मतदाता किसी को अपनी सम्मति देता है, वोट देकर और चुनकर भेजता है तो वह अपनी सम्मति को वापस क्यों नहीं ले सकता? चुनाव किस तरह होते हैं यह हम सब जानते हैं। अगर हमारे जन-प्रतिनिधित्व का यही चरित्र है तो विधान सभा के विसर्जन की माँग में असंगति कहाँ? सन् '४२ में बड़ी बहस होती थी। वायसराय ने गाँधी से पूछा था कि आप हिंसा-अहिंसा की इतनी बातें करते हैं। अहिंसा की दुहाई देते हैं तो यह हिंसा क्यों हुई? तब गाँधी जी ने कहा था कि बिल्ली चूहे को पकड़ ले और चूहे के दाँत की खरोंच अगर बिल्ली को लग जाये तो यह चूहे की हिंसा नहीं है।

जनता को आपकी शास्त्रीय विवेचना की ज़रूरत नहीं है। भंसाली बहुत अध्यात्म और भगवत भक्ति में लगे रहते थे। उन्हें गाँधी ने कहा सत्य, प्रेम, करुणा क्या डिबिया में रखने की चीज़ है? अगर हम शास्त्रीय विवेचना में लगे रहे तो क्या हम पलायन नहीं कर रहे होंगे? सोमभाई ने एक कहानी सुना कर अपना भाषण समाप्त किया। कहानी इस प्रकार थी—दो डाक्टर थे। एक महानास्तिक और एक महाआस्तिक। दोनों के घर आस-पास थे। आस्तिक अपना ज़्यादा समय पूजा-पाठ में लगाया करते थे और नास्तिक मरीज़ों को देखने और दवा-दारू देने में। एक बार एक बूढ़ी अपने बीमार बच्चे को लेकर आस्तिक डाक्टर के पास आयी। वे बच्चे को देख रहे थे कि उनके पूजा-पाठ का समय हो गया। वे बीमार बच्चे को छोड़ कर चले गये। बच्चे की हालत बिगड़ती गयी और माँ उसे मरता देख कर रोने लगी। इतने में महानास्तिक डाक्टर वहाँ से गुज़रे। उन्होंने बूढ़ी को रोते देखा तो पूछा कि क्या हुआ! बूढ़ी ने सब बताया और नास्तिक डाक्टर ने तत्काल दवा देकर बच्चे को ठीक किया। सोमभाई ने कहानी सुना कर कहा अब आप सोच लीजिये कि आस्तिकता वहाँ काम आयी या नास्तिकता।

बद्रीप्रसाद स्वामी ने कहा कि पिछले दिनों दो बड़ी घटनायें हुई हैं। राजस्थान में अणुशक्ति का विस्फोट और पटना में अहिंसा शक्ति का। इन दो घटनाओं के बाद हम यहाँ बैठ कर सोच रहे हैं। अणु विस्फोट पर पहले तरह-तरह की प्रतिक्रियायें आयी थीं, अब उस पर भी विचार बदल रहा है। बिहार आन्दोलन पर भी इस समय सारा देश गहरायी से सोच रहा है। बिहार का वर्तमान आन्दोलन वहाँ हमारे भूदान ग्रामदान के कार्य का नतीजा है। हमने अक्सर कहा है कि हमारा ग्रामस्वराज्य जन आन्दोलन

नहीं बन रहा है। बिहार में कोई कम शक्ति नहीं लगायी गयी लेकिन इसके बावजूद कुछ हुआ नहीं। तरुणों ने लोगों की समस्यायें उठा कर कार्य शुरू किया और देखते-देखते एक जन-आन्दोलन खड़ा हो गया। उन्होंने जे.पी. का नेतृत्व माँगा होता तो भी यह नेतृत्व दिया जाना लाजमी था।

बिहार में आन्दोलन लोकनीति आधारित है। यह सामाजिक, आर्थिक आन्दोलन है जो राजनीति के लिए नहीं लोकनीति के लिए चल रहा है। हमें कोई सन्देह नहीं है कि जो लोग आज इस आन्दोलन को शंका की दृष्टि से देख रहे हैं वे इसकी तारीफ़ करेंगे। राजस्थान सर्वोदय मण्डल ने तो सर्वसम्मति से इसके समर्थन में प्रस्ताव पारित कर ही दिया है।

कपिलदेव कुमार ने सर्वेस्याम् अविरोधेन को दृष्टि में रख कर सामूहिक चिन्तन के लिए चार मुद्दे रखे—१. अशान्ति शमन के लिए जे.पी. को सम्मान पदक दिया जाना चाहिये। २. बिहार आन्दोलन में बाबा द्वारा प्रतिपादित चार सूत्री कार्यक्रम जोड़ा जाना चाहिये ताकि सबका सहयोग मिल सके। ३. पवनार आश्रम से चार प्रचारक दूत भेजे जा रहे हैं उन्हें सहयोग देना चाहिये। ४. उपवास दान कार्यक्रम।

हरिविलास उपाध्याय ने कहा कि हम गाँव-गाँव जा कर ग्रामस्वराज्य के लिए लोकशक्ति की बात करते थे। और अब हमने सरकार के ख़िलाफ़ आन्दोलन छेड़ दिया है। इससे सरकार पर जनता की निर्भरता बढ़ेगी या घटेगी? गाँधी जी का समय संघर्ष का समय था अब निर्माण का समय है। तरुणों को सरकार के ख़िलाफ़ आन्दोलन चलाने के बजाय घर-घर जाकर लोकशक्ति जाग्रत करना चाहिये। कांग्रेस ने भी ग़रीबी हटाओ का नारा दिया था और जनता उसके साथ हो गयी थी। लेकिन उससे क्या ग़रीबी हट गयी? हम आज भ्रष्टाचार के ख़िलाफ़ आन्दोलन चला रहे हैं तो क्या उससे भ्रष्टाचार घट जायेगा। इससे 'देइज़्म' और बढ़ेगा ही। जनता की शक्ति क्षीण होगी। महँगाई और भ्रष्टाचार के लिए क्या कोई एक व्यक्ति ज़िम्मेदार है? हर आदमी इसके लिए ज़िम्मेदार है और इसे अगर दूर करना है तो हम सबको हर, एक आदमी को, इसमें लगना होगा। सबका सहयोग लेना होगा।

फूलचन्द भाई ने कहा कि ग्रामस्वराज्य ही एक हल हमने बताया है। सर्वसम्मति और आत्मनिर्भरता नहीं आयेगी तो काम चलेगा नहीं। अब

तक तो हम लोगों को कहते थे कि हमारी क्रान्ति में सबके सहयोग की ज़रूरत है और सरकार पर निर्भर नहीं रहना है। क्या अब उन्हें सरकार हटाने को कहेंगे? और क्या इस तरह के नारे लगाने से हमारी हालत वही नहीं होगी जो इन्दिरा जी की हुई। ग्रामस्वराज्य को हमें छोड़ना नहीं चाहिये। विवेक पर निर्भर रह कर विचार करना चाहिये। आग्रह छोड़ना चाहिये।

वेंकटरामाराव हिन्दी में कठिनाई महसूस कर रहे थे फिर भी अन्दर से इतने भरे हुए थे कि बोलते ही गये। उन्होंने कहा, यहाँ भी महाभारत के समय का अर्जुन विषाद योग नज़र आ रहा है। जयप्रकाश हमें कृष्ण की तरह जगा रहे हैं। और हम सोच में पड़े हुए हैं। हमें खुल कर उनका समर्थन करना चाहिये। अगर हम यह मौक़ा खो देंगे तो इतिहास हमें माफ़ नहीं करेगा। आन्ध्र के लोग तो बिहार आन्दोलन का समर्थन कर ही रहे हैं। पूरा दक्षिण भारत जे.पी. के साथ है।

डॉ. दयानिधि पटनायक विशेष आमन्त्रित थे इसलिए उन्हें १५ मिनट दिये गये थे। उन्होंने कहा, ७ सितम्बर, '७३ को मैं पवनार में जे.पी. से मिला था। मैंने कहा था आपका गाँधी से मतभेद था। लेकिन श्रद्धा, आदर, प्रेम कम नहीं था उनके प्रति। आपके बारे में भी मेरा ऐसा रवैया है। मैं विज्ञान छोड़कर सर्वोदय में आया हूँ लेकिन उसके गुण अपने साथ लाया हूँ। सत्य का शोधक हूँ। हमारे आन्दोलन की क्या उपलब्धि है? क़रीब-क़रीब सब मानते हैं कि कोई ख़ास नहीं है। हमारा आन्दोलन लोक-आन्दोलन नहीं बना। लेकिन जब बिहार में लोगों ने एक आन्दोलन शुरू किया तो सर्वोदय के जे.पी. के नेतृत्व की ज़रूरत क्यों पड़ी?

सर्वोदय को यह ताक़त कहाँ से मिली? दलमुक्तता आन्दोलन की विशेषता है। सब मानते हैं कि सर्वोदय वाले किसी एक पक्ष के नहीं हैं। जनता की श्रद्धा हमें मिली है वह सर्वोदय के कारण है। सरकार के जितने भी प्रकार हैं उनकी कमियाँ सब जानते ही हैं। कौन-सा दल ऐसा है जिसमें ये कमियाँ नहीं हैं। लेकिन इस लोकतन्त्र को हमने काला धन, चुनाव में भ्रष्टाचार, रिकाल, प्रतिकार, भ्रष्टाचार की ओर बहुतों ने ध्यान दिलाया। लेकिन सोचना होगा कि विषमता भ्रष्टाचार की जननी है। और यह विषमता आर्थिक, सामाजिक कई प्रकार की है, उसे हटाना है। विनोबा ने उसे हटाने का रास्ता भी दिया है—गाँव-गाँव जाओ, जनमानस बनाओ।

हम भूदान से जीवनदान तक आये, वही हमारी बुनियाद है। आज जब हम कहते हैं कि भ्रष्टाचार हटाओ तो लाखों लोग हमारे साथ आते हैं, लेकिन वह ऊपरी काम होगा, हमारी बुनियाद वह है नहीं। यह कुछ समय के लिए तो ठीक है लेकिन स्थायी रूप से इससे कुछ होगा नहीं, गुजरात है ही हमारे सामने।

युवाशक्ति का मैं स्वागत करता हूँ लेकिन इस जोश को होश कैसे दें हम? विधान सभा का भंग नारा दिया, मैं ज़िम्मेदारी से कहता हूँ कि वह नारा उन्हें देना नहीं था। जो विधायक त्यागपत्र नहीं देते, जाने-अनजाने हम पर दबाव डालते हैं, घेराव की बात आयी तो इससे हिंसा होगी ही। मान लें यह आज सर्वोदय का न होकर किसी पार्टी का नारा होता तो क्या दल के स्वार्थ की बात नहीं आती? केवल सर्वोदय के स्पर्श से वह दलगत राजनीति से कैसे हट गया? हम वहाँ जनसंघर्ष समितियाँ बना रहे हैं, सम्भव है कि वह ग्रामसभा तक बने लेकिन सोचें कि संघर्ष से शान्ति समिति कैसे बनेगी? आज हम राजनीति में आये हैं। विरोध में हैं। हमारा साथ कुछ राजनैतिक दल दे रहे हैं, कुछ हमारे विरुद्ध काम कर रहे हैं। भले ही उनमें से कुछ दलों का विश्वास हिंसा में हो, उनके साथ समझौता करना पड़ा है। तो हम बिना दल के भी दलगत राजनीति कर रहे हैं। सर्वोदय की बुनियाद राजनीति नहीं आध्यात्मिकता है, गाँधी विचार भी उसी पर खड़ा है। हम उस बुनियाद को छोड़ नहीं सकते। वही शक्ति है हमारी। आज दलगत राजनीति में जाकर हम जनसंघ आदि को नेतृत्व देकर उन्हें बदल भी नहीं सकते। इसलिए हम अपनी बुनियाद पर आँच न आने दें। त्याग से सेवा, सेवा से प्रेम, प्रेम से शान्ति, शान्ति से अहिंसा, अहिंसा से सत्य यही रास्ता है हमारा।

रामसागर मिश्र ने कहा कि जे.पी. का आन्दोलन ग्राम स्वराज्य और लोकनीति का ही है।

रामचन्द्र राही ने महसूस किया कि अधिवेशन होता है लेकिन हम लोगों के बीच खुला और हार्दिक संवाद नहीं होता। सब अपनी ही कहते चले जाते हैं दूसरों की नहीं सुनते। हमें दूसरों की बात सुननी चाहिये। फिर उन्होंने सवाल किया—'अब तक हमारे आन्दोलनों से क्या यह (बिहार का) आन्दोलन नया है?' इसे समझने के लिए हमें अब तक के और इस आन्दोलन के मुद्दे स्पष्ट करना चाहिये। हमारा भी संकट विश्वास का है।

हम अक्सर व्यक्तियों को केन्द्र में रख कर विचार करते हैं। लेकिन मैं आपके सामने जे.पी.—बाबा केन्द्रित विचार नहीं रख रहा हूँ। हम लोगों में विरोध मत-भिन्नता के कारण ही है। मत-भिन्नता है तो क्या हम वीटो का उपयोग करेंगे ? या सीधे मिलेंगे ? या पर्चे बाँटेंगे ? यह प्रक्रिया राजनीति की है, अहिंसक नहीं है।

वर्तमान प्रजातन्त्र औद्योगिक क्रान्ति की उपज है। अभी यह विकसित हो रहा है। लेकिन हम देखते हैं कि इसका ढाँचा लोक आकांक्षा के विरुद्ध होता जा रहा है। व्यवस्था वह चाहे जैसी भी हो उसका ढाँचा संवेदनशील नहीं होता। ढाँचे को तोड़ना ही पड़ेगा। व्यवस्था के ख़िलाफ़ दुनिया में आज जो विद्रोह हो रहा है उससे भारत में भिन्न नहीं है। लेकिन भारत में जो युवा विद्रोह हो रहा है, उसकी एक विशेषता है, उसके पास एक विकल्प है। यह स्वराज्य आन्दोलन की देन है। यूरोप की तरह हिन्दुस्तान का समाज अभी टूटा नहीं है। यहाँ 'फेस टू फेस' सोसायटी मौजूद है इसलिए समाज खड़ा हुआ है। लेकिन सत्ता के ढांचे के अन्तर्विरोध अपने आख़िरी बिन्दु तक पहुँच गये हैं। यह अपने अन्तर्विरोधों से टूटने ही वाला है, हम चाहें या न चाहें।

गाँधी जी ने कहा था कि 'सच्ची लोकशाही की स्थापना के लिए नागरिक शक्ति और सैनिक शक्ति संघर्ष अनिवार्य है। सैनिक शक्ति आधारित राज्य से संघर्ष आज़ादी के बाद पहले ही चलता तो आज जो हालत है यह नहीं होती। हम लोक शिक्षण पर बहुत ज़ोर देते हैं लेकिन लोक शिक्षण जन निरपेक्ष नहीं हो सकता।'

बिहार आन्दोलन ग्राम स्वराज्य आन्दोलन का ही सहज परिणाम है। हमारा शिक्षण लोकशक्ति से होगा और राजनैतिक दलों का शिक्षण हम से होगा। बिहार आन्दोलन इस सत्य का उदाहरण है कि सरकारें जो निर्णय जनता से निरपेक्ष होकर करती हैं, उनमें अब जनता ने दख़ल देना शुरू कर दिया है। और जन आन्दोलन अब पूरे देश में अपने आप छिड़ेगा। सवाल यह है कि जनता की मनोभूमिका से आन्दोलन शुरू होगा या हमारी सैद्धान्तिक मनोभूमिका से ? जनआकांक्षा के विरुद्ध कोई जन आन्दोलन नहीं चल सकता। हमारी साधना चल सकती है।

कृष्णचन्द सहाय ने कहा : सर्वसम्मति का लक्ष्य, हमने सुना है कि बिहार

आन्दोलन के समर्थन के लिए रखा गया है। जो लोग सर्वसम्मति होने की राह में रोड़े अटकायेंगे जो प्रस्ताव का विरोध करेंगे, इतिहास उन्हें माफ़ नहीं करेगा। बिहार के आन्दोलन को लेकर पर्चेबाजी की गयी। हम लोग जो मानते हैं कि यह आन्दोलन सही है उन्होंने तो इसके जवाब में कोई पर्चेबाजी नहीं की। अब कसौटी का समय आ गया है। कुछ ही लोग ऐसे हैं जो चाहें और समझदारी से काम लें तो यहाँ का वातावरण बदल सकता है। सर्वसम्मति हो सकती है।

मनमोहन चौधरी ने कहा : बिहार आन्दोलन से कुछ बुनियादी मुद्दे सामने आये हैं। आन्दोलन का बुनियादी काम और डाइवर्जन? राजनीति या लोकनीति? अहिंसक आन्दोलन की प्रक्रिया क्या हो? सरकार से हमारा सम्बन्ध कैसा रहे? आदि सवाल यहाँ उठाये गये हैं। मैं मानता हूँ कि क्रान्ति के अलावा काम नहीं चलेगा। अभी लोग विषय बने हुए हैं वे लक्ष्य होने चाहिये। ग्रामस्वराज्य के लक्ष्य को मैं मानता हूँ। जयप्रकाश जी का आन्दोलन क्रान्ति का सहायक हो सकता है। मानस परिवर्तन के लिए हमने लोक शिक्षण किया। भूदान आन्दोलन शुरू हुआ। भूमि इस देश के तीन-चौथाई लोगों की समस्या थी। उसे हमने भूदान के जरिये उठाया। फिर ग्रामदान आया। महँगाई, भ्रष्टाचार की समस्या आयी तो अब उसके निवारण में भी हम लगे हैं। ग्रामदान असफल हुआ ऐसा मैं नहीं मानता। ग्रामदान के अलावा भी जो छोर मिलें उन्हें लेना चाहिये।

हमारी प्रक्रिया क्या हो? मनाव की या सत्याग्रह की? निगेटिव सत्याग्रह का उद्देश्य भी गाँधी जी के ज़माने में था। विश्वास बहुत आवश्यक चीज़ है उसके बिना सत्याग्रह हो नहीं सकता। हमें सरकार में किसी से अविश्वास नहीं है। लेकिन जब नीतियों की बात आती है तो व्यक्ति और नीति में फ़र्क़ करना चाहिये। विनोबा जिसे निगेटिव सत्याग्रह कहते हैं उसमें भी पॉजिटिव तत्त्व हैं। सत्याग्रह दबे हुए आदमी को खड़े होने की ताक़त देता है। लोकनीति बनाम राजनीति की बात चलती है। राजनीति क्या है। सत्ता और साधनों पर नियन्त्रण। लोकनीति क्या है? जिसमें जनता अपनी कर्त्ता बनती है। तत्त्व वही है—सत्ता और साधनों पर नियन्त्रण। लोकनीति में यह नियन्त्रण जनता के हाथों में होता है, राजनीति में सत्तारूढ़ पार्टी के हाथों में।

विधान सभा विसर्जन की माँग को अप्रजातान्त्रिक कहा जाता है। इसमें

अप्रजातान्त्रिक क्या है? प्रधानमन्त्री की इच्छा से, मुख्यमन्त्री की इच्छा से यह हो सकता है तो जनता की इच्छा से क्यों नहीं हो सकता? सरकार से सम्बन्ध के बारे में मनमोहन भाई ने कहा कि सरकारें ऐसी होती हैं कि सब कुछ अपने पास रखना चाहती हैं। आज भी सरकार की अखिल भारतीय इच्छा यही है कि सब कुछ हमारे हाथ में रहे। जे.पी. ने विरोध के अपने अधिकार की रक्षा की है। जनता के ऊपर तन्त्र हावी हो जाना चाहता है। उदाहरण ये हैं—कटक में नन्दिनी सतपथी के चुनाव में तीस लाख नहीं सत्तर-पचहत्तर लाख रुपया ख़र्च हुआ है। रेल हड़ताल किस तरह तोड़ी गयी यह सब आप जानते हैं। सरकार ने जो कुछ किया क्या वह क़ानूनी था? पश्चिम बंगाल में लगभग सात-सौ राजनैतिक विरोधियों को बाक़ायदा मारा गया। विनोबा जी जिस पंचशक्ति के सहयोग की बात करते हैं वह समान धरातल पर आये बिना नहीं हो सकता।

जे.पी. के पास जब विद्यार्थी आये तो उनके सामने दो विकल्प थे। बुनियादी काम में लगा हूँ—वे कह सकते थे। आपके साथ संघर्ष में हूँ यह भी कह सकते थे। उन्होंने दूसरा विकल्प चुना। कठमुल्ले बन कर बैठे रहेंगे तो जन-आन्दोलन नहीं होगा।

इसके बाद दादा धर्माधिकारी का प्रभावशाली भाषण हुआ, जिसमें उन्होंने लोकसेवकों से कहा कि वे अपनी स्वतन्त्र बुद्धि विवेक का उपयोग कर के निर्णय करें। दादा के भाषण के साथ ही अधिवेशन की सुबह की बैठक समाप्त हुई।

अधिवेशन की आख़िरी बैठक पवनार में विनोबा के सान्निध्य में होनी थी। लेकिन चूँकि कोई सर्वसम्मत प्रस्ताव हो नहीं रहा था और प्रबन्ध समिति की बैठक चल रही थी इसलिए पवनार का कार्यक्रम रद्द हुआ। तय था कि अन्तिम बैठक तीन बजे से महिला आश्रम के हॉल में ही शुरू होगी। लेकिन पाँच बजे तक प्रबन्ध समिति की बैठक तनावपूर्ण वातावरण में चलती रही, फिर भी बिहार आन्दोलन के समर्थन में किसी प्रस्ताव पर सर्वसम्मति नहीं हो सकी। आख़िर प्रबन्ध समिति के सदस्य और अध्यक्ष, मन्त्री अधिवेशन में आये और सिद्धराज जी ने दादा धर्माधिकारी द्वारा बनाया गया प्रस्ताव मय संशोधनों के लोकसेवकों के सामने रख दिया। उन्होंने यह भी स्पष्ट कर दिया कि यह प्रबन्ध समिति का प्रस्ताव नहीं है क्योंकि वहाँ कोई सर्वसम्मति नहीं हो सकी। लोकसेवकों ने माँग की कि

प्रस्ताव की प्रतियाँ और संशोधन वितरित कर दिये जायें ताकि उस पर चर्चा हो सके। यह भी सुझाव आया कि समूहों में बँट कर चर्चा कर ली जाये। प्रस्ताव की प्रतियाँ तैयार करने और उत्तेजित वातावरण को शान्त करने के लिए बैठक रात आठ बजे के लिये स्थगित कर दी गयी।

इस बीच रामचन्द्र राही, बाबूराव चन्दावर, नरेन्द्र भाई, कुमार प्रशान्त आदि ने एक और प्रयास प्रस्ताव का विरोध करने वालों को मनाने का किया। लेकिन आठ बजे जब बैठक शुरू हुई तो राही ने सूचना दी कि उनका प्रयास सफल नहीं हुआ है और सवाल मतभेद का नहीं है, दिल की दूरियाँ बढ़ गयी हैं। सिद्धराज जी ने जैसे-तैसे बैठक चलाने की कोशिश की लेकिन मनमोहन भाई ने भरे गले से सूचना दी कि उन्होंने प्रबन्ध समिति से त्यागपत्र दे दिया है। सर्वसम्मति न कर पाने को उन्होंने अपनी अयोग्यता बताया। दादा धर्माधिकारी ने कहा कि यह अयोग्यता नहीं है गौरव का विषय है और सर्वसम्मति न हो पाने की सर्वसम्मति हमें अपने नेता के श्रीचरणों में रख देना चाहिये। फिर ठाकुरदास बंग ने भी घोषणा की कि इस स्थिति में वे संघ के मन्त्री पद से कार्य नहीं कर सकते, इसलिए इस्तीफ़ा दे रहे हैं और एक साल के लिए बिहार जायेंगे। सिद्धराज जी ने घोषित किया कि उनके पास प्रबन्ध समिति के तेरह सदस्यों के त्यागपत्र आ गये हैं। लेकिन वे स्वयं भी अध्यक्ष पद से त्यागपत्र दे रहे हैं, इसलिए प्रबन्ध समिति अपने आप ही भंग हो जायेगी।

आख़िर तय हुआ कि १२ जुलाई को सुबह सर्वसम्मति न हो पाने की सर्वसम्मति और सबके त्यागपत्र बाबा के पास पहुँचा दिये जायेंगे और वहीं अधिवेशन की आख़िरी बैठक होगी। १२ जुलाई को विनोबा ने किस तरह संघ और सर्वोदय आन्दोलन को विघटन से बचाया, कैसे हार्दिक और जोड़ने वाले वातावरण में आख़िरी बैठक हुई यह सब अलग विवरण है।

भूदान यज्ञ, ५ अगस्त, १९७४

एक क़दम पीछे और दो क़दम आगे

अण्णा साहेब सहस्त्रबुद्धे की अध्यक्षता में सत्र शुरू हुआ। बंग साहब ने बिहार सर्वोदय मण्डल के अध्यक्ष त्रिपुरारिशरण का एक पत्र सुनाया जिसमें उन्होंने जन आन्दोलन का ब्यौरा देते हुए वर्धा न आ पाने की माफ़ी माँगी थी। अण्णा साहेब ने कहा कि कोई नयी पीढ़ी का अध्यक्ष बनाते। इस सत्र में ३५ लोकसेवकों ने अपने नाम की पर्चियाँ भेजी थीं। अण्णा साहेब ने कहा कि इन ३५ में रा.कृ. पाटील का नाम नहीं है। फिर भी चूँकि वे हमारे आन्दोलन के क़ानूनी सलाहकार रहे हैं इसलिए वे तथा उनके बाद बंग साहब बोलें। बंग साहब सर्व सेवा संघ के मन्त्री के नाते नहीं एक लोक सेवक के नाते विचार रखें। इन दो वक्ताओं को अमर्यादित समय दिया जायेगा। शेष ३५ की मर्यादा आप सब तय करें। सीधी कार्रवाई के नरेन्द्र ने मौक़ा नहीं चूका, खड़े होकर कहने लगे कि ये दोनों वक्ता बुद्धिमान हैं, ये कम समय में भी अपनी बात ठीक से रख सकते हैं, अन्य वक्ताओं को जिनका अनुभव कम है, ज़्यादा समय मिलना चाहिये। दादा धर्माधिकारी ने खड़े होकर कहा कि बहुत ज़्यादा अक्ल वाले तो मौन रखकर भी अपनी बात समझा देंगे।

रा.कृ. पाटील : मैं मौन रहना पसन्द करता, लेकिन दिल की बात प्रकट करने की इच्छा भी थी। आज की समस्या से बिलकुल अनजाने ही मेरा सम्बन्ध जुड़ा है। यदि सर्वोदय के जनक विनोबा हैं तो जे.पी. उसको पुष्टि देने वाले व्यक्ति हैं, आज वे उस आन्दोलन में जी जान से कूद पड़े हैं। हम जैसे आदमी क्या करें? पटना संगीति में गया, जे.पी. से प्रश्न पूछे, लेख भी लिखा, 'क्या बिहार गुजरात के रास्ते पर जायेगा?' बाबा को भी दिया, उन्होंने उस लेख को अपने कुछ साथियों में वितरित करने को कहा। मैत्री

में भी छपा और इस तरह बिहार से मेरा नाम भी जुड़ गया।

'हमारा काम विचार समझाना और उसके अमल के लिए प्रेरित करना है, यह काम उससे भिन्न है।' भिन्नता के कारण बताते हुए उन्होंने आन्दोलन की उत्पत्ति (१८ मार्च की घटनायें) को लोकतन्त्र के ख़िलाफ़ कहा। विशाल जनशक्ति उभरी, ठीक है, लेकिन उस शक्ति में कोई विचार नहीं है। तरीक़े चाहे जो हों, किसी भी स्वरूप में हों, उसमें सरकार व्यवस्था का तो विरोध है ही। गया फायरिंग के बाद क्या हुआ मैं नहीं कहूँगा लेकिन उससे पहले वहाँ तीन दिन तक 'सरकार ठप्प करो' आन्दोलन चला। यह अलोकतान्त्रिक है। अब यह देहात में जायेगा। नाम क्या है—जन संघर्ष समिति, संघर्ष किससे? सरकार से ही प्रतीत होता है, आन्दोलन का इतिहास देखने पर भी यही लगता है। जे.पी. ने पहले कहा कि विधान सभा भंग से कुछ नहीं होगा, फिर वे धीरे-धीरे इस तरफ़ आये। और अभी कलकत्ते में उन्होंने जो कहा वह सबसे आगे है। जे.पी. ने कहा कि उनका विश्वास हिंसा में नहीं है, जिन्हें है वे उससे भी काम करें। यानी वे आज की परिस्थिति को इतनी गम्भीरता से ले रहे हैं। आन्दोलन के स्वरूप पर बोलते हुए पाटील साहब ने कहा कि, 'सत्तानान्तरण की अपेक्षा है—राजनीति। और इसमें यह अपेक्षा ही है। जब तक यह सत्ता कायम रहेगी तब तक कुछ होगा नहीं ऐसा वे मानते हैं'। यानी आज की व्यवस्था में सुधार की गुंजाइश नहीं, अब उसका पूरा मुक़ाबला करना है—ऐसा इस आन्दोलन का स्वरूप है।' आज की समस्या को रखते हुए उन्होंने कहा कि कारण कुछ भी हों, आज का लोकतन्त्र हिल रहा है। लालच, पार्टीबाज़ी इसके कारण हैं। उसे कई तरह से ठीक करना होगा। जन-प्रतिनिधियों को वापस बुलाने की माँग ठीक है, लेकिन महँगाई, भ्रष्टाचार, बेरोज़गारी आन्दोलन से दूर नहीं होगी। उसके लिए योजनाएँ बनानी होंगी, वे क़दम उठायें, आन्दोलन से मदद ज़रूर मिलेगी योजना बनाने में। योजना बनेगी पंचशक्ति के सहयोग से, यानी राष्ट्र में उपलब्ध सभी ताक़तों को जाग्रत कर उनका पूरा सहयोग लेकर।

यह आन्दोलन बिहार तक सीमित रहे तो मुझे कुछ कहना नहीं है। जे.पी. गया के हैं, वहाँ जो कुछ हुआ उससे उनकी संवेदना पर चोट लगी। लेकिन क्या ऐसे आन्दोलन हम देश भर में चलायेंगे? यदि जनता की हालत सुधारने के लिए सत्ता की मदद लेनी है तो फिर इस आन्दोलन का रूप

दूसरा ही होगा। और यदि जे.पी. की तरह सत्ता से हमारा भी पूरा विश्वास उठ चुका है तो फिर इस आन्दोलन का स्वरूप और भी भिन्न होगा। मुझे नहीं लगता कि आज की सत्ता के ढाँचे से हम इतने निराश हो गये हैं, कि उससे बोलचाल ही बन्द हो जाये।

जनशक्ति जगाने की कोशिश की गयी। सहरसा में हम काफ़ी असफल हुए। अब हमारे सामने यह है कि जनशक्ति जगे कैसे, उसका स्वरूप क्या हो कि उसमें दबाव नहीं हो क्योंकि दबाव के साथ हिंसा जुड़ी ही है। शान्तिपूर्ण घेराव की भी बात आयी तो हमारी मर्यादा क्या है यह साफ़ होना चाहिये।

इस आन्दोलन से ग्राम स्वराज्य के मूल आन्दोलन को क्या लाभ मिलेगा? नये लोग आयेंगे, जन संघर्ष समितियों से हमारे काम को भी व्यापकता मिलेगी—यह सब ठीक है लेकिन सोचना होगा कि नीचे से ऊपर उठने की असल कल्पना में संघर्ष की क्या भूमिका होगी?

हम आगे क्या करें? देश की आर्थिक हालत नाज़ुक है। अन्यायों का प्रतिकार तो होना ही चाहिये, नहीं तो हम शक्ति खो बैठेंगे। गद्दी तो आज की बदलना ही है। सत्ता के प्रति तटस्थता रखते हुए भी जनता के अभिक्रम से उसे बदलना है। लेकिन हमारे आन्दोलनों और राजनैतिक दलों के आन्दोलनों में एक फ़र्क़ होगा—हमारे आन्दोलनों में विपक्षी का मन भी तारीफ़ से भर जायेगा। उत्तराखण्ड के चिपको आन्दोलन की तारीफ़ स्वयं मुख्यमन्त्री ने की है जबकि वह उनकी सरकार की वन नीतियों के ख़िलाफ़ ही चल रहा है।

क्या जे.पी. के प्रति मेरे मन में आदर कम है? लेकिन सोचना होगा कि क्या हम विचार से सत्ता को प्रकाश नहीं बाँट सकते? क्या सत्ता को प्रकाश बाँटने की हमने अपनी तरफ़ से पूरी कोशिश कर ली है?

ठाकुरदास बंग : महँगाई, बेरोज़गारी आदि मिटाना मामूली सुधार के काम हैं, उनकी तुलना ग्राम स्वराज्य के काम से करना ठीक नहीं—ऐसा मानने वालों में मैं ख़ुद भी हूँ। उस बुनियादी काम को छोड़ कर इसमें हम सब पड़ें, यह मैं नहीं कहूँगा। तेईस साल से भूदान-ग्रामदान के बाद भी हम सिद्धि कर पाये क्या? इस पर पलट कर देखें। मैं ग्रामदान के सिलसिले में पदयात्रा करता रहता हूँ। अभी पिछले महीने एक नये प्रदेश केरल में भी पदयात्रा चली। तो उसे छोड़ कर इसमें आने की बात है नहीं।

मैं पाटील साहब से सौ फीसदी सहमत हूँ कि विचार से क्रान्ति होगी, हमने तेईस साल तक यह प्रचार किया भी है, अब भी कर रहे हैं। लेकिन छात्रों ने पहले अपनी माँगों और फिर उनमें राष्ट्रीय प्रश्नों को जोड़कर आन्दोलन शुरू किया। तब क्या गुजरात और बिहार के सर्वोदय वाले अब्राह्मण-अब्राह्मण ऐसा कह कर शाप दें ? क्या यह कहें कि इससे क्रान्ति नहीं होगी केवल सुधार में फँस जाओगे ? आज बिहार और गुजरात के साथियों के सामने यही प्रश्न है। बाक़ी बातें भ्रम हैं। आज बिहार में लोग पूछने लगे हैं कि सर्वोदय क्या है, लोकनीति कैसे आयेगी ? अब इन प्रश्नों के पीछे जो इच्छा है, उत्कण्ठा है, उसका लाभ लेने की हमें कोशिश करनी चाहिये या इस आन्दोलन को जे.पी. की अवैध सन्तान कह कर उससे घृणा करनी चाहिये ? या उससे प्यार करना चाहिये ? हाँ, प्यार में कभी-कभी डाँटना और कान पकड़ना पड़ सकता है।

जे.पी. को बिहार की जनता ने लोकनायक कहा। उन्होंने बिहार को भयंकर आग से बचा लिया। उसके बदले तो उन्हें भारतरत्न की उपाधि दी जानी चाहिये थी। लेकिन उन्हें बदले में गालियाँ मिलीं। उनका कसूर क्या था ? क्योंकि उन्होंने इस वातावरण के ख़िलाफ़ आवाज़ उठायी थी, 'अलोकतान्त्रिक निर्णय' लिया था एक। क्या यह उनकी ग़लती थी ? अनैतिक और अवैध की कीचड़ निकालना उनकी ग़लती थी ? अब उनका घर उन्हें क्या तोहफ़ा देगा ? प्रणाम करेगा या अलोकतान्त्रिक कहेगा ? यह आपको तय करना है।

कल चारूदा ने कहा कि खोटा सिक्का बाज़ार के खरे सिक्के को निकाल बाहर करता है। क्या हम मान लें कि महँगाई, बेरोज़गारी, शिक्षा में क्रान्ति को लेकर किया गया आन्दोलन खोटा सिक्का है और ग्रामदान ही खरा सिक्का है ? बीस साल तक जनता उस खरे सिक्के की तरफ़ आयी नहीं। आज वह आयी है—एक राह खुली है तो क्या इससे ग्रामदान की राह बन्द हो जायेगी या उसके भी कई रास्ते खुलेंगे ?

लेनिन को सन् '२३ में कहना पड़ा कि अब हमें एक क़दम पीछे और दो क़दम आगे बढ़ाने की नीति अपनानी होगी। विनोबा ने भी ग्रामदान से सुलभ ग्रामदान का विचार सामने रखा। और अब जे.पी. भी थोड़ा पीछे हट कर ग्रामदान की ओर ही बढ़ रहे हैं।

ग्रामदान से ग्रामस्वराज्य १०० वर्ष में पूरा होगा तो क्या तब तक लोग ऐसे ही रहेंगे ? हम सबको दिन में तीन बार खाना मिलता है भरपेट, जिन्हें नहीं मिलता दिन में भी या दो-तीन दिन, उनके बारे में क्या हम सोचेंगे नहीं ? मैं कहूँगा कि हमें तो इसमें थोड़ी देर ही हो चुकी है। सरकार और हमने ग़रीबी हटाने के लिए २० साल तक काम किया। कुछ कर नहीं पाये, अब छात्रों ने शुरू किया है।

विधान सभा भंग की माँग मुख्य नहीं है, वह एक प्रतीक है। यदि वह आन्दोलन सफल हुआ तो शिक्षा, अर्थ, समाज, राजनीति की एक नयी बुनियाद बनेगी। आन्दोलन के ख़िलाफ़ गृहयुद्ध के ख़तरे की बात कही जाती है। मैं पूछना चाहूँगा कि क्या इस देश में एक अघोषित गृहयुद्ध नहीं चल रहा है? क्या घोषित युद्ध ही युद्ध होता है। इस ध्रुवीकरण को अहिंसक मोड़ देने के प्रयास में ही यह आन्दोलन है। अब तक मैं चार बार बिहार गया हूँ। अब एक वर्ष के लिए जाने वाला हूँ। कहा जाता है कि जे.पी. राजनीति में प्रवेश कर रहे हैं और उधर वास्तविकता यह है कि इस आन्दोलन से राजनैतिक दल टूट रहे हैं। कई जगह ख़ुद कांग्रेस में आन्दोलन को लेकर टूट हुई है। कुछ कांग्रेसी भी सत्याग्रह में आये हैं। इस आन्दोलन पर हमें आपको, कुछ अन्य लोगों को विश्वास भले ही न हो, जनता को उस पर विश्वास जम रहा है।

यह कहा गया कि समस्याएँ आन्दोलन से हल नहीं होंगी, चिन्तन करें, योजना बनायें। लेकिन क्या अब चिन्तन नहीं किया गया, योजनायें नहीं बनायी गयी थीं। इधर वर्धा में ही श्रीमन्नारायणजी ने शिक्षा सम्मेलन बुलाया था। एक योजना बनायी लेकिन क्या हुआ उसका? जब तक योजनाएँ आन्दोलन के वातावरण में नहीं बनतीं तब तक वे अमल में नहीं आ पातीं।

मैंने अब तक किसी भी संघ अधिवेशन में इतना कठिन सवाल उठते देखा नहीं, जितना आज इस अधिवेशन में उठा है। क्या हम उस आन्दोलन को बल पहुँचायें ? क्या हम उसकी उपेक्षा करें ? क्या हम उसे कमज़ोर करें ?

जे.पी. ७२ वर्ष के हो गये हैं। यह मैं भावुकतावश नहीं कह रहा हूँ। उन्होंने सोच-समझ कर एक गतिरोध को तोड़ा है।

निर्मला बहन : अपने आन्दोलन में विचार मन्थन देख कर बहुत ख़ुशी हो रही है, इससे नवनीत निकलेगा। पहले विष भी निकल सकता है पर अन्त

में अमृत ही निकलेगा। हम शान्ति से अक्षोभ चिन्तन करें। जे.पी. के लिए जो आदर है वह व्यक्त करने की ज़रूरत नहीं है, लेकिन हमें सोचना होगा कि हम जा कहाँ रहे हैं। पहली बात तो यह है कि हम अहिंसक क्रान्ति के लिए समर्पित हैं और उसका अधिष्ठान आध्यात्मिक होगा। विचार समझाना हमारी पद्धति है और अब घेराव की बात है। हमारे प्रतिकार के आन्दोलनों में भी सामने वाले के हृदय में प्रेम जगना चाहिये। उत्तराखण्ड का चिपको आन्दोलन सामने है हमारे। मुख्यमन्त्री जी ने भी कहा कि आप लोग अच्छा काम कर रहे हैं।

हम सुशासन भी नहीं, स्वशासन चाहते हैं। उसे आज की व्यवस्था के बदले लाना है लेकिन कठिन काम है, समय लगेगा, धीरज रखना होगा। स्वशासन तक जाने वालों के लिए कुशासन और सुशासन दोनों ही जंजीर हैं, जंजीर चाहे सोने की हो या लोहे की—जंजीर तो बाँधती ही है।

विधान सभा भंग की माँग पहले थी नहीं यह भी कहा गया कि शुरू में घेराव वग़ैरह भी रखा नहीं था। यह सब गया गोलीकाण्ड के बाद जोड़ना पड़ा। लेकिन यह ऐसा है नहीं वह रास्ता ही ऐसा था जो हमें यहाँ तक पहुँचाता है।

अब तक हम कहा करते थे कि शक्ति का अधिष्ठान पटना या दिल्ली में नहीं जनता में है, देहात में है। लेकिन आज हम देहात से पटना आ गये हैं। आज हम मानने लगे हैं कि विधान सभा भंग करवाने से सुधार हो जायेगा। कृपलानी और बादशाह ख़ान के प्रति हमारे मन में बहुत आदर है, लेकिन वे मानते हैं कि सरकार पर अंकुश रखना ज़रूरी है नहीं तो वह तुम्हारे कई साल के अच्छे काम को एक क्षण में चौपट कर देगी। आज तक हम नीचे से ऊपर का ढाँचा बना रहे थे, अब लगता है कि हम ऊपर से नीचे जाना चाहते हैं।

हम सब गाँवों में घूमते हैं। क्या हमें वहाँ महँगाई, भ्रष्टाचार आदि नहीं दिखता। वह सब है लेकिन कैसे दूर होगा ? गाँव-गाँव को बाज़ार से मुक्त करना पड़ेगा, पैसे की ही ज़रूरत कम करते जाना होगी। ये सब समस्याएँ जागतिक हैं। तो कुल उपलब्ध शक्तियों से ही ये काबू में आयेंगी। देश की ग़रीबी मिटाने के लिए उपलब्ध शक्तियों को एकजुट करना होगा।

तेईस साल में हमने कुछ किया नहीं, ऐसा सोचना पराभूत मन है। एक क्रान्तिकारी को धीरज की आवश्यकता होती है। मंज़िल आगे ज़रूर है,

वह आयेगी भी ज़रूर। क्रान्तिकारी के नाते हमें लोक क्षोभ और लोकशक्ति में फ़र्क़ करना होगा। फ्रांस में छात्रों के क्षोभ से एक बहुत बड़ा आन्दोलन खड़ा हुआ, वहाँ के राष्ट्रपति दगाल को त्यागपत्र देना पड़ा। फिर से चुनाव करवाये गये और फिर दगाल ही सत्ता में आया। हम वहाँ की ग़लतियाँ न दुहरायें। भ्रष्टाचार हम कैसे दूर करेंगे ? सब में कहीं न कहीं कोई अच्छाई ज़रूर होती है। उसे, उससे लेकर हम परिवर्तन करेंगे। लेकिन आज हम इसे भ्रष्ट, उसे भ्रष्ट कह रहे हैं। ज़रा हम अपनी संस्थाओं की ओर भी तो देखें।

आदर की बात नहीं केवल जो रास्ता हमने अपनाया है उसकी ही बात है। जनशक्ति तो लोगों को एक-दूसरे से जोड़ने से उभरेगी, हम तो गाँव-गाँव में जनसंघर्ष समितियाँ बनाने जा रहे हैं अब। ऐसी समितियों से क्या देंगे हम संघर्ष के सिवाय, तो मेरा नम्रतापूर्वक इतना ही निवेदन है कि बिहार आन्दोलन के भी जो उद्देश्य हैं, वे उसके द्वारा अपनायी गयी पद्धति से पूर्ण होंगे नहीं। अन्त में इतना भर कहूँगी कि ग्रामदान की पद्धति का भविष्य है।

निर्मला बहन के भाषण के बाद लोक सेवक दादा से बोलने का अनुरोध करते रहे लेकिन दादा ने सत्र के शुरू में हुई बहस के आधार पर मौन रहना ठीक समझा।

१० जुलाई को दोपहर का खुला अधिवेशन पवनार में हुआ। इसे बाबा ने बड़े अतिथि गृह की दालान से सम्बोधित किया। आसमान खुला हुआ था इसलिए जो लोकसेवक धूप बर्दाश्त कर सकते थे वे सामने मैदान में बैठे और बाक़ी के पेड़ों के नीचे और छोटे अतिथि गृह की दालान में।

महिलाश्रम में पवनार की दूरी तय करने के लिए संघ की ओर से बसों का इन्तज़ाम किया गया था। पहली बस ढाई बजे निकल जाने वाली थी। उससे जाने वाले लोकसेवक दो बजे से ही बाहर सड़क पर इकट्ठे हो गये थे। लेकिन ऐसे जिज्ञासुओं की कमी नहीं थी जो जानना चाहते थे कि पवनार में विनोबा-जे.पी. वार्ता से क्या निकला। सुबह प्रबन्ध समिति के सदस्यों को पवनार जाने की सूचना खुलेआम दी गयी थी। दोपहर के भोजन तक ये लोग वहाँ से लौट भी आये थे। निश्चित ही वार्ता नाज़ुक दौर में है लेकिन हुआ क्या ? जानकारी मिलना मुश्किल था। आधी-अधूरी सूचनाओं और अनुमान के बल पर लोग वह सब समझने की कोशिश कर रहे थे जो उन्हें सन्तोषदायी ढंग से मिल नहीं सकता था। ढाई

बजे पहली बस गयी। लेकिन बाक़ी की तीन बसें साढ़े तीन बजे के बाद ही रवाना हो सकीं। चार बजे तक सब लोग पवनार पहुँच सके। अधिवेशन शुरू हुआ। मंच पर बाबा, जे.पी. और सिद्धराज जी बैठे।

सिद्धराज जी ने कहा, पिछली अक्तूबर में सेवाग्राम में संघ अधिवेशन हुआ था। दस महीने में दूसरी बार हम यहाँ मिल रहे हैं। आज की परिस्थिति पर हमने विचार किया है। गुजरात में एक जन आन्दोलन हो चुका और बिहार में चल रहा है। देश आज जिस परिस्थिति में है, उसमें हमें क्या करना चाहिये इस पर विचार मन्थन हमारा चल रहा है और अब हम पूज्य बाबा का आशीर्वाद लेने आये हैं। कल तीसरे पहर फिर मिलेंगे।

विनोबा ने लोकसेवकों को देखकर कहा, आजकल दर्शन ही मेरा मुख्य आनन्द है। परमात्मा ही अनेक रूप लेकर सामने बैठा और खड़ा हुआ है। हमारा यह शरीर ब्रह्म साक्षात्कार के लायक है। शंकराचार्य ने बार-बार समझाया है आत्म-साक्षात्कार कर के ही मरना चाहिये। आत्म-साक्षात्कार करना और प्रेम से रहना। कृष्ण ने अर्जुन को समझाया कि लड़ना भी हो तो निर्वैर होकर लड़ना चाहिये।

भगवान बाबा के पास खड़ा हो जाये और कहे कि गौतम बुद्ध और तेरी उम्र में एक ही साल का फ़र्क़ है। मगर वे तो बुद्ध हो गये थे और तू बुद्धू ही रह गया। यह नर देह एक ट्रस्ट है। इसका अहंकार रखना ट्रस्ट के विरुद्ध है। बाबा लगातार कोशिश करता रहा है कि वह अहंकार शून्य हो जाये। अहंकार शून्य हो रहा है। कहने को ज़्यादा कुछ है नहीं। लेकिन भक्ति का एक प्रकार है आत्म-निवेदन। इसलिए थोड़ा कुछ आत्म-निवेदन आपके सामने कर दूँगा। बाबा दस घण्टे रात को सोता है। दो-तीन घण्टे चिन्तन-मनन करता है। विष्णु सहस्त्रनाम पढ़ता है। अख़बार ज़्यादा देखता नहीं। झमेला अख़बारों को नाम दिया है। रामकृष्ण परमहंस अख़बारों को छूते नहीं थे। आपका भी (जे.पी. का भी) अख़बार निकलता है एवरीमेंस! मैं उसे एवरीमेंस बट नॉट बाबाज़ कहता हूँ। फल वग़ैरह खाता नहीं हूँ। मा फलेषु कदाचन् भगवान का आदेश है। महावीर स्वामी की २५००वीं पुण्यतिथि इस साल है। उनके वचनों की ओर मेरा ध्यान ज़्यादा जाता है। लोगों ने विद्वानों की समिति बना कर जैनों का मान्य ग्रन्थ बनाने का तय किया है। एक ज़माने में जैन ही गुरु थे। लेकिन वे पहले दूसरों को आगे रखते थे। पहले श्रीगणेशाय नमः लिखते थे और

फिर ओम नमः सिद्धम्। तो महावीर स्वामी के वचनों का सार तैयार हो जाये तो ठीक रहेगा।

आपके कुल आन्दोलन इतिहास में रह जायेंगे। हिन्दुस्तान के लोग जानते हैं कि किसे याद रखना किसे नहीं। एक बार पदयात्रा करते हुए दिल्ली के पास मस्जिद में मुसलमानों की सभा में मैंने पूछा, उन्हें अकबर बादशाह का नाम याद नहीं था, लेकिन कबीर का नाम याद था। नेहरू का इतिहास हमने पढ़ा। उसमें लिखा है तुलसीदास अकबर के ज़माने में हुए लेकिन मुसलमान तक अकबर बादशाह को नहीं जानते और रामायण घर-घर पढ़ी जाती है। तो हमने नेहरू जी से पूछा कि अकबर के ज़माने में तुलसी हुए कि तुलसी के ज़माने में अकबर? वे बोले—इतिहास तो ऐसा ही लिखा जाता है। तो हिन्दुस्तान के लोग बादशाहों को याद नहीं रखते। वे जानते हैं कि किसे याद रखना चाहिये। राज्यकर्ता में कम एण्ड राज्यकर्ता में गो बट कुम्भ मेला गोज़ ऑन फॉर एवर : (राज्यकर्त्ता तो आते और जाते हैं, पर कुम्भ मेला तो हमेशा चलता रहता है।) आप लोग जितना भी काम कर रहे हैं उसे लोग भूल जायेंगे। लेकिन अगर इस देश की सभी भाषाओं में आपने नागरी का उपयोग शुरू करवा दिया तो एक देवनागरी ही देश को याद रहेगी। देवनागरी चली तो उपकार होगा। इससे देश एक बना रहेगा।

जयप्रकाश जी हमारे ऊधम मचाने वाले हैं। गुजरात में मचाया फिर बिहार में मचाया, क्या वे यूरोप में ऐसा कर सकते थे? वहाँ तो एक देश से दूसरे देश में (जो हमारे राज्यों के बराबर हैं) जाने के लिए पासपोर्ट की ज़रूरत पड़ेगी। इस देश को जोड़ने वाली कई चीज़ें रही हैं। रेल-मोटर के ज़माने से पहले लोग देश की यात्रा करते थे। कावड़ में पानी ले जाते थे। गंगा का पानी रामेश्वरम् में चढ़ाते थे और वहाँ का समुद्र का पानी काशी के विश्वनाथ पर। लेकिन जब जुड़ा हुआ हिन्दुस्तान टूट रहा है। भारतमाता के पेट में कहीं उत्कल माता निकल रही हैं। एक हुआ भारत टूट रहा है। नागरी लिपि ही देश को जोड़ सकती है। देवनागरी जोड़ने वाली चीज़ है।

शंकराचार्य ने कहा—आपके मेरे सम्बन्ध द्वैत रहित और अद्वैत रहित हैं। आप हम एक हैं इसलिए बोलना नहीं होता। आप हम एक नहीं हैं इसलिए बोलने का सवाल नहीं उठता। इसलिए हमारे सम्बन्धों में न द्वैत हो, न अद्वैत—समरस भाव रहे। आप जो भी चर्चा करें उसमें मतभेद भले ही

अनेक हों पर हृदय एक रखें। हमारा सर्वोदय है। इस पर पूरे भारत की आशा टिकी हुई है। हम चाहे जितनी बातें करें पर हृदय एक होना चाहिये। मेरा तो विश्वास सब पर है—जयप्रकाश जी पर है, इन्दिरा जी पर है, हेमगुणा (बहुगुणा) पर है, एस.एम. जोशी पर है, नाईक पर है। अब ये सब एक-दूसरे से अलग लेकिन मेरा इन सब पर विश्वास। ऐसी मेरी विलक्षण हालत है। विश्वास से बाबा अविश्वास को जीतेगा। हृदय हमारा एक रहे, समरस रहे और विश्वास दुश्मनों पर भी रहे।

सर्व सेवा संघ में सर्वसम्मति से जो भी निर्णय होगा वह बाबा को मान्य होगा। आप लोग मिल कर चर्चा करें। आप लोगों में जो कॉमन ग्राउण्ड हो—सहमति हो—उस पर प्रस्ताव करें। जिस मुद्दे पर सहमति न हो उसे चर्चा के लिए छोड़ दें। मेरा तो विश्वचिन्तन चलता है।

फिर बाबा ने प्रश्नों के उत्तर दिये। उत्तरों में बाबा ने कहा—सहमत न हो पायें तो विवेकपूर्वक असहमत होना चाहिये।... गणसेवकत्व की अवहेलना होती है तो सबको समझाना चाहिये। जो भी बोलना चाहे, उसे बोलने देना चाहिये। ज़ोरदार तरीक़ा दिखता हो तो दिखाना चाहिये, नहीं तो समर्थन करना चाहिये। बिहार के आन्दोलन पर पूछे गये सवाल के जवाब में बाबा ने कहा—मेरी राय मालूम हो जाये तो लोग अपना दिमाग़ लपेट कर मेरी राय मान लेंगे। इसलिए मैं राय नहीं देता। जयप्रकाश जी के काम का मैं विरोध नहीं करता क्योंकि वे सज्जन हैं, निस्वार्थी हैं—कोई क़दम उन्हें बुरा लगेगा तो वापस ले लेंगे—और इससे कुछ होना-जाना नहीं है। जे.पी. के लोकनीति से राजनीति की ओर जाने के उत्तर में बाबा ने कहा—यह आपको तय करना चाहिये। अगर भगवान यही चाहता कि सब बातें मैं ही तय करूँ तो वह बाबा को सिर देता आपको देता ही नहीं। अप्प दीयो अप्प भवो—अपने को टटोलो और निर्णय करो। फिर पूछा गया कि बिहार के आन्दोलन पर आपकी व्यक्तिगत राय क्या है? बाबा ने कहा—आपके दिमाग़ को तकलीफ़ न रहे इसलिए आप पूछते हैं। बिहार के आन्दोलन को आशीर्वाद देने को कहा गया तो बाबा ने कहा—अगर वह सफल होने लायक़ हो तो सफल हो। निष्फल होने लायक़ हो तो निष्फल हो।

भूदान यज्ञ, २९ जुलाई, १९७४

ऐतिहासिक अधिवेशन : तकरीर दर तकरीर

संघ अधिवेशन, महिलाश्रम वर्धा में ९ से ११ जुलाई तक होना था लेकिन १२ जुलाई तक हुआ। ऐसा ऐतिहासिक अधिवेशन संघ के इतिहास में पहले कभी नहीं हुआ था। संघ विसर्जन की कगार तक पहुँच गया था। अधिवेशन सही मायने में संघ की अग्नि परीक्षा थी। ११ जुलाई की रात तक लग रहा था कि अग्नि संघ को जला देगी। लेकिन १२ जुलाई की सुबह विनोबा ने उसे कुन्दन की तरह निकाल लिया।

मन्त्री के निवेदन के बाद सिद्धराज जी ने अधिवेशन को जे.पी. की उपस्थिति से सूचित किया। जे.पी. पवनार से उसी समय अधिवेशन को सम्बोधित करने आये। उन्होंने बिहार आन्दोलन के सन्दर्भ में अधिवेशन के दौरान उठाये जाने वाले और पहले ही उठ चुके प्रश्नों के उत्तर देने के बदले अपनी बात को सफ़ाई के लिए रखना चाहा जिससे सदस्यों को उन्हें समझने में मदद मिले। उनके इस विस्तृत भाषण के मुख्य मुद्दे ये थे : मैंने इसे अपनी ज़िम्मेदारी पर उठाया है। आपका समर्थन पाने दबाव नहीं डाला।

- इससे पहले बिहार तथा केन्द्र सरकार से जितना सहयोग मैंने किया शायद ही किसी ने किया हो। उधर सब दलों को मिलाने के लिए राष्ट्रीय सहमति में भी मैंने दो वर्ष गँवाये।
- भ्रष्टाचार केवल शासन या कांग्रेस में हो नहीं है, लेकिन इनका असर हमारे जैसे देश पर सबसे ज़्यादा पड़ता है। भ्रष्टाचार की नींव काले धन पर आधारित चुनाव फण्ड है। इसके बारे में एक लेख भी लिखा, उसे लेकर प्रधानमन्त्री से भी मिला, सुझाव दिये। यह सब

करके थक गया मैं।

- देखा कि हमारे नागरिक के एकमात्र वोट का अधिकार भी छिनता जा रहा है। हम इससे अच्छा ही लोकतन्त्र बनाना चाहते हैं लेकिन जब तक वह न बने तब तक कम से कम इसे तो बचा लें।
- गुजरात और बिहार आन्दोलन सोलह आना शान्तिमय नहीं रहा। लेकिन यदि इस परिस्थिति से निकलने का कोई शान्तिमय तरीक़ा जनता के हाथ नहीं लगता तो फिर निश्चित है कि देश में अशान्ति फैलेगी। इस आन्दोलन को लेकर कई प्रश्न उठे हैं, उठेंगे, लेकिन यदि आप मूल बात से सहमत नहीं हों तो उसे छोड़ दें। मैं कोई आग्रह लेकर वकालत करने आया नहीं। जे.पी. के भाषण का अन्तिम वाक्य था, 'स्वभाव, परिस्थितियाँ अलग-अलग हैं, मेरी और आपकी। अब आप इसका समर्थन करें तो ठीक नहीं करें तो ठीक। बहस में पड़ना नहीं चाहता।' इस तरह जे.पी. फिर अधिवेशन में अन्तिम दिन तक नहीं आये।

सिद्धराज जी बीमार थे, वे मंच पर पीछे लेटे रहे इस बैठक में। प्रकाश भाई : गुजरात के आन्दोलन में कई साथियों ने हिस्सा लिया। तब वह हमारी नीति में शिफ़्ट था। उस आन्दोलन के पहले या बाद में तो संघ अधिवेशन होना ही चाहिये था। वह नहीं हुआ। कई लोगों ने हमसे पूछा कि क्या यही सर्वोदय है? कुछ ने यह भी कहा कि देखो अब सर्वोदय अपने असली रूप में आया है। आज जे.पी. ने कहा कि 'सर्व सेवा संघ ने निश्चय कर उसका समर्थन किया हो, ऐसी बात नहीं है।' तब हम विचार करें। मुक्त चिन्तन करें। इसके आधार पर गणसेवकत्व की ओर बढ़ सकेंगे? बिहार आन्दोलन के पक्ष में ये बातें जाती हैं—भ्रष्टाचार, चुनाव में काले धन का आधार, महँगाई, युवा आक्रोश को गाँधी मार्ग पर अहिंसक मोड़ देना। यह भी ठीक है कि ३४ प्रतिशत की सरकार है लेकिन विधानसभा भंग होने के बाद ये समस्याएँ हल नहीं हो पायेंगी, दल-विहीन तन्त्र नहीं आ पायेगा।

इतने वर्षों से तो संघ अधिवेशन में प्रतिनिधि को वापस बुलाने के अधिकार पर चर्चा कभी नहीं हुई थी। आज वह हो रही है। इसी से स्पष्ट होता है कि यह आन्दोलन वैचारिक नहीं राजनैतिक आन्दोलन है। चार साल पहले वाराणसी में हमने संविधान में परिवर्तन की बात को ग़लत बताया था।

उसकी पवित्रता की बात थी। आज हम उसी में परिवर्तन की माँग कर रहे हैं।

कोई इनकार नहीं कर सकता कि भ्रष्टाचार, महँगाई, बेरोज़गारी, अन्याय आदि कई प्रश्न मूर्तरूप से सामने हैं। लेकिन इनकी जड़ें हमारी सामाजिक मान्यताओं में गहरी पैठी हुई हैं। इन समस्याओं को दूर करने के लिए ७५ दल काम कर रहे हैं, लेकिन वह उनसे हुआ नहीं। इसलिए इस देश में ग्राम स्वराज्य का विचार आया। यह गाँव तक ही सीमित रह जाने वाला विचार नहीं है। ग्राम स्तर के चिन्तन से देश भर में नवनिर्माण की नींव डलेगी। कोई भी स्तर परिवर्तन से अछूता बचा नहीं रह सकता।

एक सामाजिक विचार होता है। इसके आधार पर राजनीति चलती है। आर्थिक ढाँचा उसके अनुरूप बनता है। वह ढाँचा बना रहे और उसके परिणाम बदल जायें ऐसा होगा नहीं। यह दुराशा मात्र है। हमारी नज़र सब ऊपर की ओर, सरकार की ओर रहेगी तो वह राजनीति होगी और जब नीचे की ओर, जनता की ओर रहेगी तो लोकनीति होगी। आज ऐसा लगता है कि हम इस राजनीति के मार्ग की ओर चल पड़े हैं।

आन्दोलन करने से पहले हमें इन बातों पर ग़ौर करना चाहिये। १. स्वराज्य से पहले और बाद की स्थिति। २. देश में विदेशी ताक़तों द्वारा किया जा रहा प्रचार। यदि उनके कारण हमारे टुकड़े हुए तो हम कमज़ोर होंगे और गृहयुद्ध की सम्भावना है। ३. येलवाल में सभी दलों ने हमारी तटस्थ भूमिका को स्वीकार किया था। अब लगता है कि हम उसे तोड़ रहे हैं। ४. इस समय अपने आन्दोलन में एक ऐसी धारा है जो दोनों तरह के कामों को चलने देना चाहती है, वह 'ड्यूअल टॉक' चलेगी नहीं। (प्रकाश भाई का इशारा धीरेनदा आदि की ओर रहा होगा जो ग्रामस्वराज्य के साथ-साथ इसे आन्दोलन का दूसरा विंग मानते हैं—जो जहाँ हैं अपना-अपना काम करें। विनोबा ने ख़ुद अन्तिम दिन जिसे स्वीकार, सबको स्वीकृति दी।) ५. गाँधी स्वयं सत्ता में गये नहीं। सत्ता विकास भर कर सकती है परिवर्तन नहीं। अब तक हम यह विचार देते थे कि मनुष्य का निर्माण विचार-चिन्तन करता है। अब उससे हम हट रहे हैं। ६. शान्तिमय शब्द का बिहार आन्दोलन के साथ बहुत इस्तेमाल किया गया। इसके बारे में केवल एक ही वाक्य कहूँगा 'लोकसेवक के निष्ठापात्र' में केवल अहिंसा शब्द है।

आगरा के शीतल प्रसाद ने कहा कि वे किसी के—गाँधी, विनोबा, जे.पी.

के—पीछे हैं नहीं। लेकिन आज जो हालत बनी है उसे देख कर उन्हें तो लगता है कि गुजरात और बिहार में जो हुआ वह २२ वर्ष पहले ही होना चाहिये था। अब ऐसी हालत में क्या करें, उन्होंने चन्द विकल्प सुझाये— १. शुतुरमुर्ग की तरह रेत में सिर छिपायें, २. हिंसक शक्ति का मुक़ाबला करें। ३. अहिंसक शक्ति से मुक़ाबला करें। ४. आत्महत्या कर लें।

चारू बाबू : व्यक्ति जब जन्म लेता है तो वह पूर्व जन्म के संस्कार लेकर आता है। उसी तरह जब देश जन्म लेता है तो पूर्व संस्कार उसके साथ आता है। सैकड़ों वर्षों की ग़ुलामी में पुनर्जन्म के समय (१९४७) दो संस्कार हमें दिये, सत्ता की लालसा और आलस्य।

आज़ादी के बाद ये दोनों बातें बढ़ती गयीं। चुनाव पद्धति ने भी ये किया। सत्ता की लालसा में उम्मीदवारों ने चाहे जो तरीक़े अपनाये और जनता ने 'वोट देने भर से काम चल जायेगा, सब फिर सरकार ही करेगी' ऐसा सोच कर अपना आलस्य बढ़ाया।

बहुमत ही मंगलकारी है। अल्पमत अमंगलकारी है यह माना। इस तरह ५१= १०० हुआ है, और ४९=० मान लिया : तो वर्तमान संसदीय गणतन्त्र जब तक ऐसा रहेगा तब तक ये सब दोष सरकार में रहेंगे।

इसलिए हमें उस महापुरुष का बहुत उपकार मानना चाहिये जिसने 'हमें ग्रामस्वराज्य विचार' दिया, सर्वसम्मति का सिद्धान्त दिया। इससे लालच और आलस्य समाप्त होगा। लेकिन यह लम्बा काम है, प्रेम से करने से सधेगा। ऊपर-ऊपर सरकार का संशोधन करने से यह होगा नहीं।

जे.पी. ने जो किया ठीक है, नहीं तो हिंसा भड़कती, लेकिन उसका हमें नेतृत्व नहीं लेना चाहिये था। आग बुझाना तो हमारा काम है, लेकिन बुझाते-बुझाते उसमें भीतर घुस जाना नहीं है। हम वहाँ केवल सलाह दें, नेतृत्व नहीं। ग्रामस्वराज्य हमारी क्रान्ति है उसे छोड़ कर इस आन्दोलन में आना नहीं चाहिये। दोनों काम साथ चलना भी ठीक नहीं क्योंकि ग्राम स्वराज्य तो हमारा असली सिक्का है। कुछ समय में नकली सिक्का असली सिक्के को ही बाज़ार से बाहर कर देगा। हमारी पद्धति दबाव की नहीं है मनाव की है। वहाँ जो चल रहा है वह दबाव है।

यदि हम एक-एक पहलू को लेकर आन्दोलन करते हैं तो ठीक है। सब मिल कर शिक्षा का कार्यक्रम दें और नोटिस दें। वह पूरा नहीं होता तो फिर

घोषित करें कि छात्र स्कूल छोड़ दें। बिहार में हम जो कर रहे हैं यदि वह सब करते रहे तो अपना बुनियादी कार्यक्रम खो बैठेंगे।

वैद्यनाथ बाबू : एक बात की ओर ध्यान दें। हम ख़ुद कोई आन्दोलन शुरू कर रहे हैं या कोई अनिवार्य धर्म सामने आ जाता है तो उसमें पड़ रहे हैं? हमने दूसरा काम किया। बिहार गये होते ये भाई, तो बिहार के हम लोग जो कर रहे हैं उसमें बुद्धिभेद नहीं करते।

हम ध्यान पर बैठे हैं, लेकिन बग़ल के घर में आग लग गयी। तो क्या हम ध्यान पर से उठेंगे भी नहीं? इतने सालों से हमने बुनियादी काम किये। कहा गया कि बहुत आज़ादी है, कम से कम बोलने की तो है ही। छात्रों ने आन्दोलन शुरू किया। ठीक था या नहीं यह बहस अभी छोड़ दें। उन्हें गोलियों से चुप करने की कोशिश की गयी। जे.पी. ने बीच में खड़े होकर कह दिया कि इस देश में तुम गोली से किसी को चुप नहीं करा सकते। फिर मौन जुलूस निकला, सभा हुई, उनके बयान छपे, धीरे-धीरे वहाँ की फ़िज़ा बदली।

कहते हैं कि वोट का अधिकार है, उससे सरकार बदल सकते हो। लेकिन सब जानते हैं कि वह कितना खोखला हो चुका है। बिहार के मुख्यमन्त्री के चुनाव में गाँजे के एक अन्तरराष्ट्रीय स्मगलर को चुनाव क्षेत्र में बाक़ायदा घुमाया गया आतंक बिठाने के लिए। अब ये ही नारे लगा रहे हैं कि जे.पी. जनतन्त्र विरोधी हैं। ऐसे नारे लगाने वाले इस देश में उठने वाली आवाज़ों को गोली से चुप कराना चाहते हैं।

बाबा ने कहा कि ये पूर्वांचल वाले भावनाप्रधान लोग होते हैं। बिहार में कृष्णबाबू के राज में, एक बार गोली चली, अगली बार वह न मुख्यमन्त्री बन सके और न उनकी पार्टी की सरकार बन पायी। लेकिन अब वहाँ इतना ज़ुल्म हुआ और हम अपने मूलगामी काम में ही लगे रहे। आज वहाँ इस आन्दोलन में ग़रीब से अमीर, नीचे से ऊपर तक हर स्तर के लोग लगे हैं। क्या हम सर्वोदय वाले इससे अपने को मुक्त मान सकते हैं? जिस पीड़ा ने इन सबको स्पर्श किया, उससे हम अपने को अछूता रख सकते हैं? उसी स्पर्श के कारण ही तो हमने अपना मूलगामी काम शुरू किया था ना। आप सब ख़ूब समझ लें कि बिहार सर्वोदय-मण्डल ने यह आन्दोलन शुरू नहीं किया था, लेकिन उस घटना के स्पर्श ने उसे इसमें शामिल होने

को मजबूर किया। आख़िर हम ग्रामसभाएँ बना कर क्या कर रहे थे ? ग्राम स्वराज्य में हम लोगों को उनके कर्त्तव्य और अधिकारों का भान कराना चाहते थे। लेकिन इधर वोट ने लोगों को लगातार ग़ुलाम बनाना शुरू किया था। इस बार इस आन्दोलन के कारण उनका परावलम्बन टूटना शुरू हुआ है। वे अपने अधिकार और कर्त्तव्य दोनों जानने की कोशिश कर रहे हैं—यह हुआ एक भिन्न निमित्त से।

लोक शक्ति पैदा करने के लिए तो हम काम करेंगे, लेकिन जब वह पैदा हो जाये तो जो उसे कुचल रहा है उसकी निन्दा भी नहीं करेंगे क्या ? बिहार में यही किया गया है बस। बुनियाद काम की बात होती है, अहिंसक समाज के निर्माण की। हम भी एक क्षेत्र को लेकर (रूपौली में) जूझ रहे हैं। बाबा ने कहा था कि आप किसी एक छोटी-सी जगह को एयरकंडीशंड नहीं बना सकते—पूरे देश में हिंसा की फ़िज़ा होगी तो हम छोटे-छोटे क्षेत्रों में एयर कंडीशंड स्थिति नहीं पैदा कर पायेंगे। अब यह अनुभव आने भी लगा है। तंजावुर, मुसहरी, रूपौली कई ऐसे क्षेत्र हैं जहाँ हम काम करते रहे—कुछ ख़ास नहीं बना उनमें।

लोग कहते हैं कि इस आन्दोलन में कई तरह के लोग हैं हम उसे अपने तरीक़े से नहीं चला पायेंगे। लेकिन क्या गाँधी के आन्दोलन में सब तरह के लोग नहीं आये थे ? वहाँ लोगों को गाँधी की ज़रूरत थी तो उन्होंने उसे चरखे की घूस दी। चरखा चला लिया और गाँधी की मदद ली। यहाँ जे.पी. को लोग 'शान्तिमय तरीक़ों' की घूस दे रहे हैं उन्हें अपने साथ करने के लिए।

एक परम्परा रही है सर्वोदय में। यहाँ लोकसेवकों ने क्या नहीं किया ? सत्याग्रह हुए, प्रबन्ध समिति के लोग चुनावों में प्रचार तक करने गये। लेकिन आज जे.पी. ने गोली से चुप करने वालों की निन्दा भर की तो हम उनके ख़िलाफ़ हो रहे हैं।

कहा जाता है कि ऐसे आन्दोलनों में ख़तरा है। ठीक है ख़तरा तो जीवन में भी छिपा हुआ है। कृष्ण को भी गीता ठीक महाभारत के बीच सुनानी पड़ी, उसने भी उतना ख़तरा तो मोल लिया ही। जे.पी. इन छात्रों को, लोगों को लोकशक्ति, अहिंसा, स्वावलम्बन आदि सिद्धान्त उनके कॉलेजों, घरों में सुनाते तो कोई सुनता भी नहीं, अमल की बात तो छोड़ दें। लेकिन आज

जे.पी. वह गीता मैदान में सुना रहे हैं लोगों को वे सुन रहे हैं बड़े ध्यान से, अमल भी करने की कोशिश कर रहे हैं।

हमने सोच रखा है कि हमारी पद्धति पर दुनिया एकाएक चलने लगेगी, लेकिन आज जो चल रहा है हम उससे अपने को बिलकुल अलग रख सकेंगे क्या? दूसरे ढंग से वही काम शुरू किया जा सकता है। उस पहले ढंग से 'संघर्ष' भर जुड़ गया है। जनता ने पार्टी वालों को बता दिया है कि आपका युग समाप्त हो गया है। आज बिहार की जनता में पक्षमुक्तता की आकांक्षा जागी है। बिहार के लोग तो सभी दलों का राज देख चुके थे, अब वे उनसे उदासीन हो गये हैं। बिहार कांग्रेस, पार्टी की भाषा नहीं सत्ता की भाषा बोल रही है। और पटना और केन्द्र की भाषा में भी फ़र्क़ हो जाता है। पटना वाले साथ भी दे देते हैं लेकिन दिल्ली का तानाशाह इसे देखना नहीं चाहता। इस सरकार ने हिंसा को सबसे ज़्यादा प्रोत्साहन दिया है, आन्दोलन ने नहीं—यह फ़र्क़ साफ़ है।

मैं आपसे फिर कहना चाहूँगा कि इस आन्दोलन से हमारे मूल काम में बाधा नहीं पड़ेगी। उसके लिए एक अनुकूलता ही बढ़ेगी।

सुरेशराम भाई ने सुबह जे.पी. और वैद्यनाथ बाबू के भाषण को क्रमशः मार्मिक हृदयस्पर्शी बताते हुए कहा कि इन भाषणों के बाद मेरे जैसे आदमी के लिए, जो पिछले चार-पाँच महीने से बिहार नहीं गया हो, कुछ कहने को रह नहीं जाता। उन्होंने आन्दोलन के पक्ष या विपक्ष को न छूकर एक नया सवाल सदन के सामने रखा—केन्द्र और राज्य सरकारों के प्रति हमारा क्या दृष्टिकोण हो? गाँधी एक ज़माने में अँग्रेज़ों के प्रति नरम थे फिर एक समय आया जब उन्होंने अँग्रेज़ सरकार को शैतान की सरकार कह दिया। आज जे.पी. भी इस सरकार को शैतान की सरकार कहने को तैयार लगते हैं। लेकिन क्या हम लोग कहने को तैयार हैं, ऐसा कहने के लिए? यदि नहीं तो फिर हमारी नीति उसके प्रति सहयोग और आलोचना की होगी। हमें बाबा का फ़ैसला मान्य होगा। बाक़ी की चीज़ें हम तय करेंगे—मन्त्र बाबा दें... ।

'जे.पी. को अब मेरे-आपके जवाब की ज़रूरत नहीं है। इस प्रसंग में राजनैतिक पार्टियों की तरह आप में भी फूट पड़ सकती है। वह फूट न पड़े यह मेरी अपील है। यह हमारे धीरज की परीक्षा की घड़ी है। यदि हम उस

आन्दोलन से सहमत न भी हों तो उसे स्वयं आज़मा लेने का एक मौक़ा दें। जे.पी. ने इसे बारडोली, चम्पारण की तरह कहा है। ठीक है उन्हें करने दें।'

जयनारायण वर्मा ने पूछा कि आन्दोलन पर चिन्तन करने वाले हमारी तसवीर बिगाड़ने की बात करते हैं। क्या हमारी कोई तस्वीर है भी लोगों के सामने? हम लोग इतने बरसों से यह कहते आ रहे हैं कि जब जन शक्ति खड़ी होगी तो यह होगा–वह होगा सब समस्याएँ अपने आप हल होने लगेंगी। लेकिन अब जब वह जन–शक्ति खड़ी हो गयी है बिहार में तो हम भाग रहे हैं वहाँ से, कगार पर खड़े चिन्तन कर रहे हैं। आज जो बिहार आन्दोलन से सहमत नहीं हैं उन्हें वहाँ की परिस्थिति को पूरी तरह समझ कर ही अपनी राय बनानी थी, वे बिहार जाते, जे.पी. से मिलते, तब उनसे असहमति की बात करते तो ठीक रहता।

लक्ष्मीदास ने सदन को बताया कि हिमाचल प्रदेश के लोग सोचते हैं, महसूस करते हैं कि बिहार का आन्दोलन सर्वोदय वाले चला रहे हैं। जब हम गाँवों में जाते हैं तब लोग हम से पूछते हैं कि बाबा का एक मत और जे.पी. का एक मत है। आपका क्या मत है?

भ्रष्टाचार महँगाई के विरुद्ध यह आन्दोलन है, नौजवान लोग चला रहे हैं। मुझ में भी जवानी का जोश है, लेकिन यह सब हल कैसे होगा यह सवाल तो मेरे मन में उठता ही है। भ्रष्टाचार के कारण मन्त्रियों को त्याग पत्र देना पड़ेगा क्या? मन्त्रियों अधिकारियों के कारण संस्थाओं में भ्रष्टाचार नहीं होता? यदि इन संस्थाओं में भ्रष्टाचार है तो उसके लिए हम उसके मन्त्री अध्यक्ष को ज़िम्मेदार नहीं मानते, वह क्या त्यागपत्र देता है?

'हमारे देश में अख़बार आज़ाद है, प्रेस को आज़ादी है। लेकिन हमारी संस्थाओं की तरफ़ भी तो हम देखें। यहाँ चाहे जो कोई किसी को भी निकाल सकता है। क्या हमारी संस्था की तानाशाही स्वस्थ मानी जा सकती है?

हमारी पद्धति विचार फैलाकर उसके लिए एक ऐसा वातावरण बनाने की है जिसमें विधान को विचार के पीछे चलना ही पड़ेगा। हम धीरज और मनाव से विचार फैलाते थे अब तक। हमारी संस्था में हम सुनते थे कि राजनीति में जाना नहीं चाहिये, समस्याएँ नीचे से ही हल की जा सकती हैं। लेकिन आज हम विधान सभा को ही समस्याओं का केन्द्र मान रहे हैं।

जो यह समझते हैं वे उसके भीतर जायें और वहाँ बैठ कर समस्याओं से लड़ें। और भीतर नहीं जाना चाहते तो जो भीतर हैं उन्हें वापस बुलाने के आन्दोलन में हमारा साथ भी कौन दे रहे हैं' यह सवाल सदन से पूछते हुए लक्ष्मी भाई ने बहुत ही व्यंग्य से ख़ुद जवाब दिया—'महान् पवित्र बीजू पटनायक और महासमाजवादी जनसंघ।' अन्त में उन्होंने किसी को ठेस लगी हो तो उसकी क्षमा माँगी।

कुमार प्रशान्त : लोकसेवक के निष्ठापत्र में अहिंसा शब्द है, शान्तिमय नहीं और अहिंसा की हमारी टेक रही है। बिहार के आन्दोलन के सिलसिले में शान्तिमय शब्द की ही चर्चा हुई है। ये दोनों शब्द जितने महत्त्व के साथ अन्तर के लिए रखे गये हैं उतने मुझे लगते नहीं हैं। बिहार की परिस्थिति घोर हिंसा से शान्ति की ओर आयी है। शान्ति से अहिंसा की ओर भी जा सकती है। आज़ादी के बाद की पीढ़ी का शान्ति पर कितना आग्रह रहा है यह हम सब जानते हैं। फिर भी बिहार में शान्ति की घटनाएँ घटी हैं। फुलवारी शरीफ जेल में सत्याग्रही पीटे गये। कहीं कोई प्रतिकार नहीं किया उन्होंने। जेलर तक ने आश्चर्य व्यक्त किया। कहा कि जब इन सत्याग्रहियों को पीटा जा रहा था तब वे केवल इतना ही कह रहे थे हमला चाहे जैसा होगा, हाथ हमारा नहीं उठेगा। ये सब सत्याग्रही अहिंसक हो गये हैं, ऐसा तो मैं नहीं कहता, फिर भी घोर हिंसा के वातावरण से शान्ति की तरफ़ आये हैं।

जोड़ने वाली ताक़त हम लोग हैं, तोड़ने वाली नहीं, ऐसा कहा गया है क्योंकि दो बड़ी पार्टियों को हमारे इस आन्दोलन ने हम से अलग किया है। फिर भी एक उदाहरण मैं आपके सामने रखता हूँ। बिहार के तीन हज़ार डाक्टरों ने एक साथ इस्तीफ़ा दे दिया था। उनके बीच का विवाद सुलझाने के लिए स्वास्थ्य मन्त्री और डाक्टरों के प्रतिनिधि जे.पी. के ही कमरे में लगातार मिलते रहे हैं और अन्त में जे.पी. ने ही मध्यस्थता कर के डाक्टरों की हड़ताल को तुड़वाया। जोड़ने और तोड़ने के सन्दर्भ में हमें यह भी सोचना चाहिये कि हमें किसे जोड़ना है। हम राजनैतिक दलों को जोड़ने वाली ताक़त बनें या ९५ प्रतिशत ग़ैर-राजनैतिक जनता को जोड़ने की। क्या जनता को छोड़कर केवल दलों को ही जोड़ने का काम करें? बिहार के इस आन्दोलन ने ९५ प्रतिशत ग़ैर-राजनैतिक जनता को जोड़ने पर ज़्यादा ज़ोर दिया है और साथ ही साथ दलों को भी।

यह भी कहा गया कि आन्दोलन से व्यवस्था में ऊपरी लेप ही होगा। समस्याओं को पूरी तरह से हल करने के लिए व्यवस्था में आमूल परिवर्तन करना होगा। यह भी कहा गया कि ऊपर की बुराइयों को मिटाने के लिए पहले से ही ५० राजनैतिक दल काम कर रहे हैं। मैं कहना चाहूँगा कि इन ५० राजनैतिक दलों ने अपनी ताक़त इन ऊपरी समस्याओं को बढ़ाने में लगायी है, मिटाने में नहीं। हम बुनियादी काम में ध्यान दें और ५० राजनैतिक दलों पर ऊपर की बुराई को हटाने का काम सौंप कर निश्चिन्त हो जायें, यह ठीक नहीं। हम बुनियादी काम तो करें ही और एक बार ऊपर की सफ़ाई करने का भी मौक़ा आये तो उसे छोड़ें नहीं।

विधानसभा में अच्छा आदमी जाये यह बात नहीं है। जो भी जाये, जैसा भी जाये उस पर जनता का नियन्त्रण रहे यही मुख्य प्रश्न है। इस सिलसिले में जे.पी. से एक पत्रकार ने पूछा था कि आपने कहा है कि जनसंघर्ष समितियाँ अपने उम्मीदवार ऊपर चुन कर भेजेंगी। मान लीजिये किसी जनसंघर्ष समिति ने कांग्रेस या साम्यवादी उम्मीदवार चुना तो? इस पर जे.पी. ने कहा कि यह ठीक है, मेरा तो आग्रह केवल इतना ही है कि उम्मीदवार पर वहाँ की जनता का पूरा नियन्त्रण हो।

ग्राम स्वराज्य में शासन और शोषण से मुक्ति की बात थी लोक शक्ति के माध्यम से। उसे जगाने के लिए एक तार्किक शृंखला है—भूदान से ग्रामदान। लेकिन वह जग नहीं सकी कोशिश करते रहे। कोई एक बिन्दु हम ऐसा खोजना चाहते हैं जिस पर जनता इस आन्दोलन को उठा ले। उस बिन्दु पर पहुँचने तक हमें लोगों के सामने विचार भर रखना पड़ेगा। धीरेनदा ने भी इसे जीरो आवर कहा था। हम इसी ग्राम स्वराज्य के चुम्बक को लेकर लोहे को खोज रहे हैं कि कब सही लोहा मिले जो सट जाये। दे इज़्म बिहार में टूट रहा है। बिहार में तीन-तीन दिन की सरकारें भी लोगों ने देखीं और इस आन्दोलन से तो अब इन राजनैतिक दलों की पोल ही खुल गयी है। आन्दोलन के साथ जनसंघ है, लेकिन उसके एम.एल.ए. कुर्सी छोड़ते नहीं। तो कुर्सी वो नहीं है जिस पर मुख्यमन्त्री बैठा है। वहाँ जो भी गया है वह चिपक गया है। बिहार में सिद्धि हो जायेगी ऐसी बात नहीं है। यह प्रयोग है। हर क़दम सोच-समझकर उठाया जा रहा है। एक आरोहण है, एक सीढ़ी के बाद एक मंज़िल है, मंज़िल के बाद फिर एक सीढ़ी है। आन्दोलन से सरकार-परस्ती नहीं बढ़ रही है। हम तो लोगों से

वहाँ कह रहे हैं कि यह करें, वह करें। हम ख़ुद नहीं कर रहे। इतना ज़रूर हुआ है कि राजनीति और लोकनीति की समानान्तर रेखाओं की दूरी ज़रूर कम हो गयी है वहाँ। जिस तलवार पर हम पहले चलते थे वह भोथरी थी अब जिस पर हम चल रहे हैं वह धार तेज़ है। उसे पार करना है। सावधानी रखना ठीक है लेकिन धार की चुभन से डर कर उससे नीचे उतर आना मैं ठीक नहीं समझता। आन्दोलन के प्रति शंका रखने वाले इसे सम्पूर्ण क्रान्ति की कसौटी पर रख कर देखें। सघन कार्य क्षेत्र छोड़ कर इसमें नहीं आयें लेकिन जो जहाँ है वहाँ अपना काम तेज़ कर दें।

जे.पी. परिस्थिति के साथ इस आन्दोलन में ग्राम स्वराज्य के बिन्दु जोड़ने की गुंजाइश देख रहे हैं। इसलिए ऐसा मानना कि हम पुरानी भूमिका छोड़ कर किसी नयी भूमिका में जा रहे हैं ठीक नहीं है। केवल कसौटी बदल रही है।

भूदान यज्ञ, २२ जुलाई, १९७४

परिणाम कब तक आयेगा ?

औरंगाबाद : पूरब में सूरज वैसे ही कुछ जल्दी डूब जाता है, फिर यहाँ शाम से बादल छा गये थे, अब धूल भरी आँधी चल रही है। कुल मिला कर घना अँधेरा छाया है। क़स्बे के सुनसान क्लब के आँगन में छात्र संघर्ष व जन संघर्ष समितियों के सदस्यों के साथ नारायण देसाई की गोष्ठी चल रही है। कुछ जवान लड़के हैं, बड़े-बड़े बाल हैं, कुछ अधेड़ हैं, मटमैली धोती-बनियान में, दो ठेठ चोटी वाले हैं, कुछ पक्के नेता की पोशाक में हैं। गोष्ठी में शामिल कुछ लोग आन्दोलन को लेकर बहुत अधीर हैं, 'कब तक परिणाम आयेगा ?'

आन्दोलन क़स्बों से अनुमण्डलों, अंचलों से होता हुआ गाँवों तक पहुँचने लगा है, ६० दिनों की एक लम्बी यात्रा कर चुका है। अब वह छात्रों का ही नहीं लोगों का आन्दोलन बनता जा रहा है। आज़ादी के पहले के अनुभवों को छोड़ दें तो इस आन्दोलन में शामिल हो रहे नये-नये लोगों ने कभी भी इतनी लम्बी लड़ाई नहीं लड़ी है। लेकिन परिणाम जानने की अधीरता थकावट से नहीं रुकावट से उपजी है। रुकावट से पहले इसी औरंगाबाद में भरी दोपहर में लड़कियों तक के जुलूस निकलते थे, सुबह ९ से रात तक चलने वाली लू के दौरान भी जगह-जगह तम्बुओं में लोग अनशन पर बैठे थे। पचपन हज़ार जाली राशन कार्डों में से चार हज़ार जाली कार्ड छात्रों ने पकड़वाये थे—इनमें ख़ुद छात्रों के कुछ घरों के कार्ड थे। अपने क़स्बे के बाज़ार का अध्ययन किया गया था और १५ प्रखण्डों में जनसंघर्ष समितियाँ बनायी जा चुकी थीं।

वहाँ एक-दो जगह छात्रों ने मूल्य निर्धारण के लिए दुकानों पर छापे मार

कर अवैध माल बरामद किया—प्रतिक्रिया में कुछ चीज़ें बाज़ार से ग़ायब हो चलीं—छात्र उदास हो गये और आगे किसी कार्यक्रम के अभाव में बैठ गये, परिणाम की चिन्ता करने लगे। नारायण भाई ने इस विषय को सविस्तार समझाया, 'नगर स्तर पर कार्यवाही, चीज़ों का अभाव पैदा कर सकती है, जे.पी. ने वेलूर जाने से पहले प्रदेश स्तरीय एक खाद्य समिति तैयार की है जो अलग-अलग व्यापारियों से मिल कर अधिकारियों के साथ बैठ कर मूल्य निर्धारण का काम करेगी। तब तक नगर स्तर पर उपभोक्ता, व्यापारी और प्रशासन की मिली-जुली बैठक करवा कर समस्या को हल करने की कोशिश की जाये।' औरंगाबाद के निकट गोह में छात्रों, अधिकारियों और पुलिस में पूरा तालमेल है। छात्रों के अनशन को वहाँ के दरोगा ने ही रस पिला कर तोड़ा था। इसी ज़िले के दाउदनगर में कमीज की बाँह पर काली-पट्टी बाँधे छात्र और नागरिक विधान सभा भंग करने की माँग पर हस्ताक्षर करवा रहे हैं।

आरा (भोजपुर) के चौराहे पर आन्दोलन के समर्थन में बैंक कर्मचारियों का एक पोस्टर लगा है। शहर में घूमते हुए कई जगह आप पायेंगे कि ग़रीबी हटाने की ज़िम्मेदारी इन्दिरा गाँधी से हटा कर जयप्रकाश नारायण के कन्धे पर डाल दी गयी है। नगर में जन तथा छात्र संघर्ष समितियाँ बन चुकी हैं। १८ मार्च के बाद आरा अशान्त था, जे.पी. के समर्थन के बाद काम करने के रास्ते बदले। औरतें तो बहुत आगे आयीं। १२५ औरतें रोज़ धरना देती थीं, २०० तक के जुलूस निकलते थे। जन जागरण सप्ताह बहुत अच्छा चला। अब वहाँ नुक्कड़ सभाएँ चल रही हैं। कामकाजी दिन में दस बजे सुबह भी जनसभा आयोजित करने पर सफल हो जाती है। संघर्ष समिति ने ६ उप-समितियाँ नियुक्त की हैं, महँगाई निवारण उपसमिति की सक्रियता के कारण शहर में, चावल और साबुन के दाम गिरे हैं।

आरा के छात्रों में सामाजिक चेतना जागी है। संघर्ष समिति में छात्र अपने राजनैतिक दल छोड़ कर आये हैं। नारायण भाई के शब्दों में, 'छात्रों ने तो राजनीति छोड़ दी है लेकिन अभी उनमें से कुछ को राजनीति नहीं छोड़ पायी है।'

हज़ारी बाग़ के इर्द-गिर्द ४० गाँवों में जनसंघर्ष समितियाँ बन चुकी हैं। अनशन का कार्यक्रम वहाँ बिलकुल सरस्वती पूजा जैसा चला था। कोने पर, बीच चौराहे पर, हर कहीं हर कोई अनशन पर बैठा था। छात्र संघर्ष

समिति को तब मालूम ही नहीं पड़ा कि कितने स्थानों पर अनशन चला है। ५-६ बरस के बच्चे, छात्र, वकील, उनके मुंशी भी, रिक्शेवाले, शिक्षक, प्राध्यापक, मोटर मालिक यूनियन के सदस्य, अराजपत्रित कर्मचारी, पत्रकार और दामोदर घाटी योजना के कर्मचारी—काफ़ी लम्बी सूची है अनशन पर बैठने वालों की। १५० वकीलों ने विधान सभा भंग करने की माँग की, केवल ४ ने इसके बने रहने पर ज़ोर दिया।

हज़ारी बाग़ में एक प्रतिष्ठित सम्पन्न नागरिक की कन्या का विवाह ९ मई को था। क़रीब डेढ़ लाख के दहेज समेत विवाह का कुल ख़र्च चार लाख माना गया। छात्र संघर्ष समिति के सदस्यों में इस पर क्या किया जाये, बहस हुई। तय किया कि यदि विवाह के घर को बहुत पहले यह ख़बर की गयी होती कि आज के ज़माने में ऐसा विवाह नहीं होना चाहिये, हम इसका विरोध करेंगे तब तो ठीक रहता। लेकिन अब अचानक जाकर विवाह कार्य में बाधा नहीं पहुँचानी चाहिये। फिर भी अपनी असहमति दर्ज़ करवाने के लिए छात्र हाथों में इस फ़िजूलख़र्ची के विरोध में पट्टी लिये बिलकुल चुपचाप उस घर तक गये, कुछ देर रुके फिर बरात आने से पहले ही वहाँ से लौट आये।

हज़ारी बाग़ के नज़दीक ही फ़िल्मी गानों की फरमाइश के लिए प्रसिद्ध झुमरी तलैया के १८ सक्रिय छात्र गिरफ़्तार कर लिये गये हैं।

राँची में छात्रों ने संघर्ष समिति के बदले नवनिर्माण समिति बनायी है। वे मानते हैं कि इस संघर्ष के दौरान उन्हें चीज़ों को तोड़ने के बदले बनाना है। यहाँ नये निर्माण में लगे इन छात्रों ने व्यापारियों, अधिकारियों के साथ मिल कर चीज़ों के दाम बाँधे हैं—इस प्रयास में बाज़ार से चीज़ें ग़ायब नहीं हुई हैं। जाली राशन कार्डों के पकड़वाने में छात्रों ने अधिकारियों के साथ-साथ काम किया है।

ठेठ आदिवासी क्षेत्र में चाईबासा है। यहाँ एक छात्र २२ दिन का अनशन कर चुका है। अनशन में क़स्बे के २०० रिक्शेवाले भी शामिल हुए थे। यहाँ छात्रों पर राजनैतिक शब्दावली हावी है लेकिन वे स्वयं निर्दलीय हैं। वे सभी व्यापारियों, अधिकारियों और पुलिस को अपने विरुद्ध मान कर चल रहे थे। नारायण देसाई ने यहाँ के दौरे में एक-दूसरे से सम्बन्ध बढ़ाने, मदद देने, परस्पर विश्वास करने का आग्रह किया। उन्होंने कहा कि हमें

अपनी शक्ति को गुणा करना है भाग नहीं।

इस्पात नगरी जमशेदपुर में आन्दोलन की दिशा शुरू में कुछ दूसरी रही। छात्रों ने अपना मुख्य कार्यक्रम कांग्रेस या साम्यवादी पार्टी का विरोध ही मान लिया। इसमें कुछ तो सैद्धान्तिक भटकाव था और कुछ परिस्थितियों का असर भी। यहाँ बड़ी-बड़ी फ़ैक्टरियों से ही पूरा शहर बसा है। हरेक नागरिक कर्मचारी है—यूनियन का सदस्य है। सबसे प्रमुख मज़दूर यूनियन साम्यवादियों की है। जब दो माह पहले जमशेदपुर में आन्दोलन शुरू हुआ तो उसे संगठित साम्यवादियों का विरोध सहना पड़ा। फिर कुछ समय तक इन छात्रों ने उनका प्रभाव समाप्त करने में ही अपनी ताक़त बर्बाद कर दी। अब वे समझ गये हैं कि यह उनका काम नहीं है। उनका अपना एक कार्यक्रम है, अपनी एक पद्धति है। उसे छोड़ने से वे लोगों का साथ छोड़ बैठेंगे।

जमशेदपुर से धनबाद जाते हुए बंगाल का एक हिस्सा पड़ता है। टैक्सियों के पास अक्सर पूरे बिहार में घूमने का अनुमति-पत्र होता है। बिहार से बिहार ही जा रहे हैं, लेकिन बंगाल पार करना पड़ता है। इस क्षेत्र से निकलने का परमिट पटना से बनवाना पड़ता है। लेकिन ज़रा रुकिये, एक आसान तरीक़ा भी है : बंगाल की चौकी पर दस रुपया दो और पार चले जाओ। केवल बिहार बंगाल की सीमा पर ही नहीं जीवन में हर क्षेत्र में आज ऐसी चौकियों की भरमार है, उनको पार करने के दो रास्ते हैं—कठिन क़ानूनी कार्यवाही को पूरा करो या चौकी पर रिश्वत दो।

बिहार बंगाल की इस चौकी पर छात्र संघर्ष समिति की ओर से काम कर रहे रघुवंश तथा जे.पी. द्वारा नियुक्त सलाहकार नारायण देसाई को ले जा रही कार को रोका गया। कार के पास पूरे बिहार का परमिट था, बंगाल का नहीं। बंगाल परमिट के अभाव में चौकी के कर्मचारियों ने दस रुपये की घूस माँगी। गाड़ी सड़क से हटा कर किनारे पर लगा दी। भ्रष्टाचार मिटाने निकले लोग एक चौकी पार करने की उतावली में भ्रष्टाचार को अपनाते! थोड़ी देर बाद एक और टैक्सी आयी ड्रायवर नीचे उतरा, चौकी तक गया और तुरन्त लौट आया—चौकी का डण्डा ऊपर कर टैक्सी को गुज़रने की अनुमति मिल गयी। उसने टैक्सी चालू करते हुए रुकी हुई इस गाड़ी की ओर देखा और कारण पूछा, बताया परमिट नहीं है, वह हँसा, कहने लगा 'अरे यार दस रुपया दो और जाओ ना।' उसकी हँसी में 'कैसे मूर्ख लोग

हैं' का भाव था। उस टैक्सी के बाद इसी तरह कुछ और गाड़ियाँ निकल गयीं। यह गाड़ी उसी तरह चुपचाप किनारे पर खड़ी रही। आख़िर इस चुप्पी से चौकी के लोग घबराये, बाँस ऊपर कर कहने लगे—'जाइये-जाइये, आप लोग क्यों रुक गये हैं?'

धनबाद कोयले का शहर है। धूल के बदले भी कोयला ही उड़ता है। लेकिन यहाँ गुजरात से बरसों पहले आकर बसे ईंट-भट्ठे के एक व्यापारी ने अब अपना व्यापार समेट लिया है—कोयले के शहर में उसे कोयला नहीं मिल रहा। अब यहाँ काले पैसे से ही काला कोयला मिल पाता है।

धनबाद के छात्र काफ़ी सक्रिय हैं, पहले संघर्ष समिति जनता कर्फ़्यू लगाती थी, युवा कांग्रेस उसे तुड़ाती थी। दुकानदारों की मुसीबत थी। एक बार दुकान बन्द करते, दूसरी बार खोलते। दोनों बार भय का आधार होता। छात्रों ने इसे समझा है कि भय का आधार जनता को उनसे दूर ही करेगा। यह काम बन्द कर दिया गया है। छात्रों ने एक शिकायत बूथ स्थापित किया है जिसमें सभी तरह की शिकायत दर्ज करा सकते हैं। समिति के सदस्य शिकायतों को लेकर उनसे सम्बन्धित विभागों के अधिकारियों से मिल-बैठ कर उनका हल निकालते हैं।

बारह ज्योर्तिलिंगों में से एक वैद्यनाथ धाम, देवघर में प्रवेश करते हुए जगह-जगह शिव भक्त गले में फूल की मालाएँ डाले घूमे दिख जाते हैं। लेकिन मालाधारी भक्त छात्र भी इस समय विधायकों को वापस बुलाने पर जनमत संग्रह कर रहे हैं, हस्ताक्षर अभियान में जुटे हैं। हस्ताक्षर मतदाता सूची के अनुसार ही करवाये जा रहे हैं। यहाँ पहले विधायक का घेराव किया गया था, उस ग़लती का एहसास होने के बाद अब छात्रों ने घेराव के बदले 'पहुँचाव' शब्द निकाला है : पहुँचाव में विधायक तक अपनी बात भर पहुँचा दी जायेगी, वह भी पहले से सूचित कर—मानना न मानना विधायक के विवेक पर छोड़ा गया है। देवघर में छात्र एक सस्ती रोटी की दुकान भी चला रहे हैं।

मुंगेर में वकील, व्यापारी, छात्र, शिक्षक, कलाकार, औरतें सब अपने घरों से निकल कर आन्दोलन में आ रहे हैं। प्रखण्ड स्तरीय काम में मज़दूरों को गल्ले में मज़दूरी दिलाने पर ज़ोर दिया जा रहा है। जमुई अनुमण्डल में विधायक से विश्वास उठ जाने के कारण बताते हुए मतदाता अपने प्रतिनिधि

को पोस्टकार्ड रवाना कर रहे हैं। भ्रष्टाचार निवारण के साथ सदाचार का भी पाठ हम सीख सकें इसकी कोशिश चली है। छात्र बसों में यात्रियों को बिना टिकिट न चलने के लिए प्रेरित कर रहे हैं। यहाँ छात्र, नागरिकों और रचनात्मक कार्यकर्त्ताओं में एक-दूसरे के प्रति काफ़ी समझ है। मुंगेर के माधोपुर और भोगल बाज़ार की छात्र व छात्रा संघर्ष समितियों ने मिल कर एक चित्र प्रदर्शनी लगायी है। बहुत गम्भीर चित्रों से लेकर हल्के-फुल्के मज़ाक़, व्यंग्य कविताओं तक के इन चित्रों से आज की सामाजिक, आर्थिक और राजनैतिक परिस्थिति दर्शायी गयी है।

यहाँ हस्ताक्षर अभियान में महिलाएँ घूम रही हैं। उनका कहना है कि हमें इस काम में कहीं भी विरोध नहीं मिला। कांग्रेस और साम्यवादी विचार के घरों में भी हमारी बातचीत मज़े में होती है। विधानसभा भंग के पक्ष और विपक्ष में इन महिलाओं को मिले हस्ताक्षरों का अनुपात ३० और ३ है।

इस तरह बिहार में आन्दोलन चल रहा है। कहीं लगेगा कि आन्दोलन ने सरकार को ठप्प कर दिया है, कहीं लगेगा कि आन्दोलन ही ठप्प पड़ा है। कहीं के कामों से गर्व से सिर ऊँचा हो जायेगा तो कहीं शर्म से नीचा भी हो सकता है। आन्दोलन के सक्रिय कार्यकर्त्ताओं, सहानुभूति रखने वाले लोगों और अपने को केवल दर्शकों की भूमिका तक ही सीमित रखने वाले लोगों के सिर इन दोनों स्थितियों में आ सकते हैं। आन्दोलन में काम कर रहे लोगों की, छात्रों की अपनी-अपनी सीढ़ियाँ हैं, किसी एक सीढ़ी पर खड़े छात्र पत्थर मारना, पुलिस को कुत्ता कहना, दुकानें जबरन बन्द करवाना, अपने विरोधियों को गालियाँ बकना, विधायक को जूता पहनाना ही क्रान्ति मानते हैं। उनसे भिन्न सीढ़ी पर खड़े लोग उन्हें समझा रहे हैं, सीढ़ी बदल रहे हैं उनकी। जो छात्र अपनी ही समस्याओं पर कभी सोच नहीं पाये वे एक आन्दोलन में बह कर समाज की, देश की समस्याओं पर सोचने लगे हैं, आज अकेले सोच रहे हैं कल अपने विरोधी को भी साथ लेकर सोच सकते हैं।

साधन शुद्धि का मामला उनका आदर्श तो है लेकिन कहीं-कहीं वह उनकी पकड़ में नहीं है। तुरन्त असर हो इसका मोह थोड़ा झूठ, थोड़ी हिंसा की ओर झुका देता है। लेकिन एक तरफ़ कुछ छात्र क्रान्ति के अपने ही सपने में शहीद भगतसिंह को सामने रख लेते हैं तो दूसरी ओर वे ही छात्र 'पुलिस आतंक फैला रही है' ऐसा कह घबराकर भूमिगत हो जाते हैं।

भूमिगत होकर वे जनआन्दोलन नहीं चला सकेंगे यह उन्हें अपने अनुभव से सीखना बाक़ी है।

केन्द्रीयकरण की परम्परा को बिहार के इस दौर ने तोड़ा है। स्वयं छात्र संघर्ष समिति के प्रदेश कार्यालय पर लोगों की, छात्रों की नज़र उतनी नहीं ठहरती। सब अपने-अपने साधनों से जैसा बनता है, जैसा सूझता है आन्दोलन चलाते हैं। इसमें कहीं-कहीं ढील भी आती है, लेकिन समन्वय बना रहना तो ज़रूरी है।

आन्दोलन अपने फैलाव पर है। इस मौक़े पर इसका विरोध करने वाले इसे तोड़ने की पूरी कोशिश कर सकते हैं। वैसे भी आदमी जुड़ नहीं पाता—जाति, सम्प्रदाय और राजनीति उसे अलग रखती है। एक जन-आन्दोलन ने इतने अलग-अलग पेशों और विचारों के लोगों को एक जगह कर दिया है। इस एकता के तोते में आन्दोलन के प्राण हैं, इस तोते को मारने की कोशिश भी हो रही है। कुछ क़स्बों में एक ही छात्र संघर्ष समिति में दो गुट बनने लगे हैं, यह विभाजन प्राय: सभी जगह सिद्धान्त के नाम पर ही है, लेकिन इससे तोड़ने की ताक़त और ताक़तवर होगी, इतना ध्यान रखना चाहिये।

नेत्रहीन उच्च विद्यालय पटना में दसवीं दर्जे में पढ़ रहे नवलकिशोर का कहना है कि 'बाहर से हम अन्धे हैं, लेकिन अब भीतर से हमें दिखने लगा है। जे.पी. के मौन जुलूस में शामिल होने के बाद हमारा रास्ता बदल गया है। हमने इस व्यवस्था का चित्र अपनी अन्धी आँखों से भी देख लिया है। एक बेहतर व्यवस्था लाने में हमारी भी उँगली लग सके, इस उम्मीद से हम इसमें आये हैं।' नवलकिशोर और उसके अन्धे साथियों के मन में जो ज्योति जगी है उसे कायम रखना बिहार के तरुणों की ज़िम्मेदारी है।

भूदान यज्ञ, ३ जून, १९७४

मुंगेर में निकला मूँगा और विष भी

आदर्श और निषिद्ध इन दो छोरों के बीच जितने भी छोर हो सकते हैं, इन सबको कहीं कम कहीं ज़्यादा छूने वाला बिहार का आन्दोलन अब शहरों से क़स्बों में और क़स्बों से गाँव में पहुँच रहा है। आज से एक महीने पहले जो नारे केवल शहरों की सीमेंट चढ़ी दीवारों पर मिलते थे वे अब गोबर से लिपी दीवारों पर भी चमक रहे हैं। जगह–जगह छात्र संघर्ष समितियों के साथ जनसंघर्ष समितियाँ बनती जा रही हैं। आन्दोलन की सही ताक़त जे.पी. द्वारा सुझाये गये पाँच सप्ताह के कार्यक्रम के अनुसार चलने में है। लेकिन कहीं–कहीं परिस्थितियाँ ऐसी बनती गयी हैं कि छात्रों या नागरिकों ने अपने इस कार्यक्रम को उठाने में अपनी ताक़त लगा दी है। ध्यान बाँटने की इस योजनाबद्ध कोशिश का नतीजा वही होगा जो इस आन्दोलन के विरोधी चाह रहे हैं—जन–आन्दोलन कमज़ोर होगा, लम्बे लक्ष्यों की उपलब्धि के प्रयत्न से हटकर वह छोटी–मोटी निरर्थक बातों के विरोध में फँस कर टूट जायेगा।

विधान सभा भंग करने के तीसरे सप्ताह के दौरान आन्दोलन के समर्थकों और विरोधियों के बीच बिहार के कई क्षेत्रों में संघर्ष होने की ख़बरें आयी हैं। कांग्रेस के कार्यकर्त्ताओं और नागरिकों व छात्रों के बीच हुए इस संघर्ष में मुंगेर की घटना एक साथ कई तथ्यों को खोलती है। ढेलेबाजी और गोली चलने के बाद लगे कर्फ़्यू के उठने पर भूदान–यज्ञ के संवाददाता ने घटना का विवरण इस प्रकार दिया है : तेरह मई को मुंगेर की ओर जैसे–जैसे हम बढ़ते गये, मरने वालों की संख्या लगातार कम होती गयी। देवघर में बताया था कि कल के संघर्ष में आठ लोग मरे हैं, बरियारपुर (मुंगेर से

१५ मील पीछे) तक वह संख्या एक तक उतर गयी। कहा गया कि आज शाम आठ बजे से पुनः कर्फ़्यू लगेगा, सात बज चुके थे इसलिए हम तेज़ी से रवाना हुए, जिससे कर्फ़्यू से पहले शहर में प्रवेश कर सकें। रास्ते भर हमारे मन में एक तनाव और आतंक से भरे सुनसान शहर का चित्र उभर रहा था। मुंगेर की सीमा कब शुरू हुई हमें मालूम ही नहीं पड़ा, देहाती अँधेरी सड़क पर शहरी बिजली के खम्भे शुरू हो गये थे, हम सोच रहे थे कि अब कर्फ़्यू का इलाक़ा आयेगा, पुलिस रोकेगी...।

लेकिन रिक्शेवाले, औरतें-बच्चे फिर पान की खुली दुकानें, रेडियो सीलोन से आते फ़िल्मी गानों के बीच से होते हुए हम लोगों की टैक्सी बाज़ार के चौक तक जब बिना किसी रोक-टोक के आ गयी तो हमें ख़ुद उतर कर पूछना पड़ा कि यहाँ कर्फ़्यू नहीं है क्या? पान की पीक थूक कर जवाब मिला, शाम लगा था सुबह उठा लिया गया। कल यानी १२ मई को कांग्रेस का जुलूस निकला था, उस पर हमले में ६७ लोग घायल हुए, एक छात्र गोली से घायल हुआ फिर भी केवल २४ घण्टे बाद शहर की इतनी सामान्य हालत का कारण जान सकना बहुत कठिन दिख रहा था। लेकिन इस सामान्य हालत के कारण पूरी घटना में मौजूद ही थे।

थोड़ा पीछे लौटें। १७ अप्रैल को केन्द्रीय उपमन्त्री डी.पी. यादव ने तय किया कि वे अपने चुनाव क्षेत्र मुंगेर में आयेंगे। उनका यह हक़ था ही, इस हक़ से उन्हें कोई रोक नहीं सकता था, रोकना भी नहीं चाहिये था। मुंगेर के छात्रों और नागरिकों को यादव की प्रस्तावित यात्रा की ख़बर लगी। उन्होंने सरकार की दमन नीतियों के विरोध में यादव की यात्रा का बहिष्कार तय किया। पूरे मुंगेर में काले झण्डे छा गये। तय हुआ कि जब मन्त्री शहर में प्रवेश करें तो उन्हें एक भी आदमी सड़कों पर न दिखे। ऐसे स्वागत की तैयारी की ख़बर यादव को पटना में ही लग गयी, उन्होंने मुंगेर यात्रा रद्द कर दी।

इधर मई के पहले हफ़्ते में प्रदेश कांग्रेस कमेटी ने तय किया कि अपनी 'जनवादी' नीतियों के प्रचार में, 'प्रतिक्रियावादी' शक्तियों के विरुद्ध जनमत जगाने के लिए जगह-जगह कांग्रेस रैलियों का आयोजन किया जाना चाहिये। मुंगेर में ज़िला स्तरीय रैली की तारीख़ तय हुई १२ मई।

केन्द्रीय शिक्षा उपमन्त्री यादव व बिहार के उद्योग मन्त्री चन्द्रशेखर ११ मई

की रात को मुंगेर आये। कहा जाता है कि मुंगेर के आसपास के गाँव में घूमे, यादव जाति के लोगों से आग्रह किया गया कि वे कल के जुलूस में आयें। बिहार में कहा जाता है कि कोई आदमी नहीं होता, आदमी का आदमी होता है। जनता को राजनैतिक दलों में बाँटा जाता है फिर उन दलों को कुछ आदमियों में। इस तरह कहीं आपको जगजीवन राम के आदमी मिलेंगे, कहीं ललित बाबू के तो कहीं यादव जी के तो कहीं कर्पूरी ठाकुर के, सब आदमी के आदमी माने जाते हैं। इसी सिद्धान्त से मुंगेर में आन्दोलन को तीन जातियों—भूमिहार, राजपूत और मुसलमान के नेताओं के आधार बना तोड़ने की कोशिश चली। लोगों ने इसे बढ़ती महँगाई, भ्रष्टाचार और उससे भी ऊपर हाल में ही हुए गोलीकाण्ड के कारण अस्वीकार किया ऐसा बताया गया। फिर भी जुलूस की तैयारी की गयी। ज़िले के अधिकांश विधायक, दो मन्त्री व कुछ स्थानों के सक्रिय कार्यकर्त्ता मुंगेर आ चुके थे लेकिन लोगों का कहना है कि जुलूस में शामिल होने बहुत से 'ग़ैर-कांग्रेसी' भी आये थे।

छात्र संघर्ष समिति ने तय किया कि वह टाउन हॉल का घेराव करेगी। और जुलूस के बाद उसमें होने वाली सभा में विधायकों से इस्तीफ़े माँगेगी। उसका निर्णय था कि वह कांग्रेस जुलूस में कहीं भी अड़चन नहीं पैदा करेगी। लेकिन १२ मई की सुबह तड़के ही समिति के कार्यालय में आग लग गयी। आग से वैसे कोई ख़ास नुक़सान नहीं हुआ फिर भी छात्रों में इस घटना से काफ़ी असन्तोष फैल गया। आन्दोलन के समर्थन और विरोध में काम कर रहे गुटों के बीच परस्पर उत्तेजना फैलाने का घटनाक्रम शुरू हो गया।

दफ़्तर जलने के बाद छात्रों ने शहर में एक ट्रक पर घूम कर शहर में आये मन्त्रियों, विधायकों के ख़िलाफ़ नारे लगाये। दोपहर को तिलक मैदान में, जहाँ से जुलूस शुरू होने वाला था, गुण्डों को भोजन कराने और पैसा बाँटने की ख़बर शहर में फैल गयी।

चार बजे जुलूस तिलक मैदान से रवाना हुआ। छात्र वहाँ नहीं थे, उन लोगों ने अपनी पूरी ताक़त जुलूस की मंज़िल यानी टाउन हॉल पर लगा दी थी। हॉल के गेट पर विधायकों का प्रवेश रोकने बच्चे लेटे हुए थे, या फिर दूसरों के शब्दों में किराये पर लिये गये बच्चे लिटाये गये थे। इधर कांग्रेस का जुलूस या फिर दूसरों के शब्दों में 'ख़रीदे गये गुण्डों' का जुलूस शहर

की ओर बढ़ रहा था। 'प्रतिक्रियावादियों' के विरुद्ध जनमत जगाने वाले उस जुलूस में कितने लोग शामिल थे ? प्रदेश मन्त्री चन्द्रशेखर के अनुसार जुलूस में ५००० लोग थे, एक अन्य कांग्रेस विधायक राजेन्द्रप्रसाद सिंह के अनुसार 'हम लोग हज़ार से कम थे।' नागरिकों का कहना है कि जब जुलूस चला तब उसमें कोई ५०० लोग रहे होंगे लेकिन शहर की ओर आते-आते उसकी संख्या घटकर क़रीब २०० रह गयी। इसी क्रम में विरोध करने वालों की संख्या कांग्रेस के लोगों के अनुसार २००/३०० से अधिक नहीं थी जबकि लोग भावावेश में कह जाते हैं कि 'पूरा मुंगेर जुलूस का विरोध कर रहा था।'

जुलूस तिलक मैदान से निकलकर शाह जुबैर रोड पर मुड़ा। इधर ८-१० बरस के छोटे-छोटे बच्चों का एक झुण्ड खड़ा था। उसने जुलूस को हुर्रे-हुर्रे कह कर चिढ़ाया। आगे जीप में मन्त्री थे उनके पीछे पुलिस की जीप फिर केन्द्रीय मन्त्री पैदल थे। फिर कार्यकर्त्ता। अन्त में एक ट्रक था जिस पर बहुत से लोग बैठे थे। कहा जाता है कि इस ट्रक में लाठी और पत्थर भरे हुए थे जिनका 'उचित समय' पर इस्तेमाल किया जा सकता था। वह 'उचित समय' आया भी लेकिन जुलूस के विरोधियों के पक्ष में।

कोल्ड स्टोरेज के पास पहला पटाखा चला, दोनों पक्ष एक-दूसरे को उसका श्रेय देते हैं। जुलूस मेन बाज़ार में आ गया था। उसके समर्थन में शाम चार बजे हर दुकान पर पोस्टर्स चिपकाये गये थे। केवल एक ही घण्टे में वे सब ग़ायब थे। उनके बदले 'यादव वापस जाओ' की पर्चियाँ जगह-जगह दीवारों पर, नीचे पिघली डामर की सड़क पर तक चिपकी हुई थीं।

पटाखे की आवाज़ बम की अफ़वाह बनी। टाउन हॉल तक पहुँची। कहा जाता है कि छात्र संघर्ष समिति ने किसी भी परिस्थिति में जुलूस से नहीं उलझना तय किया था लेकिन समिति का एक हिस्सा किसी मौक़े की तलाश में था। बम की अफ़वाह ने उन्हें वह मौक़ा दे डाला। कुछ छात्र टाउन हॉल से जुलूस की ओर चल दिये। जुलूस जिस जगह जितना ऊँचा काला झण्डा देखता उतनी ज़ोर से 'इन्दिरा की सरदारी में देश को आगे बढ़ना है' नारा लगाता।

जुलूस मुख्य बाज़ार में खादी भण्डार के सामने आ गया था। भण्डार के

कार्यकर्त्ता भण्डार से ख़रीदे गये खादी के झण्डों से सजे जुलूस को छत से देख रहे थे। (पूरा बाज़ार जुलूस के विरोध में बन्द था) झण्डे धीरे-धीरे खिसक रहे थे, अगले चौराहे पर पहुँच कर रुक गये। सुना कि आगे छात्र आ गये हैं। दोनों ओर फुटपाथ पर भी दर्शकों की भीड़ जमा थी। नोकझोंक हुई। कहा गया कि ट्रक से कुछ लाठियाँ निकाल कर भीड़ से एक दो लोगों को जुलूस में खींच कर मारा गया। फुटपाथ पर लोगों में भगदड़ हुई। अगल-बग़ल के लोग जुलूस के पीछे आ गये। जुलूस घिर गया। सामने छात्र, पीछे, दायें-बायें भीड़ बग़ल के घरों से ईंट और ढेलों की बरसात शुरू हो गयी। आगे चल रहे मन्त्रियों को पुलिस की जीप ने एक अन्य जीप में बिठा कर घटना स्थल से तेज़ी से निकाल कर बचा लिया। खादी भण्डार से भीड़ में दिख रहे कांग्रेस के झण्डे एकाएक ग़ायब हो गये, जुलूस के लोग आसपास की गलियों में भागे, ऊपर घरों से चलने वाले ढेलों से बचने। कहते हैं हर गली में एक-एक को पकड़ कर लोगों ने मारा। घरों के ऊपर से ढेले फेंकने में 'स्त्री शक्ति' का काफ़ी बड़ा हाथ था। इसे मारने वालों से लेकर मार खाने वाले सभी लोगों ने स्वीकार किया। मारने वालों ने गर्व के साथ, मार खाने वालों ने आश्चर्य-मिश्रित शर्म के साथ।

शाम को मुंगेर अस्पताल में ६७ घायल भरती हुए। प्राय: सभी सिर, पीठ, हाथों, पैरों पर लाठी और ढेलों की मार से घायल हुए थे। सुबह तक अस्पताल में कोई ३० लोग रह गये। लोगों का कहना है कि आसपास से लाये गये घोषित गुण्डों को कांग्रेसियों की तरह तो अस्पताल में रखा नहीं जा सकता था। छात्रों की ओर से बेकसूर बलराम को गोली लगी और उसकी बायीं टाँग को घुटने के नीचे से काटना पड़ा। बलराम आधे घण्टे पहले पटना से आये थे। जुलूस देख रहे थे। छात्र संघर्ष समिति का कहना है कि हमारी ओर से भी कुछ छात्र घायल हुए हैं, लेकिन उन्हें गिरफ़्तारी के भय से अस्पताल में भरती नहीं किया गया। लेकिन इसमें शंका की गुंजाइश है, नागरिकों में से भी कोई घायल नहीं हुआ। तो इस तरह मोटे तौर पर जुलूस के कांग्रेसी सदस्य व ग़ैर-कांग्रेसी सदस्यों से ही घायलों के आँकड़े भर जाते हैं।

घायल कांग्रेस विधायक राजेंद्रप्रसाद सिंह ने, जिनका पूरा परिवार सर्वोदय से सम्बन्धित रहा है, संयोजन समिति के सदस्य नारायण देसाई को बताया

कि दूसरी ओर काफ़ी तैयारी थी, फिर भी हम लोगों को अपना जुलूस निकालने का लोभ था। फिर जब से जे.पी. ने इस आन्दोलन का नेतृत्व स्वीकारा था तब से हम निश्चिन्त हो गये थे। छात्रों ने भी हमें न आते समय छेड़ा (मुंगेर में प्रवेश करते समय) न जाते समय। छात्र संघर्ष समिति के दफ़्तर जलाये जाने की घटना से हम परिचित नहीं थे। लेकिन जुलूस पर हमला छात्रों ने नहीं किया, उनकी आड़ में मुहल्ला समितियों के लोगों ने किया। हैरत है कि औरतें और छोटे-छोटे बच्चे भी घरों की छत से ढेले चला रहे थे। कांग्रेस में रहते हुए भी हम सर्वोदय के साथ चलते रहे हैं। आज हमारा आमना-सामना हो गया है। मैंने तो आचार्य राममूर्ति से भी आग्रह किया है कि आज की परिस्थिति के हल के लिए हम सबको साथ बैठ कर कुछ करना चाहिये। चारों ओर फैले एक भ्रष्ट जीवन को मिटाने के लिए जो आन्दोलन चला है वही भ्रष्ट हो रहा है, मैं भयभीत अनुभव कर रहा हूँ। उस दिन पुलिस प्रभावहीन थी, उस दिन यदि वह काफ़ी पहले गोली चलाती तो गया गोली काण्ड से भी चौगुना संहार हो जाता। हम कांग्रेस के लोग इस बात से ख़ुश ही हैं कि पुलिस ने हस्तक्षेप नहीं किया।'

इस मुहल्ले की महिलाओं का कहना है कि 'यह घटना नहीं होनी चाहिये थी फिर भी सारी घटना की ज़िम्मेदारी यादव की है। चाहे कांग्रेसी घायल हुए हों चाहे छात्र, सब यादव के कारण हुआ। वे जुलूस ही निकालना चाहते थे तो अपने कार्यकर्त्ताओं का निकालते। गुण्डों को बुला कर अपनी ताक़त दिखाने का यह नतीजा निकला।' आवेश में बोल रही इन औरतों ने नारायण देसाई के समझाने पर बहुत देर बाद यह स्वीकार किया कि स्त्रियों की शक्ति हिंसा नहीं है और उन्हें इस घटना पर खेद है। नारायण भाई ने उनसे साफ़ किया कि आप लोगों ने प्रतिज्ञा की थी, वह ग़ुस्से के कारण भंग हो गयी। कारण कितना भी ठीक दिखे, सत्य और अहिंसा पर आधारित ताक़त तो खो गयी है।

जनाब मौलाना मिनतुल्लाह रहमानी ने, जो मुंगेर के एक मुस्लिम संगठन के धार्मिक नेता हैं और हाल ही में कांग्रेस की ओर से बिहार विधान परिषद् के सदस्य नामजद किये गये हैं, कहा कि आन्दोलन आप लोगों के हाथ से निकल कर उनके हाथ में आ गया है जो हिंसा में भरोसा रखते हैं।

आन्दोलन के समर्थक, बिहार आचार्यकुल के सक्रिय सदस्य अँग्रेज़ी के प्रोफ़ेसर जाबिर हुसैन का बयान आम लोगों में व्याप्त न सिर्फ़ विरोध बल्कि घृणा तक को सूचित करता है। प्रोफ़ेसर जाबिर जुलूस देखने चौराहे पर गये थे। जब ढेलों की बरसात होने लगी तो वे गली में चले गये। वहाँ उन्होंने एक बहुत तन्दरुस्त आदमी को लगभग मरणासन्न हालत में सड़क पर गिरा पाया। वह पानी-पानी चिल्ला रहा था। प्रोफ़ेसर जाबिर ने आसपास के घरों से पानी माँगा, लोगों ने जिनमें कई औरतें भी शामिल थीं, मुझे उसे पिलाने को पानी नहीं दिया। एक ने तो कहा कि इस गुण्डे से बहुत ही सहानुभूति है तो गंगाजल ले आओ और पिला दो। मैं वहाँ से भाग कर खादी भण्डार आया जहाँ से पुलिस को फ़ोन कर सूचित किया कि पंजाब नेशनल बैंक के पीछे ऐसी हालत में एक आदमी पड़ा है। उसे तुरन्त अस्पताल पहुँचाइये।

यह घृणा हमें कहाँ ले जायेगी यह सवाल तो है ही लेकिन इसके साथ एक और सवाल आता है। जिन लोगों ने आज से दो साल पहले प्रचण्ड बहुमत प्राप्त कर व्यवस्था सँभाली थी इतने कम समय में जनता ने उनके प्रति विश्वास क्यों खो दिया, वह अविश्वास इस घृणा में क्यों बदल गया? क्या लोगों की घृणा और हिंसा के पीछे शासन और समाज में एक बड़े पैमाने पर छिपी घृणा और हिंसा नहीं है?

ज़िला सर्वोदय मण्डल मुंगेर के अध्यक्ष निर्मलचन्द्र का कहना है कि मुंगेर के इस काण्ड में हम असफल हुए हैं। बिहार आचार्यकुल के अध्यक्ष प्राचार्य कपिल ने कहा कि असामाजिक तत्त्व शब्द अब भाववाचक संज्ञा बनता जा रहा है।

घटना की रात को उद्योगमन्त्री चन्द्रशेखर ने सर्किट हाउस में नारायण देसाई से कहा कि वे अनिश्चित काल के लिए अनशन पर बैठ रहे हैं, नारायण भाई ने कहा कि यदि उनकी जगह होते तो वे भी अनशन ही करते, अपनी वेदना व्यक्त करने के लिए। नारायण भाई ने अनुरोध किया कि वे अनिश्चित के बदले निश्चित समय का अनशन करें। उधर केन्द्रीय उपमन्त्री यादव ने संकेत किया है कि वे मुंगेर में अगले माह एक जुलूस फिर निकालेंगे।

घायल लोग धीरे-धीरे अपने घर रवाना हो रहे हैं। उनके घाव भर जायेंगे।

लेकिन मन में हमला करने वालों के प्रति जो घृणा के घाव होंगे वे आसानी से भरेंगे नहीं और उन हमलावरों के मन में जो घृणा है उसके घाव भरेंगे? १२ मई के बाद मुंगेर फिर बिलकुल स्वाभाविक हो गया है, लोग पान खा रहे हैं, पीक-थूक रहे हैं, रेडियो पर गाने बज रहे हैं, लेकिन मुंगेर का मन???

भूदान-यज्ञ, २७ मई, १९७४

ग्राम स्वराज्य का संसद से सम्बन्ध जुड़ा

रुद्रपुर (ज़िला नैनीताल) में १० से १२ अप्रैल तक हुए उत्तर प्रदेश सर्वोदय सम्मेलन में ३५ ज़िलों से आये १२५ लोकसेवकों ने पिछले चौदह महीनों से चली आ रही 'अन्तरिम' व्यवस्था को ख़त्म कर एक बार फिर बाक़ायदा सर्वोदय मण्डल गठित कर लिया है। चम्बल के बाग़ियों के बीच काम करने वाले महावीर सिंह सर्वसम्मति से अध्यक्ष चुने गये हैं। महँगाई, भ्रष्टाचार, कुशासन जैसी जागतिक बुराई के दौर से गुज़र रहे देश में... छात्र और जनता की बिखरी और सरकार की संगठित हिंसा के टकराव की घटनाओं का प्रदेश सम्मेलन में हुई बहसों पर पर्याप्त असर था। ऐसे वातावरण में गाँव और शहर के लोकसेवक क्या काम करें, कैसे करें जैसे प्रश्नों का कोई सर्वसम्मत उत्तर प्रदेश सम्मेलन में नहीं निकला, लेकिन सर्वोदय आन्दोलन के लचीलेपन के कारण उपमहाद्वीप और देश की परिस्थिति पर एक निवेदन सभी लोकसेवकों की सहमति से पास हो गया।

१० अप्रैल को शुरू हुए खुले अधिवेशन में महावीर सिंह व सुन्दरलाल बहुगुणा ने क्रमशः सम्मेलन अध्यक्ष ओमप्रकाश गौड़ और उद्घाटक स्वामी चिन्दानन्द का परिचय कराया। रामप्रवेश शास्त्री ने गत एक वर्ष में जुदा हुए साथियों की स्मृति में शोक प्रस्ताव रखा। स्वागत भाषण में सम्पन्न तराई की जनता की ओर से अभिनन्दन करते हुए रामसुमेर भाई ने जहाँ यह उम्मीद की कि सत्ता की राजनीति से अलग रहकर काम कर रहे लोकसेवक घिरती हुई समस्याओं का हल खोज निकालेंगे वहाँ उनके बाद के वक्ता देव जी ने (इस क्षेत्र से कांग्रेसी विधायक हैं) ऐसे ईमानदार लोकसेवकों को सक्रिय राजनीति में आकर देश की समस्याओं को हल

करने का निमन्त्रण दे डाला। उन्हें विश्वास था कि दलीय पद्धति बनी रहेगी। पहले के मार्क्सवादी और अब के जनसंघी रुद्रपुर के मेयर चतुर्वेदी जी को, जिन्हें सन् '७२ में डाकुओं का हृदय-परिवर्तन देखकर विश्वास हुआ था कि ज़ोर-ज़बरदस्ती के बदले समझा-बुझाकर भी समस्या हल हो जाती है। सर्वोदय सम्मेलन का मंच इतना पवित्र लगा कि उन्होंने सत्तारूढ़ दल की आलोचना की इच्छा को रोक कर केवल चरैवेति-चरैवेति अपने लक्ष्य की ओर सदा बढ़ते रहो भर कहा।

उद्घाटनकर्ता स्वामी चिन्दानन्द ने अपनी अमेरिकी यात्रा के दौरान टेनिसन की पुस्तक 'द सेंट हू बाक्स' से (पदयात्री संन्यासी) विनोबा को जाना था। वे पिछले तीन वर्षों से उत्तराखण्ड के सर्वोदय कार्यों में मदद दे रहे हैं। उनको गौड़ साहब ने माला पहनायी तो स्वामी जी ने उनके पैर छू लिये।

स्वामी जी का लगभग दो घण्टे का उद्घाटन भाषण अध्यात्म रहित विज्ञान की अन्धी दौड़, वायु प्रदूषण, मध्यम दर्जे की तकनीक आदि अनेक विषयों को समेटता था।

आज की दुनिया पर छाये संकट का जिक्र करते हुए उन्होंने कहा कि 'इसके मूल कारण हटाये बिना यह दूर नहीं होगा।' अन्य कोई भी पद्धति लीपा-पोती ही होगी, हम बोझे को सिर से उतार कर कभी बायें कन्धे पर रखेंगे तो कभी दायें पर। केवल सर्वोदय के रास्ते से ही समस्याओं की गठरी हमारे शरीर से उतरेगी। विनोबा ने पदयात्राओं के माध्यम से ही लोगों के मन में प्रवेश कर उनकी समस्याओं का हल किया है—ऐसा कहते हुए उन्होंने लोकसेवकों से आग्रह किया कि वे उत्तर प्रदेश में अनेक अखण्ड पदयात्राओं द्वारा विचार फैलायें।

दूसरे दिन, ग्यारह बजे लोकसेवकों की बैठक में संयोजक बहुगुणा ने वार्षिक रपट पेश करने की परम्परा को तोड़ा। उन्होंने नया तरीक़ा सुझाया। काम कर रहे कार्यकर्त्ता ही अपने-अपने क्षेत्रों में साल भर के काम की रपट दें। किसी एक व्यक्ति द्वारा पेश की जाने वाली नीरस रपट से यह तरीक़ा बेहतर साबित होता यदि सम्मेलन में प्रदेश में चल रहे अलग-अलग कामों को करने वाले लोगों का पूरा प्रतिनिधित्व होता या वक्ता अधिक समय नहीं लेते। लेकिन ऐसा हुआ नहीं इसलिए चम्बल का बाग़ी आत्मसमर्पण, बाह इटावा में मतदान, शिक्षण (रपट दी महावीर सिंह ने),

भूदान यज्ञ समिति (हरप्रसाद), आचार्य कुल (रामरतन), तरुण शान्ति सेना (प्रदेश अध्यक्ष कुँअर प्रसून की अनुपस्थिति में विनय भाई), खादी कार्य (करण भाई), चिपको आन्दोलन (चण्डीप्रसाद भट्ट)—इतने ही काम की रपट सामने आ सकी। ककुवन ब्लॉक मिर्ज़ापुर का वनवासी सेवा आश्रम उपवास दान, उत्तराखण्ड में १२० दिन पदयात्रा, हिमालय सेवा संघ द्वारा जौनसार बाबर, रवाई क्षेत्रों में आयोजित एक माह की पदयात्रा आदि अनेक कार्यों की जानकारी छूट गयी।

बैठक के शुरू में विनय भाई और राधेश्याम योगी ने पटना में आठ अप्रैल को निकले मौन जुलूस का आँखों देखा हाल सुना कर बैठक स्थल को कुछ समय के लिए पटना ही पहुँचा दिया था। राष्ट्रीय मोर्चे सहरसा के अन्तिम सर्वोत्तम अभियान का वर्णन प्रकाश भाई ने सुनाया। उन्होंने सहरसा के मूल्यवान अनुभवों को सहरसा की निधि व देन बताया।

वार्षिक आय की रपट के इस सत्र में साढ़े दस बजे, चम्बल की रपट रोक कर विष्णुसहस्र नाम का पाठ शुरू किया गया। कुछ लोगों ने कार्यवाही रोक कर पाठ करना ठीक नहीं माना। उन्होंने पूछा कि यह पाठ सुबह या बैठक के बाद नहीं किया जा सकता था? सभी जानते हैं कि पाठ का समय पूरे देश में १०.३० रखा गया है। उसे स्वीकार करना या न करना बिल्कुल अलग बात है। लेकिन ऐसा वातावरण नहीं बनने देना चाहिये कि जिससे आस्तिक या नास्तिक, किसी के भी मन में अपनी निष्ठाओं को लेकर अपराध-भाव-सा आ जाये।

शाम को खुले अधिवेशन में ओमप्रकाश गौड़ ने ताज़गी भरे अध्यक्षीय भाषण में संसदीय प्रणाली के संकट, ग्राम स्वराज्य के स्पष्ट चित्र, ग्रामसभा, क्षेत्रीय परिषद् जन प्रतिनिधि आदि पर विस्तार से बोलते हुए कहा कि लोकतन्त्र का वर्तमान ढाँचा अभी बना रहेगा। इसलिए उसका निरन्तर विकास करते चले जाना है, यह विकास उसे सच्चे, प्रत्यक्ष लोकतन्त्र में बदल सकेगा। इस वर्ष उत्तर प्रदेश में हुई क्षेत्रीय परिषद् और मतदाता शिक्षण कार्य में उन्होंने कहा कि जयप्रकाश ने ग्राम स्वराज्य के काम का वर्तमान संसदीय प्रणाली से भी रिश्ता जोड़ा है। आख़िर इस संसदीय प्रणाली को ग्राम स्वराज्य की गंगा में ही तो लुप्त होना है। उन्होंने आग्रह किया कि इन परिषदों को ग्रामदान की मूल क्रान्ति से जुदा कोई कार्यक्रम नहीं मानना चाहिये। हम किसी भी ओर चलें हमें मंज़िल बराबर ध्यान में

रखनी है, मंज़िल हमारी ग्राम स्वराज्य ही है। फैल रही हिंसा और अराजकता की भर्त्सना करते हुए उन्होंने चेताया कि देश में ऐसी ताक़तें हैं जो गाँधी-विनोबा को अपना मसीहा नहीं मानतीं, यदि हम सजग नहीं रहे तो ये ताक़तें देश को एक ऐसे बिन्दु तक भी ले जा सकती हैं जहाँ से लौटना बहुत कठिन होगा। शासनकर्ताओं को नेक सलाह देते हुए ओमप्रकाश गौड़ ने कहा कि सरकारें दमन से अल्पायु होती हैं, सद्भावना और उदारता से दीर्घायु। हमें सत्तारूढ़ और विरोधी दोनों तरह के दलों को तीसरे रास्ते से परिचित कराना है।

विनोबा या जे.पी. के कार्यक्रमों तक ही कोई लोकसेवक अपने को सीमित न रखे। उन्होंने अहिंसा के तरकश के कई तीरों का ज़िक्र करते हुए अन्त में कहा कि हमारी मंज़िल समग्र क्रान्ति की है, समाज ग्राम या शासन सुधार की नहीं। नयी राहें, नये कार्यक्रम हमें मैदान में सूझेंगे।

कभी-कभी लोग धीरज जल्दी खो बैठते हैं, कम से कम उन विचारों को सुनते समय जो उन्हें पसन्द नहीं। अध्यक्ष के भाषण के दौरान 'घण्टी बजाओ' की आवाज़ कसी गयी। भाषण के बाद ख़ुद गौड़ साहब को यह कह कर कि लोग ऊब चुके हैं, राधेश्याम योगी व कपिल अवस्थी को गीत गाने बुलवाना पड़ा।

रुद्रपुर के लोगों के बीच दूसरी बार आये डॉ. दयानिधि पटनायक ने देश-दुनिया की समस्याओं का हल तलाशने वालों के सामने एक दूसरा पहलू रखा। विनम्र वैज्ञानिक पटनायक का कहना था कि हिंसक या अहिंसक किसी भी तरह के क्रान्तिकारी को आशावादी बनना होगा। निराशा का अर्थ मौत है। निराशा के बीच भ्रष्टाचार, बुरा शासन आदि देखकर उनसे निपटने के लिए सत्याग्रह आदि सोचने के बारे में डॉ. पटनायक ने कहा कि क्या विनोबा को भ्रष्टाचार नहीं दिखता, उसने तो 'भ्रष्टाचार ही शिष्टाचार हो गया है' कह दिया है। वह सत्याग्रह क्यों नहीं करता—क्या वह सत्य से डरता है? आज किसी भी समस्या को हल करते समय लोगों को जोड़कर एक साथ आगे ले जाने का हमारा काम होना चाहिये। प्रेम से एकता, एकता से शान्ति, शान्ति से अहिंसा तक पहुँच कर ही हम अन्त में सत्य की मंज़िल पर पहुँच सकेंगे।

लोक स्वराज्य की बात करते हुए पटनायक ने कहा कि बाबा ने उत्तर प्रदेश

में एक ज़िला लेकर इस काम को पूरा कर दिखाने का सुझाव दिया ही था। वहाँ से यदि जन प्रतिनिधि सरकार में जाते हों तो सरकार पर हमारा रंग चढ़ जाता। एशिया में तीन देश हैं। चीन की आबादी ७० करोड़, भारत की ५५ करोड़ और रूस की २५ करोड़। रूस और चीन के विचार यहाँ फैल रहे हैं। चौथा देश २० करोड़ वाला—अमेरिका भी है। इसलिए हम जो भी क़दम उठायें, यह सावधानी बरतें कि उससे कहीं गृह-युद्ध तो नहीं होगा।

भ्रष्टाचार हटाने की बात एक भ्रम ही है। इसके लिए सामाजिक, आर्थिक, राजनैतिक परिवर्तन की ज़रूरत है। वैज्ञानिक युग है, परिवर्तन ज़रूर आयेगा। हम मौजूदा व्यवस्था को टिकाये नहीं रखना चाहते, इसे बदलना है लेकिन समझा-बुझाकर या ज़ोर-ज़बरदस्ती से? विचार की शक्ति से आचार तक जायेंगे तब विधान, क़ानून ख़ुद विचार के पास आ गिरेगा। जब किसी बात से ९० लोग सहमत होंगे १० नहीं तो उन १० के लिए क़ानून आयेगा। क्रान्ति साध्य और साधन पर उन्होंने कहा कि 'आप कोई भी क़दम उठायें यह पक्का कर लें कि इसका अन्त हिंसक, तोड़-फोड़ में नहीं हो। हिंसा भड़काने की कोशिश कोई करे तो भड़का न पाये क्योंकि साध्य हमारा कई विचारों से मिलता है लेकिन साधन हमारे बिलकुल अलग हैं।'

भ्रष्टाचार और बुरे शासन से अकेले नहीं निपटा जा सकता। हम कहें कि इस दोष में आप और हम दोषी हैं, आओ एक साथ चलकर इसे साफ़ करें। विनोबा के पास राष्ट्रीय स्वयं सेवक संघ के देवरस भी आते हैं और इन्दिरा भी, दोनों को उनका मार्गदर्शन है। यह हमारी कसौटी होगी, सब से कह सकें कि आओ मिल कर चलें और वे चलें भी। पटना के मौन जुलूस का समर्थन करते हुए उन्होंने कहा कि मैं उस दिन का इन्तज़ार कर रहा हूँ जब चार लाख के बदले चार करोड़ लोग हमारे साथ होंगे।

डॉ. पटनायक के भाषण के दौरान उनसे बीच में ही प्रश्न पूछने की कोशिश की गयी। भाषण के अन्त में भी उनसे असहमत कुछ लोकसेवक 'भ्रम फैलाये' जाने की शिकायत करते रहे।

इस सत्र में सम्पन्न तराई के विपन्न भूमिहीनों की समस्या का हल भी शुरू किया—९२ वर्षीय लगनप्रसाद ने मंच पर आकर दो एकड़ ज़मीन का दान दिया। तराई में इस उपजाऊ ज़मीन की क़ीमत बीस हज़ार रुपये है। मैत्री

पत्रिका के नये ग्राहकों को सम्पादिका निर्मला बहन ने नये अंक भी भेंट किये।

मास्टर सुन्दरलाल के सन्तुलित भाषण ने एक-दूसरे से भिन्न दृष्टिकोण रखने वालों से सहिष्णुता न खोने का आत्मीय आग्रह किया। उन्होंने कहा कि इस परिस्थिति में विनोबा को भी तकलीफ़ है, जे.पी. को भी। निर्मला बहन को भी किसी से कम दुख होगा यह मैं नहीं मानता। मुज़फ़्फ़रपुर में निर्मला बहन को नक्सली धमकी मिलने पर जे.पी. की आँखों में आँसू आये थे और जे.पी. के लिए बाबा की आँख में। क्या जे.पी. की आँख अहिंसा से हट जायेगी? अन्त में उन्होंने कहा कि अपने साथियों को साम्प्रदायिक दंगों की आग में झोंक देते हैं, कोई साथी आज अपने को ख़ुद झोंकने के लिए निकलेगा तो हम विचारों की बहस में नहीं पड़ेंगे—उसकी बिदा फूलमाला पहना कर करेंगे।

शाम को उत्तराखण्ड के साथी अलग से बैठे, उन्होंने अखण्ड पदयात्राओं, शराबबन्दी, स्त्री शक्ति जागरण, सरला बहन के ७५वें जन्मदिन पर ७५ दिन की महिला पदयात्रा निकालने की योजना और चिपको आन्दोलन पर बातचीत की। सम्मेलनों में बहुप्रतीक्षित गरम भाग नये चुनाव का होता है। लेकिन रुद्रपुर में उस रात वह काफ़ी ठण्डा रहा। भोजन के बाद हुए इस सत्र में कोई ९० लोकसेवक रहे होंगे। महावीर सिंह व ओमप्रकाश गौड़ के नाम अध्यक्ष पद के लिए आये। नियम से ओमप्रकाश जी ने अपना नाम इस आधार पर वापस ले लिया कि प्रस्तावक ने उनकी सहमति नहीं ली थी। महावीर भाई ने जब बैठक में प्रवेश किया तो उन्हें यह सुनकर आश्चर्य हुआ कि वे सर्वसम्मति से अध्यक्ष चुन लिये गये हैं।

पाँचली ख़ुर्द में हुए पिछले सम्मेलन से उत्तर प्रदेश के लोकसेवक एक नये संगठन की तलाश में थे। संगठन का ढीलापन अच्छा है लेकिन वह काम को भी ढीला नहीं कर दे इसकी उन्हें चिन्ता थी। पाँचली ख़ुर्द में किसी एक नतीजे तक नहीं पहुँच पाने से एक अन्तरिम व्यवस्था खड़ी की गयी—सुन्दरलाल बहुगुणा ने ख़ुद को एक वर्ष तक संयोजक ही माना था। नये अध्यक्ष के चुनाव से उन्होंने अपने को मुक्त मानकर सबको धन्यवाद दिया। संगठन में लोकसेवक इकाई है लेकिन कई कारणों से सम्मेलनों में वे ज़्यादा नहीं आ पाते। कारण, काम में व्यस्तता, आर्थिक कमी या उदासीनता भी हो सकता है। इसलिए सम्मेलन में चुनी हुई कार्यकारिणी में

सही प्रतिनिधित्व की कमी लोगों को लगती रहती है। इस बार अध्यक्ष ने वहीं के वहीं कार्यकारिणी नहीं बनायी। सुझाव आया था कि प्रदेश के ज़िला अध्यक्षों को लेकर एक समिति बने। विनयभाई के इस सुझाव से कि कई ज़िलों में वहाँ के सक्रिय कार्यकर्त्ता अध्यक्ष नहीं बन पाते इसलिए ज़िला अध्यक्षों के अतिरिक्त अध्यक्ष १५ सक्रिय कार्यकर्त्ताओं को भी इस समिति में नामजद करें।

अन्तिम दिन सुबह लोकसेवकों ने अपने मेजबान कृषि प्रशिक्षण कॉलेज के खेतों में गेहूँ की कटाई की। डेढ़ घण्टे के इस ठोस श्रमदान ने अलग-अलग दृष्टिकोणों को खेत पर खड़ा कर दिया था।

सुबह के सत्र में संयोजक की वार्षिक रपट के बदले कार्यकर्त्ताओं द्वारा दी जा रही जानकारी का छूटा क्रम पूरा किया गया। इक़बाल बहादुर सिंह ने कानपुर में मुहल्ला सभाओं, मुज़फ़्फ़रनगर से बाला बहन ने उपवासदान, मुहल्ला सभाओं, आजमगढ़ से मेवालाल ने मधुवन क्षेत्र में डटकर काम करने की योजना, धीरेनदा को वहाँ शुरू हुए कार्यक्रम आदि की जानकारी दी। इसी बीच जे.पी. के मौन जुलूस के समर्थन में एक प्रस्ताव एकाध शब्द के इधर-उधर करने से पास किया गया। फिर निर्मला बहन ने, जो सम्मेलन में भाग लेने पवनार से आयी थीं, एक अन्तरंग चर्चा की शक्ल में इन दिनों विनोबा क्या और कैसा सोचते हैं को लोगों के सामने रखा। उन्होंने आन्दोलन में चल रहे विचार मन्थन का स्वागत करते हुए कहा कि मन्थन से अमृत तो निकलता है लेकिन उसमें पहले विष बाहर आता है, उस विष को पीने वाला कोई एक नीलकण्ठ भी होता है। बाबा विषपान कर अमृत विश्व को दे रहे हैं। विनोबा के ही वाक्यों को उद्धृत कर उन्होंने विनोबा को सामने रखा। जिस तन्त्र पर निष्ठा रख कर हमने काम शुरू किया उस पर से हमारा विश्वास नहीं डिगना चाहिये।

दुनिया में आये तेल संकट, उपमहाद्वीप में बाङ्ला देश, भारत-पाक के नज़दीक आने से बने वातावरण को सर्वोदय के विचार के लिए अच्छा अवसर बताकर उन्होंने अपील की कि अँग्रेज़ों द्वारा तोड़े गये टुकड़ों को जोड़ने के इस काम को कोई धक्का नहीं लगना चाहिये। सब पर विश्वास कर सबको साथ लेकर सबका हृदय बदलना होगा।

समापन सत्र में भावों के स्तर पर दो बिल्कुल भिन्न भाषण थे। स्वामी

कृष्णानन्द ने तेज़ आवाज़ में कहा कि वोट सबका बराबर लेकिन पेट अमीर के अलग, ग़रीब के अलग? ग़रीब पिसता जा रहा है और हम सरकार की डफली बजायेंगे? आज तक किसी चुने गये प्रतिनिधि से मतदाता ने पूछा नहीं था कि तुम विधानसभा में क्या कर रहे हो। आज यह पूछा जाने लगा है—बहुत अच्छी शुरुआत है। परिस्थिति से निपटने के लिए अपने-अपने तरीक़ों को आज़माने की सलाह देते हुए उन्होंने शर्त रखी कि उससे हिंसा नहीं फूटनी चाहिये। विनोबा, जे.पी. के बीच कोई अन्तर न कर उन्होंने दोनों में नारायण हरि के दर्शन पाने की बात कही। समापन सत्र में महिला सम्मेलन भी होने वाला था, क़स्बे से महिलाएँ आ चुकी थीं। लेकिन समय बहुत कम था इसलिए तय हुआ कि निर्मला बहन अब केवल एक ही भाषण देंगी—सबके बीच। उनका परिचय कराने कौसानी के लक्ष्मी आश्रम की राधा भट्ट को बुलाया। उन्होंने परिचय के लिए मिले समय का उपयोग स्त्री शक्ति जागरण के लिए किये जा रहे प्रयासों का वर्णन कर महिला सम्मेलन के न होने से हुई कमी को काफ़ी हद तक पूरा कर लिया।

भूदान यज्ञ, २२ अप्रैल, १९७४

हज़ारों हाथों में जकड़ी हजरा जाति

चकाई प्रखण्ड (ज़िला मुंगेर, बिहार) के झगरूडीह नामक गाँव में ११ जनवरी, '७४ को एक अनोखा सम्मेलन हुआ—'असहाय अपराधी सम्मेलन'। सम्मेलन में हजरा जाति के, जिसे जरायम पेशा करार किया गया है, ५२ गाँवों के १५० प्रतिनिधियों ने भाग लिया।

इस जाति को और सम्मेलन का स्थल झगरूडीह गाँव को बिहार गजेटियर तक में चोरी की आदत के लिए कुख्यात माना गया है। लेकिन जब से झाझा और चकाई प्रखण्ड में ग्रामदान-ग्रामस्वराज्य का आन्दोलन शुरू हुआ तब से इन दोनों प्रखण्डों के कार्यकर्त्ता इन लोगों के नज़दीक आने लगे। इस नज़दीकी में इस कौम के अपराधी चरित्र का एक महत्त्वपूर्ण पहलू खुला—ये अपराध करने के लिए मजबूर हैं, यदि चाहें भी तो चोरी करना छोड़ नहीं सकते। झाझा के शिवानन्द भाई ने अपने अन्य साथियों की मदद से हजरा कौम की असहायता समझने की कोशिश की। चोरी करने वाले हजरा को हर बार चोरी का माल एक निश्चित दलाल को ही बेचना पड़ता है। चोरी का माल ख़रीदने वाले ये दलाल जिन्हें 'झवैत' कहा जाता है, इन लोगों से ऐसे माल को बहुत काम दामों पर ख़रीदते हैं। इस तरह होने वाले फायदे के कारण ये झवैत इन लोगों को पुलिस से संरक्षण देते हैं। कहा जाता है कि इस सारे मामले में पुलिस का भी हाथ होता है। यदि किसी कारणवश हजरा जाति के ये चोर झवैत द्वारा सुझाये गये स्थान पर चोरी करने से इनकार कर दें तो इन्हें किसी झूठे आरोप में फँसा दिया जाता है। स्थानीय सर्वोदय कार्यकर्त्ताओं को इस जाति की यह दुखद स्थिति मालूम पड़ी। उन्होंने इस मामले को सहानुभूति से देखना शुरू किया। उन्हें साफ़ दिखा कि ये लोग अपराधी नहीं हैं, अपराध करने को

विवश किये गये हैं।

ग्राम भारती, शिमुलतला के शिवानन्द भाई ने तय किया कि इन्हें और इनके गाँवों को ग्रामदान-ग्रामस्वराज्य के आन्दोलन से अछूता नहीं रखना चाहिये। इन गाँवों से कार्यकर्त्ताओं ने सम्पर्क रखना शुरू किया। कुछ रचनात्मक कामों से हजराओं के मन में प्रवेश किया गया और इस बात की टोह ली गयी कि क्या ये किसी बदली हुई परिस्थिति में, झवैत और पुलिस विभाग के ऐसे लोगों का, जो चोरी करने पर विवश करते हैं, मुक़ाबला कर अपने इस कलंक को धोकर समाज में एक सार्थक जीवन बिता सकते हैं? नतीजा आशाजनक निकला। और इसी नतीजे में गत ११ जनवरी को झगरूडीह में चकाई प्रखण्ड के पैसराटांड कोठा, कीरह, बालागोजी, लखुआ, चन्द्रमण्डीह आदि गाँवों से १५० असहाय अपराधियों ने भाग लिया। सम्मेलन में २१ सदस्यों की एक समिति बनी है, जिसके संयोजक तेजनारायण हैं। सम्मेलन ने फ़ैसला किया कि इस पेशे से सम्बन्धित प्रखण्ड में अन्य छूटे हुए गाँवों से भी सम्पर्क किया जाये, वहाँ के असहाय अपराधियों को समझाया जाये कि एक बार पूरी हिम्मत के साथ सार्वजनिक रूप से चोरी के धन्धे को छोड़ने की शपथ लेकर बेहतर ज़िन्दगी बिताना शुरू किया जा सकता है। शपथ लेने के बाद चोरी का माल ख़रीदने वाले झवैतों व उनसे मिले पुलिस के उन अधिकारियों का पूरी शक्ति से सामना किया जाये और कितनी ही विवशता हो—इस काम को सदा के लिए छोड़ दिया जाये। तेजनारायण के संयोजकत्व में गठित हजरा लोगों की यह समिति जनवरी से अप्रैल तक अपने लोगों से सम्पर्क करेगी। चकाई प्रखण्ड के किसी हजरा गाँव में ही आगामी भूक्रान्ति दिवस, १८ अप्रैल को ये असहाय अपराधी एक बड़ा सम्मेलन आयोजित करेंगे और समाज के सामने शपथ लेकर अपने, अपनी जाति और अपने गाँव से इस कलंक को मिटा देंगे।

इन असहाय अपराधियों के बीच कुछ रचनात्मक काम किया जा चुका है। ग्रामभारती आश्रम ने इस समस्या से बुरी तरह जकड़े हुए कुछ गाँवों को चुन कर उनके लोगों में भूदान की ज़मीन भी बाँटी है। कुछ के पास ज़मीन पहले से है। लेकिन इन लोगों को गाँव में टिकने नहीं दिया जाता। दलाल चोरी करने इन्हें बाहर भेज देते हैं। चोरी न करने पर झूठे मुक़दमों में जेल काटने के कारण ये अपनी थोड़ी-बहुत ज़मीन पर भी ढंग से खेती नहीं

कर पाते। कुछ के पास ऐसी ज़मीन है जिसे बहुत मेहनत के बाद ही खेती लायक़ बनाया जा सकता है। उस पर काम करने का अर्थ है—बिना तात्कालिक आमदनी के आने वाली फसल के लिए मेहनत करना। अधिकांश हजराओं की आर्थिक हालत उन्हें ऐसी ज़मीन को सुधारने नहीं देती, इसलिए प्राय: उन्हें दलालों के कहने पर और कभी-कभी अपनी ही ओर से चोरी करने के लिए जाना पड़ता है।

ग्रामभारती आश्रम के पास बिहार सरकार और ऑक्सफेम नामक एक विदेशी संस्था की ओर से मिला गल्ला था, जिसे काम के बदले बाँटा जाना था। 'फूड फॉर वर्क' की योजना के एक अंश को सर्वोदय कार्यकर्त्ताओं ने इन गाँवों में भूमि सुधार के लिए लगाया। इससे कुछ गाँवों में खेती योग्य ज़मीन तैयार हो गयी है और ज़मीन के बग़ल में ही सिंचाई के लिए आहर बन गये हैं।

सम्मेलन के बाद १२ जनवरी को बिहार खादी ग्रामोद्योग बोर्ड के अध्यक्ष रामपतिजी ने भी स्थानीय सर्वोदय कार्यकर्त्ताओं के साथ इन गाँवों का दौरा किया। उन्होंने जगह-जगह स्थानीय कच्चे माल के आधार पर शुरू किये जा सकने वाले ग्रामोद्योगों की सम्भावना पर हजराओं व सर्वोदय कार्यकर्त्ताओं से बातचीत की है।

इस सम्मेलन में जितने भी लोग आये थे, वे चोरी छोड़ने की शपथ ले चुके हैं। उनमें कुछ साथी जेल में हैं, कुछ पर मुक़दमे चल रहे हैं। जो बाहर हैं, उन्हें प्रतिदिन समीप के थाने में हाजिरी लगाने जाना होता है। लेकिन इसके बाद भी कहीं भी चोरी होती है तो इन्हें ही पकड़ा जाता है। जो शपथपूर्वक इसे छोड़ चुके हैं उन्हें उनके भूतपूर्व झवैत बाज़ार आदि में प्रवेश नहीं करने देते, तरह-तरह से तंग करने लगे हैं।

इन हजराओं के बीच एक ईसाई मिशनरी ने भी बहुत मेहनत से काम किया था। आदिवासियों के इस क्षेत्र में आज से कोई ५० साल पहले मोरिसन नामक १६ वर्षीय एक मिशनरी आये थे। उन्होंने संचार से कटे इस इलाक़े में एक चर्च बनाया था। हजराओं के लिए वे एक स्कूल चलाते थे। गत वर्ष उन पर इस इलाक़े में देश-विरोधी भावना फैलाने का आरोप लगा कर उन्हें देश-निकाला दे दिया गया था। १६ वर्ष की उम्र से ५६ वर्ष तक इस पिछड़े इलाक़े में काम करने वाले फ़ादर मोरिसन का बचाव क्षेत्र

के सामाजिक कार्यकर्त्ताओं ने किया था। बिहार राज्यपाल ने देश-निकाले के आदेश पर पुनर्विचार किया और फिर आदेश बदलकर 'ज़िला-निकाला' दिया गया। पीटर पहाड़िया मिशन के इस फादर को आज भी हजरा लोग बहुत आत्मीय ढंग से याद करते हैं। हजराओं के नेता बिशुन हजरा का कहना है कि, 'वही एक आदमी हमें अब तक मिला जो हमसे बराबरी का बर्ताव करता था, हमसे हमेशा हाथ मिलाता था।' कहते हैं कि फादर मोरिसन ने हजराओं की चोरी छुड़वाने के लिए कुछ प्रयास भी शुरू किये थे, इससे घबराकर हजराओं का शोषण करने वाले दलालों आदि ने, जिनकी दुर्भाग्य से पहुँच भी इधर-उधर काफ़ी है, उनको इस क्षेत्र से हटवाने की सफल कोशिश की थी।

हजरा नेता बिशुन अभी-अभी जेल से छूट कर आया है। उसका कहना है कि उसे पिछली जेल इसलिए भुगतनी पड़ी है क्योंकि वह हजराओं के बीच चोरी छुड़वाने के अभियान में लगा था। इसी क्रोध में उसने लौट कर थानेदार के घोड़े की ही हत्या कर दी। आज उसे घोड़े को मारने का दुख है। वह अपने को सुधारने की कोशिश कर रहा है। साथ ही साथ अपनी ज़मीन को भी सुधार रहा है, भविष्य की एक उम्दा फसल की उम्मीद में।

भूदान यज्ञ, ३० जनवरी, १९७४

बेदख़ल दाख़िल होंगे, दरवाज़े खुलेंगे

जहाँ तक नज़र जाती है ऊबड़-खाबड़ पथरीली परती ज़मीन है। कहीं-कहीं छोटी कँटीली झाड़ियाँ। डूबने जा रहे सूरज की लाली ने मुरुम वाली लाल मिट्टी को और भी चटक बना दिया है। बरहट गाँव पीछे छूट गया है, दूर ढोल बजने की आवाज़ें आ रही हैं। उस ओर थोड़ा आगे बढ़ने पर परती पड़े इस बड़े भूखण्ड के टीलों पर जगह-जगह एक-एक दो-दो लोग खड़े दिखायी दे रहे हैं। इन लोगों के पैरों के पास आसपास से बटोर कर रखे गये छोटे-छोटे पत्थरों के कुछ टुकड़े रखे हैं। चारों ओर पत्थरों के उन निशानों पर खड़े पचास लोगों के लिए १० जनवरी, '७४ की यह शाम पीढ़ियों की कई शामों से बिल्कुल भिन्न है। आज उन्हें ज़मीन मिल रही है। कुछ देर अपने-अपने टीलों पर खड़े रहने के बाद वे सब थोड़ी दूर बज रहे ढोल की ओर चल दिये हैं।

छोटे बच्चों, बूढ़ों और औरतों से घिरे संथाल लोग ढोल बजा कर नाच रहे हैं। ज़मीन मिलने की घटना उनके लिए किसी भी उत्सव से बड़ी है। हर ढोल बजाने वाले ने उत्सव में पहना जाने वाला एक लाल कपड़ा अपने कन्धों से कमर तक डाला है, उत्साहपूर्वक नाचने से कपड़ा ऊपर उठ जाता है, नीचे उनके थिगड़े लगे, या फटे हुए कपड़े उघड़ आते हैं।

मुंगेर ज़िले के लक्ष्मीपुर प्रखण्ड में भूमिहीनता निवारण में लगे खादीग्राम के कार्यकर्त्ताओं के पहुँचने पर एक बार ढोल और तेज़ हुए फिर सभा के लिए धीरे-धीरे मन्द पड़कर बन्द हो गये। भूमिहीन परिवारों द्वारा लायी गयी एक पुरानी दरी पर एक ओर आचार्य राममूर्ति, रामनारायण बाबू, मुंगेर ज़िले के खादी ग्रामोद्योग अधिकारी शिवेन्द्र सिंह, हेमनाथ सिंह व

निर्मलचन्द बैठे। उनके सामने दो अमीन और सामने पचास भूमिहीन परिवार के सदस्य बैठे हैं। रामनारायण बाबू ने बोलना शुरू किया—वे स्थानीय बोली में विनोबा द्वारा शुरू किये आन्दोलन के परिचय से क्षेत्र की ज़मीन समस्या, बासगीत का पर्चा, ज़मीन मिल जाने पर लगान के बदले अधिकारियों द्वारा रिश्वत लेना, रसीद नहीं देना, कभी-भी बेदख़ल कर दिये जाने आदि की समस्या पर आये।

भाषण के दौरान अमीन साहब जरीब (सांकल) से ज़मीन की नपाई कर चुके थे। अब वे हर परिवार को दी जा रही ज़मीन के नक़्शे काग़ज़ों पर उतार रहे हैं। पचास परिवारों में बाँटी जा रही ६२ एकड़ ज़मीन भूदान की और सरकारी ग़ैर मजरुवा की है। फिर भी कोई भी सरकारी अधिकारी उपस्थित नहीं है। रामनारायण बाबू के भाषण के बाद शिवेन्द्र जी ने भूमिहीनों को ज़मीन के काग़ज़ बाँटने शुरू किये। समारोह में मालाओं की कमी है। भूमिहीनों ने अपनी बस्तियों से आते समय दो-तीन माला बना ली थीं, सर्वोदय कार्यकर्त्ताओं को पहनाने के लिए। अब शिवेन्द्र जी उन्हीं मालाओं को बारी-बारी से काग़ज़ पाने वाले भूमिहीन को पहनाते, भूमिहीन यह जानते हुए कि मालाएँ कम हैं, जाते समय अपनी माला उतार कर रख देता। ६० एकड़ ज़मीन ५० परिवारों में बाँटी गयी, उनमें लगभग १५-१५ परिवार संथाल, मुसहर व यादव हैं। शेष ५ परिवारों में कुम्हार, नाई व मिस्त्री लोग। इनमें से २५ परिवार ऐसे हैं जिनके पास अपनी झोपड़ी का बासगीत पर्चा तक नहीं है। कुछ आम रास्तों पर बसे हैं। ज़मीन वितरण समारोह के बाद इनमें से १५ परिवारों ने जोत की ज़मीन पर ही अपनी नयी झोपड़ी डालने की इच्छा व्यक्त की। जिनके पास घर का पर्चा है, उन लोगों ने अपने पहले के ही स्थान पर रहना तय किया। अभी मिली ज़मीन पर बसने वाले लोगों को कार्यकर्त्ताओं ने धीरेन्द्र मजूमदार के बारे में बताया। धीरेनदा के प्रति कृतज्ञता जाहिर करने के लिए इन परिवारों ने फ़ैसला किया कि उनके इस नये गाँव का नाम धीरेनपुरी होगा।

समारोह की समाप्ति के बाद कार्यकर्त्ता खादीग्राम की ओर रवाना हुए तो ढोल बजाते हुए ये परिवार बहुत दूर तक छोड़ने आये। धीरेनपुरी को बसाने का यह समारोह खादीग्राम और ज़िला मुंगेर सर्वोदय मण्डल के कार्यकर्त्ताओं द्वारा ज़मीन के प्रश्न को हाथ में लेने के बाद उठाये गये कार्यक्रमों की सबसे ताज़ा घटना है। यह घटना भूदानपुरी में भूदान किसानों की बेदख़ली

से शुरू हुई थी।

खादीग्राम के एक ओर पाँच किलोमीटर दूर मलैपुर क़स्बा है, दूसरी ओर तीन किलोमीटर पर भूदानपुरी। मलैपुर पुराने ज़मींदारों की बस्ती है लेकिन आज उन ज़मींदारों का सिक्का ख़त्म हो गया है। मलैपुर में अब एक नया वर्ग हावी हुआ है, सरकारी ठेके लेकर रुपया बनाने वाले और चुनावों में मतदान केन्द्र पर क़ब्ज़ा जमा कर राजनैतिक दलों से मोटी रकम पाने वालों का। दूसरी ओर भूदानपुरी। ३० परिवार, १५० जनसंख्या। सन् '५२ तक सब भूमिहीन खेतिहर मज़दूर थे, सिर छिपाने की भी जगह नहीं। सन् '५२ में पड़ोसी गाँव पाड़ों और मलैपुर के २१ दाताओं ने लाचिरागी (आबादी विहीन) गाँव बेहरा में भूदान यज्ञ में ज़मीन दी। दान-पत्र विनोबा को समर्पित किये। सन् '५५ में धीरेनदा की अध्यक्षता में भूमि वितरण हुआ। ज़मीन पथरीली-परती थी, उसे तोड़ कर खेती लायक़ बनाना था। भूमिहीन रोज़ कमाकर खाता है, वह मालिक के खेत में सुबह से शाम खटने के बाद दो-तीन किलोमीटर दूर आकर इस ज़मीन को कैसे सुधारता? जिनको ज़मीन मिली वे उस पर आ नहीं पाये। धीरेनदा ने इस समस्या पर सोचा। ज़मीन पर ही गाँव बसाने की योजना बनायी। सन् '५७ में वे वहाँ आकर बसे। उसी समय बिहार भूदान यज्ञ समिति की ओर से यहाँ अग्रिम योजना शुरू की गयी। वितरित की गयी ज़मीन के बीचोंबीच एक आयत में नये किसानों की झोपड़ियाँ और आयत के बीच में एक सार्वजनिक स्थान व झोपड़ी नये बसे गाँव में सामूहिकता लाने के ख़याल से बनायी गयी। सन् '६१ के किसी दिन सुबह चार बजे स्वयं विनोबा ने भूदानपुरी का उद्घाटन किया। सन् '६१ से '६५ तक इस अग्रिम योजना के अन्तर्गत २५ प्रतिशत राज्य सरकार से और ७५ प्रतिशत केन्द्र सरकार से मदद मिलती रही। बैल-बीज का प्रबन्ध हुआ, ज़मीन तोड़कर खेती योग्य बनायी गयी—खेती शुरू हो गयी। सर्वोदय कार्यकर्त्ता रामेश्वर भाई सात-आठ साल तक भूदानपुरी में गाँव वालों के साथ रहे, उन्हें एक नयी ज़िन्दगी की ओर बढ़ने में मदद करते रहे। यहाँ बसे २६ परिवारों की एक सर्वोदय सहयोग समिति भी रजिस्टर्ड हो गयी। फिर रामेश्वर भाई को वहाँ से हटा लिया गया। इधर सरकार का ध्यान लक्ष्मीपुर प्रखण्ड की ओर भी चला गया। छोटी-छोटी पहाड़ियों से गुज़रने वाली नदी पर बाँध बना कर पूरे प्रखण्ड की प्यासी ज़मीन को तृप्त करने की योजना बनी। भूदानपुरी

से ५ किलोमीटर दूर ही पहाड़ियों को बाँध कर बेलिया बाँध बन जाने के बाद उपलब्ध होने वाली सिंचाई की सुविधा की सम्भावना ने इस प्रखण्ड में तूफ़ान खड़ा कर दिया। परती पड़ी ज़मीन पर क़ब्ज़ा होने लगा, पहले से खेती कर रहे कमज़ोर किसान को लठैत ने बेदख़ल कर दिया। बेलिया बाँध ने ज़ोर ज़बर्दस्ती और लालसा के बाँध तोड़ दिये।

सन् '७३ की तपती जून की १५वीं तारीख़। भूदानपुरी का रामू भूदान में मिले खेत में अरहर बोने की तैयारी कर रहा था। मलैपुर के एक निवासी मोटरसाईकिल से खादीग्राम आश्रम की सड़क पर होते हुए भूदानपुरी आये। रामू से उन्होंने पूछा कि तुम मेरी ज़मीन पर हल कैसे चला रहे हो? रामू ने कहा, हल तो मैं यहाँ कितने ही साल से चला रहा हूँ, यह मेरी ज़मीन है। उन्होंने उसे थप्पड़ मारा, हल खोलने का आदेश दिया, फिर दोनों खेत से बस्ती में आये। ज़्यादातर किसान बाहर गये थे, जो थे उनकी मलैपुर से आये ठेकेदार से बहस हुई, वहीं हाथापाई हुई। उस समय वे ग़ुस्से से लौट गये। शाम तीन बजे वे अपने चाचा और १०-१५ अन्य साथियों के साथ मलैपुर से एक ट्रेक्टर-ट्रॉली पर फिर उसी खादीग्राम की चीरती सड़क से भूदानपुरी आये। सभी लोग लाठियों से लैस थे। इतने लोगों को आता देख भूदानपुरी के लोग भाग खड़े हुए। आक्रमणकारियों ने उनके ख़ाली घरों पर ही हमला बोला। एक मुसहर के घर होता ही क्या है? मुर्गियाँ, कुछ पुराने कपड़े, टूटे-फूटे एल्यूमिनियम के बर्तन और भगदड़ में छूटा एक छोटा बच्चा उठा ले गये। डरे हुए भूदान किसान कई दिनों तक अपने परिचितों के घर छिपे रहे। फिर पुलिस में दोनों ओर से रपट दर्ज हुई। मलैपुर के वीरेन्द्र सिंह जी ने कहा कि वे दो हज़ार रुपये लेकर जा रहे थे, भूदानपुरी वालों ने लूट लिये! उधर भूदान किसानों ने भी अपने खेतों से बेदख़ल किये जाने, घर को लूटने की रपट की। फिर इलाक़े के समाजवादियों व साम्यवादियों ने दोनों पक्षों में एक 'समझौता' करा दिया—भूदान किसानों से लिखवा लिया कि ज़मीन उनकी नहीं है, मलैपुर की है।

आचार्य राममूर्ति २८ जून को खादीग्राम आये। उन्हें घटना मालूम पड़ी। उन्होंने रोज़ भूदानपुरी जाना शुरू किया। भूदान किसानों को एकत्र कर साहस दिलाना शुरू किया। उधर मलैपुर वालों से भी सम्पर्क किया। शान्ति की तलाश शुरू हुई। मलैपुर ने तीन-चार दिन का समय माँगा। सारे

काण्ड ने राममूर्ति को हिला दिया था। उनका कहना था कि प्रहार केवल मुसहरों पर नहीं सर्वोदय पर भी हुआ है। भूदानपुरी में रामू को नहीं विनोबा को बेदख़ल किया गया है। इधर सभी कार्यकर्त्ताओं ने मामले पर बातचीत की, रामनारायण बाबू मुंगेर जाकर ज़िला मजिस्ट्रेट से मिले, कार्यकर्त्ताओं का निर्णय सुनाया कि भूदान किसानों को वे बेदख़ल नहीं होने देंगे।

मलैपुर के श्री चन्द्रशेखर वर्तमान सरकार में उद्योग मन्त्री हैं। मलैपुर के कुछ दानपत्रों पर उनके गवाह होने के दस्तख़त हैं। उन्हीं के गाँव ने यह बेदख़ली की है। मन्त्री जी ने स्वयं भूदानपुरी आने को कहा। स्वयं कलेक्टर मिले, कहा कि इस मामले में सरकार की ओर से जो भी मदद भूदान किसानों को दी जा सकती है, दी जाये। आचार्य राममूर्ति के रोज़ भूदानपुरी पहुँचने से गाँव वाले अब अपने घरों में आने लगे थे। इस बीच बेदख़ल किये खेत पर ट्रेक्टर चला कर वे लोग अरहर बो गये थे। खेत पर कुछ लठैत भी पहरा देते थे, जो राममूर्ति के आने पर थोड़ा हट कर खड़े हो जाते थे। १८ अगस्त को घटना-स्थल पर कलेक्टर आये, अधिकारियों की एक टोली के साथ वहीं सम्बन्धित अधिकारियों को फटकारा, कुछ के तबादले हुए। इसे देखकर मलैपुर के लोगों का पाशविक मनोबल टूटा। वे सब अगले दिन आश्रम आये और राममूर्ति जी से ही फ़ैसला निपटाने को कहा। मलैपुर के वीरेन्द्रसिंह ने, जिन्होंने रामू को बेदख़ल किया था, फिर सारी ज़मीन छोड़ दी। वह जब नापी गयी तो पिछले क़ब्ज़े से कुछ ज़्यादा ही निकली, अरहर की बोयी फसल भी रामू को दी गयी।

मामले में सरकारी महकमे किस हद तक लाठी के साथ थे ? विवादग्रस्त ज़मीन मलैपुर वालों ने एक मुसलमान से ख़रीदी थी। वह ३३ एकड़ थी। दाम था ६ हज़ार और मालगुज़ारी केवल नौ रुपया। इसमें पाँच एकड़ का भूदान था। दान का टुकड़ा भी मूल ज़मीन के साथ बिक गया। ख़रीदी दिसम्बर '७२ में हुई, फ़रवरी '७३ तक उसके काग़ज़ वग़ैरह सब पक्के हो गये। इस सारी प्रक्रिया में साधारणत: ये सरकारी विभाग पाँच से दस साल तक समय लगा देते हैं। लेकिन रिश्वत के कारण कुल काग़ज़ तीन महीने में पक्के हो गये।

घटना तात्कालिक थी, टल गयी। लेकिन उससे राममूर्ति जी को लगा कि इसके नतीजे दीर्घकालीन होंगे। मुंगेर के कार्यकर्त्ताओं ने, जो इस मामले

के नज़दीक थे, सोचा कि आज हमारा संगठन नहीं है। हम प्राप्त ज़मीन की पुष्टि भी नहीं कर पाये। अगली पंक्तियाँ लिखते रहे, पिछली पंक्तियाँ मिटाते रहे। चारों तरफ़ घूमते रहे लेकिन नाक के नीचे भूदान किसान बेदख़ल हुआ। आश्रम ने निर्माण के काम कम नहीं किये थे, आसपास के हर गाँव में कुएँ खुदवा दिये थे, लेकिन वास्तविकता की ज़मीन न ख़ुद पायी थी न उसमें पानी था।

भूदानपुरी की बेदख़ली से लड़ने के इस क्रम में खादीग्राम के आसपास के भूमिहीनों में आत्मविश्वास आने लगा था। उन्हें लगा कि सर्वोदय के लोग ग़रीबों के साथ हैं, जोख़िम उठा सकते हैं। धीरे-धीरे आश्रम में कुछ मुसहर व आदिवासी आने लगे। उन लोगों ने राममूर्ति जी से कहा हम जहाँ बसे हैं, जो ज़मीन हम जोत रहे हैं, उसकी हमें रसीद नहीं मिलती। लगान के बदले रिश्वत माँगते हैं हमसे। अन्य कुछ लोगों ने आकर कहा कि हम जिस ज़मीन पर बसाये गये हैं, उसका हमें पर्चा नहीं मिलता है। ज़मीन से हटा देने की धमकियाँ भी दी जाती हैं। कुछ ने ऐसे नोटिस भी दिखाये।

भूदान किसानों की बेदख़ली की घटना ताज़ी ही थी। उसने और फिर आसपास से आये इन गाँववालों की बातों ने खादीग्राम के कार्यकर्ताओं को ज़मीन की समस्या को सुलझाने अपने पूरे काम पर एक नये सिरे से सोचने को मजबूर किया।

ज़ोर, भट्ठा, पचसेरी आदि गाँवों से ज़मीन की अनियमितताओं की घटनाएँ सबसे ज़्यादा आयी थीं। आचार्य राममूर्ति, निर्मलचन्द आदि इन गाँवों में गये, वहाँ ऐसे लोगों के साथ बैठकर सारी स्थिति समझने की कोशिश की। लोगों के नज़दीक आने से तथ्य सामने आया। दस-बीस साल से ज़मीन को आबाद कर रहे किसानों के पास उस ज़मीन की रसीद नहीं है। लोगों ने बताया कि सरकारी कर्मचारी द्वारा सौ-सौ रुपये की रिश्वत माँगने पर अपनी ग़रीबी के बावजूद हमने पक्की रसीद पाने के लिए रिश्वत दी है, लेकिन रसीद कभी मिली नहीं। खादीग्राम के बग़ल में एक गाँव है। पीढ़ियों से लोग वहाँ बसे हैं, खेती कर रहे हैं। लेकिन अपनी ज़मीन का कोई सरकारी काग़ज़ नहीं है उनके पास। हर साल राजस्व कर्मचारी ५०० रुपये ले जाते हैं, रसीद कभी मिलती नहीं। गाँव के गाँव हैं जिनमें राशनकार्ड बँटे हैं लेकिन उन पर स्थानीय दुकान से साल में एक या दो बार ही सामान मिलता है। मुसहर आदिवासी दुकान पर जाते हैं, दुकानदार कह देता है

अभी माल नहीं है फिर आना। दुकान भी आठ-दस गाँवों के बीच एक ही है। चार-पाँच मील दुकान तक जाना फिर ख़ाली हाथ वापस लौटना। राशन का गल्ला ब्लैक में बिक जाता है।

राममूर्ति जी को लगा कि ऐसी परिस्थिति में हम उन्हें कैसे केवल ग्रामदान की बात समझा सकते हैं, शासन मुक्ति की कल्पना कैसे उनके मन में बिठा सकते हैं। उन्होंने शासन मुक्ति से पहले दुशासन मुक्ति की बात आगे रखने की कोशिश की। जब तक जनता दु:शासन को अपनी पीठ से फेंकने को तैयार नहीं होती, वह कैसे शासन मात्र को अपनी पीठ से उतार सकेगी ? इसी घटनाक्रम में उनके हाथ ज़मीन का छोर लगा।

जगह-जगह से गाँव वाले परती पड़ी सरकारी ग़ैर-मजरुआ ज़मीन की स्थिति बतलाने आश्रम आने लगे। आश्रम ने प्रखण्ड में भूमिहीनता निवारण, भूमि के सिलसिले में बरती जाने वाली अनियमितताओं से लड़ने का निर्णय ले लिया था। दाता और आदाताओं से टूटे सम्पर्क को फिर से जोड़ने सितम्बर में दाता-आदाता सम्मेलन हुआ। फिर अमीन नियुक्त किये गये। जगह-जगह अवितरित भूदान भूमि का हिसाब लगाया गया। आसपास से भूमिहीनों के आवेदन-पत्र आने लगे। उन गाँवों में सभा होती, जिनके आवेदन-पत्र होते। सभी की उपस्थिति में पूछा जाता कि आवेदनकर्ता के पास ज़मीन तो नहीं है ? सबकी सहमति से उसका आवेदन रख लिया जाता। ११ अक्तूबर '७३ को जयप्रकाश जी के जन्मदिवस पर उद्योगमन्त्री चन्द्रशेखर द्वारा पहला भू-वितरण समारोह हुआ। इससे ६० भूमिहीनों को पर्चा मिला। भूदान-यज्ञ बोर्ड समिति को सरकारी ग़ैर-मज़रुआ ज़मीन बाँटने का भी हक़ है लेकिन उसके फॉर्म सरकार से मिलते हैं। वितरण के समय कार्यकर्त्ताओं को सरकारी फॉर्म लेने में दिक़्क़त आयी। प्रखण्ड स्तरीय कर्मचारी शायद फॉर्म देना पसन्द नहीं करते थे। कार्यकर्ताओं ने हूबहू वैसे फॉर्म स्वयं छपवाकर विभाग से उन पर मुहर लगवाना तय किया है।

सेवाग्राम में हुई राष्ट्रीय परिषद् में प्रस्तुत एक नोट में सर्व सेवा संघ ने कहा था, केरल को छोड़ शायद अन्य किसी भी देश में बेज़मीन और बेघर खेतिहर मज़दूर को झोपड़ी खड़ी करने लायक़ ज़मीन दिलाने का यत्न गम्भीरता से नहीं लिया गया। बिहार में थोड़ा-बहुत हुआ लेकिन समस्या की तुलना में वह भी अपर्याप्त है। अत: हमें भूमि के न्यायमुक्त वितरण,

भूमिहीनों में भूमि का हस्तान्तरण, भूमिहीन श्रमिकों को काम और पर्याप्त मज़दूरी की समस्याओं का निराकरण करने के लिए तत्काल सम्मिलित प्रयत्न करना चाहिये। गाँव–गाँव में ग्रामीणों की आम सभा में सम्बन्धित अधिकारी, विभिन्न दलों के सदस्य, समाजसेवियों आदि के सामने मौक़े पर गाँव की जाँच कर तत्काल वितरण किया जाये और भूमि सम्बन्धित अन्य समस्याओं का निराकरण किया जाये तभी सफलता मिल सकती है।

मुंगेर के लक्ष्मीपुर प्रखण्ड में ज़मीन का छोर पकड़ कर समस्या हाथ में ले ली गयी थी। समस्या चूँकि तत्काल आ पड़ी विपत्ति से शुरू हुई थी, निर्णय तत्काल लेने पड़े। इसलिए सारे प्रकरण को तात्कालिक और दीर्घकालिक शब्दों के द्वन्द्व में फँसना पड़ा है। कुछ साथी इसे राहत कार्य की तरह देख सकते हैं। कुछ इसे स्थायी क्रान्ति से भटक कर छुटपुट संघर्ष मान सकते हैं। राममूर्ति जी का कहना है कि ज़मीन का प्रश्न तात्कालिक नहीं है, केवल भारत के लिए ही नहीं, सारे एशिया के लिए। ज़मीन की अपनी एक भाषा है, सिर्फ़ भूमिहीन ही नहीं, भूमिवान भी इस भाषा में सोचता है। ग्रामीण समाज का केन्द्र बिन्दु ज़मीन है। फिर कुछ चीज़ें तात्कालिक दिख सकती हैं, हो भी सकती हैं, लेकिन यह हमारी क्षमता पर निर्भर करता है कि हम उनको दीर्घकालिक नतीजों तक बराबर चला ले जा सकते हैं या नहीं। एक ज़माना था जब शक्कर और गुड़ बनाने वालों ने भी नमक बनाया था। स्वराज्य का नमक भी तात्कालिक था, लेकिन नतीजे उसके दीर्घकालिक थे। इसलिए आज लोकचेतना में प्रवेश करने के लिए कोई भी स्थानीय मुद्दा उठाना पड़ेगा। ग्रामस्वराज्य हमारा लक्ष्य है। ग्रामस्वराज्य के आन्दोलन को बहुमुखी बनना होगा। गाँव में कोई भी मोर्चा आज खुले, ध्यान इतना ही रखा जाये कि ज़मीन का प्रश्न नहीं छूटे। हमारे यहाँ के काम में एक हिसाब से राहत या लोककल्याण भी है, लेकिन लोकसंगठन उसका नतीजा होना अनिवार्य है। ज़मीन के छोर को पकड़कर हम उनके नज़दीक गये हैं। उसी छोर से वे हमारे नज़दीक आये हैं। इस नज़दीकी से बने संगठन का एक ही क़दम काफ़ी है, बशर्ते वह सही दिशा में हो।

ज़मीन का छोर मिल गया है इसलिए खादीग्राम अब किसी ज़माने का सेवाग्राम हो गया है। इसके पहले भी मैं खादीग्राम गया हूँ और आसपास की नीरवता के बीच चलने वाली खादीग्राम की गतिविधियाँ मुझे ऋषिकेश

के किसी महात्मा के आश्रम की तरह समय की अनादि-अनन्त नदी में बुदबुद के समान चलती लगी हैं। अब खादीग्राम आश्रम नहीं है, प्राणहीन प्रतिष्ठान नहीं है। खादीग्राम अब अपने अस्तित्व की अनिवार्यता से सम्बद्ध और बेचैन है। उसके लिपे-पुते आँगन पर गाँधी के अन्तिम आदमी और ईसा के उस बेदख़ल (डिसइनहेरिटेड) आदमी के पाँवों का कीचड़ लग रहा है। इस कीचड़ से खादीग्राम ज़्यादा जीवन्त और इसलिए ज़्यादा पवित्र हो गया है। अहिंसक क्रान्ति के ब्रह्म को अवतरित होने के लिए वहाँ शरीर मिल रहा है। शरीर तात्कालिक है लेकिन उसके बिना कोई भी अजर-अमर आत्मा प्रकट नहीं हो सकती। शरीर तात्कालिक है लेकिन उसके बिना कोई भी दीर्घकालिक कार्य नहीं हो सकता। खादीग्राम में प्राण प्रतिष्ठा हो रही है, खादीग्राम की नहीं उस बेदख़ल अन्तिम आदमी की!

भूदान यज्ञ, ३० जनवरी, १९७४

जगनेर में जागरण, आगरे में अगुआई

देश के तीन सौ ज़िलों, अनेक शहरों में ११ से १७ अक्तूबर तक स्त्री-जागरण सप्ताह के दौरान महिला पदयात्राएँ हुईं। उत्तर प्रदेश के आगरा में कुल ६ टोलियाँ, जिनमें से ५ ज़िले के विभिन्न विकास खण्डों के गाँवों में तथा एक शहर के मुहल्लों में निकलीं। आगरा शहर तथा विकास खण्ड जगनेर में, जहाँ ग्रामदान-ग्रामस्वराज्य का भी काम चल रहा है, स्त्री-शक्ति जगाने को निकली दो टोलियों की रपट यहाँ दी जा रही है।

'हम लोग अगले पड़ाव रुंद का रास्ता भूल गये थे खेतों में जा रहे थे कि सामने कुछ दूर पर बन्दूकें लिये कुछ लोगों को बैठे देखा। वे सब पायजामे, बनियान वग़ैरह पहने थे। हमें लगा कि ये बाग़ी होंगे। बहुत डर लगने लगा फिर सबने हिम्मत बटोरी और सीधे उनकी ओर ही चलने लगे।' जगनेर विकास खण्ड के गाँवों में घूम रही टोली की कृष्णा गुप्ता बड़े मज़े में क़िस्सा सुना रही थीं, 'हमें आता देख वे सब खड़े हो गये, हिम्मत करके उनसे रास्ता पूछा। बन्दूक लिये एक आदमी ने हमें सारा रास्ता समझा दिया और फिर पोशाक से शहरी दिखने वाली हम चारों महिलाओं से इतने सुबह-सुबह एक गाँव तक जाने का कारण भी पूछ डाला।' पदयात्री टोली ने कारण समझाया। विनोबा का ज़िक्र सुन कर इन बन्दूक वालों ने कहा कि 'इस इलाक़े में एक आदमी बाग़ी बन कर फ़रार हुआ है, हम पुलिस के लोग इसलिए गश्त लगा रहे हैं। आप लोगों को अकेले जाने में ख़तरा है। हमारे कुछ साथी अगले पड़ाव तक आपको छोड़ आयेंगे।' शताब्दियों से स्त्री की 'सुरक्षा' के नाम पर उसे घर के भीतर एकदम नज़रबन्द तक रखने वाले पुरुष-स्वभाव का ही यह नतीजा था—हालाँकि यहाँ उनकी

नीयत अच्छी ही थी। फिर भी महिला पदयात्रा टोली ने पुलिस की 'सुरक्षा' में अगले पड़ाव तक जाने से इनकार किया। जो टोली स्त्री को 'सुरक्षित' के स्तर से ऊपर उठा कर 'स्वरक्षित' बनाने निकली थी, वह रास्ते में ही अपने उद्देश्य से कैसे डिगती?

रुंद पहुँचने पर गाँव के लोगों ने टोली का आत्मीय स्वागत किया। टोली के आने की ख़बर उन्हें पहले ही लग चुकी थी। दोपहर की सभा को छोड़कर, सुबह और शाम दोनों ही आम सभाओं में काफ़ी संख्या में आदमियों ने भाग लिया, स्त्री-शक्ति जागरण विषय पर हुए भाषणों के बाद लगभग सत्रह रुपये का साहित्य भी बिका।

दोपहर की सभा में केवल महिलाएँ ही आयी थीं। सम्भ्रान्त परिवारों की महिलाएँ दोपहर से पहले चूल्हे से मुक्त नहीं हो पातीं। सभा में गाँव की ऐसी महिलाओं की संख्या ही अधिक रहती थी, जो विशिष्ट जाति, विशिष्ट आर्थिक स्थिति की होते हुए भी घूँघट-परदा, चूल्हा-चौका में बँधी रहती हैं। पिछड़ी जाति की मानी जाने वाली औरतें अपेक्षाकृत ज़्यादा स्वतन्त्र भी हैं और 'स्वरक्षित' भी। लेकिन वे प्राय: इन सभाओं में नहीं आ पाती थीं। वे दूसरे के खेतों में मज़दूरी कर रही थीं क्योंकि यह फसल का समय था।

पदयात्रा टोली का पड़ाव प्राय: गाँव की पाठशाला या फिर गाँव का कोई प्रतिष्ठित घर होता था। पाठशाला में ठहराने पर भी उनका खाना-पीना तो घरों में ही रखा जाता था। गाँव के लोगों को चार महिलाओं का इस तरह 'अकेला घूमना' बहुत आश्चर्यजनक लगता था। महिला पदयात्रियों द्वारा अपनी यात्रा का उद्देश्य बताने पर भी यह आश्चर्य प्राय: कम नहीं होता। वे इस तरह 'अकेले घूमने' के पीछे एक बड़े सन्त का आशीर्वाद मानते।

पदयात्रा टोली के भाषणों से महिलाओं पर क्या असर पड़ा, क्या पड़ेगा ऐसा सोचने का अभी समय नहीं आया है। यह पहली पदयात्रा थी, इसने दूर-दूर परदों में ढँकी, बन्धनों में कसी महिलाओं तक एक दस्तक दी है, केवल महिलाओं ने ही नहीं पुरुषों ने भी सुनी है आगरा ज़िले के शमशाबाद विकास खण्ड के गढ़गाँव में टोली नायक प्रकाशवती सूद के भाषण के बाद दो आदमी भाव-विभोर हो गये। सभा में ही उठ कर उन दोनों ने घोषणा की कि वे कई बरस से शराब पीकर घर लौटते थे, नशे में मारपीट

भी हो जाती थी। आज से हम शपथ लेते हैं कि हम फिर कभी भी शराब नहीं छूयेंगे।

जगनेर टोली का १३ तारीख़ का पड़ाव ऐसे गाँव में था जहाँ बड़े पैमाने पर पूरा गाँव खुजली, फोड़े आदि से पीड़ित था। जिस घर में यह टोली ठहरी थी वहाँ भी पाँच में से चार सदस्य बीमार थे। सभी सदस्याएँ अपने-अपने झोलों में रखी प्राथमिक उपचार की पोटलियों को खोलकर इन सबके उपचार में जुट गयीं। ख़ुद के लिए जो दवाएँ लेकर वे चली थीं, वे दूसरे के काम आ गयीं।

पदयात्रा भी पहली बार निकली और आगरा ज़िले की इन पदयात्राओं में भाग लेने वाली महिलाएँ भी पहली बार इस तरह से बाहर आयी थीं। उनके अपने भी अनुभव कम नहीं हैं। जगनेर विकास खण्ड की टोली की कृष्णा गुप्ता भूगोल विषय में एम.ए. हैं, उनका कहना है कि हमने दुनिया भर का भूगोल पढ़ डाला लेकिन गाँव का भूगोल अब शुरू हुआ है। शहर में उन्हें कॉफी पीने की आदत है लेकिन यात्रा में वे अपने साथ जानबूझ कर कॉफी नहीं लायीं। सात दिन ख़ूब चलना, ख़ूब खाना तथा ख़ूब ख़ुश रहना—इस दिनचर्या से उनका अभी-अभी शुरू हुआ रक्तचाप का भी रोग ग़ायब हो गया है। इसी टोली की एक अन्य पदयात्री यात्रा पर रवाना होने के पहले बाटा की नयी चप्पल पहन कर आयी थीं, वह पहले ही दिन टूट गयी। गाँवों में व शहर में घूम रही सभी टोलियों से शहर व गाँव के सर्वोदय कार्यकर्त्ता बारी-बारी सम्पर्क रखते थे। सम्पर्क करने वाले कम थे इसलिए एक दिन इधर तो दूसरे दिन उधर जाते थे। जगनेर टोली से जब १५ अक्तूबर को सम्पर्क हुआ तो पदयात्रियों को सौंफ की याद आयी। अख़बार पाँच दिन से देखा नहीं था, उसी दिन उन्हें भी वरकतुल्लाजी के निधन की ख़बर मिली। इस टोली की संचालिका श्रीमती शर्मा शहर के एक प्रसिद्ध फ़ोटोग्राफ़र तथा गोवर्धन होटल के सर्वेसर्वा श्री केदारनाथ शर्मा की पत्नी थीं। उसी दिन उन्हें मालूम पड़ा कि उनके पति व्यापारिक काम से हवाई जहाज़ द्वारा असम चले गये हैं। पति हवाई जहाज़ पर और पत्नी पदयात्रा पर! जब भी सम्पर्क करने वाले एक टोली में पहुँचते तो टोली अन्य चार विकास खण्डों व आगरा शहर में चल रही टोलियों की ख़बर पूछती। सम्पर्क के लिए जाने वाले कार्यकर्त्ता केवल टोली से ही सम्पर्क नहीं करते वे गाँव के अन्य घरों में भी कुछ देर बैठते, बातचीत

करते। रूंद गाँव में गलियों में जगह-जगह घरों से निकलने वाला पानी भरा था। उन्हें पानी सोखने वाला गड्ढा बनाने की तरक़ीब इन कार्यकर्त्ताओं ने समझायी।

चंसोरा गाँव से टोली जब अगले पड़ाव पर जाने लगी तो गाँव के प्रधान की पत्नी रोने लगीं, उन्होंने पूछा कि 'अब दुबारा हमारे गाँव में कब आओगी? अगले साल फिर ऐसी ही टोली आयेगी? सुन कर उनका रोना रुका नहीं।' उन्होंने कहा कि 'एक हफ़्ते तो हमारे गाँव में रुकना ही चाहिये था। एक दिन से क्या हुआ।'

आगरा ज़िले के इन विकास खण्डों के अलावा शहर में भी पदयात्रा निकली थी। शहर की ज़िन्दगी की अपनी एक भगदड़ होती है, जिसका कि इस पदयात्रा पर असर पड़ता ही। लेकिन कुछ और भी बड़े दिलचस्प कारण थे। शहर में एक से अधिक टोलियाँ निकलें, ऐसी कोशिश की जा रही थी। लेकिन पहले तो शहर में रहने वाली औरतें सुबह से दफ़्तर जाने वाले, स्कूल-कॉलेज जाने वाले के वास्ते खाने के डब्बे तैयार करने लग जाती हैं, उससे छूटीं तो बाज़ार के काम और कहीं कुछ समय ख़ाली मिला तो थोड़ी देर 'कमर सीधी' करना। ख़ुद दफ़्तर जाने वाली महिला के लिए तो सुबह १० से ५ तक दूसरा ही चौका खुल जाता है। घर में रहने वाली महिलाएँ किसी तरह सात दिन के लिए अपने पतियों को चूल्हा-चौका सौंप देतीं। पति स्वीकार भी कर लेते, लेकिन ११ अक्तूबर का दिन आगरा वालों के लिए बड़ी तकलीफ़ बढ़ा गया। उस दिन शरद पूर्णिमा थी। आगरा में ताजमहल है—और शरद पूर्णिमा की चाँदनी में ताज को देखने के लिए कोई एक लाख दर्शक आगरा चले आते हैं। इस बार भी यही हुआ। घर-घर में मेहमान और कहीं-कहीं तो घर के सदस्यों से अधिक मेहमान। ऐसी हालत में कई महिलाओं को बहुत संकोच लगा कि वे सात दिन के लिए 'चूल्हा-चौका' पुरुषों को सौंपकर चली जायें।

'फिर हमारा भी एक त्योहार इसी हफ़्ते पड़ता था', आगरा की एक महिला ने पदयात्रा में शामिल होने की इच्छा रखते हुए भी शामिल न हो पाने का कारण साफ़ करते हुए कहा कि, करवाचौथ को हम उपवास रखते हैं, उस दिन घर से बाहर कैसे जाते? एक अन्य महिला पदयात्रा में जाने को तैयार थी लेकिन उनके सामने एक दिक़्क़त थी। उनकी टोली का एक पड़ाव उस घर में था, जहाँ इनके परिवार की लड़की का विवाह हुआ था। जैसा

कि चलन है वे उस घर में कुछ भी खा-पी नहीं सकती थीं। लड़की को 'पराया' मानना, फिर विवाह के बाद उसके घर का खाना-पीना छोड़ना ये धारणायें गहरी हैं—न तो एकाध पदयात्रा में शामिल होने से और न एकाध पदयात्रा निकालने से इन पर कोई असर होगा। योजना है कि स्त्री-जागरण पदयात्राएँ जगह-जगह महिला संगठन बनायेंगी। ये संगठन कारगर ढंग से साल भर तक महिलाओं के बीच इन धारणाओं को मिटाने के लिए काम करेंगे।

अनेक दिक़्क़तों के बाद शहर की पदयात्रा भी निकली ही। श्रीमती शकुन्तला ओक, जो वहाँ अँग्रेज़ी की प्राध्यापिका हैं, भी शामिल हुईं। उनका कॉलेज चल रहा था। इसलिए वे कॉलेज के समय अपनी कक्षायें लेकर वापस पदयात्रा में शामिल हो जातीं। घर पास ही होने के कारण शहर की पदयात्रा टोली के सामने एक झंझट और रहती थी। घर में कुछ गड़बड़ हुई तो पदयात्रा से हट कर रात को उसे सँभालने घर आना पड़ता। ऐसे एक-दो मौक़े आये, पदयात्री महिलायें घर गयीं और फिर अगले दिन पड़ाव पर सुबह तड़के ही शामिल हो गयीं। शहर पदयात्रा टोली ने मुहल्लों में आम सभाएँ लीं, जिनमें स्त्री-पुरुष दोनों ही आये। मुहल्लों में पड़ने वाली पाठशालाओं में भी कार्यक्रम रखा जाता था। शहर की टोली अपने एक पड़ाव ताजगंज में रहने वाली वेश्याओं से सम्पर्क कर उनके बीच में भी एक सभा आयोजित करने वाली थी। लेकिन इस बार वह इस काम में असफल रही। अगले वर्ष टोली इसकी तैयारी पहले से करे—ऐसा आयोजक सोच रहे हैं।

पुरुषों के लिए यह सप्ताह कैसा रहा? आगरा के एक व्यापारी महोदय, जिनकी पत्नी एक टोली के साथ घूम रही थीं, का कहना है कि 'पूरा हफ़्ता बवाल का था। इधर व्यापार चौपट रहा, उधर घर भी क्या सँभाल पाये, पहले पदयात्रियों की बिदाई में व्यस्त रहे फिर अलग-अलग टोलियों से सम्पर्क में हफ़्ता ख़तम हो गया। अब टोलियों के स्वागत में भी एक दिन लगेगा।' उनका लहजा शिकायत का नहीं था, अचानक आ गयी नयी ज़िम्मेदारी के भार की परेशानी भर थी।

आगरा ज़िले के पाँच विकास खण्डों तथा शहर में निकली इन पदयात्राओं में—सभी महिलायें शहर की थीं। वे प्रायः ऐसे घरों से थीं जिनको 'सर्वोदय मित्र' या 'सहयोगी शक्ति' कहा जाता है। इस कार्यक्रम के लिए

आम नागरिकों ने तो उत्साह बताया ही शहर के कांग्रेस दल ने भी इसमें शामिल होकर राजनैतिक दलों की परम्परागत पद्धति को छोड़ा है। रक्षा मन्त्री जगजीवनराम ने आगरा गाँधी शान्ति प्रतिष्ठान केन्द्र द्वारा आयोजित एक सभा में भाषण दिया था। भाषण के बाद केन्द्र के कार्यकर्त्ता मिले, तब उन्हें स्त्री-शक्ति जागरण सप्ताह और उस दौरान निकलने वाली पदयात्राओं का अन्दाज़ लगा। उन्होंने ऐसे कार्यक्रम में शामिल होने की इच्छा व्यक्त की। सहाय ने उन्हें एक नयी टोली निकालने का सुझाव दिया। कांग्रेस की १५ महिला कार्यकर्त्ताओं की एक टोली अगले दिन से शहर के सिकन्दरा क्षेत्र में घूमने लगी। इस टोली के पास भी स्त्री जागरण से सम्बन्धित वही सर्वोदय साहित्य है जो हर पदयात्रा टोली बाँटने के लिए अपने साथ रखती है। श्रीमती प्रेमलता धाकरे के नेतृत्व में चल रही इस टोली की व्यवस्था नगर कांग्रेस कमेटी ने की तथा साहित्य दिया नगर सर्वोदय मण्डल ने।

आगरा में स्त्री-शक्ति जागरण सप्ताह की प्रारम्भिक तैयारी के लिए दो दिन का एक शिविर अगस्त के अन्तिम दिनों में हुआ था, जिसमें निर्मला देशपाण्डे ने महिलाओं को सम्बोधित किया था (२ अक्तूबर '७३ भूदान यज्ञ)। फिर कृष्णा गुप्ता ने नगर की महिलाओं से व्यापक सम्पर्क कर २६ महिलाओं को तैयार किया। इन २६ महिलाओं में आज़ादी की लड़ाई में भाग लेने वाली श्रीमती सत्यवती सूद से लेकर साधारण गृहस्थी में लगी महिलाएँ, कॉलेज छात्रा कुमारी अन्तेष्टी आदि तक शामिल थीं। ११ अक्तूबर को इन २६ पदयात्रियों को बिदा करने के लिए स्थानीय बैकुण्ठी देवी कन्या महाविद्यालय में भूतपूर्व नगर प्रमुख शंभूनाथ चतुर्वेदी की अध्यक्षता में एक समारोह आयोजित किया था। समारोह के बाद विभिन्न इलाक़ों के लिए रवाना होने वाली टोलियों को नारियल, गीत प्रवचन तथा प्रार्थना-पुस्तिका देकर बिदा किया गया। पदयात्राएँ आगरा शहर के अलावा जगनेर, शमशाबाद, अछनेरा व टूँडला विकास खण्डों में चलीं।

पदयात्राओं की व्यवस्था नगर सर्वोदय मण्डल शहर के नागरिकों के सहयोग से कर रहा है। व्यवस्था में गोवर्धन होटल के मालिक कैलाशनाथ शर्मा, शिरोमणि शिवनारायण अग्रवाल तथा नगर सर्वोदय मण्डल के मन्त्री लोचनप्रसाद, रामलाल शर्मा आदि विशेष सक्रिय रहे।

भूदान यज्ञ, २२ अक्तूबर, १९७३

टिहरी गढ़वाल में हरिजन पूजा

उत्तर प्रदेश के पर्वतीय भाग टिहरी गढ़वाल में इस वर्ष गाँधी जयन्ती के अवसर पर प्रभातफेरी और प्रार्थना सभाओं के परम्परागत कार्यक्रमों के अलावा स्वामी चिदानन्द जी द्वारा हरिजनों की षोडषोपचार पूजा की गयी। स्वामी चिदानन्द जी ऋषिकेश स्थित दिव्य जीवन संघ के परमाध्यक्ष हैं। वे गाँधी जी की मृत्यु के बाद से प्रति वर्ष अपने आश्रम में वेदान्त दर्शन को व्यावहारिक रूप देते हुए हरेक में एकत्व की अनुभूति करने के लिए निजी रूप से हर गाँधी जयन्ती पर हरिजन पूजा करते आ रहे थे। यह दूसरा वर्ष था जबकि उन्होंने इसे सार्वजनिक रूप से सम्पन्न किया है। गत वर्ष गाँधी जयन्ती को इसी पर्वतीय भाग के सीमान्त ज़िले उत्तरकाशी में एक सार्वजनिक स्थान पर इस हरिजन-पूजा के कार्यक्रम को सम्पन्न कर वहाँ के राजनीतिज्ञों, समाज सुधारकों, प्रगतिशील व कट्टरपन्थियों के सामने अनेक सवाल खड़े कर दिये थे।

टिहरी बस्ती में काम कर रहे कोई ५६ सफ़ाई कर्मचारियों को स्वामी जी द्वारा १ अक्टूबर की शाम को निमन्त्रण भेजा गया था। ये सभी निमन्त्रित कर्मचारी, जिन्हें पूजने वाले स्वामीजी 'मूर्तियाँ' कहते थे, गाँधी जयन्ती को सुबह स्वामीजी के स्थान पर आ गये थे। चरण पखारने से लेकर दक्षिणास्वरूप गाँधी जी के आठ आने वाले सिक्के देने तक इस प्रक्रिया में उन सोलह चरणों का समावेश था जो देवमूर्ति की विधिवत् पूजा-अर्चना में सम्मिलित किये जाते हैं।

स्वामी चिदानन्द जी 'मूर्तियों' को प्रवेशद्वार पर लाकर पहले उनके चरण धोते। उनके एक सहयोगी चरणों पर लोटे से पानी डालते। स्वामीजी

अपने हाथों से रगड़-रगड़ कर सामने खड़े हरिजन के पाँव धोते, फिर बग़ल में रखे एक कपड़े से गीले पाँवों को पोंछ कर सुखाते। इस क्रिया में उनके कुछ और भी सहयोगी साथ दे रहे थे। पैर धो-पोंछ रहे स्वामी जी और पैर धुला रहे हरिजन के चेहरों में एक अजीब अन्तर होता था। इस सारी प्रक्रिया के दौरान स्वामी जी का चेहरा कभी गम्भीर बनता, कभी उनकी आँखें नम पड़ जातीं तो कभी वे अपने आपको प्रायश्चित-सा कर लेने वाला मान कर सन्तुष्ट की मुद्रा में आ जाते थे। लेकिन जिस हरिजन के पैर धुल-पुछ रहे होते वह प्रायः भौचक्का-सा खड़ा रहता। कुछ हरिजन तो शायद अब तक उस घटना पर विश्वास भी न कर पाये होंगे कि कोई शुद्ध गेरुए कपड़ों वाला स्वामी या ब्राह्मण उनके पैर धो रहा था, पोंछ रहा था।

पैर पखारने के बाद सभी मूर्तियाँ भीतर आयीं। इन ५६ मूर्तियों को एक क़तार में प्रतिष्ठित किया गया। फिर स्वामी चिदानन्द जी ने उनके माथों पर एक-एक करके भस्म, रोली तथा तिलक चढ़ाया। फिर पूजा की थाली में फूल चढ़ाये गये। स्वामी जी अपने सहयोगियों के साथ एक कोने से दूसरे कोने तक हर मूर्ति के भाल व चरणों में फूल चढ़ाते गये। ये सभी ५६ हरिजन स्थानीय सफ़ाई विभाग के थे, वे इसे भी किसी तरह का सरकारी आयोजन मानकर अपनी खाकी वर्दियों में ही आये थे। लेकिन अब जब स्वामी जी उनकी खाकी टोपी पर फूल रखते, पैरों के अँगूठों, उँगलियों के बीच फूल का डण्ठल फँसाते तो अनेक हरिजनों की आँखें गीली हो जातीं। पुष्पार्पण के बाद धूपबत्ती को लेकर स्वामी जी एक स्थान से दूसरे स्थान तक घूम गये। धूपबत्ती का सुगन्धित धुआँ अभी कमरे में मण्डरा ही रहा था कि स्वामी जी व उनके सहयोगी शिष्य मन्त्रोच्चारण के साथ एक-एक हरिजन मूर्ति की आरती उतारने लगे। पूरा पूजा स्थल सुगन्धित धुएँ, वैदिक मन्त्रों, शंख व घण्टी की ध्वनियों से भर गया था। इस क्षण यह कल्पना करना कि किसी युग में वैदिक मन्त्रों को सुन लेने वाले हरिजनों के कानों में सीसा पिघलाकर उँडेला जाता रहा होगा—असम्भव ही लग रही थी।

पूजा का दूसरा चरण आरम्भ हुआ। पूजित मूर्तियों को हलवे का भोग चढ़ाया गया, फिर सबको भोजन परोसा गया। पूजा-स्थल पर उपस्थित दर्शकों, पूजा में सहयोग दे रहे शिष्यों में भोग का प्रसाद बाँटा गया। जब

सब हरिजनों ने भोजन ग्रहण कर लिया तो स्वामी चिदानन्द जी ने हरेक की पत्तलें ख़ुद उठायीं, उन्हें बाहर एक गड्ढे में फेंका, लौट कर फिर भोजन स्थल की सफ़ाई की। सबसे अन्त में दक्षिणास्वरूप गाँधी जी के चित्र वाले आठ आने के सिक्के प्रत्येक हरिजन को भेंट किये। क्षेत्र के सर्वोदय कार्यकर्त्ताओं व टिहरी के कुछ संन्यासियों ने भी पूजा की सारी प्रक्रिया में स्वामीजी को पूरा सहयोग दिया।

देश भर के समाचार पत्रों में आये दिन हरिजनों पर होने वाले अत्याचारों की ख़बरें छपती रहती हैं। कहीं उन्हें ज़िन्दा जलाया जाता है, कहीं उनकी बारात को रोक कर मारा जाता है, क्योंकि हरिजन दूल्हा घोड़े पर चढ़ा था, कहीं एक ही कुएँ से पानी लेने पर—वह सवर्णों के रोष का कारण बन जाता है। कहीं जाने कितने सामाजिक कार्यकर्त्ताओं के बरसों से किये गये परिश्रम से उसे मिला ज़मीन का टुकड़ा छीन लिया जाता है। ऐसे समाचारों के बीच हरिजन-पूजा का यह कार्यक्रम बहुतों के गले उतरेगा नहीं। यह पूजा समता में आस्था रखने वाले किसी समाजवादी, राजनैतिक दल ने, किसी सामाजिक कार्यकर्त्ता ने नहीं की है। इसे किया है एक ऐसे संन्यासी ने जो इस चराचर जगत् को मिथ्या मान कर अपना घर-बार छोड़ चुका है और ब्रह्म में लीन होने के प्रयास में इस नश्वर शरीर को मात्र साधन मानकर सुरक्षित रख रहा है।

स्वामी चिदानन्द जी के लिए इस हरिजन पूजा का एक ही लक्ष्य है—ये हरिजन अपने को किसी से भी हीन न समझें। कहीं कोई एक ही विशाल मानव-परिवार में जन्म लेने के बाद अपने को किसी अन्य से श्रेष्ठ समझने की भूल न कर बैठे। स्वामी जी अद्वैत वेदान्त दर्शन के ज्ञाता हैं। उनके लिए यह पूजा एक बार बहुत सोच-विचार कर त्याग दिये संसार में फिर से प्रवेश कर उलझने की भूल नहीं है। वे तो इसे वेदान्त दर्शन का व्यावहारिक पहलू मानते हैं। सबमें एकत्व की अनुभूति जहाँ जय-जगत् के नारे को जन्म देती है वहीं अपने समूह के घेरे से अकारण बाहर निकाल दिये गये एक उप-समूह को फिर से आत्मसात् करने के लिए तड़प उठती है।

स्वामी चिदानन्द जी का जन्म मैसूर के माधव-वैष्णव परिवार में हुआ था। अपने बचपन में उन्होंने अपने एक हरिजन सहपाठी से अपने परिवार द्वारा किया गया व्यवहार देखा था—वह घटना उन्हें आज भी ज्यों की त्यों याद

है। वह सहपाठी एक दिन पाठशाला के बाद उनके साथ घर आ गया। दोनों पूजागृह के सामने लटके झूले पर बैठकर झूलते रहे। दादी माँ ने दोनों को जलपान कराया। जब वह जाने लगा तो दादी ने सहज ही उससे उसके परिवार के बारे में पूछ लिया। पिता का नाम और उससे जुड़ी जाति को सुन कर दादी काँप गयीं। स्वामी जी को तो ऐसा लगा कि दादी के नीचे की ज़मीन ही खिसक गयी थी। सारी घटना एक-दो क्षण की ही थी। सहपाठी भी स्थिति समझ कर घबरा गया। उसे एक सहपाठी के घर में भीतर तक आने, नाश्ता करने जैसी स्वाभाविक बातें अपराध लगने लगी थीं—सहपाठी सवर्ण जो था! दादी ने उसे फटकारा कि तुम फिर झूले तक कैसे आये, नाश्ता कैसे खा लिया, तुम अपनी जात भूल गये थे क्या?

वह इस घटना के बाद एक अपराध-भाव लिये रहा। स्वामी जी का कहना है कि स्कूल में मुझसे भी वह महीनों तक कतराता रहा।

ईश्वर की पूजा कहीं हमें ईश्वर के बेटों से ही अलग न कर दे। स्वामी जी ने महसूस किया कि एक भी व्यक्ति के प्रति किया गया ऐसा व्यवहार, प्रत्येक अणु में व्याप्त उस दिव्य सत्ता को नकारना होगा। इसलिए संन्यासी चिदानन्द जी ने हरिजन सेवक गाँधी जी की मृत्यु के बाद उनके जन्मदिन को हरिजन-पूजा से मनाना शुरू कर दिया।

चूँकि यह पूजा गत २५ वर्षों से निजी रूप से होती रही है और अब गत दो वर्षों से सार्वजनिक रूप से सम्पन्न हो रही है इसलिए यह सवाल कट्टर तथा प्रगतिशील दोनों ही पक्षों से उठने लगा है—क्या इस तरह हरिजनों की पूजा करना उचित है? एक पक्ष इसमें धर्म की हानि देख रहा है तो दूसरे पक्ष को इसमें क्रान्तिकारी क़दमों की कमी महसूस हो रही है। धर्म का अनादर देखने वालों को छोड़ दें। सभी तरह के जात-पाँत के बन्धनों को तोड़कर समता और बन्धुत्व पर एक नये समाज की नींव की कल्पना करने वाला क्रान्तिकारी सोचता है कि आज जो पिछड़े हैं, उनकी हालत में सुधार ऐसी पूजा-ऊजा से नहीं आने वाला है। यह सोचना भी अपनी जगह ठीक हो सकता है। लेकिन स्वामी जी इस सवाल का जवाब गत वर्ष उत्तरकाशी में एक आम सभा में दे चुके हैं। 'मैं तो एक संन्यासी हूँ, यह संसार छोड़ चुका हूँ, अपना श्राद्ध भी स्वयं कर चुका हूँ। मेरी तो यही क्षमता है, हर वस्तु में ब्रह्म के दर्शन करूँ। फिर यह पूजा अपने में साध्य नहीं है—यह समता की ओर बढ़ने का एक साधन मात्र है। सामाजिक

कार्यकर्त्ताओं व राजनैतिक दलों द्वारा समता के लिए किये जा रहे प्रयासों में यह हरिजन पूजा बाधक तो बनेगी नहीं, सम्भव तो यही है कि वह उनके द्वारा उठाये गये क़दमों की पूरक बने, सहायक बने।'

भूदान यज्ञ, १५ अक्टूबर, १९७३

हर कमीज़ मेरे लड़के की कमीज़ है

बम्बई के एक व्यस्त इलाक़े कोलाबा में भगतसिंह रोड पर एक सात हाथ की बहुत छोटी-सी दर्जी की दुकान है। तीन तरफ़ इसी ऊँचाई की दीवारें हैं, ऊपर टीन की छत, सामने का पूरा हिस्सा खुला हुआ है। फुटपाथ से गुज़रते हुए यदि इस दुकान पर नज़र पड़ जाये तो एक ही झटके में वहाँ रखी काफ़ी चीज़ें पकड़ में आ जायेंगी—एक पाँव की सिलाई मशीन, हेंगर पर लटके हुए तैयार कपड़े, सिये जाने वाले कपड़ों का छोटा-सा बण्डल, कपड़ों की कतरनों के बीच दोपहर के खाने का डब्बा, एक छोटी-सी सुराही। एक दीवार पर एक बहुत छोटे-से फ्रेम में किसी वृद्ध आदमी की, दूसरी पर कुछ बड़े आकार में शंकर जी की तसवीर का कैलेण्डर तथा तीसरी दीवार पर विनोबा तथा जवाहरलाल नेहरू की वह परिचित तसवीर टँगी है, जिसमें दोनों परस्पर इतने झुके हुए हैं कि कौन किसे सूत की माला पहना रहा है, अन्दाज़ लगाना कठिन है। तसवीर पर इंचीटेप टँगा हुआ है, शायद तसवीर के पुरुषों की ऊँचाई नापने की कोशिश करता हुआ।

४५ वर्षीय रामकिरण इस छोटी-सी दुकान के सब कुछ हैं और यह दुकान भी उनके लिए सब कुछ है। इसी में सोते हैं, इसी में काम करते हैं। वे अब किसी भी आन्दोलन या पार्टी में नहीं हैं। लेकिन, 'विनोबा कोई बड़े सन्त हैं, उमर भर बेज़मीनों के लिए काम किया है, ऐसा सुनकर उनका चित्र दुकान पर टाँग लिया, फिर बग़ल में नेहरू जी भी तो थे ही।' सन्तों पर रामकिरण की बहुत श्रद्धा है। इस बड़े शहर में सन् '३९ से रहते हुए भी वे अपने को बम्बई का नहीं मानते, कहते हैं कि, 'मैं जौनपुर का रहने वाला

हूँ, यहाँ तो बस वक़्त काट रहा हूँ। फिर ६ दिन सुबह से शाम तक कपड़े सीता रहता हूँ, मालूम ही नहीं पड़ता कि कहाँ हूँ, शनिवार को अक्सर आस-पास के पहाड़ों पर चला जाता हूँ। वहाँ जंगलों में बहुत-से सन्त रहते हैं, उनकी संगत में दिन भर बिताता हूँ, वापस आकर इस काम में लग जाता हूँ।'

झटकार कर सुखायी धोती और बनियान पहने रामकिरण एक निक्कर में काज बटन कर रहे थे, उनकी सधी हुई उँगलियाँ कितनी ठीक चल रही हैं यह देखने वे बातचीत करते हुए बीच-बीच में नीचे देख लेते थे। उन्होंने आज़ादी की लड़ाई में भाग लिया था। अपनी अँग्रेज़ी की किताबें फाड़ी थीं, विदेशी कपड़ों की होली जलायी थी। लेकिन बहुत तटस्थ ढंग से कहने लगे कि 'आज ख़ुद अँग्रेज़ी कपड़े सी रहा हूँ।'

जब बातचीत थोड़ी आगे बढ़ी तो उन्होंने कपड़ों की कतरनों को हटाते हुए बैठने की जगह साफ़ कर ली। वे कबूल करने के लहजे में कहने लगे— यहाँ ज़्यादातर कोई किसी से बात नहीं करता। जिसे कपड़े नहीं सिलवाना उसे दर्ज़ी की दुकान पर खड़े रहने की क्या ज़रूरत और जिसके कपड़े नहीं सीना है उससे दुकानदार को बात करने की क्या ज़रूरत? बम्बई में समय बहुत तेजी से भागता है न। यहाँ का समय बहुत तेजी से भाग रहा है, कहाँ जाकर टकरायेगा हमें मालूम नहीं, हम तो उस पर एक सवार भर हैं, उसे मोड़ नहीं सकते, बस उसके टकराने का इन्तज़ार कर रहे हैं।

बातचीत विनोबा पर आ गयी। वे पूछने लगे कि विनोबा जी आजकल क्या कर रहे हैं। बताया कि वे 'सूक्ष्म' में प्रवेश कर गये हैं, क्षेत्र संन्यास ले लिया है उन्होंने। अपने आश्रम से बाहर नहीं जायेंगे ऐसा तय किया है। रामकिरण को बहुत अचरज हुआ यह सब सुन कर। कहने लगे, 'सन्तों का मन कौन जान सकेगा, कहाँ तो सुनता था कि पूरा भारत पैदल घूमे हैं, गाँव-गाँव तक पहुँचे हैं और अब यह नयी बात पता चली है कि वो घर से बाहर नहीं जाते।' फिर जयप्रकाश जी के बारे में पूछा कि आजकल वो कहाँ हैं, क्या करते हैं। बताया कि फ़िलहाल तो वो बम्बई में ही हैं, इसी कोलाबा स्ट्रीट पर आगे। यह भी बताया कि आजकल जे.पी. बम्बई में गाँधी जी के ट्रस्टीशिप सिद्धान्त को समझा रहे हैं। उद्योगपतियों, मज़दूरों के बीच यहाँ पिछले कुछ महीनों से काम चल रहा है।

रामकिरण को शायद ट्रस्टीशिप के बारे में ज़्यादा न मालूम हो लेकिन वे

अपना काम पूरी मेहनत, ईमानदारी के साथ करते हैं। वे दुकान पर आये हर एक काम को अपना ही मानकर करते हैं। कमीज चाहे मज़दूर की बना रहे हों, थोड़े पैसे वाले की बना रहे हों, उस पर यही मानकर जुटते हैं कि कमीज जौनपुर में रह रहे उनके लड़के की है। इसके बाद भी कई बार ग्राहक हमारी मेहनत के ठीक पैसे नहीं देता, जितनी क़ीमत है उससे दस, बीस पैसे ही मार लेना चाहता है। मैं बहस नहीं करता हूँ ऐसे वक़्त। यह न सोचें कि झगड़ा इसलिए नहीं करता कि ज़माना ख़राब है, यहाँ तो देखते-देखते छुरा चल जाता है। बात ऐसी है कि हमें तो जो कुछ यहाँ करना था हमने कर डाला। अब तो हम इन्तज़ार कर रहे हैं। कई बार हमने ऊपर वाले को अर्जी दी है कि अब हमारा राशन कार्ड इस बम्बई मुहल्ले से बदल कर अपने मुहल्ले में कर दो। हम कोई व्यापारी तो हैं नहीं। छोटी-सी बस यही दुकान है कुल पूँजी। हफ़्ते में छह दिन यहाँ बैठकर जो हुनर हमने सीखा है उससे लोगों का तन ढँकते हैं, बदले में वे हमें इतना तो दे ही देते हैं कि हमारा तन भी ढँक जाये। और हमने तो कहा ही है कि राशन कार्ड बदलने की अर्जी दी है। लगता है ऊपर भी अर्जी पास होने में देरी लगने लगी है।

भूदान यज्ञ, ३ सितम्बर, १९७३

जव्हार में ग्राम स्वराज्य का रास्ता

महाराष्ट्र के सघन क्षेत्रों में काम कर रहे १३ कार्यकर्त्ताओं का एक शिविर ठाणा ज़िले (महाराष्ट्र) के जामसर गाँव में १५ अगस्त को समाप्त हुआ। प्रदेश के सात विभिन्न ज़िलों के ये कार्यकर्त्ता पिछली १५ जुलाई से जामसर में ग्राम स्वराज्य का रास्ता खोज रहे थे। 'ग्राम स्वराज्य मार्ग शोधन' शिविर का आयोजन ठाणा ज़िला ग्राम स्वराज्य अभियान समिति की ओर से किया गया था।

महाराष्ट्र की पर्वतीय तहसील जव्हार का यह छोटा-सा गाँव समुद्र से १५०० फ़ुट की ऊँचाई पर बसा है। तहसील और उसके आसपास का पहाड़ी इलाक़ा आदिवासी है। महाराष्ट्र में सबसे ज़्यादा पानी यहीं गिरता है। साल भर चारों ओर हरियाली छायी रहती है। शराब का ख़ूब ज़ोर है।

इस शिविर को देखने २८ जुलाई को चार जर्मन शिक्षक आये। पश्चिम जर्मनी के ये लोग भारत के ग्रामीण इलाक़ों का अध्ययन करने आये थे। बम्बई से ठाणे, भिवण्डी होते हुए जब ये जामसर शिविर में पहुँचे तब शिविरार्थी गाँव के खेतों से काम करके वापस आये थे। शिविर अध्ययन शिविर ही था फिर भी अध्ययन से ज़्यादा महत्त्व खेत में काम करने को दिया गया था।

शिविरार्थी दोपहर को ख़ुद पकाया गया भोजन खाकर १२ से ४ तक खेत में काम करते थे। खेत का चुनाव रात को ग्रामीणों के साथ होने वाली बैठक में तय किया जाता था। जव्हार आदिवासी क्षेत्र है। यहाँ थोड़ी-बहुत ज़मीन प्राय: सभी के पास होती है। जिनके पास बहुत कम ज़मीन है वे केवल ज़मीन के भरोसे रह नहीं पाते, उन्हें नकद पैसा कमाने के लिए

दूसरों के खेतों पर मज़दूरी करनी पड़ती है। शिविर की अवधि में खेतों में धान की रोपाई हो रही थी। कोई सौ परिवारों के इस गाँव में चौंतीस ऐसे किसान थे, जो दूसरी जगह मज़दूरी करने के कारण अपने खेत में रोपाई करने में असमर्थ थे। इनके खेत छोटे ही होते हैं, फिर भी रोपाई में दो, तीन दिन लग जाते हैं। अपने खेत में रोपाई करने का अर्थ होता है—उतने दिन की मज़दूरी न पाना—यानी उतने दिनों का फाँका।

शिविरार्थियों को इस समस्या का अन्दाज़ लगा। उन्होंने तय किया कि दोपहर को खाने के बाद के विश्राम को श्रम में बदला जाये। इस तरह रोज़ रात की बैठक में एक खेत चुना जाता, उसके किसान से दूसरे दिन छुट्टी लेने को कहा जाता। फिर दोपहर को चार घण्टे १३ शिविरार्थी किसान परिवार के सदस्यों के साथ कीचड़ में धँस जाते। काम करते हुए कभी सब मिलकर गाना गाते तो कभी किसान परिवार से बातचीत करते... अक्सर समय से पहले ही खेत धान के रोपों से पट जाता था।

सह-अध्ययन सुबह और शाम को एक-एक घण्टे होता था। शाम को बहस एक घण्टे से ज़्यादा खिंच जाती थी। धीरेन्द्र मजूमदार की किताब 'क्रान्ति, प्रयोग और चिन्तन' सह-अध्ययन का आधार हुआ करती थी। किताब से एक-एक अध्याय पढ़ा जाता फिर उस पर आपस में बहस होती।

शिविरार्थी झोपड़ीनुमा ग्राम पंचायत में २८ जुलाई की शाम को 'क्रान्ति बनाम सेवा' विषय पर बहस कर रहे थे। छत की बल्लियों पर शिविरार्थी के उल्टे छाते तथा कमरे की दीवारों के चारों कोनों में बाँधी गयी रस्सियों पर उनके कपड़े सूख रहे थे। बहस चल रही थी। कुछ का कहना था कि हमें सेवा नहीं करनी चाहिये, गाँव वालों की जो दिक़्क़तें हैं उनका ठीक हल हम उन्हें बतायें, उस हल को लेकर वे ख़ुद ही आगे बढ़ें। यदि किसी परिस्थिति में शासन से टकराव भी आ सकता है तो हम उन्हें लड़ने का सही तरीक़ा सुझा दें, लड़ें वे स्वयं ही। ऐसे कार्यकर्त्ताओं को डर था कि यदि हम गाँव वालों की हर दिक़्क़त का उपाय ख़ुद खोजने लगेंगे तो वे कभी आगे नहीं आयेंगे। यदि हम उनका हर काम करने लग गये तो वे हम पर आश्रित हो जायेंगे। उन्हें ग्राम स्वराज्य की गरज क्या रह जायेगी ? कुछ मानते थे कि बिना सेवा के हम लोगों के मन में प्रवेश नहीं कर सकते। सेवा से ही हम दबे हुए लोगों को ऊपर उठा कर उन्हें इतना ताक़तवर बना

सकेंगे कि वे अपनी लड़ाई स्वयं लड़ सकें, अपना रास्ता स्वयं ढूँढ़ने लगें। शिविर के सारे कार्यक्रमों में उत्साह से भाग ले रहे जव्हार तहसील संसोपा के अध्यक्ष रेवजी ने जव्हार का इतिहास सामने रख कर सेवा बनाम क्रान्ति की बहस को आगे बढ़ाया। जव्हार एक रियासत रही है। राजा प्रजा से तटस्थ ही रहते थे, व्यापारी सीधे-सादे आदिवासियों को लूटते रहे हैं। आज भी हालत कम-ज़्यादा वही है। रेवजी का सुझाव था कि हमें यहाँ का अज्ञान दूर करने को प्राथमिकता देनी होगी। कम से कम उन्हें बाज़ार भाव से तो जोड़ें, आज इस इलाक़े में व्यापारी आदिवासियों से २० रुपये की चीज़ ५ रुपये में ले जाते हैं। हमें सबसे पहले उनके बीच इतना काम करना होगा कि वे २० रुपये की चीज़ १५ रुपये से कम में न बेचें। बाबूराव चन्दावर ने बहस को समेटते हुए कहा कि ग्राम स्वराज्य के लिए उन्हें आकर्षित करना मुख्य प्रश्न है।

जामसर में ग्रामसभा बन चुकी है। क़ानूनी रजिस्ट्रेशन के लिए भी कार्यवाही चल रही है। सह-अध्ययन के बाद ग्रामसभा की बैठक होने वाली थी। ग्रामसभा दूसरी बार मिल रही थी। पानी बरस रहा था, लोग बाँस और सूखे पत्तों की बनी बरसाती को पंचायत भवन की दीवार पर टिका कर भीतर आ रहे थे। ग्रामसभा के अध्यक्ष बुधाजी बामरे ने बैठक की शुरुआत की। बीज, बैल और पालेमोड़ विषय थे। पालेमोड़ गाँव के महाजन से छुटकारा दिलाने वाली सरकारी मदद का नाम है। आदिवासियों को ज़रूरत के समय महाजन थोड़ा-बहुत उधार देकर बरसों तक तंग करते हैं। अब सरकार ने ऐसे मौक़ों पर पालेमोड़ की व्यवस्था की है। लेकिन जाहिर है कि मदद लेने की प्रक्रिया काफ़ी कठिन होती है। इसलिए ग्रामसभा ने पालेमोड़ को अपने हाथ में लिया है। उस दिन की बैठक में उन लोगों के नाम लिखे गये जिन्हें पालेमोड़ की ज़रूरत है। उनके काग़ज़ ग्रामसभा की ओर से ही तहसीलदार को भेजे जायेंगे। दूसरा विषय था बीज और बैल। जिनके पास बीज बच गये हैं, जिनके बैल खेत पर काम कर चुके हैं, उनके नाम आये। फिर बैठक में ऐसे लोगों ने अपने नाम दिये जिन्हें बीज और बैल की ज़रूरत है। ग्रामसभा की ओर से यह तय किया जायेगा कि जिनकी ज़मीन तैयार हो गयी है वह किसी भी कारण से ख़ाली न रह जाये। ग्रामसभा कोशिश कर रही है कि इस बार से जामसर में एक इंच ज़मीन भी ख़ाली न रह जाये।

पंचायत भवन में, जहाँ एक सभा चल रही थी अब और भी ग्रामीण आने लगे थे। एक आदमी ने सभा में प्रवेश करते ही अपनी कोई माँग या किसी पड़ोसी की शिकायत ज़ोर से रखी। धीरे-धीरे इस तरह के दो-चार लोग आये, ये बैठक में दूर-दूर बैठे हुए भी एक-दूसरे से बात करने लगते थे। ये शराब पीये थे। बाबूराव चन्दावर का कहना है कि इस इलाक़े में किसी तरह की आमसभा का समय तय करना बड़ा कठिन काम है। लोग सुबह से शाम तक खेतों में काम करते हैं। शाम को घर आकर थोड़ा आराम, फिर खाना और शराब। रात को प्रायः लोग नशे में ही रहते हैं। शाम को कोई समय निकाल कर जितने लोगों को इकट्ठा कर लो उतने से ही सभा हो सकती है।

हालाँकि यह बैठक जल्दी ही शुरू कर दी गयी थी। फिर भी बैल, बीज और पालेमोड़ के कारण जल्दी ख़त्म नहीं हो पायी थी। इसी बीच वे लोग भी इसमें शामिल होने लगे थे जो शराब पी चुके थे। अब तक चार-पाँच शराब पीये हुए लोग सभा में आ गये थे। गाँव की कुछ महिलाएँ भी अब तक अपने चौके का काम समेट कर घूँघट डाल कर आ गयी थीं। सभा में अब जो भी बातचीत चलती उस पर शराब पीये लोग कुछ न कुछ कहना चाहते। उनको शान्त करने एक-एक समझदार कार्यकर्त्ता उनके बग़ल में बैठ गया। वे उन्हें शान्त रखने की कोशिश करते। जब कोई शराबी बहुत ज़ोर से बोलने लगता तो बाबूराव चन्दावर ख़ुद उठ कर उसे समझाने की कोशिश करते। जब ऐसा लगा कि अब बैठक जारी नहीं रह सकती तब संगीत शुरू किया गया। पहले कुछ भजन गाये गये फिर शराबबन्दी के गीत शुरू हो गये। तबला, हारमोनियम, खंजरी पर शराब के ख़िलाफ़ गीत गाया जा रहा था—शराबी भी ख़ूब झूम-झूम कर पंक्तियाँ दुहरा रहे थे। एक ने तो हारमोनियम वाले को हटा कर ख़ुद बजाने की कोशिश की। एक तरफ़ गीत चल रहा था, दूसरी तरफ़ बाबूराव जी महिलाओं से पूछ रहे थे कि जामसर से शराब हटाने के लिए क्या करना होगा। उन्होंने पीछे मुँह फेर कर चुप्पी साध ली।

जव्हार तहसील एक कड़ा नारियल है। ग्रामस्वराज्य क्रान्ति की कोशिश करने वाले कार्यकर्त्ताओं ने इस लम्बे शिविर के माध्यम से गाँव के खेतों में काम कर, आपस में अध्ययन कर, लोगों से सम्पर्क कर उसके कड़ेपन को नज़दीक से परखने का प्रयास किया हैं।

भूदान-यज्ञ, २० अगस्त, १९७३

समर्पण से पहले 'कारज' को सफल बनाने का अभियान

छतरपुर से हमारी जीप जटाशंकर जा रही थी। जीप को छतरपुर के एक वरिष्ठ प्रशासनिक अधिकारी ड्राइव कर रहे थे। अन्य लोगों में तहसीलदार सिंह, बुन्देलखण्ड में शान्ति मिशन का काम देखने वाले चतुर्भुज पाठक के अलावा अधिकारी महोदय का सहायक तथा उनका पन्द्रह वर्षीय भाई भी साथ था। यह लड़का 'डाकू' देखना चाहता था। आम और तेन्दू के पेड़ों तथा ढाक की झाड़ियों के बीच से गुज़रने वाली पक्की डामर सड़क पर हम २५ क़िलोमीटर चल चुके थे। बिजावर क़स्बा गुज़रते ही पाठक जी ने कहा कि अब कच्चा रास्ता आने वाला है। बहुत जल्द ही जीप पक्की सड़क से दायीं ओर उतर गयी, मोड़ पर ही एक तख़्ती लगी थी, इस पर लिखा था, 'जटाशंकर को मारग पियारो त्रिभुवन लोक को तारन हारो।' अधिकारी महोदय के लिए यह कठिन हिन्दी थी, उन्होंने हम लोगों से इसका अर्थ पूछते हुए अपने सहायक से अपनी कैप माँगी। इन्हें अँग्रेज़ी में अर्थ समझाया जा रहा था, 'दिस इज़ द वे टू जटाशंकर, द लिबरेटर ऑफ़ द थ्री वर्ल्डस।' पीछे बैठा उनका छोटा भाई डाकुओं को देखने की उत्सुकता को जीप में आने वाली धूल से ज़्यादा भारी तौल तो चुका था, फिर भी शिकायत के लहजे में 'धूल बहुत है' कहते हुए अपना रूमाल सिर पर बाँधने लगा। इससे पहले कि इस शिकायत को हम लोग अपनी शिकायत भी मान सकें, तहसीलदार सिंह जी कहने लगे, 'धूल नाई आये जे तो जटाशंकर की भभूत आये।'

इस भभूत को यथास्थान (जीप में आगे बैठे हुए लोगों की अपेक्षा हम पीछे बैठने वालों पर धूल की चोट ज़्यादा थी) स्वीकार करते हुए हम लोग जटाशंकर में पण्डित मोनी और रामसहाय द्वारा आयोजित सत्यनारायण कथा तथा ब्रह्मभोज में सम्मिलित होने जा रहे थे। पण्डित मोनी-रामसहाय ने 'समस्त परिवार चम्बलघाटी शान्ति मिशन' को जटाशंकर से एक हस्तलिखित पत्र भेजकर 'कारज को सफल' बनाने आमन्त्रित किया था।

हमारे मेजबान पण्डित मोनीराम व रामसहाय बुन्देलखण्ड क्षेत्र में सक्रिय ६ डाकू गिरोहों में दूसरा स्थान रखने वाले गिरोह के नेता थे। २३ सदस्यीय 'मोनी रामसहाय' नामक इस दल से बुन्देलखण्ड का एक बड़ा हिस्सा पिछले २५ वर्षों से परिचित रहा है। मोनीराम और रामसहाय दीक्षित परिवार में जन्मे चचेरे भाई हैं। इनकी धर्मभीरुता और उससे जुड़ी दानवीरता ने इन्हें बाग़ी होते हुए भी हज़ारों लोगों के मन में स्थान दिला दिया था।

हम लोग जटाशंकर पहुँच चुके थे। एक पहाड़ के मध्य भाग में स्थित यह प्रसिद्ध और विस्तृत तीर्थ स्थान तीस वर्ष पहले उजाड़ ही था। तब पहाड़ के मध्य में एक छोटा-सा शिवलिंग था। शिवलिंग से कोई पाँच हाथ की दूरी पर एक स्रोत का उद्‌गम था, यह जल शिवलिंग पर गिर कर नीचे तराई तक चला जाता था। चारों ओर जंगल से घिरे स्थान पर २५-३० वर्ष पहले एक नागा बाबा आये और यहीं रम गये। उन्होंने प्रारम्भ में शिवलिंग के आसपास मिट्टी, पत्थर डाल कर भूमि समतल कर दी। पहाड़ पर चढ़ने-उतरने के लिए एक पगडण्डी बना ली। आसपास के जंगलों में फिरने वाले बाग़ियों ने भी नागा बाबा की उपस्थिति के बाद इस मूर्ति पर आना-जाना शुरू कर दिया। क्षेत्र के अधिकारियों ने नागा बाबा को सलाह मिश्रित आज्ञा दी कि बाग़ियों से मेल-जोल ठीक बात नहीं है, पूजा करके रोज़ नीचे उतर आया करो।

आज उस पगडण्डी के बदले जटाशंकर तक २५० सीढ़ियाँ लगी हैं। प्रत्येक सीढ़ी लगभग ८ फ़ुट लम्बी, डेढ़ फ़ुट चौड़ी तथा ५ इंच मोटी है तथा औसतन तीन-चार पत्थर की स्लेटों से बनायी गयी है। हर स्लेट पर उसके दाता का नाम, पता और दान की तिथि अंकित है। सीढ़ियाँ जहाँ से आरम्भ होती हैं, वहाँ दो-तीन दुकानें हैं, इनमें प्रसाद, फूल और पूजा की विविध सामग्री मिलती है।

अधिकारी महोदय का भाई नीचे ही दे दी जानकारी को परखने के लिए सीढ़ियों को गिनता हुआ चढ़ रहा था। सीढ़ियों की दायीं ओर पहाड़ तथा बायीं ओर जटाशंकर की धारा थी। कुछ सीढ़ियाँ चढ़ने के बाद दायीं ओर पहाड़ काटकर तीर्थ यात्रियों के लिए बनाये गये दो बरामदे मिले। ऊपर आने पर पहले दो पान की दुकानें आयीं, उनके बाद पूजा की सामग्री की कुछ दुकानें और लकड़ी के बने खिलौनों की दुकानें थीं। यहाँ पहुँचने पर वह समतल भाग आ जाता है जो इस तीर्थ स्थान का केन्द्र है। दायीं ओर धर्मशालाएँ हैं, बरामदेनुमा। एक भाग दुमंज़िला भी है। बायीं ओर चलकर एक कुण्ड आता है, जिसमें धारा का जल आता-जाता रहता है। कुण्ड से लगा जटाशंकर का मन्दिर है—मढ़ीनुमा। शिवलिंग पर प्रकाश के लिए पत्थर काटकर बनाये आले में पेट्रोमेक्स जलता रहा है। मन्दिर के प्रवेशद्वार के पहले एक बरामदा है, इसमें भी विभिन्न देवताओं की प्रतिष्ठा की गयी है। इस बरामदे के बाद एक बड़ा चबूतरा है, चबूतरे की दो बड़ी भुजायें लोहे की सलाखों से घिरी हैं—शेष दो भुजायें पहाड़ की दीवारों से बनी हैं। चबूतरे के बग़ल में हाल में ही तिमंज़िली पक्की धर्मशाला है—धर्मशाला की दूसरी मंज़िल से जटाशंकर के वही पुराने नागा बाबा, जो अब महन्त बन गये हैं, की प्राकृतिक गुफा में जाने का रास्ता है।

समतल पर आकर थम जाने वाली सीढ़ियाँ कुछ आराम कर कुण्ड के बग़ल से फिर ऊपर जाने लगती हैं।

मोनी रामसहाय द्वारा २९ मई, '७२ सोमवार को की गयी इस सत्यनारायण कथा को सुनने के लिए आयी भीड़ द्वारा यह समतल जगह आसपास की धर्मशालाएँ तथा कुण्ड से ऊपर राधाकृष्ण के मन्दिर तक जाने वाली सीढ़ियाँ पूरी तरह से ढक चुकी थीं। हम लोगों को आते-आते कुछ देर हो गयी थी, लेकिन हमारे साथ शान्ति मिशन के कार्यकर्त्ता थे इसलिए हमें उस चबूतरे तक पहुँचने में कोई ख़ास परेशानी नहीं हुई। चबूतरे पर बीच में यज्ञवेदी बनी थी। चबूतरे पर मोनी रामसहाय दल के अन्य बाग़ियों और उनके प्रशंसक तथा कृपापात्र ग्रामीणों के अलावा रंग-बिरंगी साड़ियाँ पहने २०-२५ औरतें भी बैठी थीं। एक ओर साफ़ा बाँधे, सेना की वर्दी पहने बाग़ी सरदार मोनी व रामसहाय बैठे थे, दूसरी ओर उनके पुरोहित रामरतन दुबे बैठे थे जो बाग़ी सरदारों को विधिपूर्वक आज्ञा देकर यज्ञ सम्पन्न कर रहे थे। शेष स्थान पर यज्ञ की आवश्यक वस्तुओं के अलावा

कुछ दोने भी रखे थे, जिनमें एक रुपये, दो रुपये की गड्डियों के साथ दो-चार सौ रुपये के भी नोट रखे थे। यज्ञ करते हुए पण्डित मोनी व रामसहाय बाग़ी नहीं लग रहे थे। हालाँकि वे अपनी कमर पर अभी भी कारतूसों की पेटी पहने हुए थे। उनकी आँखों में एक सन्तोष की चमक थी, चेहरों पर क्रूरता का कहीं कोई भाव नहीं था।

जटाशंकर पर पिछले बारह-पन्द्रह बरसों में बनी पक्की सीढ़ियों, धर्मशालाओं के निर्माण के पीछे इन बाग़ियों का योगदान रहा है। कभी ख़ुद पैसा देकर तो कभी किसी बड़े सेठ या व्यापारी को दान के लिए 'प्रेरित' कर इन बाग़ियों ने ही इस स्थान को विकसित किया है। जटाशंकर के मध्य भाग का निर्माण मोनी रामसहाय के प्रयास से हुआ है तो कुण्ड के ऊपर जाने वाली सीढ़ियाँ तथा उन पर चलकर पहाड़ की चोटी पर स्थित राधाकृष्ण मन्दिर बुन्देलखण्ड के नम्बर एक बाग़ी मूरतसिंह के सौजन्य से निर्मित हुआ है। पण्डित लोकमन ने चम्बल और बुन्देलखण्ड के बाग़ियों का अन्तर समझाते हुए कहा था कि 'यहाँ के बाग़ी धर्म का ख़ूब काम करते हैं, मन्दिर, धर्मशालाएँ, ताल आदि का निर्माण करवाते हैं, ब्राह्मण पर बड़ी श्रद्धा है। इन बाग़ियों को आत्मसमर्पण के लिए तैयार करने के दौरान पण्डित लोकमन ने इन्हें बहुत क़रीब से परखा था। वे कहते हैं कि ये पाँच बरस के ब्राह्मण बालक की भी खड़े होकर अगुवाई करते हैं, पाँव छूते हैं। कन्याओं के हाथ में पैसा ज़रूर रखते हैं। चरित्रवान तो इतने कि हमने कभी किसी दल में औरत नहीं देखी, गाँव में औरतों के पास जाते नहीं देखा और तो और डांग (जंगल) में भी औरतों की बात करते नहीं सुना।' इन कारणों से जनता इनको मानती है। ग़रीब ही नहीं पैसे वाले भी। ये पैसे वालों की भी एक हद तक रक्षा ही करते थे—जिस हद तक उनके स्वार्थ न टकराते हों। मूरतसिंह ने आत्मसमर्पण की चर्चा के दौरान मिशन से यह अनुरोध किया था कि हमारे हाजिर होने के बाद जनता की, पैसे वालों की मिट्टीपलीद होने लगेगी, अभी हमारे कारण छोटे-मोटे चोर-लुटेरे सिर नहीं उठा पाते हैं।

यज्ञ सम्पन्न होते ही इन औरतों ने स्वयं ही सस्वर एक लोकगीत गाना प्रारम्भ कर दिया, संगीत दिया उन घण्टों की टनटनाहट ने जिन्हें पूर्णाहुति के बाद मोनी रामसहाय बजा रहे थे। लोकगीत में इन बाग़ियों से सम्बन्धित सन् '४८ की एक घटना का वर्णन था जब वे जेल की दीवारों को बेड़ियाँ पहने-पहने फाँद कर निकल आये थे।

बुन्देलखण्ड की बाग़ी समस्या की जड़ें चम्बल घाटी जैसी ही थीं, वही खाद, वही पानी था।

मध्य प्रदेश और उत्तर प्रदेश की सीमाओं में इधर-उधर उलझे हुए बुन्देलखण्ड क्षेत्र में झाँसी, टीकमगढ़, छतरपुर, पन्ना, बाँदा, सागर, दमोह आदि इलाक़े आते हैं। इस क्षेत्र का अधिकांश भाग विन्ध्य के घने जंगलों से ढका हुआ है। इन जंगलों में जिन्हें वाराना कहा जाता है तेन्दू, सागौन, चिरौंजी, गोंद, ढाक आदि के पेड़ हैं। इन जंगलों में पनपने वाली बुन्देलखण्ड की बाग़ी समस्या की जड़ें चम्बल की बाग़ी समस्या जितनी पुरानी नहीं हैं, लेकिन उन जड़ों को विकसित करने वाला खाद-पानी चम्बल जैसा ही रहा है। आज़ादी से पहले विन्ध्य प्रदेश की छोटी-बड़ी रियासतों में सामन्ती तथा सामाजिक अन्यायों की चपेट में आये साधारण लोग अपराधों की तरफ़ झुक जाते थे। सम्पत्ति या इज़्ज़त पर किया गया हमला कभी-कभी इन्हें हथियार उठाने के लिए मजबूर कर देता था। लेकिन इससे पहले कि ऐसी बग़ावत सीधे उस व्यवस्था के विरुद्ध हो सके, स्वयं व्यवस्था उनसे समझौता कर उन्हें संरक्षण देने लगती थी। शर्त प्रायः इतनी ही होती थी कि ये बाग़ी पड़ोसी रियासतों में लूटपाट करें उस राज्य में नहीं। एक राज्य के बाग़ियों से दूसरे राज्य की फ़ौज निपट नहीं पाती थी। फ़ौजें प्रायः भारी-भरकम लड़ाई की अभ्यस्त थीं। वे बाग़ियों की फुर्ती और छुटपुट हमले का मुक़ाबला नहीं कर पाती थीं। फिर भ्रष्टाचार भी तो इन फ़ौजों में अपवाद नहीं था। इस तरह एक राज्य के बाग़ी दूसरे राज्य की जनता को लूटते रहे। इस आतंक के कारण आज़ादी से पहले की बाग़ी परम्परा जिसमें मंगलसिंह, हरख (हर्ष) सिंह, पर्वता, डगैया, पंखिया, शेरसिंह, मज़बूतसिंह, पंचमसिंह आदि बाग़ी कभी जनता के मन में नहीं पैठ पाये। उनके क़िस्से बुन्देलखण्ड में प्रचलित ज़रूर हैं, लेकिन इसका कारण शायद उनका व्याप्त आतंक ही रहा होगा।

आज़ादी मिलने के पहले यह दिखायी पड़ने लगा था कि रियासतें ख़तम हो जायेंगी। इधर-उधर ये बाग़ी कुछ समय के लिए किंकर्त्तव्यविमूढ़ हुए होंगे, लेकिन उन्हें बहुत जल्दी ही राव साहब सिमरिया ने संगठित किया। राव साहब की इच्छा थी कि रियासतों को बनाये रखने के लिए एक लड़ाई लड़ी जाये। फ़ौज तैयार करने के लिए पर्याप्त धन की आवश्यकता थी—ये बाग़ी लूटपाट के माध्यम से धन संग्रह के काम में लगा दिये गये। राव

साहब इस समय नेपथ्य में ही रहे। लेकिन अन्त में कहते हैं उन पर १६० मुक़दमे चले थे। रियासतों को वापस लेने का उनका सपना पूरा नहीं हुआ—यह बनती हुई फ़ौज फिर बिखर गयी।

एक बार फिर बिखरे हुए बाग़ियों को समेटने का काम देवीसिंह ने किया। आज़ादी के आसपास इस क्षेत्र में देवीसिंह का गिरोह ही एकमात्र सक्रिय गिरोह बन पाया था—गिरोह रोज़-रोज़ अपना क्षेत्र व्यापक बनाता चला जा रहा था।

लेकिन फिर आज़ादी के बाद, बदले हुए सन्दर्भ में विन्ध्य क्षेत्र के कुछ राजनेता अधिकारियों के प्रयास से इस दल ने सन् '४८ में विन्ध्यप्रदेश सरकार के सामने आत्मसमर्पण कर दिया था। आज़ादी के उपलक्ष्य में किये गये इस आत्मसमर्पण से ऐसा लगता था कि बुन्देलखण्ड की बाग़ी समस्या सदा के लिए ख़तम हो जायेगी। तत्कालीन कलेक्टर शिवप्रतापसिंह ने इन बाग़ियों को यह आश्वासन दिया था कि उनके साथ अच्छा व्यवहार किया जायेगा। लेकिन अच्छे व्यवहार का यह आश्वासन व्यवहार के स्तर पर ठीक विपरीत साबित हुआ। पुलिस ने इनको मेलों में, गाँवों में, जगह-जगह बेड़ी, हथकड़ी पहना कर घुमाया, इनके मुँह पर मनुष्य का मैला थोपा गया, जगह-जगह पीटा गया। कहा जाता है कि यह अमानुषिक व्यवहार सरकारी नीति पर आधारित नहीं था—पुलिस के कुछ अफ़सर इनसे लूट के माल का पता निकलवाना चाहते थे—ख़ुद हज़म कर जाने के लिए। माना जा सकता है कि यही कारण था लेकिन फिर भी आश्वासन देने वाले सरकारी अधिकारियों और राजनेताओं को तो ऐसे व्यवहार को रोकने के लिए कुछ क़दम उठाना चाहिये था। आत्मसमर्पण की इस तीख़ी यातना को ये बाग़ी और अधिक न सह सके। सन् '४९ में ये बेड़ियों समेत जेल की दीवारें फाँद कर भाग उठे—पर किसी गाँव में जाकर अपनी बेड़ियाँ कटवाकर एक बार फिर बाग़ी बन गये।

उनके इस दुस्साहस का ही वर्णन जटाशंकर के चबूतरे पर बैठी औरतें गा रही थीं। आत्मसमर्पण के समय देवीसिंह के साथ मूरतसिंह, मोनीराम तथा पूरनसिंह भी थे। इस 'ग्रेट एस्केप' के बाद देवीसिंह दल से तीन नये दल बने जिनके सरदार थे—मूरतसिंह, मोनी और पूरनसिंह। देवीसिंह की मृत्यु साँप द्वारा डसे जाने से बीमार होकर एक एनकाउण्टर में गोली लगने से हुई। उनके दल के अन्य सदस्य भी इन तीन नये गिरोहों में जा मिले।

धीरे-धीरे इन गिरोहों ने अपने काम का तरीक़ा बदलना शुरू किया। जिन जंगलों में इन्होंने शरण ली थी वे वनसम्पदा से भरे थे। इनमें पायी जाने वाली वस्तुओं के ठेके लाखों रुपयों में नीलाम होते थे। बाग़ियों का ध्यान इस ठेके की प्रथा पर गया। इन्होंने अपनी हैसियत इस ढंग की बनायी कि इनकी सहमति के बिना जंगल के ठेके पाना असम्भव हो गया। तेन्दू के पत्तों, चिरोंजी, सागौन के लिए लाखों रुपया ख़र्च करने वाला अपनी कमाई का एक बड़ा प्रतिशत इन्हें अर्पित किये बिना उन घने जंगलों में सुरक्षित नहीं रह सकता था। ऐसी स्थिति से घबराकर ठेकेदारों ने जंगलों की बोली में भाग लेना ही बन्द कर दिया। अब इन बाग़ियों के लिए रास्ता बिलकुल साफ़ था—ये अपने मनपसन्द, भरोसेमन्द आदमी को ठेके दिलवा देते—ये आदमी अधिकतर उनके रिश्तेदार ही होते। इन ठेकेदारों का नाम केवल काग़ज़ पर होता, जंगल की ज़मीन पर तो इन बाग़ियों का ही नाम होता था। इस तरह बुन्देलखण्ड के बाग़ी व्यापारी बनते गये। सरकार भी इस तरह से परिचित थी लेकिन वह छह नामों से बाग़ियों द्वारा चलाये जा रहे ठेकों को बन्द नहीं कर सकती थी। पहला कारण तो यह था कि वन विभाग के ठेके देने वाले अधिकारी (एक हद तक पुलिस और क्षेत्रीय राजनेता भी) इनसे मिले हुए थे—पैसे का लालच तो उन्हें था ही, जंगल में रहने के कारण अपनी जान का भी भय उन्हें बना रहता था और फिर यदि अधिकारियों में व्याप्त भय और लालच कुछ ईमानदार प्रशासनिक अधिकारी और राजनेता दूर भी कर देते और इस तरह इन गिरोहों को ठेके नहीं मिलने दिये जाते तो फिर यह निश्चित ही था कि ठेके की नीलामी में कोई बाहरी आदमी भाग नहीं ले सकता था। इसलिए यहाँ के बाग़ियों को लगातार ठेके मिलते रहे हैं।

बाग़ी होते हुए भी जीविका के इस अनोखे तरीक़े ने यहाँ के बाग़ियों को, यहाँ की बाग़ी समस्या को एक बिलकुल ही नया रूप दे डाला। चम्बल के बाग़ियों को डकैती और अपहरण करने के लिए बहुत सावधानी से योजनाएँ बनानी पड़ती थीं, हर क़दम दबा-दबा कर रखते हुए इन योजनाओं को क्रियान्वित करना पड़ता था और इसी बीच कभी-कभी पुलिस द्वारा ललकारे जाने पर एनकाउण्टर का सामना करना पड़ता था। चम्बल की घाटी में जो डाका और अपहरण नियम बन गया था वह बुन्देलखण्ड क्षेत्र में अपवाद मात्र रह गया। इस नियम और अपवाद के अन्तर के कारण

बुन्देलखण्ड के बाग़ियों के पास उतने उन्नत हथियार भी नहीं थे, जितने कि चम्बल के बाग़ियों के पास रहते आये हैं। यहाँ उन्हें सेल्फ लोडिंग रायफल की ज़रूरत नहीं थी—मामूली टोपीदार बन्दूक से भी काम चल जाता था। अपने क्षेत्र के ठेके की रक्षा करना, उस पर अन्य किसी का क़ब्ज़ा न होने देना और कभी-कभी पुलिस से हो जाने वाले एनकाउण्टर के लिए अच्छे हथियार आवश्यक नहीं थे।

जंगल के ठेकों के कारण यहाँ की बाग़ी संख्या कभी बढ़ने नहीं पायी। गिरोह का सरदार ही मुख्यतः ठेके की आय का भोग करता था, गिरोह के अन्य सदस्यों का इस आय में बहुत कम प्रतिशत रहता था—वे प्रायः सरदारों के सहायक, रक्षक, सेवक की भूमिका निभाते थे। यह आय निश्चित हुआ करती थी, इसलिए सरदार कभी भी अपने दल की सदस्य संख्या बढ़ने नहीं देते थे। चम्बल के गिरोहों की संख्या औसतन ३० तो रही ही है, क्योंकि डाके, अपहरण आदि में सदस्यों का काफ़ी मात्रा में रहना एक अनिवार्य पहलू रहता था। इस क्षेत्र में गत मई में हुए आत्मसमर्पण के पहले कुल मिलाकर ६ गिरोह सक्रिय थे। सबसे बड़ा गिरोह मूरतसिंह का था, सदस्य थे ३३। फिर मोनी रामसहाय के २३ सदस्यीय गिरोह का नम्बर आता है। तीसरा गिरोह पूरनसिंह या पूजा बब्बा का था जो अपने १६ सदस्यों के साथ मुरावरा क्षेत्र के जंगलों में सक्रिय था। ये तीनों गिरोह वन सम्पत्ति पर आधारित थे। इनके अलावा छोटे-मोटे गिरोह भी थे जो शहरी सम्पत्ति पर टिके हुए थे। इनमें छुट्टे राजा (६ सदस्य), लाला भाई राम भाई (३ सदस्य) तथा रणमत सिंह, चतुर सिंह (मात्र २ सदस्य) के दल आते हैं। इस तरह बुन्देलखण्ड क्षेत्र के बाग़ियों की संख्या प्रायः १०० के आस-पास ही रही है।

एक धार्मिक यज्ञ समाप्त हुआ लेकिन...

...यज्ञ समाप्त हो चुका था। तिमंज़िली धर्मशाला की दूसरी मंज़िल पर भोज की तैयारी होने लगी थी। ऊपर झाड़ू लग रही थी—तब तक पहली मंज़िल में सभी विशिष्ट अतिथि आ गये थे। कलेक्टर साहब के आने की सूचना के कारण उनके नीचे के अन्य कुछ अधिकारी भी जटाशंकर पहुँच चुके थे। पहली मंज़िल में कथा का प्रसाद मोनी व रामसहाय बाँट रहे थे। दोनों में पंजीरी, केले व बतासे के टुकड़े थे। कलेक्टर साहब ने दोने में रखे प्रसाद को कुछ कम करना चाहा तो उनसे कहा गया कि वह तो प्रसाद है जितना मिलता है उतना तो स्वीकार करना ही पड़ता है।

पंगत का इन्तज़ाम पूरा हो जाने पर स्वयं मोनी और रामसहाय मुख्य अधिकारियों को ऊपर ले गये। इस बड़े कमरे में एक बड़ी दरी बिछा दी गयी थी जिस पर सात-आठ लोग बैठ सकते थे। बाक़ी लोग पत्तलों पर ही बैठे। कमरे में कुछ अगरबत्तियाँ भी लगा दी थीं। खाने की पहली मुख्य परस में ५ तरह की मिठाइयाँ थीं, फिर एक सब्ज़ी, दाल और पूरियाँ आयीं। इसी बीच दो मटके ऊपर लाये गये इनमें मक्खन युक्त दही था—सिक तक भरा।

पहले कुछ देर तक तो मोनी और रामसहाय दोनों ही परोसते रहे फिर अतिथियों के आग्रह पर पण्डित मोनी को पंगत में साथ बैठना पड़ा। मोनी का शरीर रामसहाय से ज़्यादा भारी था, पेट भी कुछ आगे निकल आया था। उनके बैठ जाने के बाद रामसहाय अन्त तक परोसते रहे। खाने के बाद विभिन्न अधिकारियों ने बाग़ी सरदारों के साथ फ़ोटो खिंचवाये। नीचे उतरते-उतरते सभी को पान-इलायची आदि भेंट की गयी।

नीचे उतरने पर सागर ज़िले की कइली तहसील से आये एक अस्सी वर्षीय बाबा कालूराम मिले। उन्होंने हाथ जोड़कर फ़ोटोग्राफ़र से विनती की कि फ़ोटो धुल जाने पर मोनी, रामसहाय का एक फ़ोटो उन्हें भेज दिया जाये, पैसे चाहे अभी ले लो।

लौट कर छतरपुर के गाँधी भवन आने पर शान्ति मिशन के अन्य सहयोगियों से यह मालूम पड़ा कि मूरतसिंह का मन दुविधा में है।

समर्पण के श्रेय पर समर्पित राजनीति का यज्ञ शुरू हुआ

आत्मसमर्पण ३१ मई को होने वाला था। बुन्देलखण्ड क्षेत्र में इस आत्मसमर्पण से श्रेय लेने के लिए वहाँ की राजनीति ने क्रूर कहे जाने वालों के हृदय बदल कर हज़ारों लोगों को राहत देने के इस काम में दख़ल देना शुरू कर दिया था। जब चम्बल में यह काम शुरू हुआ था तब मध्य प्रदेश के राजनैतिक क्षेत्र को इस बात का एहसास नहीं था कि सर्वोदय के इस अनोखे प्रयास में लगभग सभी बाग़ी आत्मसमर्पण कर देंगे—जब तक उन्हें यह एहसास हो गया तब तक उससे राजनैतिक लाभ प्राप्त करने का समय ही निकल चुका था। इस राजनैतिक लाभ की बात बहुत साफ़

थी—सर्वोदय कोई दल नहीं है वह इस आत्मसमर्पण के बल पर आने वाले चुनावों में भाग लेकर वोट नहीं माँगेगा। लेकिन राजनीति वाले तो बस्ती में एक नल लगा देने के आश्वासन मात्र पर वोट बटोरने की कोशिश करते हैं, नल लगवा देने की तो बात ही छोड़ दें। ऐसी स्थिति में इस आत्मसमर्पण से वे कोई फायदा न उठा पायें यह उनके राजनैतिक चरित्र के लिए असह्य बात थी। चम्बल के जिस अवसर को वे एक बार गँवा चुके थे वह फिर बुन्देलखण्ड में शुरू किये गये काम के माध्यम से उनके हाथ में आ गया था। इस बार आरम्भ से ही यह ध्यान में रखा गया।

यह क़बूल करना होगा कि सर्वोदय या चम्बल घाटी शान्ति मिशन का ध्यान बुन्देलखण्ड की बाग़ी समस्या की ओर गया नहीं था—वे चम्बल में ही अपना प्रयास कर रहे थे। इसी बीच जयप्रकाश जी से मध्य प्रदेश के मुख्यमन्त्री सेठी ने आग्रह किया कि 'शान्ति मिशन को बुन्देलखण्ड का भी क्षेत्र हाथ में लेना चाहिये। '२५ मार्च '७२ को श्री जयप्रकाश जी ने छतरपुर में गाँधी स्मारक भवन का काम चला रहे श्री चतुर्भुज पाठक को दिल्ली बुलाया। उनसे बुन्देलखण्ड में बाग़ियों के बीच काम करने की सम्भावना पर बात की। श्री पाठक २९ मार्च को श्री जयप्रकाश जी का एक पत्र लेकर मुख्यमन्त्री जी के पास भोपाल आये। इधर सेठी जी ने भी ३१ मार्च को भोपाल में एक विशेष बैठक बुलायी, जिसमें विन्ध्य क्षेत्र के प्रशासनिक पुलिस अधिकारी व वहाँ के विधायकों ने भाग लिया। इस बैठक का उद्देश्य भी यहाँ की बाग़ी समस्या पर विचार करना था। बैठक में पाठक को आमन्त्रित नहीं किया गया था। इन अधिकारियों और क्षेत्र के विधायकों से उनका परिचय बैठक के बाद कराया गया। छतरपुर के एक कांग्रेसी विधायक ने बाग़ियों से सम्पर्क स्थापित करते हुए उनसे यह भी कहा कि वे इस काम में उलझेंगे नहीं। ३ अप्रैल को बुन्देलखण्ड क्षेत्र के बाग़ियों के नाम जयप्रकाश जी की अपील भी प्रकाशित हो गयी। उनकी अपील के साथ ही साथ एक स्थानीय अपील भी छापी गयी थी। इस पृष्ठभूमि के तैयार होते-होते अन्य क्षेत्रों में काम कर रहे बुन्देलखण्ड क्षेत्र के कार्यकर्त्ता लोकेन्द्र भाई, दुर्गादत्त आर्य, बलराम मिश्र, हरिश्चन्द्र तथा इन्दौर के नरेन्द्र दुबे आदि भी छतरपुर लौट आये और घने जंगलों में बाग़ियों से सम्पर्क साधने का प्रयास करने लगे। छतरपुर के एक अन्य कांग्रेसी विधायक (वे नहीं जिन्होंने सम्पर्क सूत्र देने का वायदा किया था) भी इन कार्यकर्त्ताओं

के साथ दिन-रात एक कर रहे थे।

इधर जौरा (मुरैना) में १४ और १६ अप्रैल को चम्बल के सभी बड़े बाग़ियों के आत्मसमर्पण के बाद पण्डित लोकमन और तहसीलदार सिंह भी चम्बल के काम से मुक्त हो चुके थे। चूँकि ये दोनों पिछले दो-ढाई महीने से अपने घरों की सुध नहीं ले पाये थे इसलिए ये एक हफ़्ते के लिए अपने घर चले गये। २६ अप्रैल को ये दोनों बुन्देलखण्ड के काम को आगे बढ़ाने के लिए छतरपुर पहुँचे। प्रारम्भिक कठिनाइयों के दूर होते-होते सम्पर्क का उल्लेखनीय काम तारीख़ ४ मई और १० मई के बीच ही हुआ। १० मई तक क्षेत्र के दो छोटे दलों को छोड़कर (छुट्टे राजा ६ सदस्य तथा रणमतसिंह, चतुरसिंह—दो सदस्य) सभी बाग़ियों के दलों से सम्पर्क स्थापित हो चुका था। उन्हें आत्मसमर्पण का विचार भी समझ में आ रहा था। १० मई को समझाने-बुझाने के इस अद्भुत प्रयास को अन्तिम रूप देने पटना से जयप्रकाश भी आ गये। उन्हें ११ मई को दिल्ली वापस लौटना था गाँधी संस्थाओं के एक सम्मेलन का उद्घाटन करने। लेकिन ये बाग़ी जयप्रकाश जी के साथ १० मई को रखी गयी इस भेंट को एक पवित्र कार्य मानते थे। वे नहीं चाहते थे कि उनके आस-पास के सहयोगी, नाते-रिश्तेदारों के जीवन को बिलकुल एक नये ढाँचे में ढालने वाली यह भेंट किसी विघ्न का सामना कर बैठे। बाग़ियों ने अपने-अपने पुरोहितों से इस भेंट मुहूर्त के बारे में जान लेना चाहा। उनके अनुसार मुहूर्त पूर्व निर्धारित १० मई का न होकर ११ मई को सुबह १० बजे के बाद निकला। उनकी इस भावना का ध्यान रखते हुए बैठक ११ मई को रखी गयी। छतरपुर से कोई ३५ मील दूर जंगल के बीचों-बीच स्थित मौली डाक बँगले में बाग़ी सरदारों ने सन् '४८ के आत्मसमर्पण के कुछ अनुभव सुनाते हुए इस बार होने जा रहे आत्मसमर्पण के बाद उठाये जाने वाले क़दमों के बारे में जानकारी ली।

मौली डाक बँगले में हुई इस बातचीत तक 'खीर पक चुकी थी' और अब प्रदेश की राजनीति इस पकी-पकायी खीर का भोग लगाने तैयार हो गयी। जिन विधायक महोदय ने काम शुरू करते समय केवल कुछ सम्पर्क सूत्र देते हुए ख़ुद इसमें नहीं उलझने की सावधानी बरती थी—वे अब जोख़िम का अध्याय ख़त्म हो जाने के बाद न सिर्फ़ इस काम में 'उलझ' पड़े बल्कि उन्होंने आत्मसमर्पण के काम को उलझाने की भी कोशिश शुरू कर दी। इन कोशिशों के फल भी बहुत जल्दी लग गये। बुन्देलखण्ड में

आत्मसमर्पण का मामला पहली बार जे.पी. बनाम सेठी बन गया। इस प्रसंग को ज़्यादा न बढ़ाकर यहाँ सिर्फ़ इतना ही कहना पर्याप्त है कि छतरपुर में १५ मई को श्री सेठी के सामने हुए आत्मसमर्पण के बारे में आज भी लोगों की जिज्ञासा शान्त नहीं हुई है। उस दिन १९ बाग़ियों ने समर्पण किया था। इन १९ में से कुछ बाग़ियों के बाग़ीपन पर स्थानीय क्षेत्रों में आश्चर्य प्रकट किया गया था। दो-एक स्थानीय अख़बारों ने समर्पण के बारे में यह भी लिखा है कि इसमें कुछ 'बाग़ी' दमोह जेल में छोटी-मोटी चोरी की सज़ा काट रहे लोग थे जिन्हें डाकुओं के कपड़े पहना कर मंच पर लाया गया था। यह माना जा सकता है कि ये अख़बार सरकार विरोधी हैं तथा कुछ रोमांचक पत्रकारिता करते हैं, लेकिन एक प्रश्न इसके बाद भी अनुत्तरित ही रह जाता है। १५ मई को आत्मसमर्पण करने वाले बाग़ियों को ग्वालियर जेल ही क्यों नहीं भेजा गया? सारे समर्पणकारी अब तक इसी जेल में पहुँचाये गये थे। इन १९ बाग़ियों को दमोह, सागर तथा छतरपुर की जेलों में क्यों बाँट दिया गया?

आत्मसमर्पण की अन्तिम तारीख़ ३१ मई नज़दीक आ गयी थी। शान्ति मिशन में यह ख़बर फुसफुसाहट के रूप में आ चुकी थी कि क्षेत्र के सबसे बड़े बाग़ी मूरतसिंह का मन आत्मसमर्पण को लेकर दुविधा में पड़ गया है। कार्यकर्त्ता इसे समझ नहीं पाये थे कि उनसे सम्पर्क हो चुका था, ११ मई को उनकी जयप्रकाश जी से बात भी हो चुकी थी फिर ऐसा क्यों हो रहा है? अभी जटाशंकर पर हुए यज्ञ में शामिल होने की थकान को मिटाने की तैयारी में दरी वग़ैरा बिछायी ही जा रही थी कि यह तय हो गया कि एक बार मूरतसिंह से मिल कर उनकी पक्की राय जान लेना ठीक होगा।

पण्डित लोकमन, तहसीलदार, पाठक तथा कार्यकर्त्ताओं के कन्धे से कन्धा मिलाकर नि:स्वार्थ दौड़-धूप कर रहे एक अन्य कांग्रेसी विधायक अपनी पिछली थकान को जाने कहाँ फेंक फिर से एक अनिश्चित यात्रा के लिए कस गये। तय हुआ कि अभी मूरतसिंह के पास जाकर आज ही रात को वापस आया जा सकता है। ख़ाना गाँधी भवन में ही खायेंगे।

मिशन के अहाते में कोई सफ़ेद जीप नहीं थी। बाग़ियों से सम्पर्क करते वक़्त इन्हीं सफ़ेद जीपों का इस्तेमाल किया जाता था—इन पर साफ़-साफ़ बड़े अक्षरों में चम्बल घाटी शान्ति मिशन (बुन्देलखण्ड क्षेत्र) ऐसा लिखा रहता था। दूर से ही यह सफ़ेद रंग चमक जाता था। बाग़ियों और पुलिस

दोनों ही के मन में उठने वाली सारी शंकाओं को दूर कर देता था। लेकिन अभी एक जीप थी ग्रे–कलर की। मूरतसिंह से इस जीप पर मिलने जाना ठीक नहीं था, लेकिन सफ़ेद जीपों का क्या भरोसा—सभी तो बाग़ियों से मिलने जंगलों में गयी हैं—कब लौट पायेंगी क्या ठिकाना। इस जीप के ड्राइवर को बुलाकर उन्हें सामान्य रंग के कारण बरती जाने वाली सावधानियों की सूची ध्यान दिला दी गयी। हम सभी को लेकर जीप मूरतसिंह के गाँव सेंधपा रवाना हो गयी।

सेंधपा छतरपुर–सागर रोड पर कोई ४५ मील की दूरी पर है। यह गाँव भी शान्ति क्षेत्र में आ चुका था—इस सुविधा को ध्यान में रखकर मूरतसिंह ने अपने लड़के की शादी करना भी तय कर लिया था। आज रात को भाँवर पड़ने वाली थी। मूरतसिंह आत्मसमर्पण से पहले ही इसे सम्पन्न कर लेना चाहते थे फिर जेल से जाने कब छूटें। एक कारण और था। कन्या पक्ष सेंधपा का एक प्रतिष्ठित घराना था। कहा जाता है कि मूरतसिंह के फ़रारी जीवन में इन दीवान साहब से कोई मधुर सम्बन्ध नहीं रहे थे। चूँकि मूरतसिंह आत्मसमर्पण करना तय कर चुके थे तो जेल जाने से पहले इस रिश्ते को एक मधुर रिश्ते में बदल लेना चाहते थे इसलिए उन्होंने अपने लड़के का सम्बन्ध उनकी लड़की से तय कर डाला।

लेकिन क्या वाकई मूरतसिंह ने आत्मसमर्पण से क़दम पीछे हटा लिया था। अभी तो जीप में बैठे लोगों को यह प्रश्न बराबर कुरेद रहा था। रात आठ बज गये थे। हम बड़ी मलहरा क़स्बे में पहुँच गये थे। श्री तहसीलदार, लोकमन, मूरतसिंह से पहले भी मिल चुके थे, लेकिन आज वातावरण कुछ और हो सकता है—यह भाँप कर तय किया गया कि बड़ी मलहरा से एक अन्य सज्जन को भी साथ ले लिया जाये। इनका मूरतसिंह पर अच्छा प्रभाव था। सेंधपा गाँव के पास ही रहते थे, इसलिए 'क्षेत्रीय एकता' का भी बातचीत पर असर पड़ सकता था। बड़ी मलहरा के बाज़ार में एक किनारे पर जीप खड़ी कर पाठक जी, विधायक महोदय उन सज्जन का मकान खोजने लगे। बचे हुए हम लोग पान खाने चले गये। पान की दुकान पर लोकमन जी को याद आया कि यहाँ पर तो जंगलों में चिरौंजी होती है इसलिए काफ़ी सस्ती होगी, घर के लिए ले जानी चाहिये। वे एक दुकान पर जाकर उसका भाव पूछते हैं, दुकानदार उनको एक बार ध्यान से देखकर कुछ उपेक्षा का भाव मुँह पर ले आता है (उसे लोकमन की

हैसियत या मूल्य का क्या अन्दाज़—एक समय तो सरकार ने ही उनका मूल्य तीस हज़ार आँका था।) उनके प्रश्न का सीधा जवाब न देकर पूछ बैठता है कि कितनी ख़रीदोगे? लोकमन पान की पीक से भरे मुँह को कुछ ऊँचा कर जवाब देते हैं, 'आधा किलो, एक किलो, दाम तो बताओ।' '१४ रुपये किलो।' वे पीक थूकने दुकान से थोड़ा हट जाते हैं फिर दुकान पर नहीं जाते! तहसीलदार अब उनका मज़ाक़ उड़ा रहे थे।

पाठक जी तथा विधायक उन सज्जन के साथ वापस लौट आये। जीप सेंधपा गाँव की तरफ़ रवाना हो गयी। रास्ते में नवागन्तुक सज्जन इसका अन्दाज़ लेने लगे कि सेंधपा पहुँचते-पहुँचते मूरतसिंह कहाँ मिलेंगे, उनका अनुमान था कि वे अपने लड़के की भाँवर पर होंगे (हम सब तो इसी अनुमान को वास्तविक समझ रहे थे) या फिर वे अपनी गढ़ी पर लौट चुके होंगे। यह भी हो सकता है कि अपने सलाहकारों से घिरे किसी महत्त्वपूर्ण मसले पर कहीं चर्चा कर रहे होंगे। जीप को कहाँ खड़ा करना चाहिये, उनकी गढ़ी के सामने तक जीप ले जाना धृष्टता हो सकती है, अच्छा हो जीप गाँव में कहीं और रोक ली जाये और फिर सब पैदल चलकर उनकी गढ़ी पहुँचें, क्या उनकी गढ़ी पर इतनी रात को इतने लोगों का एक साथ जाना ठीक होगा? क्यों न पहले जैन धर्मशाला में रुक कर उन तक आने की ख़बर भिजवा दी जाये—वहाँ से आने की 'आज्ञा' मिलने पर ही गढ़ी जाया जाये आदि अनेक प्रश्न और विकल्प जीप की ८० किलोमीटर की रफ़्तार के साथ-साथ उनके मन में घूम रहे थे—इन्हें वे कभी प्रकट भी कर देते थे। अन्त में यह तय किया गया कि सबसे पहले विवाह स्थल पर ही जाना ठीक होगा।

सेंधपा गाँव अब दिखायी पड़ने लगा था—गाँव यों तो रात को इतनी दूर से दिखायी नहीं देता यदि उसके बीचों-बीच एक बहुत बड़ी सफ़ेद गढ़ी न बनी होती। गढ़ी के चारों कोनों पर चार बुर्ज उठे हुए थे। जीप गढ़ी के काफ़ी पहले रास्ता बदलकर उसके पीछे हो गयी थी, हम विवाह स्थल की ओर जा रहे थे। बायीं ओर लम्बी सफ़ेद दीवार के किनारे-किनारे चलते हुए जैसे ही जीप एक तीख़ा मोड़ लेकर फाटक में घुसी—ड्राइवर समेत हम सब घबरा गये। फाटक से मुड़ने वाली कच्ची सड़क पर दोनों ओर पंगत बैठी थी—जीप की तेज़ गति से काफ़ी धूल उड़ गयी थी, ड्राइवर ने एकाएक ब्रेक मारा और गाड़ी को तेजी से बैक कर फाटक के बाहर खींच

लाया, जब तक गाड़ी को मोड़कर सीधी कर हम उस दीवार के साथ चलने वाली सड़क पर आ पाते फाटक के भीतर से फायर होने लगे। तीन गोलियाँ छूट चुकी थीं। एक क्षण तो ऐसा लगा कि पंगत पर धूल उड़ जाने के कारण बाग़ी जीप पर ही निशाना साध रहे हैं। कुछ और फायर हुए तब कहीं जाकर पाठक जी ने कहा कि 'शादी की ख़ुशियाँ मना रहे हैं।'

ख़ैर, इस घटना के बाद दुबारा विवाह स्थल पर जाने का अवसर हम खो चुके थे—मूरतसिंह की गढ़ी पर सीधे जाना ठीक नहीं माना गया था तो अब जैन धर्मशाला का विकल्प ही बच जाता था।

सेंधपा के पास पहाड़ियों पर जैन तीर्थ स्थान है। इस कारण सेंधपा में काफ़ी तीर्थयात्री आते रहते हैं। उनकी सुविधा के लिए सेंधपा गाँव में यह जैन धर्मशाला बनायी गयी है। कोई २० पक्के कमरे होंगे यहाँ। धर्मशाला शादियों की व्यवस्था भी करती है। शादी में होने वाले भारी ख़र्च को बचाने की इच्छा रखने वाले लोग यहाँ आ जाते हैं। दोनों पक्षों को ११-११ रुपये देने पड़ते हैं धर्मशाला को। इस तरह कुल मिलाकर २२ रुपये में शादी हो जाती है।

धर्मशाला में जब हम पहुँचे तो इस तरह की एक शादी हो ही रही थी। बड़ी मलहरा से साथ हो लिये सज्जन का धर्मशाला के व्यवस्थापकों से सम्बन्ध था—उन्होंने प्रबन्धक पण्डित जी को बुलाया, सारी स्थिति बहुत धीरे-धीरे समझायी। वे हमें धर्मशाला की पहली मंज़िल पर ले गये—कुछ पलंग बरामदे में बिछा दिये, फिर स्वयं पानी आदि की व्यवस्था करने नीचे उतर गये। पानी लेकर आये और साथ में गढ़ी तक सन्देशा पहुँचाने वाले एक विश्वासपात्र आदमी को भी। उन्हें सन्देशा समझाया गया कि 'फलाँ-फलाँ लोग आये हैं, 'दर्शन' करना चाहते हैं, टाइम मिल जाये।' फिर एक बार सन्देशा दुहराने के लिए कहा गया—दुहराकर वह नीचे चला गया। साढ़े दस बज गये थे रात के, वह कोई ख़बर लेकर लौटा नहीं था। सुबह जटाशंकर के ब्रह्मभोज में मिठाई ज़्यादा पसन्द न होने के कारण पास के लोगों में बाँट दी थी, अब भूख तेजी से लग रही थी—बाँटी गयी मिठाई के टुकड़े याद आने लगे।

सुबह चार, पाँच, छः बज गये उनकी ओर से कोई बुलाने नहीं आया। हम सब भी नदी पर चले गये। वहीं नहा-धोकर, वही कपड़े फिर से पहन, हम

धर्मशाला आ गये। रास्ते में मूरतसिंह की गढ़ी को दिन के उजाले में देखा। कोई एक हज़ार वर्ग गज के क्षेत्र में बनी यह गढ़ी गाँव की पृष्ठभूमि में एक फ़िल्मी क़िले की तरह खड़ी थी। सामने के हिस्से में लोक कला के प्रतीकों से प्रतिष्ठा के सारे चिह्न बनाये गये थे—हाथी, घोड़ा, सशस्त्र सैनिक आदि सभी नीले, पीले, हरे चटकीले रंगों में बने थे। १३-१४ फुट ऊँचा प्रवेशद्वार था—उसके ऊपर ९-१० इंच लम्बे अक्षरों से लिखा था 'जटाशंकर जू की झोपड़ियाँ।' दरवाज़ों के बाहर एक ट्रक तथा एक ट्रैक्टर की ट्रॉली भी खड़ी थी। पण्डित जी ने चाय के लिए अपने घर आमन्त्रित किया। सोचा कुछ चाय-नाश्ता भी होगा लेकिन वहाँ केवल चाय ही मिली। लौटकर फिर धर्मशाला आये। नौ बज गये थे। अब फिर पण्डित जी ने खाने के लिए पूछा। इस बार जवाब की ज़िम्मेदारी किसी एक व्यक्ति पर न छोड़ हम सब ने जवाब दिया। मलहरा से आये सज्जन अलग हो गये—वे घर से बाहर कुछ खाते नहीं हैं, ज़रूरत पड़े तो अपने हाथ से बनाते हैं। हम धर्मशाला के बड़े कमरे में बैठ गये। झाड़ू लग रही थी, पत्तलें आ गयी थीं कि बाहर जीप आकर रुकी। हरिभाई भागते-भागते भीतर आये। कहने लगे आप सब को तुरन्त बुलाया है मूरतसिंह ने! बिछती हुई पत्तलों को छोड़ कर भागना पड़ा।

मूरतसिंह सुबह नदी से घर नहीं लौटे थे, सीधे कुण्ड आश्रम चले गये थे। सेंधपा से ३ मील दूर इस आश्रम के स्वामी जी की मूरतसिंह बहुत इज़्ज़त करते हैं, सुबह वहीं पूजा-पाठ करने के बाद आश्रम के ऊपर जंगल में चले गये थे।

आश्रम आ गया था। तेन्दू का जंगल शुरू हो रहा था। जीप से थोड़े आगे एक कुण्ड था, जिसमें कुछ लोग नहा रहे थे। कुछ आस-पास बैठे थे। किसी को भी देखकर यह नहीं लगता था कि यहाँ से कुछ ही दूर पर इतने बड़े बाग़ी की उपस्थिति का इन्हें एहसास होगा। कुण्ड के बग़ल से ऊपर सीढ़ियाँ चढ़ने लगे। एक मन्दिर आया, फिर स्वामी जी की कुटिया। उनको प्रणाम किया और ऊपर चढ़ने लगे। अब सीढ़ियाँ ख़त्म हो चुकी थीं, एक पगडण्डी भर रह गयी थी। कुण्ड आश्रम के पहाड़ की चोटी पर चढ़ने के बाद एक खण्डहर आया, उस पर दो बाग़ी पहरा दे रहे थे। उन्होंने हमारी ओर कोई ख़ास ध्यान नहीं दिया, पास से गुज़रते वक़्त मुस्कुरा दिये थे। अब चढ़ाई ख़त्म हो गयी थी तथा समतल आ गया था—तेन्दू के पेड़

घने हो चले थे। कुछ दूर के बाद एक अजीब दृश्य दिखायी पड़ने लगा, अलग-अलग पेड़ों के नीचे जूतों की जोड़ियाँ रखी हैं—कहीं दो जोड़े तो कहीं चार—उनको पहनने वाले कहीं थे ही नहीं, फिर कुछ धारीदार चड्डियाँ, बनियानें इधर-उधर झाड़ियों पर सूखती दिखीं, उनके पीछे कुछ लोग भी दिख जाते थे। बाद में मालूम हुआ कि अलग-अलग 'हैसियत' के लोग अलग-अलग दूरी पर जूते उतार कर मूरतसिंह के पास पहुँचते हैं।

एक पेड़ के नीचे मूरतसिंह बैठे थे। सब ने उनसे चार-पाँच पेड़ पहले जूते उतार उन्हें नमस्कार किया—उन्होंने खड़े होकर अगवानी की। सामने एक मोमज़ामा बिछा था उस पर बैठने का इशारा किया।

मूरतसिंह सेना की वर्दी में थे, हरा साफ़ा बाँधे सदा लगने वाला काला चश्मा आज उनकी आँखों पर नहीं था—लाल आँखें चमक रही थीं। उनके मोमज़ामे के नीचे तेन्दू के बहुत-से पत्तों को बिछाकर बिछावन आरामदेह बना दी गयी थी।

इधर-उधर की बातें कर उनसे ३१ मई का कार्यक्रम पूछा। बोले, सुबह ही जटाशंकर पर आयेंगे। कहो तो पाँच बजे ही पहुँच जायें। आगे कहने लगे जो काम करना था कर चुके, अब कोई चिन्ता नहीं, बस आत्मसमर्पण भर करना एकमात्र काम बच गया है। रात की भूख और नींद सभी के चेहरों से ग़ायब हो गयी। इतनी दूर आना सफल हुआ। मूरतसिंह कल निश्चित ही आयेंगे। अब क्या था, बातचीत का सिलसिला हँसी-मज़ाक़ में बदल गया। पण्डित लोकमन अब अपने बाग़ी जीवन के क़िस्से सुना रहे थे, तहसीलदार अपनी ६ फाँसी तथा २४० बरस की सज़ा के बारे में बता रहे थे। बातचीत के ही दौरान मूरतसिंह ने हमारे साथ रखे थैले के बारे में पूछा कि इसमें क्या है? उन्हें बताया गया कि इसमें टेप रिकॉर्डर है। कुछ सुनाने को कहा तो जटाशंकर की सत्यनारायण कथा का अंश सुना दिया 'जटाशंकर की जय' वाली पंक्ति उन्होंने भी हाथ जोड़कर दुहरा दी। खाने के बारे में पूछा तो हमने तुरन्त हाँ कह दिया।

मलहरा के सज्जन चूँकि बाहर नहीं खाते थे और यह बात मूरतसिंह स्वयं जानते थे इसलिए उन्होंने उनसे खाने के वक़्त अलग बैठने को कहा। इसी बीच एक पुजारी आये उन्हें भी खाने का निमन्त्रण दिया। उनके मना करने पर उनसे भी दूर बैठने को कहा—बाद में मालूम पड़ा कि मूरतसिंह खाते

समय अपने आस-पास केवल खाना खाने वालों को ही बिठाते हैं। बाक़ी लोगों को दूर जाना होता है। मूरतसिंह के मोमज़ामे के पास बिछे तेन्दू के सूखे पत्तों पर पानी छिड़का गया और फिर उनके लिए एक बहुत बड़ी पत्तल आयी। हमारे सामने भी पत्तलें रखी जा चुकी थीं। इससे पहले भी पत्तलों में खाया तो कई बार था लेकिन उसके पत्ते कभी गिने नहीं थे। आज मैंने अपनी और उनकी पत्तल के पत्ते पहली बार ही गिने थे—हमारी पत्तलों में औसतन १० पत्ते थे और उनकी में २२ पत्ते थे। फिर उन्हें चाँदी के एक बड़े कटोरे में दाल तथा चाँदी के ही गिलास में पानी दिया गया। खाना वैसे साधारण अच्छा था—रोटी, दाल, भटे की सब्ज़ी तथा दो मिठाइयाँ। खाने के बाद दल का एक सदस्य पान लगाने बैठ गया। एक अन्य सदस्य ने हम सब में कुछ इलायचियाँ बाँटीं। वह मूरतसिंह के पास गया, उनकी जेब में से इलायची निकालकर उनके हाथ में रख दी। फिर जेब में बची हुई संख्या को अपर्याप्त मानकर उनके हरे साफ़े में एक मुट्ठी भर इलायची बाँध कर चला गया।

तेन्दू के पेड़ों के बीच से कुछ धूप आने लगी थी। कुछ लोग मूरतसिंह के बैठने की जगह के ऊपर एक त्रिपाल तान रहे थे। उनके दोपहर के विश्राम की तैयारी चल रही थी।

'मूरतसिंह जंगल में भी पलंग पर लेटते हैं।' शान्ति मिशन के कार्यकर्त्ता बता रहे थे। 'पलंग पोर्टेबिल होता है, रात को वे सोते ज़रूर हैं लेकिन जागते रहते हैं, कौन आया, कौन गया, आस-पास क्या हो रहा है इन सबका पता उनको रहता है। एक तरह रात का सोना उनका जाग्रत अवस्था ही होती है, लेकिन दिन में ख़ूब गहरी नींद सोते हैं, क्योंकि दूर-दूर तक दल के लोग पहरे पर होते हैं। असली नींद तो वे दिन को ही लेते हैं। दोपहर की नींद के बीच में उन्हें कोई जगा नहीं सकता। हाँ, पुलिस वग़ैरह आ जाये, ऐसा कोई ख़तरा आ जाये तो बात अलग है।'

हम लोग मूरतसिंह से बिदा लेते हैं। हम लोगों के साथ-साथ पहले से बैठे लोग भी उठ जाते हैं। बिना पीठ दिखाये कुछ क़दम उल्टा चलकर वे सभी मूरतसिंह को बार-बार नमस्कार करते हैं। लौटते वक़्त लोग अलग-अलग दूरियों पर उतारे गये अपने-अपने जूतों को पहन रहे हैं।

भूदान यज्ञ, ४ जून, १९७३

हरि की भूमि पर हरि–जन भूमिहीन

तंजावुर ज़िले (तमिलनाडु) के पूर्वी भाग में इस ३० जनवरी से सघन पदयात्राएँ आरम्भ हो गयी हैं। ५ तालुकों को मिलाकर चुने गये इस क्षेत्र में एक माह तक चलने वाली इन सघन पदयात्राओं के द्वारा सर्वोदय कार्यकर्त्ता मन्दिरों, मठों व अनेक प्रकार के धार्मिक ट्रस्टों के नाम पर फैली हुई हज़ारों एकड़ भूमि से उत्पन्न गम्भीर भूमि–समस्या के समाधान 'ग्रामदान–ग्रामस्वराज्य' के विचार को सामने रख कर व्यापक लोक शिक्षण करेंगे।

अन्न भण्डार में विपन्नता

तमिलनाडु के पूर्वी किनारे व कावेरी तथा कोल्लेरुन नदी के डेल्टा पर स्थित यह तंजावुर ज़िला एक अजीब तरह की भूमि समस्या से ग्रसित है। प्रदेश के धनीतम ज़िलों में से एक तथा अपनी उपजाऊ मिट्टी के कारण देश के दक्षिण भाग के लिए सदियों से अन्न भण्डार का काम कर रहा तंजावुर, अपनी इस सम्पन्नता के नीचे हज़ारों विपन्न भूमिहीनों को भी छुपाये है। यह तथ्य लोगों के सामने पहली बार तब उजागर हुआ, जब बरसों से धीरे–धीरे सुलग रही दोनों पक्षों के बीच की आग एकाएक भभक उठी थी। २५ दिसम्बर, '६८ को किलवेन्मन्नी गाँव में भूमिहीनों द्वारा मज़दूरी बढ़वाने के लिए चलाये जा रहे आन्दोलन में हिंसा–प्रतिहिंसा के कारण पहले ज़मींदारों की ओर का एक आदमी मारा गया, फिर ४४ भूमिहीन एक झोपड़े में ज़िन्दा जला दिये गये थे। इस भयानक व दर्दनाक

घटना ने तमिलनाडु के प्रसिद्ध लोकसेवक एस. जगन्नाथन् एक लम्बे अर्से से हरिजनों के बीच काम करते आ रहे हैं, भूमि समस्या को सुलझाने की तीव्र आकांक्षा ने ही उन्हें सर्वोदय आन्दोलन से जोड़ा था। किलवेन्मन्नी गाँव की इस घटना के पीछे हरिजन भी थे और भूमिहीन भी। घटना ने उन्हें मजबूर किया कि वे अपनी पूरी ताक़त इस क्षेत्र की जटिल भूमि-समस्या को समझाने में लगायें।

मन्दिरों और मठों की भूमि

तंजावुर की भूमि समस्या क्या है—इस प्रश्न का उत्तर होगा—'अधिकांश भूमि हरि की है, अधिकांश हरि जन भूमिहीन हैं।' पूरे ज़िले में १५५ मन्दिर हैं। इनमें से अनेक मन्दिर दो-दो, तीन-तीन एकड़ के क्षेत्र में बनाये गये हैं। इन मन्दिरों के नाम पर सैकड़ों एकड़ भूमि है। कुछ मन्दिरों की भूमि तो आठ-आठ हज़ार एकड़ तक है, उनकी यह ज़मीन एक ही स्थान पर न होकर ३०-४० गाँव तक फैली होती है। चोल और मराठा राजवंशों द्वारा निर्मित इन विशालकाय मन्दिरों के निर्माण के पीछे लोगों को व्यापक रोज़गार देने तथा साथ ही साथ धर्म की स्थापना का कारण रहा था। निसन्देह इनके निर्माण में कई वर्षों तक अनेक बेरोज़गारों को रोज़गार मिला होगा। लेकिन आज इन मन्दिरों का उपयोग लोगों को बेरोज़गार बनाने में किया जा रहा है। वर्षों से मन्दिरों की भूमि पर ग़ुलामी करता रहा भूमिहीन मज़दूर बड़ी-बड़ी ईश्वर प्रतिमाओं के रहते हुए भी ईश्वर से आस्था खो रहा है।

मन्दिरों और मठों की भूमि के अलावा तंजावुर में बड़े भूमिवानों की भी कमी नहीं है। ज़िले के पूर्वी क्षेत्र में तो ऐसे सैकड़ों ज़मींदार हैं जिनके पास ५०० एकड़ से १००० एकड़ तक ज़मीन है। प्राय: ये ही सम्पन्न भूमिवान इन मन्दिरों, मठों के ट्रस्टी हैं और इस तरह वे अपनी विशाल भूमि सम्पत्ति के अलावा मन्दिरों की भूमि का भी उपभोग करते हैं। गत वर्षों में कांग्रेस से लेकर द्रविण मुनेत्र कणगम के शासन में भूमिवानों ने क़ानून के छिद्रों का इस्तेमाल कर प्राय: कुछ भी खोया नहीं है। सीमा से ऊपर जाने वाली ज़मीन परिवार के रिश्तेदारों में और कहीं तो अस्तित्वविहीन लोगों के नाम

बाँट दी गयी है। कुछ ने हज़ारों एकड़ धान के खेतों को गन्ने के खेतों में बदल कर व्यावसायिक खेतों के नाम पर मिलने वाली रियायत प्राप्त कर भूमि-सीमा क़ानून से छुटकारा लिया है। एक के बाद एक प्रगतिशील मुख्यमन्त्री आते गये, भूमि सीमा को क्रमशः कम करते गये, लेकिन तंजावुर में ऐसे भूमिहीनों की संख्या नगण्य ही है, जिन्हें सीलिंग से निकली अतिरिक्त भूमि मिल गयी हो। इस सबका नतीजा यह है कि पूर्वी तंजावुर में ऐसे अनेक गाँव मिल जायेंगे जिनमें पूरी की पूरी आबादी भूमिहीनों की होगी और इनमें भी ७० प्रतिशत होंगे हरिजन। 'पण्णयाल' कहलाने वाले इन भूमिहीन मज़दूरों तथा 'पण्णयार' कहलाने वाले भूमिवानों में नरक व स्वर्ग का अन्तर है। कुछ समय पहले तो पण्णयाल को यह भी अधिकार नहीं होता था कि वह अपनी इच्छा के अनुसार यह कर सके कि उसे किस के खेत पर ग़ुलामी करनी है। इनकी ज़मीनें व स्वामी तय होते थे जिनकी वे पीढ़ी-दर-पीढ़ी मज़दूरी व ग़ुलामी करते थे। ज़मीन के किसी टुकड़े के बेचे जाने पर उस पर काम कर रहे मज़दूर को भी बेच दिया जाता था। गाँव-गाँव में ज़मींदार, मन्दिर व मठों की ज़मीन होने के कारण अनेक गाँवों के भूमिहीन उस ज़मीन के भी मालिक नहीं हो सकते थे जिस पर वे बरसों से झोपड़ी बनाये हुए हैं। अभी गत ३-४ वर्षों से इन्हें बासगीत के पर्चे मिलना शुरू हुआ है।

विरोध का परिणाम

ईश्वर व धर्म के नाम पर किये गये अनेक अत्याचारों को यहाँ के भूमिहीन मज़दूर सहते रहे। सन् '४४ के बाद इस क्षेत्र में दक्षिण के प्रसिद्ध नास्तिक ई.वी.आर. पेरिय्यार के विचार फैलने लगे। धीरे-धीरे ये भूमिहीन मज़दूर 'नास्तिक' और फिर 'साम्यवादी' हो चले। जगह-जगह साम्यवादियों ने इन्हें संगठित किया। सन् '५० से '६८ तक तंजावुर के इतिहास में अनेक संघर्ष हुए। प्रायः हर संघर्ष के बाद बिठाये गये जाँच कमीशनों ने इन भूमिहीन मज़दूरों की मज़दूरी बढ़ाने की सिफ़ारिश की, सरकार ने मज़दूरी बढ़ाने के एक्ट व क़ानून लागू कर दिये, लेकिन बढ़ी हुई मज़दूरी मज़दूरों को अकसर ही नहीं मिली।

हरिजनों का संगठन

इन सब कारणों से एक ओर मज़दूर संगठित होते गये तो दूसरी ओर रोज़-रोज़ उठ खड़ी होने वाली मज़दूर-समस्या से निपटने के लिए भूमिवानों ने भी अपने संगठन बनाना शुरू कर दिये। इस 'भूमिवान संघ' ने स्थानीय मज़दूरों के बदले बाहर के मज़दूर बुलाना तय किया लेकिन फिर स्थानीय व बाहरी मज़दूरों में संघर्ष भी छिड़ सकता है, यह सोच कर अन्ततः उन्होंने 'मज़दूर वर्ग' को ही हटाने का प्रयत्न शुरू किया। याने मज़दूर के बदले मशीनों से काम लेना प्रारम्भ किया। सन् '६८ में इस ज़िले में लगभग १००० ट्रैक्टर चलने लगे थे। इस बार सभी राजनैतिक दलों ने एक बार फिर मज़दूरों को संगठित किया। जगह-जगह ट्रेक्टरों पर पिकेटिंग शुरू हो गयी। पिकेटिंग का नतीजा काफ़ी हद तक उसके नेतृत्व पर भी निर्भर करता था, कहीं वह अहिंसात्मक हुई तो कहीं हिंसात्मक। ट्रेक्टरों के ख़िलाफ़ चल रहे इस आन्दोलन में आंधनपेट्टाई, वलिवल्लभ् तथा सिक्किल आदि स्थानों पर दोनों पक्षों ने परस्पर एक-दूसरे पर यथाशक्ति हमले किये। इन हिंसक संघर्षों की परिणति किलवेन्मन्नी गाँव में ४४ भूमिहीन हरिजनों के ज़िन्दा जलाये जाने से हुई।

जैसा कि पहले ही कहा जा चुका है इस दर्दनाक घटना के बाद एस. जगन्नाथन् के नेतृत्व में तंजावुर ज़िले में सर्वोदय कार्य प्रारम्भ हुआ। समस्या से ग्रसित तीन क्षेत्रों में गाँधी शान्ति केन्द्र स्थापित किये गये। केन्द्रों के कार्यकर्त्ताओं ने हिंसा की आग बुझाने तथा ज़िले की परिस्थिति से परिचित होने के लिए जगह-जगह सर्वे प्रारम्भ किये। वे इस नतीजे पर पहुँचे कि समय-समय पर इन भूमिहीन मज़दूरों की मज़दूरी में थोड़ी-बहुत मज़दूरी बढ़वाना उनकी समस्या का सही निदान नहीं है। गाँव की ज़मीन, चाहे वह आज किसी व्यक्ति, ट्रस्ट या मन्दिर के हाथ में हो, गाँव की ही होनी चाहिये। मिल्कियत गाँव की हो और धरती पर वास्तविक मेहनत करने वाले को उस पर खेती करने का हक़ मिले। गाँव के सब लोगों को लेकर बनी ग्रामसभा अपने क्षेत्र में पड़ने वाले मन्दिर या और किसी ट्रस्ट की पूरी देखभाल करेगी, उस पर होने वाले ख़र्च का भी सामूहिक रूप से वहन कर सकती है, इस तरह इन मन्दिरों के ट्रस्टियों की आवश्यकता रह नहीं जायेगी। मन्दिरों की ज़मीन क्षेत्र के भूमिहीन व

भूमिहीन हरिजनों में बँटेगी, इस ज़मीन से होने वाली आय का भी एक निश्चित भाग मन्दिरों की देखभाल पर लग सकता है।

ग्रामसभाएँ

इसी उद्देश्य को लेकर ज़िले के नागपट्टीनम् तालुक के तिरुवरुर, किज्हैयूर तथा किल्वलूर नामक तीन प्रखण्डों में स्थापित किये गये गाँधी शान्ति केन्द्र कार्य करते हैं। इन तीनों प्रखण्डों में अब तक लगभग १२० ग्रामसभाएँ बन चुकी हैं। यह ठीक है कि ये ग्रामसभाएँ वैसी ग्रामसभाएँ नहीं कहलायेंगी जैसी अन्य प्रदेशों या क्षेत्रों के ग्रामदानी गाँवों में बनी हैं। लेकिन इसके पीछे तंजावुर की विशिष्ट परिस्थिति भी ध्यान में रखनी चाहिये। गाँव के गाँव भूमिहीन हैं, गाँव के एक या दो लोगों के पास ही गाँव की सारी ज़मीन है। ये सम्पन्न लोग ग्रामसभा में शामिल नहीं होते हैं, लेकिन फिर शेष ७० से ९८ प्रतिशत भूमिहीनों को ही लेकर ग्रामसभाएँ बना ली जाती हैं। इनमें आबादी के प्रतिशत की शर्त पूरी हो जाती है लेकिन गाँव की कुल भूमि के ५१ प्रतिशत की शर्त आ नहीं पाती। फिर भी ये ग्रामसभाएँ हैं, इनमें ग्राम कोष एकत्र होता है, क़स्बों में सर्वोदय पात्र रखे जाते हैं। तिरुवरुर में रखे गये सर्वोदय पात्रों से प्रतिवर्ष औसतन १२ हज़ार रुपये का धान एकत्र हो रहा है, जिसका उपयोग बेरोज़गार मज़दूर परिवारों अथवा सत्याग्रही शिविरों के सँभालने में किया जाता है। एकत्र ग्राम कोषों के आधार पर विभिन्न भूमिहीन हरिजनों की बस्तियों में १० बालवाड़ी चल रही हैं। चूँकि खेती पर आधारित मज़दूर पूरे वर्ष उससे रोज़गार नहीं पा सकता इसलिए कुछ ग्रामसभाएँ स्थानीय कच्चे माल पर आधारित ग्रामोद्योग भी प्रारम्भ करने की कोशिश में हैं। सर्वोदय साहित्य की बिक्री भी प्राय: इन ग्रामसभाओं के ही माध्यम से होती है। विचार–प्रचार के लिए नौटंकी आदि का भी सहारा लिया जाता है। 'केवल एक ही रास्ता' नामक नौटंकी को, जिसमें अहिंसक पद्धति से भूमि समस्या का हल दिखाया गया है, कुछ ग्रामसभाओं के सदस्य काफ़ी प्रभावशाली तरीक़े से प्रदर्शित कराना सीख गये हैं।

भूमिवान आये

कुछ ग्रामसभाओं में अब धीरे-धीरे भूमिवान भी शामिल होने लगे हैं। ऐसी ग्रामसभाएँ निश्चित ही अन्त्योदय से सर्वोदय की ओर जाने लगी हैं। परप्नूर की ग्रामसभा इसका अच्छा उदाहरण है। इसमें सभी भूमिहीन मार्क्सवादी कम्युनिस्ट पार्टी के समर्थक हैं, गाँव में हरिजन और सवर्ण भी हैं तथा एक ज़मींदार है, जिसके पास एक धर्मार्थ ट्रस्ट की १०० एकड़ ज़मीन थी। आज ये सभी इस गाँव को सुखी बनाने के प्रयत्न में अपनी जाति, वर्ग या राजनैतिक विचारधारा को अलग रख चुके हैं। ये सभी इस ग्रामसभा के सदस्य हैं, ज़मींदार ने भी १०० एकड़ ज़मीन में से ४० एकड़ स्वेच्छा से भूमिहीनों को दे दी है।

सत्याग्रह

अक्तूबर '७२ में प्रारम्भ किये गये सत्याग्रह में बड़े पैमाने पर सर्वोदय कार्यकर्त्ताओं और भूमिहीन सत्याग्रहियों की गिरफ़्तारियाँ हुई थीं। इस सत्याग्रह में लोकशिक्षण हुआ है, लोकशक्ति भी जगी है। हालाँकि इस सत्याग्रह के बाद कुछ भूमिवानों ने चुने हुए प्रमुख सत्याग्रहियों पर झूठे मुक़दमे दायर करना शुरू कर दिया है। इसी ८ जनवरी को तीन और नोटिस जारी किये गये हैं, जिनमें इन कार्यकर्त्ताओं पर भूमिहीन मज़दूरों को डरा-धमकाकर खेत पर न आने देने का आरोप तथा फलस्वरूप १० हज़ार रुपये की ऐसी अनुत्पादित फसल जो इनके काम पर आने से उत्पन्न हो सकती थी, की हानि की क्षति पूर्ति माँग की गयी है।

सघन और व्यापक

तंजावुर की ऐसी परिस्थिति में गत वर्ष से तीन प्रखण्डों में चल रहे काम के बाद अब वहाँ के सर्वोदय कार्यकर्त्ताओं ने अपने काम को सघन और व्यापक दोनों स्तरों पर चलाने का फ़ैसला किया है। इस ३० जनवरी से एक माह तक चलने वाली पदयात्राएँ पाँच तालुकों में व्यापक लोकशिक्षण

का माध्यम बनेंगी। साथ ही साथ पिछले तीन प्रखण्डों में सघन काम शुरू हो जायेगा। हरि के भूमिहीन–जन कब हरि की भूमि पायेंगे? इस प्रश्न के उत्तर की खोज में तंजावुर के सर्वोदय कार्यकर्त्ता सघन और व्यापक कार्यक्रम लेकर घूमने लगे हैं।

भूदान यज्ञ, १२ फ़रवरी, १९७३

मुक्तिदाताओं से मुक्त रूपौली, अपनी मुक्ति के लिए ग्रामस्वराज्य की ओर

पूर्णिमा ज़िले का रूपौली प्रखण्ड इस शताब्दी के प्रारम्भ से ही अपनी राजनैतिक चेतना के लिए प्रसिद्ध हो चला था। उस समय ज़मींदारों की ओर से वसूल किये जाने वाले ३८ प्रकार के करों के विरुद्ध किसान आन्दोलन, निलहाकोठी वाले अँग्रेज़ों के विरुद्ध विद्रोह, बँटाईदारी आन्दोलन, स्वदेशी आन्दोलन, नमक व व्यक्तिगत सत्याग्रह आदि विभिन्न लड़ाइयों में रूपौली ने खुलकर भाग लिया था। सन् '४२ के आन्दोलन में तमाम स्थानीय सरकारी अधिष्ठानों पर जनता ने अधिकार कर रूपौली को मुक्त क्षेत्र घोषित कर दिया था। इस घटना की गूँज ब्रितानी संसद तक में हुई थी लेकिन फिर धीरे-धीरे रूपौली ने महसूस किया कि वह मुक्त क्षेत्र नहीं है। आज़ादी के बाद विभिन्न वर्णों, वर्गों के बीच अन्याय, नौकरशाही और उससे प्रायः जुड़ी रिश्वत बढ़ती गयी। रूपौली को एक बार फिर किसी मुक्तिदाता की ज़रूरत पड़ी। उसने अपने मुक्तिदाता को विभिन्न रूपों में स्वीकार किया, आझोकोपा में समाजवादियों ने, कंकला में साम्यवादियों ने तथा डुमरी, सपहा, नन्दगोल, सिमरा आदि गाँवों में बिखरे गुप्त अड्डों से नक्सलपन्थी नौजवानों ने अपने-अपने ढंग से रूपौली में मुक्ति प्रयास प्रारम्भ किये। क्रान्ति के लिए वातावरण बनाने, उसके संगठन के लिए धन एकत्र करने के लिए शुरू की गयी लूटों का अन्त फिसल कर राह चलते इक्के-दुक्के लोगों से सत्तू तक छीनने से हुआ। धीरे-धीरे छोटे-बड़े सभी तरह के लोग कचहरी में फँसने लगे। मुक्ति आकांक्षी, मुक्तिदाता और

यथास्थिति को बनाये रखने वाले तीनों तरह के लोग निराशा, आतंक व उससे उपजी विकट परिस्थिति में फँसते चले गये। इससे उबरने का रास्ता उनकी बनक में था नहीं।

आझोकोपा गाँव में २ दिसम्बर, '७२ को उत्सव का वातावरण था। क्षेत्र में चल रहे खादी के काम का निरीक्षण करने खादी ग्रामोद्योग आयोग के दो सदस्य आने वाले थे। आझोकोपा तोरणद्वारों से सजा हुआ था। देवस्थान के अहाते में कोई चालीस परिवार अम्बर चरखे पर सूत व रेशम की कताई कर रहे थे। देवस्थान के सामने हुई आम सभा में खेत पर से तुरन्त आये मैली धोती पर बिलकुल साफ़ कमीज पहने ग्रामसभा के मन्त्री आझोकोपा की रपट पढ़ रहे थे।... 'इस क्षेत्र की अशान्त स्थिति को देखकर सन् '७० की ८ जुलाई को वैद्यनाथ बाबू ने इस क्षेत्र को चुना और सर्वप्रथम आझोकोपा में ही २१ जुलाई तक अपना डेरा-डण्डा डालकर प्रखण्ड की पहली ग्रामसभा का यहाँ पर गठन किया था। महानुभावो, हमारा गाँव ७५ प्रतिशत भूमिहीनों का गाँव है। भूदान तथा बीघा कट्ठा से निकली ज़मीन पर ३० भूमिहीन परिवार बसाये जा चुके हैं। कत्तिनों को १०० रुपये प्रति माह मिल जाता है। आज गाँव में २८ शान्ति सैनिक हैं। अब तक ग्रामसभा की २५ बैठकें हो चुकी हैं, जिनमें गाँव में चल रहे १३ मुक़दमे कचहरी से वापस लेकर शान्तिपूर्वक निपटाये जा चुके हैं। अशान्ति की विनाशलीला यहाँ हर वर्ष ताण्डव करती है फिर भी इस समय ग्रामकोष में ३६५ रुपये हैं जो सेण्ट्रल बैंक में जमा हैं, समय-समय पर इस कोष से गाँव के लोगों को बिना ब्याज का ऋण भी दिया जाता है।'

वैद्यनाथ चौधरी के लिए रूपौली कोई नयी जगह नहीं थी। सन् '२१ के आस-पास उन्होंने इस प्रखण्ड के टीकापट्टी गाँव में स्वराज्य आश्रम की स्थापना कर ज़िले में स्वराज्य आन्दोलन का संचालन किया था। उन्होंने आज़ादी की भूख लोगों में जगायी थी, लेकिन वह आज़ादी लन्दन से दिल्ली, पटना में आकर अटक गयी। देश के असंख्य गाँवों की तरह वह रूपौली के गाँवों में छितर नहीं पायी। तब श्री वैद्यनाथ बाबू ने एक बार फिर इस क्षेत्र को 'चूमा', लोगों को यह बताने के लिए कि तुम ही इस गाँव के मालिक हो, तुम ही मज़दूर, तुम स्वयं ही अपने मुक्तिदाता हो।

दो साल : ग्रामस्वराज्य का संकल्प और अमल

रूपौली प्रखण्ड में ९ जुलाई, '७० को ग्रामदान पुष्टि अभियान चला। पहले चरण में क्षेत्र की ९३,६१३ की आबादी में से ५६,००० की आबादी वाले ६९ गाँवों में ग्रामसभाएँ गठित कीं। फिर प्रखण्ड को रूपौली, बैरिया, कंकला नामक तीन क्षेत्रों में बाँटकर सन् '७१ के शुरू में ग्रामस्वराज्य का दूसरा चरण प्रारम्भ हुआ। तीन समर्थ कार्यकर्त्ताओं ने इन तीन क्षेत्रों में बँटी ग्रामसभाओं से निरन्तर सम्पर्क रखना शुरू किया, लेकिन नेतृत्व व पहल ग्रामसभाओं की ही रही। ये तीन कार्यकर्त्ता इन क्षेत्रों के लिए सहारे से ज़्यादा कुछ न पायें इस बात का बराबर ध्यान रखा गया।

रूपौली में भवानी प्रखण्ड की ओर से प्रवेश करने पर सीमा पर एक मस्जिद के चारों ओर बिखरा, आज़ाद दरगाहा नामक गाँव पड़ता है। पूरी बस्ती मुसलमानों की है। गाँव में ६ भूमिवान थे, बाक़ी सब मज़दूरी करते थे। ग्रामदान के बाद ४ भूमिवानों के पास ही इतनी ज़मीन थी कि वे बीघा कट्टा निकाल पाते। उनसे मिली ज़मीन पर सबसे अधिक ज़रूरतमन्द परिवार को बसाया गया। ग्रामसभा के अध्यक्ष कह रहे थे, हमारे गाँव में मन सबका पहले भी एक था, झगड़ा-फसाद होता नहीं था, सबने मिलकर कुछ साल पहले यह मस्जिद बनायी थी, लेकिन इधर जब से ग्रामसभा बनी है हम देखते हैं कि हमारा दिमाग़ बढ़ रहा है। पहले माथे में इतनी सारी बातें नहीं आती थीं। हमें बचत करना ही नहीं आता था, अब ग्रामकोष में सब लोग कुछ न कुछ बचत कर डालते हैं। यहाँ अभी किसी को कोई ख़ास हुनर नहीं आता है। वैसे तो कुछ लोग आस-पास से कच्चा चमड़ा बटोर कर उसे आगे बेच देते हैं। हड्डी भी कोई एक हज़ार मन सालाना जमाकर आगे व्यापारी को दे देते हैं, लेकिन अभी हम ग्रामसभा की तरफ़ से खादी कमीशन को अपील भेजे हैं कि यहाँ कच्चे चमड़े को पकाकर चमड़े का रोज़गार शुरू किया जाये। हम सब लोग एक जगह पर 'भूदान तहरीक' एक साथ पढ़ते हैं।

प्रखण्ड में २ वर्ष से काम चल रहा है, लेकिन गाँव-गाँव में आपको अभी निर्माण कार्य नहीं दिखायी देगा। यहाँ किसी बाहरी एजेंसी की मदद से भी विकास नहीं शुरू किया गया है। हाँ, खादी आयोग व रानीपतरा आश्रम के माध्यम से खादी का काम अधिकांश गाँवों में फैल रहा है। कुछ परिवार

अम्बर को जीविका के लिए चला रहे हैं तो कुछ केवल वस्त्र स्वावलम्बन के लिए। प्रखण्ड में तीन खादी भण्डारों पर सप्ताह में दो दिन बीट के लिए तय रहते हैं, इस दिन सुबह से ही सूत के बदले कपड़ा लेने के लिए दूर-दूर से आदमी आने लगते हैं। कुछ गाँवों में अब रेशम का काम भी शुरू हो गया है। गेदूहा जैसे गाँव में मधुमक्खी पालन का काम भी उत्साह से चल रहा है। प्रखण्ड स्वराज्य सभा द्वारा संचालित नर्सरी में तात्कालिक व दीर्घकालिक फलों के पौधे भी गाँव-गाँव से लोग लेने लगे हैं। इन सारे कार्यों के पीछे एक ख़ास नज़र रखी गयी है। इन सारे कामों का संयोजन परिवार को पहली इकाई मान कर किया जा रहा है, ग्रामसभाओं के माध्यम से पूरे गाँव के पैमाने पर इन्हें अभी नहीं फैलाया गया है। पहली कोशिश है गाँव में टूटते, लगातार कमज़ोर होते हुए परिवारों को मज़बूत बनाया जाये। फिर उनके माध्यम से बनी एक सशक्त ग्रामसभा ही इन कामों को सामूहिक पैमाने पर उठा सकने में सफल होगी।

गाँव जो अब साम्यवादी, समाजवादी या नक्सलपन्थी नहीं रहे।

टूटते परिवारों का समूह

कंकला गाँव आज से कुछ समय पहले ऐसे ही टूटते जा रहे भूमिहीन परिवारों का एक समूह था। भयंकर निराशा के कई वर्ष काटने के बाद कंकला 'साम्यवादी' हो गया था। प्रखण्ड में ग्रामदान अभियान प्रारम्भ होने पर कंकला गाँव ने उसका पूरी शक्ति के साथ विरोध किया था। सारे काम को क्रान्ति की राह से भटका कर मन को बहलाने का एक प्रयत्न माना था। कंकला और आस-पास के अन्य गाँवों के लोगों को संगठित कर 'सत्याग्रह' से सशस्त्र क्रान्ति तक की तैयारियाँ हो गयी थीं। लेकिन इन प्रयत्नों से जनता एक बार फिर अलग-थलग पड़ गयी—मुक्तिदाता अपनी उतावली में उसके साथ क़दम न बढ़ा पाये, उससे बहुत आगे निकलकर एक बार फिर यथास्थिति के क्षितिज पर विलीन हो गये थे। आज कंकला प्रखण्ड की एकमात्र क़ानूनी ग्रामसभा है। अध्यक्ष श्री रामलखनजी अस्वस्थता के बावजूद बहुत उत्साह से काम कर रहे हैं। साम्यवादी दल उन्हें आज भी अपना मानता है, लेकिन वे अब ग्रामसभा के

माध्यम से पूरे गाँव को लेकर आगे बढ़ने का प्रयास कर रहे हैं। जिसके लिए क्रान्ति की जाने वाली है उसे भी पीछे छोड़कर वे विलीन नहीं होना चाहते। गाँव में पिछले वातावरण के कारण आज भी लोग ग़लत राजनीति से जुड़े हैं, उनमें से कुछ ग्रामसभा के पदों पर भी हैं। लेकिन वे ग्रामसभा में हल्की राजनीति नहीं लाते हैं। सर्वसम्मति से कंकला का नक़्शा बदलने का प्रयत्न कर रहे हैं। कंकला के आसपास पाठशाला नहीं थी। ग्रामसभा के प्रयत्नों से गाँव की सीमा पर कुछ ज़मीन प्राप्त की गयी। आज वहाँ एक बुनियादी पाठशाला चल रही है। अब ग्रामसभा के सामने दो कार्य और हैं। ग्रामसभा के दफ़्तर में उचित मूल्य की दुकान चलाना ताकि लोगों को हर छोटी-सी चीज़ के लिए ६ मील दूर रूपौली क़स्बे तक न जाना पड़े। लगातार कंगाल होता जा रहा कंकला आपको विकास की किसी अन्धी दौड़ में पड़ता दिखायी नहीं देगा। भूमिहीनों के इस गाँव की झोपड़ियाँ आज भी जीर्ण-शीर्ण ही हैं, फिर भी सभी के भयभीत व त्रस्त चेहरे पर आगे बढ़ने का एक आत्मविश्वास दिखायी देगा, जो कह सकता है कि हमें नेतृत्व की नहीं बस सहारे की ज़रूरत है।

दौड़ में नहीं पर आत्मविश्वास है

कंकला से थोड़ी ही दूर पर भौवाड्योढ़ी नामक गाँव है। गाँव में कोई भी भूमिहीन नहीं है, सभी मकान पक्के बने हुए हैं और हरेक मकान के आगे एक छोटा-सा बग़ीचा या एक साफ़-सुथरा मण्डप है, जिसमें पेंट की हुई कुर्सी, टेबिल आदि पड़ी रहती है। गाँव में धूल से सने नंगे बच्चे कहीं नहीं होंगे। साफ़-सुथरे कपड़े पहने, शहरी असर में छोटे-छोटे जूते मोजे पहने बच्चे भौवाड्योढ़ी को प्रखण्ड के अन्य गाँवों से बिल्कुल अलग कर देते हैं। पूरी बस्ती एक ही राजपूत वंश की है। सभी घर एक-दूसरे के रिश्तेदार हैं। भौवाड्योढ़ी का एक उज्ज्वल अतीत रहा है। ये लोग कुछ वर्ष पहले इस गाँव से ४ मील दूर भौवाप्रबल नामक स्थान पर रहते थे। वहाँ इस वंश की बहुत बड़ी महलनुमा ड्योढ़ी थी। इस सम्पन्न ज़मींदार परिवार की ज़मीन इतनी थी कि प्रखण्ड में एक कहावत चलती थी कि 'जहाँ देखो गोबर का चोत, वहाँ बूझो भौवाड्योढ़ी की जोत।' गोधन आज पहले से बहुत कम हुआ है। गायों के अलावा आज भी गाँव में क़रीब ४० घोड़े हैं।

शिकार के शौक़ीन इस वंश के पास हज़ारों एकड़ ज़मीन के अलावा एक घना जंगल भी था, जिसमें समय-समय पर अँग्रेज़ कलेक्टर आदि भी इनकी बाकायदा इज़ाज़त लेकर शिकार किया करते थे। उस ज़माने में इनकी बस्ती के पास से छोटी मानी जाने वाली जाति का आदमी गुज़रने का साहस नहीं किया करता था। ऐसे दुस्साहस की सज़ा प्राय: कोड़े हुआ करती थी।

अतीत से कटी : भौवाड्योढ़ी

समय बदला, कोसी की धारा ने इनकी बहुत बड़ी ज़मीन के साथ-साथ उस ड्योढ़ी को भी आत्मसात् कर डाला था। तब परिवार इस स्थान पर आकर बसा था। भौवाड्योढ़ी के निवासियों ने विनोबा जी की यात्रा में २०० एकड़ ज़मीन दी थी, जिसके एक हिस्से पर आज नवटोलिया के भूमिहीनों को लेकर बसाया जा चुका है। प्रखण्ड में चले ग्रामदान अभियान से यह गाँव भी अछूता नहीं रहा था।

भौवाड्योढ़ी की ग्रामसभा के मन्त्री दीपनारायणसिंह जी कह रहे थे, 'भौवाड्योढ़ी ने ज़माने के साथ अपने आपको बहुत बदला है। आज हम कोशिश कर रहे हैं कि जो तार हम से पहले टूटे हैं उन्हें हम जोड़ सकें।' दीपनारायण की कोशिश ज़माने के साथ ही चलने की नहीं है बल्कि उससे आगे बढ़ने की भी है। वे अपनी ग्रामसभा का सम्पर्क आस-पास की ग्रामसभाओं से निरन्तर बनाये रखते हैं। ड्योढ़ी का भूतकाल आस-पास के छोटे-छोटे गाँवों को ड्योढ़ी से दूर रखना चाहता है। ग्रामसभा का वर्तमान प्रयत्न इन गाँवों के सुख-दुख में एक होने का है।

खादी पर जीवन

भौवाड्योढ़ी से सटा हुआ यानी कोई एक मील दूर नवटोलिया गाँव है। ग्रामसभा की बैठकें अन्य गाँवों की तरह गाँव के बीचों-बीच बने कालीदेवी के मन्दिर के सामने महीने में दो बार नियमित रूप से होती हैं। गाँव के

शुकदेव कलाकार प्रखण्ड स्वराज्य सभा के कृषि प्रभारी हैं। साथ ही साथ ग्रामसभा से लेकर प्रखण्ड सभा तक चित्रकारी, साज-सज्जा, चार्ट आदि बनाने की भी ज़िम्मेदारी निभाते हैं। गाँव में लगभग १००० पुस्तकों का एक सर्वोदय पुस्तकालय भी चल रहा है। यहाँ के ग्रामसभा कोष में गल्ला व नकदी के अलावा दूध, दही, केला आदि १२ अन्य चीज़ें भी एकत्र की जाती हैं। डुमरी आदिवासियों, भूमिहीनों तथा मछुआरों का गाँव है। बेहद पिछड़ा हुआ। ग्रामसभा बनते समय २५६ घरों में से १३८ घर भूमिहीन थे बाक़ी के पास भी बहुत कम ज़मीन थी। बीघा कट्ठा वितरण के बाद ८ परिवारों को ज़मीन मिल सकी, लेकिन फिर धीरे-धीरे डुमरी ने खादी का कार्य शुरू किया। आज क़रीब ६ तकुवे २५ अम्बर चरखे तथा २ तकुवे के ६० अम्बर चरखे चल रहे हैं। ग्रामसभा की बैठक व अन्य उत्सवों का संयोजन नावों की पालों को बाँध कर बनाये चन्दोबे के नीचे होता है। देश भर में एक लाख खादीधारी परिवारों के यज्ञ में डुमरी ने भी २५ खादीधारी परिवारों को अर्पित किया है।

क्रान्ति के लिए कितने साल

रूपौली प्रखण्ड में एक कोने से दूसरे कोने तक चले जाने पर कहीं आपका मन उत्साह से भर उठेगा, कहीं उदास भी हो सकता है। इसी तरह कहीं गाँव के लोग आशावान दिखायी पड़ेंगे तो कहीं वे स्वयं काफ़ी निराश होंगे। ग्रामसभाओं के संगठन के दो वर्ष बाद क्रान्ति के दर्शन करने की इच्छा रखने वालों के लिए शायद रूपौली के पास कोई उत्तर नहीं हो सकता। क्रान्ति के लिए २ साल काफ़ी हैं इस यूटोपिया को यह प्रखण्ड दूर करेगा। लेकिन अकाल के दौरान मतैली, खेमचन्द, खटोलिया आदि ग्रामसभाओं द्वारा किया गया सत्याग्रह, ग्रामकोषों से पूरी सजगता के साथ भूखे परिवारों को अन्न पहुँचाना, अपने ही गाँव के दो मनचले तरुणों द्वारा एक व्यापारी को लूट लेने पर उस व्यापारी को खोजकर ग्रामसभा को उसका सामान वापस करवाना, डोभागोठ गाँव के लोगों से सरकारी गेहूँ के बीज वितरण के लिए ली गयी रिश्वत का ग्रामसभा द्वारा सत्याग्रह कर वापस लेना व अधिकारी से माफ़ी मँगवाना। कभी गाँव में किसी मामले के थाने पहुँचने पर हवलदार का यह कहना कि इसे तो ग्रामसभा ही

निपटायेगी, हम नहीं लिख सकते आदि छोटी घटनायें प्रखण्ड में धीरे-धीरे ही सही लेकिन एक निश्चित गति से बदल रहे दिमाग़ का एहसास कराती हैं।

बढ़ रहे माथों की गिनती

खादी या अन्य किसी तरह का विकास तो खादी आयोग या विकास के लिए बनी अनेक संस्थायें भी कर सकती हैं। रूपौली की ग्रामसभाओं के लिए वह नगण्य है। रूपौली में तो ग्रामसभाओं के माध्यम से आज़ाद दरगाहा के शब्दों में 'बढ़ रहे माथे' की गणना करनी होगी। आज रूपौली में जो कुछ घटित हो रहा है उसकी गूँज ब्रितानी तो छोड़िये भारतीय संसद या पटना की विधानसभा में भी नहीं होगी। गूँज वहाँ होना भी नहीं चाहिये। रूपौली के काम की गूँज रूपौली के हर गाँव में, हर परिवार में हो सके इतना पर्याप्त होगा।

भूदान यज्ञ, १ जनवरी, १९७३

दीवाली किसान की नहीं व्यापारी की

धान नीति के हर क़दम ने इस बार धान बोने वाले किसान को लात मारी है। उन्नत क़िस्म का कम अवधि में पक जाने वाला धान इस बार अच्छी वर्षा के कारण नियत समय से कुछ दिन पहले ही तैयार हो गया था। कई इलाक़ों में कटाई शुरू हो जाने के १५ दिन बाद सरकार ने वसूली के मूल्य की घोषणा ५ अक्तूबर को की। निर्णय पर कृषि सचिव के दस्तख़त ९ अक्तूबर को हुए और सम्भवत: उसी शाम को कृषि मन्त्री ने भी दस्तख़त किये थे पर वसूली करने वाले सरकारी केन्द्र को इस बारे में हिदायतें देने में पाँच दिन का और वक़्त लग गया। सरकारी इशारे के इस अभाव के कारण भारतीय खाद्य निगम के क्षेत्रीय ख़रीद दफ़्तर अपने दरवाज़े बन्द किये बैठे रहे। इन दरवाज़ों को खटखटाने वाला किसान घबरा कर व्यापारी के पास पहुँच गया। ख़ुद कृषि मन्त्रालय ने इस बात को स्वीकार किया है कि हरियाणा और पंजाब के धान का एक बड़ा भाग निजी व्यापारियों के क़ब्ज़े में आ चुका है।

और अब जब सरकारी अनिर्णय के दरवाज़े खुल गये हैं तो भी फसल मूल्यांकन के कड़े नियम उन पर फिर से साँकल चढ़ाते से दिखते हैं। हरियाणा में लगभग १०० सरकारी मण्डियों तक आये ५८,००० टन धान में से अब तक केवल ६,००० टन धान ख़रीदा गया है। सरकारी अधिकारियों का कहना है कि वसूली नियम धान में १८ प्रतिशत तक नमी की इज़ाज़त देते हैं। लेकिन इस बार कई क्षेत्रों में यह नमी २२ प्रतिशत तक पायी गयी है। धान में बढ़ी हुई इस नमी का कारण हरियाणा के कुछ भागों में फसल कटने से पहले हुई बारिश है। यों कुछ ख़रीद केन्द्रों में नमी नापने वाले

यन्त्रों में जानबूझ कर की गयी गड़बड़ी और अधिक नमी को कम आँकने के लिए किसानों से रिश्वत लेने की ख़बरें भी आयी हैं।

धान के नक़्शे पर पंजाब और हरियाणा का उदय हरित क्रान्ति के बाद हुआ है। ये देश के परम्परागत धान क्षेत्र में नहीं थे। यहाँ धान की फसल पेट भरने के लिए नहीं बल्कि पेटी भरने के लिए लगनी शुरू हुई थी। ऊँची जात के चमत्कारिक बीजों ने खेती को एक जीवन शैली के बदले एक उद्योग में बदल दिया है, पर इस वर्ष की घटनायें इस तरफ़ संकेत कर रही हैं कि यह एक ऐसा उद्योग है, जिसमें लाभ उत्पादक को नहीं व्यापारी को होगा—व्यापारी चाहे सरकारी हो, चाहे ग़ैर-सरकारी। इस उद्योग के कच्चे माल बीज, रासायनिक खाद, कीटनाशक दवायें, डीज़ल की क़ीमतें लगातार बढ़ती जा रही हैं, उन पर किसान का कोई नियन्त्रण नहीं है। अपने उत्पादन की क़ीमत तय करना भी उसके हाथ में नहीं है।

हरित क्रान्ति कुछ सम्पन्न किसानों की झोली भरेगी, सामान्य किसान की जेब फाड़ेगी, असमानता को बढ़ायेगी, सीमान्त किसान को भूमिहीन बनायेगी जैसी दूर की आशंकायें अब यहीं साबित होने लगी हैं। पर इस बात का अन्दाज़ा नहीं था कि यह उन सम्पन्न किसानों की झोली भी फाड़ सकती है जिन्होंने इस महँगे मेहमान की मेजबानी ख़ुशी-ख़ुशी स्वीकार की थी। पंजाब-हरियाणा के किसानों ने इस महावत से दोस्ती करने के लिए अपना दरवाज़ा बड़ा किया पर अब उनमें से कुछ को यह लगने लगा है कि दरवाज़ा बड़ा करने में उनका पूरा घर ही टूट सकता है।

धान के मामले में महावत से दोस्ती का प्रसंग पंजाब-हरियाणा से ऊपर उठ कर देखें तो और पेचीदा दिखता है। धान देश की मुख्य फसल है। इसका उत्पादन अनाज और दाल के कुल उत्पादन का ४० प्रतिशत है और साल के अलग-अलग मौसम में यह ८० प्रतिशत खेतों में बोया जाता है। इतनी महत्त्वपूर्ण फसल होने के बाद भी इस पर कभी भी ठीक से ध्यान नहीं दिया जा सका है। यह अन्य फसलों से बहुत अलग है। शेष फसलें अपनी बोनी के समय के हिसाब से रबी, खरीफ़ और जायद में बँटी हैं। पर धान बोनी के समय नहीं कटनी के समय से पहचाना जाता है। पानी और तापमान के अनुसार देश के विभिन्न भागों में इसे अलग-अलग मौसमों में लगाया जाता है। धान की पहली फसल अक्तूबर के १५ दिनों में कटती है, दूसरी नवम्बर में और तीसरी अप्रैल में। यह लगभग ३ करोड़

७० लाख हेक्टेयर में बोयी जाती है।

देश के ८० प्रतिशत खेतों में बिलकुल अलग-अलग समय में अलग-अलग हालतों में तरह-तरह की मिट्टी में बोये जाने के कारण ही प्रकृति ने हज़ारों वर्ष के अनुभव से धान की प्रजातियों को हर इलाक़े के लायक ढाला है। धान को लेकर देश में पचास वर्षों से चली शोध ने पिछले बीस वर्षों में कुछ नयी उन्नत प्रजातियों को जन्म दिया है। इन्हीं गिनी-चुनी प्रजातियों के बीज हरित क्रान्ति के लिए बोये गये हैं। और यहीं से एक नयी बहस की शुरुआत हुई। सामाजिक-आर्थिक प्रश्नों की कड़ियों में पर्यावरण की कड़ी भी जुड़ गयी। धान की नयी उन्नत बौनी क़िस्मों ने गेहूँ की तरह चमत्कार नहीं दिखाया। कई तरह की तकनीकी समस्यायें उभरने लगीं, इनमें नये कीड़ों का हमला सबसे भयानक था। धान की देसी क़िस्में क़द में ऊँची रहती हैं, उनकी यह ऊँचाई प्राकृतिक कारणों से सैकड़ों वर्षों का परिणाम है। अधिक ऊँचाई उन्हें अपने आसपास की घास-पात में ऊपर उठ कर धूप लेने का मौक़ा देती है। भयानक तेज़ वर्षा में खेतों में भर गये पानी से ऊपर रखती है और इस तरह सड़ने से बचाती है। देश के अलग-अलग भागों की अलग-अलग परिस्थिति के अनुकूल हज़ारों क़िस्मों का धान इन्हीं नाज़ुक प्राकृतिक कारणों से विकसित हुआ था।

लेकिन ग़रीब देशों की बढ़ती आबादी की ज़रूरतों को पूरा करने का बीड़ा बहुराष्ट्रीय निगमों ने उठाया और उन्नत बीज से लेकर रासायनिक खाद, कीटनाशक तक बेचने की ज़िम्मेवारी ले ली। कृषि शोध और विस्तार का पैसा व देशी वैज्ञानिकों का दिमाग़ भी इन्हीं पर ख़र्च होने लगा। अनाज की देशी क़िस्में अछूत बनने लगीं। लेकिन धान के मामले में ग़नीमत रही कि उन्नत प्रजातियाँ अपनी कई कमियों के कारण आज भी २० प्रतिशत से अधिक खेतों तक नहीं पहुँच पायी हैं।

खेती के क्षेत्रफल के हिसाब से केवल २० प्रतिशत जगह पर क़ब्ज़ा करने के बाद भी इन उन्नत क़िस्मों ने योजनाकारों और कृषि वैज्ञानिकों का ध्यान धान की देसी क़िस्मों से हटा दिया।

दुगुना, तिगुना पैदा करो कि होड़ ने अब तक उपेक्षित सस्ती, टिकाऊ और स्वादिष्ट फसलों को और अधिक उपेक्षित बना दिया है। इनके पक्ष में कम लागत, फसली कीड़ों के प्रति प्रतिरोध की क्षमता और साथ ही धरती के

साथ त्याग की दलीलें अपना वजन खोने लगीं।

धान की जटिलता को देख कुछ लोगों ने आरम्भ से ही उन्नत बीजों के प्रति अतिरिक्त शंका और सावधानी बरतने का आग्रह किया। मध्य प्रदेश के धान विशेषज्ञ और प्रदेश के धान सलाहकार डॉ. राधेलाल रिछारिया अपनी इन्हीं बातों के कारण शोध और सलाह के पदों से बाहर हो गये थे। सन् '६४-६५ में ही उन्होंने उन्नत प्रजाति ताइचुंग और डीजिओबू जेन को यहाँ खेत में बोने का विरोध किया था। उनकी राय थी कि ये क़िस्में कुछ ख़ास तरह के फसली कीड़ों के लिए अच्छी मेजबान बन सकती हैं। इसलिए इनके बदले कम से कम मध्य प्रदेश में तो उपलब्ध देसी क़िस्मों को ही सुधारने का काम किया जाना चाहिये। ख़ुद उन्होंने अपने कार्यालय में मध्य प्रदेश के धान के कटोरे छत्तीसगढ़ में १९००० देसी क़िस्मों को खोजा था और उन बीजों का संग्रह तथा वर्गीकरण किया था। लेकिन खेती को एक नये लाभप्रद धन्धे की निगाह से देखने वाले वातावरण में बहुराष्ट्रीय कम्पनियों के धन्धों में ऐसी बातें जाने-अनजाने बेसिर-पैर की मानी जाने लगीं। सिर-पैर की बातें वे थीं जिनमें नाज़ुक उन्नत बीजों के आगमन से फसली कीड़ों की एक नयी आबादी ने खेतों पर हमला किया। बीज, रासायनिक खाद की बात तो छोड़ दें, सन् '६० के मुक़ाबले सन् '७० में केवल कीटनाशकों की खपत में चार गुना वृद्धि हुई है। सन् '६० में देश भर में केवल ८००० टन कीटनाशक दवायें ख़रीदी और छिड़की गयी थीं। सन् '७० में यह ३०,००० टन हो गयीं। सन् '७० से '८० के आँकड़े उपलब्ध नहीं हैं पर एक मोटे अन्दाज़ से ढाई-तीन गुना वृद्धि हुई है।

लेकिन इसमें कीड़ों का हमला रुका नहीं है। ताइचुंग क़िस्म में पत्तियों को गलाने वाले जिस कीड़े की आशंका बहुत पहले डॉ. रिछारिया ने की थी अब वह कई जगहों में सामने आने लगी है। इन सब से निपटने का एक ही तरीक़ा है—और अधिक ख़र्चीली शोध और उसके नतीजे प्राय: फिर से उन्हीं बहुराष्ट्रीय कम्पनियों के लाभ को बढ़ाते हैं। तीसरी दुनिया के अधिकतर देश अपने खेतों की माँग पूरी करने के लिए आज लगभग ५० प्रतिशत रासायनिक खाद और कीटनाशक विदेशी कम्पनियों से ख़रीद रहे हैं। जिन देशों ने अपने यहाँ ही इन्हें बनाना शुरू किया है उनकी उत्पादन क्षमता भी कुछ रहस्यमय ढंग से कम ही बनी हुई है। संयुक्त राष्ट्र संघ के खाद्य और कृषि संगठन ने तीसरी दुनिया के देशों में लगे रासायनिक खाद

कारख़ानों की हालत पर एक सर्वेक्षण सन् '७५ में किया था और पाया था कि ये कारख़ाने अपने उत्पादन को लगभग दुगना कर सकते हैं।

धरती पर पानी, बीज, खाद और दवा की कड़ी पर टिकी धान क्रान्ति हर फसल के साथ महँगी होती जा रही है। एक बेचारी धरती को छोड़ बाक़ी सभी चीज़ों के दाम बढ़ते ही जा रहे हैं। दाम तो धरती का भी बढ़ा है, पर उसकी उत्पादकता का मूल्य गिरता जा रहा है। इसी साल केवल सुपर फास्फेट को छोड़ सभी रासायनिक खादों के दामों में प्रति ५० किलो पर २५ से ४० रुपये तक की वृद्धि हुई है। इसमें यूरिया भी शामिल है, जिसका उपयोग धान के लिए किया जाता है।

हरित क्रान्ति के विरुद्ध और तीसरी दुनिया के पक्ष में जाने वाला कृषि का नया अर्थशास्त्र अभी भारत में बहुत थोड़े-से लोगों के बीच पढ़ा और समझा जा रहा है। कर्णाटक के मालप्रभा क्षेत्र में तथा मध्य प्रदेश के होशंगाबाद ज़िले में साधारण क़िस्मों ने भी नयी खेती और पर्यावरण के बीच के रिश्ते के ख़तरे को पहचाना है। उधर सरकार के स्तर पर भी कुछ ऊपरी हिस्सों में धरती और पानी के संरक्षण, रासायनिक खादों और कीटनाशकों के बढ़ते उपयोग आदि की तरफ़ चिन्ता तो प्रकट की जाने लगी है। देश की बिगड़ती धरती के प्रति सबसे ज़्यादा ध्यान पेट्रोलियम मन्त्रालय (कृषि मन्त्रालय के नहीं) के सचिव श्री बी.बी. वोहरा ने खींचा है। वे पिछले पाँच सालों से धरती और पानी की सार-सँभाल को लेकर काम कर रहे हैं। इधर डॉ. वी. रामलिंगस्वामी ने हाल ही में विक्रम साराभाई भाषण में कहा, नयी खेती के लिए बनाये गये नये बाँध और सिंचाई योजना, रिसन, लवणीकरण, साद आदि ख़तरों के साथ नये फसली कीड़ों और रोग कीटाणुओं के लिए भी रास्ता बना सकती है। लेकिन इन सब बातों को बहुत दूर की कौड़ियाँ ही माना जाता रहेगा, भले ही यह दूरी कुप्रबन्ध के कारण रोज़ घटती रहे।

लेकिन अब हरित क्रान्ति की आर्थिक पोल तो सामने आने लगी है। नये दाम के बाद धान वसूली की घटनायें और इस सबके कारण हरित क्रान्ति के सबसे चहेते राज्य पंजाब और हरियाणा में उभरा असन्तोष इसकी पहली झलक है।

दिनमान, २-८ नवम्बर, १९८०

तवा बाँध : ग़रीबी का विकास

‘हम ख़ुद चिपक कर नहीं मरे हैं, तार तक ठेल कर चिपकाया गया है’

तवा आयाकट योजना ने उपजाऊ काली मिट्टी के इस इलाक़े में विकास ज़रूर किया है, लेकिन ग़रीबी और परावलम्बन का। आयाकट एक तमिश शब्द है, जिसका अर्थ है किसी भी नदी, तालाब या नलकूप का सिंचित क्षेत्र। इस आयाकट परियोजना में सरकार ने सिर्फ़ सिंचाई का ही काम हाथ में नहीं लिया था, बल्कि कुल सिंचित क्षेत्र के हर कोने में कृषि और कृषि आधारित उद्योग धन्धों की ज़िम्मेदारी भी उठायी थी। परियोजना क्षेत्र में शामिल हर खेत तक नहर से पानी पहुँचाना, नहर के पानी का ठीक इस्तेमाल हो सके, इसलिए हर खेत को समतल बना कर ठीक ढाल देना, सिंचाई के बाद बचा अतिरिक्त पानी बहाने के लिए निकास नालियाँ बनाना, उन्नत बीज और रासायनिक खाद के बैंक बनाना, कृषि मण्डियाँ खड़ी करना और इन सबको एक-दूसरे से जोड़ने के लिए सड़कों का जाल बिछाना—जाहिर है यह सारा काम वैज्ञानिक ढंग से किया जाने वाला था। लेकिन आज तवा आयाकट के इस इलाक़े में घूमने पर यह ‘कृषि विज्ञान’ जगह-जगह कीचड़ के दलदल में फँसा दिखता है। ज़्यादातर गाँवों में फसल का उत्पादन घटा है, फसल के रोग बढ़े हैं, भूमिगत जलस्तर ऊँचा उठा है, जिसके कारण लवण की समस्या सामने आने लगी है और हर गाँव में नहर से पानी रिसने के कारण कुछ निचले हिस्सों में पानी ठहर गया है। स्थानीय किसानों ने इसे ‘गीला रेगिस्तान’ कहना शुरू किया है।

पर्यावरण की इन समस्याओं के अलावा आयाकट परियोजना ने यहाँ की

परम्परागत स्वावलम्बी कृषि व्यवस्था को पूरी तरह से चौपट कर उसे एक निहायत ख़र्चीली बाज़ार व्यवस्था के हाथों गिरवी रख दिया है। होशंगाबाद ज़िले की कुल कृषियोग्य चार लाख पाँच हज़ार हेक्टेयर भूमि का अधिकांश हिस्सा नर्मदा के उपजाऊ कछार की काली मिट्टी से बना है। पीढ़ियों से यहाँ किसान बिना सिंचाई के खरीफ में ज्वार, तिलहन और कपास तथा रबी में गेहूँ की फसल बोते रहे हैं। बिना सिंचाई का धान भी यहाँ पैदा होता रहा है। इन सब फसलों के बीज किसान अपने ही खेत में पैदा हुई पिछली फसल से बचा लेता था और घर में ही तैयार गोबर और हरी खाद से अपनी मिट्टी की उत्पादन क्षमता बढ़ाता था। सूखी खेती के दिनों में वह सामान्यतः लगभग बिना लागत के ६ से ८ गुनी फसल पैदा करता था। गेहूँ उसके घर में साल भर का अनाज जुटाता था और तिलहन, दलहन की फसलों का अधिकांश हिस्सा बेच कर वह किसानी और गृहस्थी का शेष ख़र्च चलाता था।

लेकिन अब आधुनिक सिंचाई के तरीक़ों ने हर स्तर पर उसका स्वावलम्बन तोड़ा है। अब यहाँ गेहूँ मुख्य फसल रह गयी है और नयी फसलों में धान और सोयाबीन जुड़ गया है। ज़मीन में नमी और पानी का स्तर बढ़ जाने के कारण अब वह देसी गेहूँ नहीं लगा सकता। अधिक उत्पादन वाले गेहूँ और सोयाबीन के बीज उसे अब बीज बैंकों से ऋण लेकर ख़रीदने पड़ते हैं। सिंचाई कर चुकाना पड़ता है। खेत समतलीकरण का क़र्ज़ उस के सिर पर लद ही चुका है और बिना रासायनिक खादों के अब उसकी खेती नहीं हो पाती है। लागत के इस भारी ख़र्च के बाद साल भर तक उसकी ज़रूरतों को पूरा करने वाली फसल भी अब उसके हाथ नहीं आती है।

निमसाड़िया गाँव के किसान लालताप्रसाद पीढ़ियों की चली आ रही सूखी खेती और अब नहर के कारण आयी आधुनिक खेती की तुलना करते हुए कहते हैं, 'हमारी पुरानी सूखी खेती एक संस्कृति थी। उसमें हमें भी आराम मिलता था और हमारी धरती को भी। धरती से हमें खुराक मिलती थी और धरती को मूँग जैसी फसलों और गोबर आदि खाद से पोषण मिलता था। पर अब इस नये तरीक़े ने हमारे और धरती के पुराने सम्बन्ध तोड़ दिये हैं। एक फसल कटी नहीं कि दूसरी फसल बोओ। धरती को निचोड़ने के लिए 'ग्रोमोक' और 'यूरिया' खाद डालो। पूरे १२ महीने फँसे रहो। पहले का तरीक़ा पक्का था और यह नयी खेती 'मियादी'! मियादी याने एक

निश्चित अवधि तक चलने वाली।'

ग्राम ब्यावरा के हरिदास पटेल नहर आने से पहले तक अपने इलाक़े के 'बंडा' किसान थे। 'बंडा' याने घर के आँगन में अनाज संग्रह के लिए बनाया गया गोबर से लिपा-पुता एक कुआँनुमा गड्ढा। लेकिन आज हरिदास के सबसे अच्छे खेत में नहर से रिसने वाला पानी ठहरा हुआ है। दो एकड़ का यह खेत होशंगाबाद-इटारसी की मुख्य सड़क के किनारे है और इसलिए यह आयाकट की खामियों का सुलभ नमूना न बन जाये यह सोचकर सरकार ने इस खेत में ठहरा पानी निकालने के लिए इसके आसपास निकास नालियाँ बनायीं। सरकार के अनुसार इस पर ७० हज़ार रुपये ख़र्च किये गये, फिर भी खेत सुधर नहीं सका। हरिदास का कहना है कि 'मुझे ३५ हज़ार रुपये सरकार दे देती तो मैं इस खेत का दावा ही छोड़ देता।' हरिदास का क़िस्सा विधानसभा तक में उठा है, लेकिन कोई हल नहीं निकला।

अब हरिदास अपनी शेष ८ एकड़ की साधारण ज़मीन से काम चला रहे हैं। बाढ़ में खो चुके अपने सबसे उपजाऊ खेत का मुआवज़ा माँगने पर उन्हें जवाब मिला था, 'बिजली के तारों से कोई चिपक कर मर जाये तो इसमें बिजली वालों का क्या कसूर।' हरिदास ने इस जवाब में एक वाक्य और जोड़ा है, 'हम ख़ुद चिपक कर नहीं मरे हैं, तार तक ठेल कर चिपकाया गया है हमें।'

हरिदास के इस वाक्य में सच्चाई है, लेकिन फिर भी अब पूरे तवा आयाकट क्षेत्र में समस्याएँ व्यक्तियों और परिवारों से उठ कर पूरे गाँव की बन गयी हैं। यहाँ के गाँव अभी तक अपनी समस्याओं को एक होकर पहचानने की स्थिति में नहीं आ पाये हैं। साधारण किसानों की तरह सम्पन्न किसानों को भी सिंचाई परियोजना के नुकसान उठाने पड़े हैं। लेकिन योजना के प्रारम्भिक दिनों में उनको जो अतिरिक्त फायदा हुआ था उसके कारण वे आज भी अपने आपको साधारण किसानों से अलग रखे हुए हैं। नहर खोलने से पहले सरकार बहुत जल्दी में भूमि समतल करने का काम कर रही थी, लेकिन खेतों में बोयी गयी फसल आड़े आयी। तब सरकार ने किसानों को उनकी फसल का मुआवज़ा देकर उनके खेतों में ट्रैक्टर और बुलडोज़र चलवाये। फसल की क़िस्म देख कर मुआवज़ा तय किया गया। सिंचित गेहूँ के लिए यह मुआवज़ा ५६० रुपये प्रति एकड़ था और असिंचित के

लिए १५०। मिर्चों की फसल में बुलडोज़र चला कर समतलीकरण करने का मुआवज़ा सबसे अधिक था—२००० रुपये प्रति एकड़। कहा जाता है कि इस इलाक़े में बहुत से सम्पन्न किसानों ने सिंचाई विभाग के अधिकारियों के साथ मिल कर अपने खेतों के लिए मिर्च का मुआवज़ा वसूल किया।

पलासी गाँव के एक किसान के पास ५०० एकड़ ज़मीन थी। उन्हें समतलीकरण कराने के लिए लगभग २ लाख ५० हज़ार रुपये का मुआवज़ा मिला। बताया जाता है कि यह फसल का मुआवज़ा उनकी ज़मीन की वास्तविक क़ीमत से भी अधिक था। इसलिए अब उनकी ज़मीन नहर के रिसते पानी में ख़राब भी हो जाये तो उन्हें कोई चिन्ता नहीं है। इसी तरह समतलीकरण के लिए सरकार ने बड़े किसानों के ट्रैक्टरों को भी किराये पर लिया। इससे भी उनकी आमदनी बढ़ी। योजना के प्रारम्भिक दिनों में हुई यह अतिरिक्त आमदनी आज बड़े किसानों को इस योजना का विरोध नहीं करने दे रही है। संगठन के अभाव में मध्यम और छोटे किसान अपना विरोध मुखर नहीं कर पा रहे हैं, जबकि चोट ऐसे ही किसानों पर सबसे ज़्यादा पड़ी है। समतलीकरण और चकबन्दी में कहीं-कहीं छोटे किसानों को अपनी ज़मीन से ही हाथ धोना पड़ा। निमसाड़िया के छोटेलाल का खेत 'समतलीकरण' के बाद ग़ायब हो गया है। अपनी ज़मीन वापस पाने के लिए वह पिछले दो साल से यहाँ-वहाँ भटकता फिर रहा है।

ऐसी परिस्थिति में होशंगाबाद ज़िले के कुछ शिक्षकों और किसानों द्वारा शुरू किया गया 'मिट्टी बचाओ अभियान' एक आशा की किरण है। क्योंकि किसान संगठित नहीं हैं इसलिए इन लोगों ने एक तरह से बहुत संयम के साथ मध्य प्रदेश शासन के सामने समस्याओं पर बहस चलाने की कोशिश की है। इसलिए मिट्टी बचाओ वाले लोग 'आन्दोलन' के बदले अभियान शब्द का प्रयोग करते हैं। अभियान के संयोजक रामकुमार चौधरी और सुरेश दीवान तथा अन्य सक्रिय सदस्य ख़ुद किसान परिवारों से हैं और उनके खेत भी नहर के कारण बर्बाद हो रहे हैं। अभियान की प्रेरणा इस इलाक़े के अनुभवी किसान और सामाजिक कार्यकर्त्ता बनवारीलाल चौधरी से मिली है। श्री चौधरी आज़ादी के लड़ाई के दिनों में कृषि विभाग की नौकरी छोड़ कर गाँधी आन्दोलन में आये थे। अभियान द्वारा किये गये सर्वेक्षण से पता चलता है कि नहर के प्रारम्भिक वर्षों में यहाँ ज़मीन की क़ीमत बढ़ कर ५ हज़ार रुपये प्रति एकड़ तक हो गयी थी। लेकिन अब

क़ीमत गिर कर २ से ३ हज़ार रुपये प्रति एकड़ है। अभियान के अनुसार क़ीमत गिरने के कारण भूमि समतलीकरण की प्रक्रिया में उपजाऊ सतह का बर्बाद होना तथा उसके कारण पैदावार में कमी आना, पानी का जमाव और रिसन के कारण फसल का मार खा जाना है। अभियान ने शासन का ध्यान समतलीकरण पर हुए अनाप-शनाप ख़र्च पर खींचा है। कहीं-कहीं समतलीकरण का ख़र्च ज़मीन की कुल क़ीमत से भी अधिक आया और इसका बोझ किसानों पर पड़ा। शुरू के दिनों में सिंचाई विभाग को इस काम का कोई अनुभव नहीं था। वे प्रयोग करते रहे, अनुभव बढ़ाते रहे और अब उनके अनुभवों की क़ीमत किसान के सिर पर मय ब्याज़ के लाद दी गयी है। अभियान का कहना है कि ११०० रुपये प्रति एकड़ से अधिक हुआ ख़र्च प्रयोगात्मक माना जाना चाहिये और किसान को उस राशि से मुक्त रखना चाहिये। यों अब मध्य प्रदेश सरकार ने इस बात को कबूल कर लिया है कि समतलीकरण का ख़र्च ११०० रुपये प्रति एकड़ से अधिक नहीं आने दिया जायेगा।

अभियान के प्रयत्नों के कारण ही पिछले वर्ष भारतीय कृषि अनुसन्धान परिषद् के वरिष्ठ कृषि तथा सिंचाई विशेषज्ञ डॉ. भूमला ने इस इलाक़े का दौरा किया और यहाँ की चिन्ताजनक स्थिति से अपनी सहमति व्यक्त की। परियोजना के अधिकारियों ने नहर से ३० प्रतिशत पानी रिसने का अन्दाज़ लगाया था, लेकिन डॉ. भूमला के अनुसार रिसन ६० प्रतिशत से कम नहीं है। उनको ख़ुद आश्चर्य हुआ कि सिंचाई विभाग ने रिसन की समस्या का विस्तार के साथ अध्ययन क्यों नहीं किया। 'इस परिस्थिति के साथ जब हम अधिक वर्षा, गहरी काली चिकनी मिट्टी की बात को जोड़ लें तो यहाँ दलदल की गम्भीर समस्या खड़ी होने की सम्भावना से इनकार नहीं किया जा सकता। यहाँ की ज़मीन को देखते हुए बड़ी-छोटी सभी नहरों को पक्का बनाना होगा। इससे परियोजना का ख़र्च ज़रूर बढ़ेगा, लेकिन यदि ख़र्च की चिन्ता की तो यह क्षेत्र जल्दी ही दलदल बन जाने वाला है।'

२९ अप्रैल को होशंगाबाद में 'मिट्टी बचाओ अभियान' के कार्यकर्त्ताओं और सदस्य किसानों की एक बैठक तथा परियोजना के आयुक्त तथा अन्य बड़े अधिकारियों के साथ हुई इस बैठक में आयुक्त ने एक ओर तो तवा परियोजना में निकास नालियों की व्यवस्था को स्वीकार किया और

दूसरी ओर तवा परियोजना को इस देश की सबसे आधुनिक व्यवस्थित योजना घोषित किया। उन्होंने इतनी विशाल योजना में कुछ अनियमितताओं को स्वाभाविक बताया और चुनौती भरे स्वर में कहा कि सरकार इस क्षेत्र के चौतरफ़ा विकास के लिए वचनबद्ध है। सामूहिक प्रगति के इस प्रयोग में इक्के-दुक्के तकलीफ़ के मामलों को उठा कर जब योजना में रुकावट डाली गयी तो प्रशासन अपनी शक्ति का पूरा उपयोग करेगा। जब उन्होंने प्रति हेक्टेयर पैदावार दुगनी हो जाने की बात कही तो 'अभियान' के किसानों ने उनके आँकड़ों को चुनौती दी। उपज के ग़लत आँकड़ों से बात एक सामान्य किसान के हक़ और प्रशासन की शक्ति तक घूम गयी। इसी बीच एक किसान ने उसे हाल में ही मिले ऋण वसूली के एक नोटिस की प्रति पेश की, जिसमें ३०० रुपये के मूलधन पर सरकार ने ११०० रुपये का ब्याज़ लगाया था—ब्याज़ की ऐसी भयानक दर तो सूदखोर अपने बँधुआ से भी नहीं वसूलता है।

परियोजना अधिकारियों को स्वीकार करना पड़ा कि ऋण वसूली नोटिसों में कई ग़ल्तियाँ रह गयी हैं। अभियान का कहना था कि इन नोटिसों से किसान को यह भी नहीं मालूम पड़ता कि उस पर कुल कितने का ऋण है। आयुक्त ने तुरन्त ही ऐसे नये नोटिस भिजवाने का आदेश दिया जिनसे किसानों को उनके ऋण के बारे में सारी जानकारी हो जाये।

बावजूद कुछ तनाव के इस बैठक में अभियान के सुझाव पर दो निर्णय लिए गये हैं। जिन खेतों में जल ठहराव के कारण फसल नहीं हो पा रही है उन खेतों में भूमि समतलीकरण के क़र्ज़ की वसूली फ़िलहाल स्थगित रहेगी। एक वर्ष बाद यदि इन खेतों में सुधार हुआ तो क़र्ज़ अदायगी का नोटिस आयेगा और दूसरे निमसाड़िया और ऐसे अन्य गाँवों में जहाँ पानी रिसने के कारण बहुत बड़े पैमाने पर खेत डूब गये हैं वहाँ नहरों को पक्का किया जायेगा।

भूमि समतल करने में सरकार की ओर से ग़ल्तियों के बावजूद अब उसके क़र्ज़ को वसूल करने में प्रशासन सख़्ती बरतेगा, ऐसे संकेत मिल रहे हैं। निटाया के एक किसान से क़र्ज़ की क़िस्त न मिल पाने पर तहसीलदार उसकी साइकिल उठा ले गये। २९ तारीख़ की बैठक में भी आयुक्त ने घोषित किया कि क़र्ज़ वसूली में सख़्ती के इस्तेमाल से बचा नहीं जायेगा।

सरकार यहाँ के किसान को मौसम, ऋतु और धरती की उत्पादक क्षमता के प्राकृतिक चक्र से 'आज़ाद' कर उसे आधुनिक सिंचाई के कल्याणकारी युग में उतारना चाह रही है। पर किसान इस आज़ादी को झूठा मान रहा है। वह लड़ना चाहता है, पर उसमें ताक़त नहीं इकट्ठी हो पा रही और उधर सरकार अड़ गयी है, उसकी प्रगति करने के लिए।

६ लाख की आबादी वाले ७८८ गाँवों में लगभग ६ लाख एकड़ ज़मीन की सिंचाई करने के लिए बनी इस परियोजना ने अभी तक केवल ५० हज़ार एकड़ में ही सिंचाई की है। प्रारम्भिक दौर में जो समस्यायें सामने आयी हैं उनसे आगे की ख़तरनाक स्थिति का अन्दाज़ा लगाया जा सकता है। फिर भी मध्य प्रदेश सरकार परियोजना की ग़ल्तियों को स्वीकार करने से कतरा रही है। सरकार अभी भी मानती है कि जहाँ पहले एक या दो फसलें होती थीं वहाँ अब आसानी से तीन फसलें ली जा सकती हैं और किसानों की आमदनी दुगुनी या तिगुनी ही नहीं बल्कि बारह गुनी तक हो सकती है।

दिनमान, ११-१७ मई, १९८०

बड़े शहर नदियों को 'डुबो' देंगे

एक लाख से ऊपर आबादी वाले १४२ बड़े शहर अपने गन्दे पानी से देश की १४ बड़ी नदियों को बर्बाद कर रहे हैं। ये नदियाँ हैं—ब्रह्मपुत्र, ब्राह्मणी, कावेरी, गंगा, गोदावरी, इंदू, कृष्णा, महानदी, माही, नर्मदा, पेन्नार, साबरमती, सुवर्णरेखा और ताप्ती। इन शहरों में रहने वाले कोई ६.५० करोड़ लोग हर रोज़ इन प्रमुख नदियों से ८६४ करोड़ लीटर साफ़ पानी लेते हैं और उपयोग के बाद ७०० करोड़ लीटर गन्दा पानी वापस नदियों में बहा देते हैं। गन्दे पानी का ४४ प्रतिशत भाग यहाँ-वहाँ हो कर तथा ५६ प्रतिशत भाग नगरपालिकाओं की पक्की नालियों से बह कर नदी में जाता है। इन शहरों की नगर पालिकायें इस ७०० करोड़ लीटर में से सिर्फ़ २७५ करोड़ लीटर पानी को निथारने या छानने का इन्तज़ाम कर पायी हैं। ज्यों का त्यों मिल जाने वाला शेष गन्दा पानी इन १४ नदियों के साफ़ पानी को ले डूबा है, जिनके सहारे देश की अस्सी प्रतिशत आबादी बसी है। लगातार गन्दी होती जा रही नदियों का असर खेतों और गाँवों पर भी पड़ रहा है। ख़तरे की इस घण्टी को बजाया है केन्द्रीय जल प्रदूषण निवारण और नियन्त्रण मण्डल ने।

सन् '७४ में पारित क़ानून के तहत गठित हुए केन्द्रीय मण्डल ने पहले दर्जे के १४२ शहरों में पीने के पानी के वितरण और गन्दे पानी के निपटान की खस्ता हालत पर सरकार, योजनाकारों और आम नागरिकों का ध्यान खींचने के लिए एक व्यापक सर्वेक्षण शुरू किया था। १४२ नगर पालिकाओं और १९ राज्यों के स्वास्थ्य विभागों की मदद से प्राप्त आँकड़े जब मण्डल के दफ़्तर में आये तो ख़ुद मण्डल के लोग भौचक्के रह गये। ७२ बड़े

शहरों में गन्दे पानी की निकासी और उसे नदी में मिलाने से पहले साफ़ किये जाने का रत्ती भर इन्तज़ाम नहीं है, पाँच राज्यों की राजधानियों—कलकत्ता, भुवनेश्वर, लखनऊ, जयपुर और त्रिवेन्द्रम में निकासी का आंशिक प्रबन्ध है पर गन्दे पानी को निथार कर मिलाने का कोई इन्तज़ाम नहीं है। केवल आठ शहरों की नगर पालिकायें गर्व के साथ कह सकती हैं कि उन्होंने निकासी और निथारने का पूरा-पूरा ख़याल रखा है।

गुजराती में नगर पालिका का नाम 'कचरा पट्टी है'—कचरा साफ़ करना और उसे ठीक से ठिकाने लगाना। पर देश की इन १४२ में से १३६ नगर पालिकायें अपनी इस मोटी ज़िम्मेदारी को भी नहीं निभा पायी हैं। पैसे की कमी एक कारण ज़रूर है, पर उससे भी बड़ा कारण इस मामले को अपनी ज़िम्मेदारी न मानना है। पालिकायें अक्सर स्वास्थ्य, शिक्षा, मकान, सड़क आदि में एक बने-बनाये ढर्रे में व्यस्त रहती हैं। उनका गन्दा पानी नदी को कितना ख़राब कर रहा है और इसकी कितनी बड़ी क़ीमत चुकानी पड़ सकती है, इस तरफ़ उनका ध्यान ही नहीं जाता। जब यह गन्दा पानी शहर की पेयजल वितरण व्यवस्था में आ जाता है तो भगदड़ ज़रूर मच जाती है। कोई तीन साल पहले दक्षिण दिल्ली की एक लाख आबादी पर पीलिया का ख़तरा मँडराने लगा था। अस्पतालों में पीलिया के रोगी आने लगे थे। ओखला पेय जल संयन्त्र से पहले यमुना में मिलने वाले पाँच गन्दे नाले इसका कारण थे।

दिल्ली के १७ गन्दे नालों ने तो यमुना को लगभग गिरवी ही रख लिया है। केन्द्रीय जल प्रदूषण मण्डल की एक रपट के अनुसार यदि इन १७ नालों के गन्दे पानी को पूरी तरह साफ़ करने का प्रबन्ध नहीं किया गया तो इलाहाबाद के संगम तक इसका बुरा असर पड़ने वाला है। हिमालय से मैदान में उतरने के बाद डाक पत्थर से लेकर दिल्ली से ठीक पहले तक यमुना का पानी सभी कामों के लिए बहुत अच्छा माना गया है। लेकिन दिल्ली के १७ गन्दे नाले मिल जाने के बाद दिल्ली से आगरा तक का पानी खेती और नहाने तक के लिए ख़राब पाया गया है। आगरा-इलाहाबाद के बीच यमुना में अन्य ६ सहायक नदियों का पानी मिलता है, तब कहीं यह ख़राब पानी ठीक हो पाता है।

ये १४ प्रमुख नदियाँ सतह पर बहने वाले कुल पानी का ८५ प्रतिशत अंश अपने में समेटती हैं तथा देश के कुल क्षेत्रफल का ८३ प्रतिशत भाग इनके

बहाव क्षेत्र में आता है और इस बहाव क्षेत्र में देश की ८० प्रतिशत आबादी बसी है। इन नदियों को साफ़ बनाये रखना निहायत ज़रूरी है। १४२ बड़े शहरों के गन्दे पानी को इन नदियों में मिलाने से पहले साफ़ करने का ख़र्च ११७० करोड़ रुपये माना गया है। केन्द्रीय जल प्रदूषण मण्डल ने इस काम को पूरा करने के लिए तीन चरण की एक लम्बी योजना बनायी है। कुल अवधि होगी १५ साल। लेकिन योजना आयोग ने देश की कुल शहरी आबादी के लिए सिर्फ़ पक्की भूमिगत नालियों पर ८५० करोड़ रुपये का प्रावधान रखा है। इसमें इस गन्दे पानी को साफ़ करने का इन्तज़ाम नहीं है।

मण्डल का दर्जा सलाहकार संगठन जैसा है। इसलिए आशंका तो यही है कि सरकार उसकी राय पर अमल नहीं करेगी। पैसे की कमी से ज़्यादा बड़ी रुकावट राजनैतिक इच्छा-शक्ति की होगी। अमल के अभाव में १४२ बड़े शहर हर रोज़ ४२५ करोड़ लीटर गन्दा पानी देश की प्राणदायी नदियों में मिलाते रहेंगे।

दिनमान, ६-१२ अप्रैल, १९८०

भरोसे का संकट काल
केवल साफ़-सुथरे उम्मीदवारों को वोट दो

भरोसे का संकट काल केवल साफ़-सुथरे उम्मीदवारों को वोट दो

'कृष्ण ने अर्जुन से कहा कि ये लोग तो मर चुके हैं, तुम उठो और अपना काम पूरा कर दिखाओ...' हल्ला मचने लगा कि सिर्फ़ सवाल का जवाब दीजिये, भाषण नहीं, फिर भी राजनारायण से सवाल का जवाब छुड़ाना कठिन हो गया। लगभग ऐसी ही कठिनाई बाक़ी नेताओं के साथ भी आयी—अवसर था प्रमुख दलों के नेताओं से मतदाताओं के सवालों का। इस कार्यक्रम का आयोजन दिल्ली के गाँधी शान्ति प्रतिष्ठान में मतदाता संघ ने किया था। मतदाताओं की ओर से अर्थशास्त्री प्रो. राजकृष्ण, समाजशास्त्री रजनी कोठारी और पत्रकार शामलाल सवाल पूछ रहे थे और जवाब देने की कोशिश कर रहे थे राजनारायण (लोकदल), रामकृष्ण हेगड़े (जनता), श्रीमती तारकेश्वरी (अर्स कांग्रेस) और जयपाल (माकपा)। इन्दिरा कांग्रेस के श्री अन्तुले 'अन्यत्र व्यस्त' होने के कारण नहीं आ पाये थे।

शुरू से ही बैठक का समाँ नेताओं के प्रति मतदाताओं के गर्म मिज़ाज का था। श्री हेगड़े और श्रीमती सिन्हा समय पर नहीं आ सके, पर श्रोताओं के आग्रह पर संयोजक श्री वर्गीज को बैठक शुरू करनी पड़ी। देर से आये नेताओं के पहुँचते-पहुँचते सवालों का तीख़ा दौर चालू हो गया। मतदाताओं की ओर से सवाल पूछने वालों की राय में यह चुनाव बिना मुद्दे का चुनाव था, इसलिए पहला सवाल यही था कि आपकी पार्टी के लिहाज से इस चुनाव का सबसे महत्त्वपूर्ण मुद्दा कौन-सा है? जवाब में हर दल की

अपनी कमजोरियाँ और मजबूरियाँ ही सामने आयीं। श्रीमती सिन्हा के अनुसार हर स्तर पर 'राष्ट्रीय सहमति' प्रमुख मुद्दा है। इसी बात को आगे बढ़ाते हुए उन्होंने विभिन्न दलों के घोषणा पत्रों में आम राय का ज़िक्र किया और एक दल के शासन के बदले साझा सरकारों की प्रासंगिकता को भी एक बड़ा मुद्दा बताया। श्री हेगड़े के लिए मुद्दा यही था कि अपने ही लोगों से सतायी गयी जनता पार्टी अपना काम जारी रखे या नहीं। आयोजकों के अनुसार बिना बुलाये आ गये बलराज मधोक (जनसंघ) की राय में मुद्दा था 'क्या हिन्दू होना एक अपराध है?' वे सवाल-जवाब शैली से टूटकर भाषण देने लगे। श्रोता और आयोजक उन्हें चुप कराने में तभी सफल हो पाये जब वे भयानक शोरगुल के बीच अपने मन की सब बातें कह गये। इसी हो-हल्ले के बीच राजनारायण बोलने लगे, 'हिन्दू होना अपराध नहीं, पर हिन्दू राष्ट्र की कल्पना करना ज़रूर अपराध है।'

यों हर दल के नेताओं के साथ आये उनके प्रशंसक भी श्रोताओं में शामिल थे और ये अपने पक्ष में तालियाँ और विरोध में थोड़ा-बहुत हल्ला करने की कोशिश भी करते थे। पर श्रोताओं का ज़्यादा बड़ा भाग तटस्थ था और इसीलिए पूरी गम्भीरता के साथ सवाल पूछना और जवाब पाना अपना हक़ मान रहा था। मतदाता और दलों के बीच पनपाये जा रहे इस रिश्ते पर शोरगुल से आँच आती थी, इसलिए बैठक में ऐसे सभी मौक़ों पर ज़्यादातर श्रोता नेताओं के प्रशंसकों और विरोधियों को आड़े हाथों लेते थे और कोशिश करते थे कि सवाल-जवाब क़ायदे से हो सकें। क़ायदे को बनाये रखने में प्रशंसकों के अलावा ख़ुद नेताओं की ओर से रुकावट आती रही, क्योंकि नेताओं को ऐसी बैठकों या ऐसे श्रोताओं की आदत नहीं है। उन्मुक्त भाषण के अभ्यस्त नेताओं को मतदाताओं का यह छोटा-सा कठघरा बेचैन कर रहा था।

जवाबों से बेहतर सवाल थे। पूछने वाले ज़्यादातर तैयार होकर आये थे, जैसे प्रो. राजकृष्ण के अनुसार गृहमन्त्रालय ने पिछले दस वर्षों में साम्प्रदायिक घटनाओं का औसत ३०० प्रति वर्ष स्वीकार किया है, पर इन्दिरा कांग्रेस ने जनता पार्टी के राज में साम्प्रदायिक घटनाओं में आयी वृद्धि पर चिन्ता व्यक्त करते हुए पिछले दोनों का औसत २५० बताया है। याने यह तो कांग्रेस राज से कम ही है। इसी तरह उन्होंने जनता पार्टी के सन् '७७ के घोषणापत्र में रोज़गार गारंटी योजना का ज़िक्र किया और कहा कि इसी

पार्टी ने पूरा ज़ोर लगाया कि यह योजना महाराष्ट्र से आगे फैल सके...!

इसी से सवाल उठा रंगीन घोषणाओं और उनके पीछे अमल का। 'क्या भरोसा है कि आप अपनी आज की घोषणाओं को पूरा कर दिखायेंगे?' इस बार सबसे संक्षिप्त जवाब राजनारायण का था। 'कांग्रेस ने ३० साल राज किया, घोषणायें कीं, पर अमल नहीं किया। जनता पार्टी को भी आप लगभग तीन साल देख चुके। लोकदल नया है, उसे अपनी घोषणाओं को अमल में उतारने का एक मौक़ा दें।' अपने इस चुस्त जवाब के बाद वह ज़रा-सा रुके और फिर कहा, हमने रेल बोनस दिया, साफ़-सुथरे उम्मीदवारों को टिकट बाँटा है, ग़लती से किसी भ्रष्ट को दे बैठें तो उसे आप अपना वोट मत देना वग़ैरह। श्रोताओं की ओर से भी तर्क आने लगे। माकपा के जयपाल का कहना था कि हमने घोषणापत्र में कोई वायदा नहीं किया है; सिर्फ़ माँग की है। हेगड़े ने जनता पार्टी की घोषणाओं की आंशिक पूर्ति का सबूत देना चाहा और दलबदल के कारण आयी रुकावट का ज़िक्र किया ही था कि राजनारायण के बदले श्रीमती तारकेश्वरी उठ खड़ी हुईं और उन्होंने जानना चाहा कि क्या वह दल-बदल और दल विभाजन का फ़र्क़ जानते हैं? सुनने वालों ने उनसे बैठने का आग्रह किया, पर वह दल विभाजन और दल-बदल का फ़र्क़ बताती रहीं। लोगों ने उन्हें याद दिलाया कि वे उन्हें शान्तिपूर्वक सुन चुके हैं। अब हेगड़े की बारी है। पर वह रुकी नहीं। शोरगुल के बीच उनका तर्क सुना गया, 'जनता द्वारा चुने गये प्रतिनिधि की आवाज़ को आप यों दबा नहीं सकते।' फिर भी लोगों ने उन्हें सुनने से इनकार किया तो वह अपने काग़ज़ उठा कर बैठक से बाहर जाने लगीं। लेकिन संयोजक वर्गीज ने उन्हें किसी तरह समझा-बुझा कर रोक लिया।

शामलाल का सवाल था कि तानाशाही और साम्प्रदायिकता का ख़तरा किसी एक व्यक्ति, एक दल की ओर से है या इसके पीछे कुछ सामाजिक, आर्थिक कारण भी छिपे हुए हैं। जनता, लोकदल और अर्स कांग्रेस के जवाब व्यक्ति, दल जैसे जातिवाचक शब्दों से हट कर इन्दिरा, संजय और कांग्रेस जैसे व्यक्तिवाचक शब्दों से भरे थे। पर माकपा के जयपालसिंह ने स्वीकार किया कि तानाशाही के बीज कुछ सामाजिक, आर्थिक ताक़तों में छिपे हैं। ये ताक़तें वर्तमान ढाँचे में हैं और इस ढाँचे को बदले बिना इस ख़तरे से मुक्ति नहीं। लेकिन फिर थोड़ी देर बाद उन्होंने यह भी कहा कि

श्रीमती गाँधी की तानाशाही और जनता पार्टी की साम्प्रदायिक ताक़तों से लड़ने के लिए भाकपा ने लोकदल का साथ दिया है।

एक माइक से संयोजक धन्यवाद वग़ैरह देते हुए बैठक को समेट रहे थे, तो दूसरे माइक से राजनारायण दल-बदल बनाम दल विभाजन की बहस को आगे बढ़ाने की कोशिश करने लगे। 'ऐसी बहसें चलनी चाहिये, पर सही सवाल पूछो और उत्तर भी देने दो। जनता पार्टी कैसे आयी, कैसे गयी...५८ बार जेल गया हूँ क्यों? कभी इन बुद्धिजीवियों ने सोचा है?'

मतदाता संघ द्वारा ऐसी बैठकों का महत्त्व उनकी सफलता या असफलता में नहीं, बल्कि इस नयी परम्परा में है कि मतदाता अपना मत डालने से पहले अपने उम्मीदवारों या दलों से किस हद तक बातचीत के रिश्ते बना सकता है, ताकि दोनों एक-दूसरे को पहले से ज़्यादा जान सकें। एक ऐसी ही कोशिश पुणे का जनतन्त्र समाज भी कर रहा है। वहाँ जनतन्त्र समाज ने उम्मीदवारों के लिए एक प्रश्नावली छापी है। इसे वे अपने क्षेत्र से खड़े होने वाले सभी उम्मीदवारों से भरवाना चाह रहे हैं, प्रश्नावली के निम्न भाग हैं; व्यक्तिगत, राजनैतिक, संवैधानिक तथा सामाजिक, आर्थिक। उम्मीदवारों की निजी या पारिवारिक सम्पत्ति की जानकारी माँगी गयी है और साथ ही यह भी पूछा गया है कि चुने जाने के बाद हर वर्ष इस सम्पत्ति का ब्योरा पेश करने का नियम बनवाना वे पसन्द करेंगे या नहीं। कब-कब, किस-किस दल में वे रह चुके हैं और साथ ही दल बदलने पर सदस्यता समाप्त मानी जाये या नहीं। इस पर उनकी राय माँगी है। इसी तरह आंसुका, आपात्काल और भाषा के सवाल पर उनके विचार जानने चाहे हैं। जनतन्त्र समाज के निनाद भाटे का कहना है, 'उम्मीदवार इस साधारण-सी प्रश्नावली को आसानी से भरने को तैयार नहीं होते हैं। वे इससे बचना चाहते हैं। क्षेत्र के कुछ प्रमुख लोग यदि एक झुण्ड बना कर उम्मीदवार के पास जाते हैं तो वह इसे बेमन से भरता है।' उम्मीदवार प्रश्नावली से बचना चाहते हैं, पर मतदाता इसे लेकर काफ़ी उत्साहित हो रहे हैं। मतदाता कुछ पूछने का हक़ समझ लेंगे तो जवाब माँगने का रास्ता भी आगे-पीछे मिल सकेगा।

दिनमान, ३० दिसम्बर १९७९ से ५ जनवरी, १९८०

आन्ध्र के लिए कितना समय दोगे

जनवरी के पहले हफ़्ते में फादर विंडी और डॉ. लवनम आन्ध्र के शहरों का दौरा करेंगे। पिछले डेढ़ महीने से तूफ़ानग्रस्त क्षेत्रों में राहत कार्य कर रहे ये लोग अब विभिन्न शिक्षण संस्थाओं में जायेंगे, छात्रों को उस जल प्रलय की गम्भीरता से परिचित करायेंगे और उनसे मदद मागेंगे। मदद पैसे की नहीं, लोगों की। ये ऐसे सेवकों को भर्ती करेंगे जो तूफ़ानग्रस्त क्षेत्रों में एक लम्बे अर्से तक काम करने के लिए तैयार हों। देशी-विदेशी, स्वयंसेवी संस्थाओं की ओर से शुरू होने वाले इस अभियान में छह महीने से लेकर दो साल तक काम कर सकने वाले स्वयंसेवकों को इकट्ठा किया जायेगा।

तात्कालिक राहत का दौर अब ख़त्म होने ही वाला है। दीर्घकालीन राहत और पुनर्निर्माण का दौर सामने खड़ा है। समुद्री लहर से प्रभावित १५० किलोमीटर लम्बी तटीय पट्टी में एक नयी दुनिया ही बसानी है तथा तूफ़ान और भारी वर्षा से उजड़े ३५० किलोमीटर लम्बे हिस्से को फिर से सँवारने का काम करना है। लोग गाँवों की ओर लौट तो चले हैं पर उन गाँवों में गाँव कहलाने लायक कुछ भी नहीं बचा है। मरघटों में बदल चुकी इन जगहों को फिर से गाँवों का रूप देने में एक लम्बा अरसा लग जायेगा।

इस काम में पहली ज़रूरत है एक व्यापक सर्वेक्षण की। लम्बे अर्से तक काम करने वाली स्वयंसेवी टुकड़ियाँ सबसे पहले यही काम हाथ में लेंगी। तूफ़ान से हुए विनाश के वास्तविक अनुमान के साथ-साथ ये लोग जानने की कोशिश करेंगे कि इस विनाश में बचे लोगों की क्या-क्या समस्यायें हैं; उनमें किस क़िस्म की कार्य कुशलता है। स्थानीय रूप से उपलब्ध कच्चे माल की छान-बीन कर के उन पर आधारित ग्रामोद्योग शुरू करने

की योजना भी बनानी होगी। नये गाँवों को बसाते समय यह भी ध्यान रखना होगा कि पुरानी ग़लतियाँ दोहरायी न जायें। इस सम्बन्ध में आन्ध्र सरकार ने जो सूचनायें इकट्ठी की हैं वे चक्रवात से हुए नुक़सान का सामान्य अनुमान भर हैं।

लोगों के सामने तात्कालिक समस्या रोज़गार की है, ताकि वे अपनी दैनिक ज़रूरत की चीज़ें ख़रीद सकें। लोगों को रोज़गार देने के लिए आन्ध्र सरकार ने सड़क बनाने, नालों को साफ़ करने और समुद्र पर ज्वार बँध बनाने का काम हाथ में लिया है। पर क्या सब लोग इन कामों में खप पायेंगे और जो लोग शारीरिक कारणों से इन कामों के लिए अक्षम हैं उनका क्या होगा? क्या उन्हें घर बैठे कोई सार्थक रोज़गार मिल सकेगा? इसके अलावा उन बच्चों की भी समस्या है जिन्हें तूफ़ान ने अनाथ बना दिया है। तिरुपति के देवस्थान मन्दिर ने इनकी ज़िम्मेदारी अपने ऊपर लेने की पेशकश की है। पर इन बच्चों को ऐसी किसी संस्था को सौंप देने के बजाय इनके लिए गाँवों में ही कोई व्यवस्था करना ज़्यादा बेहतर होगा। विधवा हो गयी महिलाओं को व्यावसायिक प्रशिक्षण देने का कार्यक्रम आन्ध्र की कुछ महिला संस्थाओं ने तैयार किया है। इन महिलाओं के लिए भी ऐसे घरेलू धन्धे शुरू करने होंगे जिनसे उन्हें तत्काल मदद मिल सके।

मछुवारों की नावें और जाल समुद्री लहरों की भेंट चढ़ गये थे। आन्ध्र सरकार ने प्रतिमाह ५० के हिसाब से दो सौ नयी नावें मछुवारों को उपलब्ध कराने के आदेश दिये हैं। मछलीपत्तनम और दीवी सीमा में नाव बनाने के दो नये कारखाने भी खोले जा रहे हैं। लेकिन मछुवारों की समस्यायें कुछ और भी हैं। उन्होंने कामचलाऊ नावों और जालों की मदद से मछली पकड़ना तो शुरू कर दिया है लेकिन ख़राब रास्तों के कारण वे अपने माल को बाज़ारों तक नहीं पहुँचा पा रहे हैं। मछुवारों के गाँव के रास्ते नीची ज़मीन पर होने के कारण अभी भी पानी और कीचड़ में फँसे हुए हैं। सड़क बनाने की सरकारी योजनाओं में इन रास्तों की मरम्मत की तरफ़ भी ध्यान देना चाहिये, ताकि अपने मामूली साधनों से मछली पकड़ने के काम में जुटे मछुवारों को अपना सामान बाज़ार तक लाने में मुश्किल न हो।

मछुवारों के बाद दूसरा बड़ा वर्ग है बुनकरों का। इनका धन्धा तूफ़ान में पूरी तरह चौपट हो गया है। बुनकरों की ज़्यादातर बस्तियाँ गुण्टूर ज़िले में

हैं। इस ज़िले में सम्पत्ति का नुक़सान ही अधिक हुआ है, इसलिए सरकार तथा स्वयंसेवी संस्थाओं की योजनाओं में उसे पूरी गम्भीरता के साथ जगह नहीं मिल पा रही है। इनके करघे पूरी तरह से नष्ट हो गये हैं। इन्हें फिर से काम देने का मतलब है नये करघे उपलब्ध कराना। एक नया करघा लगाने में मोटे तौर पर डेढ़ हज़ार रुपये की ज़रूरत होगी। दीर्घकालीन राहत के कार्यक्रमों में इन बुनकरों के लिए भी कोई व्यवस्था सोची जानी चाहिये।

आन्ध्र सरकार समुद्री लहर और तूफ़ान में मरे पशुओं के लिए उनके मालिकों को प्रति पशु एक हज़ार रुपये की मदद दे रही है। नये पशु ख़रीदने के लिए यह मदद उन सब लोगों को भी दी जानी चाहिये जिनके पास कोई स्थायी रोज़गार नहीं है। ऐसे लोगों में हरिजनों की संख्या काफ़ी है। अधिकतर हरिजन खेतिहर मज़दूर हैं और इनके पास खेतों की उर्वरा शक्ति लौटने तक कोई काम नहीं होगा। भारी संख्या में पशुओं के मर जाने के कारण इस इलाक़े में दूध की भारी कमी हो गयी है। खेतों में फिर से काम शुरू होने पर बैलों की ज़रूरत भी पड़ेगी। सरकार नये जानवर ख़रीदने के लिए पैसा तो दे रही है लेकिन लोग नये जानवर कहाँ से ख़रीदेंगे ? लोगों को जानवर उपलब्ध कराने के लिए पूरे इलाक़े में जगह-जगह पशु मेलों का आयोजन किया जा सकता है, ताकि ठीक दामों पर जानवर ख़रीदे जा सकें।

रेत तथा क्षार से ग्रस्त भूमि की उर्वरा शक्ति लौटने में तीन-चार साल लग जायेंगे। लगभग १२.३६ लाख हेक्टेयर में फैली तूफ़ान से नष्ट फसलों का अधिकांश भाग तेज़ आँधी और वर्षा के कारण बर्बाद हुआ है। रेत और क्षार की समस्या वहीं है जहाँ समुद्री पानी खेतों में घुस आया था। समुद्र तथा नदियों के तटों के कई मील भीतर तक की भूमि पर बिछी रेत की मोटी परत को वापस समुद्र और नदियों में बहाने के लिए आन्ध्र सरकार ने पर्याप्त मात्रा में पानी देने का वायदा किया है। लेकिन यह एक काफ़ी कठिन काम है। क्षार वाली ज़मीन में खड़िया मिट्टी की खाद डाल कर क्षार की मात्रा कुछ कम की जा सकती है। इस खाद के बाद धान की पहली फसल काफ़ी कमज़ोर होगी। लेकिन आने वाली फसलें धीरे-धीरे ठीक होती जायेंगी। खड़िया मिट्टी की खाद को सरकारी गोदामों में से निकाल कर खेतों तक पहुँचाने का काम स्वयंसेवी टुकड़ियों को सौंपा जा सकता

है, ताकि इस अभियान में अनावश्यक देर न लगे। फ़िलहाल आन्ध्र सरकार और स्वयंसेवी संस्थाओं के बीच काम का जो बँटवारा हुआ है उसके अनुसार सड़क बनाना, नहरों और नालों की सफ़ाई तथा हंसालादेवी से योतीमोगा तक छह मीटर ऊँचे ज्वार बँध को बनाने का काम सरकार करेगी। स्वयंसेवी संस्थाओं से कहा गया है कि वे गाँवों में नये घरों को बनाने में मदद दें।

उजड़ गये गाँवों को फिर से बसाने की समस्या केवल नये मकान खड़े करने से कहीं बड़ी है। नये गाँव सचमुच 'नये' हों, इसके लिए छत के अलावा रोज़गार, सामाजिक न्याय, नागरिक तथा सामाजिक सुविधाओं के प्रबन्ध का भी पूरा ध्यान रखना होगा। यथासम्भव नये गाँवों को समुद्र और नदी के तटों से दूर ऊँची जगहों पर बसाने की कोशिश करनी चाहिये। इन गाँवों में स्थानीय रूप से उपलब्ध वस्तुओं पर आधारित उद्योगों—खजूर तथा उससे तैयार होने वाली चीज़ें, कताई, तमाखू और बीड़ी उद्योग, नमक उद्योग, धान से सम्बन्धित उद्योग आदि को खड़ा करने में समुचित ध्यान दिया जाना चाहिये। एक बड़ी चुनौती गाँव से अब तक बाहर रखे जाने वाले हरिजन बाड़ों को अब गाँव के भीतर जगह देने की है। प्रलय ने मुख्य और हरिजन बस्ती दोनों को ही मिटा दिया है। नया निर्माण इन दोनों को एक ही जगह रखने की दिशा में होना चाहिये। ऊँची जातियों की तरफ़ से इसका विरोध ज़रूर हो सकता है, लेकिन सरकार और स्वयंसेवी संस्थायें अगर इस चुनौती को स्वीकार करें तो हरिजनों को नये उद्योग धन्धों में प्रमुखता देकर मुख्य बस्ती के साथ ही बसाया जा सकता है और इस तरह इस क्षेत्र से छुआछूत का कलंक मिटाया जा सकता है।

देशी-विदेशी संस्थाओं ने कई उजड़े हुए गाँवों को अपनाकर उनमें नये मकान बनाने का जिम्मा लिया है। दो सौ वर्गफ़ुट का एक पक्का मकान बनाने में पाँच हज़ार रुपये तक ख़र्च होगा। ज़्यादा व्यावहारिक यह होगा कि कुछ गाँवों में सरकारी कॉलोनियों जैसी बस्ती बनाने के बजाय सभी गाँवों में ऐसे सामुदायिक भवन बनाये जायें जहाँ संकट के समय लोग शरण ले सकें। शेष घर स्थानीय साधनों से कच्चे ही बनाये जायें, लेकिन पहले के मुक़ाबले कुछ बेहतर ढंग से। गुण्टूर ज़िले में काम करने वाली संस्था 'विलेज रिकंस्ट्रक्शन ऑर्गनाइजेशन' ने तेलुगू भाषा में एक पर्चा बाँटा है। इस पर्चे में बाँस और नारियल के पत्तों से पहले के मुक़ाबले

अधिक मज़बूत मकान बनाने के तरीक़े सुझाये हैं, नींव, रस्सी की गाँठ और मण्डपनुमा छप्पर में परिवर्तन के ये सुझाव ऑक्सफेम की अमेरिकी शाखा के तूफ़ान राहत विशेषज्ञ क्यूनी के हैं। क्यूनी इससे पहले जापान के पूर्वी तटों पर भी काम कर चुके हैं।

दीवी सीमा का क्षेत्र अपेक्षाकृत नीची सतह पर है। इसलिए समुद्री ज्वार का ख़तरा यहाँ और जगहों से ज़्यादा रहता है। इसे देखते हुए पूरे क्षेत्र में ऊँची सड़कों और गाँव तक पहुँचने वाले कच्चे रास्तों का निर्माण और भी ज़रूरी है। तूफ़ान के समय शरण के लिए पक्के सामुदायिक भवन बनाने की योजना सरकार की तरफ़ से आ ही चुकी है। पूर्वी तटों पर लगभग सभी बड़े तूफ़ान नवम्बर के दूसरे हफ़्ते में आये हैं। इसलिए इन तटों पर फसल चक्र को इस तरह से व्यवस्थित कर लेना चाहिये ताकि नवम्बर तक फसलें कट कर गोदामों में पहुँच जायें। आन्ध्र में मछलीपत्तनम और तमिलनाडु में नागापत्तनम इन समुद्री तूफ़ानों के कमज़ोर बिन्दु रहे हैं। काफ़ी समय से इन दोनों जगहों पर सक्षम राडार संयन्त्र लगाने की माँग की जाती रही है, ताकि तूफ़ानों की दिशा और उनकी गति के बारे में समय रहते हुए पर्याप्त जानकारी मिल जाये। अगली किसी विपत्ति में घिरने से पहले ही इस माँग पर कार्रवाई कर ली जानी चाहिये।

चक्रवातों के विनाश से बचने का एक और पक्का इन्तज़ाम पूर्वी तटों पर लगभग आधा मील चौड़ी वनों की पट्टी लगा कर किया जा सकता है। पिछले चालीस–पचास वर्षों में लोगों ने समुद्र तट से दो फुट ऊँची सतह तक खेती करना शुरू कर दिया है। इससे वे रहे–सहे वन भी कट गये हैं जो समुद्र की ओर से उठने वाली तेज़ लहरों और हवाओं का ज़ोर तोड़ दिया करते थे। बड़े चक्रवातों के विनाश से बचने के लिए लोगों को अपनी खेती–बाड़ी फिर से पीछे लौटानी पड़ेगी और समुद्र के तटों को वनों के कवच से ढकना होगा।

लहर का पानी वापस लौट चुका है, तेज़ हवायें भी शान्त हो चुकी हैं, लेकिन अब आन्ध्र प्रदेश का राजनैतिक मौसम ख़राब होता जा रहा है। ३५ सदस्यीय वेंगलराव मन्त्रिमण्डल के सात सदस्य अब तक मन्त्रिमण्डल छोड़ चुके हैं। यों अभी भी चार साल पुरानी इस सरकार पर सीधे–सीधे कोई ख़तरा आता नहीं दिखता लेकिन राजनैतिक जोड़–तोड़ की वजह से राहत कार्य और पुनर्निर्माण पर पर्याप्त असर पड़ा है। तूफ़ान आने के बाद

से लेकर आज तक जो वक़्त लोगों की पीड़ा को कम करने में लगना चाहिये था उसका एक बड़ा भाग राजनैतिक दाँव पेंचों में बर्बाद होता रहा है। मन्त्रिमण्डल की भीतरी-खींचतान, केन्द्र-राज्य विवाद और अब विभाजन की कगार पर खड़ी कांग्रेस ने दीर्घकालिक पुनर्निर्माण की योजनाओं और वर्तमान राहत कार्यों को एक अजीब अनिश्चय में डाल दिया है।

इस सारी स्थिति को देख कर आन्ध्र में काम कर रहे गाँधी शान्ति प्रतिष्ठान के सचिव श्री राधाकृष्णन ने सुझाव दिया है कि राहत और पुनर्निर्माण का कार्य एक ऐसे अधिकरण को सौंप दिया जाना चाहिये जो इस अनिश्चय की राजनीति से बिल्कुल ऊपर रह कर पूरे मंच से इस काम में जुटा रहे। इस समय प्रशासन के अलावा इस इलाक़े में लगभग ५० छोटी-बड़ी स्वयंसेवी संस्थायें काम कर रही हैं। प्रस्तावित अधिकरण इन संस्थाओं के प्रयासों में भी ठीक समन्वय साध सकता है। अधिकरण की अवधि मोटे तौर पर सात वर्ष से लेकर दस वर्ष तक की रखी जा सकती है। इसमें राज्य के चुने हुए कुशल प्रशासक और अधिकारी शामिल किये जा सकते हैं। ऐसा सक्षम अधिकरण राज्य के राजनैतिक झटकों से ऊपर उठ कर पूरी एकाग्रता के साथ उजड़े हुए आन्ध्र को फिर से बसाने के काम में लगा रह सकता है।

देश के पूर्वी किनारों पर छोटे-बड़े तूफ़ान आते ही रहेंगे। पृथ्वी के बदलते मौसम के कारण अब तय हो चला है कि पूर्वी तट इन तूफ़ानों से बच नहीं सकते। इसलिए आने वाले ख़तरों को ध्यान में रख कर पूर्वी तटों के लिए एक अन्तरराज्यीय अधिकरण भी बनाया जा सकता है। इस अधिकरण के जिम्मे पूरे पूर्वी हिस्सों को तूफ़ान के ख़तरे से आगाह करने, तूफ़ान आने के बाद राहत काम चलाने और पुनर्निर्माण का काम सौंपा जा सकता है।

बनवारी और अनुपम मिश्र
दिनमान, ८-१४ जनवरी, १९७८

आओ घर चलें

२७ नवम्बर की उस दोपहर को छोटे-से क़स्बे नागइलेंका में काफ़ी भीड़ थी। नागइलेंका समुद्र की विनाशकारी लहरों की चपेट से बच गया था। तूफ़ान बीत जाने के बाद आसपास के जलमग्न गाँवों के बचे हुए लोग नागइलेंका की शरण में आ गये थे। अब पानी उतर चला था। जिन गाँवों के रास्ते पानी से उबर आये थे वहाँ लोगों को फिर से लौटाया जा रहा था। लौटने वाले लोगों की ही भीड़ थी यह। लौटते समय उन्हें एक हफ़्ते का राशन प्रति महिला एक साड़ी और बाँस और पत्तों की नयी झोपड़ी बनाने के लिए १५० रुपये नगद बाँटे जा रहे थे। राहत सामग्री बाँट रहे एक अधिकारी ने बहुत उत्साह से बताया था, 'हमारा इन्तज़ाम बिल्कुल पक्का है। किसी के छूटने का या किसी को दो बार सरकारी मदद मिलने की कोई गुंजाइश नहीं है।' पर क्या समस्या इतनी ही थी?

आन्ध्र सरकार यह जताने के लिए कि स्थिति सामान्य हो चली है, रोज़ उन लोगों के आँकड़े दे रही है जो अपने गाँवों में वापस लौट रहे हैं। लेकिन क्या ये गाँव रहने लायक बन गये हैं? क्या वहाँ सामान्य जीवन जीने की परिस्थिति और वातावरण फिर से कायम हो गया है?

गाँवों के अधिकांश घर आँधी-पानी में ढह चुके हैं, अभी पूरी तरह से उनका मलबा भी साफ़ नहीं हो पाया है। घरों के इर्द-गिर्द छोटे-बड़े गड्ढों में विषैला पानी भरा हुआ है। जैसे-जैसे मलबा साफ़ हो रहा है और पानी कम हो रहा है आदमियों और पशुओं की नयी लाशें बाहर आ जाती हैं। अभी भी कई गाँव सड़ाँध की तेज़ बदबू से मुक्त नहीं हो पाये हैं। पीने के पानी की समस्या भी निपट नहीं पायी है। महामारी रोकने के लिए बड़े

पैमाने पर टीके ज़रूर लगाये जा चुके हैं। चारों तरफ़ सड़ रही लाशों के कारण आशंका थी कि यहाँ तेज़ी से महामारी फैलेगी, पर सौभाग्य से वह थम गयी। इस मामले में स्वास्थ्य विभाग और स्वयंसेवी डाक्टरों की टुकड़ियों का काम काफ़ी चुस्त रहा है। पर महामारी को थामे रखने में विनाशकारी लहर ने भी अप्रत्यक्ष रूप से मदद की है। इस इलाक़े में महामारी के कीटाणु लाने-ले जाने वाले चूहे, बिल्ली, कुत्ते और पक्षी आदि लहर में समा गये थे। खारे पानी ने रोग के कीटाणुओं को भी नष्ट कर दिया था। पर अब बाहर से कुत्ते वग़ैरह आने लगे हैं। मलबे की सफ़ाई में फिर से नयी लाशें निकल रही हैं। बचे हुए लोग इन जगहों में लौट रहे हैं, इसलिए अब पहले से भी ज़्यादा चौकन्ने रह कर महामारी पर नज़र रखी जानी चाहिये पर ऐसा हो नहीं रहा है।

तूफ़ान के बाद का राहत काम काफ़ी कठिन था। उसमें बड़ी मात्रा में साधनों और संयन्त्रों की ज़रूरत थी। इस कारण यह सब सरकारी पहल से ही हो सकता था। इसलिए शुरू के कुछ दिनों तक यह मुख्यत: पुलिस, प्रशासन और सेना के ही भरोसे चला। पर इन लोगों की अपनी सीमायें हैं। अकसर सेना, पुलिस और सरकारी कर्मचारियों का पीड़ित लोगों के साथ कोई मानवीय सम्पर्क नहीं बन पाता, जबकि ऐसी विपत्ति में इसकी सबसे अधिक ज़रूरत होती है। भावदेवारपल्ली में ऊँची ज़मीन पर बने मन्दिर के अहाते में सेना के जवान राहत शिविर चला रहे थे। घायलों की मलहम पट्टी काफ़ी चुस्ती से की जा रही थी। शरणार्थियों में से कुछ लोग अपने रिश्तेदारों को ख़त लिखना चाहते थे। डाक सामग्री उन्हें मिल गयी थी, पर उनके पास लिखने को क़लम नहीं थी। सैनिकों की जेबों में क़लमें लगी थीं, पर ये लोग उनसे क़लम माँगने की हिम्मत नहीं जुटा पाये थे। एक अन्य राहत शिविर में पता चला कि कुछ लोग नियत समय पर भोजन की पंगत में शामिल नहीं हो पाये थे, इसलिए उस पूरे दिन उन्हें भूखे ही रहना पड़ा।

शुरू के दौर में शवों को ठिकाने लगाने में व्यावहारिकता से काम लिया गया। पर उस से मृतकों के सम्बन्धियों की भावनाओं को काफ़ी चोट पहुँची। इस काम को निपटा रही पुलिस के लिए इस सम्बन्ध में कोई एतिहात बरत पाना सम्भव नहीं था। पुलिस के जवान भावना में भर कर इसे नहीं करने गये थे। वे तो एक आदेश निभा रहे थे। इस कारण उनका

काम यन्त्रवत् था। अलबत्ता इस कठिन काम को उन्होंने प्रशंसनीय फुर्ती से निपटाया था। जलमग्न गाँवों में राहत की सामग्री पहुँचाते हुए सेना के लोगों में या मदद बाँटते हुए सरकारी कर्मचारियों में भी इस कुशलता के दर्शन होते थे। विपत्ति में घिरे लोगों के दुख के प्रति एहसास और उनकी मदद के लिए जिस सजग उत्साह की ज़रूरत होती है वह उत्साह न वहाँ था न हो ही सकता था।

इस तरह के व्यवहार की उम्मीद स्वयंसेवी कार्यकर्त्ताओं से ज़रूर की जा सकती है। पर राहत के प्रारम्भिक दौर में इन कार्यकर्त्ताओं की संख्या नगण्य थी। दीवी द्वीप में चलने वाले राहत कार्य का केन्द्र था अवनिगड्डा, जहाँ एक ग़ैर-सरकारी राहत समिति काम कर रही थी। इस समिति में लगभग १०० लोग थे। इनमें से कुछ रामकृष्ण मिशन के थे, कुछ राष्ट्रीय स्वयंसेवक संघ के, कुछ सर्वोदय के तथा कुछ स्थानीय युवक थे। ये स्वयंसेवक ऐसे कामों के लिए प्रशिक्षित नहीं थे, फिर भी राहत समिति के अध्यक्ष प्रभाकर के शब्दों में 'अपने व्यवहार से वे विपत्ति में फँसे लोगों को सान्त्वना ज़रूर दे देते थे'। दीवी में कृष्णराव की इस ग़ैर-सरकारी राहत समिति के अलावा गुण्टूर ज़िले में 'विलेज रिकंस्ट्रक्शन ऑर्गनाइजेशन' नामक एक स्वयंसेवी संस्था कार्यरत थी। यह संस्था सन् '६९ में आये तूफ़ान के बाद लोगों को फिर से बसाने के लिए ही बनी थी। इस बार इसे बाहर की अनेक स्वयंसेवी संस्थाओं और दक्षिण भारत के चर्चों से दवाइयाँ, टीके और वाहन मिले। इनके आधार पर इस संस्था की ओर से नौ चलते-फिरते छोटे-छोटे अस्पताल तूफ़ानग्रस्त क्षेत्रों में राहत का काम कर रहे हैं। संस्था के निजी सम्पर्क के कारण बाहर से भी कुछ कार्यकर्त्ता आये थे, पर एक तो उनकी संख्या कम थी और दूसरे वे तेलुगु न जानने के कारण आसानी से घुल-मिल नहीं पाते थे। इतनी बड़ी विपत्ति के समय स्वयंसेवी कार्यकर्त्ताओं की कमी का एक कारण तो यह भी था कि जो लोग चक्रवात की ख़बरों को सुन कर वहाँ पहुँचना चाहते उनकी मदद और मार्गदर्शन के लिए देश में कोई संस्था नहीं थी। भाषा और दूरी की समस्या को देखते हुए आन्ध्र के तीनों विश्वविद्यालय और अन्य शिक्षण संस्थायें एक महत्त्वपूर्ण भूमिका निभा सकती थीं, पर इस मामले में वे बहुत कमज़ोर साबित हुईं।

१२ दिसम्बर को गाँधी शान्ति प्रतिष्ठान की पहल पर आन्ध्र के तीनों

विश्वविद्यालय के उपकुलपतियों की एक बैठक आगे के राहत काम में छात्रों के सहयोग के सिलसिले में बुलायी गयी। कुलपति राहत या पुनर्निर्माण के बजाय छात्रों की पढ़ाई और हाजिरी की समस्या पर ज़्यादा चिन्तित थे और उनके अधिकांश सुझाव इसी सिलसिले में थे। 'राहत के काम में जाने वाले छात्र को छुट्टी पर माना जायेगा, कि उपस्थिति में छूट दी जायेगी'? तेलंगाना आन्दोलन के बाद छात्रों को २० प्रतिशत अंकों की छूट दे दी गयी थी। कुछ राजनैतिक आन्दोलनों के बाद छात्रों को सीधे अगली कक्षा में भी सरकाया गया है। लेकिन इस प्रलय के समय उपकुलपतियों का दिमाग़ अनिवार्य हाजिरी से ऊँचा नहीं जा पा रहा था।

स्वयंसेवी संस्थाओं और विश्वविद्यालय के छात्रों के अलावा राहत कार्य में कार्यकर्त्ताओं का एक बड़ा माध्यम राजनैतिक दल भी हो सकते थे। पर भारतीय राजनीति का चरित्र इस तथ्य से उजागर होता है कि तूफ़ानग्रस्त क्षेत्र में फ़िलहाल उँगलियों पर गिन लिए जाने लायक राजनैतिक कार्यकर्त्ता काम कर रहे हैं। केन्द्र और राज्य सरकार ने इस विनाश के प्रति एक–दूसरे से अधिक चिन्ताकुल होने के जो दावे किये वे अगर सिर्फ़ ऊपरी दिखावे नहीं थे तो उन्हें कांग्रेस और जनता पार्टी उसकी समर्थक मार्क्सवादी पार्टी के कार्यकर्त्ताओं की संख्या से प्रकट होना चाहिये था।

समाज का हर भाग इस प्रलय में अपने कर्त्तव्य से चूका है। इसके बाद भी लोग राहत कार्यों के प्रति असन्तोष व्यक्त नहीं कर रहे थे। अक्सर वे इस पर कोई टिप्पणी ही नहीं करते थे। शायद वे इसे अपनी निजी विपत्ति मान चुके थे। जितनी भी मदद मिल रही थी वे उसे चुपचाप ले रहे थे। केन्द्र और राज्य सरकार ने अपने–अपने ढंग से इसे 'राष्ट्रीय विपत्ति' कहा, पर शुरू से आख़िर तक वहाँ के लोगों को इसका कोई एहसास नहीं हो पाया।

रामकृष्ण मिशन, रा.स्व.संघ, मारवाड़ी राहत समिति, मिशनरी और सर्वोदयी संस्थायें तथा विजयवाड़ा के नास्तिक केन्द्र जैसे देसी संगठनों के अलावा कासा, केयर और ऑक्सफेम जैसी प्रमुख विदेशी संस्थाओं ने अपने सीमित साधनों और कार्यकर्त्ताओं के माध्यम से तूफ़ान के चौथे दिन राहत काम शुरू किया था। कुछ दिन बाद अन्य संस्थायें भी इस काम में शामिल हुईं। राहत सामग्री और कार्यकर्त्ताओं में भी वृद्धि होती जा रही है। रामकृष्ण मिशन कृष्णा और गुण्टूर ज़िलों में दस हज़ार लोगों के खाने–पीने, दवा तथा अगली फसल के लिए बीज की व्यवस्था कर रहा है। कैथोलिक

रिलीफ सर्विसेज ने ३६० टन भोजन का इन्तज़ाम किया है। कुछ उद्योगों ने लालटेन, कपड़े, बर्तन जैसी चीज़ें उपलब्ध की हैं। यूनिसेफ ने ५५ हज़ार कम्बल, २४ हज़ार कपड़े, ५ हज़ार बर्तनों के अलावा पीने के पानी को साफ़ करने में भी मदद दी है। ऑक्सफेम के विभिन्न देसी संगठनों को १३ लाख रुपये की नकद मदद के साथ-साथ साफ़ पानी जमा करने के लिए ६० रबर टैंक दिये हैं। केयर ८० हज़ार कपड़े, २४ हज़ार कम्बल, १०५० टन खाद्यान्न के साथ दो सौ टन दूध का पाउडर पहुँचा रहा है। कासा मुख्यत: राहत शिविरों के लिए भोजन देने का काम कर रहा है। विदेशी संस्थाओं ने सामग्री मुक्त हस्त से पहुँचायी तो है पर राहत काम के इन्तज़ाम पर ख़र्च होने वाली राशि भी कोई कम नहीं है। विजयवाड़ा का सबसे महँगा होटल 'ममता' इन संस्थाओं के प्रतिनिधियों से अटा पड़ा है।

इतनी स्वयंसेवी संस्थाओं के रहते हुए भी उनके कामों में अभी तक पर्याप्त गति नहीं आ पायी है। आपस में समन्वय न होना इसका बड़ा कारण है। कई संस्थायें एक ही क्षेत्र में एक-सा काम कर रही हैं और कई क्षेत्र ऐसे भी हैं जहाँ इनमें से कोई भी संस्था नहीं पहुँची है। गाँधी शान्ति प्रतिष्ठान ने इन सब संस्थाओं को एक झण्डे के नीचे लाने की कोशिश की है। २१ दिसम्बर को होने वाली एक बैठक में इन सभी संस्थाओं के प्रतिनिधि अपने कुल साधनों को देखते हुए आपस में काम और इलाक़ों की ज़िम्मेदारियाँ बाँटने के लिए मिलेंगे।

२५ दिसम्बर की रात को पूरे यूरोप में आन्ध्र पर ध्यान केन्द्रित करने के लिए घण्टियाँ बजायी जायेंगी। आन्ध्र में राहत कार्य कर रही तमाम विदेशी स्वयंसेवी संस्थाओं ने अपील की है कि बड़े दिन की रात को घण्टी बजाते समय आन्ध्र के उजड़े लोगों की मदद की जाये और उन्हें फिर से अपने गाँव में बसाने के लिए हर सम्भव मदद पहुँचायी जाये। फ़िलहाल राहत शिविर चला रही ये संस्थायें बड़े दिन के बाद से इन लोगों को अपने-अपने गाँवों में नये सिरे से ज़िन्दगी शुरू करने में मदद देंगी। इस अभियान का नाम है : 'आओ घर चलें'। अभियान शुरू होने से पहले क्या राज्य और केन्द्र सरकार इन गाँवों में वापस लौटने लायक वातावरण बना देंगी ?

बनवारी और अनुपम मिश्र
दिनमान, २५-३१ दिसम्बर, १९७७

जो बाहर से आयें दो शव ज़रूर निकालें

बन्दरकोट (मछलीपत्तनम) के साठ फ़ुट ऊँचे ध्वजस्तम्भ पर लगा झण्डा अपने ही भार से झुका था। हवा शान्त थी, लेकिन १७ नवम्बर की सुबह इस झण्डे के नीचे तख़्ते पर एक आड़ा ड्रम रखा गया, उसके ऊपरी और निचले हिस्सों में एक टोकरी लटका दी गयी—नाविकों को सम्भावित ख़तरे की पहली चेतावनी थी यह। बन्दरकोट के इर्द-गिर्द बसे मछुआरों के गाँवों के लिए यह एक सामान्य-सी बात थी। सामने से बह रही नहर में मछलियों से लदी, छोटी-बड़ी नौकायें आती रहीं, मछलियाँ पटक कर फिर से समुद्र में जाती रहीं। १८ नवम्बर की सुबह ध्वजस्तम्भ पर रखा आड़ा ड्रम सीधा खड़ा कर दिया गया—फिर से ऊपर और नीचे की ओर दो टोकरियाँ लटका दी गयीं—सम्भावित ख़तरे की यह दूसरी चेतावनी थी। मछुआरों की सांकेतिक भाषा में पहले निशान का अर्थ था सावधान रहो! दूसरे का अर्थ था सजग रहो। १८ की शाम को तीसरा संकेत दिया गया—एक तिकोने ड्रम पर दो टोकरियाँ लटकायी गयीं—अतिरिक्त सावधानी बरतो। कुल नौ संकेतों की इस भाषा के पहले तीन निशानों से मछुआरों की आँखें परिचित ही थीं।

लेकिन १९ नवम्बर की सुबह जब उनकी आँखें खुलीं तो उन्होंने पाया कि ध्वजस्तम्भ पर नौवाँ संकेत लगा है—एक के ऊपर एक रखे दो तिकोनों पर टोकरियाँ लटकी थीं। सबसे भयानक ख़तरे को बताने वाले इस अन्तिम निशान को सबसे बूढ़े और अनुभवी मछुआरों ने भी अपनी ज़िन्दगी में पहली बार ही देखा था—हाथ का काम जहाँ का तहाँ छोड़ कर तुरन्त सुरक्षित स्थान की शरण लो! सुबह की तेज़ हवा दोपहर तक तेज़ आँधी में बदल गयी, ख़तरे का संकेत करने वाला निशान भी डगमगाने

लगा। शाम तक तूफ़ान की गति १५० किलोमीटर प्रति घण्टा हो गयी। झोपड़ियों के छप्पर, मकानों की खपरैल, पेड़ उखड़-उखड़ कर हवा में उड़ने लगे और इसी के बाद आया था जल प्रलय, जो कुछ भी तब तक उड़ रहा था वह सब एकाएक तैरने और डूबने लगा था। समुद्र तट पर हमला करने वाली २० फ़ुट ऊँची लहर ने भीतर १४ किलोमीटर तक पानी का एक जानलेवा साम्राज्य स्थापित कर लिया। बरसों में रची गयी तटवर्ती दुनिया को उस लहर ने कुछ ही क्षणों में बर्बाद कर दिया। चिराला से लेकर मछलीपत्तनम तक के कोई १५० किलोमीटर लम्बे समुद्री किनारे पर बसे लगभग १०० गाँवों में चक्रवात और लहर ने हमला किया। इस जल प्रलय में जो मरे और जो किसी तरह बच निकले उन सभी की एक-सी दारुण कथा है।

चक्रवात की चेतावनी रेडियो से दी गयी थी। भावदेवारपल्ली के वेंकटरत्तनम ने उसके बारे में गाँव के लोगों से सुना था। उस दिन वह मज़दूरी करने नहीं गया। '१२ बजे से तेज़ आँधी शुरू हो गयी, जो बढ़ती ही गयी। पानी भी बरस रहा था। जब बारिश बहुत बढ़ी तो हम लगभग तीन बजे अपना घर छोड़ सामने एक ऊँची और मज़बूत इमारत में चले गये। कोई पाँच बजे के क़रीब कन्धे बराबर पानी का पहला रेला आया। उस ऊँची इमारत में भी कमर तक पानी भर गया। हमने बच्चों को कन्धों पर उठा लिया, अगली लहर के साथ पानी और बढ़ा, बताते हुए, उसने सामने की एक इमारत की तरफ़ इशारा किया फिर जैसे उस दिन की याद करते हुए पास खड़ी अपनी दस वर्षीया लड़की कृष्णकुमारी को गोद में समेट लिया। डगमगाते हुए हम लोग किसी तरह टाँड पर चढ़ गये। आँधी में ऊपर की छत का भी एक कोना उड़ गया था। हमारे साथ पहले चले आये कुछ लोग ही थे। बाद में तो सिर से ऊपर तक ऊँची पानी की तेज़ लहर में तैर पाना भी मुश्किल था। हम लोग साँस रोके बैठे रहे, मौत बहुत नज़दीक दीख रही थी। डर था कि टाँड टूट न जाये, पर किसी तरह सब कुछ सधा रहा। रात ऐसे ही पानी में हिलोर के साथ उम्मीद में डूबते-उतराते बीती। सबेरे जब पानी उतरा तो हम लोग टाँड से उतरे, बाहर के कमरे में टाँड टूट गया था। कोने में एक लाश थमी थी। बाक़ी पानी निकलने के साथ बाहर बह गयी होंगी। गाँव बड़ा डरावना लग रहा था। रास्तों पर घुटनों से ऊपर पानी था। यहाँ-वहाँ आदमी और पशुओं की लाशें तैर रही थीं। मकान ढह गये थे। दोपहर तक

गाँव से निकल कर हम बड़े रास्ते पर आ गये, जो अवनीगड्डा जाता था।'

कृष्णा ज़िले के दीवी ताल्लुके में भावदेवारपल्ली वह गाँव है जहाँ से पानी सबसे पहले उतरा। समुद्र से यह गाँव लगभग १० किलोमीटर की दूरी पर है। अपने आप में दीवी एक द्वीप है, जिसे कृष्णा नदी की कई शाखायें बाक़ी भूखण्ड से अलग करती हैं। दीवी की ७० हज़ार एकड़ भूमि को ज्वार की लहरों से बचाने के लिए कुछ वर्ष पहले उत्तर-पूर्व में हंसालादेवी से लेकर दक्षिण-पूर्व में येतिमोगा तक एक २१किलोमीटर लम्बा और ९ फ़ुट ऊँचा ज्वार बन्ध बनाया गया था। २० फ़ुट ऊँची समुद्री लहरों ने उसे आसानी से लील लिया। लहरें कृष्णा नदी की शाखाओं में होकर ३० किलोमीटर भीतर तक चढ़ आयीं। बाढ़ के पानी ने पहले से उपस्थित संकट को और बढ़ा दिया। अनुमान है कि सिर्फ़ दीवी द्वीप में ही १० हज़ार लोग मरे हैं। दीवी के बाद समुद्री लहरों का सबसे विनाशकारी प्रभाव उससे सटे रेपगे तालुका पर हुआ, जिसके तटवर्ती तथा कृष्णा नदी के तट के कुछ दूर बसे गाँव समुद्री ज्वार, चक्रवात और बाढ़ की भेंट हो गये।

चिराला से मछलीपत्तनम तक के शेष तटवर्ती इलाक़े में समुद्री ज्वार की लहरें डेढ़ से दो मील भीतर तक गयीं, पर चक्रवात की डेढ़ सौ से दो सौ किलोमीटर प्रतिघण्टा की गति से चली आँधी ने विजयवाड़ा की पुख़्ता इमारतों को भी उड़ा दिया। समुद्र तट से लगभग १०० किलोमीटर दूर विजयवाड़ा के लोग क़रीब निश्चिन्त थे और शहर ने अपनी सुबह एक आम दिन की तरह शुरू की थी। पर ११ बजे तेज़ हवा चलनी शुरू हुई। कुछ ही घण्टों में हवा इतनी तेज़ हो गयी कि लोग जहाँ थे वहीं फँस गये। विजयवाड़ा रेलवे स्टेशन पर लगभग एक हज़ार लोग उस पूरे दिन और अगले दिन सुबह तक पड़े रहे। आँधी में पेड़ों के गिरने, बिजली के तारों के टूटने और छतों के उड़ कर दूसरी इमारतों से टकराने की तेज़ आवाज़ आती थी। पूरे शहर में अँधेरा छाया हुआ था, बिजली के खम्भे दोहरे हो गये थे। सम्पर्क की पूरी व्यवस्था छिन्न-भिन्न हो चुकी थी। हाल ही बनना शुरू हुआ थर्मल पावर स्टेशन उजड़ गया। इसमें ७५ लाख रुपये का नुकसान बैठेगा। विजयवाड़ा के नज़दीक गन्नावरम् हवाई अड्डे का बाक़ी इलाक़ों से सम्पर्क टूट गया था। इससे भी ख़राब हालत गुण्टूर क़स्बे की थी, जहाँ नगर में ही लगभग २०० लोग या तो अपने घरों में दब मरे या घर

पहुँचने की कोशिश में आँधी की चपेट में आ गये। चक्रवात की आँधी जिन नगरों से भी गुज़री उसने कच्चे घरों को ढहा दिया। सिर्फ़ वे घर ही किसी तरह बचे जिन्हें आसपास की पक्की और मज़बूत इमारतों की ओट मिल गयी थी। अकेले खड़े पक्के मकान भी आँधी का ज़ोर बर्दाश्त नहीं कर सके और ऐसे अधिकांश मकान ढह गये। लगभग यही नियति शहर के बाहरी हिस्सों में बने तमाम बड़े कारख़ानों की हुई। अगले दिन चक्रवात थम जाने के बाद उनकी छतविहीन अधढही दीवारें और उल्टी हुई मशीनें ही दिखायी देती थीं।

कृष्णा, गुण्टूर और प्रकाशम् ज़िलों के जिन इलाक़ों को चक्रवात ने अपनी चपेट में लिया था उनके सभी नगर १९ नवम्बर की दोपहर तक घुप्प अँधेरे में डूब गये थे और तूफ़ान के ११ दिन बाद तक भी सिर्फ़ विजयवाड़ा और गुण्टूर के एक भाग में ही रोशनी लौटायी जा सकी थी। बिजली के संयन्त्रों पर आँधी के असर के बारे में बिजली कर्मचारियों का कहना है कि कुछ यन्त्र जो ऊपर ठीक-ठाक हालत में नज़र आते हैं वे भी काम नहीं कर रहे हैं। चक्रवात की आँधी के बारे में और भी बयान हैं। सिंचाई विभाग के कुछ अधिकारियों का कहना है कि कई इलाक़ों में आँधी का आँखों पर विषैला प्रभाव पड़ा था—काफ़ी समय बाद तक आँखों में जलन बनी रही थी। समुद्र से साढ़े चार मील दूर बापटला के एक सेवानिवृत्त इंजीनियर रामा राव का कहना था कि जिन पेड़ों को आँधी गिरा नहीं पायी उसका पत्ता-पत्ता नोंच ले गयी या फिर पेड़ का जो हिस्सा तूफ़ान की तरफ़ था वह काला पड़ गया।

आँधी और ज्वार, यह चक्रवात का सीधा हमला था। पूर्वी गोदावरी और पश्चिमी गोदावरी ज़िलों में चक्रवात का प्रभाव बादलों के ज़रिये पड़ा। इस इलाक़े में तीन दिन तक लगातार वर्षा होती रही। बरसात के पानी से कोल्लेरू झील और गोदावरी नदी में बाढ़ आ गयी और उसके आसपास के तमाम इलाक़े पानी में डूब गये। इन्हीं बादलों ने विशाखापत्तनम ज़िले के तटवर्त्ती क्षेत्रों को भी प्रभावित किया। श्रीकाकुलम और विशाखापत्तनम के बीच चोडरमा तथा वॉल्टेयर से ६० किलोमीटर दूर इलामाँचिली के कई दर्जन गाँव १० दिन बाद तक भी बाक़ी दुनिया से कटे रहे और हेलीकॉप्टर के ज़रिये ही भोजन भेजा जा पा रहा है।

इस तरह इस चक्रवात का असर औंगोले से लेकर विशाखापत्तनम के कुछ

ऊपर तक आन्ध्र के लगभग ५०० किलोमीटर लम्बे तट से लगे क्षेत्रों पर हुआ है। १५ हज़ार से २० हज़ार तक लोग मरे हैं। ज्वार के साथ बह कर आये हुए पानी के साथ-साथ रेत खेतों में दूर-दूर तक फैल गयी है। अगर इससे बचने का कोई प्रबन्ध नहीं हो पाता तो अगले चार-पाँच साल इन गाँवों में एक दाना भी पैदा नहीं होगा। आन्ध्र प्रदेश के कृषि मन्त्री चोकाराम के एक बयान के अनुसार सिर्फ़ कृष्णा, गुण्टूर और प्रकाशम् ज़िलों में लगभग २२ लाख एकड़ की फसल बर्बाद हो गयी है, जो लगभग ३०० करोड़ रुपये की क़ीमत के बराबर थी। शेष ज़िलों के आँकड़े मिलने अभी बाक़ी हैं। आन्ध्र का यह पूरा इलाक़ा धान का कटोरा कहा जाता था। ऊपर के आँकड़ों में १४ लाख एकड़ में सिर्फ़ धान की फसल थी। तेज़ आँधी के कारण धान के पौधे ज़मीन पर बिछ गये हैं। गन्ना, कपास, मिर्च और केले की फसल को भी बहुत नुकसान पहुँचा है। पान और बाँस के भी इक्का-दुक्का खेत ही बचे हैं। गुण्टूर के तमाखू के खेत भी नष्ट हो गये। इस ज़िले में तमाखू विदेशों को निर्यात की जाती है। कृष्णा और गुण्टूर ज़िलों में दूर-दूर तक धान चक्कियाँ नष्ट हो गयी हैं। प्रकाशम् ज़िले में ३५ हज़ार करघे बर्बाद हो गये हैं। चिराला, बापटला, रेपल्ले हैण्डलूम के बहुत प्रसिद्ध केन्द्र थे। चिराला शब्द का तो अर्थ ही होता है साड़ियों का भण्डार।

चक्रवात का सबसे घातक असर हुआ मछुआरों के गाँवों पर। दीवी और रैपल्ले तालुका के मछुआरों के गाँवों में किसी के बचे होने की सम्भावना कम ही है। अक्तूबर से मार्च तक अन्य ज़िलों के मछुआरे दीवी के समुद्र तट पर मछली पकड़ने आते हैं। वे सब भी प्रलय की उन लहरों में समा गये हैं। हज़ारों नावों की टूटी हुई तख़्तियाँ खेतों में बिखरी हुई पड़ी हैं। बन्दरगाह की कुछ भीमकाय नावों की समुद्री लहरें तट से नौ मील दूर मछलीपत्तनम् क़स्बे के बाहर छोड़ गयी हैं। ज्वार की ऊँची लहरों के सीधे हमले से बचे ज़िलों में मछुआरों के गाँव पानी में डूबे हुए हैं। उनमें से जो निचान पर थे वे अधिकांश ढह गये हैं। पर ऊँची जगह पर बने हुए गाँव भाग आये लोगों की बड़ी संख्या को सँभाले, लेकिन पानी से घिरे होने के कारण शेष दुनिया से कटे, अभी भी खड़े हैं। ऐसा ही एक गाँव है थुम्मलपल्ली, जो बन्दरकोट से ६ मील दूर है।

उस गाँव के मछुआरे कर्णम् का ११ दिन तक इन्तज़ार करने के बाद धीरज

टूट गया। जिस खाकी निकर को पहने हुए वह जीवित बच गया था उस पर दलदल में बह रही एक कमीज खोंस कर हाथ में एक झोला लेकर वह उस दुनिया को खोजने निकला जो १९ नवम्बर से पहले तक उसकी मछलियाँ ख़रीदती थी। जैसे-तैसे दलदल को पार करके वह मछुआरों के एक बड़े गाँव गिलकलडिण्डी पहुँचा। बन्दरकोट के नज़दीक थोड़ी-सी ऊँचाई पर बसा गिलकलडिण्डी में उसे अपने लोग तो मिल गये पर उसका झोला ख़ाली ही रहा। यहाँ के मछुआरों की नौकायें और जाल लहर में समा गये थे। गिलकलडिण्डी में भी लोगों को कुछ सूझ नहीं रहा है, कि आगे उन्हें क्या करना है। अपनी झोपड़ियों के आगे बने चबूतरों पर वे हाथ पर हाथ धरे बैठे हैं। पर थुम्मलपल्ली के कर्णम् को अपने गाँव की तुलना में यह गाँव बहुत बेहतर दीख रहा था। यहाँ पीने का पानी है और अब सरकार की ओर से राशन भी बन्द हो चुका है। थुम्मलपल्ली में कुछ भी नहीं बचा है। कर्णम् बताता है, दस दिनों से हम एक हज़ार लोग वहाँ फँसे हैं। तीन बार हेलीकॉप्टर से भात, पानी, दूध और कुछ दवायें गिरायी तो गयी हैं पर एक हज़ार लोगों में वे पूरी नहीं पड़तीं। एक बार चालीस बनियानें भी दी गयीं पर हमें खाने-पीने के अलावा इस समय सबसे ज़्यादा ज़रूरत धोतियों की है। किसी तरह लहर से बच निकली औरतों के पास कपड़े नहीं हैं। तेलुगु में बातचीत करते हुए वह अटक जाता था। अपनी ही जाति के एक पढ़े-लिखे लड़के सीताराम राव को वह इसलिए बता रहा था ताकि मछलीपत्तनम् के विधायक तक सारी जानकारी पहुँच सके और तुरन्त कुछ कार्यवाही हो सके। मछलीपत्तनम् के विधायक लक्ष्मण राव मछुआरों के गाँव के ही हैं। कर्णम् की बातों का अँग्रेज़ी में उल्था कर रहे सीताराम राव बीच-बीच में अपनी भी दिक़्क़तों को जोड़ते जाते थे, 'मछुआरों की जाति में मुझसे पहले किसी और ने इतनी ऊँची पढ़ाई नहीं की है। मैंने प्राणिशास्त्र में एम.एस.सी. पास किया है। मत्स्य पालन विभाग में नौकरी माँगता हूँ पर मिलती नहीं।' चलने से पहले कर्णम् के सामने चेतावनी वाला सवाल रखा जाता है : तूफ़ान की चेतावनी कब मिली थी? कर्णम् का जवाब था, 'तूफ़ान आने के बाद ही हमें चेतावनी का पता चला। गाँव में कुछ लोग ज़िक्र कर रहे थे कि उन्होंने रेडियो पर तूफ़ान की चेतावनी सुनी थी।'

सरकार जिस माध्यम से लोगों को सूचना देकर सन्तुष्ट हो गयी थी वह

माध्यम बहुत कमज़ोर साबित हुआ। सब जगह रेडियो नहीं थे, जहाँ थे वहाँ भी इससे उन्हें चक्रवात की सूचना मात्र ही मिली। उस सूचना से चक्रवात की सम्पूर्ण विकरालता का अन्दाज़ लग पाना सम्भव नहीं था। फिर इस सूचना को राज्य और केन्द्र सरकार ने कितनी गम्भीरता से लिया? मौसम विभाग की सूचना में १४० से १६० किलोमीटर प्रति घण्टा की गति से तेज़ हवाओं के चलने और लगभग ३ मीटर ऊँची ज्वार की लहर आने के बारे में कहा गया था। मौसम विभाग ठीक जगह नहीं बता पाया था। पहले की ख़बरों में कहा गया कि चक्रवात नेल्लूर से विशाखापत्तनम् के बीच आने की आशंका है। चक्रवात इससे भी कुछ पहले कृष्णा नदी के मुहानों के बीच दीवी द्वीप के तटों से घुसा। पर इसका असर ओंगोले से लेकर विशाखापत्तनम् के और आगे तक रहा। राज्य सरकार का यह तर्क बड़ा पोच तर्क है कि वह इतने लम्बे तट से इतने कम समय में लोगों को हटा नहीं सकती थी। उसकी बात से ऐसा लगता है कि जैसे इन इलाक़ों में उसका कोई प्रशासन नहीं था और इस काम को उसे किसी एक केन्द्रीय जगह से ही करना था। यह ज़रूरी नहीं था कि ये सभी तटवर्ती क्षेत्र पूरी तरह ख़ाली करवाये जाते। पर चक्रवात और उसके साथ आने वाली ज्वार की लहरों तथा बादलों को देखते हुए यह सावधानी बरती जानी ज़रूरी थी कि लोग समुद्र तट और नदी आदि के किनारों से दूर ऊँचे तथा सुरक्षित स्थानों तक पहुँच जायें। जिन कुछ निचली जगहों में ऐसी सुविधा नहीं थी, वहाँ से उन्हें निकाला जा सकता था।

तेज़ हवाओं और ज्वार के बारे में मौसम विभाग ने जो सूचनायें दी थीं उनसे संचार व्यवस्था के छिन्न-भिन्न हो जाने का पूर्व अनुमान कर लेना मुश्किल नहीं था। ऐसी व्यवस्था की जा सकती थी जो संकट की स्थिति में काम आ सके। पर ऐसा कोई इन्तज़ाम नहीं किया गया और चक्रवात आने के बाद तीन दिन तक सभी महत्त्वपूर्ण स्थानों से सम्पर्क टूटा रहा। २० नवम्बर को सभी अख़बारों में चक्रवात की तेज़ हवाओं और उससे हुए सम्भावित नुकसान का कोई ज़िक्र ही नहीं था। अगले दो दिन तक भी लोगों के मरने से सम्बन्धित जो आँकड़े सरकार द्वारा दिये गये वे सब केवल नगरों के आँकड़े थे, जिन्हें वहाँ के अधिकारियों ने सम्पर्क सधने पर खानापूर्ति के लिए दिया था। कुछ संख्याएँ इतनी विचित्र थीं, जैसे उस कठिन मौक़े पर जब रास्ते तक साफ़ नहीं थे और हर जगह गिरे हुए

मकानों का मलबा पड़ा था, ज़िला अधिकारियों के लिए एक-एक शव गिनना सम्भव रहा हो! क़स्बों के पार समुद्र तट तक फैले हुए गाँवों के बारे में कुछ भी नहीं कहा गया था। सम्पर्क कट जाने का दूसरा कारण रास्तों का टूट जाना था। सरकार ने अपनी सफ़ाई में कहा कि सड़कों पर टूटे हुए पेड़ गिरे थे और तट की सभी नावें जो कम पानी में चल सकतीं, नष्ट हो गयी थीं। पर इस सम्बन्ध में पहले ही सावधानी बरती जानी चाहिये थी। नावों की पूर्व व्यवस्था की जा सकती थी।

केन्द्र सरकार ने मौसम विभाग द्वारा दी गयी चेतावनियों के सही होने के बारे में दावे किये हैं। इन दावों की आड़ में वह अपना दोष राज्य सरकार पर मढ़ना चाहती है। प्रभावित क्षेत्र के बचे हुए लोग इसे अच्छी तरह जानते हैं कि मौसम विभाग की चेतावनियाँ कितनी मामूली थीं और तूफ़ान कितना भयानक था। चक्रवात और लहर का ज़ोर किन वजहों से इतना बढ़ गया—कम से कम ऐसे सवालों के बारे में तो मौसम विभाग को अब तक कोई आधिकारिक टिप्पणी कर ही देनी थी। लेकिन वह इस काम में असफल रहा है।

इस सब लापरवाही के पीछे एक ही कारण है—जो लोग राज्य और केन्द्र में ज़िम्मेदारी की जगहों में बैठे थे वे तटवर्ती साधारण लोगों पर आये इस संकट को गम्भीरता से नहीं ले रहे थे। १९ नवम्बर को जिस दिन चक्रवात आया आन्ध्र के मुख्यमन्त्री दिल्ली में थे। केन्द्रीय गृहमन्त्री उस दिन हैदराबाद में थे। २० नवम्बर की सुबह वे हैदराबाद से मद्रास गये। इतने बड़े तूफ़ान ने उन्हें विचलित नहीं किया, यह आश्चर्य की ही बात है। मुख्यमन्त्री २० नवम्बर की शाम तक हैदराबाद आ पाये। और २१ की सुबह—विनाश के तीसरे दिन—जलमग्न क्षेत्र का हेलीकॉप्टर से दौरा किया गया। इसके बाद ही लोगों को इस चक्रवात से हुए विनाश का ठीक-ठीक अन्दाज़ लग सका।

विनाश का अन्दाज़ लगने के बाद एक तरफ़ तो बहुत बड़े पैमाने पर राहत काम शुरू करना था और दूसरी तरफ़ मरे हुए लोगों और जानवरों की लाशों को ठिकाने लगाना था ताकि चार दिन से सड़ रहे शवों से महामारी न फैल जाये। शवों को लेकर जो विवाद खड़ा हुआ वह दुर्भाग्यपूर्ण है। सरकार ने इस काम के लिए पहले ३५ रुपये की राशि घोषित की, लेकिन अधिक लोग आगे नहीं आये। मेहतर तथा प्रलोभन देकर क़ैदियों को भी

लाने की कोशिश की गयी। पर इसमें भी अधिक सफलता नहीं मिली। तब चौथे दिन आन्ध्र की पुलिस को यह काम सौंपा गया। अवनिगुड्डा में शिक्षामन्त्री कृष्णराव के नेतृत्व में बनी राहत समिति के कार्यकारी अध्यक्ष श्री प्रभाकर ने स्वयंसेवी कार्यकर्त्ताओं की मदद से एक शव सेना का गठन किया। इसमें अलग-अलग समय ७० से १०० तक नौजवान काम करने आये। शवों को जलाने के काम को शुरू से ही आन्ध्र प्रदेश की सरकार ने जिस तरह एक हीन काम दिखाने की कोशिश की और इसके लिए उसने समाज के हीन समझे जाने वाले वर्गों या क़ैदियों आदि की मजबूरी का फ़ायदा उठा कर उन्हें इस काम में लगाने की कोशिश की वह बहुत निन्दनीय है। दुर्गन्ध से भरे शव को जलाने का काम कठिन है। पर मृत शरीर की उचित और सम्मानपूर्ण व्यवस्था भी एक सामाजिक दायित्व है।

अब गाँवों में तथा उनके आसपास भरा पानी धीरे-धीरे उतर रहा है। उन जलमग्न गाँवों में जहाँ लोग बच गये हैं, हेलीकॉप्टर से भात, पानी, दूध, कपड़े और दवा पहुँचायी जा रही है। पर इन वस्तुओं की अपर्याप्त मात्रा ही पहुँच रही है। मोमबत्ती या लालटेन, पानी को साफ़ करने की दवा, पानी के घड़े जैसी ज़रूरी चीज़ें इस सूची में अब तक जोड़ी नहीं गयी हैं। जिन गाँवों से पानी उतर गया है वहाँ लोग लौट रहे हैं। सरकार ने ऐसे सभी स्थानों पर उन्हें सात दिन का राशन दिया है। कुछ क्षेत्रों में सरकार की घोषणा के अनुसार मकान बनाने के लिए मदद के डेढ़ सौ रुपये दिये जा चुके हैं। पर अधिकांश जगह अभी भी नहीं बँटे हैं। भात मुफ़्त बँटने की वजह से संकटग्रस्त तीन ज़िलों में चावल के दाम अभी स्थिर हैं। सब्ज़ियों के दाम कुछ बढ़े हैं, पर सबसे ज़्यादा दाम बढ़े हैं बाँस और नारियल के पत्तों के जिनकी मदद से ग़रीब लोग अपने घर बनाते हैं। बढ़े दामों पर एक मामूली झोपड़ी बनाने के लिए लगभग ३०० रुपये की ज़रूरत पड़ेगी।

इस भयंकर घटना की याद शायद पीढ़ियों तक उनके मन पर बनी रहेगी। अधिकांश लोगों ने अपने परिवार के प्रियजनों को आँख के सामने तड़प-तड़प कर मरते देखा है। इसका सदमा बहुत गहरा है। शायद इसी ने उन्हें कठोर बना दिया है। लोगों के चेहरों पर एक अजब तरह की तटस्थता और गम्भीरता दिखायी देती है। जो कुछ बचा है, उसे लेकर वे फिर से उजड़ी इस दुनिया को नये सिरे से खड़ा करने में लग गये हैं। जहाँ-तहाँ झुकी हुई एक छोटी-सी झोपड़ी तैयार करते दीखते हैं। सबसे बड़ी मुश्किल पीने के

पानी की है। कुएँ आदि सब समुद्र के खारे पानी से भर गये हैं। पम्प के जरिये नयी जगहों से ३०-४० फ़ुट नीचे से निकाला गया पानी ही पीने लायक़ हो सकता है। इस काम के लिए सेना ने १३ इंजीनियरों को भेजा है। कुछ स्वयंसेवी संस्थायें भी पम्प उपलब्ध करने के प्रयासों में लगी हैं। पर इस काम में कोई ख़ास गति नहीं आयी है।

रास्ते जैसे-जैसे साफ़ हो रहे हैं, बाहर से लोग इन इलाक़ों में आ रहे हैं। २५ नवम्बर को चक्रवात से त्रस्त लोगों के प्रति अपनी सहानुभूति दर्ज करने इन्दिरा गाँधी यहाँ आयी थीं। उनके साथ विजयवाड़ा और हैदराबाद के राजनेताओं से लदी १०० कारों का काफिला था। कारों पर कांग्रेस के झण्डे लगे थे। यह नहीं लग रहा था कि कोई विनाश की छाया में फँसे लोगों से मिल कर उनके प्रति सहानुभूति व्यक्त करने आया है। लग रहा था जैसे वे लोग किसी उत्सव में शरीक होने जा रहे हैं। तब भावदेवारपल्ली जाने वाली सड़क के दोनों तरफ़ शवों की दुर्गन्ध फैली हुई थी। बीच-बीच में सेना के लोग शव को घास-फूस और मिट्टी के तेल की मदद से जलाने में उनकी मदद कर रहे थे। उनके बीच से, रूमाल से नाक को ढँके, मुँह सिकोड़े लोगों का यह काफिला बढ़ता गया। भावदेवारपल्ली में इन्दिरा गाँधी के आने की पूर्व सूचना देने कुछ गाड़ियाँ पहले ही पहुँच गयी थीं। इन्दिरा गाँधी ने लोगों से कहा, अब वे प्रधानमन्त्री नहीं बची हैं इसलिए उनकी कोई मदद तो नहीं कर पायेंगी, उन लोगों से सहानुभूति जताने ही वे यहाँ आयी हैं। दो दिन बाद, २७ नवम्बर को जनता पार्टी के अध्यक्ष चन्द्रशेखर यहाँ आये। उनके साथ भी ऐसे ही लोगों से लदी ३० कारों का काफिला था। वैसी ही चमक और उजलेपन के साथ। इस बार जनता पार्टी के झण्डे लगे थे। वे भावदेवारपल्ली के बग़ल के एक क़स्बे नागइलेंका गये जहाँ उस दिन आसपास के गाँवों के हज़ारों लोग अपना राशन लेने के लिए इकट्ठा हुए थे। इस निरीह भीड़ का फायदा उठा कर उन्होंने राज्य सरकार की आलोचना करते हुए एक भाषण दे डाला। इन्दिरा गाँधी के लौट जाने के बाद अवनिगड्डा में एक संवाददाता ने भूतपूर्व शिक्षामन्त्री कृष्णराव से जब उनकी इस यात्रा पर टिप्पणी करने को कहा तो उन्होंने जवाब दिया, 'मेरा निवेदन है, जो भी लोग बाहर से यहाँ आते हैं, वे कम से कम दो शव निकालने की ज़िम्मेदारी ज़रूर लें।'

लोग रोज़ बाहर से अवनिगड्डा तक आ रहे हैं। पर वे शव निकालने और

जलाने में कोई मदद नहीं करते हैं। बल्कि कुछ लोग तो यहाँ सिर्फ़ शव देखने की भद्दी इच्छा से ही आते हैं। प्रलय के दसवें दिन बाहर से आये लोगों के एक दल ने अवनिगड्डा पहुँचते ही राहत कार्यों का संचालन कर रहे लवणम् से पूछा था, 'हमें शव देखना है, कौन-सा गाँव पास पड़ेगा।' ग़ुस्से में लवणम् ने जवाब दिया था, 'यदि आप अभी मर जायें तो हम आने वाले लोगों को आपका शव ज़रूर दिखा सकेंगे।'

अवनिगड्डा में ही कृष्णराव का घर है। कृष्णराव जल प्रलय आने से पहले तक बेंगलराव के मन्त्रिमण्डल में शिक्षामन्त्री थे। तूफ़ान के दिन वे यहीं थे और उसमें फँस गये थे। उन्होंने उस दिन बहुत हिम्मत के साथ ११ छोटे-छोटे बच्चों की जान बचायी। अगले ही दिन से वे अपने आसपास के गाँवों में राहत कार्य करने लगे थे। फिर भावदेवारपल्ली से अन्नपूर्णेया, सेवाग्राम, वर्धा से गाँधी जी के शिष्य प्रभाकर जी और विजयवाड़ा के नास्तिक केन्द्र से लवणम् नामक साथियों के आने के बाद कृष्णराव ने ग़ैर-सरकारी स्तर पर एक छोटा-सा राहत संगठन तैयार कर लिया था। जब आसपास के गाँव अन्य भागों से कटे थे तो वहाँ सिर्फ़ कृष्णराव का संगठन ही काम कर रहा था। ये सब सुबह से ही बाहर चले जाते, फँसे हुए लोगों की मदद करते, तथा शवों को जलाने का काम करते। २५ नवम्बर को इलाक़े का दौरा कर रहे मुख्यमन्त्री कृष्णराव के घर भी आये थे। पर उस समय मन्त्री कृष्णराव अपने साथियों के साथ दूर किसी गाँव में शवों को जला रहे थे। मुख्यमन्त्री ५ घण्टे तक उनका इन्तज़ार कर वापस लौट गये। देर रात घर लौटने के बाद अगले दिन शिक्षामन्त्री कृष्णराव ने मन्त्रिमण्डल से अपना त्यागपत्र भेज दिया। क्योंकि उन्हें लग रहा था कि अब वे राहत कार्यों में ही व्यस्त रहेंगे, अपने विभाग का काम नहीं देख पायेंगे। कृष्णराव का त्यागपत्र अभी तक स्वीकार नहीं किया गया है, न ही उन्होंने उसे वापस लिया था। मुख्यमन्त्री ने अपनी तरफ़ से उन्हें शिक्षा विभाग के बदले राहत कार्यों के संचालन का काम सौंप दिया है।

अवनिगड्डा में उनका मकान दीवी सीमा में चल रहे सरकारी व ग़ैर-सरकारी राहत कार्यों का केन्द्र बना हुआ है। उनके घर के आगे 'जल प्रलय : १९७७' में बर्बाद हुए गाँवों की स्थिति बताने वाला एक १२ फ़ुट ऊँचा नक़्शा लगा है। उनके आँगन के पीछे पड़ी ख़ाली जगह में दिन में दो बार बड़ी-बड़ी पँगतें लगती हैं, आसपास के गाँवों से बचकर आये लोगों

को यहाँ भात परोसा जाता है। इन शिविरों के संचालन में कृष्णराव को कुछ रचनात्मक कार्यकर्त्ताओं के अलावा राष्ट्रीय स्वयंसेवक संघ के लोगों की भी पूरी मदद मिल रही है।

प्रलय के तीन दिन तक बिल्कुल निकम्मी साबित हुई सरकार ने भी अब परिस्थिति पर कुछ नियन्त्रण पा लिया है। राहत कार्य पूरे ज़ोरों पर है। लेकिन अभी भी कई गाँवों से पूरी तरह सम्पर्क नहीं निभ पाया है—ख़ासकर, मछुआरों के तटीय गाँवों से। तात्कालिक राहत का काम अगले एकाध महीने में पूरा हो जायेगा। पर अभी किसी ने भी दीर्घकालिक राहत कार्यों की ओर ध्यान नहीं दिया है। तट से १० किलोमीटर दूर तक धान के खेत समुद्र के पानी से अगले ४-५ सालों के लिए बर्बाद हो गये हैं। अतिरिक्त धान पैदा करने वाले यहाँ के किसान अगले कई वर्षों तक अपने लिए भी धान पैदा नहीं कर सकेंगे। अभी तक केन्द्र या राज्य की ओर से इन खेतों को क्षार मुक्त करने का कोई तरीक़ा सामने नहीं आया है।

मछुआरों की नावें और जाल बह गये हैं। उन्हें भी दुबारा धन्धा शुरू करने के लिए नये सिरे से साज-सामान इकट्ठा करना पड़ेगा। यही हाल बुनकरों का है। उनके हथकरघे भी नष्ट हो गये हैं। तूफ़ान का असर गाँवों से जुड़े औद्योगिक क़स्बों पर भी पड़ा है। कई फ़ैक्टरियाँ तबाह हो चुकी हैं। यहाँ काम कर रहे मज़दूरों के सामने भी रोज़गार की समस्या है। कुल मिला कर प्रलय के बाद इस पूरे इलाक़े में बिल्कुल नये सिरे से एक नयी दुनिया बसानी होगी। समय रहते इस पर ध्यान देना ज़रूरी है, नहीं तो लोगों का मनोबल टूट जायेगा।

भूतपूर्व सिंचाई मन्त्री के.एल.राव इस पूरे इलाक़े में लगातार घूम रहे हैं, पर एक राजनीतिक के नाते नहीं बल्कि एक वैज्ञानिक के नाते। उनका कहना है कि 'हमें इस प्रलय से सबक लेने होंगे, हम तूफ़ानों को रोक नहीं सकते, वह हमारे हाथ के बाहर की बात है, पर हम उससे होने वाली भयानक बर्बादी को कम ज़रूर कर सकते हैं।'

'पिछले १०० सालों में पृथ्वी के वायुमण्डल में दबाव सम्बन्धी जो परिवर्तन हुए हैं उससे हमारे पूर्वी तट इस तरह के चक्रवातों की आशंका से घिरे रहेंगे। मानसून से पहले मई में और मानसून के बाद नवम्बर में आने वाले तूफ़ानों की भयानकता को कम करने का उपाय खोजना ही होगा। हमें

तूफ़ानों के साथ जीना सीखना होगा।'

भावदेवारपल्ली

दीवी तालुका के ३७ गाँवों को निगल लेने वाली समुद्री लहर की चपेट में आने वाला अन्तिम गाँव था भावदेवारपल्ली। गाँव की ४ हज़ार की आबादी में से लगभग एक हज़ार लोगों की जानें ले लेने के बाद लहर की ताक़त चुक गयी और वह वापस समुद्र में लौट गयी। चारों तरफ़ लोगों और जानवरों के बिखरे हुए शवों के बीच ज़िन्दा बच गये ३ हज़ार लोग एक दिन तक शेष भाग से कटे रहे। २० नवम्बर को दोपहर को पानी उतरने के बाद शवों के ढेर और दलदल के बीच में जैसे-तैसे रास्ता बना कर लोग थोड़ी ऊँची ज़मीन पर बसे तालुका मुख्यालय अवनिगड्डा की शरण में चले आये।

अवनिगड्डा ने पहली बार अपना नाम सार्थक किया था। अवनिगड्डा यानी स्वर्ग। एक बड़े मरघट में बदल चुके अपने गाँव से किसी तरह बच निकलने के बाद उन्हें अवनिगड्डा स्वर्ग से कम नहीं लगा था।

राहत कार्यों को तेज़ गति देने के लिए आये कुछ रचनात्मक संस्थाओं के सदस्यों को लेकर एक जीप अवनिगड्डा से भावदेवारपल्ली तक जा रही थी। जीप में पीछे बैठे थे क्षेत्र के कांग्रेस कार्यकर्त्ता अन्नपूर्णैया। टूटी-फूटी हिन्दी और अँग्रेज़ी के माध्यम से वे जीप में बैठे लोगों को बर्बादी का अन्दाज़ देते जा रहे थे। दूर-दूर तक फैले धान के चौपट खेतों के बीच से कुछ ऊपर उठ कर गुज़र रही कच्ची सड़क के दोनों किनारों पर मृत्यु की लहर ने जानवरों और आदमी के शवों को ला पटका था। प्रलय के नौ दिन बाद आज पुलिस के जवान इन शवों को सूखी घास, लकड़ी और कोयले से ढक कर जला रहे थे। नाक में नैप्थलीन (गरम कपड़ों के साथ रखी जाने वाली सफ़ेद गोलियाँ) ठूँसे रहने के बाद भी शवों की तीख़ी बदबू ज़िन्दा लोगों का पीछा नहीं छोड़ती थी। गाँव की सीमा से थोड़े पहले जीप से उतरने के बाद ही पता चला कि अन्नपूर्णैया इसी गाँव में रहते थे और प्रलय के दिन भी वे यहीं थे।

भावदेवारपल्ली में फिर से जीवन के कुछ लक्षण दिखने लगे थे। कहीं लोग अपने घरों के मलबों में से लकड़ियाँ वग़ैरह खींच रहे थे तो कहीं सिर पर एक कामचलाऊ छत छाने की तैयारी हो रही थी। दुख का पहाड़

सब पर एक साथ टूटा था, इतनी बड़ी मात्रा में कि शायद लोग अपने-अपने दुखों को भूल-सा गये थे। हर घर से कोई न कोई लहर की भेंट चढ़ा था, पर ज़िक्र आने पर लोग रोते नहीं थे। लेकिन अन्नपूर्णैया को आज गाँव में वापस आते देख कई लोगों की चुप्पी टूट गयी थी। लोग उनके पास आते और आकाश की ओर दोनों हाथ फैला कर थोड़ी-सी बात करते कि गला रुँध जाता। अन्नपूर्णैया उन्हें सान्त्वना देते, कन्धे पर हाथ रखते और टुकड़ी के साथ आगे बढ़ जाते। बाद में पता चला कि लोग अपना दुख नहीं रो रहे थे वे तो अन्नपूर्णैया से सहानुभूति जता रहे थे। पहली बार मालूम पड़ा था कि प्रलय के दिन अन्नपूर्णैया की पत्नी, बहन और बहनोई लहर में बह गये थे। शाम को वे तैर कर छत पर चढ़ गये। लहर आने के पहले वे अपने परिवार के साथ टाँड पर चढ़ गये थे पर लहर ने अन्नपूर्णैया को छोड़ कर बाक़ी सबको खींच लिया था। फिर तेज़ लहर के साथ छत अन्नपूर्णैया को लेकर बह गयी और गाँव से तीन किलोमीटर दूर पटक दिया।

गाँव के हाईस्कूल की इमारत के दो भागों में से एक भाग पूरी तरह गिरा पड़ा था, बचे हुए दूसरे भाग पर भी लहर की मुहर लगी थी। स्कूल के एक भाग की छत पर हरिजन बाड़ा के ६० लोगों ने शरण ली थी। दूसरे में जब नीचे पानी भर चला, स्कूल के मुख्याध्यापक सीतापतिराव और एक अन्य शिक्षक मेज़ों को एक के ऊपर एक रख कर छत तक चढ़ पाये थे, कि लहरों का हमला हो गया। उन पर चढ़ने की कोशिश कर रहे अन्य लोगों को लहर एक झटके में बहा ले गयी। उधर सामने की इमारत ने भी लहर के आगे घुटने टेक दिये—शरण लिये ६० लोग छत के साथ ही लहर में समा गये। गाँव के दूसरे कोने पर बने सोशल वेलफेयर छात्रावास की कहानी चारों तरफ़ मृत्यु से घिरे जीवन की कहानी है। कुछ ऊँची ज़मीन में बनी इस पाँच कमरों की इमारत में गाँव के ६०० लोगों ने शरण ली थी, इस इमारत में छत तक जाने की सीढ़ियाँ नहीं थीं और टाँड भी नहीं, वरना शायद लोग ऊपर चढ़ने की कोशिश करते और इतने ज़्यादा लोगों का बोझ यह सहन नहीं कर पाती। लहर का पानी कमरों में ठसे पड़े लोगों की कमर तक आ गया था लेकिन फिर इन्हें दूसरा जीवन देकर वापिस लौट गया।

छात्रावास से ही जुड़ी ६ एकड़ ज़मीन में अन्नपूर्णैया का घर, एक छोटी-

सी बगीची और तालाब था। अन्नपूर्णैया १९ नवम्बर के बाद आज पहली बार इस जगह पर आये थे। अपने घर के मलबे पर टुकड़ी के सदस्यों को बिठा कर वे आसपास उखड़े नारियल के पेड़ों में से कुछ नारियल तोड़ लाये। पूरे इलाक़े में एक भी बूँद पीने का पानी नहीं था। तालाबों में लाशें सड़ रही थीं, कुओं में समुद्र का पानी भर चुका था।

अन्नपूर्णैया ने नारियल तोड़ कर लोगों को उसका पानी पिलाया। एक आदमी ने धीरे से बताया कि नारियल ढूँढ़ते समय उन्हें पीछे एक गड्ढे में अपने बहनोई की लाश पड़ी मिली थी।

अन्नपूर्णैया नारियल तोड़ रहे थे और लोगों को आग्रहपूर्वक उसका पानी पिला रहे थे। किसी ने उनसे भी पानी पीने को कहा तो उन्होंने इस आग्रह को टाल दिया। अन्नपूर्णैया ने फ़ैसला किया है कि वे अपनी ऊँची ज़मीन गाँव को दे देंगे, आने वाले दिनों में वे उस ज़मीन पर पूरा गाँव फिर से आबाद करेंगे। अपने परिवार के मृत सदस्यों के लिए सरकार से मिलने वाली सारी राशि वे भावदेवारपल्ली के पुनर्निर्माण में लगा देंगे और फिर वे इस गाँव में कभी नहीं लौटेंगे। दक्षिण के तूफ़ानग्रस्त इलाक़ों में टूटा दुख का पहाड़ हज़ारों हाथों की मदद के बिना उठाया नहीं जा सकेगा। अन्नपूर्णैया ने अपने दोनों हाथ लगा दिये हैं।

वनवारी और अनुपम मिश्र
दिनमान, ११-१७ दिसम्बर, १९७७

बिजली सत्याग्रह

बाहर छाये बादलों के कारण कमरे के दो छोटे-छोटे झरोखों से ख़ास रोशनी नहीं आ पा रही थी, सिर्फ़ घर के पीछे से बहने वाले पहाड़ी नाले की तेज़ आवाज़ आ रही थी। कमरे में बैठे हुए ३० लोग आपस में बातचीत कर रहे थे। उनकी आवाज़ों में कभी उत्साह तो कभी निराशा और कभी चुनौती का स्वर होता : 'हमारे अँधेरे गाँवों में प्रकाश का एक अद्भुत विस्फोट होगा इससे', 'हमारे गाँव से बहने वाली नदी से सरकार बिजली बनाती है, दूर-दूर तक यहाँ की बिजली जाती है। पर बिजली घर के आसपास के गाँव अँधेरे में डूबे हैं, कहाँ का न्याय है यह, यदि हम अपनी बिजली ख़ुद बना लेते हैं और उस से अपने गाँव में एक बल्ब भी जला लेते हैं तो वह छोटा-सा बल्ब सामने खड़े सरकारी बिजली घर के मुँह पर एक करारा तमाचा होगा।'

चमोली ज़िले (उत्तर प्रदेश) के टँगसा गाँव में अक्तूबर के दूसरे हफ़्ते में हुई यह छोटी-सी बैठक बालाविल और गोविन्द नदी के किनारे बसे १३ गाँवों के अँधेरे को दूर करने की पहली कोशिश है। ४ हज़ार से ७ हज़ार तक की ऊँचाई पर बसे इन पहाड़ी गाँवों के ग्रामसभापतियों, सामाजिक कार्यकर्त्ताओं और छात्रों ने फ़ैसला किया है कि ये लोग अपने पैसे, श्रम और अपनी तकनीक से ख़ुद बिजली पैदा करेंगे और यदि अब सरकार इन्हें मुफ़्त में भी बिजली देने की कोशिश करेगी तो ये उसे लेने से इनकार कर देंगे।

ये गाँव सन् '७० से बिजली की आस लगाये बैठे थे। इन्हीं के साथ चमोली ज़िले के विद्युतीकरण की योजना बनी थी, विद्युत सर्वे किया गया

था और फिर इन्हीं गाँव से गुज़रने वाली बालाविल नदी पर ठीक इन की नाक के आगे ६०० किलोवाट की क्षमता वाला सरकारी बिजलीघर बनाया गया था। बिजलीघर में पैदा की जाने वाली बिजली चमोली ज़िले के मुख्यालय गोपेश्वर से ले कर आगे २०० किलोमीटर दूर के सीमान्त क्षेत्र, बदरीनाथ, जोशीमठ, श्रीनगर, कर्णप्रयाग जैसी जगहों तक पहुँचायी जाने लगी। पर बिजलीघर से पाँच किलोमीटर के घेरे में बसे इन १३ गाँवों का अँधेरा दूर नहीं हो पाया। लोग हाथ पर हाथ धरे इन्तज़ार करते रहे कि आज नहीं तो कल उन्हें भी बिजलीघर से बिजली मिलेगी और उनके यहाँ बिजली से चलने वाले छोटे-मोटे उद्योग-धन्धे खुल सकेंगे। ग्राम पंचायत के चौक पर एक बल्ब जल सकेगा, जिसके नीचे बैठ कर लोग कुछ पढ़-लिख सकेंगे। पर बिजलीघर चालू हुए महीनों बीत गये, बिजलीघर के 'तले' छाया अँधेरा दूर नहीं हो पाया।

सन् १९७४ में टँगसा गाँव के पीताम्बरदत्त तिवारी ने पहल की—गाँव के अँधेरे को दूर करने की नहीं, बल्कि उसी अँधेरे में रहते हुए नये तरह के प्रकाश को जलाने की। उन्होंने टँगसा गाँव के बग़ल में बह रही गोविन्द नदी की जलशक्ति का उपयोग कर के एक आरा मशीन लगायी। सभी सोचा करते थे कि गाँव में तकनीक बिजली पर ही सवार हो कर आयेगी पर 'टँगसा ग्राम स्वराज्य संघ' के संचालक पीताम्बरदत्त ने पानी से चलने वाली आरा मशीन और उस के साथ जुड़े काष्ठ कला उद्योग को चालू कर के एक नया रास्ता दिखाया।

पीताम्बरदत्त इससे पहले खादी विभाग में काम करते थे। सन् '६३ में उन्होंने गोचर के सालाना मेले में २४ तकुये का एक जल-चरखा देखा था। उनकी आँखें खुल गयीं। पहली बार उन्हें पानी की ताक़त का ठीक अहसास हुआ था। पानी से चलने वाले इस भीमकाय चरखे को खादी ग्रामोद्योग के संयुक्त निदेशक शिवप्रसाद डोंढियाल ने बनाया था। बहुत सीधा-सा सिद्धान्त था—पहाड़ी झरने के पानी को एक नाली के जरिये एक बड़े हौज में भर लिया जाता, वहाँ से पानी को मोटे पाइप के माध्यम से एक भारी चक्के पर गिराया जाता। भलभलाती मोटी धार चक्के से बाहर निकले दाँतों पर गिरती और चक्के को तेज़ी से घुमाने लगती। चक्के पर लगा पट्टा चरखे के साथ जुड़े दूसरे चक्के को चला देता और इस तरह २४ तकुवे की यह छोटी-सी मिल देखते ही देखते सूत कातने लग जाती।

पर यह जल–चरखा केवल नुमाइश की चीज़ भर बन कर रह गया। वह बिजली से कटे दूर के गाँवों में नहीं पहुँच सका। श्री डोंढियाल ने ऐसे आठ चरखे बनाये थे। सब पर जंग चढ़ती रही। फिर पीताम्बरदत्त ने खादी की नौकरी छोड़ी और बाद में अपने गाँव टँगसा में एक छोटी–सी रचनात्मक संस्था की नींव डाली—स्थानीय लोगों को आसपास उपलब्ध वन सम्पदा के माध्यम से सम्मानजनक रोज़गार के अवसर देने के लिए। संस्था के बग़ल से ही गोविन्द नदी बहती थी। पीताम्बरदत्त को लगता था कि उसके बग़ल से महज़ पानी नहीं, एक क़ीमती शक्ति, ऊर्जा बह रही है, बर्बाद हो रही है।

पीताम्बरदत्त ने खादी विभाग में जंग खा रहे जल–चरखे का साज–सामान ख़रीद कर उससे एक आरा मशीन चलाने की योजना बनायी। सरकारी विभाग से ख़रीद–फरोख़्त की जटिल प्रक्रिया से गुज़रने के बाद जल–चरखे की बुनियादी मशीन उनके हाथ में आ गयी। टँगसा ग्राम स्वराज्य संघ में उसे ठोक–पीट कर के बिठाया गया और चक्के के पट्टे में २७ इंच की एक आरा मशीन लगायी गयी। इस आरा मशीन को चलाने के लिए ६ हार्सपावर की बिजली मोटर लगती है पर मैट्रिक पास पीताम्बरदत्त ने इसे गोविन्द नदी के पानी से चला लिया। मशीन ने लकड़ी चीरने के काम को बेहद आसान बना दिया। बिना बिजली के यहाँ उन्नत काष्ठ कला का काम होने लगा। पानी की ताक़त ने गाँव के २० नौजवानों को रोज़गार दिया।

देश भर में विज्ञान और तकनीक को गाँवों तक पहुँचाने के हो–हल्ले के बीच मैट्रिक पास एक स्थानीय कार्यकर्त्ता का यह अद्‌भुत प्रयास विशेषज्ञों तक तो नहीं पहुँचा पर टँगसा गाँव के आसपास के गाँवों में इस मशीन की आवाज़ गूँजती रही। प्रयोग छोटा–सा था, साधन सीमित थे पर उत्साह था असीमित। अन्य गाँवों में बिजली के अभाव में कई उद्योग अपनी बारी का इन्तज़ार कर रहे थे। जलशक्ति के प्रयोग ने एक नया रास्ता खोला था। पर सिर्फ़ उन्हीं गाँवों के लिए जो नदी किनारे बसे थे।

इसी बीच दिल्ली के एक युवा इंजीनियर योगेश कुमार ने एक और रास्ता खोला, उन गाँवों के लिए जो नदी से दूर बसे हैं। योगेश कुमार फूलों की घाटी में पौधों पर खोजबीन कर रहे थे। ११ हज़ार फ़ुट की ऊँचाई पर बनी उनकी प्रयोगशाला को बर्फ़ीले मौसम में गरम रखना ज़रूरी था। उन्होंने

फूलों की घाटी में से बहने वाली एक धारा की जलशक्ति का उपयोग करके बिजली पैदा की और अपनी प्रयोगशाला में प्रकाश और गरमी का इन्तज़ाम कर लिया। दूसरा रास्ता भी खुल चुका था। योगेश कुमार का प्रयोग इन कार्यकर्त्ताओं तक भी पहुँचा। लोग अपनी बिजली ख़ुद बनाने के लिए छटपटाने लगे।

चमोली ज़िले की रचनात्मक संस्थाओं टँगसा ग्राम स्वराज्य संघ, मल्लानागपुर सहकारी श्रमसंविदा समिति, उत्तराखण्ड संघर्षवाहिनी तथा दशौली ग्राम स्वराज्य संघ ने मिल कर जयप्रकाश नारायण के जन्मदिन पर टँगसा गाँव में एक शिविर रखा। इसमें कार्यकर्त्ता, ग्रामीणों और छात्रों ने भाग लिया। शिविर के दूसरे दिन १२ अक्तूबर को गाँवों में छोटे–छोटे उद्योग–धन्धे लगाने पर बातचीत चली। सहकारी बिजलीघर के इतने नज़दीक रहते हुए भी इन १३ गाँवों में बिजली का अभाव सभी को खटक–सा रहा था। अँधेरे से कमरे में हाथ की तकली पर ऊन कात रहे लोगों के बीच किसी ने कहा, 'हम अपनी बिजली ख़ुद क्यों नहीं बनायें?' जैसे प्रकाश का एक विस्फोट–सा हुआ हो। बातचीत ख़ुद बिजली बनाने की तरफ़ मुड़ गयी। पीताम्बरदत्त को एक क़िस्सा याद आया। कुछ साल पहले उनकी संस्था में कैनेडा की एक लड़की आयी थी। पीताम्बरदत्त ने उससे पूछा था कि उसके देश में कौन–सा धन्धा प्रमुख है। जवाब था : बिजली। 'हम बिजली बनाते हैं और दूसरों को बेचते हैं।' जब लोग बिजली बनाकर बेच सकते हैं तो ख़ुद के इस्तेमाल के लिए बिजली बनाने में क्या हर्ज़ है। उस अँधेरी सभा में अनेक लोगों के चेहरे पर एक अजीब सी चमक थी। एक के बाद एक लोग इस विषय पर बोल रहे थे। एक कार्यकर्त्ता का कहना था : 'यहाँ हमारे गाँव में यदि सरकारी बिजली आ गयी तो कोई अजूबा नहीं होगा। सरकारी बिजली से जलने वाले बल्बों की कमी नहीं है, उससे चलने वाले उद्योग भी अनगिनत हैं। पर हमने छोटे पैमाने पर अपनी बिजली ख़ुद बना ली तो एक बड़ा काम हो जायेगा।'

विचार बहुत आकर्षक था पर कुछ को शंका थी कि क्या यह व्यावहारिक भी होगा? जलशक्ति के दो ठोस सबूत थे : एक योगेश कुमार की बिजली और दूसरा टँगसा की आरा मशीन; उत्तराखण्ड के गाँव–गाँव में सदियों से आटा पीस रही अनगिनत घराटों (पनचक्कियों) का उदाहरण तो था ही।

अपनी बिजली ख़ुद पैदा करने के फ़ैसले के साथ सभा ख़त्म हुई। अगले

दिन कुछ ग्रामसभापतियों और कार्यकर्त्ताओं ने गोविन्द नदी का सर्वेक्षण किया और जलशक्ति से बिजली बनाने के लिए उपयुक्त स्थान की खोज की। विभिन्न मौसमों में पानी की मात्रा, पानी की नाली, पानी का गिराव, जनरेटर और फिर बिजली को अन्य जगहों पर पहुँचाने का विचार किया गया। सर्वेक्षण दल ने १८ अक्तूबर को फिर से इलाक़े का दौरा किया और सभी पहलुओं को देखते हुए गोविन्द नदी के रिखताल नामक स्थान को चुन लिया।

गाँव वालों के अपने चन्दे और पसीने से रिखताल से लगभग २५० फ़ुट लम्बी एक छोटी-सी नहर बनायी जायेगी। इस नहर में बहने वाले पानी को एक बड़े हौज में एकत्र किया जायेगा। हौज से इस पानी को १५० फ़ुट नीचे तक पाइप के जरिये गिराया जायेगा। पाइप के निचले सिरे पर लगेगा गाँव का जनरेटर। २ किलोवाट क्षमता वाला यह जनरेटर लगभग १० हज़ार रुपये में बनेगा। जनवरी ७८ तक पूरी हो जाने वाली इस योजना का सारा ख़र्च १३ गाँव के लगभग २५० परिवार ख़ुद उठायेंगे। ग्रामसभा दोगड़ी, काण्डे और टँगसा के अन्तर्गत आने वाले इन गाँवों के नाम हैं : मियाला, पज्योना, काण्डे, दोगड़ी, नलगदेरा, आनन्दपुर, टँगसा, नगर, पलसारी, पीपलख़ाना, कठूड़ और ग़ैर गाँव।

बिजली को इन गाँवों तक पहुँचाने के लिए लकड़ी के खम्भे लगाये जायेंगे। छोटी-बड़ी कई तकनीकी दिक़्क़तें आ सकती हैं। सवाल क़ानूनी दिक़्क़तों का भी है। पानी का राष्ट्रीयकरण हो चुका है। बिना राज्य की अनुमति के उसका व्यावसायिक या व्यापारिक उपभोग नहीं किया जा सकता। अनुमति मिलने पर राज्य इसके बदले कर वसूली भी करता है। ग्रामसभा दोगड़ीकाण्डे व टँगसा ग्रामीण विद्युत योजना वाले इन अड़चनों के प्रति सचेत हैं। 'ठीक है वे हमसे कर वसूल कर लें। हम बिजली का इस्तेमाल निजी व्यापार में तो करेंगे नहीं। सहकारी संस्था या ग्राम पंचायत इसका उपयोग करेगी। हम पानी को बर्बाद भी तो नहीं कर रहे। बल्कि बर्बाद हो रहे पानी का ठीक इस्तेमाल कर रहे हैं। जितना पानी नहर से हमारे बिजलीघर तक आयेगा उतना ही पानी बिजली बनाने के बाद वापस नदी में गिरा दिया जायेगा।'

तो क्या जनवरी में इन तेरह गाँवों में गाँव की बिजली पहुँच जायेगी? कितना सफल होगा यह प्रयोग अभी कहा नहीं जा सकता। इस छोटी-सी

योजना की सफलता बिजली की जगमगाहट में नहीं बल्कि उसकी पहल में छिपी है। 'हमारी बिजली से यदि सिर्फ़ एक भी बल्ब जल गया तो हमें काम पूरा होने का सन्तोष मिलेगा।' मल्लानागपुर सहकारी समिति के संचालक आनन्द सिंह बिष्ट का कहना है, 'हमारी यह योजना बड़ा बिजलीघर खोलने की नहीं बल्कि 'बिजली सत्याग्रह' करने की है, गाँधी के नमक सत्याग्रह की तरह।' कितने बल्ब जलेंगे, कितने नहीं इसे वे कोई मापदण्ड नहीं मानते। 'हम तो छोटी तकनीक, ग्रामीण तकनीक को गाँव तक उतारने की कोशिश कर रहे हैं, यहाँ सिर्फ़ ऐसा विज्ञान लाना चाह रहे हैं, जिस से प्रबन्ध में हर स्तर के गाँव वाले सक्रिय भूमिका अदा कर सकें, और जिसके इस्तेमाल के लिए नौकरशाही के आसरे न लटके रहना पड़े।'

आनन्द सिंह बिष्ट की बातों में दम है। विकेन्द्रीय रचना के ढाँचे में विज्ञान को भी शामिल करना पड़ेगा। ग्रामीण विद्युतीकरण की ग़ैर-सरकारी योजना इसी की एक छोटी-सी कोशिश है। उस तरह आगे बढ़ने का एक छोटा लेकिन मज़बूत क़दम है। गाँधी के नमक सत्याग्रह में बनाया गया सारा नमक दाल में डालने लायक नहीं बन पाया था पर उस काम-चलाऊ नमक ने फीके भारत में एक नया स्वाद भरा था। 'ग्रामसभा दोगड़ीकाण्डै और टँगसा विद्युत योजना' पूरे भारत में न सही पहाड़ी गाँवों में तो उत्साह का एक नया करेंट दौड़ा ही देगी।

दिनमान, १३-१९ नवम्बर, १९७७

गौना ताल : प्रलय का शिलालेख

सन् '७७ की जुलाई का तीसरा हफ़्ता। चमोली ज़िले (उत्तर प्रदेश) की बिरही घाटी में आज एक अजीब-सी ख़ामोशी है। यों तीन दिन से लगातार पानी बरस रहा है और इस कारण अलकनन्दा की सहायक नदी बिरही का जलस्तर भी बढ़ता जा रहा है, उफनती पहाड़ी नदी की तेज़ आवाज़ पूरी घाटी में टकरा कर गूँज भी रही है। फिर भी चमोली-बदरीनाथ मोटर सड़क से बायीं तरफ़ लगभग २२ किलोमीटर दूर ६५०० फ़ुट की ऊँचाई पर बनी इस घाटी के १३ गाँवों के लोगों को आज सब कुछ शान्त-सा लग रहा है। आज से सिर्फ़ सात बरस पहले ये लोग प्रलय की गर्जना सुन चुके थे, देख चुके थे। इनके घर, खेत व ढोर उस प्रलय में बह चुके थे। उस प्रलय की तुलना में आज बिरही नदी का शोर इन्हें डरा नहीं रहा था। कोई एक मील चौड़ी और पाँच मील लम्बी इस घाटी में चारों तरफ़ बड़ी-बड़ी शिलायें, पत्थर, रेत और मलबा भरा हुआ है, इस सबके बीच से किसी तरह रास्ता बना कर बह रही बिरही नदी सचमुच बड़ी गऊ लगती है।

लेकिन सन् '७० की जुलाई का तीसरा हफ़्ता ऐसा नहीं था। तब यहाँ यह घाटी नहीं थी, इसी जगह पर पाँच मील लम्बा, एक मील चौड़ा और कोई तीन सौ फ़ुट गहरा एक विशाल ताल था—गौना ताल। ताल के एक कोने पर गौना गाँव था और दूसरे कोने पर दुरमी गाँव, इसलिए कुछ लोग इसे दुरमी ताल भी कहते थे। पर बाहर से आने वाले पर्यटकों के लिए यह बिरही ताल था, क्योंकि चमोली-बदरीनाथ मोटर-मार्ग पर बने बिरही गाँव से ही इस ताल तक आने का पैदल रास्ता शुरू होता था। ताल के ऊपरी हिस्से में त्रिशूल पर्वत की शाखा कुँवारी पर्वत से निकलने वाली

बिरही समेत अन्य छोटी–बड़ी चार नदियों के पानी से ताल में पानी भरता रहता था। ताल के मुँह से निकलने वाले अतिरिक्त पानी की धारा फिर से बिरही नदी कहलाती थी, जो लगभग १८ किलोमीटर के बाद अलकनन्दा में मिल जाती थी। सन् '७० की जुलाई के तीसरे हफ़्ते ने इस सारे दृश्य को एक ही क्षण में बदल कर रख दिया।

दुरमी गाँव के प्रधान जी उस दिन को याद करते हैं, 'तीन दिन से लगातार पानी बरस रहा था। पानी तो इन दिनों में हमेशा ही गिरता है, पर उस दिन की हवा कुछ और थी। ताल के पिछले हिस्से से बड़े-बड़े पेड़ बह–बह कर ताल के चारों ओर चक्कर काटने लगे थे, ताल में उठ रही लहरें उन्हें तिनकों की तरह यहाँ से वहाँ, वहाँ से यहाँ फेंक रही थीं। देखते–देखते सारा ताल पेड़ों से ढँक गया। अँधेरा हो चुका था, हम लोग अपने–अपने घरों में बन्द हो गये। घबरा रहे थे कि आज कुछ अनहोनी होकर रहेगी।' ख़बर भी करते तो किसे करते ? ज़िला प्रशासन उससे २२ किलोमीटर दूर था। घने अँधेरे ने इन गाँव वालों को उस अनहोनी का चश्मदीद गवाह न बनने दिया। पर इनके कान तो सब सुन रहे थे। प्रधान जी बताते हैं, 'रात भर भयानक आवाज़ें आती रहीं फिर एक ज़ोरदार गड़गड़ाहट हुई और फिर सब कुछ ठण्डा पड़ गया।' ताल के किनारे की ऊँची चोटियों पर बसने वाले इन लोगों ने सुबह के उजाले में पाया कि गौना ताल फूट चुका है। चारों तरफ़ बड़ी–बड़ी चट्टानें, हज़ारों पेड़ों का मलबा और रेत ही रेत पड़ी है।

ताल की पिछली तरफ़ से आने वाली नदियों के ऊपरी हिस्सों में जगह–जगह भूस्खलन हुआ था, उसके साथ सैंकड़ों पेड़ उखड़–उखड़ कर नीचे चले आये थे। इस सारे मलबे को, टूट कर आने वाली बड़ी–बड़ी चट्टानों को गौना ताल अपनी ३०० फ़ुट की गहरायी में समाता गया, सतह ऊँची होती गयी और फिर लगातार ऊपर उठ रहे पानी ने ताल के मुँह पर रखी एक विशाल चट्टान को उखाड़ फेंका और देखते ही देखते सारा ताल ख़ाली हो गया। घटना स्थल से लगभग तीन सौ किलोमीटर नीचे हरिद्वार तक इसका असर पड़ा था।

गौना ताल ने एक बहुत बड़े प्रलय को अपनी गहरायी में समो कर उसका छोटा–सा अंश ही बाहर फेंका था। उसने सन् '७० में अपने आप को मिटा कर उत्तराखण्ड, तराई और दूर मैदान तक एक बड़े हिस्से को बचा लिया

था। वह सारा मलबा उसके विशाल विस्तार और गहरायी में न समाया होता तो सन् '७० की बाढ़ की तबाही के आँकड़े कुछ और ही होते। लगता है गौना ताल का जन्म बीसवीं सदी के सभ्यों की मूर्खताओं से आने वाले विनाश को थाम लेने के लिए ही हुआ था।

ठीक आज की तरह ही सन् १८९३ तक यहाँ गौना ताल नहीं था। उन दिनों भी यहाँ यह विशाल घाटी ही थी। सन् १८९३ में घाटी के सँकरे मुँह पर ऊपर से एक विशाल चट्टान गिर कर अड़ गयी थी। घाटी की पिछली तरफ़ से आने वाली बिरही और उसकी सहायक नदियों का पानी मुँह पर अड़ी चट्टान के कारण धीरे-धीरे गहरी घाटी में फैलने लगा। अँग्रेज़ों का ज़माना था। प्रशासनिक क्षमता में वे सन् १९७० के प्रशासन से ज़्यादा कुशल साबित हुए। उस समय जन्म ले रहे गौना ताल के ऊपर बसे एक गाँव में तारघर स्थापित किया और उसके माध्यम से ताल के जल स्तर की प्रगति पर नज़र रखे रहे। एक साल तक ये नदियाँ ताल में पानी भरती रहीं। जलस्तर लगभग ४०० गज ऊँचा उठ गया। तारघर ने ख़तरे का तार नीचे भेज दिया। बिरही और अलकनन्दा के किनारे नीचे दूर तक ख़तरे की घण्टी बज गयी। ताल सन् १८९४ में फूट पड़ा। पर सन् १९७० की तरह एकाएक नहीं। किनारे के गाँव ख़ाली करवा लिये गये थे, प्रलय को झेलने की तैयारी थी। ताल फूटने के बाद ४०० गज का जलस्तर ३०० फ़ुट मात्र रह गया था। ताल सिर्फ़ फूटा था, पर मिटा नहीं था। गोरे साहबों का सम्पर्क न सिर्फ़ ताल से बल्कि उसके आसपास की चोटियों पर बसे गाँवों से भी बना रहा। उन दिनों एक अँग्रेज़ अधिकारी महीने में एक बार इस दुर्गम इलाक़े में आकर स्थानीय समस्याओं और झगड़ों को निपटाने के लिए एक 'कोर्ट' लगाते थे। विशाल ताल साहसी पर्यटकों को भी न्यौता देता था। ताल में नावें चलती थीं।

आज़ादी के बाद भी नावें चलती रहीं। सन् '६० के बाद ताल से २२ किलोमीटर की दूरी से गुज़रने वाली हरिद्वार-बदरीनाथ मोटर-सड़क बन जाने से पर्यटकों की संख्या भी बढ़ गयी। ताल में नाव की जगह मोटर बोट ने ले ली। ताल में पानी भरने वाली नदियों के जलागम क्षेत्र कुँवारी पर्वत के जंगल भी सन् '६० से '७० के बीच में कटते रहे। ताल से प्रशासन का सम्पर्क सिर्फ़ पर्यटन के विकास के नाम पर कायम रहा— वह ताल के इर्द-गिर्द बसे १३ गाँवों को धीरे-धीरे भूलता गया। मुख्य

मोटर–सड़क से ताल तक पहुँचने के लिए (गाँव तक नहीं) २२ किलोमीटर लम्बी एक सड़क भी बनायी जाने लगी। सड़क अभी १२ किलोमीटर ही बन पायी थी कि सन् '७० की जुलाई का वह तीसरा हफ़्ता आ गया। ताल फट जाने के बाद सड़क पूरी करने की ज़रूरत ही नहीं समझी गयी। सन् १८९४ में गौना ताल के फटने की चेतावनी तार से भेजी गयी थी, पर सन् १९७० में ताल फटने के बाद ही ख़बर लग पायी।

बहरहाल, अब यहाँ गौना ताल नहीं है। पर उसमें पड़ी बड़ी–बड़ी चट्टानों पर पर्यावरण का एक स्थायी शिलालेख ख़ुदा हुआ है। इस क्षेत्र में चारों तरफ़ बिखरे चट्टानों के टुकड़े हमें बताना चाहते हैं कि जंगलों का, ख़ासकर नदियों के जलागम क्षेत्र में खड़े जंगलों का हमारे पर्यावरण पर क्या असर पड़ता है। पर हम इस 'शिलालेख' को पढ़ने के लिए तैयार नहीं होते। लेकिन उत्तराखण्ड का 'चिपको आन्दोलन' न सिर्फ़ इस 'शिलालेख' को पढ़ चुका है, वह अपनी सीमित शक्ति और अति सीमित साधनों से इसकी हिदायतों पर अमल भी कर रहा है।

जुलाई के तीसरे हफ़्ते में आन्दोलन कार्यकर्त्ताओं की एक टुकड़ी लगातार हो रही बारिश के बीच गौना ताल तक पहुँची और उसने ताल के मलबे के बीच से बह रही बिरही नदी के किनारे–किनारे मँजनूँ नामक एक पेड़ की तीन हज़ार क़लमें रोपीं। मँजनूँ (बिलो) पेड़ में नदी के किनारों को बाँध कर रखने का विशेष गुण है। इस इलाक़े में मँजनूँ का पौधा पहली बार ही लगाया गया है। आन्दोलन कार्यकर्त्ताओं का पर्यावरण–प्रेम इस विलक्षण पौधे को कश्मीर की घाटी से खोज कर लाया था। कश्मीर में इस पेड़ के गुणों से परिचित होने के बाद आन्दोलन के कार्यकर्त्ता इसका एक पौधा चमोली ज़िले में लाये थे। चूँकि इसकी क़लमें लगती हैं, इसलिए उस एक पेड़ की टहनियों से कई क़लमें बना ली गयीं और उन्हें गौना ताल के इलाक़े में रोपा गया। रोपण के लिए की गयी मात्रा, तीन दिन तक रोपण करने वाली टुकड़ी को खाने–पीने आदि का सारा ख़र्च 'चिपको आन्दोलन' को जन्म देने वाली संस्था दशौली ग्राम स्वराज्य संघ ने उठाया।

बरसात के इन कठिन दिनों में की गयी इस यात्रा का एक और उद्देश्य था—ताल के आसपास बसे उन गाँवों की सुध लेना जो बाढ़ के दिनों में प्रशासन से पूरी तरह कट जाते हैं।

गाड़ी, सैंजी, निजमुला, अडुंग, बेरा, गौना, धारकुमार, पगना, दुरमी, झैंजी मनौरा, पाणा और ईरानी नामक इन तेरह गाँवों में यदि इन दिनों जीवन 'सामान्य' दीखता है तो उसका एक ही कारण है—इनकी सहनशक्ति। निजमुला गाँव में राशन की एक दुकान थी, जो मुख्य गाँव के अलावा गौना, अडुंग और धारकुमार की आबादी के बीच सस्ता गल्ला बेचती थी। इसी तरह पगना, ईरानी, दुरमी, पाणा, मनौरा और झैंजी गाँवों के लिए बेरा में राशन मिलता था। पर इस साल से दोनों दुकानें बन्द हो गयीं। दुकानदारों का कहना है कि उन्हें घाटा हो रहा था। ऊँचाई के इन गाँवों तक माल खच्चरों की पीठ पर लद कर आता था। प्रशासन प्रति क्विंटल १० रुपये की ढुलाई मंज़ूर करता है, पर बरसात के दिनों में ख़तरा बढ़ जाने के कारण खच्चर वाले प्रति क्विंटल ३० रुपये लदाई वसूलते हैं। इसलिए दुकानदारों ने दुकानें बन्द कर दी हैं। इन गाँवों के लोगों के पास खुले बाज़ार से गल्ला ख़रीदने को पैसा नहीं है। जिनके पास थोड़ा-बहुत पैसा है उन्हें भी राशन लेने मुख्य सड़क पर बसे बिरही गाँव तक आना पड़ता है। इन तेरह गाँवों से बिरही गाँव की दूरी ५ किलोमीटर से लेकर ३० किलोमीटर तक है। इसमें भी ७००० फ़ुट ऊँचे जंगल को चढ़ना और उतरना पड़ता है। जंगल में बरसात के दिनों में भारी मात्रा में जोंक पैदा हो जाती हैं। नंगे पैर वालों की तो बात ही अलग जूते-मोजे पहन कर जंगल पार करने वालों के पैर भी जोंक चिपक जाने से लहूलुहान हो जाते हैं। ऐसे रास्तों से होकर बिरही आने वाला आदमी एक बार में दस-पन्द्रह किलो से ज़्यादा वजन का राशन नहीं ले जा पाता। बिरही तक जाने-आने में भीतर के कुछ गाँवों से तीन दिन तक लग जाते हैं। यानी तीन दिन की कठिन यात्रा के बाद भी वह पन्द्रह दिन से ज़्यादा का राशन नहीं ले जा सकता। जिन परिवारों में कोई जवान नहीं है उन परिवारों पर क्या बीतती है? पाणा और ईरानी गाँवों की हालत तो और भी खस्ता है। ये इस तरफ़ से अन्तिम गाँव हैं। बीच में बिरही नदी पड़ती है। सन् '७० तक यहाँ एक पैदल पुल था। पर '७० की बाढ़ में वह भी बह गया। एक नया पुल स्वीकृत हुए पाँच साल बीत चुके हैं, पर वह अभी तक बन नहीं पाया है। इन दो गाँवों के लोग इन दिनों में नदी पार कर बिरही गाँव तक भी नहीं आ सकते। पीछे के रास्ते से ये लोग जोशीमठ तहसील के तपोवन गाँव तक जा सकते हैं, पर वहाँ तक आने-जाने का मतलब है ८ से १३ हज़ार फ़ुट की ऊँचाई पर लगभग ७० किलोमीटर की पैदल यात्रा।

गाड़ी गाँव में रहने वाले आज़ाद हिन्द फ़ौज के एक भूतपूर्व सैनिक ने पिछले महीने सीधे प्रधानमन्त्री को एक पत्र लिख कर पूछा है, 'क्या आप १३ गाँवों को भी अपनी प्रजा मानते हैं? यदि हाँ, तो हमारे लिए बाढ़ के इन दिनों में खाने-पीने का इन्तज़ाम करवाइये। हम मुफ़्त में नहीं, लेकिन उचित दूरी और उचित दाम पर राशन माँग रहे हैं। यदि राशन नहीं दिलवा सकते तो क्या हम पड़ोसी देश चीन के साथ राशन की बातचीत कर लें?'

भूतपूर्व फ़ौजी के ग़ुस्से में दम है। बिरही की बाढ़ को उतरने में अभी एक महीना तक लग सकता है। इन चार हफ़्तों में यहाँ के प्रशासन को किसी भी क़ीमत पर सस्ता गल्ला बाँटने की कोई अस्थायी व्यवस्था कर देनी चाहिये और अगले बरस ऐसे असंख्य गाँवों में बाढ़ आने से पहले ही राशन पहुँचाने की कोई स्थायी योजना बना लेनी चाहिये। बाढ़ तो हर बरस आयेगी—जब तक हम गौना ताल के मलबे पर लिखे 'शिलालेख' को पढ़ नहीं पायेंगे, पढ़ कर समझ नहीं पायेंगे।

दिनमान, १३-१९ नवम्बर, १९७७

जलागम क्षेत्रों को विश्राम

उत्तरप्रदेश शासन ने अलकनन्दा और उसकी सहायक नदियों के जलागम क्षेत्रों में वनों का व्यापारिक कटान दस वर्षों के लिए स्थगित करने का आदेश दिया है। सरकार ने यह क़दम चिपको आन्दोलन समिति की सिफ़ारिशें मानते हुए उठाया है, जिससे वनों के संरक्षण और पर्यावरण के असन्तुलन तथा भूस्खलन को एक क्षेत्र में कम करने में सहायता मिलेगी। वर्षों से उत्तराखण्ड के चेतन मानस द्वारा उठायी जा रही आवाज़ की सार्थकता का यह एक और सोपान है। चिपको आन्दोलन समिति ने अपने प्रतिवेदन में, जो अक्तूबर १९७६ में शासन को दिया गया था, यह सुझाव दिया था कि रेणी जंगल का व्यापारिक कटान १० वर्षों के लिए रोक दिया जाये और उसके बाद स्थिति का निरीक्षण करके वांछित निर्णय लिया जाये। समिति ने यह स्वीकार किया कि यद्यपि वानिकों के दृष्टिकोण से पेड़ों पर छपाई छटान पद्धति के अनुकूल किया गया है, लेकिन कटे वृक्षों के गिरने और उनके टुकड़ों को लुढ़काने से भूमि क्षतिग्रस्त होगी, जिससे भूस्खलन बढ़ेगा।

समिति ने यह राय भी दी कि १९७० की अलकनन्दा और उसकी सहायक नदियों—ऋषिगंगा, विरही आदि में जो भीषण बाढ़ आयी, उसको ध्यान में रखते हुए वनों की यथोचित सुरक्षा अनिवार्य है। इसी प्रकार रेणी जंगल के साथ ही नन्दाकिनी के जलागम क्षेत्र तथा ऋषिगंगा और नन्दाकिनी के बीच अधिक ऊँचायी के क्षेत्रों में भी वृक्षों के कटान पर पुनर्विचार आवश्यक है क्योंकि १ जुलाई १९७६ में नन्दाकिनी के जलागम क्षेत्र में भूस्खलन से बहुत क्षति हुई थी। प्रतिवेदन में विरही के निजमुला से ऊपर

के क्षेत्र तथा गरुड़ गंगा, पाताल गंगा, कर्मनाशा, डाक गधेरा, रिंगी और ऋषिगंगा के जलागम क्षेत्रों को भी अत्यधिक अस्थिर बताया गया। इन क्षेत्रों में अतिवृष्टि और भूस्खलन से क्षति सम्बन्धी सूचनाओं की पुष्टि की गयी। प्रतिवेदन में सुझाव दिया गया कि इन क्षेत्रों में वनों के चुगान, कटान पर नियन्त्रण तथा अग्नि से सुरक्षा के उपाय किये जायें। इस क्षेत्र में दस हज़ार फुट से कम ऊँचायी के ख़ाली स्थानों पर सघन वनीकरण और उससे अधिक ऊँचायी के चरागाह क्षेत्रों में उपयुक्त प्रजाति की घास आदि की बुआई अथवा रोपण की सिफ़ारिश की गयी थी।

उत्तराखण्ड के वनों का व्यावसायिक उपयोग सदियों पहले शुरू हो गया था, लेकिन प्रशासकीय स्तर पर वनों के संवर्धन की ज़्यादा चिन्ता कभी नहीं की गयी। वनों के अन्धाधुन्ध कटान की ओर सरकार का ध्यान आकृष्ट करने के लिए पहाड़ी जनता को आन्दोलन शुरू करना पड़ा। इसके विपरीत वनों के अधिकाधिक दोहन और अधिकतम राजस्व प्राप्ति की होड़ लगी रही। १९७० की अलकनन्दा की भीषण बाढ़ में ६ मोटर पुल, १५ पैदल पुल, ३० बसें और कार बह गयीं, जानमाल की क्षति हुई। हरिद्वार में गंगा नहर ७ मील तक बालू से पट गयी थी, जिसे साफ करने में लगभग एक करोड़ रुपया खर्च हुआ था। नहर बन्द हो जाने से पश्चिमी उत्तरप्रदेश में खड़ी फसल सिंचायी से वंचित रह गयी थी। बाढ़ ऋषिगंगा से आरम्भ हुई थी। पाताल गंगा, गरुड़ गंगा, विरही आदि का पानी बढ़ जाने से अलकनन्दा की बाढ़ भीषण विनाशकारिणी बन गयी थी। सरकार को न सही, कुछ समाजसेवियों को इसके 'वास्तविक कारण' ढूँढ़ने बताने की ज़रूरत हुई थी। दरअसल, उन्होंने बाढ़ के कारणों की ओर नहीं, अपनी ओर लोगों का ध्यान आकृष्ट किया था। लोकोक्तियों के आधार पर कुछ अधिकारी बाढ़ को महज़ दैवी प्रकोप ही मानते रहे। वे बाढ़ से आँख मूँदने–मुँदवाने की कोशिश करते रहे। उत्तराखण्ड से अधिक राजस्व प्राप्ति का मोह संवरण उनके लिए कठिन था। इसी क्रम में १९७३–७४ में जोशीमठ (चमोली ज़िला) के समीप रेणी के जंगल में वन विभाग द्वारा बड़ी संख्या में पेड़ काटने के लिए छापे गये। इस से पूर्व गोपेश्वर मण्डल तथा केदार घाटी में फाटा–रामपुर के समीप शीला जंगल में पेड़ बेचे गये, जिनका कटान स्थानीय समाज सेवकों और जनता ने चिपको आन्दोलन आरम्भ करके रोक दिया था। रेणी की स्थिति इससे ज़्यादा ख़राब और

भिन्न थी। गोपेश्वर–फाटा में आन्दोलनकारियों के सामने केवल वनवासियों के वनाधिकारों का सवाल था, लेकिन रेणी में देश की सबसे महत्त्वपूर्ण नदी अलकनन्दा की आठ छोटी–बड़ी सहायक नदियों के जलागम क्षेत्र को भूस्खलन से बढ़ रहे बाढ़ के ख़तरे से बचाने का प्रयास आवश्यक हो गया था। रेणी में आंदोलन की पद्धति भी भिन्न रही, जिसमें स्थानीय स्त्रियों का योगदान एक अभूतपूर्व घटना है। २७ स्त्रियों ने लगभग ५० मज़दूरों को पेड़ काटे बिना जंगल से वापस जाने के लिए मजबूर कर दिया था। ठेकेदारों को वहाँ से श्रमिकों तथा राशन की बोरियों सहित ख़ाली हाथ लौटना पड़ा। वन विभाग के उच्चाधिकारी चिपको के प्रेरकों के सटीक तर्कों का खण्डन नहीं कर सके और १९७४ में उत्तरप्रदेश सरकार ने दिल्ली में एक वनस्पतिशास्त्री डॉ. वीरेन्द्र कुमार की अध्यक्षता में एक समिति गठित की। चिपको आंदोलन के प्रेरक चण्डीप्रसाद भट्ट, गोविन्द सिंह रावत ब्लॉक प्रमुख; जोशीमठ, विधायक गोविन्द सिंह नेगी के अलावा अतिरिक्त मुख्य अरण्यपाल, अभियन्ता श्री निगम, उत्तरप्रदेश के भूतत्व तथा खनिककर्म निदेशक और गढ़वाल वन वृत्त के अरण्यपाल उक्त समिति के सदस्य बनाये गये। समिति के सदस्यों को प्रभावित क्षेत्र में जाकर भूमि का कटाव तथा धौली गंगा में बाढ़ आने से हुई क्षति का निरीक्षण करके यह विचार करना था कि रेणी जंगल के जंगल विभाग द्वारा नीलाम पेड़ों को काटा जाये या नहीं। समिति के सदस्यों से यह भी अपेक्षा की गयी थी कि वे रेणी, लाता, तपोवन तथा ढाक ग्राम के प्रधानों से भी सम्पर्क करें तथा अपनी रपट ३१ मई ७४ तक प्रस्तुत करें।

समिति के सदस्यों ने पहले चक्र में छपे हुए वृक्षों का निरीक्षण किया, ग्रामवासियों से परामर्श लिया। ऋषिगंगा तथा विरही के प्रश्रवण क्षेत्रों का अध्ययन आवश्यक था। इसलिए यह निश्चय किया गया कि इनके प्रश्रवण क्षेत्रों को विभाजित करने वाली पर्वत शृंखला का विस्तृत सर्वेक्षण किया जाये। इसके लिए एक उपसमिति गठित की गयी और शासन से अधिक समय की माँग की गयी। गरुड़ गंगा के उत्तर तथा टँगड़ी के बीच में सेल, पाताल गंगा के जलागम क्षेत्र, जोशीमठ के ऊपर कुँआरी, डेलीसेरा, मसाणागैठा, ध्याली सेरा, खामा आदि स्थानों का निरीक्षण किया गया। इस क्षेत्र में अत्यधिक अस्थिरता पायी गयी। इससे स्थानीय लोगों के विरोध की सार्थकता पुष्ट हुई। समिति की रपट में उल्लिखित तथ्य,

स्थानीय जनों और चिपको आंदोलन के प्रणेताओं की राय में कोई विरोधाभास नहीं रह गया।

यह भी स्पष्ट हो गया कि वन विभाग से सम्बद्ध अधिकारियों को वनों और पर्यावरण का कितना ध्यान रहता है।

सरकार द्वारा समिति की संस्तुतियाँ स्वीकृत हो जाने से इस क्षेत्र की सुरक्षा की सम्भावना बहुत बढ़ गयी है। १९७० की बाढ़ से अस्त-व्यस्त क्षेत्र की लाल धरती पिछले तीन-चार वर्षों में 'आराम' मिलने से कुछ हरी हो रही है। ऋषिगंगा, पातालगंगा के मृतप्राय लाल भद्दे किनारे पुनः सौन्दर्य सहेज रहे हैं, जिसे चमोली से जोशीमठ जाते हुए मोटर की खिड़की से देखा जा सकता है। १० वर्ष के विश्राम से इस क्षेत्र को बहुत राहत मिलेगी। चिपको आंदोलन के प्रतिवेदन से यह जानकारी मिलती है कि जलागम क्षेत्र का विशेष महत्त्व है। इसलिए अब उत्तरप्रदेश सरकार को गंगा और उसकी सहायक नदियों का विस्तृत सर्वेक्षण करवाना चाहिये। ऐसी व्यवस्था करनी चाहिये कि वनों के कटान, मोटर मार्गों के निर्माण और नगर नियोजन कार्य करवाने में विशेष सावधानी बरती जाये। वनों के विनाश से पर्यावरण के दूषण का हमें अभी प्रत्यक्ष अनुभव नहीं हो रहा है, किन्तु भूस्खलन से बढ़ रही बाढ़ से होने वाली करोड़ों रुपये और जान-माल की क्षति पर तो हमें ध्यान देना ही चाहिये।

दिनमान, १४-२० अगस्त १९७७

पानी को सस्ता करो

इस बार मानसून सामान्य रहेगा। मौसम विभाग का यह अनुमान अपनी जगह सही है। पर बंगाल की खाड़ी से भारत में घुसने वाले मानसूनी बादलों की पहली बारिश से ही असम और बंगाल के कुछ क्षेत्रों में जो बाढ़ आ गयी थी उसकी गम्भीरता का अन्दाज़ पिछली तीस मई को तेजपुर के नज़दीक हुई रेल दुर्घटना से लगाया जा सकता है। इसमें डेढ़ सौ से ऊपर लोग मरे थे। अरब सागर से मानसूनी हवायें सौराष्ट्र और पाकिस्तान कुछ देर में पहुँचती हैं। वहाँ भी पहली बारिश ने कराची को बाढ़ के पानी से भर दिया था। ३ जून को कराची से गुज़रने वाली ल्यारी और मलीर नदियों में आयी बाढ़ में सैकड़ों लोग बह गये और तट तोड़कर उफन आये पानी में लगभग बीस हज़ार लोगों को बेघरबार बना दिया।

भारत में जून से सितम्बर दक्षिणी-पश्चिमी मानसून के महीने हैं। मई के शुरू में दक्षिणी हिन्द महासागर से आने वाली दक्षिण-पूर्व तिजारती हवायें भूमध्य रेखा पार करती हैं। धरती के घूमने के कारण यहाँ इनकी दिशा बदल जाती है और भाप के विशाल बादलों को अपने साथ उड़ाकर लाती हुई ये हवायें तेज़ी से उत्तरी हिन्द महासागर की ओर बढ़ लेती हैं। मानसून के बादल मई में किसी वक़्त सबसे पहले बंगाल की खाड़ी में पहुँचते हैं और फिर कुछ ही समय में ये बंगाल की खाड़ी और अरब सागर के ऊपर आकाश में छा जाते हैं।

भारतीय आकाश पर ये बादल दो शाखाओं में आगे बढ़ते हैं। अरब सागर से चला मानसून पश्चिमी तट की तरफ़ जाता है और पहले ही झटके में भारत के पश्चिमी घाटों पर ज़ोर की वर्षा हो जाती है। मानसून धीरे-धीरे

पश्चिमी घाट पार करता है और उसके बाद ये बादल गड़गड़ाते हुए पश्चिमी प्रायद्वीप पर फैल जाते हैं। अरब सागर के बादलों की इस शाखा का उत्तरी भाग सौराष्ट्र और पाकिस्तान को पार करता हुआ जब राजस्थान पहुँचता है तब तक उसका जलभण्डार काफ़ी कुछ चुक गया होता है, राजस्थान की धरती प्यासी ही रह जाती है।

बंगाल की खाड़ी से आगे बढ़ने वाले बादल अराकान तटों पर बरसते हैं। हिमालय के ऊँचे शिखरों की वजह से उन्हें पश्चिमोत्तर की तरफ़ आगे बढ़ने के बजाय मुड़ जाना पड़ता है। पूर्वी भारत में मानसूनी बादल पूरे ज़ोर-शोर से बरसते हैं। हिमालय की नदियों के प्रस्त्रवण क्षेत्रों पर भारी वर्षा के कारण असम और बिहार की नदियों में बाढ़ आ जाती है। यहाँ से गंगा के मैदानों में आगे बढ़ते हुए जब ये बादल पश्चिमोत्तर की ओर मुड़ जाते हैं तो उस साल उत्तर भारत की नदियों में बाढ़ आती है और मध्य भारत के इलाक़े में—नर्मदा के मुहाने पर, उत्तरी प्रायद्वीप तथा गुजरात में कम वर्षा होती है। लेकिन जिस साल ये बादल पश्चिम की तरफ़ झुक जाते हैं उस साल गंगा के मैदानों में पानी कम बरसता है और मध्य भारत, नर्मदा के मुहाने और गुजरात के इलाक़े बाढ़ में डूब जाते हैं।

मौसम विभाग द्वारा इस वर्ष मानसून के सामान्य होने की घोषणा का अर्थ सिर्फ़ इतना ही है कि बंगाल की खाड़ी और अरब सागर से बढ़ने वाले बादल के काफ़िले में पानी उतना ही है जितना वह सामान्य वर्षा वाले सालों में होता है। मानसून के बादलों में पानी औसत हो, उससे कम हो या ज़्यादा, बाढ़ तो हर साल आती है। बाढ़ का आना अकेले बारिश पर निर्भर नहीं है : या कहना यह चाहिये कि बादलों के कम या अधिक सघन होने पर वह बहुत कम निर्भर है। मानसून हलका हो तो भी कुछ इलाक़ों में इतना पानी बरस ही जाता है कि अगर वहाँ की मिट्टी में उसे समोने की क्षमता नहीं है तो उससे वहाँ की नदियों का सामान्य जलस्तर कहीं न कहीं ख़तरे के निशान को पार कर जाता है।

बाढ़ असल में प्रकृति का आदमी पर किया गया अत्याचार नहीं है, बल्कि वह आदमी द्वारा प्रकृति पर किये गये अत्याचार का परिणाम है। नदियों के प्रस्त्रवण क्षेत्रों में फैले हुए विशाल वन हर साल बड़ी मात्रा में कट रहे हैं। झूम की खेती भी जंगलों के विनाश का एक बड़ा कारण रही है। इसके अलावा घास के मैदानों को चरागाहों की तरह इस्तेमाल करते चले जाने से

वहाँ नयी वनस्पति को उपजने का मौक़ा नहीं मिलता और इस तरह धीरे-धीरे ऐसे ढलान वनस्पति शून्य होते चले जा रहे हैं। हिमालय के बुग्याल (आठ हज़ार फ़ुट की ऊँचाई पर हरी मखमली घास के लम्बे-चौड़े ढलान) पहले सिर्फ़ स्थानीय भेड़ों के चराने के काम आते थे, पर अब यहाँ लोग दूर-दूर से गाय-भैंसों के झुण्ड लेकर आने लगे हैं। इस वजह से ये बुग्याल भी सूख चले हैं। पहाड़ की पीठ अगर वनों और वनस्पति से हरी-भरी हो तो मानसून के दिनों में तेज़ वर्षा के झले को पेड़ अपनी पीठ पर थामते हैं, पानी अपना ज़ोर खो कर धरती पर गिरता है, सूखे पत्तों और हरी वनस्पति की खाद से बनी मिट्टी की सतह उसे अपने में समा लेती है। पानी बड़ी मात्रा में नीचे बह जाने के बजाय रिस कर मिट्टी की निचली परतों तक पहुँचता है। यहाँ से वह धीरे-धीरे साल भर तक छोटे-बड़े झरनों के ज़रिये निकलता रहता है। एक प्रकार का सन्तुलन बना रहता है। लेकिन वन और वनस्पति के कट जाने से नदियों के प्रस्त्रवण क्षेत्रों में पहाड़ी ढलान नंगे हो चले हैं। ये पानी के तेज़ झले को सँभाल नहीं पाते। बरसात का पानी पूरे वेग के साथ धरती की सतह पर टकराता है और अपने साथ बड़ी मात्रा में मिट्टी को बहाता हुआ नदी में जा गिरता है।

बरसात की हर झड़ी के साथ नदी का जलस्तर बढ़ता जाता है। तेज़ वर्षा के कारण भूस्खलन भी होता है और इस तरह काफ़ी तादाद में मिट्टी बह कर नदी की धारा में मिल जाती है। यही मिट्टी कभी-कभी छोटी नदी के मुहाने पर इकट्ठी होती है, जहाँ से वह किसी बड़ी नदी की धारा में मिलती है। बड़ी धारा के रास्ते में इस रुकावट के आ जाने से बड़ी धारा की गति धीमी पड़ती है और फिर उससे ऊपर की घाटियों में पानी जमा होने लगता है। झेलम नदी में वुगर झील से दस किलोमीटर नीचे एक छोटी-सी नदी पोहरा मिलती है। पोहरा के मुहाने पर इकट्ठी हो जाने वाली रेत की वजह से झेलम का प्रवाह धीमा पड़ जाता है और इससे श्रीनगर घाटी में बाढ़ आ जाती है।

नदी के ऊबड़खाबड़ रास्ते की वजह से उसमें जहाँ-तहाँ मिट्टी के ढेर लग जाते हैं। खुली घाटी में नदी की धारा फैलने के कारण जब धीमी पड़ती है तो यह मिट्टी नदी के तल में बैठ कर उस की सतह को ऊँचा उठा देती है। ऐसी ही जगह अक्सर छोटे गदेरे (नाले) नदी में मिलते हैं। इनमें से ज़्यादातर गदेरे मौसमी होते हैं, जिनमें ज़्यादा पानी लिये चलने की क्षमता

नहीं होती। भारी वर्षा से इन गदेरों में पानी की मात्रा बढ़ जाती है। पानी इनके किनारों को काटता हुआ तेजी से आगे बढ़ता है। मुख्य नदी में मिल कर इनका पानी उसके वेग को और भी अधिक बढ़ा देता है और फिर नदी भी अपने किनारे काटने लगती है। ऐसे कटावों के कारण बड़े पैमाने पर भूस्खलन होते हैं। उत्तराखण्ड में भूस्खलन से हुई छोटी-बड़ी दुर्घटनाओं के समाचार हर साल मिलते हैं। कुछ समय पहले उत्तर प्रदेश सरकार ने उत्तराखण्ड के गदेरों का सर्वेक्षण करवा कर यह जानने की कोशिश की थी कि इन में से कितने गदेरे कितने ख़तरनाक हैं और भूकटाव को रोकने के लिए इन पर तटबन्ध बनाने में कितनी लागत आयेगी। जाँच करने वालों ने पाया कि इस तरह के अधिकांश गदेरे ख़तरनाक ही हैं और तटबन्ध बनाने का ख़र्च इतना ज़्यादा बैठता था कि उत्तर प्रदेश सरकार उसे उठाने की स्थिति में नहीं थी। भारत के पूर्वोत्तर प्रदेश में भूस्खलन का एक और कारण है—भूचाल। असम में १९५० के भूकम्प से हुए भूस्खलन की मिट्टी आज तक ब्रह्मपुत्र नदी में बह कर आ रही है।

भारत में सब से घनी वर्षा पूर्वोत्तर क्षेत्र में ही होती है। ऊँची और सीधी ढलानों के नीचे घाटियों में बरसात होते ही पानी भर जाता है। प्रगति के पिछले वर्षों में इस क्षेत्र में बनी रेल की पटरियों और सड़कों की ऊँची पट्टियों के कारण इस पानी की सहज निकासी में बाधा पड़ गयी है। इन पट्टियों को बनाते समय बरसात के पानी की निकासी का ध्यान ठीक से नहीं रखा गया। पहले पानी कुछ ही घण्टों में बह जाता था, किन्तु अब वह इन ऊँची पट्टियों के कारण एक लम्बे अरसे तक खड़ा रहता है। रेल की पटरियों और सड़क की ऊँची पट्टियों से घिरे बाढ़ग्रस्त इलाक़े में लोगों को फँसा हुआ देख कर डॉ. राममनोहर लोहिया ने कहा था कि, 'यदि ये लोग इन पटरियों और सड़कों को उखाड़ फेंके तो भी उन्हें अपराधी नहीं मानना चाहिये।' असम के इलाक़े में नदियों और नालों पर बने तटबन्ध स्थिति को और भी विकट बना देते हैं। पानी का बहाव नदी से घाटी की तरफ़ तो रुक जाता है लेकिन घाटी का पानी भी नदी की तरफ़ नहीं आ पाता और बरसात के ज़्यादातर दिनों में इन इलाक़ों में पानी भरा का भरा रह जाता है।

मैदानी इलाक़ों में आने वाली बाढ़ का प्रमुख कारण भी नदियों के प्रस्त्रवण क्षेत्र का कमज़ोर होना है। ऊपरी हिस्सों में बरसात के पानी के साथ बह कर आयी मिट्टी गाद बहुत कम समय में नदी के निचले हिस्सों में पहुँच

जाती है। टेढ़े-मेढ़े पहाड़ी रास्तों में तो यह मिट्टी पानी के साथ बहती रहती है लेकिन नीचे मैदानी इलाक़े में आकर यह नदी के तल में जमने लगती है और इस तरह नदी का तल ऊँचा उठा देती है। नदी ऊपरी या फिर आसपास के इलाक़ों में हुई बरसात के कारण बह कर आने वाले पानी को अपने में समा कर बहा नहीं पाती। पानी तट के बाहर निकल कर दूर तक फैल जाता है। हर साल बाढ़ का यह पानी एक बड़े हिस्से में फसलों को चौपट कर देता है। बाढ़ के कारण मरने वाले और बेघरबार होने वाले लोगों के आँकड़े हमें उस सन्ताप का साधारण अन्दाज़ भी नहीं दे सकते जो बाढ़ में डूबे हुए गाँवों के लोगों के मन में छाया रहता है।

इस तरह मानसून सामान्य हो या न हो बाढ़ तो हर साल आती ही है। बाढ़ से हर साल लगभग तीन सौ करोड़ रुपयों का नुकसान होता है। यह एक मोटा हिसाब ही है, क्योंकि बाढ़ को रोकने में असफल हुई सरकारों ने उससे होने वाली हानि को हमेशा कम कर के दिखाने की कोशिश की है। बाढ़ से होने वाले कुल नुकसान की बात अभी छोड़ दीजिये, केवल भूकटाव की समस्या को ही लीजिये। कुल ३२.८ करोड़ हेक्टेयर भूमि में चौदह करोड़ हेक्टेयर भूमि हर साल हवा या पानी से होने वाले कटाव का शिकार होती है। लगभग छह हज़ार करोड़ टन उपजाऊ मिट्टी हर वर्ष भूकटाव के कारण बह जाती है। धरती के ऊपर कुछ इंचों में फैली इस उपजाऊ सतह को बनाने में प्रकृति को पाँच सौ से हज़ार साल तक लगते हैं। इस बेहद क़ीमती मिट्टी का काफ़ी बड़ा हिस्सा समुद्र में बह कर बर्बाद हो जाता है और शेष भाग नदियों के तल, जोहड़ों, बाँध के जलाशयों आदि के तल में बैठ जाता है।

पानी के तेज़ बहाव, उसके ठहराव और इसी से जुड़ी एक अन्य समस्या— क्षार के कारण किस गति से ज़मीन ग़ैर-उपजाऊ होती जा रही है इसके ठीक-ठीक आँकड़े उपलब्ध नहीं हैं। लेकिन इन कारणों की वजह से पहले ही ग़ैर-उपजाऊ हो चुकी सत्तर लाख एकड़ ज़मीन की क़ीमत लगभग दस हज़ार करोड़ रुपये बैठती है। तेज़ बरसात और फिर बाढ़ के कारण बहने वाली मिट्टी गाद से होने वाले नुकसान के आँकड़े भी काफ़ी भयानक हैं। नदियों के बरसाती पानी के साथ बह कर आने वाली मिट्टी बड़े बाँधों के लिए बनाये गये जलाशयों में गिरती है और दिन-ब-दिन उनकी जलक्षमता को कम करती जाती है। आन्ध्र में निजाम सागर जलाशय

की क्षमता पिछले पच्चीस सालों में घट कर आधी रह गयी है। भाखड़ा बाँध बनाते समय सोचा गया था कि उस में नदी के साथ हर साल २४० लाख टन के हिसाब से मिट्टी गिरेगी, पर अब वह मात्रा बढ़ कर ३३० लाख टन हो गयी है, अर्थात् ६०० क्यूसेक मीटर, प्रति किलोमीटर। इतनी बड़ी मात्रा में मिट्टी के बह कर आने से पैंतीस सौ करोड़ के लागत की सिंचाई और बिजली की ये योजनायें धीरे-धीरे अपनी उम्र खोती जा रही हैं। जलाशयों के तल की सफ़ाई का ख़र्च इतना ज़्यादा होता है कि वह कभी भी इस मर्ज़ का इलाज नहीं बन सकता।

मिट्टी के इस कटाव का नदी के प्रस्त्रवण क्षेत्रों के जंगलों से क्या सम्बन्ध है, यह पाँच बरस पहले उत्तराखण्ड में हुई बेलाकूची दुर्घटना ने दिखा दिया था। रेणी जंगल अलकनन्दा के प्रस्त्रवण क्षेत्र में आता है। अलकनन्दा पर इस जंगल की कटाई का बुरा असर पड़ता है। सन् '७२ में बेलाकूची स्थान पर अलकनन्दा में भीषण बाढ़ आयी थी। इस बाढ़ के कारण किनारे के कुछ गाँव और कुछ लोग भी बह गये थे। बाढ़ के साथ आयी मिट्टी लगभग ढाई सौ किलोमीटर नीचे बनी अपर गंगा नहर में भर गयी थी। इस नहर की सफ़ाई में एक करोड़ रुपये की लागत आयी और उधर ऊपर प्रस्त्रवण क्षेत्र में आने वाला रेणी का जंगल सिर्फ़ १४ लाख रुपये की लागत में कटवाया गया था। जान-माल की हानि को सरकार भूल भी जाये तो भी उन्हें यह तो दिखना ही चाहिये कि प्रस्त्रवण क्षेत्र के जंगल को काटने से शुरू में थोड़ा-सा फायदा ज़रूर होता है, लेकिन बाद में बहुत-सा घाटा सहना पड़ता है। सन् '७४ में रेणी का जंगल फिर ठेके पर जा रहा था, लेकिन 'चिपको' आन्दोलन की औरतों ने उसे रोक लिया। बाद में आन्दोलन के दबाव में उत्तर प्रदेश सरकार ने रेणी जंगल की कटाई का विवाद एक विशेषज्ञ समिति को सौंप दिया। समिति में वनस्पति विशेषज्ञ वीरेन्द्र कुमार और पूसा संस्थान के निदेशक एम.एस. स्वामीनाथन् भी शामिल थे। समिति ने अपनी रपट में आन्दोलन की माँग का समर्थन करते हुए रेणी के जंगल की कटाई को पाँच वर्ष के लिए रद्द करने का सुझाव दिया था, ताकि अलकनन्दा के प्रस्त्रवण क्षेत्र में जल और भूमि का संरक्षण हो सके और बाढ़ का ख़तरा टल जाये।

सन् '७२ में केन्द्र सरकार के सिंचाई मन्त्रालय ने मिट्टी के कटाव को रोकने की एक योजना का कुल ख़र्च तैयार करवाया था। तब यह ख़र्च

बीस हज़ार करोड़ रुपये आँका गया था। आज के दामों के हिसाब से यह ड्योढ़ा तो हो ही जायेगा। हो सकता है स्थानीय लोगों को इस योजना में शामिल करने से इसमें किफायत की कुछ गुंजाइश निकल आये। पर कटाव को रोकने में जितनी देर होगी जलसंरक्षण और उससे बिलकुल जुड़े भूसंरक्षण की समस्या उतनी ही गम्भीर होती जायेगी।

जलसंरक्षण और भूसंरक्षण एक ही सिक्के के दो पहलू हैं और इन के कारण कभी अकाल आता है तो कभी बाढ़। लेकिन बाढ़ की रोकथाम के बारे में सोचते समय भारत के नीतिवेत्ताओं के मन में भारी वर्षा से बड़ी नदियों के जलस्तर की समस्या ही घर किये रहती है। इसलिए सिर्फ़ ऐसे ही उपाय किये जाते हैं जो इस जल को नदियों से अलग कर के मानसून के समय उनकी भयंकरता में कमी कर सकते हैं। बाढ़ के प्रमुख कारण—भारी वर्षा, पहाड़ों के नंगे हो जाने के कारण पानी का तेज़ बहाव और उसके कारण होने वाला भूकटाव और उसके कारण भारी मात्रा में मिट्टी का नदियों में बह कर आना, नदियों की सतह का ऊँचा उठ जाना और फिर, इसी वजह से नदी में पानी का न समाना और चारों तरफ़ फैल जाना—ऐसे अनेक कारण नीतिवेत्ताओं के मन में जगह नहीं पा सके हैं।

पिछले तीस सालों में काफ़ी निष्ठा से बड़े और मँझले दरजे के बाँध बनाये गये हैं। ऐसे बाँधों की संख्या ४३५ है। नहरों के ज़रिये भी अतिरिक्त पानी की दिशा मोड़ी गयी है। इन ख़र्चीली योजनाओं का मैदानी इलाक़ों की बाढ़ पर असर ज़रूर पड़ा है, पर अभी यह हिसाब लगाया जाना बाक़ी है कि इनके ऊपर हुए कुल ख़र्च के अनुपात में ये योजनायें कितनी लाभदायक सिद्ध हो पायी हैं।

इन बाँधों का फायदा बिजली उत्पादन में ज़रूर मिला है। लेकिन जलसंरक्षण के उपायों के प्रति बरती गयी उपेक्षाओं के कारण जलाशयों की क्षमता भी हर साल कम होती जा रही है। इधर पिछले दिनों में बाढ़ की रोकथाम के लिए एक नया सुझाव यह आया है कि नदी के प्रस्त्रवण क्षेत्र से बाहर आते ही उसका जल एक बड़े जलाशय में इकट्ठा कर लिया जाये और फिर उस जलाशय से ज़रूरत के समय बाहर निकाल लिया जाये। इस सुझाव में भी निगाह अतिरिक्त पानी के इकट्ठे किये जाने पर ही टिकी हुई है। ऐसे तमाम सुझावों में हर बार यह बात भुला दी जाती है कि पानी की वक़्ती अधिकता ही बाढ़ का एकमात्र कारण नहीं है बल्कि मात्र एक कारण है। अगर पानी

के तेज़ बहाव और मिट्टी के कटाव के कारण मौजूद रहे तो एक दिन ये तमाम योजनायें धरी की धरी रह जायेंगी।

बाढ़ को बाँधों के ज़रिये बाँधने का जो एक उपाय अब तक नीतिवेत्ताओं के मन में था अब वह भी उतना आसान नहीं बन पा रहा है। बाँध, जलाशय और नहरों की योजनाओं को धन के साथ-साथ जगह की तंगी का भी सामना करना पड़ रहा है। बड़े जलाशयों के लिए काफ़ी जगह की ज़रूरत पड़ती है और इतनी जगह एकाएक आसानी से प्राप्त नहीं हो पाती। उत्तराखण्ड में प्रस्तावित टिहरी बाँध के जलाशय से पूरा टिहरी क़स्बा और उसके आसपास के कई गाँव जलमग्न हो जायेंगे। यहाँ के लोगों को लगभग सौ किलोमीटर नीचे तराई के इलाक़े में बसाने की योजना है, लेकिन स्थानीय विरोध और कुछ अन्य कारणों से अभी टिहरी बाँध की योजना कुल मिला कर खटाई में ही पड़ी हुई है।

बाढ़ की भयानकता को कम करने और बिजली पैदा करने के अलावा बड़े-बड़े बाँधों की ये योजनायें सिंचाई के लिए भी बहुत आकर्षक दिखती हैं। जितनी बड़ी योजना होगी उस के प्रति उतना ही बड़ा आकर्षण लोगों के मन में पैदा हो जाता है और वे उसकी बड़ी लागत और प्रबन्ध की जटिलता के कारण आने वाली दिक़्क़तों को अनदेखा कर देते हैं। बड़ी योजनाओं का अनिवार्य असर मुद्रास्फीति पर पड़ता है। इन योजनाओं के पक्ष में दलील दी जाती है कि इनके माध्यम से काफ़ी लोगों को रोज़गार मिलता है। लेकिन इस दलील के पीछे यह तथ्य छिपा ही रह जाता है कि इन योजनाओं से अमीर इंजीनियरों और ठेकेदारों के एक नये धनाढ्य वर्ग को भी फलने-फूलने का मौक़ा मिलता है। बाँध बन जाने के बाद उसके प्रबन्ध की गड़बड़ियों का कोई हिसाब नहीं। ज़रूरत के वक़्त किसान के खेत तक नहर का पानी न पहुँचना, पानी के बँटवारे को लेकर किसानों में आपस में ही झगड़े हो जाना जैसी बातों को फ़िलहाल छोड़ दीजिये—सिंचाई के प्रबन्ध की गड़बड़ी का सबसे बड़ा संकट है पानी की निकासी का ठीक इन्तज़ाम न होने के कारण खेतों में होने वाला पानी का जमाव। भारत में लगभग दो करोड़ हेक्टेयर सिंचित ज़मीन ऐसी है जो जब-तब पानी के जमाव या उसी से जुड़ी क्षार की समस्या का शिकार बनी हुई है और इसलिए उस का खेती में पूरा इस्तेमाल नहीं हो पा रहा।

खेतों में सिर्फ़ सिंचाई का इन्तज़ाम कर देना ही काफ़ी नहीं है। यदि

निकासी का ठीक इन्तज़ाम न किया जाये तो यह पानी फसल को चौपट कर देता है; ठहरा हुआ पानी पौधों की जड़ों तक हवा को जाने नहीं देता। हाथ की फसल तो मारी ही जाती है, कभी-कभी इसका असर आने वाली फसलों पर भी पड़ता है। सिंचित क्षेत्रों में नहरों और जलाशयों के कारण ज़मीन में जल का स्तर वैसे भी कुछ ऊपर उठ जाता है। खेत में पानी की निकासी ठीक न होने की वजह से सिंचाई का पानी ठहर जाता है। ऊपर के पानी और भीतर के पानी के मिश्रण से कहीं-कहीं ज़मीन में क्षार की मात्रा भी बढ़ जाती है। यह समस्या प्रमुख रूप से पंजाब और हरियाणा में है, क्योंकि यहाँ पर सिंचित ज़मीन का प्रतिशत भी सब से ज़्यादा है। मध्य प्रदेश में तवा योजना के अन्तर्गत आने वाले हिस्सों में भी सिंचाई के पानी की निकासी का ध्यान नहीं रखा गया है। योजना अभी पूरी भी नहीं हुई है, लेकिन जलप्रबन्ध की गड़बड़ी के नतीजे सामने आने लगे हैं। सिंचाई के बाद ठहरे हुए पानी को निकालने की ओर अब कुछ ध्यान दिया ज़रूर जा रहा है, लेकिन इसके लिए चलाये गये समरूपण (लेबलिंग) अभियान के कारण किसानों में व्यापक असन्तोष फैल रहा है। ये किसान स्थानीय स्तर पर अपना एक संगठन बना कर राज्य सरकार के सामने अपनी समस्यायें पेश करने की कोशिश कर रहे हैं। पानी के ठहराव की समस्या उत्तर प्रदेश और बिहार के भी काफ़ी हिस्सों में बढ़ती जा रही है। सिंचाई की बड़ी योजनाओं के प्रति निरुत्साहित करने वाले ऐसे उदाहरणों के बाद भी आश्चर्य है कि पिछले दिनों जनता पार्टी की नयी सरकार बनते ही प्रधानमन्त्री ने कुछ सौ अरब रुपयों की एक बहुत ही महत्त्वाकांक्षी सिंचाई योजना सामने रख दी है। इस योजना में उत्तर से दक्षिण तक की तमाम नदियों को नहरों के ज़रिये आपस में जोड़ देने का प्रस्ताव है। विकेन्द्रित अर्थव्यवस्था में विश्वास करने के साथ-साथ इतनी ख़र्चीली योजना को प्रस्तावित करने से और वह भी तब जब कि ऐसी योजनाओं की उपयोगिता के बारे में ख़ासा विवाद हो, लगता है कि नयी सरकार भी इन बुनियादी मसलों पर कोई भिन्न और मौलिक दृष्टि नहीं रखती है।

पर्यावरण विशेषज्ञ आज कल कई कारणों से सतह के पानी को जमा कर के नहरों के ज़रिये सिंचाई करने के तरीक़े के पक्ष में नहीं हैं। इस तरीक़े में लागत ज़्यादा आती है, नदी और जलाशयों के तल में मिट्टी और गाद जमती जाती है। सिंचाई के अकुशल प्रबन्ध के कारण खेतों में पानी ठहर

जाता है। लेकिन सबसे बड़ा तर्क इस तरीक़े के ख़िलाफ़ यह दिया जाता है कि सतह के पानी का पूरा इस्तेमाल नहीं हो पाता। इसका बहुत बड़ा भाग भाप बन कर ऊपर उड़ जाता है और एक भाग ज़मीन में नीचे रिस जाता है। एक अनुमान के अनुसार सतह के पानी का चालीस प्रतिशत हिस्सा इन्हीं दो कारणों से बर्बाद चला जाता है। जितनी लम्बी नहरें बनेंगी नुकसान का यह प्रतिशत उतना ही बढ़ता जायेगा। नहरों और जलाशयों में मिट्टी जमते जाने की समस्या तो अब खुल कर सामने आ गयी है।

प्रकृति की योजनाओं में बेजा दख़ल देते रहने और अपनी ही योजनाओं के अकुशल प्रबन्ध के कारण लगभग हर साल बाढ़ और अकाल का चक्र चलता रहता है। इस दख़ल और अकुशल प्रबन्ध ने हमें अभी तक अपनी भूमि और जल के कुल साधनों का ठीक-ठीक इस्तेमाल करने का मौक़ा नहीं दिया है। हमारे पास कुल ३२ करोड़ ८ लाख हेक्टेयर भूमि ही कृषि के योग्य मानी जाती है। अयोग्य भूमि में से चट्टानी और अगम्य पहाड़, नदियों, तालाबों वग़ैरह से घिरी भूमि को छोड़ने के बाद भी काफ़ी भूमि ऐसी है जिसे कृषि योग्य भूमि के आँकड़ों में शामिल नहीं किया गया है, जो थोड़ी ही कोशिश के बाद खेती के काम में लायी जा सकती है। यों पर्यावरण विशेषज्ञों का तो कहना है कि ठीक तरीक़े अपनाकर राजस्थान के मरुस्थल तक को हरे-भरे खेत में बदला जा सकता है। लेकिन अभी तो हम कुल कृषि योग्य भूमि का भी पूरा-पूरा इस्तेमाल नहीं कर रहे हैं। सरकारी आँकड़ों के अनुसार सिर्फ़ १३ करोड़ ८६ लाख हेक्टेयर भूमि पर ही खेती होती है। इसमें से भी केवल तीन करोड़ दो लाख हेक्टेयर भूमि पर नहरों, तालाबों, नलकूपों और कुओं आदि से सिंचाई की सुविधायें प्राप्त हैं। बाक़ी ज़मीन वर्षा के भरोसे हैं।

भारत में औसत १०५ सेंटीमीटर वर्षा होती है। पर पूरे भारत में एक जैसी वर्षा नहीं है—पूर्वोत्तर के कुछ क्षेत्रों में जब भारी वर्षा होती रहती है तो उसी समय देश के काफ़ी बड़े हिस्से में सूखे की हालत बनी रहती है। भारत में ज़मीन की पानी की ज़रूरतों को देखते हुए ३७५ मिलीमीटर प्रतिवर्ष वर्षा वाले क्षेत्रों को अर्द्धशुष्क तथा ७५१ से ११२५ मिलीमीटर वाले क्षेत्रों को अपर्याप्त नमी वाला क्षेत्र माना जाता है। कुछ अपवादों को छोड़ कर इससे अधिक वर्षा वाले क्षेत्रों को पर्याप्त वर्षा का क्षेत्र समझा जाता है।

सिंचाई आयोग ने उन इलाक़ों को सूखाग्रस्त माना है जहाँ हर साल औसतन एक हज़ार मिलीमीटर वर्षा होती है। इस मापदण्ड के अनुसार हर साल लगभग दस लाख वर्गमील क्षेत्र सूखे की चपेट में बना रहता है। देश के कुल क्षेत्रफल के १२ प्रतिशत हिस्से में ४०० मिलीमीटर से भी कम पानी गिरता है। ३५ प्रतिशत भाग में ७५० मिलीमीटर तक वर्षा हो जाती है। इस तरह क़रीब ५ करोड़ साठ लाख हेक्टेयर ज़मीन ऐसी है जहाँ वर्षा बहुत कम, कम या अनिश्चित होती है।

देश के नक़्शे पर सूखे का कुल इलाक़ा दो बड़े भागों में बँटा हुआ है। मरुस्थल और अर्द्धशुष्क जलवायु वाले क्षेत्रों की पहली पट्टी लगभग ६ लाख वर्गमील क्षेत्र में फैली हुई है। यह अहमदाबाद से कानपुर और कानपुर से जालन्धर तक एक त्रिभुज बनाती है। इस त्रिभुज में ७५० मिलीमीटर से कम वर्षा होती है और कहीं–कहीं तो आँकड़ा ४०० मिलीमीटर से भी नीचे गिर जाता है। इस त्रिभुज के हिस्से में पानी की कोई व्यवस्था नहीं है और यह भीषण अकाल का शिकार बना रहता है। सूखाग्रस्त इलाक़े की दूसरी बड़ी पट्टी पश्चिमी घाट से पूर्व की तरफ़ ३०० मील चौड़ाई में फैली हुई है। यह पश्चिमी घाट के 'छाया क्षेत्र' के नाम से जाना जाता है। ७५० मिलीमीटर से कम और सो भी बेसिलसिले वर्षा वाले इस इलाक़े में अक्सर अकाल रहता है। इस क्षेत्र के अन्तर्गत कर्नाटक में माँड्या से आन्ध्र में चित्तूर तक और चित्तूर से ताप्ती के मुहाने तक की रेखा आती है। पूर्वी घाट की भूमि की सतह थोड़ी नीची है और कृष्णा के मुहाने की भूमि ऊबड़खाबड़। यह अर्द्धशुष्क क्षेत्र कृष्णा नदी के साथ–साथ समुद्र तट से ८० मील भीतर तक चला जाता है। इस क्षेत्र का क्षेत्रफल लगभग ३.७० लाख वर्गमील है।

देश में सूखे की इन दो प्रमुख पट्टियों के अलावा अन्य कई छोटे–छोटे सूखाग्रस्त क्षेत्र भी हैं, जैसे तिरुनेलवली ज़िला, कोयंबतूर ज़िले का कुछ हिस्सा, सौराष्ट्र और कच्छ, मिर्ज़ापुर का पठार, पालामऊ, बंगाल का पुरुलिया और ओडिसा का कालाहाँडी क्षेत्र। कम वर्षा के अलावा सूखे का कारण है बेसिलसिले वर्षा। गंगा के मैदानों में जहाँ यों पर्याप्त वर्षा होती है वहाँ भी कुछ क्षेत्रों में बेसिलसिले वर्षा के कारण अकाल पड़ जाता है।

पानी की कमी वाले इन क्षेत्रों की तरफ़ पहली बार पिछली योजना में विशेष ध्यान दिया गया था। ७२ ज़िलों में फैले हुए ४५ अकालग्रस्त क्षेत्रों

को स्थानीय या बाहरी साधनों से पानी उपलब्ध कराने की एक योजना बनायी गयी थी। इन क्षेत्रों के प्रति अपनी चिन्ता जताते हुए सरकार ने कहा था कि इस काम को पूरी तरह से नौकरशाही के भरोसे नहीं छोड़ा जा सकता। इसलिए स्वैच्छिक संस्थाओं की भी मदद ली जायेगी। पर व्यवहार में कुछ ख़ास काम नहीं हुआ। न तो सरकार ने अपनी तरफ़ से कुछ किया और न उसे ऐसी स्वैच्छिक संस्थायें ही दिखीं जो आगे बढ़ कर इस ज़िम्मेदारी को उठा लेतीं। पश्चिम बंगाल में बाँकुरा जैसी एकाध जगह ज़रूर इस दिशा में कुछ आरम्भिक काम-काज हुआ है।

सूखाग्रस्त इन इलाक़ों में अधिकांश क्षेत्र मरुस्थल हैं या पठार। वर्षा या तो बहुत कम होती है या कि बेसिलसिले, जिससे कि समय पर पानी नहीं मिल पाता। पठार वाली भूमि ऊँची-नीची है, इसलिए बरसात का पानी तेज़ी से निचली जगह की ओर बह जाता है। ये पठार और मरुस्थल सदा से ऐसे ही नहीं थे। किसी समय ये वन और वनस्पति से हरे-भरे थे। पेड़ों की कटाई और पशुओं द्वारा बेजा चराई से धीरे-धीरे ये इलाक़े वन और वनस्पति-शून्य बन गये। कम बरसात वनस्पति के घटते जाने के बाद और कम होती चली गयी। इसी तरह पठार की ऊँची-नीची ज़मीन में भू-कटाव के कारण उपजाऊ मिट्टी की मात्रा घटती गयी और रही-सही हरियाली के छँट जाने के बाद पठार की खुरदरी पीठ पानी को अपने भीतर थामने के लायक नहीं रह गयी। अब इन मरुस्थलों और पठारों को हरा-भरा बनाने का रास्ता और कुछ नहीं है, सिवाय इसके कि इतिहास में वापस लौटा जाये।

कम वर्षा वाले पठारों में पानी का सबसे अच्छा और सहज स्रोत कुआँ ही है, लेकिन पहाड़ी ज़मीन में ऐसे कुएँ खोदने के लिए जिन औज़ारों की ज़रूरत पड़ती है उन्हें जुटा पाना आदिवासियों और गिरिजनों के लिए सम्भव नहीं है। यह काम किसी साधन सम्पन्न एजेंसी द्वारा ही किया जा सकता है। मिर्ज़ापुर की दूधी तहसील में वनवासी सेवा आश्रम नामक संस्था ने इस दिशा में उल्लेखनीय पहल की है। यहाँ सन् '६७ के अकाल के समय कुछ लोगों ने आदिवासियों के बीच में राहत लंगर शुरू किये थे। यहाँ की ज़मीन की दशा और पानी के अभाव को देख कर इन लोगों को समझ में आया कि अकाल तो यहाँ हर दो साल में आता रहेगा। इन लोगों ने हर वर्ष राहत लंगर खोलते रहने के बदले इसी इलाक़े में रह कर भूमि

और जल प्रबन्ध को सुधारने की कोशिश शुरू की। आश्रम ने इस क्षेत्र में बड़े पैमाने पर कुएँ, नलकूप और स्थानीय सहयोग से छोटे-छोटे तालाब बनाकर यहाँ के जल प्रबन्ध को बहुत हद तक सुधार लिया है। जिन खेतों में एक भी फसल नहीं हो पाती थी वहाँ अब तीन-तीन फसलें होने लगी हैं।

७५० से १००० मिलीमीटर वाले पठारों की मुख्य समस्या बरसात के पानी को तेजी से नीचे बह जाने से रोकने की है। इसके लिए सबसे पहले तो यहाँ की रही-सही हरियाली के क्षय को रोकना होगा और उसी के साथ-साथ यहाँ नये वन और झाड़ियाँ लगाते जाना होगा, ताकि यहाँ की मिट्टी में पानी को ज़ब्त करने की क्षमता बढ़ सके। ढलानों पर सीढ़ीदार पट्टियाँ बना कर भी बरसाती पानी के तेज़ बहाव को कम किया जा सकता है और फिर इस पानी को छोटे-छोटे जलाशयों में इकट्ठा किया जा सकता है।

मरुस्थल वाले इलाक़ों में पानी और भी कम गिरता है। ऐसे स्थलों में पानी का सबसे स्थायी स्रोत भूमिगत जल ही है। पर धरती के भीतर नये पानी के अधिक मात्रा में न पहुँचने के कारण यहाँ का जलस्तर निरन्तर घटता जा रहा है। जिस साल बरसात बिलकुल नहीं होती उस साल ऐसे इलाक़ों के कच्चे कुओं में या तो पानी बिलकुल सूख जाता है या फिर काफ़ी नीचे तल तक पहुँच जाता है। जिन गाँवों में ज़्यादा गहरे कुएँ नहीं हैं वहाँ विकट हालत पैदा हो जाती है। राजस्थान के मरुस्थल को दुबारा हरी-भरी ज़मीन में पलटने की बात अभी कल्पना में ही है। उसे किसी योजना का रूप नहीं मिला है। फ़िलहाल तो यहाँ की बची-खुची झाड़ियों को संरक्षण दिया जाना चाहिये और साथ ही उपलब्ध भूमिगत पानी की निकासी और उस के किफायती इस्तेमाल पर विशेष ध्यान दिया जाना चाहिये। उत्तर-दक्षिण की नदियों में राष्ट्रीय एकता दिखने के बजाय अगर किसी तरह गंगा-यमुना के बाढ़ के दिनों के अतिरिक्त पानी को राजस्थान की रेतीली भूमि के नीचे पहुँचाने की कोशिश की जाये तो यह कहीं अधिक लाभदायक काम होगा।

बाढ़ और सूखे की समस्या के हल में एक बड़ी बाधा इनका अन्तर्राज्यीय स्वरूप है। जिन नदियों में बाढ़ आती है वे एक से अधिक राज्यों में होकर बहती हैं और उनका उद्‌गम इनसे भी अलग किसी राज्य में होता है। असम की कुछ नदियाँ भूटान से निकलती हैं, इसलिए असम की बाढ़ का काफ़ी कुछ इलाज भूटान में ही सम्भव है। इसी तरह सूखे के शिकार क्षेत्रों

की पट्टियाँ भी एक से अधिक राज्यों तक जाती हैं। सूखे और बाढ़ की समस्या का निदान तभी ज़्यादा अच्छी तरह से हो सकता है जब इन्हें एक राष्ट्रीय समस्या के तौर पर उठाया जाये। पूर्वोत्तर भारत, सिन्धु तथा गंगा के मैदानों में बहने वाली सभी नदियाँ हिमालय की पर्वत श्रृंखला में से निकलती हैं, इसलिए हिमालय के क्षेत्रों में जल तथा भूसंरक्षण की अन्तर्राज्यीय स्तर पर एक व्यापक योजना ही इस इलाक़े के लोगों को हर साल बाढ़ या सूखे की चपेट में आने से बचा सकती है। भूमि और जल के अकुशल प्रबन्ध की वजह से कुल उपलब्ध पानी का कभी भी ठीक इस्तेमाल नहीं हो पाता। भारत में हर साल ३७० करोड़ घनमीटर पानी बरसता है। इसमें से एक-तिहाई पानी भाप बन कर उड़ जाता है, क़रीब १६४ करोड़ ५० लाख घनमीटर पानी सतह पर जलाशयों में रह जाता है, जिसका अधिकांश भाग नदियों द्वारा समुद्र में बेकार बह जाता है। ८२ करोड़ ५० लाख घनमीटर पानी धरती के भीतर जाता है। इसमें ४५ करोड़ ५० लाख घनमीटर पानी धरती की ऊपरी सतह से कुछ ही फ़ुट नीचे तक बना रहता है। इसी पानी से पेड़-पौधों तथा अन्य वनस्पतियों को फलने-फूलने में मदद मिलती है। शेष ३७ करोड़ घनमीटर पानी ज़मीन की भीतरी सतह में चला जाता है और भूमिगत जल भण्डार का अंग हो जाता है। एक अरसे से धरती के भीतर यह भण्डार जमा हो रहा है। कुएँ आदि के ज़रिये हम उस भण्डार का एक बहुत ही छोटा-सा हिस्सा बाहर निकालते हैं। एक मोटे अनुमान के अनुसार हमारी धरती के भीतर इस समय लगभग २७ करोड़ एकड़ फ़ुट पानी जमा है।

सतह पर जमा पानी के प्रबन्ध में आने वाली दिक़्क़तों को देखते हुए जल सम्बन्धी एक अधिक उपादेय और व्यावहारिक नीति यह होगी कि उसे धरती के भीतर जल भण्डार में परिवर्तित करने के उपाय किये जायें और फिर उसी विशाल भण्डार से साल भर की ज़रूरत का पानी निकालते रहें। यह बहुत कुछ धरती की भीतरी बनावट पर निर्भर करता है कि वह किस गति से और कितना पानी अपने भीतर जज्ब कर सकती है। भारत की धरती का एक हिस्सा, लगभग १२ लाख वर्गमील स्लेट, ग्रेनाइट, नाइस जैसे पत्थरों की ठोस चट्टानों से बना है। इन चट्टानों में ऐसी जगह कम ही है जहाँ पानी सम स्तर पर इकट्ठा हो सके, इसलिए या तो वह चट्टानी परतों के बीच में जमा हो जाता है या उनके जोड़ों पर ख़ाली जगह के बीच।

लगभग ५० हज़ार वर्गमील क्षेत्र ऐसा है जिसकी भीतरी परतें उतनी ठोस नहीं हैं। ऐसी ज़मीन में पानी का भण्डार आसानी से जमा हो सकता है। इस तरह की ज़मीन मुख्यत: राजस्थान, गुजरात और तमिलनाडु में है और इन तीन इलाक़ों के ऊपर से अकाल की पट्टी भी गुज़रती है, इसलिए यहाँ पर भूमिगत जल भण्डार विकसित करने की योजनायें निश्चित ही लाभदायक साबित होंगी। शेष ज़मीन पानी के लिए सुगम है। सतह के पानी को तालाब और कुओं द्वारा धरती के जल भण्डार में दाख़िल किया जा सकता है। छोटे-छोटे तालाबों में इकट्ठा पानी सामान्य गति से धरती के भीतर रिसता रहता है। ऐसा पानी मिट्टी में छन कर अपने आप साफ़ भी हो जाता है। पर कुओं के ज़रिये पानी को धरती के भीतर पहुँचाते समय इस सावधानी की ज़रूरत होती है कि वह दूषित न हो।

ठोस चट्टानी ज़मीन के भीतर छिपे जल भण्डार का बहुत ही कम इस्तेमाल किया गया है। पहले इन क्षेत्रों में कुएँ खोदना बहुत कठिन काम था। अब यह काम निश्चित ही उतना कठिन नहीं रह गया। अपेक्षाकृत कम ठोस चट्टानों के क्षेत्रों में नलकूप और कुएँ दोनों ही खोदे जा सकते हैं। इन क्षेत्रों में जलस्तर काफ़ी नीचे है, इसलिए यहाँ बरसात के पानी को भूमिगत भण्डार में जमा कर के कुल जलस्तर ही ऊँचा उठाने की कोशिश की जा सकती है। अधिक जलस्तर वाले क्षेत्रों से कम जलस्तर वाले क्षेत्रों में पानी को भूमिगत ले जाने के प्रयोग भी किये जा सकते हैं। कुल मिला कर छोटे-बड़े कुओं और नलकूपों के ज़रिये भूमिगत जल भण्डार के इस्तेमाल की तरफ़ ध्यान दिया जाना चाहिये। पानी प्राप्त करने की इन सस्ती और साधारण विधियों का सबसे बड़ा फायदा यह है कि इनका प्रबन्ध स्थानीय हाथों से बाहर नहीं जाता और इसलिए खेत को ठीक समय पर और ज़रूरत जितना पानी मिल सकता है इनसे सिंचाई के फालतू पानी की निकासी की समस्या भी मुँह नहीं फैलाती।

यह एक भयानक तथ्य है कि पानी की कमी के कारण जितनी ज़मीन पर खेती नहीं हो पाती उससे ज़्यादा ज़मीन पर्याप्त जल वाले क्षेत्रों में बेकार पड़ी हुई है। ऐसी ज़मीन के आँकड़े तो उपलब्ध हैं, लेकिन अभी तक यह नहीं बताया गया है कि इनके बेकार पड़े होने के कारण क्या-क्या हैं। इन में काफ़ी बेकार ज़मीन ऐसी है जिसकी ऊपरी उपजाऊ परत तेज़ वर्षा के दिनों में बह चुकी है। फिर भी अभी यह लाइलाज नहीं है। इस कम

उपजाऊ ज़मीन में थोड़े से पानी की मदद से बेर और बबूल की खेती की जा सकती है और यह खेती एक फसल के बाद अच्छा फायदा भी दे सकती है। इस खेती के दीर्घकालिक लाभ तो निश्चित ही बहुत से हैं। इससे बंजर भूमि की उर्वरा शक्ति इसे वापस मिल सकती है।

बाढ़, सूखा, भूकटाव की ये समस्यायें एक-दूसरे से जुड़ी हुई हैं। अभी तक इन तीनों को एक साथ रख कर हल करने की कोशिश नहीं की गयी है। इसका दुष्परिणाम हमारे सामने पूरे साल भर तक आता रहता है। देश में उपलब्ध कुल भूमि और कुल जल के कुशल प्रबन्ध के बिना हम इन समस्याओं से छुटकारा नहीं पा सकेंगे। बाढ़ के समय सेना की नाव के ज़रिये मदद पहुँचा देना, अकाल के वक़्त मुफ़्त ख़ाना बँटवा देना इन समस्याओं का पक्का इलाज हो ही नहीं सकता। पक्का इलाज कुशल प्रबन्ध में छिपा हुआ है, लेकिन उसके लिए एक ज़बरदस्त राजनैतिक इच्छा और एक ईमानदार संगठन की ज़रूरत है। क्या हम इन दोनों चीज़ों को पा सकेंगे?

बनवारी और अनुपम मिश्र
दिनमान १७-२३ जुलाई, १९७७

गाँधी समाधि या सैनिक समाधि

गाँधी बलिदान दिवस, तीस जनवरी पर एक बार फिर देश ने अपने शहीदों को याद किया। इस दिन होने वाले ढेर सारे कार्यक्रमों का केन्द्र था राजघाट, जहाँ राष्ट्रपति महोदय ने ठीक दस बजकर अट्ठावन मिनट पर गाँधी समाधि पर एक विशेष फूलमाला चढ़ायी और सेना के तीनों अंगों की तीन टुकड़ियों ने अपने हथियारों को उलटा किया; सेना के बिगुलवादकों ने बिगुल पर 'लॉस्ट पोस्ट' नामक धुन बजाकर पूरे देश में दो मिनट के मौन प्रारम्भ होने का संकेत दिया; सब्र कुछ थम गया; बस थमी नहीं थी ग़ुलामी की जंजीरों की तेज़ खनखनाहट, जिन्हें हम आज़ाद हो जाने के बाद भी अपने पैरों से हटाना नहीं चाहते—ये जंजीरें बहुत ही भव्य जो हैं!

हमारे इस शहीद दिवस की रस्म का हर अंग, एक-एक हिस्सा ब्रितानी सैनिक प्रतीकों से भरा पड़ा है। आज़ादी की लड़ाई में शहीद हुए लोगों के सपनों से ये प्रतीक बिलकुल मेल नहीं खाते। वे लोग जिनके विरुद्ध लड़े थे, उनकी, अँग्रेज़ों की सैन्य परम्परा की 'भव्यता' का ही बखान करते हैं ये प्रतीक। यह घिनौना काम और कहीं भी होता तो चल जाता। पर यह होता है गाँधी समाधि पर। उसकी समाधि पर जिसका हथियारों, बन्दूकों, सेना और ब्रितानी रीति-रिवाज, तौर-तरीक़ों से कोई सम्बन्ध ही नहीं था।

दुनिया भर में अहिंसा की प्रतीक बन गयी इस समाधि, राजघाट पर तीस जनवरी को ठीक दस बजकर उनतालीस मिनट पर ५०-५० सैनिकों की तीन टुकड़ियाँ समाधि के भीतरी हिस्से में प्रवेश करती हैं। सारे श्रद्धालु इस जगह जूते उतार कर आते हैं। पर इन तीनों टुकड़ियों के सैनिक अपने चमकाये गये शानदार जूतों के साथ यहाँ प्रवेश करते हैं। इसके बाद का

सारा समारोह ब्रितानी सेना की उन विशिष्ट परम्पराओं से मण्डित होता है, जो उनके हिसाब से ठीक ही रही होंगी।

लेकिन बीच में अचानक गाँधी का प्रिय भजन 'रघुपति राघव राजा राम' भी सुनायी दे जाये तो चौंक मत पड़िये। यह इस भव्य माने गये कार्यक्रम का मुख्य भाग नहीं है। बहुत बाद में और शायद बहुत बेमन से इसे उस कार्यक्रम का हिस्सा बनाया गया था। राष्ट्रपति को आता देख 'रघुपति राघव राजा राम' का स्वर धीमा पड़ कर थम जाता है। भजन पूरा होना भी ज़रूरी नहीं है। बस, यह तो राष्ट्रपति के आगमन तक समय बिताने, वक़्त काटने का एक सुन्दर तरीक़ा बना लिया गया है।

अब राष्ट्रपति पुष्पांजलि अर्पित करते हैं। यह श्रद्धासुमन देसी या कहें गँवारू ढंग से अर्पित नहीं किये जाते। यूरोप में, इंग्लैण्ड में जिसे 'रीथ' कहा जाता है, उसे यहाँ अपनाया गया है शुरू से ही। एक बड़े गोल आकार में सजे फूलों की माला। प्रायः यह टायरों पर ताज़े फूलों को सजाकर बनायी जाती है। फिर बजता है बिगुल। 'लास्ट पोस्ट' की धुन, जो ब्रितानी सेना अपने शहीदों की याद में बजाया करती थी। दो मिनट के मौन का समय भी हमारी परम्परा से नहीं, बल्कि ब्रितानी परम्परा से लिया गया है। प्रथम महायुद्ध के बाद, ११ नवम्बर, १९१८ को ठीक ११ बजे युद्धविराम सन्धि पर दस्तख़त किये गये थे। शहीद दिवस के आयोजन में इसी समय को चुन लिया गया है।

शहीदों की याद में दो मिनट के मौन में अपनी ग़ुलामी की जंजीरों को ज़ोर-ज़ोर से बजाने वाला यह समारोह सन् १९५३ से शुरू हुआ था। इससे पहले गाँधी समाधि पर भजनों भरे एक सादे समारोह में गाँधी और अन्य शहीदों को याद किया जाता था। उन दिनों गाँधी समाधि भी बहुत साधारण सी थी; न तो आज की तरह उस पर काला संगमरमर मढ़ा गया था और न चौबीस घण्टे गैस बरबाद करने वाली 'अमर ज्योति' वहाँ जला करती थी।

सन् १९५१ में संसद ने 'राजघाट समाधि अधिनियम' पारित किया था। समाधि की देखभाल, रख-रखाव करने के लिए आवास मन्त्रालय की ओर से एक समिति बनायी गयी और फिर शुरू हुआ सैनिक प्रतीकों का गाँधी पर आरोप—यह ग़ुलामी का भव्य समारोह, हर ३० जनवरी को बेशर्मी के साथ दोहराया जाता है।

सन् १९७० में पहली बार संसद के ३० संसद सदस्यों (जिनमें प्रमुख थे : आचार्य कृपलानी, मधु लिमये और समर गुहा) ने इस शहीद दिवस समारोह में भरी पड़ी ब्रितानी रस्मों का विरोध किया था और सार्वजनिक रूप से बयान आदि देकर इसकी निन्दा की थी। राजघाट समिति के कुछ सदस्यों ने भी इसमें उनका साथ दिया था। ऐसा नहीं था कि सरकार ने इतने बड़े और इतनी बड़ी संख्या में आगे आये संसद सदस्यों की बात को गम्भीरता से नहीं लिया था। पर तब सरकार ने कहा कि समारोह का दिन क़रीब आ गया है। इतने कम वक़्त में उसमें बुनियादी बदलाव नहीं लाया जा सकेगा।

सन् १९७१ का समारोह ज्यों का त्यों मनाया गया। सन् '७२ के शहीद दिवस में परिवर्तन के लिए सरकार के पास समय की कोई कमी नहीं थी—इच्छा की कमी ज़रूर थी। इसलिए '७२ के समारोह में भी ब्रितानी प्रतीक कायम रहे। बस, गाँधी के कुछ प्रिय भजन ज़रूर जोड़ दिये गये। तब रक्षा मन्त्रीजी से इस बारे में पूछा गया, तो उन्होंने कहा कि, 'सरकार ने सभी विरोधी दलों की राय ले ली है!' यानी कम से कम ब्रितानी नक़ल के मामले में हमारे सत्तारूढ़ दल और विरोधी दल की दूरी घट चली थी।

सन् '७३ से लेकर '७६ तक शायद विरोधी दल कुछ और महत्त्वपूर्ण कामों में व्यस्त रहे। सन् १९७७ में तब का विरोधी दल ही सत्ता में आ गया। कुछ को लगा था कि अब तो यह समारोह बदल ही जायेगा। पर ऐसा नहीं हुआ। सन् १९७८ की ३० जनवरी को भी शहीदों की याद में ब्रितानी आँसू ही बहाये गये। सन् '७९ के इस शहीद दिवस पर भी दो मिनट के मौन के अवसर पर हमने अपनी ग़ुलामी की जंजीरों को खनखनाया है, क्योंकि उनका खनखनाने का समारोह पुराने सत्ताधारियों की तरह नये सत्ताधारियों को भी बहुत 'भव्य' लगता है। और फिर कुछ भजन तो जुड़ ही गये हैं न।

दिनमान, ११-१७ फ़रवरी, १९७७

ग़लती का दूसरा मौक़ा नहीं मिलेगा

बदरीनाथ, केदारनाथ, गंगोत्री और यमुनोत्री की ओर जाने वाले तीर्थयात्रियों की संख्या में एकाएक भारी गिरावट आ गयी है। मई के पहले हफ़्ते में इन चारों धामों के कपाट खुलने के बाद पिछले तीन महीनों में हिन्दुस्तान के चारों कोने से लगभग दो लाख यात्री यहाँ पहुँच चुके थे। लेकिन पिछले महीने में हुई चार बड़ी बस दुर्घटनाओं का आतंक बड़ी तेज़ी से फैला और देखते ही देखते चारों यात्रा मार्गों की चहल-पहल सन्नाटे में बदल गयी है। प्रतिदिन चार हज़ार तीर्थयात्रियों को ढोने वाली ५०० प्राइवेट बसों का काफ़िला अब यात्रियों के अभाव में ऋषिकेश और कोटद्वार डिपो में खड़ा सुस्ता रहा है। यही हाल टैक्सियों और ट्रकों का है—जी हाँ, इस बार ट्रकों तक में यात्रियों को ढोया गया था।

इन ख़तरनाक पहाड़ी रास्तों पर हर साल छोटी-मोटी दुर्घटनायें हो ही जाती हैं : एकाध ज़रा गम्भीर भी। लेकिन इस बार चारों बड़ी दुर्घटनायें एक ही महीने में घट गयीं। सबसे पहले १२ मई को रानीखेत से गोपेश्वर आती हुई उत्तर प्रदेश राजकीय परिवहन की बस चाँदपुर गढ़ी के पास गिर गयी। इसमें दो लोगों की मृत्यु वहीं पर हो गयी और दो अन्य की अस्पताल में पहुँच कर। फिर दो दिन बाद जोशीमठ से चमोली की ओर आती हुई बस पनीरवनोटी के पास एक तीख़े मोड़ पर चट्टान से टकरा गयी। ग़नीमत थी कि बस खड्डु में नहीं गिरी। दुर्घटना का कारण ब्रेक फेल हो जाना बताया गया। इसके बाद १४ मई को उत्तरकाशी की मनेरी घाटी में तीसरी दुर्घटना घटी। इसमें चालक-परिचालक समेत सभी ४१ यात्री मारे गये। इससे तीन दिन बाद इसी ज़िले में कानपुर से आयी एक मिनी बस खड्डु में गिरी।

९ यात्रियों को जान से हाथ धोना पड़ा। फिर चमोली के पास कुहेड़ में एक बस बाल-बाल बच गयी। पर ३ जून को चमोली के पास छिनका नामक स्थान पर अलकनन्दा में गिरी बस ने तीर्थयात्रियों से लेकर उत्तर प्रदेश शासन तक के कान खड़े कर दिये। गढ़वाल मोटर मालिक संघ की इस बस में ४१ यात्रियों में से सिर्फ़ एक यात्री जीवित बच पाया था। दुर्घटना की ख़बर के साथ ही साथ उत्तर प्रदेश शासन की ओर से ५ जून, '७६ को एक सदस्यीय जाँच आयोग बैठाये जाने की भी घोषणा कर दी गयी। राजस्व परिषद् के सदस्य महेशचन्द्र शर्मा की सदस्यता में गठित किया गया यह जाँच आयोग न सिर्फ़ इन बस दुर्घटनाओं की जाँच करेगा बल्कि वह उत्तराखण्ड के परिवहन से जुड़े हर पहलू—सड़कों की स्थिति, राजकीय और प्राइवेट बसों के रखरखाव, चालकों और परिचालकों के सेवा नियमों, उनके काम और आराम के घण्टों के साथ-साथ तीर्थयात्रा के मौसम में तीर्थयात्रियों की सुविधा और सुरक्षा—पर भी विस्तार से अध्ययन कर अपनी रपट देगा। आयोग ने उत्तराखण्ड की परिवहन व्यवस्था में सुधार के लिए आम जनता से भी सुझाव माँगे हैं। जनपद चमोली के नागरिकों ने एक प्रतिनिधि मण्डल के मार्फ़त अपने सुझाव आयोग तक पहुँचा भी दिये हैं। उनका मुख्य सुझाव इन रास्तों पर चलने वाली सभी बसों को एक निगम के अधीन कर देने का है। क्षेत्र के अन्य भागों से भी लगभग ऐसा ही सुझाव सामने आ रहा है।

उत्तराखण्ड की परिवहन व्यवस्था—चाहे वह राजकीय हो या निजी—मूलतः दो बातों पर टिकी रहती है और इन्हीं में से किसी एक के जवाब देते ही वह दुर्घटनाग्रस्त हो जाती है। पहली चीज़ है यहाँ की सर्पाकार ख़तरनाक सड़कें और दूसरी चीज़ है इन पर दौड़ने वाली मशीनों की स्थिति। तराई के ऋषिकेश से चारों धामों की ओर जाने वाली सड़कें लगातार चढ़ती और उतरती रहती हैं। आपको मुहावरे में विकल्प में 'कुएँ और खाई' मिलेगा। पर यहाँ की सड़कों के एक तरफ़ चट्टान और दूसरी तरफ़ गहरी घाटी मिलती है और लगभग हर घाटी में एक गहरी और तेज़ बहाव की नदी बहती है। ऋषिकेश से उत्तरकाशी होते हुए लंका जाने वाले २४८ किलोमीटर लम्बे मार्ग पर भागीरथी, ऋषिकेश से बदरीनाथ के ३०१ किलोमीटर मार्ग पर अलकनन्दा तथा ऋषिकेश से केदारनाथ के रास्ते में सोनप्रयाग तक २०९ किलोमीटर की दूरी तक मन्दाकिनी नदी

बहती है। (चार धाम की यात्रा से अलग पड़ने वाले कुमाऊँ के रास्ते यहाँ शामिल नहीं किये गये हैं) चट्टानों और गहरी घाटियों के बीच फीते की तरह लिपटी इन सड़कों के प्रारम्भिक भाग सन् '५० के आसपास बनने लगे थे। फिर हर साल इनमें कुछ-कुछ किलोमीटर जुड़ते गये। ऋषिकेश-बदरीनाथ मार्ग पर पीपलकोटी तक सड़क सन् '५३ में, जोशीमठ तक सन् '५९ में और अन्तिम मुकाम बदरीनाथ तक सन् '६५ में पहुँच पायी थी।

उत्तरी सीमाओं पर हुई हलचल के बाद सामरिक दृष्टि से भी इन सड़कों का महत्त्व बढ़ गया, इसलिए अधिकांश सड़कों की देखरेख और व्यवस्था का भार 'सीमान्त सड़क संगठन' नामक एक अर्धसैनिक संगठन के हाथों सौंपा गया। भौगोलिक परिस्थिति के कारण इन रास्तों की देखभाल अपने आप में पूरे समय का काम बन गया। कच्चे पहाड़ों पर होने वाले भू-स्खलन और ऊपर से लुढ़कने वाली चट्टानें चाहे जब अच्छी-ख़ासी सड़क पर मलबे का ढेर खड़ा कर देती हैं। बदरीनाथ मार्ग पर देवप्रयाग से ५१ किलोमीटर दूर कालियासौड़ नामक एक जगह पर पहाड़ लगातार फिसलता रहता है। यह हालत पिछले पन्द्रह साल से ज्यों की त्यों चली आ रही है। मलबे के गिरते रहने की वजह से सड़क सँकरी भी हो गयी है और ऊँची-नीची भी। हालत इतनी ख़राब है कि आधे फर्लांग के इस टुकड़े से पहले चेतावनी का तख़्ता मिलता है, जिस पर अँग्रेज़ी में लिखा है—'अपनी ज़िम्मेदारी पर पार करें।' (जैसे बाक़ी के रास्तों की ज़िम्मेदारी किसी और की है) इसी के साथ एक खम्भे पर इस टुकड़े से नीचे गिर कर नष्ट हुए वाहनों की नम्बर प्लेटें ठोंक दी गयी हैं। ख़तरनाक हिस्से के दोनों सिरों पर एक-एक मढ़िया है। पहले कभी आने-जाने वाले वाहन एक सिरे की मढ़िया पर मनौती कर सकुशल पार पहुँचने पर दूसरी मढ़िया पर चढ़ौती चढ़ाते रहे होंगे। पर अब यह रोज़मर्रा का मामला बन गया है। इसलिए वाहन बिना रुके आगे बढ़ जाते हैं।

पूरे रास्ते तीख़े मोड़ों की पूर्व सूचना से भरे पड़े हैं। जगह-जगह 'धीरे चलो, बायें चलो, हॉर्न बजाओ' जैसे नीरस लेकिन अत्यन्त उपयोगी आदेशों के अलावा 'इस दुनिया से बीस साल पहले कूच कर जाने से बेहतर है कि इस दुनिया में २० मिनट देरी से पहुँचें' या 'सड़क की सीमा आप के जीवन की सीमा है' जैसे सुभाषित भी मिलते रहते हैं।

ऐसी सँकरी और घुमावदार सड़कों पर लम्बी बसें नहीं चल सकतीं।

इसलिए यहाँ ट्रक के ढाँचे पर बस का खोल चढ़ा लिया जाता है। यात्रा मार्गों पर चलने वाली निजी कम्पनियों (टिहरी गढ़वाल मोटर मालिक संघ, गढ़वाल मोटर मालिक संघ, सीमान्त सरकारी संघ तथा यातायात और पर्यटन विकास सहकारी संघ) की कोई ५०० बसों के अलावा उत्तर प्रदेश राजकीय परिवहन निगम की बसें भी ट्रक के ढाँचे पर तैयार की गयी हैं। लेकिन निगम और निजी कम्पनियों के खोल में बहुत फ़र्क़ है। निगम की बसों में लगी सीटों का मुँह सामने की तरफ़ ही रहता है। इसमें कुल मिला कर ३० सवारियाँ बैठ सकती हैं। पर निजी कम्पनियों की बसों में सिर्फ़ पहले दर्जे की सीटें कुछ तमीज के साथ लगायी गयी हैं। दूसरे और तीसरे दर्जे की सीटें बस की लम्बाई में चार पंक्तियों में जमा दी गयी हैं। इनमें सवारियों के घुटने आपस में टकराते रहते हैं और खिड़की से दृश्यावली झाँकने के बदले इन्हें एक-दूसरे का मुँह ताकना पड़ता है। घुमावदार रास्तों पर जी मिचलाना एक आम बात है। निजी बसों में ऐसे यात्रियों को उल्टी करने में भी तकलीफ़ होती है। इस विचित्र तरीक़े से सीट लगा कर ये निजी कम्पनियाँ उतनी ही जगह में परिवहन निगम की बसों के मुक़ाबले दस सीटें और बढ़ा लेती हैं। कम्पनी को दस सवारियों का अतिरिक्त किराया मिल जाता है, पर सवारियों की हालत तो भेड़-बकरियों जैसी हो जाती है।

निजी कम्पनियों की ओर से इन रास्तों पर तीन तरह की गाड़ियाँ चलायी जाती हैं—एक, यात्रा मौसम में तीर्थयात्रियों को ले जाने वाली, दो, पूरे साल भर स्थानीय सवारियों के ख़याल से विभिन्न मार्ग पर चलने वाली 'रेगुलर' या लोकल तथा तीन, रेलगाड़ी से कटे इन इलाक़ों में डाक पहुँचाने वाली सवारी गाड़ियाँ। 'यात्रा स्पेशल' तो जब भर गयी तब चल देती है। डाक ले जाने वाली एक बस नियमितता का पूरा पालन करती है। डाक के थैले देरी से पहुँचाने पर उसे चालान वग़ैरह भरना पड़ता है। लेकिन 'रेगुलर' या 'लोकल' सेवा प्राय: अनियमित रहती है। इस बस में यात्रा के मौसम में भी सिर्फ़ स्थानीय सवारियों को ही बिठाये जाने का नियम है, पर उसका कठोरता से पालन नहीं हो पाता। पहले अड्डे पर जगह बच जाने पर उसमें भी तीर्थयात्रियों को भर लिया जाता हैं। इससे आगे की स्थानीय सवारियाँ सड़क पर ही खड़ी रह जाती हैं। स्थानीय लोग कहते हैं कि 'यात्रा मौसम' में भगवान भले ही मिल जायें पर 'लोकल' गाड़ी नहीं

मिल पातीं। निजी कम्पनियों के चालक-परिचालकों के बर्ताव पर भी प्रायः सभी जगह प्रतिकूल टिप्पणियाँ सुनने को मिलती हैं।

इन कम्पनियों की स्थानीय सेवाओं की चाहे जितनी आलोचना होती हो पर इतना तो स्वीकार करना ही पड़ेगा कि ज़्यादातर स्थानीय मार्गों पर इन्हीं के भरोसे आना-जाना निर्भर करता है। राजकीय परिवहन की सुविधाजनक बसें इने-गिने मार्गों पर दौड़ती हैं—५ बसें चमोली ज़िले में, ३ टिहरी में, १० पौड़ी में तथा सिर्फ़ एक उत्तरकाशी ज़िले में। उत्तर प्रदेश में राजकीय परिवहन की स्थापना सन् १९४७ में हुई थी। परिवहन की प्रचार पुस्तिका में लिखा है कि राज्य के लगभग सभी महत्त्वपूर्ण मार्गों में इसकी सेवायें उपलब्ध हैं। इसके बाद भी बदरी-केदार जैसे महत्त्वपूर्ण भाग इससे कैसे छूट गये समझ में नहीं आता। सन् '५५ के बाद उत्तराखण्ड में सड़कें फैलने लगी थीं। लेकिन तब परिवहन ने शायद इनकी खस्ता हालत देखकर इन पर बसें चलाना ठीक नहीं समझा।

ऐसी हालत में ऋषिकेश, कोटद्वार, हलद्वानी और रामनगर के कुछ साहसी व्यापारियों ने यहाँ पर बसें चलाना शुरू किया था। तीर्थयात्रा के मौसम में तो मोटर मालिकों की बसें ख़ूब लदी हुई चलती थीं, पर मौसम के बाद मन्दी शुरू हो जाती है। स्थानीय सवारियों के बलबूते पर सारी बसें दौड़ते रहना घाटे का सौदा पड़ता था। इसलिए इन लोगों ने बसों में सीधी सीटें न लगा कर आड़ी तख़्तियाँ बिछा दीं। तीसरे दर्जे में लगी ये अस्थायी सीटें यात्रा मौसम बीत जाने पर हटा ली जाती हैं और फिर उस ख़ाली जगह में माल ढोया जाता है। कठोर पहाड़ी जीवन से अभ्यस्त हो चुका स्थानीय यात्री माल के साथ अपनी 'ढुलाई' सह ज़रूर लेता था, पर सन् '७५ तक ऐसा नहीं हुआ। धीरे-धीरे इन आड़ी सीटों के ख़िलाफ़ आवाज़ उठी। उत्तर प्रदेश शासन ने सन् '७६ के शुरू में इन बसों के प्रबन्धकों से इस सीट व्यवस्था में सुधार करने को कहा। एक बस के खोल को बदलने का ख़र्च २२ हज़ार रुपये आता है, इसलिए ज़्यादातर मालिकों ने इस आग्रह को किसी न किसी तरीक़े से टाल दिया। जिन थोड़ी-बहुत बसों में यह सुधार हुआ, उन बसों के दायें-बायें 'नयी आरामदेह सीटों से युक्त' जैसा विज्ञापन भी लग गया है। लेकिन अधिकांश बसें आज भी पुरानी तकलीफ़देह सीटों से युक्त हैं।

जहाँ तक इन ख़तरनाक रास्तों पर चलने वाली बसों के रखरखाव का

सवाल है उसमें परिवहन और निजी प्रबन्ध की बसों में कोई उल्लेखनीय अन्तर नहीं किया जा सकता। मशीन के प्रति एक ख़ास तरह की संवेदना, एक ख़ास तरह की मशीनी सभ्यता के बीच पनपती है। मशीन की पूरी तरह से देखभाल न कर उससे काम लेते रहना हमारे चरित्र का अंग है। यह 'काम चलाऊ' प्रवृत्ति निजी मोटर कम्पनियों में भी मिल जायेगी और परिवहन के डिपो में भी। उदाहरण के लिए, परिवहन द्वारा दिल्ली से सीधे रुद्रप्रयाग तक शुरू की गयी एक सीधी सेवा को लीजिये। दिल्ली से बड़ी बस हरिद्वार तक जाती है। वहाँ से सवारियों को छोटी बस में बिठाया जाता है जो उन्हें रुद्रप्रयाग तक ले जाती है। क़ायदे से छोटी बस को हरिद्वार पर तैयार खड़े रहना चाहिये। पर ज़्यादातर होता यही है कि जब दिल्ली वाली बस हरिद्वार पहुँचती है तब उस छोटी बस की जाँच चालू होती है। हरिद्वार डिपो में ऐसी चार छोटी बसें हैं जो पहाड़ी रास्तों पर चलती हैं, लेकिन एक भी बस सही हालत में नहीं है।

राजकीय और निजी दोनों तरह की बसों की जाँच कर उन्हें सड़क पर चलाने का प्रमाण-पत्र देना क्षेत्रीय परिवहन अधिकारी का काम है। इन परमिटों की अवधि तिमाही, छमाही और सालाना होती है। ऐसी स्थिति में दुर्घटनाग्रस्त होने वाली बसों की तकनीकी क्षमता पर सन्देह तथा सिर्फ़ मोटर मालिकों पर लापरवाही का आरोप लगाना एकपक्षीय ही होगा।

मोटर मालिकों का कहना है कि जब आज से कुछ साल पहले यहाँ की सड़कें इतनी अच्छी नहीं थीं तब भी इतनी ज़्यादा दुर्घटनायें नहीं होती थीं। दुर्घटनाओं की वजह रखरखाव की लापरवाही नहीं है, बल्कि मशीन के असली पुर्जों का न मिलना है। ४० सवारियों की जान एक जरा-से 'ब्रेक वॉशर' में अटकी रहती है। इसकी क़ीमत सिर्फ़ दो रुपये होती है। हम इसमें लापरवाही बरतकर ४० क़ीमती जानों और डेढ़ लाख की गाड़ी से क्यों हाथ धोना चाहेंगे। पर बाज़ार में आज नक़ली ब्रेक वॉशर भी बिकता है। बारीक़ से बारीक़ निगाहें भी असली-नक़ली में फ़र्क़ नहीं कर पातीं—फ़र्क़ तो ब्रेक फेल हो जाने पर पता चलता है। ग़लती तब पकड़ में आती है।

पर अक्सर पहाड़ी रास्ते ग़लती का दूसरा मौक़ा नहीं देते। मशीन के रखरखाव के साथ ही चालकों के स्वास्थ्य, आराम और सेवा सुविधाओं का सवाल भी जुड़ा रहता है। निजी कम्पनियों में चालकों का वेतन १६० रुपया है। प्रति ६ किलोमीटर चलने पर उसे अतिरिक्त २५ पैसे मिलते हैं,

यानी यात्रा में चारों धाम तक बस पहुँचाने पर उसे वेतन के अलावा २५ रुपये की अतिरिक्त आमदनी हो जाती है। इसलिए यात्रा के दिनों में मालिक से लेकर चालक तक सभी लोग ज़्यादा से ज़्यादा फेरी लगाना पसन्द करते हैं, क्योंकि इन्हीं दिनों की कमायी पूरे साल तक काम आती है। अधिक दूरी तय कर डालने के मोह में चालक भी पूरा आराम नहीं कर पाता। परिवहन के चालकों को भी भत्ता मिलता है, पर वे एक निश्चित दूरी से ज़्यादा नहीं चल पाते, क्योंकि परिवहन की मोटरों के छूटने और पहुँचने के समय बँधे रहते हैं।

यात्रियों की सुरक्षा से जुड़े चालकों के उचित आराम को ध्यान में रख कर पिछले दिनों एक नया नियम लागू कर दिया गया है—अब पहाड़ी रास्तों पर कोई भी बस एक दिन में आठ घण्टे से ज़्यादा का सफ़र नहीं करेगी। एक अच्छे उद्देश्य से बनाये गये इस नियम में कई व्यावहारिक दिक़्क़तें आ गयी हैं। किसी कारण से कहीं पर हो गयी देरी को कभी बस की रफ़्तार बढ़ा कर पूरी करने की कोशिश की जाने लगी है। यह ज़्यादा ख़तरनाक है। फिर इस नियम का असर ऋषिकेश से जोशीमठ (१२ घण्टे) तक सफ़र करने वाले स्थानीय यात्रियों पर भी पड़ेगा। तीर्थयात्री बीच के किसी पड़ाव पर रात बिता सकता है, पर स्थानीय यात्री तो अपने मुकाम पर जल्दी से जल्दी पहुँचना पसन्द करता है। यह भी देखना होगा कि आठ घण्टे पूरे हो जाने के बाद यात्रियों के ठहरने, सोने, खाने-पीने का ठीक और सस्ता इन्तज़ाम है या नहीं। यात्रा के दिनों में रुद्रप्रयाग और जोशीमठ जैसे बड़े-बड़े पड़ावों में भी अव्यवस्था छा जाती है—एक छोटी-सी कोठरी में ३०-३० यात्रियों को ठूँस कर ५-५ रुपये तक वसूल लिए जाते हैं। नियम बनाने वाले अधिकारी प्रायः इन दिक़्क़तों से नहीं गुज़र पाते।

सन् '७६ को 'यात्रा और सुरक्षा वर्ष' घोषित किया गया था। दुर्भाग्य है कि इसी वर्ष इतनी गम्भीर दुर्घटनायें हुईं और बावजूद अनुकूल मौसम के तीर्थयात्रियों की संख्या में इतनी गिरावट आ गयी। दुर्घटनाओं के कारण कुछ भी रहे हों, उनकी जाँच होनी चाहिये और फिर उनके निराकरण की भी योजना बननी चाहिये। सन् १९६१ में भी यहाँ की दुर्घटनाओं में १०७ लोग मरे थे। तब भी एक जाँच आयोग बैठा था, पर पर्वतीय परिवहन व्यवस्था जैसी की तैसी बनी रही। इस बार ठोस नतीजे सामने आने

चाहिये। ताकि रेल से कटे ५ पर्वतीय ज़िलों की आबादी और हर यात्रा मौसम में आने वाले ४ लाख तीर्थयात्रियों की सुरक्षा का पक्का इन्तज़ाम हो सके। इंजिन चालू करने से पहले चालक का चक्के को प्रणाम करना और यात्रियों को 'जय बदरी विशाल' पुकारना तभी सार्थक हो पायेगा।

दिनमान, ८–१४ अगस्त, १९७६

अगली पीढ़ी के वृक्ष

यतीन्द्रकुमार डोबरियाल और प्रकाशचन्द्र डिमरी अभी हाल ही में एम.ए. की परीक्षा देकर आये हैं। परीक्षा का फल अगले महीने तक निकल आयेगा। लेकिन उत्तराखण्ड के ये दो छात्र अपने अन्य साठ साथियों के साथ फ़िलहाल एक और परीक्षा में बैठ रहे हैं, जिसका फल अगले महीने नहीं, अगले साल भी नहीं, शायद पन्द्रह साल बाद निकल सकेगा। यह परीक्षा कॉलेज की दीवारों से घिरी मेज़-कुर्सियों पर नहीं हो रही है। दुर्गम तीर्थ बदरीनाथ के रास्ते में जो अन्तिम पड़ाव जोशीमठ है उससे कोई २००० फ़ुट नीचे का एक ढलान इन परिक्षार्थियों का परीक्षा भवन बन गया है। यहाँ इनके हाथों में काग़ज़ और क़लम के बदले फावड़ा, कुदाल और सब्बल हैं। अपने इन औज़ारों की मदद से इन्हें सिर्फ़ एक ही सवाल का जवाब देना है : क्या इतिहास परम्परा सुरक्षा के लिहाज़ से महत्त्वपूर्ण शहर जोशीमठ को बचाया जा सकता है? (आठवीं सदी में आद्य शंकराचार्य ने दक्षिण से यहाँ आकर तपस्या की थी। इसी के बाद बदरीनाथ मन्दिर बनाया गया था।) और इस सवाल का जवाब ये दे रहे हैं, इस फिसलते ढलान पर दस हज़ार पेड़ों का एक जंगल लगा कर। पर यह कोई रस्मी वन महोत्सव नहीं है। भारी-भरकम पत्थरों की एक मीटर ऊँची और इक्कीस सौ मीटर लम्बी एक दीवार भी बनायी जा रही है, जो इन दस हज़ार पौधों को मवेशियों से बचा कर रखेगी। ये लोग दस हज़ार गड्ढों के अलावा आठ हज़ार नालियाँ भी खोद रहे हैं, जिनमें एक विशेष क़िस्म की घास लगायी जायेगी, जो ज़मीन को बाँधकर रखने में काफ़ी कारगर साबित होगी।

हरिद्वार से २९६ किलोमीटर दूर ६१०० फ़ुट की ऊँचाई पर बसे इस छोटे-

से सुन्दर शहर पर मुसीबत के बादल काफ़ी पहले से मँडराने लगे थे। शहर के ऊपर और नीचे के जंगल कट चुके थे। इसलिए इसके धँसने का ख़तरा कभी भी सामने आ सकता था। क्योंकि शहर के धँसने की प्रक्रिया अभी शुरू नहीं हुई थी इसलिए लोग इस ख़तरे को राई के अनुपात में तौलते रहे। पर विशेषज्ञों ने इस राई में छुपे ख़तरे के पहाड़ को काफ़ी पहले भाँप लिया था। सन् '७४ में दिल्ली के वनशास्त्री डॉ. वीरेन्द्र कुमार एक अध्ययन के सिलसिले में 'फूलों की घाटी' गये थे। रास्ते में पड़ने वाले जोशीमठ का यह भाग उन्होंने अपनी मोटर की खिड़की से देखा था। वापस दिल्ली लौट कर उन्होंने उत्तर प्रदेश के तत्कालीन मुख्यमन्त्री से जोशीमठ फिसलने के सम्भावित ख़तरे पर बात भी की। क्योंकि ख़तरा अभी सामने नहीं था, इसलिए बात आयी-गयी हो गयी। पर ख़तरे की पहली घण्टी बजने में कोई देर नहीं लगी। पाँच मार्च १९७६ को आयी एक हलकी-सी बारिश के बाद जोशीमठ के डाकबँगले के नीचे की ज़मीन खिसक गयी और वह अपने साथ डाकबँगले का एक हिस्सा ले गयी।

धीरज की चट्टान : उत्तराखण्ड के लोकप्रिय सामाजिक कार्यकर्ता चण्डीप्रसाद भट्ट जोशीमठ से २० किलोमीटर नीचे गरुड़गंगा नामक स्थान में एक विवाह में सम्मिलित होने आये थे। यहीं पर उन्होंने डाकबँगले के फिसल जाने की ख़बर सुनी। ठेठ बरसात के मौसम में उत्तराखण्ड के पहाड़ों में भूस्खलन की घटनायें साधारण ही मानी जाती हैं। पर ठण्ड की हल्की-सी बारिश में डाकबँगले की ज़मीन फिसल जाने की घटना ने चण्डीप्रसाद भट्ट के कान खड़े कर दिये। वह शादी का घर छोड़ सीधे जोशीमठ चले आये। मौक़े पर स्थानीय लोगों के साथ सर्वे करके उन्होंने पाया कि न सिर्फ़ डाकबँगले के नीचे की ज़मीन खिसकी है बल्कि उस ढलान में दो बड़ी-बड़ी दरारें भी पड़ गयी हैं। इसी सर्वे के दौरान इन लोगों ने देखा कि कोई १५० फ़ुट लम्बी और १०० फ़ुट चौड़ी एक चट्टान घाटी के नीचे बहती अलकनन्दा नदी के किनारे पर झूल रही है। यह चट्टान सन् '७२ की बाढ़ के वक़्त इस ढलान से लुढ़क कर नीचे आयी थी। अलकनन्दा का पानी, जिसकी ताक़त एक किलोमीटर ऊपर धौलीगंगा के साथ हुए संगम से और भी बढ़ जाती है, लगातार इस झूलती चट्टान से नीचे की ज़मीन काट रहा है। ऊपर की फिसलती ज़मीन और उसके साथ लुढ़कने वाली वजनी

चट्टानों को यदि रोका नहीं गया तो नदी में झूलती चट्टान कभी भी नदी में समा सकती है—तब नदी की चौड़ाई जितनी चौड़ी इस चट्टान से अलकनन्दा का तेज़ बहाव थम सकता है और वह कुछ ही दिनों में एक झील में बदल सकता है और इस झील का दबाव जोशीमठ की ढलान को और तेज़ी से काट सकता है और इस प्रक्रिया में जोशीमठ को स्वाहा होना पड़ सकता है और...

लेकिन एक व्यापक दृष्टि से सोचने वाले इन कार्यकर्त्ताओं के सामने केवल जोशीमठ का सवाल नहीं था। डाक बँगले के लिए तो कोई और मनोरम जगह भी ढूँढ़ी जा सकती है और इसी तरह पूरा क़स्बा भी कहीं और बसाया जा सकता है। पर यदि ज़मीन फिसलने की प्रक्रिया नहीं रोकी गयी तो फिर अलकनन्दा की बाढ़ को टालना कठिन हो जायेगा और इस बाढ़ का मतलब है जोशीमठ से नीचे के कई गाँवों पर आने वाला ख़तरा।

ख़तरा सिर पर नहीं खड़ा है पर उसे रोकने में भी कोई कम वक़्त नहीं लगेगा। इसलिए इन कार्यकर्त्ताओं ने बिना वक़्त गँवाये काम करना शुरू कर दिया। जोशीमठ के नीचे की ज़मीन फिसलने का पहला कारण था नीचे के घने जंगल का पूरा साफ़ हो जाना। इसलिए कार्यकर्त्ताओं ने तय किया कि सबसे पहले तो जंगल लगाने की तरफ़ ध्यान दिया जाना चाहिये। इसी बीच स्थानीय और कुछ दिल्ली के अख़बारों में डाकबँगले के गिरने और जोशीमठ पर आने वाले संकट की ख़बरें छप गयीं।

कार्यकर्त्ताओं का दल तहसील जोशीमठ से रवाना होकर ज़िला मुख्यालय गोपेश्वर आया। यहाँ उन्होंने वन विभाग के अधिकारियों से पूरी घटना पर बातचीत की, अधिकारी वन और वनवासियों के बीच घुलमिल गये। उप-अरण्यपाल निर्मलकुमार जोशी ने पूरी बात को गम्भीरता से समझा। तय हुआ कि जोशीमठ के सामने खड़े हाथी पहाड़ पर चढ़ कर एक बार सारी स्थिति को फिर से समझ लिया जाये। १४ मार्च को निर्मलकुमार जोशी और एक अन्य अधिकारी दर्शनसिंह नेगी ने ६ घण्टे की कठिन चढ़ाई के बाद हाथी पहाड़ से घटना-स्थल का मुआयना किया। लौटकर सभी लोगों ने तय किया कि जोशीमठ के नीचे पूरी तरह कट चुके जंगल को दुबारा लगाना ही एकमात्र हल होगा। इतने बड़े जंगल को लगाने की योजना पर तब तक अमल नहीं हो सकता था जब तक राजधानी लखनऊ

से हरी झण्डी न मिल जाये। पर जोशीमठ का डाकबँगला ख़तरे की लाल झण्डी हिला ही चुका था।

कार्यकर्त्ताओं ने प्रधानमन्त्री, मुख्यमन्त्री और प्रदेश के पर्वतीय विकासमन्त्री नरेन्द्रसिंह भण्डारी को पत्र लिख कर जोशीमठ बचाने की अपील की और साथ ही साथ समस्या से निपटने की तैयारी स्थानीय और ग़ैर-सरकारी स्तर पर शुरू कर दी।

चण्डीप्रसाद भट्ट ने अपनी छोटी-सी संस्था 'दशौली ग्राम स्वराज्य संघ' के मन्त्री शिशुपाल सिंह, गोपेश्वर महाविद्यालय में छात्रों के बीच रचनात्मक काम कर रही 'युवा निर्माण समिति' तथा अल्मोड़ा के छात्र नेता शमशेरसिंह बिष्ट से जोशीमठ के सघन वनीकरण की चर्चा की। 'युवा निर्माण समिति' ने फ़ैसला किया कि वह परीक्षा के बाद लगभग पचास छात्रों को पेड़ लगाने के लिए भेजेगी। शमशेरसिंह बिष्ट ने अल्मोड़ा के छात्रों की ज़िम्मेदारी ली। 'दशौली ग्राम स्वराज्य संघ' का फ़ैसला तो अद्‌भुत था। ग्रामोद्योग स्तर पर लीसा का उत्पादन करने वाली इस संस्था ने तय किया कि वह अपने कारख़ाने में ताला ठोंक कर अध्यक्ष, सचिव सहित कुल १९ मज़दूर, कार्यकर्त्ताओं के साथ वृक्षारोपण शिविर में भाग लेगी तथा शिविर का पूरा ख़र्च (लगभग पाँच हज़ार रुपये) ख़ुद उठायेगी।

इस तरह स्थानीय स्तर पर जोशीमठ के बचाने की योजना बन रही थी और उधर नौ अप्रैल को उत्तर प्रदेश सरकार ने 'जोशीमठ बचाओ जाँच समिति' का गठन कर दिया। उच्च स्तरीय इस समिति ने गढ़वाल मण्डल के अतिरिक्त आयुक्त, सिंचाई अनुसन्धान संस्थान, रुड़की के निदेशक, एक भूगर्भ शास्त्री, एक खान विशेषज्ञ, कुमायूँ के अतिरिक्त मुख्य अरण्यपाल, सार्वजनिक निर्माण विभाग के अतिरिक्त मुख्य अभियन्ता, ज़िला परिषद् के अध्यक्ष, बदरीनाथ के मुख्य कार्यकारी अधिकारी, जोशीमठ के प्रखण्ड प्रमुख, सीमान्त सड़क संगठन और भारत-तिब्बत सीमा पुलिस के स्थानीय अधिकारियों को सदस्य बनाया गया। विशेष आमन्त्रितों में उप-अरण्यपाल निर्मलकुमार जोशी तथा चण्डीप्रसाद भट्ट रखे गये। समिति के संयोजक सचिव थे ज़िला चमोली के मजिस्ट्रेट श्री भूरेलाल।

कुल बड़ा कि पहाड़ : वृक्षारोपण की तारीख़ तो १५ मई तय हुई थी पर उत्साही कार्यकर्त्ता १४ मई को ही पहुँच गये। वन विभाग ने भी इस शिविर

के आयोजन में मदद का हाथ आगे बढ़ाया। छात्रों के रहने के लिए उसने चार तम्बू लगवा दिये। वन विभाग की ओर से इस बात की कोशिश भी जारी रही कि शिविरार्थियों को गड्ढे और नालियाँ खोदने तथा पत्थर की दीवार बनाने के बदले विभाग की ओर से दी जाने वाली ३० पैसे गड्ढा, २५ पैसे नाली और ७ रुपये ३० पैसे मीटर घेराबन्दी की न्यूनतम मज़दूरी भी अदा की जा सके।

जैसे-जैसे छात्रों की परीक्षायें ख़त्म होती गयीं वे जोशीमठ आकर वृक्षारोपण शिविर में शामिल होते गये। कॉलेज के छात्रों के साथ स्कूल के छात्र भी आने लगे। आठवीं कक्षा से लेकर शोध छात्र तक, १२ साल की उमर से लेकर ३० साल की उमर तक सभी वर्ग और वर्ण के छात्र और कार्यकर्त्ता एक जगह इकट्ठे हो गये। कुछ बड़े सरकारी अधिकारियों के लड़कों से लेकर ठेठ मज़दूर परिवार से आये लड़के एक साथ गड्ढे खोदने लगे। बदरीनाथ मन्दिर समिति में काफ़ी ऊँचा दर्जा पाने वाले १२-१३सौ साल पहले दक्षिण से आकर पर्वतीय बने डिमरी ब्राह्मण परिवार को जब यह मालूम पड़ा कि उनका लड़का इस शिविर में हरिजनों के साथ खा-पी रहा है तो उन्होंने बहुत दुख के साथ कहा, 'हमारा तो कुल डुबो दिया इसने।' लेकिन उस परिवार के लड़के को लगा कि 'इस काम से पहाड़ नष्ट होने से बच जायेगा।'

एक अरसा पहले कट चुके जंगल को फिर से लगाने का काम ज़ोर-शोर से शुरू हो गया। जोशीमठ से १५०० फ़ुट नीचे दायीं ओर धौलीगंगा और अलकनन्दा के संगम विष्णु प्रयाग से लेकर बायीं ओर मारवाड़ी नामक बस्ती के पुल तक का इलाक़ा सघन वनीकरण के लिए चुना गया। दशौली के ठोस कार्यकर्त्ताओं ने भारी पत्थरों को तोड़-तोड़ कर एक मीटर ऊँची और २१०० मीटर लम्बी दीवार बनाने का काम अपने ज़िम्मे लिया और १०,००० गड्ढे और ८,००० नालियाँ खोदने का काम छात्रों के ज़िम्मे आ गया। पाँच लोग भोजनालय का काम सँभालते। सुबह ६ बजे नाश्ते में चने की पौष्टिक सब्ज़ी के साथ दो मोटी रोटियाँ खाकर और चाय पीकर शिविरार्थी अपने फावड़े, कुदाल और सब्बल उठा कर रवाना हो जाते।

कैसे-कैसे रिश्ते : रणजीतसिंह राणा के लिए काली चाय बनती थी। शिविर लगने से दो हफ़्ते पहले उनकी माँ का निधन हो गया था। पहाड़ों में कई जगहों पर माँ की मृत्यु के बाद एक वर्ष तक दूध से परहेज़ रखने की

प्रथा है—शायद माँ और दूध के अभिन्न सम्बन्ध की वजह से।

दीवार बनाने का काम करने वाली टुकड़ी नाश्ता नहीं करती थी। क्यों? जवाब मिला भारी-भारी पत्थरों को तोड़ कर घेरा बाँधने के काम में बहुत ज़्यादा भूख लगती है। सुबह ६ बजे नाश्ता करने के बाद भी २-३ घण्टे के भीतर-भीतर फिर से भूख लगती है। इसलिए हम सुबह ख़ाली पेट आते हैं। ७ बजे के बाद हम अपना नाश्ता काम करने की जगह पर ही करते हैं। ८ बजे किये गये नाश्ते से दोपहर के खाने तक का गुज़ारा हो जाता है। सुबह ६ बजे से दोपहर के १२ बजे तक काम चलता। फिर १२ से ३ तक नहाना, धोना, खाना और थोड़ा-सा आराम। शाम ३ बजे से ५ बजे तक फिर से काम। ५ बजे के बाद शिविरार्थी अपनी मिट्टी वग़ैरह झाड़ कर ऊपर जोशीमठ के बाज़ार में चले आते। बाज़ार में भी कभी-कभी पेड़ों को कटने से बचाने और नये पेड़ लगाने के बारे में छोटी-मोटी नुक्कड़ सभायें आयोजित हो जातीं। इन सभाओं में भाषण देने और नारे लगवाने के लिए जोशीमठ के विभिन्न नेता भी शामिल हो जाते। यह बात अलग है कि उन्हें नीचे लगे इस शिविर से कोई ख़ास लेना-देना नहीं था।

केवल नेताओं की बात ही नहीं पूरे जोशीमठ में ऐसे इक्के-दुक्के लोग भी थे जो अपनी नाक के नीचे चल रहे इस काम में कुछ दिलचस्पी ले रहे थे। बाक़ी सभी क़िस्म के लोग बदरीनाथ जाने वाले तीर्थयात्रियों की सेवा कर रहे थे और सेवा के बदले उनसे पैसा बटोर रहे थे। बदरीनाथ यहाँ से केवल २४ किलोमीटर दूर रह जाता है। आगे की सड़क पर दुतरफ़ा यातायात नहीं छोड़ा जाता। सुबह बदरीनाथ से छूटा मोटरों का काफ़िला जब जोशीमठ आ जाता है तब जोशीमठ से बदरीनाथ के लिए रास्ता खोला जाता है। एकतरफ़ा व्यवस्था के कारण जोशीमठ पड़ाव पर बसें, मोटरें आदि देर तक खड़ी रहती हैं। इसलिए ज़्यादातर स्थानीय लोग अपने ही क़स्बे पर आये ख़तरे और उसे टालने के लिए बाहर से आकर पसीना बहाने वाले शिविरार्थियों से कटे हुए थे। शिविर को लगे १२ दिन हो चुके थे, नीचे ८,००० गड्ढे खोदे जा चुके थे और १५०० मीटर लम्बा घेरा बन गया था। पर ऊपर जोशीमठ में?—'हाँ, नीचे कुछ लड़के वग़ैरह आये हैं...सुनते हैं पेड़ लग रहे हैं...कौन हैं ये लोग?...ठीक से मालूम नहीं, शाम को यहाँ बाज़ार में घूमने आते हैं, नारे भी लगाते हैं...जब वह ऊपर आयेंगे तो आपको उनसे मिलवा देंगे। सारी बातें पता चल जायेंगी।'

जनता और नेताओं की उदासीनता तो छोड़ दीजिये, तीर्थयात्रा के मौसम में अधिकारियों का भी बुरा हाल हो जाता है। प्राय: हर विभाग का छोटा-बड़ा अधिकारी बस पण्डा बन कर रह जाता है। राजधानी से साहब आने वाले होते हैं, उन्हें बद्रीनाथ तक जीप में ले जाने की व्यवस्था का ज़िम्मा इन्हीं स्थानीय अधिकारियों पर आ जाता है। लेकिन वन विभाग के अधिकारियों ने अपना समय इस शिविर की देखरेख में लगाया। वनरक्षक रमेशप्रसाद पूरे दिन शिविरार्थियों के साथ रहते, कोई गड्ढा ठीक नहीं बन पाता तो उसे सुधारने में मदद करते; बनती दीवार की ऊँचाई जगह-जगह से नापते; यदि उसमें कोई कमी दिखती तो कार्यकर्त्ताओं को उसकी तरफ़ इशारा कर देते। उप-अरण्यपाल निर्मलकुमार जोशी, अलकनन्दा भूक्षरण अधिकारी दर्शनसिंह नेगी, रेंजर खण्डूरी, प्रखण्ड विकास अधिकारी के अलावा जोशीमठ के उप-अधीक्षक पुलिस गिरिराज शाह भी बीच-बीच में शिविर में आते-जाते रहे हैं। २६ मई को हल्द्वानी स्थित वन विभाग प्रशिक्षण संस्थान के ३५ प्रशिक्षार्थी भी अपने दो प्रशिक्षकों के साथ इस शिविर का काम देखने-समझने के लिए आये थे। जोशीमठ के कुल दो सिनेमा घरों में से एक के मालिक ने भी इस काम में अपना योगदान दिया—शिविरार्थियों को अपने सिनेमाघर में चल रही फ़िल्म मुफ़्त में देखने का न्योता देकर।

सवालों का फ़र्क़ : शिविरार्थियों ने भी लोगों को न्योता दिया—पेड़ लगाने के काम में शामिल होने का। तीर्थयात्रियों में व्यस्त जोशीमठ की बात छोड़ दें। उससे १५०० फ़ुट नीचे बसे मारवाड़ी गाँव से तीन ग्रामीण तेरहवें दिन उस शिविर में शामिल हो गये। उससे अगले दिन उस गाँव के 'महिला मंगल दल' की ओर से कुछ औरतें भी आ गयीं। इसी बीच वन विभाग की ओर से ऐसे कामों के लिए दी जाने वाली न्यूनतम मज़दूरी अदा करने की स्वीकृति भी आ गयी।

जिस तरह शिविर एक दिन पहले ही शुरू हो गया था उसी तरह वह निर्धारित तारीख़ को ख़त्म नहीं हो पाया। २ जून को शिविर उठ जाना चाहिये था। यदि यह समाज का कोई रस्मी शिविर होता तो ऐसा हो भी जाता। पर शिविरार्थियों को तो अपना लक्ष्य पूरा करना था, अपने दिन नहीं। छात्रों के कुछ दल परीक्षा की तारीख़ें टल जाने के कारण शिविर में ठीक समय पर नहीं आ सके थे, इसलिए काम की गति नहीं बन पायी थी।

इस वजह से शिविर को २ जून के बदले १५ जून तक बढ़ा दिया गया। इस तरह सवाल किसी बँधी-बँधाई तारीख़ का नहीं, प्रकृति के ख़िलाफ़ की गयी एक भारी भूल को सुधारने का है।

यह भूल कई वर्षों से होती रही, इसलिए जोशीमठ के पहाड़ के फिसलने का क्रम भी वर्षों पहले शुरू हो गया था। एक ज़माने में जोशीमठ के ऊपर और नीचे इस ढलान पर बाँज का घना जंगल छाया हुआ था। सन् १८६१ में जोशीमठ की आबादी केवल ४५३ थी, जो कि सन् १९६१ में २४४२ हो गयी। सन् '५९ में इस इलाक़े में पहली सड़क बनी। सन् '६२ में नीति घाटी का रास्ता बना और सन् '६५ में बदरीनाथ मार्ग। रास्ते खुलते गये, इस छोटे-से सीमान्त गाँव का दर्जा बढ़ता गया। सन् '६१ से ७१ के बीच आबादी ३०,००० हो गयी। गाँव की ज़रूरत भर लकड़ी जंगल को बिना कोई ख़ास नुक़सान पहुँचाये निकल ही आती थी। लेकिन आबादी के साथ बढ़ते गये चूल्हों को जलाने में पेड़ कटते चले गये। जो घने वन अब तक अछूते थे सड़कों के पहुँचने की वजह से उनका भी दोहन होने लगा। इन जंगलों में सरकार को कोई ख़ास आमदनी भी नहीं हुई। जोशीमठ के इर्द-गिर्द एक भी कहने लायक बड़ा ठेका नहीं गया। ज़्यादातर मामले चोरी-छिपे काटने के ही हुए और इनमें कुछ सरकारी विभागों के लोग भी शामिल पाये गये थे। वन विभाग ने ऐसे विभागों पर ज़ुर्माना तक किया।

जोशीमठ के सामने हाथी पहाड़ और बग़ल में काकभुशुण्डी पहाड़ पक्की चट्टानों के बने हैं। केवल जोशीमठ का पहाड़ कच्चा है। पेड़ों की जड़ें उसे बाँधे हुए थीं पर ज्यों-ज्यों पेड़ कटते गये ज़मीन फिसलने का क्रम बढ़ता गया। एक अन्य वजह से यह प्रक्रिया और तेज़ हुई—नयी बसी आबादी के लिए भारी मात्रा में अगल-बग़ल के स्रोतों से पेय जल लाया गया, पर इसकी निकासी का कोई इन्तज़ाम नहीं सोचा गया। क़स्बे से फेंका गया यह पानी अलग-अलग जगहों से बहता हुआ नीचे अलकनन्दा की तरफ़ दौड़ता है और इस तरह इस कच्चे पहाड़ को लगातार काटता जा रहा है।

ज़मीन कटने से रोकने के लिए हमें तो लगता है कि यहाँ चौड़ी पत्ती के पेड़ों को लगाना चाहिये। ऊँचे पहाड़ों से घिरी अँधेरी रात में दो छोटे लैम्पों और लालटेन के उजाले में शिविरार्थी बातचीत कर रहे थे। 'यहाँ बाँज, बुराँस, पाँगर, काँचुली, उतीस और खड़ीक के पेड़ लगा सकते हैं।' एक अन्य ने सुझाव दिया कि यहाँ बकैन या बेशर्म पेड़ लगाना चाहिये। रीठा

का जंगल भी आसानी से लग जायेगा। वह आबादी के काम भी आयेगा। कुछ शिविरार्थियों ने बहुत बेचैनी के साथ कहा कि हम लोग एक लम्बी योजना पर काम कर रहे हैं, पर फ़िलहाल जोशीमठ के पानी की निकासी के लिए एक छोटी योजना भी तुरन्त बनानी पड़ेगी। अल्मोड़ा से आये शमशेर सिंह बिष्ट ने नैनीताल में पानी की निकासी के लिए बनायी गयी खडिंचानुमा (सीढ़ीदार) पक्की नाली बनाने का सुझाव दिया। शिविर में रोज़ रात को खाने के बाद सब लोग एक साथ बैठते, कुछ हल्के-फुल्के मनोरंजन के अलावा वनशास्त्र पर भी बहस करते।

शिविर अपना लक्ष्य पूरा कर ख़त्म हो जायेगा। जुलाई के दो हफ़्ते तक शिविरार्थी आराम करेंगे। तब तक जोशीमठ में बरसात का पहला झला आ जायेगा। उसके बाद ये सब एक बार फिर से इकट्ठा होंगे—तैयार किये गड्ढों में पौधे रोपने के लिए, पौधे की क़िस्म वन विभाग तय करेगा और रोपे भी वही देगा। इस बीच इन छात्रों की परीक्षा का फल निकल आयेगा और वे युवावस्था की अगली कक्षा में प्रवेश करेंगे। लेकिन जोशीमठ को बचाने के लिए दी गयी इस ताज़ी परीक्षा का नतीजा जब निकलेगा तब वे वयस्क हो चुके होंगे और शायद उनके परिश्रम का फल देखने के लिए उनकी सन्तान भी इनके साथ खड़ी होगी।

दिनमान, २७ जून से ३ जुलाई, १९७६

यहाँ शिकार मत खेलो

तामिया घाटी की नरभक्षिणी शेरनी मारी जा चुकी है। लेकिन उसे मारने के लिए मध्य प्रदेश सरकार द्वारा घोषित दो सौ रुपये के पुरस्कार का सही हक़दार कौन है—इस बात का पता नहीं चल सकेगा।

छिन्दवाड़ा ज़िले में फैले सतपुड़ा के जंगलों के बीच अलसायी हुई लेटी यह घाटी बस की खिड़की से बहुत सुन्दर दिखती है। पर पिछले छह महीनों से घाटी के एक तिहाई गाँव इस शेरनी के आतंक से अपनी सुन्दरता सहित आतंकित हो रहे थे। सूरज डूब रहा हो, अभी उग ही रहा हो, या फिर बीच आसमान में धधक रहा हो, घना जंगल हो या कि पिघलते डामर की तपती सड़क, अकेला आदमी हो या फिर तीर्थयात्रियों का दल—सभी मौक़ों पर इस शेरनी ने हमला किया था। छह लोगों के, जिन में सत्तर साल की एक बुढ़िया और चौदह साल की एक बच्ची भी शामिल है, इनके अलावा लगभग ३५ मवेशी इसके शिकार हुए।

आतंक ठीक कब शुरू हुआ और कब ख़त्म—इस बात की जानकारी प्रखण्ड अधिकारियों से लेकर गाँव के लोगों तक किसी को नहीं है। दिल्ली के एक अँग्रेज़ी दैनिक अख़बार के संवाददाता ने मई के पहले हफ़्ते में इस घाटी में क़दम रखा। अपने अख़बार को जो पहली ख़बर भेजी उसमें उन्होंने यहाँ एक 'शेर' के आतंक की सूचना दी। दिल्ली में छपी इस ख़बर के आधार पर अगले दिन मध्य प्रदेश सरकार ने 'शेर' को मारने के लिए दो सौ रुपये का इनाम तथा शिकारियों के लिए इस घाटी तक आने के लिए ख़ास सुविधाओं की घोषणा कर दी। इसी बीच संयोगवश घाटी में ज़रा आगे गये तो मालूम पड़ा कि आतंक शेर का नहीं बल्कि शेरनी का

है। अपनी खोज के अन्तिम दौर में संवाददाता घाटी के पातालकोट नामक उस विशाल गड्ढे तक जा पहुँचे जहाँ पहला आक्रमण हुआ था। यहीं पर उन्हें पता चला कि गैलडुब्बा गाँव के कुछ आदिवासी 'जंग' नामक एक स्थानीय फन्दे के जरिये शेरनी को मार चुके हैं; यानी जब दिल्ली के अख़बार के माध्यम ये लोगों और मध्य प्रदेश सरकार को इस आतंक की ख़बर लगी थी उससे कई दिन पहले ही शेरनी शिकारियों और इनाम देने वालों की यह दुनिया छोड़ चुकी थी।

ख़बरों से जितनी दूर तामिया घाटी है लगभग उतनी ही दूर तामिया प्रखण्ड अपने ही इलाक़े पातालकोट से है। प्रखण्ड में सतपुड़ा की पर्वतश्रेणियाँ तीन से चार हज़ार फ़ुट की ऊँचाई छूती हैं। इन्हीं श्रेणियों के आधार पर वर्ण 'ड' आकार में फैला यह विशाल गड्ढा पातालकोट है। इसके तल तक पहुँचने के लिए लगभग तीन हज़ार फ़ुट नीचे उतरना पड़ता है। गड्ढे की सतह, अधर और तल में आदिवासियों के १९ गाँव बसे हुए हैं। इन्हीं में से एक गाँव सीताडोंगरी से शेरनी का मामला शुरू हुआ और कोई छह महीने बाद गैलडुब्बा में पहुँच कर ख़त्म हुआ था। एक ख़ास क़िस्म की स्वायत्त संस्कृति में पले-बढ़े इन आदिवासियों ने इस शेरनी काण्ड में किसी बाहरी मदद की उम्मीद न कर उसे अपने ही ढंग से निपटा दिया था।

पर यह संरक्षित वन है; यहाँ शिकार खेलना मना है। नरभक्षी शेरनी को मारने की न सिर्फ़ इज़ाज़त दी गयी थी बल्कि उसका शिकार करने वाले को इनाम भी घोषित हुआ था—यह जानकारी इन साहसी आदिवासियों तक नहीं पहुँची थी। उन्होंने अपने को मन ही मन 'अपराधी' मान लिया और अपने अपराध को छुपाने के लिए एक चुप्पी ओढ़ ली।

और अब इस तरह २४ ग्राम पंचायतों का यह तामिया प्रखण्ड दो टुकड़ों में बँट गया है। एक—जहाँ शेरनी का आतंक नहीं था। वहाँ शेरों को लेकर डट कर बातचीत हो जाती है। दो—जहाँ शेरनी का आतंक था। वहाँ लोग इस बारे में डर-डर कर भी बात नहीं करते।

प्रखण्ड के मुख्यालय तामिया में शेर का ज़िक्र आते ही सहजता, पूर्णता और श्रद्धा से प्रेरित तरह-तरह की जानकारियाँ मिलने लगती हैं। 'सन् '६० तक तो हालत यह थी कि रेस्ट हाउस के बरामदे तक शेर, चीते चले आते थे और वहीं पर टट्टी फिर जाते थे', कोई ग़ैर आदिवासी व्यापारी बात

को आगे बढ़ाते हुए कहेगा, 'आप मानें या न मानें पर ये आदिवासी कई तरह के जादू-टोने जानते हैं। पत्ती सुँघा कर आदमी को शेर बना देते हैं और फिर उसे जगह-जगह भेज कर अपना बदला लेते हैं।' तामिया सीमा पर बने मन्दिर के वृद्ध पुजारी शेर को एक जंगली जानवर की तरह नहीं लेते, उसके लिए 'वनराज' जैसे सम्मानजनक शब्द का इस्तेमाल करते हैं, 'वनराज' के लिए कोई मनाई नहीं है। वह तो कहीं से भी निकल सकता है, यह तो उसका राज है, हम-आपके रोके वह क्यों रुकेगा भला? तामिया से एक मील दूर एक छोटे-से सुन्दर जलप्रपात के नीचे बने 'छोटे महादेव' के मन्दिर के सूरदास सन्त दिन छिपने के काफ़ी पहले से ही दर्शनार्थियों को आगाह करने लगते हैं, 'वनराज का पहरा लगने वाला है, आप लोग रवाना हो जाइये।'

पर आतंक के मूल स्थान पातालकोट में 'भीमसेन का पहरा' लगता है। आदिवासी सुखराम मोटी घास से बनी झाड़ुओं का गट्ठर लादे ऊपर की ग्राम पंचायत छिन्दी में लगने वाले साप्ताहिक हाट की तरफ़ जा रहा था। वापस लौटते-लौटते अँधेरा हो जायेगा। शेर का कोई डर नहीं?' 'नहीं, नहीं गाँव को भूमिका (जादूगर-पुजारी-वैद्य) ने (मन्त्र से) बाँध दिया है। यहाँ पर भीमसेन का पहरा है।' लेकिन पहले तो यहाँ शेर का हल्ला सुना था। वह सही नहीं था क्या? सवाल का जवाब रातेड़ गाँव का सम्मू देता है। 'भीमसेन का काम (पूजा) नहीं किया था, इसलिए ऐसा हुआ। अब भीमसेन को ख़ुश करेंगे।'

सुखराम बात आगे बढ़ने से पहले ही हाट की तरफ़ रवाना हो लेता है। १०-१५ पैसे प्रति झाड़ू के हिसाब से आज पूरा गट्ठर बिक जाने पर उसे दो-ढाई रुपये की आमदनी होगी। इन पैसों से वह घर के लिए नमक, मिर्च ख़रीदेगा। कुछ हफ़्तों की बचत के बाद वह इसी हाट से शायद प्लास्टिक की चप्पल या छींटदार कमीज ले आयेगा। अभी कुछ ही बरस पहले तक पातालकोट के गाँव बाहरी दुनिया से पूरी तरह कटे हुए थे। प्रखण्ड से सटे हुए होशंगाबाद, छिन्दवाड़ा और सिवनी आदि ज़िलों में पातालकोट एक रहस्य बना हुआ था। कोई इसे समुद्र की सतह से हज़ार फ़ुट गहरा बताता तो कोई कहता कि दिन चढ़ने पर ही यहाँ सूरज की किरणें पड़ती हैं और शाम तीन बजे तक सूरज डूब जाता है। गड्ढे से ऊपर बसे 'सभ्य समाज' के कई लोग यहाँ के लोगों को नरभक्षी तक माने बैठे थे।

सन् '५६ में पहली बार मध्य प्रदेश के तत्कालीन राज्यपाल श्री पट्टाभिसीतारमैया ने इस दुर्गम स्थान का दौरा किया था। दौरे की तैयारी के सिलसिले में कई अधिकारियों को पातालकोट उतरना-चढ़ना पड़ा था। राज्यपाल अपनी अस्वस्थता की वजह से नीचे नहीं जा सकते थे, इसलिए पातालकोट के आदिवासियों को ऊपर कगार पर बसे एक गाँव तक ले जाया गया था। यहीं एक समारोह में उन्होंने इनके बीच कुछ सिले हुए कपड़े हमारी उपभोग प्रधान सभ्यता के सबसे आकर्षक प्रतीक बाँटे थे। कहा जाता है कि निजी बातचीत के दौरान उन्होंने इन सन्तुष्ट आदिवासी चेहरों को देख कर एक अधिकारी से कहा था कि उन्हें गड्ढे से निकाल कर ऊपर बसाने की कोई ज़रूरत नहीं। हो सकता है ऊपर आकर ये उतने सुखी न रह पायें।

पर पिछड़े इलाक़ों के विकास के लिए कटिबद्ध योजनाकारों की नज़र पातालकोट पर भी पड़ी। कगार पर लटके रीछगाँव के आसपास जगह ख़ाली करवायी गयी और फिर वहाँ पातालकोट के निवासियों को आ बसने के लिए प्रोत्साहित किया जाने लगा। पर गहरे गड्ढे में रहने वाला कोई भी परिवार ऊपर नहीं आया।

इस असफल कोशिश के बाद दुर्गम पातालकोट को ही सुगम बनाने की योजना बनी। कगार के बिजढाणा गाँव में नीचे उतरने-चढ़ने के लिए पत्थर को काट-काट कर आसान सीढ़ियाँ बनायी गयीं। पर लगभग ५५ वर्गमील में फैले इस गड्ढे में सीढ़ियों का इस्तेमाल करने वालों की तादाद नहीं के बराबर ही रही। बहुत ज़रूरत आ पड़ने पर लोग अपने-अपने गाँवों के पास से ऊपर चढ़ने वाली ख़तरनाक पगडण्डियों को ही अपनाते रहे।

समय के साथ पातालकोट का स्वायत्त जीवन बिखरता गया। जिन वन उपजों के वे कभी मालिक हुआ करते थे अब उनकी भूमिका एक मज़दूर से ज़्यादा नहीं रह गयी। पहले वे अचार (वह फल जिसकी गुठली से चिरौंजी निकलती है) जलाऊ लकड़ी वग़ैरह इकट्ठी कर ऊपर के साप्ताहिक हाट में बेच लिया करते थे, पर फिर इन चीज़ों का गट्ठर लेकर वन विभाग का नाका पार करना कठिन होता गया।

नाका पार करने के कुछ आसान तरीक़े भी निकल आये, पर उन्हें सभी

लोग नहीं अपना सकते थे। बाहरी दुनिया के सम्पर्क से उनके पिछले स्रोत सूख चले थे, इसलिए नये स्रोतों की तलाश शुरू हुई।

पहले ये आदिवासी अनाज नहीं बेचा करते थे। पर अब छिन्दी पंचायत की हाट में कोदों और कुटकी भी बिकती हुई मिलेगी। आदिवासी की ज़िन्दगी में महुआ के बाद कुटकी की ही जगह आती है। कुटकी पैदा करने के लिए उन्हें इस पथरीले और पानी की बेहद कमी वाले इलाक़े में न तो हल चलाना पड़ता है और न सिंचाई ही करनी पड़ती है। खकरी (सूखी झाड़ियों) में आग लगा दी जाती है। राख ठण्डी होने के बाद उस पर कुटकी के बीज फेंक दिये जाते हैं। बरसात के पहले झले के बाद कुटकी के पौधे उग आते हैं। इनसे मिलने वाले दाने को चावल की तरह उबाल कर खाया जाता है। जहाँ पानी की थोड़ी-बहुत सुविधा है वहाँ मक्का और गेहूँ के क्यारीनुमा छोटे-छोटे खेत भी दिख जाते हैं। मक्का, गेहूँ और कुटकी की फसल गहरे पातालकोट का पेट पूरे साल तक नहीं भर पाती और तब उसकी ख़ाली थाली में आम की गुठली से रोटी बनती है। पानी बरस चुकने के बाद अमराइयों के नीचे गुठलियाँ बीनने का काम बड़े पैमाने पर होता है। गुठलियाँ फोड़ कर निकाले गये बीज धूप में सुखा लेते हैं। इसके आटे की रोटियाँ बनाने से पहले उसे किसी झरने के पानी में दो-तीन घण्टे तक निथारकर उसका कसैलापन दूर कर दिया जाता है।

बाहरी दुनिया से जुड़े प्रखण्ड के अन्य १४३ गाँव प्रगति की दौड़ में पातालकोट से बहुत ज़्यादा आगे नहीं हैं। यहाँ भी पानी की कमी आड़े आती है। प्रखण्ड की कुल भूमि १३,२८,६७,००० हेक्टेयर का एक चौथाई भाग ही सिंचित है। इसलिए जैसे-तैसे करके उपजने वाली रबी और खरीफ के फ़सल के दम पर पूरा साल नहीं कटता। प्रखण्ड की पचास हज़ार आबादी का लगभग साठ प्रतिशत हिस्सा जनवरी शुरू होते ही चैतुआ मज़दूर के रूप में आसपास के सम्पन्न ज़िलों में गेहूँ की फसल के लिये रवाना हो जाता है। अप्रैल अन्त तक चैतुआ मज़दूरी की वापसी से तामिया प्रखण्ड में एक बार फिर से जान आ जाती है।

सौ में से आठ आदमी ये भाग-दौड़ करते रहते हैं। इसका असर बच्चों की शिक्षा पर पड़ा है। पूरे प्रखण्ड में १०९ प्राथमिक, १६ माध्यमिक और एक सरकारी तथा एक ग़ैर-सरकारी उच्चतर माध्यमिक स्कूल है।

'छिन्दी पंचायत से आठवें दर्जे में इस साल कोई भी लड़का पास नहीं हो सका', पंचायत के सरपंच हसीब ख़ाँ बड़े दुख के साथ बताते हैं। छिन्दी की आबादी में आदिवासियों के अलावा तेली और मुसलमान भी काफ़ी तादाद में हैं। छिन्दी गाँव के कच्चे मकानों और झोपड़ों के बीच खड़ी ऊँची पक्की मस्जिद काफ़ी दूर से दिख जाती है। पिछले तीन साल से यहाँ की सरपंची हसीब ख़ाँ निभा रहे हैं। इनसे पहले एक आदिवासी सरपंच थे। पर उन पर चौदह हज़ार रुपये के ग़बन का आरोप लगा और इस तरह उन्हें हटना पड़ा। लेकिन छिन्दी के लोग आदिवासी सरपंच को निहायत ईमानदार बताते हैं। उनका कहना है कि वे अनपढ़ थे इसलिए उनके ऊपर और नीचे के लोगों ने उन्हें धोखा दिया। आये दिन तरह-तरह की जाँच करने वाले आते, पंचायत के काम में कोई न कोई ग़लती निकाल कर सरपंच को डरा देते और फिर कुछ रुपया खाकर उन्हें निश्चिन्त रहने को कह जाते।

लेकिन पातालकोट के रातेड़ गाँव के आदिवासी सरपंच हलकू पटेल का क़िस्सा और भी ज़्यादा चौंका सकता है। 'विविधता में एकता' दिखाने वाले अनेक उत्सवों में हलकू पटेल को परम्परागत आदिवासी पोशाक में खड़ा किया गया है। पिछली २७ जनवरी को उसे भोपाल भी भेजा गया था, जहाँ उसने मुख्यमन्त्री के साथ चाय पी थी। तामिया के आदिवासियों में शायद वही एक ऐसा आदमी है, जिसने हवाई अड्डा भी देखा हो। पर बाहरी दुनिया में इतने ऊपर तक पहुँचा हुआ हलकू भी पिछले महीने एक वन अधिकारी की मार खा चुका है। बीड़ी के धुएँ में खाँसी की आवाज़ मिलाते हुए हलकू कहता है, 'हम खकरी (वन विभागीय झाड़ी) काट रहे थे, कुटकी बोने के लिए। हमने चिरौंजी और सागौन के पेड़ों को हाथ भी नहीं लगाया था। इतने में छोटे साहब आ गये। उन्होंने हमें और अपने डिपार्ट के नाकेदार को मारना शुरू कर दिया। नाकेदार को तो इतना पीटा कि तीन दिन उसका इलाज चलता रहा। हमें थाने में बन्द करना था, सज़ा होनी थी, पर सड़क पर क्यों मारा गया?' हलकू का आवेश बहुत जल्दी ख़तम हो जाता है। अगले ही वाक्य में वह हँसता हुआ कहता है, हमें कहते हैं कि पातालकोट छोड़ कर ऊपर आ जाओ, ज़मीन देंगे। पर हम कैसे जायें ऊपर? वहाँ की सब कुर्सियाँ भरी हुई हैं, कैसे बैठेंगे वहाँ?

हलकू आज छिन्दी के साप्ताहिक हाट में ख़रीदारी करने के लिए सपरिवार आया था। शाम हो रही थी, बादल भी छाने लगे थे। बादलों को देख कर

हलकू पटेल ने बातचीत बन्द कर दी। 'वन, टू, थ्री, फोर, कहते हुए वह अपने बूढ़े घुटनों को एक झटका देकर खड़ा हो गया, 'हाट में हमारी फैमिली राह देख रही होगी, अब हम जायेंगे।' बाक़ायदा हाथ मिला कर वह पातालकोट के लिए रवाना हो जाता है। हलकू पटेल के चले जाने के बाद याद आता है कि नरभक्षी शेरनी के बारे में तो उससे कोई बात ही नहीं हो पायी।

दिनमान, ६-१२ जून, १९७६

लो ग्रहण लगा

कुरुक्षेत्र का ब्रह्म सरोवर आज अपेक्षाकृत शान्त है। कल सूर्यग्रहण के अवसर पर लाखों तीर्थयात्रियों द्वारा अर्पित किये गये नारियल और सफ़ेद कुम्हड़े (सफ़ेद पेठा) लहरों के थपेड़ों से अब किनारे लग गये हैं। कुछ लोग इनको पानी में से निकाल कर बाहर फेंक रहे हैं। उनके परिवारों के बच्चे इन्हें उठा-उठा कर घाट के बाहर उस जगह तक पहुँचा रहे हैं जहाँ परिवार की औरतें इन्हें फोड़ और काट रही हैं। छिलकों को बोरियों में बन्द कर रही हैं और गूदे को पीपों में।

कुछ और भी लोग पवित्र ब्रह्म सरोवर में डुबकी लगा रहे हैं। मोक्ष की कामना के लिए नहीं, अपने पाप धोने के लिए भी नहीं। ये लोग ग्रहण के अवसर पर श्रद्धालुओं द्वारा सरोवर में फेंके गये सिक्कों को खोज निकालने के काम में जुटे हुए हैं। वैसे कुछ ऐसे 'अभागे' तीर्थयात्री भी नहा रहे हैं जो किन्हीं कारणों से पिछले दिन ग्रहण के मौक़े पर कुरुक्षेत्र नहीं पहुँच पाये थे।

भाग्यशाली तीर्थयात्री ग्रहण के काफ़ी पहले से कुरुक्षेत्र में जमा होने लगे थे। २९ अप्रैल की दोपहर तक क़रीब नौ लाख लोग इकट्ठे हो चुके थे। अवसर भी तो इस बार कोई साधारण नहीं था। २९ अप्रैल, १९७६ यानी वैशाख शुक्ल अमावस को तीसरे पहर लगा यह विशिष्ट सूर्यग्रहण 'कंकण ग्रहण' था। इसमें ग्रहण के मध्यकाल से अढ़ाई मिनट पहले और अढ़ाई मिनट बाद तक सूर्य का बिम्ब बीच में बिलकुल काला और चारों ओर चमकते तार से बने कंगन की तरह दिखने वाला था।

कंकण ग्रहण भारत में आज से ४३ साल पहले देखा गया था (कई अख़बारों ने इसे ग़लती से सन् '४३ समझ लिया)। अवसर दुर्लभ था।

साधारण ग्रहण में भी कुरुक्षेत्र स्नान का महत्त्व बहुत अधिक माना जाता है, फिर यह तो कंकण ग्रहण था। इसलिए इस बार कोई सात दिन पहले से लोग चारों तरफ़ से कुरुक्षेत्र आने लगे थे। पैदल, बैलगाड़ी, ट्रैक्टर के पीछे जोड़ी गयी ट्रॉली। मोटरगाड़ी, किराये पर ली गयी बसें और विशेष रेलगाड़ियाँ—लोग हर सम्भव वाहन से थानेसर क़स्बे के इर्द-गिर्द बस गये 'शहर' में तड़ातड़ पहुँच रहे थे। छोटे-से क़स्बे में किसी परिचित का घर, नये-पुराने मन्दिरों के अहाते, सरकारी और ग़ैर-सरकारी स्तर पर ताने गये तम्बू और पण्डाल, पुराने टूटे-फूटे खण्डहर, निर्माणाधीन मकान, गेहूँ की फसल कट चुकने के बाद ख़ाली पड़े खेत, पीपल, आम, नीम और बरगद के पेड़ों की घनी छाया और सरोवरों के पक्के-कच्चे घाट—हर सम्भव जगह ठहरने का उत्तम प्रबन्ध मान लिया गया था।

इस तरह बिना किसी के निमन्त्रण और प्रलोभन के १० लाख लोग एक निश्चित तिथि पर एक निश्चित जगह आ जुटे थे। महीना, तारीख़ और समय जैसी मोटी-मोटी बातों को भी ताक पर धर कर चलने वाली आबादी मुहूर्त जैसी सूक्ष्म चीज़ के मामले में बहुत पक्की थी। हरियाणा, पंजाब, हिमाचल प्रदेश, उत्तर प्रदेश, राजस्थान, मध्य प्रदेश, बिहार, उधर दक्षिण तो ऊपर नेपाल के गाँवों से भी आस्थावान लोगों ने २९ अप्रैल के तीसरे पहर तक कुरुक्षेत्र पहुँच जाना तय कर लिया था।

रामानुज दामोदर दासी गाँव और कुरुक्षेत्र की दूरी को भाड़े से नापते हुए कह रही थी, ब्रह्म सरोवर के माहात्म्य के आगे ७० रुपये भाड़े की कोई दूरी नहीं होती। ग्रहण पर इस पोखरे में सब देवी-देवता स्वर्ग से उतर कर स्नान करने आते हैं। हम कैसे रह जाते? फिर वह प्रश्नकर्ता के अज्ञान पर खिलखिलाकर हँस देती हैं। वह नेपाल से अकेली रवाना हुई थी। अयोध्याजी से 'गुरुभाई' का साथ मिल गया। तमिलनाडु के रामनादपुरम् से सपरिवार आये कंदस्वामी ने संस्कृत का एक उद्धरण सुना कर यह बता दिया कि इस धर्मक्षेत्र में स्नान करने से महापुण्य फल की प्राप्ति होती है। उनकी एक लड़की का विवाह दिल्ली में हुआ है। इसलिए ग्रहण से अच्छा इस तरफ़ आने का कौन-सा अवसर होता? प्राकृतिक चिकित्सा को अपने जीवन में पूरी तरह से ढाल चुके दिल्ली निवासी जगदीशचन्द्र 'जौहर' का कहना था कि रोज़ हमें अमूल्य शक्ति प्रदान करने वाले सूर्य पर आज संकट आने वाला है। संकट की इस घड़ी में हमें उसका साथ देना है। पीलीभीत (उत्तर

प्रदेश) की कचहरी के क्लर्क ब्रजवासीलाल अपनी पत्नी और पड़ोसी के साथ आये थे। पर उन्हें मीलों तक फैला यह सारा इलाक़ा अपने कमरे में रखी चीज़ों जितना ही परिचित लग रहा था। जहाँ कहीं भी उनकी चंचल निगाह ठहर जाती वहाँ के बारे में वे विस्तारपूर्वक कोई कथा सुनाने लगते। पौराणिक संस्मरणों की इस धारा को उनकी पत्नी ने रोक दिया, इन्हें तो कोई भी मिल जाता है, बस उसका पीछा नहीं छोड़ते फिर।

इन लाखों तीर्थयात्रियों का पीछा कर रहे थे तरह-तरह के भिखारी। इनमें से कई अपने आप को 'याचक' कहते थे। दरअसल, तीर्थयात्रियों को इन 'याचकों' की काफ़ी ज़रूरत थी। कहा जाता है ग्रहण के अवसर पर दिया गया दान तेरह गुना बढ़ कर दानी को वापस मिल जाता है। हर सड़क के दोनों किनारे तरह-तरह के याचक जमे हुए थे। अपंग, विचित्र अंगों वाले, कोढ़ी या फिर किसी विचित्र मूर्ति या पुतले को खड़ा कर उसके सहारे पैसा बटोरने वाले, या फिर एक सजे-धजे हाथी पर घूमने वाले क़रीब-क़रीब हर जगह दाता की उदारता को परख रहे थे। लेकिन लगभग लुप्त हो चुके एक से लेकर तीन पैसे तक के सिक्कों के अलावा खील, आटा, गुड़, जलेबी जैसी चीज़ें भी दान में दी जा रही थीं। कुछ कोढ़ियों को पुलिस ने गिरफ़्तार भी किया। लेकिन थोड़ी ही देर बाद नये आये कोढ़ियों ने उनकी जगह ले ली थी।

क्योंकि ग्रहण का सूतक सूर्योदय से पहले सुबह चार बज कर दस मिनट से ही शुरू हो गया था इसलिए २९ अप्रैल की सुबह से ही सन्निहित और ब्रह्म सरोवर में लोग डुबकी लगाने पहुँचने लगे थे। इनमें से कुछ लोग डुबकियाँ लगाकर वहीं घाट की सीढ़ियों पर जम जाते, क्योंकि तीसरे पहर ग्रहण के मौक़े पर भी तो डुबकी लगानी थी। कुछ यात्री सरोवर के अगल-बग़ल चल रहे कीर्तन और प्रवचनों में शामिल हो जाते, तो कुछ इस 'धर्म क्षेत्र' के छोटे-बड़े, नये-पुराने अनेक मन्दिरों में दर्शनों के लिए रवाना हो लेते। तीर्थयात्रियों की दिन भर की चहलक़दमी से उठी धूल अब पूरे आसमान में छा गयी थी। चमके सूरज पर धूल का संकट तो आ ही गया था। अब राहु भी अपनी घात लगाने वाला था।

तीसरा पहर शुरू हो गया था। चार बज रहे थे कि लोगों की चहलक़दमी थम-सी गयी। हर आदमी जैसे अपने में सिमट गया हो। ३६०० फुट लम्बे और १२०० फुट चौड़े ब्रह्म सरोवर की सीढ़ियाँ डुबकी के इन्तज़ार में बैठे

लोगों से ढक गयी थीं। पूरे तीर्थ क्षेत्र में सुबह से रात तक बिछड़े लोगों और बच्चों की सूचनायें लगातार उगलने वाले २५० लाउडस्पीकर भी अब मौन हो गये थे।

२७वाँ मिनट पूरा हुआ। सरोवर के पश्चिमी किनारे पर बने सर्वेश्वर महादेव मन्दिर से पहले शंख बजा और फिर घण्टे और फिर मन्त्र, श्लोक, गीता-रामायण—जिसे जो याद था—उसका पाठ करते हुए लोग सरोवर में कूद पड़े।

लाउडस्पीकरों में लता मंगेशकर द्वारा प्रस्तुत किये गये गीता पाठ का रिकॉर्ड बजने लगा था। ब्रह्म सरोवर पर शुरू के कुछ मिनटों में साधु, संन्यासी या महात्मा क़िस्म का एक भी चोला नहीं दिखा। परम्परा को ज़्यादा विस्तार से जानने वाले सभी लोग ब्रह्म सरोवर से आधा फर्लांग दूर बने सन्निहित सरोवर पर जमा थे। विधानानुसार पहली डुबकी सन्निहित में ही लगायी जानी चाहिये, क्योंकि इसी तालाब पर 'सभी देवता स्नान करने आते हैं'। सन्निहित सरोवर ब्रह्म सरोवर की अपेक्षा बहुत ही छोटा और सामान्य था, पर शास्त्रों द्वारा बख़ान की गयी महत्ता पर ऐसे मौलिक कारणों से कोई चोट नहीं पहुँचती। लता लाउडस्पीकरों पर गीता के नौंवे अध्याय का तीसरा श्लोक पढ़ रही थीं, जिसका भाव है 'परतप' इस धर्म में श्रद्धा न रखने वाले लोग मुझे पा नहीं सकते और इस तरह मृत्यु रूप संसार चक्र में भटकते रहते हैं।

सन्निहित सरोवर से गीले बदन निकले साधु-महात्माओं का दल अब तुरही और रणसिंहा बजाते हुए ब्रह्म सरोवर की ओर बढ़ रहा था। स्वयंसेवकों ने उनके लिए जैसे-तैसे रास्ता बनाया।

ब्रह्म सरोवर में लोग डुबकी लगा रहे थे। पैसे और फूलों के अलावा नारियल और सफ़ेद कुम्हड़ा अर्पित कर रहे थे।

मेले में धन्धे के ख़याल से आये दुकानदारों में भी ऐसे लोगों की कमी नहीं थी जिन्होंने ग्रहण के दौरान अपना कारोबार बन्द कर दिया था। ब्रह्म सरोवर के पास ही बनी एक चाय की छोटी-सी दुकान पर कुछ लोग चाय पीने चले आये। दुकानदार ने ज़रा सावधानी से समझाते हुए कहा, 'हमारे यहाँ तो चाय ग्रहण छूटने पर ही चढ़ेगी, पर हमारी तो यही सलाह है कि कहीं और मिल भी जाये तो आप न पिओ'।

६ बजकर ५३ मिनट पर ग्रहण ख़त्म हुआ और फिर सूर्यास्त। गीले गमछों और कपड़ों को कन्धों पर टाँग कर लौटते हुए लोग अपने परिवारों के सदस्यों का हाथ, पल्ला, कमीज वग़ैरह कस कर थामे थे; कहीं इस भीड़ में बिछड़ न जायें, इस डर से। लाउडस्पीकरों से गीता पाठ बन्द हो गया था और एक-दूसरे से बिछड़ जाने की घोषणायें बिना थमे शुरू हो गयी थीं।

घोषणाओं का काम स्कूल की कई बच्चियाँ कर रही थीं। हर ५-१० मिनट पर आवाज़ बदल जाती, इसलिए लोग इन्हें ज़्यादा ध्यान से सुनते। 'नाभा हाउस' के इस प्रसारण केन्द्र ने कोई ३००० बिछुड़े बच्चों और लोगों को अपने परिवार से मिलाया था।

ग्रहण मेले की निर्दोष व्यवस्था का श्रेय प्रशासन और स्वयंसेवी संस्थाओं की मिली-जुली मेहनत को जायेगा। मेले की तैयारियाँ महीनों पहले से शुरू हो गयी थीं। खण्डहर हो चुके घाट और सूख चुके ब्रह्म सरोवर के पुनरुद्धार का काम तो पाँच साल पहले ही चालू कर दिया गया था। पूरी योजना पाँच करोड़ रुपये की है, जिसमें से अब तक दो करोड़ ख़र्च किया जा चुका है। 'कुरुक्षेत्र विकास बोर्ड' की ओर से चल रहे इस काम को गुलजारीलाल नन्दा की देखरेख में 'मानव धर्म मिशन' पूरा कर रहा है। सरोवर में पंजाब की पाँच नदियों के अलावा गंगा और यमुना का पानी भी नहरों की मदद से पहुँचाया गया था। तालाब होते हुए भी इसमें ताज़े पानी का बहाव और निकास भी रखा गया है। इसलिए इसका पानी दस लाख लोगों के नहाने के बाद भी आश्चर्यजनक साफ़-सुथरा बना रहा। 'घाट-घाट का पानी पी चुके' अनुभवी तीर्थ यात्री भी ब्रह्म सरोवर के सुन्दर घाट और नीले पानी की बिना थके तारीफ़ करते रहे। माना कि श्रेय नन्दा जी को जाता है, ब्रह्म सरोवर के निकट ही उनकी आदमक़द मूर्ति खड़ी कर देना सुरुचि का परिचय नहीं देता।

तीर्थ यात्रियों को ढोने के लिए निजी वाहनों के अलावा हरियाणा राज्य परिवहन की ५०० विशेष बसों को लगाया गया था। हालत कुछ ऐसी हो गयी थी कि तीर्थ यात्री बसों का इन्तज़ार नहीं कर रहे थे। बल्कि बसें उनका इन्तज़ार कर रही थीं। विशेष रेलों का इन्तज़ाम भी सूझबूझ से भरा हुआ था। तीर्थ में आने वाली अनपढ़ आबादी को ध्यान में रख कर विशेष टिकिट खिड़कियों पर नम्बरों के साथ-साथ शेर, मोर जैसे चित्र भी टाँग दिये थे। फलाँ जगह का टिकिट कहाँ मिलेगा, जैसे सवालों के जवाब में

पूछताछ पर बैठा आदमी 'शेर खिड़की पर जाओ' जैसा जवाब दे देता।

पीने के साफ़ पानी के लिए पूरे इलाक़े में १००० नये नल लगाये गये थे। क़स्बों के घरों में रोज़ सिर्फ़ सुबह दो घण्टे पानी आता है। लेकिन इस बात को ध्यान में रख कर कि इन घरों में भी ढेर सारे यात्री टिके हैं यहाँ भी २४ घण्टे पानी पहुँचाया गया।

कई धार्मिक संस्थाओं की ओर से चले मुफ़्त भण्डारे और लंगर मेले की दुकानें, सस्ते लंच पैकेट, निजी पोटलियों में बँधा हुआ सत्तू और निर्जल-निराहार उपवास का संकल्प—इन सभी बातों ने १२ लाख लोगों के खाने की व्यवस्था को कुल मिला कर ढंग से टिकाये रखा।

महामारी की रोकथाम और तीर्थ यात्रियों के स्वास्थ्य के लिए स्वास्थ्य विभाग रेडक्रॉस और स्वयंसेवी संस्थाओं के शिविर बहुत पहले से लग गये थे। हैजे के टीके के बिना मेला क्षेत्र में घुसने नहीं दिया जाता था, पर अन्तिम दिन चुस्ती ख़त्म हो गयी थी। रेडक्रॉस वाले पूरे दो दिन तक पेट दर्द, सिर दर्द, चोट और धूल के कारण आँख से पानी बहने की शिकायत करने वालों से घिरे रहे। बताशे पर 'रामबाण दवा हरा पुदीना' रख कर अपने परिवार का इलाज़ ख़ुद ही कर लेने वाले बुजुर्गों की भी कोई कमी नहीं थी।

मेला उजड़ चुका है। सूरज भगवान पर आयी विपदा भी टल गयी है। बिपदा में सहानुभूति जताने आये तीर्थ यात्री भी लौट चुके हैं। दस वर्गमील के घेरे में खींच कर फैलाया गया थानेसर क़स्बा अब फिर से अपने दो वर्गमील के मौलिक आकार में सिमट गया है।

दिनमान, ९-१५ मई, १९७६

धन्धा पिघल रहा है

बग़ल में लकड़ी की पेटी टाँग कर भरी दोपहरी में घूमता हुआ एक आदमी मुहल्ले के किसी घने पेड़ के नीचे एकाएक रुक जाता और फिर दो-चार बार ज़ोर-ज़ोर से आवाज़ लगाता 'मलाई बरफ़, मलाई बरफ़'। आवाज़ की दस्तक कई किवाड़ों को खुलवा ही लेती। छोटे-बड़े बच्चे उसे घेर लेते। पंजी (पाँच पैसे) और दस्सी (दस पैसे) निकालते। वह पत्तल के टुकड़ों पर मलाई बरफ़ काटकर रखता, उसे छोटे-से तराज़ू पर तौल कर उन्हें, ग्राहकों को उनके नाम पुकार-पुकार कर बड़े लाड़ से ठण्डी बरफ़ थमाता जाता।

गाडरवारा, गोटेगाँव, तेंदूखेड़ा, देवरी, सागर, कंदेली, नरसिंहपुर जैसे मध्य प्रदेश के छोटे-बड़े क़स्बों में पिछले ७०-८० बरस से दिखने वाला यह चित्र अब धुँधला पड़ता जा रहा है। इन क़स्बों के बग़ल से बहने वाली छोटी-छोटी नदियों के किनारे देसी मशीन के ज़रिये निहायत घरेलू स्तर पर बरसों से जमायी जा रही इस कुल्फ़ी का स्वाद अब लोग बिसरते जा रहे हैं। उनकी जीभ पर क़स्बे के इर्द-गिर्द बड़े शहरों में बनने वाली आइसक्रीम का स्वाद चढ़ता जा रहा है। नीली-सफ़ेद रंगीन पट्टियों से रंगे आइसक्रीम के ठेले वर्दी डाटे बेचने वाले, काँच के चमकते प्याले और इस्पात के चम्मच या फिर डण्डी लगी कुल्फ़ी ने क़स्बे के इस घरेलू धन्धे के पाँव हिला दिये हैं।

मलाई बरफ़ का यह धन्धा इन क़स्बों में कोई ८० साल पहले शुरू हुआ था। लेकिन नरसिंहपुर के कनछेदीलाल का कहना है कि मलाई बरफ़ ज़माना हमारे लिए धन्धा नहीं था, एक शौक़ था। ऐसा शौक़ जिससे मन

भी भर जाता था और कुछ हद तक पेट भी।

इस ठण्डी जायकेदार मलाई बरफ़ को बनाने का तरीक़ा इतना आसान था कि इतने बरस पहले यातायात के साधनों से अलग-अलग गाँवों में भी अपने पैर जमाने में उसे कोई दिक़्क़त नहीं हुई थी। मशीन ज़रूर दिल्ली से आती थी पर वह नाममात्र को शहरी थी।

लोहे की दो टँकियों को एक नली से जोड़कर बनायी गयी यह मशीन अमोनिया गैस पर चलती है। क़स्बे की ज़रूरत भर कुल्फ़ी तैयार करने वाली मशीन में न तो बिजली की ज़रूरत है और न बरफ़ और नमक की। गैस से भरी टंकी को चूल्हे पर रखकर तपा लिया जाता है। बस फिर उसे पानी से भरे एक हौज में डाल देते हैं। इस क्रिया के दौरान गैस दूसरी टंकी में चली जाती है। फैलने-सिकुड़ने की वजह से वह अपने आसपास की गर्मी को तेजी से अपने में पचा लेती है। इस तरह दूसरी टंकी के खोखले हिस्से में रखा गया दूध और मेवे का घोल जम जाता है। तैयार मलाई बरफ़ को अख़बारी काग़ज़ की चिंधियों में लपेटा जाता है। फिर उसके ऊपर गरम कपड़े की पट्टी बाँध दी जाती है। चार घण्टे तक यह पिघलती नहीं है।

पहले कभी यह मशीन १०० रुपये में मिलती थी। अब क़ीमत आठ गुनी बढ़ गयी है। टंकी में भरी गयी अमोनिया गैस छह महीने तक चलती है—यानी गरमी का पूरा मौसम बेखटके कट जाता है। तपाने के लिए लकड़ी की कोई कमी नहीं और टंकी को ठण्डा करने के लिए नदी का पानी मिल जाता है। लगभग हर क़स्बे में नदी के पास बाँस और चटाई से खड़ी की गयी यह 'फ़ैक्टरी' मिल जायेगी।

मध्य प्रदेश के इन इलाक़ों में इस धन्धे को खत्री परिवारों ने शुरू किया था। छोटी-छोटी बस्तियों में इन परिवारों का अपने ग्राहकों से सीधा रिश्ता रहता था। बेचने वाले और ख़रीदने वाले के बीच पीढ़ी दर पीढ़ी रिश्ते चले आते थे। मुहल्ले में कहीं कोई उत्सव हो तो फिर ख़ास फरमाइश पर अच्छे क़िस्म का मलाई बरफ़ तैयार किया जाता था। कभी-कभी किसी ग्राहक की तरफ़ से ही दूध और मेवा आ जाता। ये लोग सिर्फ़ उसे जमाने का मेहनताना ले लिया करते थे। कभी कोई तबीयतदार ग्राहक घोल में भाँग भी मिलवा देता। ख़ास फरमाइश के ऐसे ज़्यादातर मौक़ों पर खत्री परिवारों के बुज़ुर्ग ख़ुद ग्राहक के घर जाते और मलाई बरफ़ अपने हाथ से परोसते

थे। गोरे साहबों के घरों में होने वाले उत्सवों में मेहनताना भी मिलता और बख़्शीश भी।

तब धन्धा भी ख़ूब चलता था। नरसिंहपुर के कनछेदीलाल बीते दिनों की याद करते हुए कहते हैं, उन दिनों हर मशीन एक दिन में कम से कम १५ घान मलाई बरफ़ निकालती थी और फिर मशीनें भी तीन-चार तो हुआ ही करती थीं। सन् '४० का वक़्त रहा होगा। हरदा में एक आदमी ने कुल्फ़ी बनाने की मशीन लगा ली। फिर वह हमारे पास आया और कहने लगा कि कनछेदीलाल, अब तुम्हारा बरफ़ नहीं बिकेगा, यहाँ हमारी कुल्फ़ी बिकेगी, हम ने भी कह दिया, अच्छा देख लेंगे। कनछेदीलाल को तब यह नहीं मालूम था कि छोटी और बड़ी मशीन की लड़ाई में हार उसी की तरफ़ बढ़ी है। उसे अपने मलाई बरफ़ से उम्दा स्वाद और आत्मीय रिश्तों के बीच उभरे ग्राहकों पर पूरा भरोसा था। इसमें कोई शक नहीं कि पहले दाँव में कनछेदी की ही जीत हुई थी। वह बड़े गर्व से बताता है कि नरसिंहपुर ज़िले के गजट तक में उसका उल्लेख हुआ है कि किस तरह हरदा में बड़े पैमाने पर शुरू किये गये कुल्फ़ी के धन्धे ने मलाई बरफ़ के इलाक़े में अपने पैर जमाने चाहे थे और किस तरह उसे मुँह की ख़ानी पड़ी थी।

लेकिन फिर वह दौर आया जिसमें ग्राहक की माँग पर चीज़ों का बनना बन्द होने लगा। चीज़ें बन जातीं फिर उनकी माँग बनायी जाती और इस तरह वे ग्राहकों के बीच खपायी जाने लगीं। ये छोटे-छोटे क़स्बे चूँकि बड़े शहरों से बहुत दूर नहीं थे, लिहाजा वे अपने आपको इस दौर से अलग नहीं रख पाये। हर शहर में आइसक्रीम और कुल्फ़ी की फैक्टरियाँ खुल गयीं। कार्क के खोल वाले ठेलों में प्लास्क या बर्फ़ के ढेलों से ढँका माल ज़्यादा समय तक टिक सकता था और इसलिए वह दूर-दूर तक खपाया भी जाने लगा। क़ीमतें भी बढ़ चलीं—ऊपर से 'स्वाद' की जगह 'चमक' ने ले ली।

अब नरसिंहपुर में सिर्फ़ कनछेदीलाल के परिवार का धन्धा बच पाया है। मशीन भी सिर्फ़ एक ही है। अब तो दिन में तीन घान से ज़्यादा नहीं निकालते। इतना बिक जाये तो बहुत, गरमी के मौसम में बारिश के लिए कुछ बचत हो जाये तो काफ़ी है।

दिनमान, १५ मई १९७६

चम्बल में भागो नहीं बदलो

रामकृष्ण पूछताछ करता हुआ ग्वालियर के उस सरकारी विभाग तक पहुँच ही जाता है, जो आत्म समर्पित बाग़ियों के पुनर्वास का काम देख रहा है। बाबू की मेज़ ख़ाली थी, इसलिए उसे अधिकारी की मेज़ तक जाना पड़ा।

'साहब एक अर्जी देनी थी,'

'काहे की है अर्जी ?'

'हमारे भाई रामसेवक की सज़ा पूरी हो गयी है, पर अभी भी वह छूटा नहीं है, दतिया जेल में है, कुछ करो आप।'

'तुम ग़लत जगह आ गये हो, तुम्हें तो कलेक्टरेट जाना था।'

'वहाँ गया था, वहीं से यहाँ भेजा है।'

'अच्छा ठीक है, यहाँ छोड़ दो, जो मदद बन सकेगी करेंगे।'

रामसेवक अभी छूटा नहीं है, पर उसके कई साथी अपनी सज़ायें पूरी कर घर लौट आये हैं। अभी तक जेल से छूटने वाले अधिकतर बाग़ी छुटभैये क़िस्म के थे, उन पर लगे आरोपों की सूची भी बहुत लम्बी नहीं थी। इनमें से कइयों ने अपने गुनाह ख़ुद कबूल कर लिये। इस तरह मुक़दमेबाज़ी का वक़्त बच गया, कुछ पर मुक़दमे चले, कुछ को सज़ायें हुईं और कुछ ऊपर की अदालतों में अपील कर बरी हो गये। कितने रिहा होकर फिर से अपने घरों में लौट आये हैं, इसका ठीक अन्दाज़ कहीं से नहीं मिल पाता है—न सरकार से, न चम्बल घाटी शान्ति मिशन से और न चम्बल घाटी सेवा संस्थान से। कहीं पता चलेगा कि अब तक १२५ लोग छूट चुके हैं तो कहीं कहा जायेगा २२५।

लेकिन समस्या महज़ आँकड़ों की नहीं है। समर्पण स्थल जौरा, ज़िला मुरैना के गाँधी आश्रम में २८ से ३० जनवरी तक हुए समर्पण शिविर में यह समस्या लगातार सामने बनी रही। जौरा आश्रम के श्री सुब्बाराव की पहल पर बुलाये गये इस समर्पण शिविर में कुल मिला कर ऐसे ४८ लोगों ने भाग लिया, जो अपनी-अपनी सज़ा काट चुके हैं। आयोजकों को उम्मीद थी कि कोई १५० लोग शिविर में आ जायेंगे। पर घाटी और जंगल में बसे दूर-दूर के गाँवों में ठीक से निमन्त्रण नहीं पहुँचाया जा सका—वैसे चिट्ठी-पत्री के अलावा पैदल घूम-फिर कर भी सम्पर्क किया गया था। आख़िरी दिन की शाम तक भी लोग आते रहे। यह पहला ही मौक़ा था जब इन्हें एक जगह इकट्ठा कर इनके सुख-दुख जानने, समझने की कोई कोशिश हुई हो। समाज के अलग-अलग हिस्सों से अलग-अलग कारणों से ये लोग फ़रार होकर बाग़ी बने थे। कुछ वक़्त चम्बल बीहड़ों में काटा और फिर कुछ जेलों में। लौट कर फिर से समाज में बसना था। वे समाज में किस हद तक खप सके हैं और समाज उन्हें किस हद तक खपा सका है, इन दो सवालों के जवाबों की उजली धुँधली झलक इस समर्पण शिविर और उसी मौक़े पर लगे गाँधी मेले की भीड़-भड़क्के से ऊपर उठ कर सामने आती है।

समर्पण स्थल पर बने स्मारक के आसपास फैले मैदान में २३ जनवरी को ही गाँधी मेला जुट गया था। मेले में वह सब कुछ था जो एक क़स्बाई मेले में हुआ करता है—बड़ा झूला, क़िस्मत आज़माने के तरह-तरह के तमाशे, खाने-पीने और खिलौनों की दुकानें, परिवार नियोजन, खेतीबाड़ी वग़ैरह के राजकीय पण्डाल, हैरतअंगेज़ कारनामों के खेल आदि। मेले के साथ ही पाँच तम्बू लगे थे। इनमें समर्पण शिविर में भाग लेने वाले भूतपूर्व बाग़ियों को ठहराने का इन्तज़ाम किया गया था। मेला तब तक फीका ही रहा जब तक इन तम्बुओं में ये भूतपूर्व बाग़ी न आ टिके। २८ जनवरी की शाम को इन लोगों की पहली टुकड़ी आयी और साथ ही मेले की रौनक भी। लोगों की भीड़ उमड़ पड़ी उन्हें देख लेने के लिए। लोग तम्बुओं को घेर लेते, कपड़ा उठा कर भीतर झाँकते। मज़बूरन इन शिविरार्थियों को तम्बुओं से बाहर आना पड़ता, फिर ऐसे एक-एक, दो-दो लोगों को घेर कर भीड़ खड़ी हो जाती। वे अपने बाग़ीपन के और फिर अब एक सामान्य नागरिक की तरह गुज़र रही ज़िन्दगी के क़िस्से सुनाते।

'...सबसे कहते फिरते हैं, कोई तो सुनेगा। हम तो अब समाज की शरण में आये हैं, हमारे सन्तों ने बताया है कि शरण में मरण नहीं है।' माधोसिंह के दल में रह चुके मंगलसिंह का कहना है, 'हम प्रेम से रहेंगे, अब किसी पर हाथ नहीं उठायेंगे, सरकार ने हमारे लिए बहुत किया, पर जो चूक हो जाती है वह भारी पड़ती है। हमें ज़मीन मिल गयी है पर क़ब्ज़ा नहीं मिल पाया है अभी। खेती के साधनों के लिए नकदी मदद भी मिलने वाली थी पर अभी तक मिली नहीं है। अर्जियाँ तो भेज रहे हैं। सरकार के पास तो और भी काम हैं, शान्ति मिशन टूट गया है, अब सुब्बारावजी ने यहाँ बुलाया तो सूखता ख़ून हरा हुआ है।'

आश्रम के एक बड़े कमरे में सन्त तुकड़ोजी के एक भजन 'सबके लिए खुला है मन्दिर है ये हमारा' से समर्पण शिविर की शुरुआत हुई। भूतपूर्व बाग़ियों के सामूहिक गान की आवाज़ से आसपास के गाँव वाले आकर्षित हो गये और देखते ही देखते आश्रम की बगिया को रौंदते हुए भीड़ भीतर चली आयी। उधर कमरे में मन्दिर के खुले रहने की घोषणा हो रही थी, परेशान आश्रमवासी भीतर घुस आये लोगों को समझा-बुझा कर बाहर निकाल रहे थे। जब भीड़ किसी तरह बाहर निकल गयी तो आश्रम का मुख्य दरवाज़ा बन्द कर देना पड़ा। आयोजकों को भरोसा हो गया कि अब शिविर की कार्यवाही ठीक से चल सकेगी।

औपचारिक परिचय के बाद आश्रम के कर्ताधर्ता सुब्बाराव का एक लम्बा भाषण हुआ। फिर इन लोगों ने अपनी-अपनी बात रखी। बैठक के कमरे की दो खिड़कियाँ आश्रम के बाहर खेतों में खुलती थीं। इन पर एक बार फिर भीड़ इकट्ठी हो गयी—लोग बारी-बारी से झाँक कर भीतर बैठे शिविरार्थियों को ताकते। खिड़कियों पर भीड़ बढ़ जाती तो उस बड़े कमरे में कुछ अँधेरा-सा छा जाता, भीड़ कुछ छँटती तो उजाला वापस आता। बैठक में अपनी-अपनी बात रख रहे सदस्यों की मनोदशा भी कुछ ऐसी ही थी। समर्पण के बाद हुए पुनर्वास के काम को लेकर समर्पण के बाद ज़मीन का पट्टा मिल जाने पर भी अब तक क़ब्ज़ा न मिलने से एक सदस्य इतना परेशान था कि उसने उठ कर बैठक से पूछा, 'क्या समाज यह चाहता है कि हम फिर से हथियार उठा कर बाग़ी बन जायें? कुत्ते को भी अगर घर में ठीक से खाना न मिले तो वह अगल-बग़ल के घरों में मुँह मारता है।'

लेकिन नौजवान सदस्य नरेशसिंह तोमर का मन बावजूद कई तकलीफ़ों

के आशा से भरा था। बचपन से उसके पिता और चाचा का ख़ून कर दिया गया था। इसका बदला लेने के लिए उसने क़ानून हाथ में लेना चाहा और १४ साल की कच्ची उमर में फ़रार होकर बाग़ी बन बैठा। बाद में अपने दल का नेता भी। सन् '६७ से '७२ तक फ़रार रहा : 'यदि हम समर्पण नहीं करते और उसी रास्ते पर चलते रहते तो क्या मालूम वह हमें कहाँ ले जाकर छोड़ता—किसी विरोधी बाग़ी दल या पुलिस की गोली से प्राण छूटते, बच जाते तो उमर क़ैद से कम क्या मिलता, यह जीवन तो हाथ से निकल जाता। हमें यह जीवन मिल गया इतना ही बहुत है, ज़मीन मिले या नहीं मिले। तकलीफ़ कौन को नहीं है? हम से भी ज़्यादा ग़रीब लोग हैं। तकलीफ़ों का मुक़ाबला यहीं रह कर मिल-जुल कर करेंगे, हथियार उठा कर फिर से बाग़ी नहीं बनेंगे।'

नरेश हथियार न उठाने के मामले में इतना पक्का निकला कि उसने मेले में निशाना आज़माने के खेल में भी शामिल होने से इनकार कर दिया। इस खेल में चार आने में 'एयरगन' से तीन बार निशाना साधने को मिलता था। बाहर से आये एक पत्रकार के आग्रह पर नरेश ने झिझकते हुए 'एयरगन' को उठाया और दूर लटकते हुए एक छोटे-से बटन पर निशाना तान उसे गिरा दिया—खिलौना बन्दूक नीचे रख कर चार आने चुकाये और बचे हुए दो और मौक़ों को राम के नाम छोड़ कर तौबा कर ली।

लेकिन जिन लोगों ने अपनी ज़िन्दगी का एक हिस्सा बन्दूक के बल पर बिताया है, वे अब हल चला कर या कोई और धन्धा कर अपनी गुज़र-बसर कर लेंगे—समाज का एक तबका इस पर आसानी से भरोसा नहीं कर रहा। यदि अपने गुनाहों की सज़ा काट चुके भूतपूर्व बाग़ियों के मन में समाज के प्रति शंका है तो समाज में भी इन लोगों के प्रति दो तरह की राय कायम है। चम्बल के इस इलाक़े में 'घटियाई' एक ऐसा शब्द है जिसका इस्तेमाल दोनों पक्षों के लोग एक-दूसरे के लिए करते हैं। जेल से अब अपने घर आ चुके हुए लोगों को लगता है कि उनके पुराने दुश्मन फिर से कोई 'घटिया' काम करेंगे और हमें दिक़्क़त में डाल देंगे। दूसरी ओर कई गाँव वालों को लगता है कि ये लोग जाने कब क्या कर बैठेंगे इसलिए वे उनसे दूरी बनाये रखते हैं। जिन लोगों को अभी तक ज़मीन नहीं मिली है, उन्हें कई दिक़्क़तों का सामना करना पड़ रहा है। इन्हें मज़दूरी पर रखने से लोग कतराते हैं।

समर्पण शिविर में जो ४८ लोग आये थे, उनमें से १२ को अब तक ज़मीन नहीं मिली थी। १२ को ज़मीन मिल गयी थी पर क़ब्ज़ा नहीं मिला था। अन्य २३ को क़ब्ज़ा मिल गया था पर खेती के साधन जुटाने के लिए नकदी मदद नहीं मिल पायी थी। इनमें से ज़्यादातर बीहड़ में ख़ाली हाथ गये थे और वहाँ से ख़ाली हाथ ही वापस आये थे। फ़रारी के दिनों में इनका घर-परिवार भी मिट गया था। अब इन्हें फिर से बसने के लिए जगह चाहिये ताकि ये कहीं अपने पैर जमा सकें और अपने को समाज का एक अंग मान सकें—सरकार इसकी पूरी कोशिश कर रही है। चम्बल घाटी सेवा संस्थान की ओर से श्री बापट ज़मीन बाँटने में आयी दिक़्क़तों को निजी रुचि लेकर हल करते हैं। श्री बापट सेवानिवृत्त तहसीलदार हैं, इसलिए उनका क़ानूनी ज्ञान काफ़ी अच्छा है।

लेकिन केवल बाग़ी परिवारों के पुनर्वास का ही काम नहीं हो रहा है, उनसे पीड़ित परिवारों को भी बसाने का एक बड़ा अभियान चल रहा है। पीड़ित परिवारों की भी संख्या कोई कम नहीं है। बाग़ी और बाग़ी पीड़ित परिवारों का अनुपात १:३ के लगभग बैठता है। यही अन्तर इसकी सहायता राशि में रखा गया है। मध्य प्रदेश शासन की तरफ़ से एक अलग विभाग इस काम की देखरेख कर रहा है। इसके ज़रिये २५ लाख ५३ हज़ार रुपया इन परिवारों को बाँटा गया है। इसमें नकदी मदद, खेती-बाड़ी के साधन और इन परिवारों के बाल-बच्चों की पढ़ाई के लिए ज़ारी की गयी छात्रवृत्तियाँ भी शामिल हैं। बाग़ी परिवारों को अब तक दी गयी मदद की कुल राशि ६ लाख ८२ हज़ार है।

पुनर्वास का काम काफ़ी कुछ निपट चला है। पर अभी एक काम और बचता है, जिसमें स्वयंसेवी संस्थाओं को आगे आना होगा—बाग़ी और बाग़ी पीड़ित परिवारों की पुरानी दुश्मनी, मनमुटाव मिटाना और नये झगड़ों को पनपने से रोक कर चम्बल में स्थायी शान्ति का इन्तज़ाम करना। कई गाँवों में ख़ुद बाग़ियों की ओर से पहल की गयी है—वे अपने दुश्मनों के घरों में गये हैं और चरण छू कर माफ़ी माँगी है। कहीं-कहीं ये परिवार गले मिल गये हैं। पर 'आँख के लिए आँख' एक ऐसा सिद्धान्त है जिसे दुनिया के ज़्यादातर समाजों और क़ानूनों ने बरसों से मान्य किया है। वह घाटी में भी एक हद तक कायम है।

तनाव का एक कारण बन्दूक भी है। जब यहाँ बाग़ी थे तब कई गाँवों में

आत्मरक्षा के लिए लोगों ने बन्दूकों के लाइसेंस माँगे थे। उस समय उदारतापूर्वक लाइसेंस देना उचित माना गया था। अब न बाग़ी बचे हैं और न उनकी अवैध बन्दूकें। पर लाइसेंसदारों की बन्दूकें कायम हैं। रिहा हो चुके बाग़ी इससे थोड़े परेशान हैं। अब उन्हें अपने परिवारों की सुरक्षा का भी भय है।

चम्बल के पानी में आयी निर्मलता सतत बहती रहे, इसलिए इधर भी ध्यान देना ज़रूरी है।

दिनमान, १५-२१ फ़रवरी, १९७६

नरभक्षी कौन?

अपनी-अपनी सुन्दर जगहों को लोग कुछ तो अपनेपन से, और कुछ घमण्ड से भी दुनिया का स्वर्ग बताते ही हैं। अक्सर इसके लिए कुछ पहाड़ की, कुछ ऊँचाई की भी ज़रूरत होती है पर अपनी किसी जगह को पाताल बताने के लिए एक ख़ास तरह की गहरायी चाहिये।

हमारा परिवार मध्य प्रदेश का है, पर कोई पच्चीस बरस का हो जाने तक भी मुझे पता नहीं था कि मध्य प्रदेश में एक जगह सचमुच पाताल जैसी गहरी है। इसका नाम है पातालकोट। छिन्दवाड़ा ज़िले में। इसकी जानकारी और फिर इस पाताल में उतरने का संजोग भी एक विचित्र घटना से मिला था।

वे दिन आपात्काल लगने के आसपास के थे। महीना वग़ैरह तो अब याद नहीं। दिल्ली से निकलने वाले उस समय के एक प्रसिद्ध अँग्रेज़ी अख़बार में एक दिन पहले पन्ने पर ख़बर छपी थी—मध्य प्रदेश के एक बहुत ही दुर्गम इलाक़े पातालकोट में एक शेर नरभक्षी हो गया है और उसने अब तक छह लोगों को मार डाला है। बड़ा आतंक फैल गया है वहाँ। अख़बार तो प्रसिद्ध था ही, उसके भोपाल स्थित ये संवाददाता भी बड़े प्रसिद्ध थे। पहले दिन छपी वह ख़बर उन्होंने भोपाल स्थित अपने 'विश्वसनीय सूत्रों' के हवाले से लिखी थी। इसमें भोपाल से पातालकोट की दूरी का बड़ा भयानक वर्णन दिया गया था : भोपाल से पिपरिया, पिपरिया से तामिया नाम की एक छोटी-सी जगह और फिर तामिया से पातालकोट। उत्साही पत्रकार ने बड़े चुनौती भरे स्वर में पाठकों को बताया था कि इन पंक्तियों को लिखते हुए वे इस कठिन, ख़तरनाक यात्रा पर निकल पड़ने की तैयारी

कर रहे हैं और अगले दिन अख़बार में वे पाठकों को तामिया पहुँचकर ताज़ा ख़बर देंगे।

भोपाल से लिखी ख़बर दिल्ली में छपी। भोपाल के किसी भी अख़बार में इसका ज़िक्र नहीं था, पर दिल्ली में ख़बर छपते ही भोपाल सूचना आ गयी। मध्य प्रदेश सरकार चौंक गयी। दोपहर तक प्रशासन के, वन विभाग के बड़े अधिकारियों ने, प्रदेश के 'कुशल नेतृत्व' ने बैठकें कीं। पातालकोट के लोगों को इस नरभक्षी शेर के आतंक से मुक्त करवाने की बारीक़ रणनीति बनी। घोषणा की गयी कि पूरे देश से जो भी शिकारी इस शेर को मारने आयेगा, मध्य प्रदेश सरकार उसे सारी सुविधाएँ उपलब्ध करायेगी। उन शिकारियों को राज्य अतिथि का दर्जा देने की बात भी शायद कही गयी थी।

उन दिनों रंग-बिरंगी मसालेदार निजी हवाई कम्पनियों के पंख नहीं निकले थे। नीले आकाश में बस सिर्फ़ सरकारी जहाज़ ही उड़ा करते थे। देश के अनेक हिस्सों से भोपाल आने के लिए सीधी उड़ानें भी ज़्यादा नहीं थीं। फिर भी शिकारियों को जल्दी से जल्दी भोपाल आने का निमन्त्रण तो दे ही दिया गया था।

अभी आसमान की बात छोड़ ज़मीन पर उतरें। ये संवाददाता तामिया तक पहुँच गये। अब वे उस पाताल के किनारे से अपनी दूसरी रिपोर्ट लिख रहे थे। पाठकों को उन्होंने बहुत ही रहस्य भरे ढंग से इसमें यह बताया कि छह लोगों को मार कर खा जाने वाला शेर नहीं था, बल्कि शेरनी थी। और अब तो वे तामिया से पातालकोट की कगार पर खड़े हैं। क़लम बन्द कर रहे हैं। सैकड़ों बरसों पुराने पेड़ों की जड़ों, लताओं को पकड़-पकड़ कर अब वे पाताल में उतरने जा रहे हैं।

पातालकोट छिन्दवाड़ा ज़िले में सतपुड़ा की पर्वतमाला के बीच कोई ८० वर्गमील में धँसा एक विचित्र भू-भाग है। कुछ लाख साल पहले शायद किसी उल्कापात से बना विशाल गड्ढा। ऊपर से देखने पर लगता है किसी ने एक बड़ा-सा कटोरा यहाँ पहाड़ों के बीच लाकर रख दिया है।

पहले शेर, फिर शेरनी तक पहुँचने की जल्दी में हम अपने संवाददाता का ठीक परिचय भी नहीं दे पाये थे। नाम था इनका तरुण भादुड़ी जी। इनको बेटी बम्बई में फ़िल्मों में गयीं और उन्होंने पिता से भी ज़्यादा प्रसिद्धि

पायी—जया भादुड़ी जी। फिर उनका विवाह हुआ कवि श्री हरिवंशराय बच्चन के बेटे अमिताभ से। अमिताभ तब तक 'बी' नहीं कहलाते थे। 'बिग बी' तो बहुत ही बाद की बात है।

इतने सब परिचय के बाद दिल्ली के उस अख़बार का भी नाम जान लेना चाहिये—द स्टेट्समेन। उन दिनों कहा जाता था कि यह सरकार चलाने वालों का अख़बार है। दिल्ली के इस अख़बार में तीसरे दिन अपनी तीसरी कड़ी में संवाददाता ने पातालकोट उतरने का साहस भरा वर्णन तो किया ही, अचानक यह भी जानकारी दे दी कि छह लोगों को झपटकर खा जाने का क़िस्सा तीन दिन पुराना नहीं है, वह तो १८० दिन पुरानी बात है! कोई छह महीने पहले यह सब घट चुका था। ख़बर में गाँव के लोगों ने अपने ऊपर आये इस संकट को कैसे हल कर लिया था, इसकी भी जानकारी बड़ी बारीक़ी से दी गयी थी—कैसे फन्दा बनाया गया, उसमें कैसे बकरा बाँधा गया और फिर बकरे को खाने आयी शेरनी को कैसे पकड़ा, कैसे मारा और सबसे आख़िर में कैसे इस पूरे काण्ड के सारे सबूत मिटा दिये गये थे।

इतना सारा ज्ञान देकर हमारे संवाददाता फिर बिना क़लम खोले वापस भोपाल लौट आये थे। पूरे देश से कुशल निशानेबाज़ वहाँ पहुँचे कि नहीं, पहुँचे तो उनका क्या हुआ, जैसे सवालों पर चौथे दिन कोई ख़बर नहीं छपी दिल्ली में। भोपाल ने भी चैन की साँस ली होगी।

इन तीनों ख़बरों को पढ़कर लगा कि तामिया जाना चाहिये। समझना चाहिये कि प्रदेश का एक भाग, भले ही वह कितनी भी ख़राब, ऊबड़-खाबड़ सड़कों से जुड़ा हो, ऐसा कैसे कट सकता है राजधानी से! भोपाल से जिस जगह की भौगोलिक दूरी कोई छह घण्टे हो, वहाँ लोगों पर आयी इतनी बड़ी विपत्ति की ख़बर ऊपर तक आने में छह महीने का समय क्यों लग जाता है। इसका तो मतलब यह हुआ कि भौगोलिक दूरी भले ही छह घण्टे की हो, मानसिक दूरी तो छह महीने की है। यह भी लगा कि शेर के साथ तो पातालकोट बरसों से मिल-जुल कर रहता ही रहा है, पर जनहित के नाम से बनी, लोगों के हाथों चुनी गयी सरकार, उसका वन विभाग, उसकी पुलिस इतनी डरावनी भला कैसे बना जाती है!

दिल्ली से तामिया कैसे जायेंगे, मुझे पता नहीं था। लेकिन भोपाल से

थोड़ा-सा आगे, कोई ८० किलोमीटर दूर होशंगाबाद से मेरा कुछ परिचय था। वहाँ एक बड़ा बाँध उन्हीं दिनों बना था और उस बाँध के कारण वहाँ की काली मिट्टी में दलदल की परिस्थिति भी बनने लगी थी। वहाँ कुछ मित्र उसकी इन कमियों की ओर सरकार का ध्यान खींचने के लिए एक विनम्र अभियान भी चलाना चाहते थे। फिर पारिवारिक सम्बन्ध भी थे, उस शहर में। और इसी शहर में पिताजी के एक मित्र आदिवासी कल्याण जैसे किसी विभाग से अवकाश लेकर बस गये थे। तामिया तक जाने के लिए होशंगाबाद पहुँचना सबसे सरल रास्ता लगा था। रेल में आरक्षण जैसी सहूलियतें तब कुछ ख़ास नहीं चली थीं। रात की गाड़ी पकड़ी, सुबह होशंगाबाद।

सगे-सम्बन्धियों ने, मित्रों ने सुना कि पातालकोट जाना है तो वे चौंक ही पड़े थे। पातालकोट? वहाँ तो सुनते हैं नरभक्षी लोग रहते हैं। देखते ही तीर चला देते हैं। तुम्हें काट कर खा लेंगे! बाल-कथाओं में अक्सर मोहन नाम का एक बालक जितना बहादुर होता है, उतना तो मैं था नहीं। ऐसा बताया जाता है कि पिताजी ने इस होशंगाबाद शहर के एक खण्डहर क़िले को देख अपनी प्रसिद्ध कविता 'सन्नाटा' लिखी थी। इसमें 'डर' का ख़ूब वर्णन है। एक पंक्ति है उस कविता की : 'तुम डरो नहीं, वैसे डर कहाँ नहीं है, पर डर की बात कुछ ख़ास यहाँ नहीं है।' शायद उसी पंक्ति ने कुछ सहारा दिया होगा। लगा कि पहले शेर, फिर शेरनी और अब जब हमारे अपने ही लोग नरभक्षी बताये जा रहे हैं तो उनसे मिलने पातालकोट जाना ही चाहिये।

शुभचिन्तकों में दिन भर बहस होती रही। इसे अकेले वहाँ जाने दें या नहीं। फिर तीन साथियों—सुरेश दीवान, पंकज पटेरिया और रामेश्वर भाई—ने तय किया कि तामिया, पातालकोट उन्होंने भी तो नहीं देखा है, यहीं पैदा हुए हैं, इतने पास रहस्य में डूबा एक गहरा इलाक़ा है तो चलो सब साथ-साथ चलते हैं। एक से दो नहीं तीन तो और भी ज़्यादा भले होंगे। जो होगा, देखा जायेगा वाला भाव सभी के चेहरों पर अनायास झलक आया था। होशंगाबाद से दिन में बस एक ही बस सेवा थी तामिया के लिए। वह बस शाम तामिया पहुँचती थी। रात वहीं रुक कर अगले दिन सुबह वापस होशंगाबाद आती थी।

अगले दिन हमने वही बस ली। शाम तामिया। बेहद छोटा-सा क़स्बा। बस

अड्डे के पास दो-चार पक्की दुकानें, दो-चार गुमटियाँ, ठेले। एकाध गिरते-पड़ते-से छोटे-छोटे सरकारी दफ़्तर और बदरंग और जंग लग चुके उनके बोर्ड। न कोई होटल, न धर्मशाला। बताया गया कि पातालकोट शाम को थोड़े कोई जाता है। कल सुबह जाना। पर रात कहाँ रुकेंगे हम लोग?

पता चला कि थोड़ी दूर पर बम्बई की टाटा इंस्टीट्यूट ऑफ़ सोशल साइंस जैसी किसी संस्था का प्रशिक्षण केन्द्र था। पढ़ा-लिखा तुम्हारे जैसा इनसान बस से उतरते ही सीधे वहीं जाता था, पर अब न जाने क्यों कुछ बरस से यहाँ कोई भी बाहरी आदमी आता नहीं।

आशा-निराशा में क़दम उठाते हुए हम उसी तरफ़ चल पड़े। हमारा स्वागत किया वहाँ रह रहे एक बंगाली दम्पति ने। राय साहब ने हमारे आने का कारण पूछा। फिर आराम करने की जगह दी। बिस्तरे लगाये। गरम-गरम खाना परोसा और फिर देर रात तक पातालकोट का वर्णन किया। आश्वस्त किया कि डर की कोई बात नहीं है। सुबह पातालकोट के मुँह तक छोड़ आने का भरोसा भी उन्होंने दिया।

फिर थोड़ी देर अपनी तकलीफ़ भी बतायी। कितनी चहल-पहल यहाँ रहती थी। बम्बई से समाजशास्त्री, सामाजिक कामों में रुचि लेने वालों के कितने बड़े-बड़े दल यहाँ आते थे, रुकते थे। पंचायती राज में काम कर रहे अधिकारियों के यहाँ प्रशिक्षण शिविर लगा करते थे। फिर न जाने बम्बई को क्या हुआ, लोगों का आना बन्द हो गया। जो पैसा, अनुदान, उन दोनों का वेतन, राशन आदि यहाँ आता था, वह सब बिना बताये अचानक बन्द हो गया। जैसे वे लोग भूल ही गये हों इस केन्द्र को। सब धीरे-धीरे खण्डहर होता गया। सैकड़ों अँग्रेज़ी किताबों से भरी अलमारियाँ धूल चाटने लगीं। विशाल भवन भी देखरेख के अभाव में खण्डहर होने लगा।

लेकिन राय दम्पति को इस जगह से कुछ प्यार हो गया था। वे यहीं ऐसी ही हालत में खण्डहर के साथ मिलकर, ख़ुद खण्डहर-से बनकर रह रहे थे। सुबह खाने-पीने का कुछ सामान हमारे साथ बाँधा और फिर श्रीमती राय कोई तीन किलोमीटर दूर बसे छिन्दी गाँव तक हमें छोड़ने आयीं। छिन्दी पातालकोट के मुँह पर बसा ऊपर की दुनिया का आख़िरी गाँव है।

अब सामने दिख रहा था एक विशाल गहरा गड्ढा। मीलों में फैला हुआ। अण्डाकार। पत्थरों को काट कर आड़ी-तिरछी सीढ़ियाँ कभी मिलतीं, तो कभी ग़ायब हो जातीं। तब सचमुच पेड़ों की जड़ों, लताओं को पकड़कर सँभल-सँभल हम नपे-तुले क़दमों से नीचे उतर जाते।

कोई दो घण्टे तक लगातार उतरते जाने के बाद पातालकोट का तल आया। हम पहले गाँव के पास पहुँच चुके थे। किसी ने हमें दूर से ही आते देख लिया था। बाक़ी लोगों को उसी ने ख़बर दी होगी। हम जब तक वहाँ पहुँचते, कुछ प्रश्नों की मालाएँ लिए लोग सामने खड़े थे। ऊपर की दुनिया से पातालकोट कोई आता नहीं, शिकायत का यह भाव भी सामने खड़ा था।

सचमुच स्वागत करने वाले इन लोगों में वहाँ के सरपंच भी थे। सरपंच हमें अपनी साफ़-सुथरी सुन्दर झोपड़ी में ले गये। लिपी-पुती दीवार पर एक तस्वीर थी—दिल्ली के गणतन्त्र दिवस की परेड की। उन्होंने हमें बहुत ही गर्व से बताया था कि एक बार उन्हें भी शासन के लोग दिल्ली ले गये थे। तब वे पहली बार ऊपर की दुनिया में बहुत ऊपर तक, ठेठ दिल्ली तक गये थे। आत्मीयता ऐसी कि बातों-बातों में ही हमें पाँच-सात गाँवों में मिला लाये। सभी गाँव बेहद साफ़-सुथरे लगे। लोग भी साफ़-सुथरे और उनका मन भी एकदम साफ़-सुथरा।

उन्हीं से पता चला कि पातालकोट कभी एक तीर्थ भी रहा है। मध्य प्रदेश के कोई एक राज्यपाल यहाँ पुण्य कमाने आना चाहते थे। उन्हीं को ध्यान में रखकर पत्थरों को काट कर पहली बार सीढ़ियाँ बनायी गयी थीं।

नरभक्षी शेर-शेरनी के बारे में कुछ पूछने की हमारी हिम्मत ही नहीं हुई। फिर भी शायद उनकी एक्सरे आँखों ने हमारे आने का कारण ताड़ लिया। उन्हीं ने बड़े ही सहज ढंग से बताया कि यह तो पुरानी बात हो गयी, पर यहाँ कुछ दिन पहले कोई बड़े आदमी आये थे भोपाल से, उनके साथ पुलिस थी, वन विभाग के लोग थे। इनसे गाँव को बहुत डर लगता है। इनके आने से बड़ी झंझट आ जाती है।

दोपहर हो चली थी। एक तो यह जगह पाताल में थी, फिर घना जंगल भी था। दोपहर ही अँधेरा छाने लगा था। सबसे विदा ली। कुछ लोग पाताल की दीवार तक छोड़ने आये। वापस तामिया चढ़ने लगे। पूरी रात टाटा के

उस खण्डहर में ऐसे धुत्त सोये कि सुबह होशंगाबाद की ओर लौटने वाली बस हमारे देखते ही देखते धुआँ उड़ाती हुई चलती बनी थी!

तो क्या अब अगले दिन तक वहीं रहना होगा? किसी ने सुझाया कि तामिया की कोयला खदानों से राख लेकर ट्रक लौटते हैं। उन्हीं में बैठ जाना। एक अनिश्चित यात्रा पर निकले थे। वापसी उससे भी ज़्यादा अनिश्चित हो चली थी। कुछ ट्रक निकले। हमने उनको ख़ूब दूरी से ही हाथ हिला-हिला कर रोकने का इशारा किया था। पर शायद हमारे कपड़े-लत्तों से उन्हें लगा होगा कि ये राख के ट्रक पर भला क्यों बैठने वाले। जिसे 'पिछड़ा' इलाक़ा बताया जाता है, ट्रकों के मामले में वह बड़ा आधुनिक था, विकसित था। कई ट्रक बिना रुके निकलते रहे। फिर एक ट्रक थोड़ा आगे जाकर रुका। हमें बिठाने को राजी हो गया।

दिल्ली लौट कर यह सब लिखा। उस समय के एक प्रतिष्ठित समाचार साप्ताहिक में यह सब छपा भी। देश में ऐसे कितने पातालकोट होंगे, जहाँ लोगों को डर शेर का नहीं, पढ़े-लिखे लोगों का है, पुलिस का है, वन वालों का है।

यह सब लिखते हुए कड़वी बातों पर चाशनी तो नहीं डाली थी पर शायद चलते ट्रक से जो राख उड़ रही थी, उसकी एक परत लेख पर भी चढ़ गयी थी। भीतर आग तो थी, पर राख में दबी हुई। लेख छपा। भौगोलिक दूरियाँ, मानसिक दूरियाँ, शेर-शेरनी या हम। और हमारा पढ़ा-लिखा दम्भी समाज। हमारे विचारों में, आचरण में परत-दर-परत चढ़ती जा रही यह राख कब हटेगी? हम दम्भ के पहाड़ से कब उतरेंगे? पातालकोटों की गहराइयों को कब समझेंगे? कौन-सा पन्द्रह अगस्त इन लोगों के लिए सचमुच आज़ादी लेकर आयेगा।

दिनमान साप्ताहिक में यह लेख १९७५ में छपा था और
फिर शुक्रवार साहित्य वार्षिकी, जनवरी, १९१४ के लिए
नये सिरे से दुबारा लिखा गया।

दारू को दैत ऐगे, तै दैत भगोला
हिटा दीदी, हिटा भुली चला टिरी जौला

दारू को दैत ऐगे, तै दैत भगोला हिटा दीदी, हिटा भुली चला टिरी जौला

तारीख़ २४ सितम्बर, '७१ की शाम को लखनऊ में आबकारी विभाग के सचिव श्री कौल ने एक पत्रकार सम्मेलन में जो कुछ भी बयान दिया उसका पत्रकारों ने तो कम से कम यही अर्थ लगाया था कि उत्तर प्रदेश सरकार उत्तराखण्ड के इलाक़ों में गत २७ दिसम्बर, '७० से लागू शराबबन्दी को ख़त्म कर रही है। दूसरे दिन अख़बारों में इस आशय की एक छोटी-सी ख़बर छपी। उत्तराखण्ड को, जिसका अधिसंख्य मैदानी पाठकों के लिए कोई ख़ास अर्थ नहीं था, उत्तराखण्ड के कठिन रास्तों से गुज़रकर अख़बार कुछ देर से ही पहुँचते हैं लेकिन जैसे ही इस छोटी-सी ख़बर को, उत्तराखण्ड के लोगों ने पढ़ा, वे बिना किसी संगठन के संगठित होने लगे। गाँव के मडाहा (चौपाल), खेत और झरनों पर एक बार फिर छोटी-छोटी सभाओं का दौर शुरू हुआ। वहाँ के सर्वोदय कार्यकर्त्ताओं, साधारणजन और शराब की मार से सबसे ज़्यादा चोट खायी औरतों में हलचल मच गयी। लेकिन इस बार इन सबको अपना घर, खेत, मज़दूरी छोड़कर ज़िले के मुख्यालयों की ओर जाने वाली सड़कों पर नहीं उतरना पड़ा। ख़बर प्रकाशित होने के तीन दिन बाद ही राज्य के मुख्यमन्त्री ने इसका खण्डन किया और उत्तराखण्ड में लागू की गयी शराबबन्दी को कायम रखने के प्रति अपनी तथा अपनी सरकार की आस्था दुहरा दी।

शराबबन्दी आन्दोलन : देश के कई भागों में तमिलनाडु, आन्ध्र प्रदेश, ओडिसा, मध्य प्रदेश, हरियाणा, गुजरात, राजस्थान और उत्तर प्रदेश के ही

कई हिस्सों में आज़ादी के बाद समय-समय पर वहाँ के समाजसेवकों ने आन्दोलन किया है। नैतिकता एवं आध्यात्मिकता के आधार पर चले इन आन्दोलनों को उसी अनुपात से सफलता मिली है जितना कि नैतिकता और आध्यात्मिकता या संस्कारों का अंश वहाँ की उस समय की सरकारों में रहा हो। तमिलनाडु में अन्नादुरै के नेतृत्व में द्रमुक ने शराबबन्दी को मान्यता दी थी। तब लोग शराब पीना चाहते थे या नहीं यह कोई सवाल नहीं था। चूँकि अन्नादुरै इसमें आस्था रखते थे इसलिए उनकी नज़र शराब से होने वाली आय पर नहीं टिकी थी। करुणानिधि आये तो उन्होंने द्रमुक की शराबबन्दी में पूर्ववत् आस्था घोषित करते हुए भी शराबबन्दी ख़त्म की थी। लोग पीना पसन्द करते हैं या नहीं, इस पर उनका भी ध्यान नहीं था। शराब से होने वाली आय पर उनकी नज़र थी। अब द्रमुक के विभाजन के बाद एम.जी.आर. ने कार्यक्रम के लिए शराबबन्दी को एक मुख्य स्तम्भ मान लिया। गुजरात को गाँधी का प्रदेश कहा गया (जैसे पूरा भारत गाँधी का नहीं था) और इसी आधार पर वहाँ की हर सरकार को शराबबन्दी जारी रखनी पड़ी। ऐसे आधारों पर चलने वाली नशाबन्दी कभी हट जाती है तो कभी फिर से लागू हो जाती है। वहाँ के आन्दोलनों में, वह तेज़ी कभी नहीं दिखती जैसी उत्तराखण्ड में इस एक छोटी-सी ख़बर छप जाने पर दिखायी दी थी। कारण एक ही है—उत्तराखण्ड के शराबबन्दी आन्दोलन का आधार अलौकिक नहीं बिलकुल लौकिक था। यह आन्दोलन उन लोगों का, ख़ासतौर से उन औरतों का था जो शराब से सबसे ज़्यादा तंग आ गयी थीं।

आज उत्तराखण्ड के आठ ज़िलों में (अल्मोड़ा, नैनीताल, भुवाली, रायगढ़ तथा रानीखेत—इन पाँच शहरों को छोड़कर) पूरी शराबबन्दी है। यह १९६२ से ७१ तक चला था। हर साल उत्तराखण्ड के लोगों में, विशेषकर औरतों और शराब के बीच बेताल पचीसी का क़िस्सा-सा चलता रहा है। जनता शराब के बेताल को पेड़ से अप्रतिष्ठित करती लेकिन शराब के ठेकेदार और उनसे जुड़ी राजनीति एक बार उसे फिर से पेड़ पर प्रतिष्ठित कर देती।

न्यायालय की शरण : मार्च '७० के आन्दोलन के कारण टिहरी गढ़वाल में शराबबन्दी लागू हो चुकी थी। शराब का बेताल पेड़ पर से उतारा जा चुका था, शराब की राजनीति उसे फिर से प्रतिष्ठित करना चाहती थी। १४

अप्रैल '७१ को इलाहाबाद उच्च न्यायालय ने उत्तर प्रदेश आबकारी क़ानून की शराबबन्दी धारा को अवैध करार कर दिया और फिर इसी फ़ैसले के आधार पर टिहरी और गढ़वाल के शराब के व्यापारियों ने एक याचिका दायर की। जब मामला उच्च न्यायालय में था तब उत्तराखण्ड के कुछ सर्वोदय कार्यकर्त्ताओं ने वहाँ एक प्रार्थना पत्र भेजा, जिसमें अनुरोध किया गया था कि यह झगड़ा केवल सरकार और शराब के व्यापारियों के बीच का नहीं है, इसका एक पक्ष उत्तराखण्ड की जनता भी है। शराबबन्दी हटाने के लिए हज़ारों स्त्रियाँ आन्दोलन करती रही हैं। आज वे खेती और गृहस्थी के कामों में व्यस्त हैं और पहाड़ों से उतर कर इतनी दूर अपनी व्यथा सुनाने नहीं आ सकतीं। इसलिए इस मामले में निर्णय करते समय उनके पक्ष को भी ध्यान में रखा जाये। परन्तु न्यायालय ने निर्णय दिया कि 'टिहरी गढ़वाल में शराब के ठेकेदारों के व्यापार करने के मूलभूत अधिकार का हनन हुआ है। इसलिए सरकार दो महीने के भीतर यहाँ शराब की दुकान खोल दे।'

शराब के ठेकेदारों ने इस जीत के बाद टिहरी गढ़वाल में १ नवम्बर, '७० से शराब की दुकानें पुनः खोलने की घोषणा कर दी और साथ ही जनता ने शराबबन्दी आन्दोलन छेड़ने की। १ नवम्बर को जिस दिन ये दुकानें खुलने वाली थीं उसी दिन टिहरी में एक प्रदर्शन का आयोजन किया गया। आशा थी कि हर बार की तरह इस बार भी हज़ारों लोग प्रदर्शन में आयेंगे। लेकिन आये केवल २०० लोग। दुबाटा नामक स्थान पर, जो टिहरी घाटी का प्रदेशद्वार है, पुलिस हथकड़ियाँ लिए घूम रही थी, लोगों को डरा रही थी कि अब तो हाईकोर्ट का फ़ैसला है, शराब बेचने के ख़िलाफ़ कुछ किया तो ज़िन्दगी भर की जेल होगी। कचहरी से डरने वाले ग्रामीण हाईकोर्ट से कितना डरे होंगे इसकी कल्पना सहज ही की जा सकती है। लगता था कि जिस जनशक्ति ने उत्तरकाशी, चमोली, पिथौरागढ़ ज़िलों तथा लैंसडाउन, श्रीनगर और कोटद्वार आदि स्थानों में शराब बन्द करवायी थी अब वह इतनी कमज़ोर हो गयी है कि टिहरी गढ़वाल के पाँच क्षेत्रों में (मुनि की रेती, नरेन्द्र नगर, टिहरी, काण्डीटवाल तथा धनोल्टी) खुलने वाली शराब को नहीं बन्द करा पायेगी। १ नवम्बर को दुकानें खुलने वाली थीं लेकिन जनता की शक्ति टटोलने के लिए उन्हें खुलने से रोक लिया गया। १ नवम्बर का प्रदर्शन फीका रहा। ठेकेदारों, पुलिस और सरकार ने

लोगों की शक्ति को हल्का पाकर ७ नवम्बर को दुकानें खोल दीं। अब तक के आन्दोलनों के केन्द्र बिन्दु सुन्दरलाल बहुगुणा इससे काफ़ी हताश हुए। टिहरी बाज़ार में शराब की दुकान खुलते ही वह उसके सामने उपवास पर बैठ गये। बहुगुणा का यह उपवास भूख हड़ताल या अनशन नहीं था। उसकी एक आध्यात्मिक भूमिका है जिसे उन्होंने अपनी तथा जनता की शक्ति बढ़ाने, उसे निर्भय बनाने का एक साधन माना था और वह ऐसा ही साबित हुआ।

विरोध प्रदर्शन : इधर उपवास शुरू हुआ, उधर सर्वोदय कार्यकर्त्ता गाँव-गाँव में फैलने लगे। वे लोगों को, ख़ासतौर से औरतों को समझाने लगे कि यदि तुम शराब नहीं चाहतीं तो हाईकोर्ट का फ़ैसला कुछ नहीं है। ये औरतें हाईकोर्ट के ख़िलाफ़ कुछ कर के 'आजीवन क़ैद' की धमकी से डर गयी थीं। लेकिन शराब के कारण वे बिना जेल के ही आजीवन क़ैद काटती थीं। उनके लिए शराब किसी नैतिक या आध्यात्मिक संस्कार विशेष के कारण घृणा की चीज़ नहीं बनी थी। शराब का विरोध तो वे अपनी आर्थिक और उससे भी बढ़ कर सामाजिक स्थिति के कारण करने लगी थीं। पहाड़ की ये औरतें घर में गृहणी, खेत में पुरुष, जंगल में बैल की तरह काम करती हैं। उत्तराखण्ड की ग़रीबी, बच्चों का छोटी उमर में शहरों में नौकर बन जाना, नौजवानों का सेना में चले जाना, परिवार के बचे हुए लोगों का थोड़ी-बहुत मज़दूरी कर उससे होने वाली कमाई का एक बड़ा हिस्सा शराब में फूँक देना, शराब पीकर औरतों को पीटना—ये सब पहाड़ी औरतें सहती आयी हैं। १९६९ में उत्तराखण्ड के तीन ज़िलों—उत्तरकाशी, चमोली और पिथौरागढ़ में शराबबन्दी लागू हो चुकी थी। मार्च '७० से टिहरी गढ़वाल में यह लागू हुई। इससे मिली राहत का अनुभव अभी ताज़ा ही था। टिहरी गढ़वाल मोटर-मालिक संघ को, जिसकी बसें यहाँ के टेढ़े-मेढ़े रास्तों पर दौड़ती हैं, इस बात की ख़ुशी थी कि शराब की दुकानें बन्द होने से अब ड्राइवर शराब पीकर बसें नहीं चला पाते। दुर्घटनाओं में कमी होने लगी थी। मोटर-मज़दूर संघ भी शराबबन्दी से ख़ुश था। अवैध शराब चोरी-छुपे बनती ज़रूर थी लेकिन एक तो उसके अड्डे कम थे और दूसरे, जनमत के कारण उनसे लगातार सम्पर्क रख कर शराब नियमित पीना कुछ कठिन ही था। सुन्दरलाल का उपवास जारी था, वे केवल गंगा और नील नदी का पानी पी रहे थे। (नील नदी का

पानी उन्हें कुछ अरब मित्रों ने दिया था) उनकी कमज़ोर होती जा रही हालत की ख़बर गाँव–गाँव में फैलने लगी। पुलिस की हथकड़ियों से क्षण भर को डर गयी औरतें अब अपने बच्चों को लेकर टिहरी की ओर चल पड़ीं। किसी को उसके शराबी पति ने डराया तो किसी का पति ख़ुद साथ चल दिया। उपवास के चौदहवें दिन २० नवम्बर को न केवल टिहरी के आसपास के गाँवों से, बल्कि बहुत दूर चमोली, गोपेश्वर, उत्तरकाशी तक से लोग उमड़ आये। वह अपने साथ अपने–अपने आराध्य ग्राम देवताओं को भी लाये थे। शाम को ४ बजे टिहरी के मैदान में, जहाँ शहीद सुमन की मूर्ति है, कोई दस हज़ार लोग एकत्र हुए। लोगों का कहना था कि आज़ादी मिलने का उत्सव भी टिहरी के इस मैदान में लोगों के लिए ऐसा दृश्य उपस्थित नहीं कर पाया था। दस हज़ार के इस मंच का उस दिन हर राजनैतिक दल ने उपयोग किया, शराबबन्दी के प्रति अपने--अपने दल की आस्था प्रकट की। हालाँकि सुन्दरलाल बहुगुणा ने इस सभा को सम्बोधित करते हुए यह भी कहा था कि मेरे बहुत ही कम ऐसे राजनैतिक मित्र हैं जो शराब से दूर रहते हैं।

लोगों ने परम्परागत ढंग से हाथ में गंगाजल से भरे लोटे को लेकर उसमें नमक का एक ढेला डालते हुए शपथ ली, 'हम प्रतिज्ञा करते हैं कि हम न शराब पीयेंगे, न बेचेंगे, न बनायेंगे, दूसरे लोगों से भी शराब छुड़वाने का प्रयत्न करेंगे। यदि हम अपनी इस प्रतिज्ञा से टले तो ईश्वर हमें भी इस नमक के टुकड़े की तरह गला दे।' लोगों ने बहुगुणा से अनुरोध किया कि अब वे इस काम में अकेले नहीं हैं हम सब साथ हैं, अतः वे अपना उपवास तोड़ दें। उनके उपवास तोड़ने के १८ घण्टे बाद ही टिहरी की शराब दुकान खुल गयी (शेष अन्य चार स्थानों की दुकानों का भाग्य कुछ और ही था, धनोल्टी और काण्डीटवाल में ठेकेदारों को पिछली दुकानें किरायेदारों ने किराये पर नहीं दीं-—वे नयी दुकान तलाशते रहे लेकिन उन्हें कोई जगह ही नहीं मिली, मुनी की रेती पर दुकान खुल जाने पर भी बिक्री नहीं हुई। अन्ततः ठेकेदार को उस पर ताला लगाना पड़ा)। दुकान के खुलते ही पिकेटिंग शुरू हुई। ६० लोग जिनमें ४० स्त्रियाँ थीं गिरफ़्तार किये गये। उन्हें नीचे देहरादून और सहारनपुर की जेल में ले जाने के लिए पुलिस ने गढ़वाल मोटर मालिक यूनियन से बस माँगी, यूनियन ने पुलिस से असहयोग किया। बाद में सत्याग्रहियों को एक खुले ट्रक में ले जाया

गया, इसी तरह दूसरे और तीसरे दिन भी पिकेटिंग जारी रही। तभी भारत-पाक सीमाओं पर युद्ध की स्थिति आ गयी थी, उसे ध्यान में रख कर धरना और पिकेटिंग का कार्यक्रम स्थगित किया गया, क्योंकि इसके कारण सरकार को पुलिस आदि की अतिरिक्त व्यवस्था करनी पड़ती थी। आन्दोलनकारी चाहते थे कि राज्य सरकार देश के इस संकट के वक़्त अन्दरूनी समस्याओं से मुक्त रहे। पिकेटिंग बन्द हुई लेकिन शराबबन्दी के लिए जनशिक्षण का काम घना कर दिया गया। सरकार ने पूरी स्थिति को भाँपा। २७ दिसम्बर को राज्यपाल ने एक अध्यादेश जारी कर इस क्षेत्र में फिर से शराबबन्दी लागू करने की घोषणा की। विधानसभा ने सर्वसम्मति से इसे पास किया। इस तरह १ अप्रैल को गढ़वाल मण्डल में शराबबन्दी शुरू हुई जो अभी भी बरकरार है।

लोकगीतों में शराबबन्दी : टिहरी देश का सबसे पिछड़ा ज़िला है। फिर भी यहाँ सन् '५३ से '६८ तक शराब की खपत ६० प्रतिशत बढ़ी थी। सन् '५२-५३ में शराब की खपत यहाँ ४३,०७९ लिटर थी जो सन् '६८-६९ में बढ़ कर १,५२,४३४ लिटर हो गयी थी। इतनी भयंकर खपत करने वाला भाग शराबबन्दी करे बड़ा आश्चर्य है। लेकिन कारण साफ़ है। आमदनी बढ़ी नहीं, शराब की खपत बढ़ती गयी। बिना बढ़ी आमदनी का शराब में ख़र्च होते जाने का सीधा असर उनके परिवारों पर, उनको चलाने वाली औरतों पर पड़ा। जिन औरतों ने इसे सबसे ज़्यादा सहा वे ही इसके ख़िलाफ़ उठ खड़ी हुईं। इसलिए इस काम के लिए किसी संगठन की ज़रूरत नहीं पड़ी। जिन औरतों को यहाँ चुनाव के दिनों में वोट डलवाने के लिए लोग घर से खींच-खींच कर निकालते हैं, जो वोट डालने को अपना कर्त्तव्य तक नहीं मानतीं। उन्हें सर्वोदय कार्यकर्त्ताओं का शराबबन्दी के लिए मिला थोड़ा-सा सहारा ही ज़िले की सड़कों पर खींच लाया। शराब में गले-गले तक डूबे परिवारों ने ही इस आन्दोलन को उठाया और उनकी निर्भीकता से आज यह स्थिति आ गयी है कि शराब की दुकानें खुलने की एक छोटी-सी ख़बर पर उनमें सरगर्मी आ जाती है। उत्तराखण्ड में शराबबन्दी को लोकगीतों तक में स्थान मिल गया है। 'दारू को दैत ऐगे, तै दैत भगोला, हिटा दीदी, हिटा भुली चला टिरी जौला'—अनेक औरतों के गले से निकला यह स्वर आकाश में गूँज उठता है।

सरकार के मन में भी यह लोकगीत गूँजता होगा। इसलिए यहाँ अब शराब की राजनीति के बदले सत्ता ने शराबबन्दी की राजनीति शुरू कर दी है। उत्तराखण्ड में अब शराब की दुकानें खोलकर वोट माँगने का नतीजा शायद लोटे में डाले गये नमक के ढेले की तरह गल जाना ही होगा ? कौन समझदार सरकार ऐसे ख़तरे को मोल लेगी ?

दिनमान, १५ अप्रैल, १९७३

मत पियो या कम पियो ?

यूरोप के देशों में शराब से सम्बन्धित समस्याओं की क़ीमत कोई दो खरब यानी मोटे तौर पर १४० खरब रुपये मापी गयी है। यह आँकड़ा विश्व स्वास्थ्य संगठन के एक सर्वे से निकलकर आया है। इन देशों में अल्कोहल यानी शराब का सबसे बड़ा व्यापार करने वाली स्वीडन की एक कम्पनी 'सिस्टम बोलागेट' ने अब ख़ुद लोगों से अपील की है कि अरे भाई 'शराब पीना कम करो'।

नशाबन्दी की कोशिशें दुनिया भर में अलग-अलग ढंग से होती ही रहती हैं। कहीं यह एक धार्मिक आन्दोलन का रूप ले लेता है तो कहीं नैतिक तो कहीं कभी इसका रूप राजनैतिक भी हो जाता है। लेकिन ऐसा पहली बार हुआ है कि शराब का सबसे बड़ा व्यापार करने वाली कम्पनी ने पूर्ण नशाबन्दी की तो नहीं लेकिन शराब की मात्रा कम करने की अपील की है। इस कम्पनी ने यूरोप के विभिन्न देशों में अख़बार आदि के माध्यम से पूरे-पूरे पन्ने के विज्ञापन आदि जारी किये हैं। इन विज्ञापनों में कहा गया है :

> आपको यह जानकर अटपटा लगेगा कि शराब के कारोबार में लगी दुनिया की सबसे बड़ी कम्पनी होने के बावजूद हम यूरोप महाद्वीप में बढ़ती जा रही शराब की खपत से बहुत चिन्तित हैं। दूसरे महाद्वीपों की तुलना में यूरोप के लोग लगभग दुगनी शराब पी जाते हैं। विश्व स्वास्थ्य संगठन का कहना है कि लगभग छह लाख लोग हर वर्ष शराब के कारण होने वाली बीमारियों से मरते हैं। एक देश से दूसरे देश में

थोड़ी–बहुत परिस्थिति बदल जाती है। संस्कृति बदलने के कारण भी कुछ चीज़ें ऊपर–नीचे हो जाती हैं। लेकिन कुल–मिलाकर पूरे यूरोप में शराब सम्बन्धी समस्यायें बहुत गम्भीर हैं और ये बड़ी तेज़ी से बढ़ चली हैं। यूरोप के ये देश एक संघ के रूप में सामने आये हैं, अपनी स्वायत्तता और नीतियाँ अपने–अपने ढंग से चलाते हुए। यहाँ अलग–अलग चीज़ों का उत्पादन शुल्क, आबकारी शुल्क अपने–अपने हिसाब से तय किया जाता है। इसलिए तरह–तरह की शराब की क़ीमतों में भी उतार–चढ़ाव आ जाता है।

उत्तरी यूरोप के देशों में शराब का दाम अन्य पड़ोसी देशों की तुलना में ज़्यादा है। यूरोपीय संघ बन जाने के कारण देशों की सीमायें समाप्त हो गयी हैं और इसलिए अब यूरोप में कोई भी, कहीं भी बिना रोक–टोक आ–जा सकता है। इसलिए उत्तर यूरोप देशों के नागरिक अब अपने पड़ोसी देशों में जाकर भारी मात्रा में शराब के विभिन्न प्रकार थोक में ख़रीद कर अपने घरों में जमा करने लगे हैं।

एक समय स्वीडन के लोग अन्य देशों की तुलना में ज़्यादा शराब नहीं पीते थे। लेकिन अब यहाँ प्रति व्यक्ति औसत वार्षिक खपत दस गुना बढ़ गयी है। इसी अनुपात में बढ़ गयी हैं शराब सम्बन्धी समस्यायें।

स्वीडन में शराब की कम खपत का वहाँ की संस्कृति से कोई लेना–देना नहीं है। कोई भी व्यक्ति शुक्रवार की रात को हमारे देश में आये तो उसे पक्का पता चल जायेगा। इसका मुख्य कारण ये है कि स्वीडन में शराब की बिक्री पर बहुत कड़ा नियन्त्रण है। वह सीमित जगहों पर बिकती है। वह हर समय उपलब्ध नहीं होती और उसके दाम में करों की मात्रा काफ़ी ज़्यादा होती है। कम उम्र के बच्चों, किशोरों को यह बेची नहीं जाती।

इस कम्पनी ने अपने पचास साल पूरे होने पर जारी किये गये विज्ञापन में कहा है—इस उम्र के आने पर पचास साल पूरे होने पर हमें संकल्प लेना

चाहिये, कुछ शुभेच्छा भी रखनी चाहिये। इसलिए इस कम्पनी ने अपनी शुभेच्छा जाहिर की है कि स्वीडन के लोग, यूरोप के लोग भी कुछ सोचें और शराब सम्बन्धित समस्याओं में कमी लायें। यूरोप की आर्थिक व्यवस्था ऐसी बातों पर कोई ध्यान देती हो—इसका कोई सबूत नहीं है। लेकिन उसकी आर्थिक स्थिति नागरिकों की शारीरिक और मानसिक स्थिति से जुड़ी है—यह हमें नहीं भूलना चाहिये। शराब से जुड़ी समस्याओं ने इन देशों में कितना नुकसान किया है, उसका कोई ठीक-ठीक अन्दाज़ नहीं मिलता लेकिन विश्व स्वास्थ्य संगठन के ये आँकड़े बता रहे हैं कि हम कितने खरब रुपये बर्बाद किये चले जा रहे हैं। शराब में बहाये चले जा रहे हैं।

शराब की इस कम्पनी ने विश्व स्वास्थ्य संगठन के साथ मिलकर एक सुन्दर पुस्तिका भी प्रकाशित की है। इसकी प्रतियाँ कम्पनी से माँगने पर नि:शुल्क मिल जाती हैं। विज्ञापन में कम्पनी का कहना है कि २९० पन्नों की यह पुस्तक सारे नागरिक तो पढ़ने से रहे। ये सभी व्यस्त जीवन जीने वाले लोग हैं। इसलिए कम्पनी ने इन लोगों के लिए अपने ग्राहकों के लिए पाँच मिनट की एक फ़िल्म भी तैयार की है। उसे उम्मीद है कि लोग इसे देखकर शराब की खपत में कुछ न कुछ कमी ज़रूर करेंगे।

जैसा कि शुरू में बताया गया है शराब की यह सबसे बड़ी कम्पनी नशाबन्दी न सही, लेकिन कम पीने की अपील करके क्या अपने पैर पर ख़ुद कुल्हाड़ी चलाना चाहती है? शायद नहीं। कम्पनी ने यह सब धुंआँधार प्रचार अपने पचास साल पूरे होने पर किया है। इस बड़े महँगे विज्ञापन के अन्त में कम्पनी अपने पीने वाले ग्राहकों को यह आश्वासन भी देती है कि इसके बाद वह अगले पचास साल तक ऐसा कोई उपदेश दुबारा नहीं देने वाली! कम्पनी अपनी शताब्दी मनाते समय इस अपील को फिर से दोहराये तो अलग बात।

गाँधी मार्ग, जनवरी-फरवरी, २०१५

गूँगे का गुड़

सचमुच गूँगे का गुड़ हैं हमारे लिए विनोबा। हम उन पर कुछ लिख नहीं सकते। एक तो दो पीढ़ियों की दूरी और फिर कुछ दूरी भौगोलिक भी। जन्म मेरा वर्धा का ही है पर फिर कोई पच्चीस साल के बाद एकाध-दो बार वर्धा आया भी तो सभा-गोष्ठी में उन्हें दूर से ही देखा था। इस तरह हमारे मन में विनोबा एक व्यक्ति की तरह नहीं बैठे। वे तो एक विचार की तरह कहीं भीतर पैठते चले गये। और इस संयोग को हम अपना सौभाग्य ही मानते हैं।

विनोबा हमारे लिए व्यक्ति नहीं, विचार बन गये। पर हमारा दुहरा सौभाग्य यह भी रहा कि उनके विचार हमारे लिए शोध का विषय नहीं बने। वह श्रद्धा का विषय बनता चला गया। श्रद्धा में मात्रा का महत्त्व नहीं रह जाता। विचार पढ़ना एक काम है। शोध में उसे लगातार करते जाना है। खोज-खोज कर नये-नये प्रसंग पढ़ने पड़ते हैं। जो औरों ने नहीं पढ़े, उन्हें पढ़कर दूसरों को दिखाना। शायद थोड़ा डराना भी पड़ता है। फिर विचार यात्रा भी एक यात्रा ही है। यात्रा में चलते जाना है। उसमें उतार हैं, चढ़ाव हैं, पड़ाव हैं। ऐसी यात्राओं में सब कुछ होता है। बस कई बार मंज़िल भर नहीं मिल पाती। तब बड़ी थकान आती है। निराशा आती है।

इस सबसे मुक्ति मिल गयी हमें। विनोबा विचार में श्रद्धा बन जाने से। तब हमारे लिए ये विनोबा विचार ध्रुवतारे के समान बन गये हैं। हमें उत्तर दिशा के बदले ठेठ दक्षिण भी जाना है तो उत्तर में स्थिर खड़ा ध्रुवतारा हमें दक्षिण जाते हुए भी आसानी से भटकने नहीं देता।

इस श्रद्धा के कारण हमें जो भी थोड़ा-सा प्रसाद मिला है, उसे हम कई

मित्र आपस में बाँटते रहते हैं। आज पंजाब में रहने वाले हमारे एक साथी कहने को तो सरकार में क्लर्की का काम करते हैं, पर समय निकाल कर वे अब विनोबा के विचारों का पंजाबी में अनुवाद करने में लगे हैं। इन लेखों को वे वहाँ के अख़बारों, पत्र-पत्रिकाओं में भी देते हैं। कभी पंजाब के आतंकवाद में शामिल एक पत्रिका ने भी इन लेखों में ऐसी शक्ति देखी कि उसने भी इन्हें धीरे-धीरे छापना शुरू किया है। उसके पाठकों को भी ये अच्छे लगने लगे हैं।

इसी सरकारी नौकर के हाथ फिर विनोबा की जपुजी पुस्तक लगी। उन्हें लगा कि विनोबा की यह कृति तो पंजाब में लोगों को मिलनी ही चाहिये। बड़ी जुगत से अनुवाद पूरा हुआ है। अब इस मित्र ने देश के एक श्रेष्ठ कलाकार से जपुजी का बहुत ही सादा और आकर्षक मुखपृष्ठ भी बनवा लिया है। इस मित्र की श्रद्धा तो देखिये। उन्होंने तय किया है कि जपुजी की यह पंजाबी टीका बिकेगी नहीं। इसकी कोई क़ीमत नहीं रखी जायेगी। क्यों ? वे कहते हैं कि अनमोल चीज़ों का भला कोई मोल होता है! और आज के पंजाब में जपुजी की विनोबा-टीका से अनमोल और क्या होगा ?

हम कुछ साथी छोटी-बड़ी संस्थाओं में काम करते हैं तो कुछ सरकार में, उद्योगों में भी। संस्थाओं और सेवा के क्षेत्र में कुछ करने वालों पर विनोबा ने कहीं बहुत विस्तार से कुछ विचार रखे थे। एक मित्र की मदद से हमें वह सब पढ़ने मिला। हमने उसे ठीक से छाप कर कुछ और मित्रों तक पहुँचाया। एक मित्र को लगा कि इसे तो बहुत से अन्य लोगों तक पहुँचाना चाहिये। अपने ख़र्च से भी कहना ठीक नहीं होगा, उन्होंने अपने मन से 'संस्थायें नारायण परायण बनें' पुस्तिका छपवायी। आज दो वर्ष हो गये हैं। यह सुन्दर साफ़-सुथरी पुस्तिका ना जाने कितने नये हाथों में, न जाने कितने नये मन और दिमाग़ों में घूम रही है। हर संस्था ऐसे काम का एक मूल्य लगाती है। उसे संस्थाओं के मेले-ठेलों में बेचती फिरती है। इस मित्र की भावना भी वही अनमोल वाली थी। पुस्तिका पर उनका नाम भी नहीं है। और दाम भी नहीं है। बस विनोबा विचार हैं, आदर से प्रेम से आगे बढ़ायें।

शायद आज से कोई ३५-४० बरस पहले अमेरिका ने 'वॉयजर' नामक एक अन्तरिक्ष यान भेजा था। आज की तरह चौबीस घण्टे चलने वाले

टेलीविज़न तो थे नहीं। लेकिन अख़बारों में वॉयजर की ख़ूब चर्चा थी। तब बताया गया था कि मानव रहित यह 'वॉयजर' कोई मामूली अन्तरिक्ष यान नहीं है। लगभग ३५-४० वर्ष तक लगातार गहन अन्तरिक्ष में चलते रहने के बाद यह पहली बार हमारे सौरमण्डल को पार कर किसी अज्ञात पड़ोसी सौरमण्डल में प्रवेश करेगा। वॉयजर में कभी न गलने, तपने, जलने, सड़ने वाली एक विशेष धातु से बनाया गया ताम्रपत्र जैसा पतरा, टुकड़ा भी रखा गया है। उस पर एक तरफ़ हमारे इस ग्रह पृथ्वी का वैज्ञानिक भाषा में पूरा पता लिखा है। और दूसरी तरफ़ एक सन्देश भी। विज्ञान में है कहाँ, कैसे दिखते हैं, हम करते क्या हैं आदि। यह वॉयजर छोड़ा गया था तब अख़बारों में छपा था कि हमारे इस नौघर के छोटे-से मुहल्ले में हमारी इस बाड़ी, हमारे सौरमण्डल में हमारी पृथ्वी के अलावा तो किसी अन्य ग्रह पर जीवन नहीं है। इसलिए पड़ोसी मुहल्ले के किसी घर तक वॉयजर एक डाकिये की तरह जायेगा। उसका दरवाज़ा खटखटायेगा। सौभाग्य से यदि किसी ने दरवाज़ा खोला तो यह डाकिया उसे हमारी यह पाती, हमारा यह सन्देश देगा! तो ३५-४० बरस पहले छोड़े पार कर गये वॉयजर ने जुलाई २०१२ में हमारा सौरमण्डल पार कर लिया है। पड़ोसी सौरमण्डल कितनी दूरी पर है, वहाँ उसे कब कोई ग्रह, गृह या घर मिलेगा अभी कुछ पता नहीं।

आज विनोबा के लेख में वॉयजर प्रसंग पर यह सब लिखने की भला क्या तुक है? कारण है विनोबा की बस एक पंक्ति, जो उन्होंने ऐसे ही किसी प्रसंग में कभी कही थी। शब्द ठीक याद नहीं। भाव कुछ ऐसा था : मुझे लगता है चींटियाँ भी हमें रोज़ ऐसे ही सन्देश भेजती हैं। बस।

चींटी से ब्रह्माण्ड तक, सूक्ष्म से विशाल तक, आदि से अन्त तक या कहें अनादि से अनन्त तक विनोबा हमें हाथ पकड़ कर बड़े स्नेह से, बिना डराये यात्रा करवाते हैं।

हम छोटे लोगों के मन में विनोबा का क़द बहुत ही बड़ा है। हमारे लिए वे इतने बड़े हैं कि इस छोटे से मन में उनका समा जाना उनकी उदारता ही है। हम उन्हें भूदान का नेता ही नहीं मानते। हम उन्हें इस रूप में जानते भी नहीं। केवल उस रूप में उन्हें देखेंगे तो तरह-तरह के आँकड़ों में फँसते जायेंगे। भूमि, ज़मीन का, माटी का मोह तो कुछ हज़ारों साल से यहाँ बना हुआ है। जुलाई २०१२ में हुए असम के दंगे, जातीय हिंसा ज़मीन को

लेकर होते चले आ रहे झगड़ों का एक बहुत ही दुखद हिस्सा है। लोग सुई की नोक बराबर ज़मीन अपने भाई तक को देने को तैयार नहीं होते, बदले में महाभारत जैसा युद्ध कर डालते हैं। हमने विनोबा को भूदान या ज़मीन के एक टुकड़े तक सीमित करके नहीं देखा है। हमने उनसे मनुष्य के मन में आसमान जैसी विशालता को पहचानने का तरीक़ा सीखा है। उनके 'गुणदर्शन' व अन्य अनेक सिद्धान्त तो अद्‌भुत हैं।

विनोबा पर कुछ लिखना यानी गूँगे का गुड़। हम उसका स्वाद मन में रखते हैं, बता नहीं सकते। बता सकते तो बताते कि ऐलोपैथी, होम्योपैथी, नैचरोपैथी के बीच विनोबा की सिम्पैथी व्याख्या कैसे काम करती है या वे वेदों के अपौरुषेय होने की कैसी सुन्दर व्याख्या करते हैं या आज सब तरफ़ सब संस्थाओं, सबसे बड़ी से लेकर सबसे छोटी संस्था में उनके गणसेवकत्व की क्या प्रासंगिकता है। एक गूँगा इससे ज़्यादा भला क्या बता पायेगा ?

इसलिए हम कुछ साथियों के मन में विनोबा भूदान के असफल या सफल नेता नहीं हैं। वे हमें एक ऐसा नेतृत्व देते हैं, वे हमें एक ऐसी शानदार जगह पर, एक ऐसी मनःस्थिति में ले जाते हैं, जहाँ असफल, सफल की नहीं, फल तक की बात ख़तम हो जाती है। अपना काम करो। किसी बड़े लक्ष्य के लिए नहीं। सामने जो आ जाये, उतना काम माथा साफ़ रख करते चलो। ठीक पानी की तरह बहते चलो। छोटा-सा गड्ढा सामने आ जाये तो उसे भरो, कुछ बच जाये तो फिर आगे बढ़ो। नहीं तो उस गड्ढे को भर कर ही पूरा सन्तोष रखो। हमेशा किसी बड़े लक्ष्य तक पहुँचने का संकल्प ज़रूरी नहीं है। इतनी विनम्रता हमें आ जाये तो शायद बहते-बहते, छोटे-छोटे गड्ढों को भरते-भरते हम में से कुछ में महासागर तक पहुँचने की शक्ति भी आ जायेगी।

गाँधी मार्ग, सितम्बर-अक्टूबर, २०१२

'जोड़ने' में न टूटे लक्ष्मण रेखा

लगता है लक्ष्मण रेखायें तोड़ने का यह स्वर्ण-युग आ गया है। जिसे देखो वह अपनी मर्यादायें तोड़कर न जाने क्या-क्या जोड़ना चाहता है।

देश की सबसे बड़ी अदालत ने नदी जोड़ने के लिए सरकार को आदेश दिया है। एक समिति बनाने को कहा है और उसकी संस्तुतियाँ भी एक निश्चित अवधि में सरकार के दरवाज़े पर डालने के लिए कहा है। और शायद यह भी कि सरकार संस्तुतियाँ पाते ही तुरन्त सब काम छोड़कर देश की नदियाँ जोड़ने में लग जाये!

यह दूसरी बार हुआ है। इससे पहले एन.डी.ए. के समय में बड़ी अदालत ने अटलजी की सरकार को कुछ ऐसा ही आदेश दिया था, तब विपक्ष में बैठी सोनियाजी और पूरी कांग्रेस उनके साथ थी। एन.डी.ए. के भीतरी ढाँचे में आज की तरह किसी भी घटक ने इसका कोई विरोध नहीं किया था। सबसे ऊपर बैठे राष्ट्रपति भी इस योजना को कमाल की मानते थे।

प्रधानमन्त्रीजी ने भी देश भर की नदियों को तुरन्त जोड़ देने के लिए एक भारी-भरकम व्यवस्थित ढाँचा बना दिया था और उसको चलाये रखने के लिए एक भारी-भरकम राशि भी सौंप दी थी। इसके संयोजक बनाये गये थे—सुरेश प्रभु। तब किसी ने मुझसे कुछ पूछा था। मेरा उत्तर दो वाक्यों का था। 'नदी जोड़ना प्रभु का काम है, इसमें सुरेश प्रभु न पड़ें।' लेकिन प्रभु के बदले सुरेश प्रभु इसमें पड़े। सब कुछ होने के बाद भी अटलजी के समय में यह योजना लगातार टलती चली गयी। इतनी टली कि यूपीए-१ और फिर निहायत कमज़ोर यूपीए-२ को भी पार करके वापस बड़ी अदालत के दरवाज़े पर पहुँच गयी। अब बड़ी अदालत ने फिर से वह

पुलिन्दा सरकार के दरवाज़े पर फेंका है।

देश का नक़्शा, देश का भूगोल इसकी इज़ाज़त नहीं देता। यदि यह कोई करने लायक काम होता तो प्रकृति ने कुछ लाख साल पहले इसे करके दिखा दिया होता। आज के रेल मन्त्रियों की तरह प्रकृति के नदी मन्त्री ने कश्मीर से कन्याकुमारी तक एक सीधी, सुन्दर नदी बना दी होती। लेकिन उसने ऐसा कोई काम इसलिए नहीं किया क्योंकि कुछ करोड़ साल के इतिहास में देश का उतार–चढ़ाव, पर्वत, पठार और समुद्र की खाड़ी बनी है। उसमें देश के चारों कोनों से नदियों को जोड़कर बहाने की गुंजाइश नहीं थी।

ऐसा नहीं है कि प्रकृति ख़ुद नदी नहीं जोड़ती है। ज़रूर जोड़ती है लेकिन उसके लिए कुछ लाख साल धीरज के साथ काम करना होता है। हिमालय का नक़्शा ऊपर से देखें तो गंगा और यमुना का उद्‌गम बिलकुल पास–पास दिखायी देगा लेकिन यह पर्वत का भूगोल ही है कि दोनों नदियों को प्रकृति ने अलग–अलग घाटियों में बहाया और फिर बहुत धीरज के साथ पर्वत को काट–काटकर आज के इलाहाबाद तक पहुँच कर इनको मिलाया। समाज भी प्रकृति के इस कठिन परिश्रम को समझता था, इसलिए उसने ऐसी जगहों को एक्स, वाई, जेड जैसा अभद्र नाम देने के बदले तीर्थ की तरह, मन में बसाया। देश भर की सभी नदियों को देख लीजिये, उसमें जहाँ कहीं भी दूसरी नदी आकर मिलती है, उस जगह को समाज बड़ी कृतज्ञता से तीर्थ की तरह याद रखता है।

कचहरियों का काम अन्याय सामने आने पर न्याय देने का होता है। यह काम भी किसी भावुकता के आधार पर नहीं होता। न्याय देने वाला पक्ष–विपक्ष की लम्बी–लम्बी दलीलें सुनता है और तब वह नीर, क्षीर, विवेक के अनुसार फ़ैसला सुनाता है। दूध का दूध और पानी का पानी। लेकिन 'नदी जोड़ो' प्रसंग में अदालत ने दोनों बार दूध भुला दिया और पानी को पानी से जोड़ने का आदेश दे दिया है, बिना दलीलें सुने।

यह सम्भव है और यह स्वाभाविक भी है कि अदालत का ध्यान पानी की कमी से जूझ रहे क्षेत्रों और नागरिकों की तरफ़ जाये और वह उन तक तुरन्त पानी पहुँचाने के लिए सरकार को खींचे। लेकिन इसमें ऐसे आदेशों से किन्हीं और इलाक़ों पर कैसा अन्याय होगा, लगता है कि इसकी तरफ़

अदालत का ध्यान गया ही नहीं है। अदालत अगर अपने यहाँ चले मुक़दमों के रजिस्टरों की धूल को झाड़कर देखे तो उसे पता चलेगा कि उसी के यहाँ नदियों के पानी के बँटवारों को लेकर अनेक राज्य सरकारों के मामले पड़े हैं। इनमें से अभी कुछ पर फ़ैसला आना बाक़ी है और जिन भाग्यशाली मुक़दमों में फ़ैसले सुना दिये गये हैं, उन फ़ैसलों को कई राज्य सरकारों ने मानने से इनकार कर दिया, या यदि यह अवमानना जैसा लगे तो उसे ढंग से लागू नहीं होने दिया है। ये सूची बहुत लम्बी है और इसमें सचमुच कश्मीर से कन्याकुमारी तक विवाद बहता मिल जायेगा।

हमारे देश में प्रकृति ने हर जगह एक-सा पानी नहीं गिराया है। एक-सा भू-जल नहीं दिया है। जैसलमेर से लेकर चेरापूँजी तक वर्षा के आँकड़ों में सैकड़ों या हज़ारों मिलीमीटर का अन्तर पड़ता है। इन सब जगहों पर रहने वाले लोगों ने उन्हें जितनी बरसात और पानी मिला, उसी में अपना काम बख़ूबी करके दिखाया था। लेकिन अब विकास का नया नारा सब जगह एक से सपने बेचना चाहता है और दुख की बात यह है कि इसमें न्याय देने वाले लोग भी शामिल होना चाह रहे हैं। ऐसे लोगों और संस्थाओं को अपनी-अपनी लक्ष्मण रेखाओं के भीतर रहना चाहिये और कभी रेखाओं को तोड़ना भी पड़े तो बहुत सोच-समझकर ऐसा करना चाहिये।

गाँधी मार्ग, १५ अप्रैल, २०१२

एक के दो भले

एक के दो भले ? ये टुकड़े कम से कम लोगों के बीच तो नहीं चले। नये पुराने सब उदाहरण देख लें। एक था देश के मध्य में प्रदेश। उसके भले से दो टुकड़े किये गये, बिना ज़्यादा बड़ा आन्दोलन चले। उत्तर प्रदेश के दो टुकड़े कब करोगे—यह तो बहुत बड़ा प्रश्न रहा कई सालों तक। इसका उत्तर पाने के लिए लोगों ने सड़कों पर, 'तिराहे' तक पर अपनी जान की बाज़ी लगायी थी। उन्हें बाद में टुकड़ा मिला, खण्ड मिला पर उस नाम से नहीं, जिसके लिए वे इतने बरस तक लड़ते रहे। यों उत्तरांचल और उत्तराखण्ड में भला क्या फ़र्क़ था, पर खण्ड करने वाली सत्ता को लगा होगा कि सारा श्रेय आन्दोलन को भला क्यों जाये। उधर पूरब में बिहार का एक खण्ड बना—झारखण्ड।

ये सब एक से दो भले टुकड़े हमारे भले के लिए ही बने थे। पर भला हो उस राजनीति का, जिसमें अनीति के सारे अवगुण राज कर रहे हैं। इसलिए इन नये प्रयोगों से क्या निकलना चाहिये था और निकल क्या बैठा—इसकी जाँच-पड़ताल न राज करने वालों ने की और न समाज ने, जिसने यह माना था कि इस सपने से बहुत सुख न सही, उसके दुख तो कुछ कम हो जायेंगे।

तेलंगाना, विदर्भ, क्या पता गोरखालैण्ड, हरे रंग का प्रदेश—आप क्यू में हैं, कृपया इन्तज़ार कीजिये! पर इस घोषणा में उस तरफ़ से ऐसी आवाज़ नहीं आती कि आपका नम्बर आने पर भी हो सकता है कि आपका काम नहीं हो पाये।

अखण्ड भारत के ये खण्ड नये नहीं हैं। आज़ादी के साथ ही एक तरफ़ तो लोहे का एक पुरुष छोटी-छोटी देशी रियासतों की तंग सीमायें तोड़कर

उन्हें एक नये भारत में मिला रहा था तो दूसरी तरफ़ लोहे के इस ढाँचे में ऐसी जंग लग रही थी कि कुछ ही समय बाद भाषावार प्रान्तों में इसके नये टुकड़े होने जा रहे थे। पर यह बँटवारा भी निर्विघ्न नहीं था। जीभ या ज़ुबान तो काट दे कोई, पर क्या ज़ुबान, भाषा नक़्शे पर काट कर अलग-अलग की जा सकती है? उस समय पंजाब-हरियाणा के बीच अबोहर और कर्नाटक-महाराष्ट्र के बीच बेलगाम ऐसी फाँस बना कि उन्हें लेकर पुरानी तो क्या, नयी उभरी निर्माण सेनाओं ने भी विध्वंस के मोर्चे सम्भाल लिए हैं। ये सब समस्यायें कभी सस्ती तो कभी महँगी प्याज़ की परतों की तरह हैं—उतरती, चढ़ती रहती हैं। बेलगाम जैसी सबसे पुरानी समस्या ने महाराष्ट्र के आदर्श घोटाले के बाद आये सबसे नये मुख्यमन्त्री तक का पीछा छोड़ा नहीं है।

छोटे राज्य भला किसे पसन्द नहीं आयेंगे? पर आज वे जिस बड़े ढाँचे में से टूट कर बनाये जा रहे हैं, उसके सारे दोष वे अपनी कुण्डली में लेकर ही जन्म लेते हैं। केन्द्रीयकरण उस सरकारीकरण का ऐसा कुम्भकर्ण है कि जिसकी नींद विकेन्द्रीयकरण की माँग के बड़े से बड़े आन्दोलनों के ढोल-नगाड़ों से भी नहीं खुलती। इसलिए होता तो यही है कि विकेन्द्रीयकरण के नाम पर केन्द्रीयकरण के ही टुकड़े होते जाते हैं। गाँधी जी के परम अनुयायी विनोबा ने आज से कई बरस पहले पंचायती राज के सन्दर्भ में उस एक बड़े पत्थर की याद दिलायी थी, जिसके यदि आप सौ छोटे-छोटे टुकड़े भी कर दें तो उन छोटे पत्थरों का स्वभाव भी बड़े पत्थर की तरह ही कठोर रहेगा, वह मृदु, नरम या मक्खन तो होने से रहा।

इतना ज़रूर है कि भीमकाय प्रदेशों के टुकड़े हो जाने से राजधानियों की दूरियाँ ज़रूर कम हो जाती हैं। जब मध्य प्रदेश एक था तो बस्तर के एक कोने से भोपाल राजधानी तक किसी को मामूली से सरकारी काम के लिए भी कम से कम चार दिन की छुट्टी लेनी पड़ती थी। इसी तरह चमोली, पिथौरागढ़ आदि से लखनऊ तक आने में धीरज की परीक्षा भी देनी पड़ जाती थी। इसलिए लखनऊ के बदले देहरादून, भोपाल के बदले रायपुर, पटना के बदले राँची—बहुत नज़दीक हो गये हैं। लेकिन सिर्फ़ भौगोलिक दूरियाँ कम हुई हैं, मानसिक दूरियाँ अभी भी गाँव-शहरों और राजधानियों की उतनी ही हैं, कहीं-कहीं तो वे बढ़ी ही हैं।

जैसे टुकड़े नक़्शे के हुए हैं, होते ही जा रहे हैं, वैसे ही टुकड़े इस नक़्शे को

सँभालने का वादा या दावा करने वाली पार्टियों के भी हो चले हैं। कांग्रेस पहले अँग्रेज़ी वर्णमाला के एक-एक अक्षर 'आई' और 'ओ' में टूटी। फिर विदेशी मूल के विरोध में उठी आवाज़ ने इसे तीन अक्षरों—एनसीपी—में तोड़ा। कांग्रेस दल का नाम तो अँग्रेज़ी से ही निकला था तो ये टुकड़े भी अँग्रेज़ी वर्णमाला से निकलते रहे। फिर बाद में हुए इसके एक और विभाजन ने साहित्य, दर्शन, संस्कृत सबसे मदद ली—वह तृणमूल बन गयी। एक बड़े पेड़ के विरुद्ध लड़ते हुए वह मामूली-सी घास की मज़बूत जड़ बन गयी। यह बात अलग है कि एनसीपी और तृणमूल दोनों जिस कांग्रेस से अलग हुए थे, उसी दल में उन्हें अपनी सद्गति दिखी!

सभी जगह बिखराव और फिर उससे कुछ न कुछ मिल पाने से मजबूरी में जुड़ाव भी देखने मिलता रहा है। चिरंजीवी दल चाहे जब अल्पजीवी हो सकते हैं। नक़्शे और दल के इन टुकड़ों के खेल के गगन में जगन भी मगन हैं।

इन सब बदलावों का नतीजा? देश की राजनीति बद से बदतर हो चली है। लोग भूले नहीं होंगे कि छोटे राज्य उत्तराखण्ड की कुछ सरकारें तो छोटी-छोटी बातों पर राज करने वाले दलों के सदस्यों ने ही गिरा दी थीं, उन्हें गिराने के लिए किसी मज़बूत विरोधी दल का इन्तज़ाम या इन्तज़ार नहीं करना पड़ा था। झारखण्ड में मुख्यमन्त्री कौन बनेगा—इस प्रश्न पर सहयोगी दलों में ऐसी ठनी थी कि एक निर्दलीय सदस्य ने बाजी मारी थी और देखते ही देखते राज्य के विकास के बदले उसने अपना मधु विकास कर लिया था। पर ये निजी प्रसंग छोड़ दें। जब अरहर की दाल सबसे महँगी बिकी थी, उसी दौर में कार सबसे सस्ती हो गयी थी। आसमान छूने के लिए ज़मीन पर खड़ी महँगायी को पहले कुछ तो करना पड़ता था। अब तो वह बिना किसी कारण सीधे आसमान में ही पहुँच गयी है। इधर ज़मीन पर रोज़ 'ज़मीन से जुड़े' नये टके सेर दल पनप रहे हैं। जो जहाँ से अलग हो रहा है, वह अपने बड़े टुकड़े के स्वभाव से अलग नहीं होना चाहता। टुकड़े होने पर भी वह अपने पूर्ण का ही अंश रहना चाहता है। राजनीति की इस 'पूर्णता' का खोखलापन कब तक सहेंगे? इसे भरने के लिए हम कब तक होंगे। इसमें तो एक-दो क्या सौ भी भले ही होंगे।

गाँधी मार्ग, मार्च-अप्रैल, २०११

धरती का बुख़ार

धरती का बुख़ार

सभी को लगा कि गर्मी इस बार थोड़ा पहले आ गयी है और कुछ ज़्यादा ही तेज़ी से आयी है। अख़बार वाले बता रहे हैं कि कम से कम तापमान में पिछले बीस साल का रिकॉर्ड टूटा है तो चालीस साल का रिकॉर्ड ज़्यादा से ज़्यादा तापमान में टूटा है। इस तरह के आँकड़े हमारे सामने रोज़ आते रहे हैं और लोग अपने-अपने साधनों से, अपने-अपने तरीक़े से इस गर्मी को झेलने का रास्ता निकालते रहे हैं। लू से होने वाले नुकसान भी सामने आये हैं। गुजरात और राजस्थान में इस बार अनेक लोगों की मृत्यु हुई है।

इससे पहले ठण्ड के मौसम में भी इसी तरह की बात सुनते रहे कि इस बार ठण्ड कुछ ज़्यादा पड़ी है और देर तक पड़ी है। और उस मौसम में भी अभाव में किसी तरह जी रहे लोगों में से कुछ को अपनी जान देनी पड़ी थी। तब बेघरबार लोगों की चिन्ता नगरपालिकाओं को तो नहीं हुई पर देश की बड़ी अदालत ने ज़रूर इस बारे में न सिर्फ़ अपनी संवेदनायें दिखायीं, नगरपालिकाओं को डाँटा भी और तुरन्त कुछ जगहों पर रैन बसेरे जैसी बुनियादी सुविधायें खुलवायी थीं।

हमारा पढ़ा-लिखा समाज ठण्ड और गर्मी के मौसम के आँकड़ों को अभी हाल में इकट्ठा करना सीखा है। इसका इतिहास अँग्रेज़ों के आने के बाद का है। क़रीब सौ-सवा सौ साल पहले मौसम विज्ञान के विभाग बने थे और तब तो ये बहुत ही कामचलाऊ अवस्था में थे। पिछले दिनों में इसमें उपग्रह प्रणाली वग़ैरह से बहुत ज़्यादा तरक्की हुई है, ऐसा माना जाता है। यह इसलिए कि हमारे ये जो आधुनिकतम विज्ञान के यन्त्र हैं, वे भी उस समय कोई ठीक जानकारी नहीं दे पाते, जब हमें वास्तव में मौसम की

जानकारी चाहिये होती है।

कुछ साल पहले आयी सुनामी को याद कीजिये। समुद्र तट से जुड़ी ज़मीन हमारे अनेक प्रदेशों में है। पूर्व में बंगाल से लेकर पश्चिम में महाराष्ट्र, गुजरात तक। छोटे–बड़े कई प्रदेश समुद्र में खुलते हैं। पर हम तो इस सुनामी का नाम ही भूल गये थे। और जब सुनामी आयी तो किसी को भी उसकी जानकारी नहीं थी। हिन्दुस्तान के ही नहीं, दुनिया भर के इतने सारे उपग्रहों के तैनात होने के बावजूद किसी को उसकी सूचना नहीं थी।

अभी ज़्यादा समय नहीं हुआ है, जब कुछ ही घण्टों की बारिश में पूरी मुम्बई बह गयी थी। वह जंगल में बसा कोई गुमनाम शहर नहीं है। देश की आर्थिक राजधानी और आधुनिकतम शहर है। वहाँ मौसम विभाग तो होगा ही न। उसको यह पता चलना चाहिये था कि शहर के ऊपर इतने जो बादल इकट्ठा हो रहे हैं, वे कहर ढा सकते हैं। फिर वहाँ हवाई अड्डा भी है। उनकी अपनी एक मौसम प्रणाली होती है जो बताती है कि कब तेज़ बारिश होगी, कब ओले पड़ेंगे और तेज़ हवायें चलेंगी। इन्हीं आधुनिकतम माने गये यन्त्रों की मदद से मिली जानकारी और चेतावनी को ध्यान में रख बड़े–छोटे जहाज़ ऊपर उड़ते हैं, नीचे उतरते हैं। तो हवाई अड्डे को भी पता नहीं चला। क्या वे सो रहे थे ? नहीं। सब कुछ इतनी जल्दी से हुआ कि वे कुछ भविष्यवाणी ही नहीं कर पाये। तमाम आधुनिक यन्त्रों के रहते हुए भी।

इसी तरह अभी कुछ ही दिनों पहले यूरोप में इंग्लैण्ड के पास बेहद कठिन नाम 'ऐयाफ्याटलायोकुल' वाला जो ज्वालामुखी फटा है, उसकी कोई सरल जानकारी भी किसी के पास नहीं थी। यह भी नहीं मालूम कि कितने दिनों तक यह लावा उगलेगा और धुआँ निकलता रहेगा। बस, उससे बड़ा नुकसान यह हुआ कि कोई आठ–दस दिनों तक पूरा यूरोप ठप्प रहा। वह उड़ नहीं पाया। उसे उड़ने की बहुत बड़ी आदत है। इसलिए उसके लिए यह बहुत बड़ी ख़बर बन गयी। यह कहीं और हुआ होता तो शायद इतनी बड़ी ख़बर नहीं बनती।

तो मौसम को देखने का वर्तमान तरीक़ा ज़्यादा पुराना नहीं है। हमारा वर्तमान कैलेण्डर तो बस २००९ साल पुराना है! इसमें से मौसम विज्ञान का इतिहास महज़ सौ साल का है। उससे पहले क़रीब १९०० साल तक

लोग मौसम के आधुनिक यन्त्रों के बिना भी ज़िन्दा रहना जानते थे। इसलिए ब्रह्माण्ड और सौरमण्डल तो छोड़िये, यह पृथ्वी, उसका वायुमण्डल और उससे बनने वाला मौसम एक ऐसी पहेली है, जिसका बहुत थोड़ा-सा हिस्सा हम जानते हैं। उसमें 'हम क्या जानते हैं' के बदले, 'क्या नहीं जानते हैं' की सूची ज़्यादा लम्बी होगी। सिर्फ़ हमारा नहीं, पूरी मानव जाति का इतिहास यही बात बताता है।

आज यूरोप और अमेरिका के विज्ञान के आगे हम लोग भौचक खड़े दिखते हैं। कई बार उन्हें भी जब पृथ्वी पर गर्मी, ठण्ड, मानसून या पानी या फिर बर्फ़ की भविष्यवाणी में बदलाव दिखता है, वह भविष्यवाणी खरी नहीं उतरती, तो वे एक शब्द का इस्तेमाल करते हैं। उसका नाम—एल निन्यो। कहेंगे कि यह एलनीनो का असर है। यह क्या चीज़ है ? यह उनके धर्मग्रन्थ से लिया गया शब्द है। इस शब्द का अर्थ है—भगवान का बच्चा। यह बालक उद्दण्ड है, नटखट है, इसको पकड़ नहीं पाते। उसको गोद में बिठाकर ज़रा दूसरी तरफ़ देखा कि वह निपक, निकल जाता है।

पत्थर मार के काँच तोड़ देगा या सुराही गिरा देगा। एल निन्यो। भगवान का ऊधमी बच्चा। अपनी भाषा में कहें तो बाल गोपाल! तो आधुनिकतम विज्ञान के जो जनक माने जाने वाले लोग हैं, उनने भी अपने बचाव के लिए एलनीनो जैसा शब्द बचा कर रखा है। उसे वे वैज्ञानिक भी मानते हैं और उसको जोड़ा है प्रशान्त महासागर से। इसलिए कि धरती ज़रा-सी गर्म या ठण्डी होती है तो प्रशान्त महासागर इतना बड़ा है कि इस गर्मी का असर उसके पानी पर इतना पड़ता है कि एक अंगुल सतह अगर दशमलव एक अंश ज़्यादा गर्म हो गयी तो उससे निकली जो भाप है, उससे जो बादल बनेंगे, वे हमारे अनुमान को बिगाड़ देंगे।

इसलिए हम यह मानकर चलें कि हमारा विज्ञान एलनीनो ही है। मतलब भगवान का छोटा बालक है। हमारा मौसम विज्ञान अभी भी किशोर या वयस्क नहीं हो पाया है। वह अभी घुटने चल रहा है।

इसका मतलब यह नहीं कि हम इस विज्ञान को समझने की कोशिश न करें। वह तो हमें लगातार करते जाना है। लेकिन यह जानें कि हमारी हैसियत इसको पूरी तरह से समझ कर बर्ताव करने की नहीं है। कम से कम भविष्यवाणी करके अपने स्वार्थ के लिए चलने की गुंजाइश भगवान

और प्रकृति बिल्कुल ही नहीं छोड़ते। इसलिए जब-तब गर्मी या ठण्ड ज़्यादा पड़ती है या बारिश ज़्यादा होती है। इसलिए समुद्र की बूँद के बराबर हमारी हैसियत है। मौसम के बारे में हमारा ज्ञान सचमुच अज्ञान ही है। इस ज्ञान को रोज़ चमकायें लेकिन जब प्रकृति के सामने खड़े हों, इसका घमण्ड न करें।

बदलते मौसम की, गरम होती धरती की चिन्ता सबको है और यह स्वाभाविक है। अगर धरती के गरम होने का असर समझना हो तो हमें अपने शरीर को उदाहरण मानकर समझना चाहिये। जब हम निश्चित तापमान पर रहते हैं तो स्वस्थ कहलाते हैं। शरीर का तापमान एक डिग्री भी ज़्यादा हो जाये तो कहते हैं कि बुख़ार हो गया। फिर हम उसे उतारने की कोशिश करते हैं क्योंकि ज़्यादा तापमान सह ही नहीं सकते। उसी तरह धरती का गरम होना धरती का बुख़ार है। वह बार-बार कह रही है कि उसका तापमान बढ़ रहा है, उसका बुख़ार उतारने का उपाय किया जाये। लेकिन ऐसा नहीं हो पा रहा। यदि धरती को बुख़ार आयेगा तो उस पर रहने वालों पर गम्भीर संकट आयेगा। इसलिए इसका उपाय समय रहते करना ज़रूरी है।

प्रतीक रूप में 'अर्थ ऑवर' मनाना स्वागत योग्य है। लेकिन यह सिर्फ़ प्रतीक बन कर ही न रह जाये। 'अर्थ ऑवर' यानी एक विशेष दिन या रात को एक घण्टे तक बिजली को बन्द रखना। धरती को बचाने के ऐसे प्रतीकात्मक तरीक़े उन देशों के लिए तो ठीक हैं, जहाँ कभी एक क्षण भर के लिए भी बिजली बन्द नहीं होती। नामी-गिरामी नेताओं और अभिनेताओं के नाम हो जायें और कम्पनियाँ इण्डिया गेट पर बड़े-बड़े बोर्ड लगा दें, इससे ऐसा न हो कि हम वर्ष में एक दिन बिजली बन्द कर ताली बजायें, ख़ुश हो जायें कि अब धरती को बुख़ार नहीं चढ़ने देंगे। होना यह चाहिये कि जब ज़रूरत न हो, तब बिजली न जले। हमारे यहाँ तो इतनी बिजली भी नहीं है कि हम फ़िजूलख़र्ची की बुरी आदत डालें। देश के कई हिस्सों में पाँच-छह घण्टे तक पावर कट होता है। उनसे क्या उम्मीद करते हैं कि वे उत्सवपूर्वक एक घण्टा बिजली बन्द रखेंगे? इसलिए सारे देशों में एक सी व्यवस्था लागू नहीं की जा सकती।

कुछ माह पहले इस तरह 'धरती दिवस' मनाया गया था। किसी को मालूम

नहीं कि यह कब शुरू हुआ, किसने शुरुआत की। भारत सरकार का दिवस है या पर्यावरण मन्त्रालय का या कि संयुक्त राष्ट्र का। एक चलन हो जाता है कि किसी ने कह दिया कि २२ अप्रैल को धरती दिवस है तो हम भी धरती दिवस मनाते हैं। इस चक्कर में हम अपने बने बनाये दिवस को भूल गये। हमारे एक वन मन्त्री थे। उन्होंने वन महोत्सव का एक दिन तय किया था। वह दिन मौसम के हिसाब से था। उस दिन पेड़ लगाने से वह टिकता था। लेकिन उस दिवस को लोग भूल गये। उसकी तारीख़ भी किसी को याद नहीं। अब पाँच जून को पर्यावरण दिवस मनाते हैं। उस दिन इतनी गर्मी होती है कि आप पेड़ लगा ही नहीं सकते। यह नयी प्लास्टिक संस्कृति जो आयी है, उसने हमारे ऊपर अनेक प्लास्टिक त्योहार भी लाद दिये हैं। इन बनावटी त्योहारों का हम ढोल पीटते हैं। हम उनको मनाकर ख़ुश होते रहते हैं। इस तरह जो काम हमें करना चाहिये, वह नहीं कर पाते।

पर्यावरण का संकट वास्तविक है और इसे नक़ली औज़ारों से, नक़ली त्योहारों से लड़ा नहीं जा सकेगा। इसके लिए वास्तविक तैयारी करनी पड़ेगी।

गाँधी मार्ग, जुलाई–अगस्त, २०१०

सूखे में भी सुजलाम सुफलाम

अकाल की पदचाप साफ़ सुनायी दे रही है और सारा देश चिन्तित है। यह सच है कि अकाल कोई पहली बार नहीं आ रहा है, लेकिन इस अकाल में ऐसा कुछ होने वाला है, जो पहले कभी नहीं हुआ। देश में सबसे सस्ती कारों का वादा पूरा किया जा चुका है। कार के साथ ऐसे अन्य यन्त्र-उपकरणों के दाम भी घटे हैं, जो १० साल पहले बहुत सारे लोगों की पहुँच से दूर होते थे। इस दौर में सबसे सस्ती कारों के साथ सबसे महँगी दाल भी मिलने वाली है—यही इस अकाल की सबसे भयावह तस्वीर होगी। यहाँ मैं स्पष्ट कर दूँ कि यह बात औद्योगिक विकास के विरुद्ध नहीं कही जा रही है। लेकिन इस महादेश के बारे में सोचना हो, तो हमें इसकी खेती, इसके पानी, अकाल, बाढ़ सबके बारे में सोचना होगा।

'आग लगने पर कुआँ खोदना' जैसी पुरानी कहावतों को लोग या नेतृत्व जल्दी भूल जाते हैं। अगले पाँच-सात दिनों में मानसून अपने रहे-सहे बादल समेटकर लौट जायेगा, तब साफ़ हो जायेगा कि गुजरात जैसे अपवाद को छोड़ दें, तो इस बार पूरे देश में औसत से बहुत कम पानी गिरा है।

अकाल की आग लग चुकी है और अब कुआँ खोदने की तैयारी चल रही है। लेकिन देश के नेतृत्व का—सत्तारूढ़ और विपक्ष का भी पूरा ध्यान लगता नहीं कि कुआँ खोदने की तरफ़ है। अपने-अपने घर-परिवार के चार-चार आना क़ीमत के झगड़ों में शीर्ष नेतृत्व जिस ढंग से उलझा पड़ा है, उसे देख उन सबको बड़ी शर्म आती होगी, जिन्होंने तीन महीने पहले इनके पक्ष में मत डाला था।

कई बातें बार-बार कहनी पड़ती हैं—इन्हीं में से एक बात यह भी है कि अकाल कभी अकेले नहीं आता। उससे बहुत पहले अच्छे विचारों का अकाल पड़ने लगता है। अच्छे विचार का अर्थ है, अच्छी योजनायें। अच्छी योजनाओं का अकाल और बुरी योजनाओं की बाढ़। हालिया दौर में, ऐसा ही कुछ हुआ है। देश को स्वर्ग बना देने की तमन्ना में तमाम नेताओं ने स्पेशल इकानॉमिक जोन—सिंगूर, नन्दीग्राम और ऐसी ही न जाने कितनी बड़ी-बड़ी योजनाओं पर पूरा ध्यान दिया। इस बीच यह भी सुना गया कि इतने सारे लोगों द्वारा खेती की ज़रूरत ही नहीं है। एक जिम्मेदार नेता की तरफ़ से यह भी बयान आया कि भारत को गाँवों का देश कहना ज़रूरी नहीं रहा है। गाँवों में रहने वाले शहरों में जाकर रहने लगेंगे, तो हम उन्हें बेहतर चिकित्सा, बेहतर शिक्षा और बेहतर जीवन के लिए तमाम सुविधायें आसानी से दे सकेंगे।

लेकिन इस बात को यहीं छोड़ दीजिये। अब हमारे सामने मुख्य चुनौती है खरीफ की फसल को बचाना और आने वाली रबी की फसल की ठीक-ठीक तैयारी। दुर्भाग्य से, इसका कोई बना-बनाया ढाँचा सरकार के हाथ फ़िलहाल नहीं दिखता। देश के बहुत बड़े हिस्से में कुछ साल पहले तक किसानों को इस बात की ख़ूब समझ थी कि मानसून के आसार अच्छे न दिखें, तो कम पानी की फसलें बो ली जायें। इस तरह के बीज पीढ़ियों से सुरक्षित रखे गये थे। लेकिन आधुनिक विकास के दौर ने, नयी नीतियों ने किसान के इस स्वावलम्बन को अनजाने में ही सही, पर तोड़ा ज़रूर है। लगभग हर क्षेत्र में धान, गेहूँ, ज्वार, बाजरा के हर खेत में पानी को देखकर बीज बोने की पूरी तैयारी रहती थी। पर ३०-४० साल के आधुनिक कृषि विकास ने इस बारीक़ समझ को आमतौर पर तोड़ डाला है। पीढ़ियों से एक जगह रहकर उसे जानने वाले किसान को, छह-आठ महीनों में ट्रान्सफर होकर जाने वाले कृषि अधिकारी की सलाह पर निर्भर बना डाला है।

किसानों के सामने एक दूसरी मजबूरी उनके सिंचाई के अपने साधनों से काट देने की भी है। पहले जितना पानी मुहैया होता था, उसके अनुकूल फसल ली जाती थी। अब नयी योजनाओं का आग्रह रहता है कि राजस्थान में भी गेहूँ, धान, गन्ना, मूँगफली जैसी फसलें बोयें, जिनमें बहुत पानी लगता है। सरकार को लगता है कि बहुत पानी देने को ही तो हम बैठे हैं।

ऐसे इलाक़ों में अरबों रुपयों की लागत से इन्दिरा नहर, नर्मदा नहर जैसी योजनाओं के ज़रिये सैकड़ों किलोमीटर दूर का पानी सूखे में लाकर पटक दिया गया है। लेकिन यह आपूर्ति लम्बे समय तक के लिए निर्बाध नहीं है।

इस साल, हर साल जितना कम पानी बरसा है, उतने में हमारे स्वनामधन्य बाँध भी पूरे नहीं भरे हैं और उनसे निकलने वाली नहरों में सब खेतों तक पहुँचने वाला पानी नहीं बहने वाला है। कृषि मन्त्री ने यह भी घोषणा की है कि किसानों को भूजल का इस्तेमाल कर फसल बचाने के लिए १० हज़ार करोड़ रुपये की डीजल सब्सिडी दी जायेगी। यह योजना यदि ईमानदारी से लागू हो जाये, तो अकाल के समय दोहरी मार पड़ सकती है—मानसून का पानी नहीं मिला है और ज़मीन के नीचे का पानी भी फसल को बचाने के मोह में खींच कर ख़त्म कर दिया जायेगा, तो अगले बरसों में आने वाले अकाल और भी भयंकर होंगे।

इस समय सरकारों को अपने-अपने क्षेत्रों में ऐसे इलाक़े खोजने चाहिये, जहाँ कम पानी गिरने के बाद भी अकाल की उतनी काली छाया नहीं दिखती, बाक़ी क्षेत्रों में जैसा अन्देशा है। मैं पूरे देश के बारे में तो नहीं जानता, पर राजस्थान में अलवर ऐसा इलाक़ा है, जहाँ साल में २५-२६ इंच पानी गिरता है। इस बार तो उसका आधा ही गिरा है। फिर भी वहाँ के एक बड़े हिस्से में पिछले २७ साल में हुए काम की बदौलत अकाल की छाया उतनी बुरी नहीं है। जयपुर और नागौर में भी ऐसी मिसालें हैं। जयपुर के ग्रामीण इलाक़ों में भी बड़ी आसानी से ऐसे गाँव मिल जायेंगे, जहाँ कहा जा सकता है कि अकाल की परिस्थितियों के बावजूद फसल और पीने के लिए पानी सुरक्षित रखा गया है। जैसलमेर और रामगढ़ जैसे और भी सूखे इलाक़ों की ओर चलें, जहाँ चार इंच से भी कम पानी गिरा होगा और अब आगे गिरने वाला भी नहीं है। लेकिन वहाँ भी कुछ गाँव, लोगों की १०-२० साल की तपस्या के बूते आज इतना कह सकते हैं कि हमारे यहाँ पीने के पानी की कमी नहीं है। हरेक राज्य में ऐसी मिसालें खोजनी चाहिये और उनसे अकाल के लिए सबक लेने चाहिये।

पिछले दिनों कृषि वैज्ञानिकों और मन्त्रालय से जुड़े अधिकारियों व नेताओं ने इस बात पर ज़ोर दिया कि कृषि अनुसन्धानों में कम पानी की माँग करने वाली फसलों पर शोध होना चाहिये। मुझे लगता है, उन्हें इतनी जानकारी तो होनी चाहिये कि ऐसे बीज समाज के पास रहे हैं। उनके लिए

आधुनिक सिंचाई की ज़रूरत ही नहीं है। इन्हें बारानी खेती के इलाक़े कहा जाता है। २०-३० सालों में बारानी खेती के इलाक़ों को आधुनिक कृषि की दासी बनाने की कोशिशें हुई हैं। उन्हें पिछड़ा बताया गया, ऐसे बीजों को और उन्हें बोने वालों को पिछड़ा बताया गया, उन्हें पंजाब-हरियाणा जैसी आधुनिक खेती करके दिखाने के लिए कहा गया। आज हम बहुत दुख के साथ देख रहे हैं कि अकाल का संकट पंजाब-हरियाणा पर भी छा रहा है। एक समय बारानी इलाक़े देश का सबसे स्वादिष्ट अन्न पैदा करते थे। दिल्ली-मुम्बई के बाज़ारों में आज भी सबसे महँगा गेहूँ मध्य प्रदेश के बारानी खेती वाले इलाक़ों से आता है।

इसलिए, इस बार जब अकाल आया है, तो हम सब मिल कर सीखें कि अकाल अकेले नहीं आता। अगली बार जब अकाल पड़े, तो उससे पहले अच्छी योजनाओं का अकाल न आये।

गाँधी मार्ग, नवम्बर-दिसम्बर, २००९

आकांक्षायें और आशायें

बकरे की माँ कब तक ख़ैर मनायेगी ? ऐसा पूछना अच्छा तो नहीं लगता। पर बीते साल कम से कम देश के पर्यावरण के बारे में ऐसा कुछ कहने लायक हुआ नहीं है कि इस वर्ष में उसके सुधार की, सँवारने की, संवर्द्धन की कोई आशा जगती हो। जो कुछ भी उस दौर में हुआ है, वह तो बड़ी हद तक आशंकाओं का ही 'संवर्धन' करता है।

पहले दुनिया बाज़ार में ख़रीदारी के लिए आती थी। अब बाज़ार दुनिया को ख़रीदने निकल पड़ा है। वह पहाड़ ख़रीद रहा है, जंगल ख़रीद रहा है। नदी, तालाब, भूजल, खनिज—सब कुछ उसकी ख़रीदी की सूची में दर्ज है। इन सबका भाव भी लगा रहा है। इस दौर में हमने यह भी देखा है कि हमारी अँगुली से चुनी गयी सरकारें आज उस बाज़ार की उँगलियों पर नाच रही हैं। उसे रिझा कर अपनी ओर मोड़ने की शर्मनाक होड़ में 'बेहतर म' (ममता-मोदी) जैसे वर्णन सामने आ रहे हैं।

एक समय था जब बड़े आकार को लोकतन्त्र के लिए डायनासोर मान लिया गया था। देश के बड़े प्रदेशों को काट-छाँटकर छोटा करने के लिए आन्दोलन उठ खड़े हुए थे। उन्हें दबा देने के लिए गोलियाँ भी चली थीं। पर फिर केन्द्रीयकरण और विकेन्द्रीयकरण के इस महाभारत में विकेन्द्रीयकरण जीत गया था। उत्तराखण्ड, झारखण्ड और छत्तीसगढ़ जैसे सुन्दर तीन प्रदेश इस नये सिद्धान्त की चमकीली आभा लेकर देश के नक़्शे पर नये सिरे से उकेरे गये थे। यों पहले न जाने कब बने दो-तीन छोटे प्रदेश तरह-तरह की आशंकाओं के धुएँ में ढक ही गये थे।

आज इन सभी प्रदेशों में जंगल, ज़मीन और जल को लेकर तहलका मचा

है। इन छोटे प्रदेशों में गाँवों की दूरी उनकी राजधानी से कम हो गयी है। पर गाँव और राज के मन में दूरियाँ तो लगता है, पहले से भी ज़्यादा बढ़ गयी हैं।

अब झारखण्ड का ही उदाहरण लें। इसे बने यों काफ़ी समय हो चला है, पर अब तक कुछ ऐसा ही बताया जाता रहा कि झारखण्ड के मोर्चे पर अभी तक एक भी सच्चा आदिवासी नहीं बैठ पाया है। उसके आये बिना वहाँ की मुक्ति नहीं। लो परमाणु-बिजली कब बनेगी, पता नहीं पर झारखण्ड में इस प्रसंग में यह नया प्रकाश भी हो गया। लेकिन अब वहाँ उसी विकास की बाढ़ आ गयी है, जिससे बचने के लिए कभी छोटे और अलग राज्य की माँग उठी थी।

गोवा हमारे देश का दूसरे नम्बर का छोटा राज्य है। यहाँ पिछले साल खनन के इतने मोर्चे खोले गये हैं कि अब उसका खनन का क्षेत्रफल एशिया में सबसे बड़ा बताया जा रहा है! कितने गाँव, कितने जंगल, कितने खेत, कितनी छोटी-छोटी नदियाँ गोवा में इस खनन की भेंट चढ़ रही हैं—आज कोई जानता नहीं। यहाँ की नाज़ुक सरकारों का तराजू एक या दो विधायकों से डगमगा जाता है और आने वाली हर नयी सरकार किसी नयी कम्पनी को, उद्योग को यहाँ लूट की खुली छूट दे देती है।

आशंकायें टके सेर हैं। बाढ़ का इलाक़ा बढ़ता जा रहा है। इसमें हर साल नये प्रदेश जुड़ रहे हैं। पहले बाढ़ बिहार, बंगाल, उड़ीसा और उत्तर प्रदेश या मध्य प्रदेश तक सीमित थी, अब आन्ध्र प्रदेश, कर्नाटक, महाराष्ट्र, गोवा, गुजरात, पंजाब, हरियाणा—यानी चाहे जहाँ आने लगी है। कोसी और महानदी इसी साल लगभग साठ-सत्तर लाख लोगों के जीवन को न जाने कितने लम्बे समय के लिए डुबो कर गयी हैं। फिर बम्बई की बरसात की रात कौन भूल सकेगा ? न गाँव बचे हैं, न बड़े से बड़े शहर।

बीते वर्ष के अन्तिम दौर में कई राज्यों में चुनाव हुए। बताया गया कि चित्त में विकास जीता, पट में नारेबाजी, भगवा-अगवा हारा। तो इस वर्ष विकास के कारण जीती सरकारें अब और तेज़ी से विकास करना ही चाहेंगी। इसका असर आगे-पीछे पर्यावरण पर पड़ेगा ही। एक बार फिर नदी, पानी, जंगल, ज़मीन की शामत आयेगी। गुजरात के सौराष्ट्र में आयी बाढ़ के पीछे कोई नदी नहीं थी। बड़े पैमाने पर बने हाईवे और ऐसे काम

थे, जिसने उस इलाक़े में पानी के निकास पर बुरा असर डाला था।

नर्मदा का सरदार सरोवर बाँध तो कई कारणों से पिछले पच्चीस सालों से ख़बरों में रहा है। पर सूरत के बग़ल से बहने वाली तापी और उस पर कोई चालीस साल पहले बने उकाई बाँध को तो कोई भी नहीं जानता था। इस गुमनाम बाँध ने हीरे के शहर सूरत को पूरा डुबो दिया था। कारण यहाँ भी नदी से छेड़छाड़ ही माना गया। आने वाले दौर में ऐसे नये इलाक़े और तेज़ी से उभर सकते हैं।

पिछले दौर में की गयी कई छोटी-छोटी ग़ल्तियों का कुल जोड़ दुनिया में हो रही और बड़ी ग़ल्तियों के ढेर से मिल जाये तो फिर आशंकायें टके सेर से भी सस्ती हो जाने का ख़तरा है। इसी से धरती गरम हो रही है। धरती के इस बुख़ार की दवा अभी खोजी नहीं जा सकी है। सब तरह के राष्ट्रीय, अन्तरराष्ट्रीय हकीम, नीम हकीम भी लगे हैं पर बस नब्ज़ पर हाथ रख धरती का बिगड़ता मिज़ाज ही तो बताया जा रहा है।

आकांक्षाओं की सूची बड़ी है। इसे फ़िलहाल राम भरोसे छोड़ आशंकाओं को भी देख लें।

अमेरिका की मन्दी ने भारत समेत पूरी दुनिया पर असर डाला है। लेकिन उसने यह आशा भी जगायी है कि अन्धाधुन्ध विकास की रफ़्तार में कुछ तो ब्रेक लगेगा। निवेश में आ रही चौतरफ़ा गिरावट, माँग में कमी से प्रकृति को साँस लेने का, ख़ुद को थोड़ा सँभाल लेने का मौक़ा मिल सकता है। इस मध्यान्तर में हम यदि अपने को भी सँभाल सकें तो फिर ठीक स्वस्थ, सन्तुलित विकास की योजनाओं पर भी बात करने, अमल करने का दौर आ सकेगा।

लेकिन ये तो हुई बड़ी बातें, महान् उद्देश्य जब पूरे होने होंगे, तभी होंगे। लेकिन समाज का एक हिस्सा निराशा, आशंकाओं के दौर में भी पूरी लगन के साथ चुपचाप काम करता ही रहता है। अमावस की रात में भी पूनम की रात याद रखी जाती है। ऐसी बहुत-सी आशायें हैं, जिन पर देश टिका रह सकेगा। उनको आज ठीक नाम और पहचान भी नहीं मिली है। शायद ये काम इस ढंग से हो रहे हैं कि उनका शून्य बने रहना ही महत्त्वपूर्ण है। नाम का बढ़ना काम के घटने का पर्याय बन जाता है कभी-कभी। अच्छे से अच्छे कामों का नाम होना उनके सिकुड़ने का संकेत बन जाता

है। इनमें योग वाले हों, भोग वाले हों—विज्ञापनों के बीच में आने वाली ख़बरों में जो भी आता है आज, कल वह विज्ञापन बन जाता है। बिक जाता है।

आशायें उन पर टिकी हैं जो बिकने के लिए नहीं हैं। ऐसे लोग हैं जो चुपचाप कहीं लद्दाख में, लाहौल-स्फीति में गाँवों में भेड़ भी बचा रहे हैं, हिम-तेंदुआ भी। कहीं नदी बचा रहे हैं, कहीं सूख चुकी नदी को फिर से सजल कर रहे हैं। कहीं रेगिस्तान में खारे पानी के बीच मीठे पानी के भण्डार बना रहे हैं, कहीं जंगल बचा रहे हैं तो कहीं नया जंगल बना रहे हैं। दक्षिण बिहार में २५०० बरस पुरानी सिंचाई पद्धति को फिर से खेतों में उतार रहे हैं क्योंकि इस बीच आयी नयी सिंचाई ने उन्हें पानी नहीं दिया है।

भले ही सरकारों, अख़बारों में ख़बर न हो, पिछले साल जैसलमेर के रामगढ़ क्षेत्र में मात्र नौ सेंटीमीटर पानी गिरने पर भी बिप्रासर और उसके आसपास के कई गाँवों में पूरे एक वर्ष के लिए पीने का पानी जमा कर लिया गया था। इसी तरह के काम देश के कई दूसरे हिस्सों में भी हो रहे हैं और इस देश और समाज के भविष्य के लिए आशाओं की लौ जला रहे हैं। सचमुच कन्याकुमारी से लेकर कश्मीर तक, कच्छ से लेकर सुन्दरबन तक अनगिनत हाथ अपने काम में लगे हैं। इन सहस्त्रनामों का जाप चुपचाप ही करना चाहिये। उनमें अपने को विलीन कर देने से बड़ी पूजा और क्या होगी।

गाँधी मार्ग, मई-जून, २००९

कटे डंठलों की नमी से जुड़ना

पिछले साल इन्हीं दिनों की बात है। हम लोग राजस्थान के जोबनेर क्षेत्र से निकल रहे थे। सड़क के दोनों तरफ़ खेतों में गेहूँ कट चुका था। अभी पूले खलियान में नहीं पहुँचे थे। सारा दृश्य वही तो था जो बैसाखी के आसपास गेहूँ के खेतों से गुज़रते हुए दिखता था।

नहीं। सारा दृश्य वैसा नहीं था। यहाँ खेतों में कुछ नया-सा, कुछ अटपटा-सा दिख रहा था। और जगहों से कुछ ज़्यादा व्यवस्थित, कुछ अलग, कुछ विचित्र सुन्दरता लिये। हमारी गाड़ी कुछ तेज़ रफ़्तार लिये भाग रही थी। फिर भी जोबनेर के इन खेतों की कोई एक अलग विशेषता हमारी आँखों को ब्रेक-सा लगा रही थी। यहाँ केवल गेहूँ नहीं था। यहाँ तो कनक यानी सोना बिखरा हुआ था, चारों तरफ़। इस सोने के भण्डार का आकर्षण, खिंचाव इतना तेज़ था कि हमारी तेज़ दौड़ रही लोहे की गाड़ी हमें रोकनी ही पड़ी।

कई खेत पीछे छूट गये थे। पर अभी भी हमारे दोनों ओर वैसे ही शानदार खेत थे। हम लोग सड़क छोड़ पास के एक खेत में उतरे। एकदम दिख गया कि खेतों में कटे गेहूँ के जो पूले रखे हैं, जादू कुछ उनमें ही है। ये सारे उलटे रखे गये थे। बहुत ही व्यवस्थित ढंग से इनके बण्डल बाँधे गये थे। सारे पूले एक से। गेहूँ की सारी बालियाँ ऊपर आकाश की ओर न होकर नीचे भूमि की ओर थीं। जिस माटी से उनका अंकुरण हुआ है, शायद अब कट कर विदा लेते समय ये बालियाँ अपनी उस माँ की गोद में थोड़ा और समय काट लेना चाहती थीं।

देश के खेतों का एक बड़ा भाग गेहूँ पैदा करता है। इन सब जगहों पर

कटाई के बाद पूले सीधे रखे जाते हैं। यानी बालियाँ, गेहूँ के दाने ऊपर की ओर। कई जगहों पर काट कर पूले बनाने के बाद उन्हें सीधा न रख लिटा कर ढेर बनाते हैं। कुछ ही समय में थ्रेशर से या बिना मशीन की मदद से दाने अलग कर खलियान, कोठी या मण्डी चले जाते हैं।

फिर पीछे जोबनेर लौटें। बालियाँ कटने से भी पीछे लौटें। खेत में बुआई हुई है। सिंचाई हुई है। धीरे-धीरे मटमैले रंग पर हरा रंग उभरने लगता है। फिर गेहूँ का पौधा आकार लेने लगता है। कोमल, नरम पौधा हवा, मिट्टी, पानी, धूप और किसान की मेहनत से ताक़त पाकर मज़बूती से खड़ा हो जाता है। अब बारी है दाने बनने की। फिर उनके पकने की। हरा रंग अब धीरे-धीरे पीले रंग में, सुनहरे रंग में अपना कनक नाम पाने की तरफ़ लहराते हुए बढ़ चला है। अंकुरण के पहले क्षण से अनाज पकने तक इस दाने का सम्बन्ध अपनी मज़बूत जड़ों के कारण मिट्टी से बना रहा है। आज फसल पक जाने पर यह सम्बन्ध अचानक कटने, टूटने जा रहा है।

जिस डंठल से इन दानों को अपने बनने से पकने तक हर क्षण पौष्टिक खुराक मिलती थी, अब उस अटूट सम्बन्ध के टूट जाने का समय भी आ गया है। जोबनेर के किसानों ने न जाने कब, इसी क्षण को अपने अनुभव से एक नया अर्थ दे दिया था।

दराँती से फसल कटते ही दानों का, बालियों का सम्बन्ध मिट्टी से, जड़ से, पौष्टिकता से, नमी से एकाएक टूट जाता है। इस गहरे झटके को दाने कैसे सह पाते होंगे, क्या मालूम? पर इतना तो मालूम ही है कि कटने के बाद वे अपना आश्रय छिनते ही, कुछ असहाय से होकर सूखने लगते हैं। अप्रैल की गरम होती हवा इन सुन्दर स्वस्थ दानों को थोड़ा पिचका भी देती है।

पर जोबनेर में ऐसा नहीं होता। इस छोटे-से क्षेत्र के किसानों ने, कृषि पण्डितों ने झटके से टूट जाने वाले सम्बन्ध को बहुत प्रेम से देखकर इसे सहने लायक बना देने की सुन्दर व्यावहारिक तरक़ीब खोज ली। यहाँ न जाने कब से पूले काटने के बाद उलटे रखे जाने लगे। कनक की बालियों का मुँह नीले आकाश की ओर न रख कर नीचे ज़मीन की तरफ़ कर दिया गया। कटे डंठल की सारी नमी धीरे-धीरे बालियों की ओर, दानों की ओर नीचे रिसती जाती है। उन्हें अपनी अन्तिम बूँद तक पौष्टिक खुराक देती रहती है।

जोबनेर के इन खेतों का गेहूँ बाज़ार में, मण्डी में आने वाले अन्य जगह के दानों से ज़्यादा बेहतर माना जाता है। यहाँ के दाने का आकार बड़ा होता है। दाना ठोस बनता है और स्वस्थ भी। बताया जाता है कि मण्डी में जोबनेर के इस गेहूँ का दाम भी ज़्यादा मिलता है। गेहूँ के अन्य क्षेत्रों में फसल अच्छी ही होती है पर इस जोबनेर क्षेत्र के गेहूँ की बात ही कुछ और है। यहाँ का दाना मुहावरे में 'ज़मीन से कटने' वाली हालत से अलग है। ज़मीन से कटने के बाद भी उलटी बालियों का सम्बन्ध डंठल से बना रहता है। हर डंठल में पौधे के संचित पौष्टिक तत्त्व और नमी बनी रहती है। यह धीरे-धीरे दानों को सहारा देती रहती है। इस तरह ज़मीन से कटने के बाद भी दाने सारा बचा-खुचा तत्त्व पा जाते हैं।

देश के अन्य गेहूँ उत्पादक क्षेत्रों में प्राय: बालियाँ पूले के ढेर में ऊपर की ओर या फिर खेत में दायें-बायें, आड़े-तिरछे या व्यवस्थित ढंग से बिछा कर लिटा कर रखी जाती हैं। एक बड़ा कारण उन क्षेत्रों में भूमि की नमी, वर्षा का कुल आँकड़ा भी होता है। पर जोबनेर में वैसी आशंका नहीं रही है। यह अन्य गेहूँ उत्पादक क्षेत्रों से कम वर्षा वाला क्षेत्र रहा है।

लेकिन अब तो देश के बड़े गेहूँ क्षेत्रों में धीरे-धीरे मशीनों से कटायी करने का चलन बढ़ने लगा है। पंजाब में बैसाखी पर फसल कटती थी। पूले या परी, भरी लिटा कर रखे जाते थे। अब तो वहाँ किसान के हाथ का काम, मन का काम, कौशल, कला और बुद्धि की जगह भारी मशीनों ने ले ली है। यही प्रवृत्ति अब मध्य प्रदेश के अच्छे गेहूँ उत्पादक क्षेत्रों में भी पसर रही है। जोबनेर के किसानों ने अभी अपने हाथ, अपना मन खेती से काटा नहीं है, इसलिए वे अन्य क्षेत्रों के किसानों की तरह ख़ुद भी कटने से बचे हैं। देश के अन्य भागों में किसान पर आ रही लाचारी यहाँ कहीं देखने मिलती नहीं। खेत अभी अनाज पैदा करने की फ़ैक्टरी नहीं बने हैं। उनमें अन्न-उत्पादन की आत्मीय, रसीली कला, परम्परा पूले के ढेर में ही मिल जाती है।

जोबनेर में अँग्रेज़ी राज के समय ही कृषि की आधुनिक पढ़ायी की शुरुआत हो गयी थी। वहाँ की रियासत के राजा ने, ठिकानेदार ने अपने एक महल को कृषि महाविद्यालय खोलने के लिए दान में दिया था। आज़ादी के बाद यहाँ आधुनिक कृषि शिक्षा का विस्तार हुआ। आज इस क्षेत्र से न जाने कितने तरह के शोध होते हैं। पर किसान के इस कौशल की

ओर हमारे नये कृषि पण्डितों का, अधिकारियों का, किसी का भी ध्यान नहीं जा पाया है।

जोबनेर का यह 'ज़मीन से जुड़ा' क़िस्सा हम लोगों ने हिमाचल प्रदेश के एक कृषि विश्वविद्यालय के कुछ अध्यापकों को भी बताया। उन्होंने इसे आश्चर्यजनक तो माना ही, बाद में हिमाचल प्रदेश के कुछ भागों से इसी तरह की जानकारी भी भेजी। वहाँ कुछ अन्य फसलों को काटने के बदले जड़ समेत उखाड़ कर उलटा रखने की रीत चलती है। वे लोग इस परम्परा पर कुछ अध्ययन करने की तैयारी भी कर रहे हैं।

देश के अनेक सामाजिक आन्दोलन लोक शक्ति की बात तो हमेशा ही करते हैं, उसका महत्त्व जताते हैं पर हम लोक बुद्धि की, कौशल की प्रतिष्ठा नहीं कर पाते। जोबनेर के किसान की प्रतिष्ठा हमें अपनी जड़ से, अपनी मिट्टी से जोड़ती है। कटे डंठल की बची-खुची नमी, पौष्टिकता न सिर्फ़ गेहूँ की बाली को, बल्कि अपने समाज से अचानक कटते जा रहे हम लोगों को भी कुछ खुराक देकर हमें भी बचा सकती है। क्या हम उलटे होने के लिए तैयार हैं?

गाँधी मार्ग, मार्च-अप्रैल, २००८

टपको म्हारे देस

ऐसी खेती अपने यहाँ होती नहीं थी। कोई पैंतीस बरस पहले वह बाहर भी नहीं होती थी। इसलिए अब उस तरह की खेती यहाँ बाहर से टपकी तो उसका नाम धरना पड़ा। पर नाम किसानों ने नहीं, किसानी को बाज़ार में बदलने वालों ने रखा। अँग्रेज़ी में इसे ड्रिप इरिगेशन कहा जाने लगा था सो हिन्दी में अनुवाद ही कर लिया गया। अनुवादी नाम रखा गया 'टपक सिंचाई'। सिंचाई का यह नया तरीक़ा पहले बाज़ार में ही टपका। वहाँ से इसे विज्ञापनों ने कुछ खेतों में पटका। इस तरह आयी हमारे यहाँ टपक सिंचाई। हमारे यहाँ पिछले नौ-दस बरस से एक बड़ी कम्पनी और कोई आधा दर्जन छोटी-मोटी कम्पनियाँ टपक सिंचाई बेचने में जुटी हैं।

लेकिन सिंचाई के इस तरीक़े में सबसे ज़्यादा नाम और पैसा भी कमाया है इज़राइल ने। हर साल कोई दो अरब रुपये का सिंचाई सामान बेचने वाली इस कम्पनी 'नेटाफिम' की प्रसिद्धि इतनी दूर-दूर तक फैली है कि उसकी चपेट में महाराष्ट्र, हरियाणा और राजस्थान भी आ गया है। पानी के उपयोग के मामले में बेहद किफ़ायती बतायी गयी इस तकनीक को समझने और उसे राजस्थान में लाने के ख़याल से भैरोसिंह शेखावत भी पिछले दिनों इज़राइल हो आये हैं। इससे पहले महाराष्ट्र और हरियाणा के नेता भी वहाँ गये थे। शरद जोशी जैसे अधिकारीनुमा बड़े किसानों का वहाँ जाना भी समझ में आ सकता है। पर एक ऐसे स्थान में राज करने वाले, जहाँ पानी कम ज़रूर है पर उसका बहुत ही समझदारी से उपयोग करने की सैकड़ों बरस पुरानी मज़बूत परम्परा रही है, इज़राइल जायें तो अटपटा लगता है।

अटपटा लगने के कारण ढेर सारे हैं क्योंकि ढेर सारे फ़र्क़ हैं राजस्थान और इज़राइल में। राजस्थान का क्षेत्रफल कोई ३ लाख, ४० हज़ार वर्ग किलोमीटर। राजस्थान के चार ज़िले—जैसलमेर, बाड़मेर, बीकानेर और जोधपुर अपने-अपने दम पर इज़राइल से बड़े हैं। इनमें जैसलमेर ज़िला तो लगभग दुगना ही समझिए। एक बार दुहरा लें कि इज़राइल देश कुल २१,५०१ वर्ग किलोमीटर में है और जैसलमेर ३८,४०१ वर्ग किलोमीटर में फैला है। बाड़मेर २८,३८७ वर्ग किलोमीटर है, बीकानेर २७,२४४ वर्ग किलोमीटर है। यानी चारों ज़िले अपने आप में इज़राइल के बड़े भाई हैं।

इन चारों ज़िलों में तो रेगिस्तान है ही, वह इनसे भी आगे पसरा हुआ है। नागौर, चूरू और गंगानगर ज़िले इसमें जोड़ लें तो भैरोसिंह जी के हाथ में इज़राइल देश से कोई १६ गुना बड़ा रेगिस्तान और उसमें जीवन या पानी सँजोये रखने वाली उतनी ही बड़ी और गौरवशाली परम्परा थी। फिर इन चार ज़िलों के अलावा बीस ज़िले और रह जाते हैं। पर उनकी बात बाद में कभी। फिर जनों की गिनती करनी हो तो इज़राइल में कोई ५५ लाख लोग हैं और यहाँ राजस्थान में लगभग चार करोड़ लोग।

इस तरह देखें तो शेखावत की यह यात्रा बड़े भाई की छोटे भाई के घर की गयी यात्रा जैसी होनी चाहिये थी। उसमें उसका भी हाल-चाल पूछा जा सकता था और अपना दुख-सुख भी बताया जा सकता था। शायद ऐसा हुआ भी हो पर वहाँ जाते समय जो सामने आया और आते समय भी, वह तो बस इतना ही था कि बड़ा भाई छोटे भाई से खेती का, सिंचाई का तरीक़ा पूछने गया है। उसमें भी भाव तिलस्म जान लेने का कुछ ज़्यादा ही रहा है। उस तिलस्म और उसके दाम की बात बाद में। पहले तो इज़राइल का तन, मन और धन समझ लें।

यहूदी धर्म के नाते उसका इतिहास बहुत पुराना है पर देश के नाते वह दो-तीन पीढ़ियों से ज़्यादा नहीं है। पहले महायुद्ध के समय यह हिस्सा तुर्की के ओटोमन साम्राज्य का अंग था। फिर सन् १९१७ में उस साम्राज्य के ढह जाने के बाद इस पर अँग्रेज़ों का क़ब्ज़ा हुआ। उसी दौर में इंग्लैण्ड के विदेश मन्त्री आर्थर बेलफोर ने पहली बार यहूदी धर्म को मानने वालों के लिए इस भाग में स्वतन्त्र देश की स्थापना का प्रस्ताव रखा था। तुर्की के ख़िलाफ़ लड़ रहे देशों ने उस प्रस्ताव को स्वीकार भी कर लिया था और अन्य देशों से, ख़ासकर यूरोप में बसे यहूदी यहाँ आने लगे थे। पर एक तो

इस हिस्से में अरब-यहूदी दंगे होने लगे और उधर नाजी जर्मनी में यहूदियों को चुन-चुन कर मारा जाने लगा। दूसरे विश्व युद्ध तक आते-आते अकेले जर्मनी में ही कोई साठ लाख यहूदी मार दिये गये थे। इस नृशंसता ने उनके एक स्वतन्त्र राष्ट्र की माँग के वे सारे रास्ते खोल दिये, जिनमें अब तक कई तरह की रुकावटें थीं।

चारों तरफ़ से यहूदी यहाँ आकर बसने लगे। फिर अरबों के साथ चल रहे तनाव ने पूरे युद्ध का रूप ले लिया और एक-दूसरे पर हमलों के बीच क़ब्ज़ा किए बैठे अँग्रेज़ों पर भी हमले होने लगे। तब सन् १९४७ में संयुक्त राष्ट्र संघ ने इस हिस्से को अरब और यहूदियों के लिए ५६ और ४४ के अनुपात में बाँटने का प्रस्ताव रखा। लेकिन अरबों ने इसे स्वीकार नहीं किया। दोनों सम्प्रदायों के बीच लड़ाई और बढ़ी। इंग्लैण्ड ने सन् १९१४ में १४ मई के दिन इस हिस्से से अचानक अपने हाथ खींच लिये। यहूदी नेतृत्व ने इज़राइल देश की स्थापना कर दी। यह घोषणा एकतरफ़ा थी। सीमायें तक तय नहीं हो पायी थीं उस समय।

खेती के बीच आ टपके इस राजनैतिक इतिहास के लिए पाठक माफ़ करेंगे, लेकिन इन बातों का इज़राइल की 'टपक-सिंचाई' से बड़ा सम्बन्ध है। इसी इतिहास ने इज़राइल को वह दर्जा दिया, जिससे उसे अमेरिका और अन्य स्रोतों से सबसे ज़्यादा मदद मिली। 'प्रति व्यक्ति' वाले विचित्र आँकड़ों से देखें तो पता चलता है कि अमेरिकी मदद पाने वाले देशों में इज़राइल सबसे आगे रहा है। इस तरह बाहर से ख़ूब पैसा टपका। भीतर एक सम्पद्राय, वह भी चारों तरफ़ संघर्ष से घिरा रहने के कारण एकजुट बना। ऐसी परिस्थिति में इज़राइल को अपनी खेती में अपार पैसा झोंकने की सहूलियत दी।

ज़्यादातर लोग बाहर से आकर बसे थे। ज़मीन नयी थी। उस पर उनमें से ज़्यादातर का स्वामित्व भी नहीं था। इसलिए ऐसी ज़मीन पर 'किबुत्ज' यानी सहकारी खेती का भी ढाँचा बन सका और वह कुछ चला भी। आज जिस तरह यहाँ की 'टपक सिंचाई' का हल्ला है, कोई २० साल पहले वहाँ की सहकारिता का भी वैसा ही हल्ला था। और तब भी हमारे देश से कई लोग और संगठन वहाँ सहकारिता-आन्दोलन देखने, समझने और उससे कुछ सीखने भी जाते रहे हैं।

इसी ख़र्चीली सहकारी खेती से सिंचाई की और भी ख़र्चीली पद्धति

निकली। इज़राइल के नेगेव नामक रेगिस्तानी हिस्से में बने हत्तेजेरिम नाम के एक किबुत्ज के किसानों ने इसे सन् '६० में विकसित किया था। एक बड़े हौज में पानी भरा गया। उससे जुड़ी प्लास्टिक की कई नलियाँ खेत के कोने-कोने तक बिछायी गयीं। पौधों की जड़ों के पास नलियों में छेद किये गये। इस तरह पानी की बूँदें वहीं टपकती रहीं, जहाँ उनकी ज़रूरत थी। यह थी टपक-सिंचाई की पहली सीढ़ी। हत्तेजेरिम किबुत्ज ने अनुभव से सीखा कि सबसे दूर के हिस्सों में पानी उतना नहीं पहुँचता जितना शुरू के हिस्सों में आता है। फिर सुधार किया गया। हौज में पानी को नलियों में अब तेज़ दबाव के साथ फेंका गया ताकि वह दूर-दूर जा सके। दबाव के कारण पूरे समय पानी ज़्यादा बहने लगा। यानी जो तरीक़ा पानी की किफ़ायत के लिए अपनाया गया था, उसी से पानी ज़्यादा बर्बाद होने लगा। तब आयी तीसरी और चौथी सीढ़ी, जिसमें पानी कब कितना चाहिये, इसका नियन्त्रण किसान के विवेक और बुद्धि के बदले महँगे कम्प्यूटरों को सौंप दिया गया।

तेज़ गर्मी, कभी-कभी ५० डिग्री का तापमान प्लास्टिक की नलियों की बारह बजा देता था। नलियों के भीतर का तेज़ बहाव भी दबाव पैदा करता था। नलियाँ फट जातीं या पौधों की जड़ों के पास बने उनके छेद भर जाते। इन अड़चनों को दूर करने के लिए प्लास्टिक में रबर का अनुपात बढ़ाया गया। उसकी लोच और मज़बूती बेहतर बनी नलियों के भीतरी भाग में एक ख़ास तरह की सलवटें डाली गयीं, ताकि पानी सीधा न बहे, उसका वेग टूटे और नली ज़्यादा दिन तक टिक सके। इस सब काम को पाँचवीं सीढ़ी कहा गया। यही पाँचवीं सीढ़ी या पीढ़ी इस समय इज़राइल में चल रही है और राजस्थान के मुख्यमन्त्री इसी को देख कर आये हैं।

हत्तेरिम किबुत्ज ने इस पद्धति को अपने खेतों में तो डाला ही, बाद में एक कम्पनी बनाकर इसको बेचना भी शुरू कर दिया। नेटाफिम नामक यह कम्पनी अब अफ्रीका, एशिया, आस्ट्रेलिया, दक्षिण यूरोप और दक्षिण अमेरिका में अपनी 'टपक सिंचाई' बेच रही है। हत्तेरिम किबुत्ज अपनी खेती से कितना कमा पाया है, कितनों के लिए अनाज जुटा पाया है, इसकी ठीक जानकारी नहीं है, लेकिन उसने 'टपक सिंचाई' पद्धति बेचकर पिछले साल कोई छह अरब रुपये ज़रूर कमाये हैं। अब नेटाफिम कम्पनी प्लास्टिक की नलियाँ, उनमें पानी चलाने वाले कम्प्यूटर, इस सबकी

देखरेख करने वाले सलाहकार, और तो और कहाँ कैसी खेती करें, क्या बोयें, क्या काटें, सब तरह की सलाह भी बेच रही है। यदि आप बिक गये हैं तो यह सब ख़रीद सकते हैं। बिक जाने का अर्थ है यदि हमारा अपने से, अपने समाज से भरोसा उठ गया हो। लेकिन इसे भी अभी छोड़ें। पहले तो इस किफ़ायती सिंचाई के बाक़ी ख़र्च देखें।

जी हाँ, पानी तो बहुत ही कम लगता है पर इस पूरे खेल को चलाने में बिजली ज़्यादा लगती है। पम्प, दबाव बनाने वाली मशीनें, पानी चलाने-बन्द करने वाले महँगे कम्प्यूटर लगते हैं। कम पानी ख़र्च करना हो तो पानी भी ज़्यादा जुटाना पड़ता है। नलकूप या नहरों से इसे जोड़ना पड़ता है। और नलकूप बढ़ेंगे तो भूजल का घटता स्तर और घटेगा।

घट जाये जल स्तर, पर उत्पादन तो बढ़ेगा। लेकिन इज़राइल में भी ऐसा नहीं हो पाया है। वहाँ के आयात-निर्यात के आँकड़े देखें तो पता चलेगा कि इतने ज़रा से देश में इतनी उन्नत ठीक सिंचाई के बाद भी अमेरिका से अनाज बराबर आता रहा है और हर वर्ष उसकी मात्रा, उसका ख़र्च भी बढ़ता ही रहा है। हाँ, इसके बदले कुछ फल और सब्ज़ियाँ ज़रूर वह भेजता रहा है और निश्चित ही इसका श्रेय टपक सिंचाई को कहा जाता है। लगे हाथ हम यह भी जान लें कि ऐसी खेती खेत से ज़्यादा बग़ीचों के काम की होती है। फल के बग़ीचों में पौधे एक-दूसरे से चार-पाँच हाथ की दूरी पर रहते हैं और इसलिए उनकी जड़ों में नलियों से पानी बूँद-बूँद टपकाना सरल है। लेकिन गेहूँ-ज्वार-बाजरा, मोठ और मूँग आदि के खेतों में अंकुरण के बीच में यदि कुछ हाथ की दूरी रही तो फिर हो गया उत्पादन। ऐसी फसलों की सिंचाई के लिए भी नयी तकनीक पीछे नहीं है—ऐसा ज़रूर बताया जायेगा पर इसमें 'टपक सिंचाई' के बदले फव्वारा यानी स्प्रिंकलर सिंचाई बेची जा रही है। इसमें भी पानी कुछ कम लगता है पर पैसा काफ़ी जाता है।

ऐसी बात नहीं है कि जहाँ पानी कम ही बरसता है, नहरें नहीं हैं, वहाँ खेती ही नहीं होती। वहाँ किसानों ने अपने विलक्षण ज्ञान और अनुभव से उन बीजों को, उन फसलों को छाँटा था, जो कम पानी में भी अंकुरित होकर बढ़ते हैं और समाज का खलियान भर जाते हैं। राजस्थान के ऐसे क्षेत्रों में बाजरा मुख्य फसल है। यह राज्य के एक-तिहाई भाग में होती है और ख़ूब होती है। बाजरा बोने वाले किसान राज्य से बिजली-पानी नहीं माँगते।

यदि वे माँगने लगें तो किसी भी पार्टी की कैसी भी सरकार हो, वह चीं बोल जायेगी।

बाजरा के क्षेत्र में, यानी सबसे कम पानी के क्षेत्र में भी राजस्थान के किसानों ने गेहूँ बोने का चमत्कार वर्षों पहले कर दिखाया है। गेहूँ की फसल को कम से कम जितना चाहिये, उतना तो मरुभूमि में, जैसलमेर, बाड़मेर, जोधपुर, बीकानेर आदि में तीन साल तक नहीं बरस पाता। लेकिन इन्हीं क्षेत्रों में किसानों ने, उनमें भी पालीवाल परिवारों के गाँवों ने गेहूँ लेने के लिए खडीन बनाये थे, जहाँ वर्षा का जल कुछ समय के लिए बहुत कुछ तालाब की तरह रोक लिया जाये। इन क्षेत्रों में तालाब की तरह की पाल, पंखा, अपरा आदि बनती थीं। इस तरह रोके गये पानी से उस क्षेत्र के एक बड़े भाग में नमी रुक जाती थी और इसी नमी से गेहूँ की फसल ली जाती थी। स्वाभिमानी पालीवाल परिवार किसी अप्रिय राजप्रसंग के कारण अपने गाँव के गाँव, पत्थर के सुन्दर घर ज्यों के त्यों छोड़कर बाहर निकल गये। लेकिन वही खडीन अभी भी हैं और उनमें पैदा हो रहा गेहूँ आज भी गौरवशाली कृषि पण्डितों की याद दिलाता है।

ये खडीन गेहूँ देते रहे हैं पर नलकूपों की तरह क़ीमती भूजल उलीच कर बाहर फेंकने के बदले हर बरस पानी को भीतर जमा करते रहे हैं। नलकूप आसपास के कुओं का पानी हर लेते हैं लेकिन, खडीन, तालाब न जाने कितने कुओं को हर साल हरा करते रहे हैं।

इस पानी की कमी वाले क्षेत्र में और पूरे राजस्थान में लोगों ने बरसों के अनुभव से हज़ारों तालाब, जोहड़, नाड़ी, टाँके, बेरे, बेरियाँ और कुइयाँ भी बनायी थीं। आज भी राजस्थान के अधिकांश गाँव पानी के काम की इस ऊँची परम्परा के कारण ही आबाद हैं। केन्द्र और राज्य की सरकारें, टेक्नोलॉजी मिशन, नहरें, नलकूप और हैण्डपम्प न तो सब गाँवों में पहुँचे हैं, न कभी पहुँच ही सकेंगे। गजधरों के साथ समाज के न जाने कितने तरह के लोग जुड़ जाते थे। गणिकाओं तक ने इस काम से अपने को अलग नहीं रखा था। जैसलमेर के अमर सागर में बनी गणिकाओं की बेरियाँ (कुएँ) आज पाँच सौ बरस बाद भी लोगों के लिए पानी जुटाती हैं। इसी शहर में कोई सात सौ बरस पहले बना घड़सीसर आज भी पानी तो दे ही रहा है, अपनी अद्‌भुत वास्तुकला के कारण शहर के सबसे नये धन्धे पर्यटन की भी जान है।

इसलिए जैसे विदेशी पर्यटक जैसलमेर आते हैं, उसी तरह भैरोसिंह शेखावत भी बाहर घूमने जायें, इज़राइल भी जायें। एक बार हो आये हैं तो भी दुबारा जायें। इस बार वे अपने साथ यहाँ के खडीनों की, पालीवालों की, गजधरों की, घड़सीसर की, टाँकों, कुइयों की—यानी पानी के मामले में राजस्थान की गौरवशाली परम्परा की झलक ले जायें। वे इज़राइल में यह सब दिखायें और यहाँ के लोगों को बतायें कि दुनिया के अन्य मरुस्थलों में थार मरुभूमि में सबसे अधिक जीवन है। उनकी पहली इज़राइल यात्रा तो वहाँ से टपक सिंचाई लाने के लिए थी। टपको म्हारो देस कहने के लिए थी। अब वे दुबारा जायें और इज़राइल को इस बार यहाँ के पानी का काम देखने का न्यौता दें। पधारो तो म्हारे देस।

गाँधी मार्ग, जुलाई, १९९४

वहाँ के लोग यहाँ की चिन्ता में

सन् १९८० में यानी केवल एक वर्ष में तीसरी दुनिया के देशों में ५०,०००,००० लोग भूख से मरे थे। लगभग इतने ही लोग दूसरे महायुद्ध के शिकार बने थे। भूलिये नहीं, वह महायुद्ध पाँच साल तक चला था। यूनिसेफ के अनुसार अन्तरराष्ट्रीय बाल वर्ष के दौर में जन्मे १२२,०००,००० बच्चों में से १२,२००,००० बच्चे गुज़र चुके हैं। इनमें से ज़्यादातर की मौत का कारण भुखमरी, कुपोषण और ग़रीबी ही था। यूनिसेफ की इस रिपोर्ट से पता चलता है कि १९७० में ४००,०००,००० बच्चे कुपोषण के शिकार थे। इस संख्या में '७० से '८० के बीच में कमी के बदले वृद्धि ही हुई है।

क्या कहा जनाब, भूख के अलावा और भी कारण हैं? बजा फ़रमाते हैं आप—प्राकृतिक विपदायें हैं, और यह भी सही है कि जनसंख्या भी बढ़ती जा रही है—सब सही है पर विश्व बैंक की विश्व विकास रिपोर्ट ८० के पेज ७६ पर यह स्वीकार किया गया है कि, 'अपर्याप्त अनाज नहीं बल्कि अपर्याप्त राजस्व ही इस भुखमरी का कारण है। रिपोर्ट के हिसाब से आज दुनिया का अनाज भण्डार इस धरती के हर आदमी को हर दिन ३००० कैलोरी और ६५ ग्राम प्रोटीन देने की क्षमता रखता है और यह भी कि जहाँ सचमुच ज़रूरत है वहाँ इस भण्डार में से केवल दो प्रतिशत अनाज रवाना कर आप कुपोषण से निपट सकते हैं। लेकिन दुनिया के सम्पन्न उत्तरी देश तो अपने जानवरों को ही उतना खिला देते हैं जितना तीसरी दुनिया के ग़रीब देशों में कुल लोग खा पाते हैं। यानी एक तरफ़ अनाज का उत्पादन बढ़ता जायेगा और दूसरी तरफ़ भूख से मरने वालों की संख्या भी।'

ये पंक्तियाँ हैं फ्रांस की 'फ्रेरेस देस होमेस एण्ड तेरे देस होमेस' नामक संस्था के एक ताज़े अभियान से। इस अभियान का अर्थ है यहाँ और वहाँ। यहाँ यानी पश्चिम के अमीर देशों में और वहाँ यानी तीसरी दुनिया के ग़रीब देशों में। अभियान पूरी दुनिया की तकलीफ़ों को हल करने का कोई ठेका नहीं उठा रहा बल्कि फ्रांस और फ्रांस जैसे अमीर देशों में सीमित साधनों से जहाँ तक हो सके आम लोगों के बीच भुखमरी का गणित समझाने की एक कोशिश करना चाहता है और चाहता है कि ज़्यादा से ज़्यादा लोग इन बातों पर बहस करें, नये सवाल उठायें।

लेकिन अभियान शुद्ध जानकारी देने के आरामदेह स्तर से ऊपर उठकर 'जानकारी और आन्दोलन' का रास्ता अपनाना चाहता है ताकि जो लोग इस जानकारी से चौंकें वे केवल चौंक कर अलग-थलग न रह जायें। उनके पैर भी कहीं किसी ऐसी कार में फँसने चाहिये जो ग़रीबी भुखमरी को कहीं एक छोर से कम न कर पायें तो रोक तो सकें।

अभियान ने इस तरफ़ बढ़ने के लिए माँसाहार की आदत को अपना पहला मुद्दा बनाया है। माँसाहार एक बेहद ख़र्चीली ही नहीं फ़िजूलख़र्चीली समाज व्यवस्था का उदाहरण भी है और प्रतीक भी। अभियान सम्पन्न देशों में माँस के बारे में प्रचलित मान्यताओं को तोड़ने का काम कर रहा है : प्रोटीन देने के मामले में पशु काफ़ी कमज़ोर माध्यम है, पौधों से मिलने वाले सात प्रोटीन से माँस का एक प्रोटीन बनता है। यह सात और एक का अनुपात भी औसत है। अलग-अलग माँस प्रोटीन तो इस औसत में भी कमज़ोर साबित होंगे। अभियान अपने चार्टों से समझाता है : चिकन की एक कैलोरी १२ कैलोरी प्रोटीन खाने से, और गाय के माँस की एक कैलोरी १२ कैलोरी से बनती है। और दूसरी तरफ़ एक कैलोरी गेहूँ से एक कैलोरी डबलरोटी मिलती है। यानी शाकाहार की आदत। अभियान जानता है कि वह अरबों डालरों की इस बाज़ारू व्यवस्था के खेल में एक छोटा-सा मोहरा है। कुछ न कर पाने की लाचारी है, पर कुछ न कह सकने की लाचारी तो नहीं। इसलिए वह जगह-जगह अपने मुद्दों का प्रचार कर रहा है, इस उम्मीद से कि कभी इसी से कुछ करने की हैसियत भी बन सकेगी।

अपने घर के चौके में माँस न आने देने के मुद्दे के साथ अभियान ने तीसरी दुनिया के खेतों पर हो रहे अत्याचार को भी जोड़ा है। वह इन देशों में खेती

के व्यावसायीकरण के ख़िलाफ़ जनमत बनाना चाहता है और इन देशों के ऐसे व्यक्तियों, संगठनों, आन्दोलनों से सम्पर्क बढ़ा कर उन्हें अपना समर्थन देना चाहता है जो इन मुद्दों को उठा रहे हैं। पश्चिम में ज़्यादातर लोग यही कहते हैं कि इन देशों में अनाज की कमी है तो वे अपना उत्पादन क्यों नहीं बढ़ाते, आधुनिक कृषि क्यों नहीं अपनाते। आलसी, निकम्मे लोग हैं, कुछ करना ही नहीं चाहते तो क्या करें हम। क्यों यहाँ भूमिहीन बढ़ रहे हैं? अभियान ऐसे प्रश्नों के जवाब देता है। वह कहता है कि पश्चिमी देशों की रीति-नीति इन देशों में किसानों को खेत से उखाड़कर भूमिहीन बनाती जा रही है और जो किसान हैं वे भी अपने गाँव, शहर के लिए नहीं बड़ी कम्पनियों के लिए उत्पादन करने की ओर खिंचे जा रहे हैं।

दुनिया के दक्षिणी हिस्से में अनाज की कमी की जड़ें उत्तरी हिस्से की सम्पन्नता में छिपी हैं। अनेक बड़ी कम्पनियाँ जिनका खाने-पीने की चीज़ों के व्यापार से रत्ती भर सम्बन्ध नहीं था, अब अचानक इस धन्धे में उतर रही हैं क्योंकि इसमें लाभ का अंश बहुत ज़्यादा है। ये कम्पनियाँ ग़रीब देशों के खेतों, श्रम शक्ति और पानी पर सहायता की आड़ में क़ब्ज़ा करती हैं और वहाँ से उत्पादित चीज़ों को अमरीका और पश्चिमी यूरोप के माँस बाज़ार में लाकर बेचती हैं। सबसे ताज़ा उदाहरण वोक्सवेगन नामक मोटर कम्पनी का है। इसने हाल में ही ब्राज़ील में २१०,००० हेक्टेयर खेत ख़रीदे हैं। अनेक देशों में ऐसे आँकड़े एकत्र किये गये हैं जिनसे पता चलता है कि इन देशों में माँस, चारे और सब्ज़ियों का निर्यात बढ़ता ही जा रहा है और दूसरी तरफ़ इनमें इन चीज़ों की प्रति व्यक्ति खपत घटती जा रही है। याने स्थानीय आबादी का कौर छीन कर यूरोप के पेट में डाला जा रहा है। अफ़्रीका के अनेक देश तो शायद खेती यूरोप के लिए ही कर रहे हैं। वहाँ के देश सहेल में पड़े शताब्दी के सबसे भयानक अकाल के दौरान भी प्रोटीन का निर्यात जारी रहा। घाना के कुछ खेतों का ५६ प्रतिशत भाग कोको की खेती से घिरा रहता है—यह पूरी फसल हवाई जहाज़ों से उड़ा कर यूरोप पहुँचायी जाती है। लेकिन इस 'त्याग' का भी क्या नतीजा है? सन् १९६० में लन्दन में कोको के दाम का ४९.५ प्रतिशत घाना के कोको उत्पादक किसान को मिलता था। १९७७-७८ में उसे लन्दन के काम का केवल १६ प्रतिशत मिल पाता है। अभियान के मुताबिक यूरोप का आम ग्राहक भी पिसता ही है। सन् '७८ में कोको के

अन्तरराष्ट्रीय बाज़ार में दामों में २० प्रतिशत गिरावट आयी। पर फ्रांस में उसी के साथ कोको चॉकलेटों के दामों में १० प्रतिशत की बढ़ोत्तरी कर दी गयी। मुनाफ़ा बड़ी कम्पनियाँ डकार गयीं।

लेकिन अभियान अपने इलाक़े तक ही सीमित नहीं रहना चाहता। वह अफ्रीका, एशिया और लातानी अमरीका के देशों में ऐसे समूहों, व्यक्तियों और संस्थाओं से सम्पर्क कर रहा है जो अपने देश में अपने संसाधनों को बचाने के लिए जूझ रहे हैं। इनमें खेती, पर्यावरण से जुड़े मुद्दों को लेकर लड़ने वाले समूहों पर विशेष ध्यान देने की बात है। लक्ष्य बड़ा लगता है पर अभियान ऐसे एक लाख लोगों को लेकर एक संगठन बनाने की इच्छा रखता है।

हर बाज़ार माँग के आधार पर चलता है, भले ही वह माँग विज्ञापनों के ज़रिये बनावटी रूप में पैदा की जाये। अभियान अपने बाज़ार से लड़ने के लिए इसी हथियार का उपयोग करना चाहता है। अभियान का कुछ प्रारम्भिक प्रभाव फ्रांस के एक बड़े ग्राहक पर पड़ा है। संघ की पत्रिका ने अपने ताज़े अंक में लिखा है, यह बहुत दूर की बात लग सकती है कि अपनी थाली में सुधार लाने से आप दुनिया के खाद्य वितरण पर असर डाल सकते हैं। पर हमें यह भी नहीं भूलना चाहिये कि कोई भी ढाँचा उसके अपने भीतरी लोगों की सहमति के बिना चल नहीं सकता। हर बाज़ार को अपने उपभोक्ताओं की ज़रूरत पूरी करनी पड़ती है क्यों न हम ख़ुद आज माँग बन जायें और अपनी बात मनवायें।

इसी सिलसिले में अभियान विभिन्न ग्राहक संगठनों से बातचीत कर हफ़्ते में एक ऐसा दिन तय करने की कोशिश में है जिस दिन चौके में माँस नहीं आयेगा।

और अब इसी विचारधारा के तहत हॉलैण्ड के एम्स्टरडम शहर में खुले पहले शाकाहारी होटल का क़िस्सा। यहाँ तीन साल पहले इंग्लैण्ड से दो युवक टैरेस और स्मिथ आये थे, बस घूमने-फिरने। इन्होंने माँस खाना छोड़ दिया था पर एम्स्टरडम में इन्हें एक भी ऐसी जगह नहीं मिली जहाँ शाकाहारी भोजन मिलता हो। बस इन्होंने यहीं रहना तय कर लिया और कुछ दिन की मेहनत के बाद एक शाकाहारी रेस्तराँ खोल दिया। इसका नाम है 'हारवेस्ट आर्ट'। विश्वविख्यात कलाकार रेंब्राड्ट के शिष्य गोवर्ट

के नाम बनायी गयी सड़क पर खुला यह रेस्तरां सचमुच शाकाहारी कला का संग्रहालय-सा है। बीचों-बीच है एक छोटा-सा आत्मीय प्रतीक्षालय। रेस्तरां में जगह आसानी से नहीं मिलती। आने वाले लोग यहाँ अपनी बारी का इन्तज़ार करते हैं। यहीं पर रखी हैं ढेर सारी किताबें। विषय दो ही हैं—विश्व की कला, कलाकार, मूर्तिकार आदि और फिर शाकाहार के विभिन्न पहलुओं, इतिहास, धर्म, पर्यावरण पर। प्रतीक्षा की जगह पर कला प्रदर्शनियाँ भी लगती हैं जो समय-समय पर बदलती रहती हैं। अड़तालीस लोगों की क्षमता वाले इस रेस्तराँ में ही जुड़ा है रेस्तराँ का बग़ीचानुमा छोटा-सा खेत।

शराब नहीं दी जाती और सिगरेट पीना भी मना है। खाने से पहले फलों का रस मिलेगा पर ये फल भी बिना रासायनिक खाद और कीटनाशक वाले हैं। दुनिया भर से एकत्र ३० तरह की चाय है। नयी तरह की डबल-रोटियों के साथ कोई २० तरह की सब्ज़ियाँ सलाद हैं। खाना महँगा नहीं है। क्योंकि संचालकों का कहना है, यह शाकाहार को फैलाने का प्रयास है, जो भी खाना चाहे, उसकी जेब से हमारी दोस्ती होनी चाहिये।

गाँधी मार्ग, फ़रवरी, १९८२

अमोल मिट्टी बचाने के लिए

आज देश में विकास का जो तरीक़ा चल निकला है, उसकी तरफ़ आँखें मूँद कर गाँवों को बनाने का काम किया नहीं जा सकता। लोगों से बिलकुल कटा राजनैतिक नेतृत्व, अलग-थलग नौकरशाही और एक ऐसी तकनीक, जिसकी जड़ें पश्चिमी देशों में है और जिसकी 'छाया' में गाँव की तकनीक, गाँव की पहल पनपने की बात तो दूर, मुरझाती ही जाती हो—ऐसी हालत में केवल इस तकनीक की तरफ़ उँगली उठाना भी एक सार्थक काम बन जाता है।

होशंगाबाद (मध्य प्रदेश) में सन् १९७७ से शुरू हुए 'मिट्टी बचाओ अभियान' ने कुछ ऐसा ही किया है। यहाँ पिछले दौर में ३०० करोड़ रुपये की लागत से तवा नदी पर एक बाँध बनाया गया। माना गया था कि इससे यहाँ की असिंचित खेती को पानी मिलेगा और फसल का उत्पादन बढ़ता जायेगा, इलाक़े में ख़ुशहाली आयेगी। पर नहरों में पानी आते ही यहाँ की काली मिट्टी में पर्यावरण की समस्यायें उठने लगीं। सिंचाई के निचले गाँवों में अब तक की उम्दा उपजाऊ ज़मीन में पानी ठहरने लगा, ज़मीन दल-दल बनने लगी और फसल का उत्पादन भी गिरने लगा।

इन्हीं बातों की तरफ़ सरकार का ध्यान खींचने के लिए यहाँ सर्वोदय से प्रभावित युवकों ने 'मिट्टी बचाओ अभियान' चलाया है। आज देश में बड़े बाँध की संख्या १५०० है। इन पर देश का कोई १०.५५६ करोड़ रुपया ख़र्च हुआ है। लेकिन ये इतने ख़र्चीले बाँध सचमुच कितना काम कर रहे हैं, इनकी कार्यक्षमता कितनी है—इस बात को जाँचने की कभी कोई कोशिश ही नहीं की गयी है। बिना जाँची गयी मान्यताओं के आधार पर एक के बाद एक ऐसे बाँध बनते चले जा रहे हैं। धरती और पानी के ठीक

उपयोग और प्रबन्धन का मामला इतना नाज़ुक है कि उसे सिर्फ़ नौकरशाही के भरोसे नहीं छोड़ा जा सकता।

होशंगाबाद के कुछ लोग जागे हैं और उन्होंने तय किया है कि वे इस मामले को केवल प्रशासन की इच्छा या अनिच्छा से नहीं लोगों की इच्छा और अनिच्छा से जोड़ेंगे। इन लोगों ने अपने काम का नाम बाँध विरोधी संघर्ष समिति या आन्दोलन न रखकर 'मिट्टी बचाओ अभियान' जैसा सीधा नाम चुना है, क्योंकि समस्या खेतों में पानी ठहरने की हो, भूमि समरूपण की हो, नहर की हो—सबका हमला नर्मदा कछार की उपजाऊ मिट्टी पर हो रहा है।

चूँकि उन्हें एक विशाल तकनीक से जूझना है, इसलिए अभियान के लोगों ने हर क़दम पर अपनी बात को एक ठीक वैज्ञानिक आधार से कहने की कोशिश कायम रखी है। नवम्बर '७७ में अभियान ने तवा आयाकट (तवा बाँध और उससे जुड़ी सिंचाई आदि की तमाम गतिविधियों की देखरेख करने वाले विभाग) के अधिकारियों के साथ ही मिल-जुलकर समस्याग्रस्त गाँवों का सर्वे किया था। इस मिले-जुले सर्वे से अधिकारियों को भी अपने कार्यक्रमों की ग़ल्तियों को देखने का मौक़ा मिला था। इससे कुछ ही पहले अभियान ने भारतीय कृषि अनुसन्धान परिषद् की एक क्षेत्रीय बैठक में कृषि वैज्ञानिकों के सामने यहाँ के सवालों को उठाया था। देश के प्रसिद्ध कृषि वैज्ञानिक और योजनाकार डॉ. एम.एस. स्वामीनाथन् की पहल पर इस बैठक ने सिंचाई और मिट्टी विशेषज्ञ डॉ. डी.आर. भूमला की अध्यक्षता में तवा आयाकट के इलाक़े में उभर रही समस्याओं के अध्ययन के लिए एक उप-समिति भी गठित की थी। डॉ. भूमला ने अपने दौरे के बाद अभियान द्वारा उठाये गये मुद्दों पर अपनी मुहर लगायी। उन्होंने कहा था, ''यहाँ सिंचाई शुरू हुए अभी केवल दो साल हुए हैं फिर भी कई गाँव दलदल के शिकार हो चले हैं। जब भविष्य में ज़्यादा सिंचाई होने लगेगी तो हालत और भी बिगड़ सकती हैं।''

यहाँ की तात्कालिक समस्या है नहरों का जाल आने से पहले खेतों को समतल करने में आने वाला अनाप-शनाप ख़र्च। यह काम किसान के खेतों में सरकार करती है और उस पर होने वाला ख़र्च किसानों से वसूल किया जाता है। ख़ुद सरकार की एक समिति ने इस काम की अधिकतम लागत ११०० रुपये एकड़ तय की थी। लेकिन कई गाँवों में इस काम के

लिए सरकार ने किसानों से २६०० रुपये प्रति एकड़ तक वसूल किये हैं। अभियान ने ऐसे कुछ मामले जमा कर सरकार के सामने रखे। तवा आयाकट के अधिकारियों को अपनी ग़लती माननी पड़ी। विभाग ने अपनी तरफ़ से जाँच करवा कर इस अन्याय से परेशान किसानों की संख्या का पता लगाया है। पूरे इलाक़े से ११०० किसान ऐसे हैं जिनसे विभाग की 'ग़लती' के कारण लगभग २६ लाख रुपये अतिरिक्त लिए गये हैं।

यहाँ की दीर्घकालीन समस्या है खेतों में सिंचाई के बाद अतिरिक्त पानी की निकासी का ठीक इन्तज़ाम नहीं हो पाना और इस वजह से उपजाऊ ज़मीन का दलदल में बदल जाना। अभियान इस बात को लेकर लोगों को संगठित कर रहा है। इधर इन्हीं कोशिशों के कारण सिंचाई क्षेत्र में पड़ने वाले ६ गाँवों ने अपने यहाँ भूमि समरूपण न कराने का फ़ैसला किया है। वे चाहते हैं कि पहले सरकार भूमि समरूपण का औचित्य समझाये, उसकी लागत कम करे और निकास नालियों की व्यवस्था ठीक से करने का आश्वासन दे—वरना वे अपना असहयोग जारी रखेंगे। यहाँ किसान को मारने और दबाने की सभी कोशिशों के बावजूद गाँव के लोग अडिग खड़े हैं।

अभियान के कारण यहाँ की पर्यावरण की समस्याओं की तरफ़ कई गाँवों में स्कूल के बच्चों से लेकर बूढ़े किसानों तक का ध्यान खिंचा है। रोहना गाँव के स्कूल के बच्चों ने इन समस्याओं को लेकर एक नाटक भी तैयार किया है।

ख़ुद जागने, अपने आसपास के लोगों को जगाने की इस कड़ी में और आगे बढ़कर अभियान ने ऐसे क्षेत्रों से भी अपना सम्पर्क बढ़ाना शुरू किया है जहाँ स्थानीय सवालों को लेकर लोक जाग्रति के माध्यम से काफ़ी काम हुए हैं या हो रहे हैं। ऐसे क्षेत्र अपनी सीमा में बँधे तालाब न बन कर एक-दूसरे के बारे में जाने, एक-दूसरे की सफलताओं, असफलताओं से भी सीखें और एक सशक्त धारा बन कर एक-दूसरे को आगे बढ़ायें—ये सोचकर पिछले वर्ष अभियान ने अपने दस साथियों को हिमालय में चल रहे चिपको आन्दोलन के क्षेत्र में भेजा था। इस वर्ष भी यहाँ से तीन साथी चिपको के वनीकरण शिविर में शामिल हुए थे।

अनुभवों की इस अदला-बदली ने उन्हें सिखाया है—उन बिगड़ी चीज़ों को सुधारने की पहल करना, जिन्हें दोषपूर्ण योजनाओं ने बिगाड़ा तो है पर सुधारने की तरफ़ जिनकी आँखें मुँदी हैं। तवा बाँध की नहरों से रिसने

वाले पानी ने कई अच्छे खेतों को दलदल में बदल दिया है। किसान अब ऐसे खेतों से फसल नहीं ले सकता। जब तक पूरी परिस्थिति सुधरती नहीं तब तक के लिए ये खेत हाथ से चले गये हैं। सरकार तो अभी पूरे मन से इस समस्या को ही स्वीकार नहीं करती तो वह इसका निदान कहाँ से सोचेगी भला? इसलिए एक तरफ़ तो अभियान इस समस्या के प्रति लोगों को जगाना चाहता है और दूसरी तरफ़ वह इसका हल खोजने का भी प्रयोग करना चाहता है।

इस वर्ष एक ऐसा ही छोटा-सा प्रयोग अभियान ने लोगों की मदद और भारत सरकार के पर्यावरण विभाग के आर्थिक सहयोग से किया है। अभियान ने दो गाँवों में दलदल हो चुके कुछ खेतों पर प्रयोग के तौर पर कुछ प्रजातियों के पौधे रोपे हैं। कोशिश है कि जिन खेतों में अब फसल नहीं हो पा रही वहाँ अब पेड़ों की खेती शुरू करें। इस काम को अभियान चिपको आन्दोलन की तरह लोक जाग्रति का एक माध्यम बना सके, ऐसी कोशिश है। इसलिए वनीकरण शिविर में प्रकृति और आदमी, विकास और आदमी और आदमी और आदमी के बीच सम्बन्धों पर कई पहलुओं से बातचीत होती थी।

भविष्य में मध्य प्रदेश में विशाल नर्मदा परियोजना पर काम शुरू होने वाला है। अभियान आशा करता है कि नेताओं, अधिकारियों और इंजीनियरों की अनुभवहीनता के कारण तवा आयाकट में की गयी ग़ल्तियों को प्रदेश और देश की अन्य योजना में दोहराया तो न जाये। ऐसी किसी भी योजना की आत्मा है—किसान। इसलिए ऐसी किसी बड़ी योजनाओं में उसे कब तक अनदेखा किया जाता रहेगा?

अभियान का ढाँचा और काम का तरीक़ा बहुत अनौपचारिक है। इसके पीछे सर्वोदय से प्रभावित यहाँ के प्रसिद्ध कार्यकर्त्ता बनवारीलाल चौधरी और उनकी छोटी-सी संस्था 'ग्रामसेवा समिति' ज़रूर है लेकिन श्री चौधरी ने संस्था को और अभियान को अलग-अलग रखा है। उनकी सारी कोशिश इस काम को उन लोगों का अभियान बनाने की है, जो इस सिंचाई योजना से प्रभावित हुए हैं। अभियान के ज़्यादातर कार्यकर्त्ता प्रभावित परिवारों से हैं और अपनी नौकरी, खेती आदि काम करते हुए इस अभियान को फैला रहे हैं।

गाँधी मार्ग, अगस्त, १९८१

अपने पड़ोसी के चूल्हे को प्यार करो

गिरजाघरों के एक अन्तरराष्ट्रीय संगठन ने ईसा के प्रसिद्ध उपदेश, 'अपने पड़ोसी को प्यार करो' में थोड़ा-सा सुधार कर दिया है। स्विट्ज़रलैण्ड स्थित 'वर्ल्ड काउंसिल ऑफ़ चर्चेज' ने अमीर दुनिया के ईसाइयों से आग्रह किया है कि वे अपने ग़रीब पड़ोसी के चूल्हे से प्यार करें और ग़रीब देशों की ऊर्जा की समस्याओं को सुलझाने के लिए आगे आयें।

चर्च भी तीसरी दुनिया के ऊर्जा के संकट की मुक्ति के लिए काम करने लगे, यह अचरज भरी घटना एकाएक नहीं हुई। ग़ैर रोमन कैथलिक चर्चों के इस संगठन ने आज से कोई चालीस बरस पहले धर्म की बहस में समाज को जोड़ते हुए आत्मा के विषय को शरीर से अलग न बनाये रखने का आग्रह किया था। प्रोटेस्टैंट विचारधारा को मानने वाले इन लोगों ने कहा था कि चर्च की जिम्मेदारी केवल आत्मा ही नहीं, उस आत्मा के घर याने शरीर की भी है। आत्मा से शरीर की इस यात्रा में कई पड़ाव आये। पहले तो समाज में व्याप्त हिंसा की ओर ध्यान गया, फिर ध्यान रंगभेद की तरफ़ मुड़ा। फिर इसी से राजनैतिक ढाँचों पर विचार किया जाने लगा। राजनीति से ही ये लोग समाज पर विज्ञान के प्रभाव को जाँचने लगे। इन्हें विज्ञान युग के समाज में चर्च की भूमिका पर फिर से सोचना पड़ा। जिस घर में आत्मा रहती है, उसकी हर खिड़की, दरवाज़े पर विज्ञान के दुरुपयोग से हो रहे हमलों ने इन धर्मानुयायियों को एक नयी दुनिया में प्रवेश करने के लिए मजबूर-सा कर दिया।

इस दुनिया में इन्होंने पाया कि प्रचलित तरीक़े थोड़े से लोगों की सुविधा के लिए असंख्य लोगों का शोषण करते हैं। जिन थोड़े-से लोगों को लाभ

मिलता दिखता है, वह भी मियादी होता है। १६ फ़ुट की लम्बी मोटर गाड़ी में अकेला भागा जा रहा अमेरिकी कितने लोगों का पेट्रोल छीन रहा है और फिर क्या यह आदत ख़ुद भी बरसों तक निभा सकेगा? यहीं से इन लोगों का ध्यान ऊर्जा संकट की ओर गया।

हमारा मुद्दा तो सही था, पर पकड़ ग़लत थी, 'वर्ल्ड काउंसिल ऑफ़ चर्चेस' के प्रतिनिधि पासतोर कबूल करते हुए कहते हैं, ''हम लोगों ने सम्पन्न देशों के अपने अनुयायियों से अपील की कि वे अपनी बिजली, पेट्रोल आदि ज़रूरत से ज़्यादा ख़र्च न करें, ऊर्जा की बचत करें और इस बचत से अपने पड़ोसी की ऊर्जा पूर्ति करें। दो–चार लोगों ने बड़ी गाड़ी के बदले एक शाम छोटी गाड़ी बाहर निकाली, एकाध डब्बा पेट्रोल बचाकर हमारे पास चन्दा भेज दिया। पर वह अभियान चल नहीं पाया। शायद हमने एक बहुत बड़ी समस्या को निहायत आसान बनाकर देखा था, हम गच्चा खा गये ज़मीन पर उतर आये।''

समस्या की ज़मीन पर उतर आया चर्च अब तीसरी दुनिया में ऊर्जा संकट को पहचानने की कोशिश में लगा है। वह अपने पड़ोसी देशों के चौकों में झाँक रहा है। अब तक ये लोग सोचते थे कि चन्दा एकत्र करो, उसे ग़रीब देशों में यहाँ–वहाँ लगा देने से तीसरी दुनिया का ऊर्जा संकट ख़त्म हो जायेगा। पर अब वे इस मामले की तह तक पहुँच रहे हैं। चर्च इन देशों की वर्तमान ऊर्जा नीति व तकनीक का और समाज के पिछड़े वर्गों पर उन नीतियों और तकनीकों के असर का अध्ययन कर रहा है।

इस काम के लिए चर्च ने एक नया विभाग खोला है। विभाग का नाम है, 'मेरे पड़ोसी के लिए ऊर्जा'। विभाग इन देशों की ऊर्जा नीति में कहाँ खोट है, इसे देखने के साथ ही यह भी जानना चाहता है कि यदि ग्रामीण क्षेत्रों और पिछड़े वर्गों के लिए एक बेहतर ऊर्जा नीति मिल सकी तो उसे इन क्षेत्रों में अमल में लाते समय कौन–सी सामाजिक, राजनैतिक व आर्थिक रुकावटें अपना सिर उठायेंगी। इस अध्ययन के आधार पर वह तीसरी दुनिया के देशों में छोटी और लम्बी योजनाओं को वहाँ की स्वयंसेवी संस्थाओं और विभिन्न धर्मों के संगठनों के माध्यम से बनाना चाहता है।

इस सिलसिले में कुछ काम शुरू हो चुका है। मेरे पड़ोसी के लिए ऊर्जा विभाग के निदेशक जानोस पासतोर हाल में ही भारत, बांग्लादेश, श्रीलंका,

फिलीपींस, सिंगापुर आदि देशों में अनेक स्वयंसेवी संस्थाओं, चर्चों, सरकारों के प्रतिनिधियों से बातचीत करने आ चुके हैं। भारत में उन्होंने लगभग १० दिन तक ग्रामीण क्षेत्रों में गोबर गैस और धूप के चूल्हे को लेकर काम कर रहे अनेक संगठनों से बातचीत की है। ईंधन, चारे और पर्यावरण के संकट को थामने तथा उत्तराखण्ड में वनों को बचाने के लिए चिपको आन्दोलन ने उन्हें विशेष रूप से प्रभावित किया है। वे एशिया में जहाँ भी गये, उन्होंने ग्रामीण क्षेत्रों में जलाऊ लकड़ी की समस्या को हल करने के लिए इस आन्दोलन की जानकारी वहाँ के संगठनों को दी है।

पड़ोसी के चूल्हे को पहचानने का दूसरा चरण अप्रैल से अगस्त १९८१ के बीच अफ्रीका मध्य-पूर्व और लैटिन अमेरिका के देशों में ऐसे ही सम्पर्क से पूरा होगा। इसके बाद १९८१ के अन्त में कभी इन सब देशों से चुने हुए प्रतिनिधियों, समाज सेवकों, ग्राम विकास कार्यकर्त्ताओं आदि का एक सम्मेलन बुलाया जायेगा। इसके आधार पर इन सभी देशों के चर्चों के लिए एक मसविदा तैयार किया जायेगा, जिसके मुताबिक वे अपने क्षेत्रों में ऊर्जा के संकट को हल करने के लिए पूरे जोश के साथ निकल पड़ेंगे।

ऊर्जा संकट को आँकने का यह पहला और अकेला प्रयास नहीं है। संयुक्त राष्ट्र संघ आगामी अगस्त माह में नैरोबी में इस विषय को लेकर एक बड़ा सम्मेलन बुलाने की तैयारी में जुटा है। सम्मेलन में ऊर्जा संकट की ताज़ी स्थिति पर विचार-विमर्श के लिए 'ब्राण्ट आयोग' एक वृहद रिपोर्ट तैयार कर रहा है। इस रिपोर्ट में भी तीसरी दुनिया की ऊर्जा समस्याओं, उसके सम्भावित हल को लेकर काफ़ी काम हो रहा है।

सम्भव है कि ऐसे अन्तरराष्ट्रीय प्रयासों से गोबर गैस और सूरज पहले से कुछ ज़्यादा लोगों का खाना पकाने लगे, कुछ अधिक गाँवों की गलियों में रात को टिमटिमाने लगे, लेकिन अब तक इन दोनों को लेकर जो शोध चल रहा है, जो वास्तविक प्रगति हुई है उससे तो यही लगता है कि ऊर्जा के ये नये माध्यम भी समाज के सबसे पिछड़े हिस्से की अँधेरी दुनिया में न तो साँझ को दीया-बत्ती जला पायेंगे और न उसके चूल्हे को गरम कर पायेंगे। गोबर गैस कई गाँवों में पहुँचा ज़रूर है, पर गाँव के कुछ धनी और पशुधनी किसानों तक ही। इस तरह सूरज की धूप ज़रूर सबको मिलती है पर जो तकनीक उस धूप को ऊर्जा में बदलती है, वह तो अभी गाँव की बात छोड़िये, शहरों में केवल प्रदर्शन की चीज़ बनी हुई है। भारत सरकार

के विज्ञान और प्रौद्योगिकी विभाग के नयी दिल्ली स्थित वातानुकूलित भवन के आँगन में धूप से चलने वाला एक सिंचाई पम्प दिन भर दर्शकों की सेवा में एक ड्रम का पानी दूसरे ड्रम में डालता रहता है। लागत है बीस हज़ार रुपये!

इसलिए ऊर्जा के इन विकल्पों पर शोध चलता रहे, कोई हर्ज़ नहीं, इनकी लागत में कमी लाने वालों के मुँह में घी-शक्कर। पर सच्ची बात तो यह है कि तीसरी दुनिया के ग़रीबों का चूल्हा जलाऊ लकड़ी से ही जलेगा। इस सच्ची बात के साथ एक कड़वी सच्चाई यह भी है कि उसके चूल्हे और जलाऊ लकड़ी के बीच रोज़-रोज़ दूरी बढ़ती जा रही है। उसे रोज़ पहले से अधिक दूरी से अपने लिए लकड़ी काट कर लानी पड़ रही है। इसलिए सबसे पहले ज़रूरत है इस दूरी को कम करना। फ़िलहाल उसके सिर से लकड़ी के गट्ठर का बोझा हल्का करना भी सम्भव नहीं दिखता। इसी कोशिश में छिपा है सौर ऊर्जा का सबसे सस्ता इस्तेमाल। जलाऊ लकड़ी और चारे के पेड़ों को लगाना, जहाँ भी सम्भव हो उनके नये जंगल खड़े करना। अगर कठिन शब्दों में ही आसान बात समझ में आती हो तो कहा जा सकता है कि 'फ़ोटोसिंथेसिस प्रक्रिया सौर ऊर्जा का सर्वाधिक कारगर सरलतम उपयोग है'। पेड़ बचाना और नये पेड़ लगाना ग्रामीण क्षेत्रों में ऊर्जा संकट का एक ऐसा हल बन सकता है जो अपने साथ अन्य कई फायदे बोनस की तरह लेकर आयेगा। देश में पिछले कुछ वर्षों से पर्यावरण के बारे में जो कुछ लगातार कहा जा रहा है, उसे देखते हुए इस बोनस लाभ को फिर से दोहराना ज़रूरी नहीं है।

गाँधी मार्ग, मार्च, १९८१

१९८१ : समाज के विकल अंग के लिए

मध्य प्रदेश सरकार ने १९८१ में विकलांग वर्ष मनाने की तैयारी शुरू कर दी है। उसका ध्यान सबसे पहले 'खेसारी दाल' से प्रभावित रीवा ज़िले की आबादी की तरफ़ गया है। रीवा और सतना ज़िलों में खेसारी दाल के कारण हुए विकलांगों को लेकर बहुत से अध्ययन और शोध हुए हैं, लेकिन दुर्भाग्य से अभी तक हालत में सुधार लाने की कोई ठीक योजना सामने नहीं आ पायी है।

मध्य प्रदेश सरकार के सहयोग से 'गाँधी शान्ति प्रतिष्ठान' ने रीवा में बँधुआ मज़दूरों के पुनर्वास के लिए एक प्रारम्भिक अध्ययन पिछले वर्ष शुरू किया था। अब उम्मीद है कि इस अध्ययन के आधार पर १९८१ तक कोई व्यावहारिक योजना शुरू हो सकेगी।

खेसारी दाल की पैदावार और मज़दूरी के रूप में उसको बाँटना रोका नहीं जा सकता। ऐसी हालत में उसके विष को दूर करने के बारे में सोचा जा रहा है, जिसके कारण टाँगों का तिरछापन बढ़ता है। बरसों से लोग जानते हैं कि खेसारी दाल को उबालने से उसका विष दूर हो सकता है। तब इसके इस्तेमाल से नुकसान नहीं पहुँचता। लेकिन खेसारी दाल का उपयोग करने वाले परिवारों की ग़रीबी उन्हें एक वक़्त का खाना बनाने लायक ईंधन और फुरसत भी मुश्किल से ही दे पाती है। तब घण्टों उबालकर दाल को विषहीन करने का प्रश्न ही पैदा नहीं होता।

प्रस्तावित योजना इसी छोर को पकड़कर काम करेगी। प्रारम्भ में छोटे पैमाने पर ज़िले के किसी हिस्से में एक ऐसा संयन्त्र लगाने की कोशिश की जायेगी, जिसमें खेसारी दाल को उबाल कर विषहीन बनाया जा सके।

ऐसा संयन्त्र लगाना कोई कठिन काम नहीं है। कठिनाई शुरू में होगी जिन्हें खेसारी दाल के रूप में मज़दूरी मिलती है, उनसे दाल लेने में। दाल को साफ़ करने का कोई शुल्क न भी लिया जाये तो भी ज़रूरी नहीं कि ये लोग अपनी दाल को इस केन्द्र तक साफ़ कराने के लिए लाने लगें। ऐसी परिस्थिति में साफ़ करवाने वाले को प्रति किलो के हिसाब से कुछ नकदी प्रेरणा देने के बारे में भी सोचा जा रहा है। लेकिन समस्या यहीं पर ख़त्म नहीं होती। मज़दूरी के रूप में खेसारी पाने वाले ऐसे बहुत-से बँधुआ मज़दूर इस इलाक़े में हैं, जिन्हें मालिकों की ओर से दम मारने की भी फ़ुरसत नहीं मिल पाती है। ऐसी हालत में जगह-जगह खेसारी दाल संग्रह केन्द्र खोलने होंगे या कार्यकर्त्ताओं की टोलियों के द्वारा दाल को जगह-जगह जुटाना होगा।

मध्य प्रदेश के विकलांगों के बीच सरकारी और ग़ैर-सरकारी स्तर पर काफ़ी कम काम हुआ है। यह स्थिति देश के अन्य राज्यों से अलग नहीं कही जा सकती। देश में विकलांगों से सम्बन्धित कायदे-क़ानून बहुत ही पुराने पड़ चुके हैं। समाज के विकल अंग की तरफ़ समग्र रूप से ध्यान देने लायक कोई विस्तृत क़ानून कभी बना ही नहीं है। लेकिन अब अन्तरराष्ट्रीय विकलांग वर्ष के घोषित हो जाने के बाद भारत सरकार इस दिशा में कुछ क़दम उठा रही है। १९१२ में बने 'इण्डियन लूनेसी एक्ट' का संशोधन शुरू हो गया है। इसी दौर में केन्द्र सरकार अब पहली बार विकलांगों को रोज़गार देने के लिए हर क्षेत्र में कुछ जगह तय करने के बारे में भी सोच रही है।

१९१२ के क़ानून के अलावा हमारे यहाँ १८९८ में बना भारतीय कोढ़ क़ानून भी लागू है। इस क़ानून के भी महत्त्वपूर्ण अंग गल चुके हैं। अब सरकार नये सिरे से यह क़ानून तैयार कर रही है। नया कोढ़ क़ानून इस बात का पूरा ख़याल रखेगा कि कोढ़ियों के प्रति समाज में जो घृणा का भाव फैला है, उसे दूर किया जा सके।

राष्ट्रसंघ की साधारण सभा ने १९८१ को अन्तरराष्ट्रीय विकलांग वर्ष की तरह मनाना प्रस्तावित किया है। इस पर भारत ने भी दस्तख़त किये हैं। राष्ट्रसंघ द्वारा घोषित लक्ष्यों को ध्यान में रखकर अब भारत में पहली बार विकलांगों पर एक राष्ट्रीय नीति तैयार की जा रही है। नीति के प्रमुख अंग होंगे विकलांगों की शिक्षा, प्रशिक्षण और रोज़गार के अवसर।

इस सिलसिले में एक राष्ट्रीय परिषद् का गठन किया जा रहा है, जो विकलांगों से सम्बन्धित मामलों पर सरकार को अपनी राय देगी। परिषद् में प्रमुख अधिकारियों के अलावा स्वैच्छिक संस्थाओं का भी पूरा प्रतिनिधित्व रहेगा। विकलांगों के बीच काम करने वाली सरकारी और ग़ैर-सरकारी संस्थाओं की आज बहुत कमी है। जो थोड़ा-बहुत काम हो भी रहा है, उसमें विकलांगों को स्वावलम्बी बनाने, उन्हें सम्मानपूर्वक अपनी जीविका चलाने के बजाय कुछ दया का पात्र-सा बना दिया जाता है। उन्हें दया की भीख नहीं शुभचिन्तक का सहारा चाहिये।

दुविधा, सेवा और अच्छे धन्धे के बीच में विकलांगों के बीच चलने वाली सभी गतिविधियाँ घूम-फिर कर सेवा पर आ जाती हैं। सेवा, दया, करुणा की गलियों से गुज़रकर विकलांग दीन-हीन सा बन जाता है। फिर वह सेवा और दया की बैसाखियों के बिना चल ही नहीं पाता।

जबलपुर में तीन उत्साही युवकों ने कुछ विकलांगों को इन बैसाखियों से आज़ाद करने के लिए ताना-बाना नामक एक छोटा-सा प्रयोग शुरू किया है। दस विकलांगों—गूँगे, बहरे और अन्धों को हथकरघे का प्रशिक्षण देकर उन्हें करघे पर बैठाया है। ये लोग अपने काम को सेवा नहीं बल्कि एक ईमानदार धन्धे की तरह देखते हैं। लेकिन बैंक आदि जैसी संस्थायें इसे धन्धा नहीं सेवा मान रही हैं और ऋण आदि के मामलों में उत्साह नहीं दिखा पातीं। बाज़ार इसे सख़्त बाज़ारू निगाह से देखता है। विकलांगों के हाथों बना कपड़ा उसे खुरदरा नज़र आता है। विकलांगों के ताने-बाने में कुशल कारीगरों की-सी सफ़ाई आने में वक़्त लगेगा। विकलांग वर्ष के दौरान ऐसे प्रयोगों को जारी रखने की तरफ़ ध्यान दिया जाना चाहिये और नये-नये क्षेत्रों में इन्हें बढ़ाने के लिए कोशिश की जानी चाहिये। सेवा को उद्यम से जोड़े बिना विकलांगों के बीच नये काम शुरू हो पाना कठिन होगा। यदि इस तरफ़ पूरा ध्यान दिया गया तो विकलांग वर्ष केवल १२ महीने का न होकर आने वाले १०-१५ वर्षों के काम का आधार वर्ष बन सकेगा।

गाँधी मार्ग, दिसम्बर, १९८०

रामायण मेला

मर्यादा पुरुषोत्तम राम की तरह ही 'रामायण-मेला' की परिकल्पना को भी चौदह बरस का 'बनवास' भुगतना पड़ा—यह दुर्भाग्य ही माना जाना चाहिये। २४ अक्टूबर, १९६० को चित्रकूट की एक धर्मशाला में एक छोटी-सी गोष्ठी के सामने राममनोहर लोहिया ने इस मेले की कल्पना की थी। उस दिन उन्होंने कहा था, ''मेरी इच्छा है कि गोस्वामी तुलसीदास की रामायण को आधार बनाकर मर्यादा पुरुषोत्तम भगवान राम की प्रवास-भूमि में एक रामायण-मेला किया जाये, जिसका उद्देश्य हो—आनन्द, दृष्टिबोध, रस-संस्कार तथा हिन्दुस्तानी को बढ़ावा। तुलसी और रामायण हमारे देश के जनजीवन में एक अमिट स्थान बना चुके हैं। रामायण उत्तर और दक्षिण की एकता का ग्रन्थ है और राम हिन्दुस्तान की उत्तर-दक्षिण एकता के प्रमुख देवता। राम की पूर्णता मर्यादित व्यक्तित्व में है। उनके जैसा मर्यादित जीवन कहीं और नहीं, न इतिहास में, न कल्पना में। राम समन्वय के प्रतीक हैं। इसीलिए राम आनन्द-सागर हैं—हिलोरें लेने वाला सागर नहीं, विश्रान्त, निस्पद। जिस तरह हिमालय के निर्मल निर्झर से शरीर और मन शान्त होता है, उसी प्रकार राम के निर्मल निर्झर से मन धुलता है। पूरी रामायण शान्त रस का आगार है, इतना, जितना कहीं और नहीं। तुलसी इस शान्त रस की सीमा हैं। इसलिए राम, रामायण और तुलसी का महत्त्व हमारे सांस्कृतिक जीवन में सर्वोपरि है। रामायण-मेले में इसी सांस्कृतिक विरासत का लेखा-जोखा किया जायेगा।''

''मेले में कविता, भाषण, भजन, कीर्तन, लीला, रास, नाटक और कत्थक, कथकलि, भरतनाट्यम, मणिपुरी आदि नृत्यों का आयोजन हो, स्वर्गीय

और जीवित कवियों के अवतरण का कार्यक्रम रहे, जिसके अन्तर्गत चन्दवरदाई से लेकर निराला आदि कवियों को दिखाया जाये। तुलसी-रामायण की रसमयी समीक्षात्मक तुलना अन्य भारतीय भाषाओं की रामायणों से की जाये। इसके लिए हिन्दी के विद्वानों के अतिरिक्त तमिल, तेलुगु, कन्नड़, मलयालम, उड़िया, बाङ्ला, गुजराती, मराठी आदि समस्त भारतीय भाषाओं के रामायणों के मर्मज्ञ मनीषियों को बुलाया जाये, साथ ही रूस, चीन, जापान, लंका, जावा, सुमात्रा, अरब, इंग्लैण्ड, जर्मनी आदि देशों के विद्वानों को भी आमन्त्रित किया जाये।''

एक विशद चित्र था लोहिया के मन में। वे राम के बड़े विचित्र भक्त थे। राजनेता होते हुए भी धर्म और संस्कृति की उनकी पकड़ विलक्षण थी। राजनीति को उन्होंने अल्पकालीन धर्म माना था और धर्म को दीर्घकालीन राजनीति। उनकी राय में 'धर्म का काम है, अच्छाई करे और उसकी स्तुति करे। राजनीति का काम है—बुराई से लड़े और उसकी निन्दा करे। किन्तु, जब धर्म अच्छाई न कर केवल स्तुति भर करता है तो वह निष्प्राण हो जाता है और राजनीति जब बुराई से लड़ती नहीं, केवल निन्दा भर करती है तो वह कलही हो जाती है। पर यह सही है कि धर्म और राजनीति का अविवेकी मिलन दोनों को भ्रष्ट कर देता है। किसी एक धर्म को किसी एक राजनीति से नहीं मिलना चाहिये। इससे साम्प्रदायिक कट्टरता जन्मती है। धर्म और राजनीति को अलग रखने का जो आधुनिक सिद्धान्त है उसका सबसे बड़ा मतलब यही कि साम्प्रदायिक कट्टरता न उपजने पाये। एक भाव यह भी है कि राजनीति के दण्ड देने के अधिकार और धर्म की व्यवस्थाओं को अलग रखना चाहिये, अन्यथा दकियानूसी भी बढ़ सकती है और भ्रष्टाचार भी। इतना ध्यान में रखते हुए फिर भी ज़रूरी है कि धर्म और राजनीति एक-दूसरे से सम्पर्क न तोड़ें, मर्यादा निभाते रहें। रामायण-मेले की पृष्ठभूमि में इन्हीं तमाम बातों के अन्वेषण-आलोड़न की विचारधारा निहित है।''

रामायण-मेला का विचार एक ऐसा बीज था जिसमें लोहिया की यह इच्छा शक्ति छिपी थी कि रामकथा के माध्यम से जन-जीवन में तेजस्विता आये, देश की भावनात्मक एकता सुदृढ़ हो तथा विश्व के विशेषकर एशिया के उन देशों से सम्बन्ध और अधिक मज़बूत बनें, जहाँ राम-कथा का व्यापक प्रभाव पड़ा है।

लेकिन लोहिया की तीव्र इच्छा के बावजूद रामायण-मेला सम्पन्न न हो सका। यों प्रारम्भ से ही इस मेले का उद्देश्य विशुद्ध सांस्कृतिक रखा गया था, इसमें हर पार्टी के लोगों की मदद लेने की कोशिश थी, तत्कालीन प्रधानमन्त्री श्री नेहरू से लेकर उत्तर प्रदेश व मध्य प्रदेश के मुख्यमन्त्रियों का सक्रिय सहयोग प्राप्त करने का प्रयत्न किया जा रहा था, सभी विचारधाराओं, भाषाओं और प्रदेशों के विद्वानों, साहित्यकारों, रामायण के विभिन्न विषयों से जुड़े लोगों को तथा उन भूले-बिसरे मल्लाहों तक को शामिल किये जाने की कोशिश थी, जो सदियों से रामकथा के अनाम वाहक रहे हैं।

लेकिन रामायण मेले का बीज अंकुरित नहीं हो पाया। राजनीति के तराजू पर हर चीज़ को तोलने वालों ने इस मेले को भी इसी तराजू पर रख कर देखा। तरह-तरह की कठिनाइयाँ आने लगीं और अन्त में ख़ुद लोहिया ने इस मेले के आयोजन को तब तक के लिए स्थगित कर दिया जब तक देश में एक ऐसी परिस्थिति नहीं आ जाती कि अधिकार और सत्ता से बाहर के लोग ख़ुद अपनी पहल पर कोई बड़ा दार्शनिक या कलात्मक कार्य जनाधारित होकर कर सकें।

लेकिन लोहिया रामायण-मेले के बीज को शून्य में नहीं फेंक गये थे। यह बीज कभी भविष्य में ठीक से अंकुरित हो सके इसके लिए उन्होंने पूरे आयोजन की एक विस्तृत रूपरेखा सौंपी थी। कहाँ हो, कैसे हो, कब हो जैसी छोटी-से-छोटी लेकिन अपने आप में महत्त्वपूर्ण बातों पर साफ़-साफ़ निर्देश छोड़ दिये थे। पहले उन्हें लगा था कि मेला अयोध्या में होना चाहिये, लेकिन अयोध्या को तो सदा से एक तीर्थस्थान की तरह प्रतिष्ठा मिली थी। हर बात में पिछड़ों को आगे लाने वाले लोहिया ने इसीलिए अयोध्या के बदले चित्रकूट जैसी पिछड़ी जगह को इसके लिए अधिक उपयुक्त माना। चित्रकूट में रामायण मेले की बात सोचते हुए उनके मन में कई तरह की बातें थीं, उन्होंने कहा था, ''एक तो चित्रकूट उत्तर और दक्षिण भारत का मिलन-द्वार है, दूसरी बात यह है कि यह क्षेत्र निर्धन है। हर मामले में पिछड़ा है। यहाँ की सांस्कृतिक चेतना भी अर्धविकसित है। मैंने सोचा था—रामायण मेला से जहाँ देश में एकता की लहर दौड़ेगी एशियाई देशों से हमारे सम्बन्ध मधुर होंगे और उन देशों की जनता के बीच भ्रातृत्व की भावना जगेगी, वहाँ चित्रकूट की समस्यायें भी सुधरेंगी।

सरकार का ध्यान इस ओर आकृष्ट होगा।''

एक धर्म को किसी एक ही तरह की राजनीति से कभी-भी न मिलने देने पर ज़ोर देने वाले लोहिया इस बात को अच्छी तरह जानते थे कि रामायण-मेला कट्टर धर्म और कट्टर राजनीति के कीचड़ में फँस सकता है। इसलिए उन्होंने बहुत आगे तक देखकर अपने क़िस्म के इस नये बीज को बोने वाले भावी 'मालियों' को, मेला आयोजकों को 'क्या करना', 'क्या न करना' जैसे स्पष्ट सुझाव दिये थे। रामायण मेले की संक्षिप्त कल्पना उन्हीं के शब्दों में कुछ इस प्रकार थी :

इस मेले के मुख्य तात्पर्य हो सकते हैं—आनन्द, दृष्ट, रस, संचार और हिन्दुस्तानी को बढ़ावा।

यों आनन्द को रामायण वाले अधिकतर ईश्वर के साथ जोड़ते हैं। सच्चिदानन्द, ब्रह्मानन्द इत्यादि का सृजन इस मेले का परम्परागत काम होना चाहिये। लेकिन ऐसे शब्दों का अर्थ भी आदमी के अपने मन और मत पर निर्भर करता है। इसलिए हमें उस निर्विकल्प आनन्द का ध्येय रखना चाहिये, जहाँ आस्तिकता और नास्तिकता समान रूप से अपना घर पा सकते हैं या जहाँ दोनों का अन्त होकर इन दोनों को समेटने वाली एक तीसरी अवस्था मिल सके। ईश्वर या ब्रह्म का ध्येय न बनाना चाहिये, आनन्द की चाह ठीक है। यह बात और है कि भक्त लोग आनन्द में ही अपने ईश्वर को पा लेंगे। नीरीश्वर लोग कहेंगे कि सीमित आदमी की छाती जब निरन्तर चौड़ी होती रहे, तब उसे ही आनन्द कहते हैं।

ऐसे निर्विकल्प आनन्द तक पहुँचने के लिए सीढ़ियाँ बहुत-सी होंगी, सगुण आनन्द की जिसमें होंगे गान, कविता, नाटक, रसमय समीक्षा इत्यादि। एक झंझट फिर भी रह जाती है। तुलसी की रामायण में आनन्द के साथ-साथ धर्म भी जुड़ा हुआ है, धर्म शाश्वत मानी में और वक़्ती भी। तुलसी की कविता से निकली है अनगिनत रोज़ की उक्तियाँ और कहावतें, जो आदमी को टिकाती हैं, सहारा देती हैं और सीधे रखती हैं। साथ ही ऐसी भी कविता हैं जो एक बहुत ही क्रूर अथवा क्षणभंगुर धर्म के साथ जुड़ी हुई हैं, जैसे—शूद्र या नारी की निन्दा और गऊ विप्र की पूजा। मोती को चुगने के लिए कूड़ा निगलना ज़रूरी नहीं है, न कूड़ा साफ़ करते वक़्त मोती को फेंकना ही। रामायण मेले का धर्म सम्बन्धी तात्पर्य मोती-कूड़ा

विवेक भी होना चाहिये। दृष्टि गहरी और व्यापक हुए बिना न आनन्द मिलता है, न समझ। ऐसी व्यापक और गहरी दृष्टि के तुलनात्मक प्रयत्न बहुत उपयोगी होंगे। एक तरफ़ बाहर वालों से तुलना, दूसरी तरफ़ ग़ैर-हिन्दी भाषाओं की रामायणों या अन्य वाङ्मय से तुलना, तीसरी तरफ़ हिन्दी के ही तुलसी और दूसरे कवियों की तुलना और जमाव।

एक सात्विक रस-संचार तो केवल रामायण पाठ के माध्यम से हो। फिर भी कत्थक, भरतनाट्यम, कथकलि, मणिपुरी इत्यादि के माध्यम से कबीर, तुलसी, जायसी, खुसरो, रहीम वग़ैरह को नृत्य में दिखाया जाये और संगीत के द्वारा भी। रामायण और तुलसी मेले के केन्द्र अवश्य हैं, लेकिन एक अर्थ में वे केवल निमित्त हैं। हिन्दी के दूसरे कवि भी उतने ही महत्त्वपूर्ण हैं। साथ ही, दूसरी भाषाओं के एक-एक नुमाइन्दा कवि दिखाये, सुनाये या समीक्षित किये जायें तो अच्छा। हिन्दी की महिमा को सीधे बखान कर समय नष्ट न किया जाये। हाँ, ऐसे भाषण कराये जा सकते हैं, जिनसे नागरी लिपि का भारत की दूसरी लिपियों से गाढ़ा सम्बन्ध प्रायः एकरूपता साफ़ की जाये और 'अँग्रेज़ी हटाओ' का विवेचन और प्रचार हो। तुलसी की भी महिमा सीधी न बखानी जाये। तुलसी महान् हैं, यह कहना आवश्यक नहीं है, बताने की वे चीज़ें हैं जिनमें उनकी महत्ता फूटती है। तुलसी एक रक्षक कवि थे। जब चारों तरफ़ से हमले हों तो बचाना, थामना, टेक देना शायद ही तुलसी से बढ़कर कोई कर सकता है।

तुलसीकृत रामायण शान्त रस का ख़ज़ाना है। तुलसी का तो शब्द चयन तक शान्त रस का समा बाँधता है। इस रामायण में प्रायः सभी अच्छे पात्र बहुत ज़्यादा अश्रुलोचन हैं। राम की आँखों में अक्सर आँसू झलकते रहते हैं। शान्ति और करुणा एक-दूसरे के बहुत नज़दीक हैं। मनुष्य जब गद्‌गद होता है तो उसमें करुणा व्यापती है और विस्तार भी।

विभिन्न विषयों पर भाषण होंगे जो एक घण्टे से अधिक न होंगे और जीवित (व्यवहृत) भाषाओं पर ही होंगे। इनकी लिपियों की एकता पर भी विचार किया जायेगा। पात्र के विकास एवं चरित्र भेद पर भी सोचना होगा। ऋग्वेद में सीता का कई बार नाम आता है, किन्तु राम का केवल एक बार। बाद में कैसे कब नारी को पीछे ढकेल पुरुष आगे बढ़ा—यह भी विचार का विषय होगा। वाल्मीकि की सीता, भवभूति की सीता तथा तुलसी की सीता में पर्याप्त भिन्नता है। यह विचित्र बात है कि शास्त्रों,

पुस्तकों और कविताओं में खेतिहर, मज़दूरिन औरतों की, जो कमाती हैं, हल चलाती हैं, उपेक्षा है। पुस्तकें चुप हैं। रामायण मेले में इस मूकता को भी मुखर किया जायेगा।

गाँधी जी ने रामराज्य की परिकल्पना की थी। राम के कार्यों में उन्होंने इतनी अच्छाई देखी कि वह भारतीय समाज को रामराज्य के साँचे में ढालना चाहते थे, पर मैं 'रामराज्य' भर नहीं चाहता। मैं 'सीता राम राज्य' चाहता हूँ। यदि भारतीय समाज में घर-घर सीता राम राज्य पहुँच जाये तो औरत-मर्द अथवा पति-पत्नी के आपसी रिश्ते भी अच्छे होंगे। इसलिए 'रामायण मेला' में 'सीता राम राज्य' की आवाज़ बुलन्द की जायेगी।

मेले में देश-विदेश की विभिन्न भाषाओं की रामायणों की प्रदर्शनी की जाये। रामकथा संसारव्यापी है। एशिया में रामकथा का व्यापक प्रचलन है। प्रदर्शनी में रूस वालों से खोतानी रामायण उपलब्ध कर सकते हैं। हिन्देशिया, मलयदेश, थाईलैण्ड, बरमा, कम्बोडिया आदि अनेक देशों में रामायण उपलब्ध है। उनके राजदूतों से सम्पर्क स्थापित कर वहाँ की रामायणों को प्रदर्शनी में सम्मिलित कराने का प्रयास अपेक्षित है। देश की भाषाओं में भी कई रामायणें हैं, जिनमें 'कंब रामायण', 'रंगनाथ रामायण', 'कृत्तिवासी रामायण' आदि काफ़ी विख्यात हैं।

इस मेले का संगठन बहुत मेहनत से होना चाहिये। एक बात मैं साफ़ कर देना चाहता हूँ। 'इन सभी कमेटियों में और काम के सभी सिलसिलों में नारी और शूद्र का पूरी तरह रहना ज़रूरी हो, साथ ही ग़ैर-हिन्दू का भी किसी हद तक। पैसे का सवाल विकट अवश्य है। ऐसे काम के लिए चन्दा शायद मिलेगा। एक प्रयत्न यह भी हो कि २५० या ३०० रुपये पर, मेले में पूरा-पूरा कोई रह सके और उसका इन्तज़ाम आराम के साथ, कमेटी करे। अगर ५०० या एक हज़ार ऐसे आदमी सारे देश से आ जायें तो मेला सार्थक हो जाये और इनमें से कुछ लोग शायद ख़ुश होने पर और चन्दा भी दें।

सरकार व नगरपालिकायें भी शायद मदद करें। उनसे पैसा लेने में कोई हर्ज नहीं, बशर्ते कि किसी प्रकार का आधिपत्य या दख़ल न हो। पानी-सड़क, बिजली वग़ैरह का इन्तज़ाम तो इन्हें करना ही चाहिये। बाँदा ज़िले की प्राथमिक ज़िम्मेदारी है पैसा इकट्ठा करने की। रामायण-मेले की

पृष्ठभूमि में कोई राजनीतिक चाल नहीं है। मैं चाहता हूँ कि रामायण मेले के माध्यम से लोगों में तेजस्विता आये। यह चाल अवश्य है। इसे चाहे लोग जो समझें।'' (सन् १९६०-६१ के भाषणों से संकलित)।

लेकिन उस दौर में इतनी बारीक़ रूपरेखा तैयार हो जाने के बाद भी मेला नहीं हो पाया। निराश लोहिया पूछ रहे थे—''दोष किसे दिया जाये? न पैसा, न संगठन, न समय पर काम और न सहयोग। जब सारे देश के लिए विधि वाम है तो रामायण मेले के लिए क्यों न हो। विधि वाम होने का एक कारण यह भी है कि हम लोग आरम्भ में शूर हैं और अन्त में शूर बनने छटपटाते हैं, पर बीच में कुम्भकर्ण की नींद सोते हैं। (पूरे समय) मध्यम चाल से चलते रहें तो कितना अच्छा हो! अब की बार जो लोग रामायण मेले को सफल बनाना चाहते हैं वे लगातार मध्यम चाल चलें।''

लेकिन इने-गिने साथियों के अलावा बाक़ी लोग कुम्भकर्ण की नींद में सोये रहे। सन् '६० में उठी मेले की यह अभिनव कल्पना सन् '७३ तक दबी ही रही। सन् '७३ में मानस चतुःशती समारोह से प्रेरित होकर बाबूलाल गर्ग तथा चित्रकूट नगरपालिका के तत्कालीन अध्यक्ष गोपालकृष्ण करवरिया तथा उनके कुछ उत्साही मित्रों ने मेला आयोजन प्रारम्भ किया।

३० नवम्बर से ३ दिसम्बर तक चले इस पहले मेले में उत्तर प्रदेश और मध्य प्रदेश के अधिकांश ज़िलों के प्रतिनिधियों के अलावा असम, बंगाल, उड़ीसा, तमिलनाडु, महाराष्ट्र, गुजरात, राजस्थान, दिल्ली और बिहार के लोगों ने भी भाग लिया। अनेक राज्य सरकारों ने अपने-अपने प्रतिनिधि मण्डल भी भेजे।

रामायण मेले का दूसरा आयोजन २३ से २६ फ़रवरी, १९७५ में चित्रकूट में सम्पन्न हुआ। उस वर्ष के मेले का मुख्य आकर्षण रामकथा के प्रसिद्ध गायक श्री राम-दरबार बन्धुओं का गायन रहा।

राजनैतिक मतभेदों की दूरियाँ मेले के मामले में कम हो चली थीं। श्री बाबूलाल गर्ग के संयोजकत्व में इसी तरह दो अन्य मेले और हुए। जो बीज सन् '६० में लोहिया ने बोया था अब एक पौधे का रूप ले चुका था। इन सभी आयोजनों में राष्ट्रीय स्तर का मेला बनाने यहाँ तक कि उसे एक अन्तरराष्ट्रीय रूप देने की भी कोशिश ज़रूर की गयी, पर वह सम्भव नहीं हो पाया। इतना बड़ा काम केन्द्रीय सरकार की सहमति और सहयोग के

बिना हो पाना सम्भव भी नहीं था।

पूरे देश की राजनीति ने सन् '७७ में एक करवट ली। और उसका प्रभाव रामायण मेला आयोजन पर भी पड़ा। रामायण मेला समिति को सुगठित किया गया। नये लोग, नयी प्रतिभायें जुड़ीं। नयी समिति के संरक्षक बने राजनारायण, अध्यक्ष बने विनय कुमार। लोहिया की वृहत् परिकल्पना को वृहत् आकार देने में सब हाथ एक साथ जुटे। प्रधानमन्त्री मोरारजी देसाई अप्रैल '७८ में आयोजित मेले में शामिल हुए। आज़ाद हिन्दुस्तान के किसी भी प्रधानमन्त्री की यह पहली चित्रकूट यात्रा थी। उद्‌घाटन समारोह की अध्यक्षता की महादेवी जी ने। उन्होंने अपने अध्यक्षीय भाषण में कहा कि चित्रकूट वह स्थली है जहाँ मानवता के कल्याण हेतु मानव मूल्य प्रतिबिम्बित होते हैं। उन्होंने भरत को प्रथम सत्याग्रही निरूपित करते हुए कहा कि उन्होंने अपने पिता के निर्णय के विरुद्ध न केवल स्वयं विद्रोह किया था वरन् समस्त अयोध्यावासियों को भी इसके लिए तैयार किया।

अध्यक्ष विनय कुमार ने अपने स्वागत भाषण में कहा कि "रामायण मेला का मूल उद्देश्य उन लोगों के दिलों को छूने का है जिनके हृदय को राम का नाम और उनकी कथा प्रेरित और आन्दोलित करती है। रामायण मेला की धार दुहरी होगी। एक ओर वह भारतीय संस्कृति और लोक जीवन के सनातन तत्त्वों को एक-दूसरे से जोड़ेगा तथा लोक जीवन के नियमन के लिए राम के जीवन को प्रस्तुत कर एक आदर्श की रचना करेगा, दूसरी ओर वह अज्ञान और संकीर्ण साम्प्रदायिकता को ख़त्म करेगा।"

यह एक अनोखी और विस्मयकारी स्थिति है कि जब-जब किसी असाधारण महापुरुष ने भारत के पुनर्निर्माण की बात सोची है तो उसका ध्यान राम की ओर गया है। गाँधी ने रामराज्य की कल्पना की थी, लोहिया ने उसे सीता-राम-राज्य कहा और अपनी सप्तक्रान्तियों के विश्लेषण द्वारा उसका चित्र खींचने का प्रयास किया। जयप्रकाश जी की सम्पूर्ण क्रान्ति की परिकल्पना में लोहिया की सप्तक्रान्तियाँ निहित हैं और सम्पूर्ण क्रान्ति की स्थिति ही रामराज्य या सीता-राम राज्य की स्थिति है। वस्तुत: राम का राज्य सीता के बिना सम्भव ही नहीं है। तुलसी के बारे में उनकी नारी दृष्टि को लेकर छिटपुट प्रासंगिक चौपाइयों के आधार पर जो प्रश्नचिह्न लगाये जाते हैं उन सभी का एक साथ अचूक उत्तर सीता का निष्कलुष, मोहक और मनोहारी चरित्र है जो साधना, शक्ति, तपस्या, त्याग और मर्यादा में राम के चरित्र से

कहीं ज़्यादा प्रेरक है।

समाज की परम्पराओं को तोड़ने और क़ानूनों का उल्लंघन करने में प्राय: क्रान्तिकारिता के दर्शन होते हैं। क़ानून तोड़ने की ताक़त सामान्यत: आश्चर्य में डालती है। किन्तु राम के जीवन में मर्यादा का पालन करने की विस्मयकारी क्षमता है। इसलिए गाँधी ने जिस रामराज्य की कल्पना की है उसमें क़ानून से ऊपर मर्यादा और अनुशासन की स्थिति है। रामराज्य में कोई क़ानून तोड़ता नहीं क्योंकि वहाँ क़ानून है ही नहीं। क़ानूनों की निषेधकारी स्थिति के बजाय रामराज्य में जीवन मूल्यों की विधेयात्मक स्थिति है। गाँधी के सत्याग्रह का बीज इसी में निहित है। उन्होंने अमर्यादित क़ानूनों को तोड़ा। इसीलिए गाँधी जहाँ बासे, लोकविरोधी, अस्थायी क़ानूनों को तोड़ते हुए दिखायी पड़ते हैं वहीं समाज की किसी नितान्त स्वस्थ और चिरन्तन मर्यादा की आश्चर्यजनक रीति से रक्षा करते भी दिखायी पड़ते हैं। एक जनसामान्य की उँगली उठाने पर सीता को भी छोड़ने का राम का काम लोकजीवन की कितनी मर्यादा की रक्षा करता है इसे समझने के लिए इसके समानान्तर ऐसे लोगों के नमूने रखने होंगे जो बड़ी से बड़ी अदालत के निर्णयों की भी गद्दी जैसी सारहीन वस्तु की रक्षा के लिए अवहेलना करते हैं।

मेले का कार्यक्रम सुबह सात बजे रामायण अर्चना से प्रारम्भ होकर आधी रात तक चलता था। पण्डाल पूरे दिन खचाखच भरा रहता था। रोज़ सुबह १० से १ बजे तक व्यास गोष्ठियाँ, दोपहर में व्याख्यान और शाम ७-३० से रात १२ बजे तरह-तरह के सांस्कृतिक कार्यक्रम होते थे। मेले में विभिन्न विभागों की ओर से अनेक सूचनाप्रद प्रदर्शनियाँ लगायी गयी थीं।

अब रामायण मेला समिति की भावी योजना यह है कि रामायण मेला का एक ट्रस्ट स्थापित किया जाये और रामायण मेले के लिए चित्रकूट में एक भवन का निर्माण कर उसे संस्थागत रूप प्रदान किया जाये ताकि रामायण मेले की योजना की निरन्तरता खण्डित न हो, लोक प्रवाह को एक संगठित दिशा मिल सके। रामायण मेला के तत्त्वावधान में चित्रकूट में ही रामकथा शोध संस्थान स्थापित करने की योजना है जो स्वायत्त रूप में या किसी निकटस्थ विश्वविद्यालय से सम्बद्ध रहकर कार्य करेगी।

चित्रकूट की अकिंचन और साधनहीन जनता के लिए ऐसे लक्ष्य

असम्भवप्राय हैं। रामायण मेला के महान् पारमार्थिक उद्देश्यों के साथ क्षेत्र के विकास के स्वार्थ भी जुड़े हैं। आज़ादी के बाद पिछले तीस वर्षों में चित्रकूट क्षेत्र और बाँदा ज़िले के विकास के लिए सरकारी और ग़ैर-सरकारी स्तर पर बहुत कम प्रयास हुआ है। चित्रकूट के घाट आज भी टूटे हैं, नदी का पानी बराबर गन्दा रहता है और उसकी सफ़ाई की कोई व्यवस्था नहीं है। मन्दिरों की जीर्णता को दूर करने की कोई योजना परिलक्षित नहीं हो रही। इसे एक आरण्यक तीर्थ और पर्यटन केन्द्र के रूप में विकसित करने की अनन्त सम्भावनायें हैं। इस काम में उत्तर प्रदेश और मध्य प्रदेश सरकारों का पारस्परिक सहयोग, और तालमेल बैठाने तथा मार्ग-दर्शन करने में भारत सरकार की तथा बाँदा (उत्तर प्रदेश) जैसे पिछड़े क्षेत्र के सर्वतोमुखी विकास के लिए एक शक्तिशाली प्राधिकरण की स्थापना की जानी चाहिये।

लोहिया ने प्रस्तावित प्रथम रामायण मेला स्थगित करने की घोषणा के साथ अन्त में बहुत निराशा के साथ पूछा था, ''क्या मैं आशा करूँ कि निकट भविष्य में अपनी रुचि का रामायण मेला संगठित कर सकूँगा?'' वे आज नहीं हैं पर, मेला समिति ने उनकी रुचि के मेले को आगे बढ़ाने का संकल्प लिया है। रामकथा की इस अभिनव यात्रा में वे ध्रुवतारे की तरह हैं। यात्रा लम्बी है, बहुत लम्बी है। अभी तो समिति ने अपने प्रारम्भिक पड़ाव ही पार किये हैं।

गांधी मार्ग, अप्रैल, १९८०

विचार का कपड़ा

लखनऊ से बरौनी तक जाने वाला नेशनल हाइवे नम्बर २८ अजीमुन बाई की दुख भरी ज़िन्दगी में दुख की एक और गहरी रेखा खींच गया। बस्ती ज़िले के मगहर गाँव में रहने वाली ६० साल की बूढ़ी अजीमुन बाई के पास यों कहने को सात बीघा ज़मीन थी और पाँच जवान लड़के। इनसे उसका और उसके बीमार पति का बुढ़ापा आराम से कट सकता था। लेकिन लड़कों की शादी के बाद पाँचों की आपस में नहीं बनी। बड़ा लड़का अपना कमाने-खाने के लिए नेपाल चला गया। जो चार बचे उन्होंने पहले से ही अलाभकर छोटी खेती को और छोटे-छोटे टुकड़ों में बँटवाने की कोशिश की। लेकिन तभी अजीमुन बाई के खेत को चीरता हुआ नेशनल हाइवे नम्बर २८ गुज़रा।

सात बीघे के खेत में से पाँच बीघा विकास की इस सड़क ने काट लिया। आपसी झगड़े के कारण लड़कों ने सरकार से मिलने वाले हर्जाने की तरफ़ ध्यान नहीं दिया। और बीमार पति को छोड़कर अजीमुन बाई सरकारी दफ़्तरों के कितने चक्कर लगाती भला? बीच के लोगों ने पैसा खा लिया। बचे हुए दो बीघे बेटों ने छीन लिए। रहे-सहे गहने भी रख लिए। "पेट भरे खातिर, ई ज़िन्दगगिया के खातिर हम यहाँ चले आये", मगहर खादी उत्पादन केन्द्र के आँगन में दिन भर चरखा चलाने के बाद अजीमुन बाई से बात करना एक तकलीफ़देह काम था। बातचीत करते-करते अजीमुन बाई रोती जाती थी।

पति की बीमारी के कारण अजीमुन खादी उत्पादन केन्द्र में सुबह जल्दी नहीं आ पाती। शाम को उसे वापस भी जल्दी लौटना पड़ता है। ठण्ड के

दिन छोटे भी तो होते हैं फिर भी वह दिन–भर में दो से लेकर तीन किलो तक सूत कात कर लगभग तीन रुपये रोज़ कमा लेती है। मज़दूरी की अदायगी हर हफ़्ते होती है। उत्पादन केन्द्र से अजीमुन बाई के घर की दूरी एक किलोमीटर से ज़्यादा नहीं है। गर्मियों में जब दिन बड़े हो जायेंगे और शायद पति की तबीयत भी कुछ सँभल जायेगी तो अजीमुन बाई की दैनिक मज़दूरी चार रुपये तक हो जायेगी।

दूर–दूर बसे गाँवों में औरतों के लिए रोज़गार के सम्मानजनक अवसर तलाशने वाले योजनाकारों के सामने अजीमुन बाई जैसी परिस्थिति से गुज़र रही औरतें एक बड़ी चुनौती पेश करती हैं। ज़रूरतमन्द औरतों को गाँव में ही उनके आँगन में या नाममात्र की दूरी पर कोई ऐसा रोज़गार उपलब्ध कराना जो उन्हें उनके परिवेश से काटे नहीं और शोषण की किसी जानी–अनजानी कड़ी में बाँधे नहीं, एक बहुत कठिन काम है। श्री गाँधी आश्रम के उत्पादन केन्द्र मगहर ने इस चुनौती का जवाब काफ़ी हद तक दिया है। आज इस उत्पादन केन्द्र में लगभग १००० औरतों को खादी की विभिन्न गतिविधियों के ज़रिये रोज़गार मिल रहा है।

सन्त कबीर की समाधि के सामने नदी किनारे थोड़ा–सा हटकर बना यह खादी उत्पादन केन्द्र सन् '५६ में शुरू हुआ था। आज़ादी की लड़ाई के ज़माने में खादी को कपड़ा नहीं एक विचार माना गया था। गाँधी ने उसे स्वराज्य पाने के लिए एक हथियार तक कहा था। सन् '५६ में बहुत–से लोगों के लिए खादी एक विचार न रह कर बस एक मामूली कपड़ा मात्र ही बन गया था। मगहर उत्पादन केन्द्र के मुख्य कार्यकर्त्ता रामपलटू उपाध्याय के मन में भी उस समय खादी का दर्जा एक कपड़े से ज़्यादा नहीं रहा होगा। श्री उपाध्याय पुलिस में भरती होने के लिए घर से निकले थे। पर जाने क्यों वहाँ तक जाकर ठिठक गये। उन्हें लगा कि पुलिस का काम यानि लोगों को मारना और पैसा खाना है। तभी किसी दोस्त ने बताया कि श्री गाँधी आश्रम को कुछ कार्यकर्त्ताओं की ज़रूरत है। श्री उपाध्याय ने इससे पहले गाँधी आश्रम का नाम नहीं सुना था। इण्टरव्यू में उन्हें गणित के पाँच सवाल हल करने के लिए दिये गये और किसी सामाजिक विषय पर एक लेख माँगा। श्री उपाध्याय चुन लिए गये। और जब उन्होंने मगहर आकर काम शुरू किया तो उन्हें लगा कि खादी एक कपड़ा नहीं, विचार है—उजड़ते हुए गाँव को बचाने का। साइकिल से,

नावों के ज़रिये उत्पादन केन्द्र कत्तिनों के घर जाकर उन्हें कच्चा माल यानि रुई सौंपता और फिर अगली बार इसी तरह उनके दरवाज़ों पर पहुँचकर पक्का माल यानी सूत इकट्ठा करता। धीरे-धीरे उत्पादन बढ़ा, चरखे बढ़े और फिर बढ़ीं कत्तिनें।

आज मगहर केन्द्र अपने तीन किलोमीटर के दायरे में लगभग हज़ार कत्तिनों को रोज़गार दे रहा है। खादी कातने का अधिकांश काम कत्तिनें अपने घर में बैठकर घर-गृहस्थी से बचे हुए समय में करती हैं। केन्द्र की ओर से इन्हें किसान और यरवदा मॉडल के चरखे दिये जाते हैं। आज इन चरखों की लागत-क़ीमत इक्कीस रुपये है। केन्द्र इसे देते समय इस पर कोई लाभ नहीं लेता। चरखे का पूरा दाम भी कत्तिन को एक बार नहीं चुकाना पड़ता। चरखे की क़ीमत कत्तिन की साप्ताहिक मज़दूरी में से (जो कि औसतन इक्कीस रुपये होती है) आठ आने जैसी आसान किश्तों में काटी जाती है। ये चरखे दिखने को बहुत पुराने क़िस्म के, पिछड़े हुए लग सकते हैं; लेकिन इनकी व्यावहारिकता और आधुनिकता को केवल वही कत्तिनें समझ सकती हैं, जिनके दरवाज़े पर पहुँच कर इन चरखों ने उनको रोज़गार दिया है। उत्पादन के साधनों की लागत, उनको इस्तेमाल करने में सरलता और साल-भर तक आसानी से हो सकने वाला रख-रखाव महत्त्वपूर्ण होता है। इस लिहाज से चरखे का यह पिछड़ा-सा दिखने वाला मॉडल ग़ज़ब का आधुनिक है। इसकी लागत क़ीमत कत्तिनें आसानी से सह लेती हैं और उस तुलना में उन्हें लाभ भी अधिक मिलता है। आसान बनावट होने के कारण किसी टूट-फूट के मौक़े पर इसे घर में ही सुधारा जा सकता है। पुर्जे भी बहुत सस्ते हैं—१० से ३० पैसे के बीच में। इसलिए कत्तिनों का काम रुकता नहीं है। घर-घर में चल रहे इन चरखों के रख-रखाव के लिए मगहर उत्पादन केन्द्र ने एक योजना भी बनायी है। काती गयी हर गुण्डी पर एक पैसा उत्पादन केन्द्र अपने पास रख लेता है और उसमें एक पैसा अपनी तरफ़ से मिलाकर उस कत्तिन के नाम जमा कर लेता है। मान लीजिये एक कत्तिन ने एक महीने में १०० गुण्डी सूत काता तो उसकी मज़दूरी से १०० पैसे काट लिए जायेंगे और उसमें १०० पैसे उत्पादन केन्द्र अपनी तरफ़ से मिलाकर कत्तिन के नाम जमा कर लेगा। उस कत्तिन के चरखे में जब भी कोई टूट-फूट होगी इस राशि से उसको ठीक करवा दिया जाता है।

किसान और यरवदा मॉडल के इन सरल चरखों की व्यावहारिकता के कारण ही इस इलाक़े में मगहर उत्पादन केन्द्र अभी तक विकसित मॉडल के अम्बर चरखे बाँटने के मोह में नहीं पड़ा है। अम्बर चरखे की क़ीमत लगभग ३०० रुपये है। उसके पुर्जों की क़ीमत पाँच से तीस रुपये तक। अम्बर चरखे से कत्तिनों की दैनिक मज़दूरी दुगनी ज़रूर की जा सकती है। लेकिन सब कत्तिनों तक अम्बर पहुँचाने के लिए भारी लागत आती है और फिर न तो सब कत्तिनें इसे ख़रीद सकती हैं और न साल-भर तक आसानी से उसकी देख-रेख ही कर सकती हैं।

पूर्वी उत्तर-प्रदेश में औरतों के बीच में परदा प्रथा का बहुत ज़ोर है। इस प्रथा का कत्तिनों के वर्ग चरित्र पर भी असर देखा जा सकता है। मज़दूर वर्ग की औरतों में पर्दे का चलन नहीं है। इसलिए रोज़गार की तलाश में इस वर्ग की औरतें अपना घर छोड़कर बाहर चली जाती हैं और इस तरह उनको सामान्य मज़दूरी जुटाने लायक काम के मौक़े अपेक्षाकृत कम कठिनाई से मिल जाते हैं। लेकिन ऐसे वर्गों में जिनमें परदा प्रथा का चलन ज़्यादा है, मगहर खादी उत्पादन केन्द्र के चरखे उनके घर तक पहुँच कर उन्हें रोज़गार देते हैं। यों ऐसी औरतों को भी हफ़्ते में एक दिन घर से बाहर निकलकर केन्द्र में आना पड़ता है, जहाँ वे काता गया सूत जमा करती हैं, अपनी मज़दूरी लेती हैं और अगले हफ़्ते के लिए कपास ले जाती हैं।

दिन-भर चरखा कातने के बाद २ से ३ रुपये की मज़दूरी कमाना कोई बड़ी बात नहीं लगती है। लेकिन गाँव और किसान की ज़िन्दगी में खेती के अलावा उजड़ चुके बाक़ी छोटे-छोटे उद्योगों के अभाव में इसे देखना होगा। केन्द्र के संचालक श्री उपाध्याय इसे रोज़गार नहीं बल्कि एक पूरक रोज़गार कहना अधिक पसन्द करते हैं। वे मानते हैं कि इस चरखे के रहते हुए कोई भूख से नहीं मर सकता।

अपने घरों में बैठकर काम करने वाली इन १००० कत्तिनों के अलावा उत्पादन केन्द्र में आकर दिन-भर धागा भरने और बुनकर के लिए लच्छी तैयार करने में भी लगभग ५० औरतें रोज़गार पा रही हैं। इनकी औसत आमदनी भी ३ से ६ रुपये दैनिक तक जाती है। धागा भरने के काम में छह-सात साल की बच्चियों से लेकर ६०-७० वर्ष की बूढ़ी औरतें भी आती हैं। उत्पादन केन्द्र का आश्रम जैसा वातावरण सभी वर्गों और जातियों की स्त्रियों का विश्वास जीत लेता है। इस काम के लिए असहाय और

कम उम्र में विधवा हो गयीं कुछ महिलायें भी आती हैं। मज़दूरी पाने के अलावा इतनी सारी औरतों के बीच में बैठकर बात-चीत करते हुए काम करने से इनका मन भी लगा रहता है और ये अपनी पारिवारिक तकलीफ़ों को, कुछ देर के लिए ही सही, भूल-सा जाती हैं।

कातने, धागा भरने और लच्छी तैयार करने के बाद खादी उत्पादन की कड़ी में बुनकर का प्रवेश होता है। ७० जुलाहे इस काम से जुड़े हैं। ये आश्रम से लच्छी ले जाते हैं और अपने घरों में लगे हुए करघों में काम करने के बाद थान वापस करते हैं। इन थानों की धुलाई का काम मगहर के १५ धोबी परिवारों को दिया जाता है। खादी उत्पादन की हर प्रक्रिया से जुड़े लोगों और औरतों को मगहर केन्द्र ने पास-बुक दी हैं। हर रोज़ जो जितना काम करता है वह उसमें दर्ज़ हो जाता है। और उसी हिसाब से हर हफ़्ते उनको मज़दूरी अदा की जाती है। कत्तिनों को काते गये सूत के बदले उतने ही दाम का कपड़ा देने की भी व्यवस्था है। बहुत-सी कत्तिनें अपनी मज़दूरी को पैसे में न लेकर सूती और ऊनी खादी के रूप में लेती हैं। इसलिए इस इलाक़े में साधारण से साधारण परिवार में ओढ़ने-बिछाने और पहनने के कपड़ों की ज़्यादा कमी नहीं है।

कहा जाता था कि मगहर में मरने वाला अगले जन्म में गधा बनता है और काशी में मरने से सीधे मोक्ष मिलता है। जीवन भर अन्धविश्वासों और सामाजिक कुरीतियों से लड़ने वाले सन्त कबीर ने अपने आख़िरी दिन इसी मगहर में बिताये थे। यहाँ पर उन्होंने अपना शरीर भी छोड़ा। आज भी इस इलाक़े में कबीर-पन्थी जुलाहों की घनी आबादी है। मगहर से पाँच किलोमीटर दूर बसा खलीलाबाद नामक क़स्बा पूर्वी उत्तर-प्रदेश की एक प्रमुख सूत मण्डी है। सन् '७६ में मगहर में सन्त कबीर के नाम पर सूत बनाने वाली सहकारी मिल भी शुरू हुई है। स्थानीय बुनकर इस मिल का बना सूत ख़रीदते हैं और कपड़ा बनाते हैं। लेकिन उसकी बिक्री की व्यवस्था उन्हें ख़ुद ही करनी पड़ती है। यहीं पर दलालों का प्रवेश होता है। इसलिए स्थानीय बुनकर मगहर खादी उत्पादन केन्द्र का काम करना अधिक पसन्द करते हैं। जबकि खादी का धागा मिल में बने धागे के मुक़ाबले कमज़ोर होता है और कपड़ा बनाते समय कई दिक़्क़तें पैदा करता है।

लेकिन उत्पादन केन्द्र अपने इलाक़े में काम चाहने वाले हरेक आदमी और औरत को पूरा-पूरा काम नहीं दे पाता। यों उसकी कोशिश इसी तरफ़

रहती है। खादी उत्पादन से जुड़ी हर गतिविधि का बजट हर साल २५ प्रतिशत बढ़ा दिया जाता है। सन् ७७-७८-७९ में केन्द्र का बजट क्रमश: ८ लाख, १४ लाख और १६ लाख था।

मगहर उत्पादन केन्द्र श्री गाँधी आश्रम का एक छोटा-सा हिस्सा है। गाँधी आश्रम उत्तर प्रदेश के अलावा मध्य प्रदेश, बंगाल और कश्मीर में खादी, रेशम और ऊनी खादी तथा गाँव के छोटे-छोटे उद्योगों का सामान बनवाकर बेचता है। उत्पादन और बिक्री के कामों को ठीक से चलाने के लिए श्री गाँधी आश्रम ने अपने कुल काम को ९ इलाक़ों में बाँटा है। इन्हीं में से एक है क्षेत्रीय श्री गाँधी आश्रम मगहर। मगहर के मुख्य कार्यालय के अन्तर्गत लखनऊ, बहराइच, गोण्डा, बस्ती, गोरखपुर, देवरिया ज़िले आते हैं। इन ६ ज़िलों में १५३ शाखाओं में ६५२ कार्यकर्त्ता काम करते हैं। ये शाखायें ६८८० गाँव में उत्पादन से लेकर बिक्री तक का काम देखती हैं। बस्ती के इस क्षेत्रीय कार्यालय ने पिछले साल अपने इलाक़े में ३३ हज़ार कत्तिनों, १३०० बुनकरों के बीच लगभग ५३ लाख रुपये की मज़दूरी बाँटी है।

श्री गाँधी आश्रम की शुरुआत आचार्य जे.बी.कृपलानी ने सन् १९२० में अपनी तनख़्वाह से २५० रुपये बचाकर की थी। आज कृपलानी जी अपनी उम्र के कारण सक्रिय नहीं हैं, लेकिन उनके ८१ वर्षीय साथी श्री विचित्र नारायण शर्मा पूरी ताक़त और जोश के साथ इसे चला रहे हैं। इतनी उम्र के बाद वे आज भी श्री गाँधी आश्रम के छोटे से छोटे उत्पादन केन्द्रों का दौरा करते हैं और काम को आगे बढ़ाने का सुझाव देते हैं। विचित्र भाई मानते हैं कि यदि गाँव में फैली बेरोज़गारी को दूर करना है, ख़ासकर गाँव की औरतों को काम देना है तो इस देश के योजनाकारों को इन गाँवों में उनके घरों तक काम लेकर जाना होगा। यह तभी सम्भव होगा जब उनको रोज़गार देने वाला औज़ार या साधन इतना सस्ता हो कि वे उसे आसानी से अपना सकें, इतना सरल हो कि वे उसे आसानी से चला सकें और उस औज़ार से बना हुआ माल आसानी से उनके इलाक़े और इलाक़े के बाहर बिक भी सके। (श्री गाँधी आश्रम में बने हर दस थान में से नौ थान अपने-अपने क्षेत्रों में ही खप जाते हैं।) विचित्रभाई को इस बात का दुख है कि उनकी संस्था खादी कातने वाली कत्तिन में और आश्रम के कार्यकर्त्ता में समानता नहीं ला पायी है। लेकिन यह फ़र्क़ बढ़े नहीं, इसका वे पूरा ध्यान रखते हैं। सन् '७६ में खादी आश्रम के कार्यकर्त्ताओं के एक

हिस्से ने बिक्री के लाभ के आधार पर बोनस की भी माँग की थी। विचित्रभाई ने तब अपने कार्यकर्त्ताओं से पूछा था कि लाभ का अंश उन कत्तिनों में भी क्यों न बाँटा जाये जिनकी मेहनत के कारण यह खादी बनती है। आज गाँधी आश्रम अपने कार्यकर्त्ताओं को बोनस नहीं देता। लेकिन हर साल बढ़ते जा रहे इस लाभ के ही कारण वह अपने उत्पादन केन्द्रों के बजट में २५ प्रतिशत की वृद्धि करता है। इसी कारण अगर आज मगहर के उत्पादन केन्द्र में १००० औरतों को रोज़गार मिला है तो उम्मीद की जा सकती है कि सन् '८०-८१ में यह संख्या १२५० हो सकेगी।

गाँधी ने चरखे को कमज़ोर का हथियार बताया था और आज़ादी की लड़ाई का एक बहुत बड़ा हिस्सा भी उन्होंने इस हथियार से लड़कर दिखाया था। चरखे जैसी मामूली चीज़ को गाँधी की क्रान्तिकारिता ने इतना ऊँचा उठाया था। यों इसमें कोई शक नहीं कि अगर चरखे के साथ गाँधी के विचार की क्रान्तिकारिता न जुड़ती तो चरखा लकड़ी के चार टुकड़ों से ज़्यादा नहीं था। जब देश ग़ुलाम हुआ तब भी इस देश में चरखा चलता था। आज फिर चरखे की लगभग यही हालत हो गयी है। इसलिए उसे एक तरफ़ तो गाँव में रोज़गार देने का माध्यम मानना होगा तो दूसरी तरफ़ उसके साथ-साथ सामाजिक बदलाव की दूसरी गतिविधियाँ जोड़ने की कोशिश करनी होगी।

इसलिए सामाजिक बदलाव के लिए काम करने वाली अन्य संस्थाओं को इस मामले में पहल करनी चाहिये। गाँधी आश्रम के उत्पादन केन्द्र गाँव की औरतों के बीच पहुँचने का एक अच्छा माध्यम बन सकते हैं। १००० कत्तिनों के बीच काम कर रहे मगहर केन्द्र के अलावा इस इलाक़े में कोडरमा जैसे केन्द्र भी हैं जिनमें पाँच-पाँच हज़ार औरतें काम करती हैं। इन उत्पादन केन्द्रों का छोर पकड़कर इनसे जुड़ी महिलाओं के बीच स्वास्थ्य, शिक्षा आदि से जुड़ी कौन-कौन सी गतिविधियाँ कैसे-कैसे फैलायी जायें—इस बारे में सोचा जाना चाहिये। इतनी बड़ी संख्या में औरतों का एक ही जगह मिलना अन्य किसी माध्यम से सम्भव नहीं दिखता। महिलाओं के बीच काम करने वाली सामाजिक संस्थाओं को ऐसा अवसर हाथ से निकलने नहीं देना चाहिये।

गाँधी मार्ग, अप्रैल, १९८०

विकास का विष उतारने गरुड़गंगा योजना

देश के कई हिस्सों की तरह उत्तर प्रदेश का सीमान्त पर्वतीय ज़िला चमोली भी बढ़ती आबादी की लगातार बढ़ती जा रही ज़रूरतों और प्रकृति के सीमित भण्डारों के बीच एक असन्तुलन के दौर से गुज़र रहा है। चमोली का क्षेत्रफल है ९१२५ वर्ग किलोमीटर तथा कुल आबादी है लगभग तीन लाख। वन-नीति कुछ ऐसी रही कि यहाँ की वन सम्पदा नीचे मैदानों की ओर जाती रही और इसी के साथ-साथ यहाँ की जनसंख्या का एक बहुत बड़ा हिस्सा अपना गाँव छोड़ कर रोज़गार की तलाश में नीचे मैदानों में आता रहा है। सन् १९६० में ज़िले के मुख्यालय गोपेश्वर में सर्वोदय से प्रभावित कुछ नौजवानों ने वनों पर आधारित छोटे-छोटे उद्योग-धन्धे शुरू करने की कोशिश की ताकि ग्रामीण अपनी ज़िन्दगी को अपने वनों के साथ जोड़ सकें और न अपना शोषण होने दें और न अपने वनों का। इन्हीं प्रयासों में यहाँ दशौली ग्राम स्वराज्य संघ जैसी छोटी-सी संस्था का जन्म हुआ। दशौली ने १२ साल तक वनाधारित छोटे-छोटे उद्योग-धन्धों को चलाते रहने के लिए संघर्ष किया। लेकिन उद्योग और व्यापार की ज़रूरतें पूरी करने के लिए बनी वन-नीति ने गाँव की इन ज़रूरतों के प्रति कभी ठीक से ध्यान नहीं दिया। दशौली ग्राम स्वराज्य संघ ने सन् '७३ में 'चिपको आन्दोलन' की शुरुआत की। ऊपर से आर्थिक दिखने वाले इस आन्दोलन के भीतर पर्यावरण मुद्दे भी छिपे हुए थे। सन् '७३ में लड़ी गयी पहली छोटी लड़ाई अगर वनों से निकलने वाले कच्चे माल की तरफ़ झुकी थी तो सन् '७४ में लड़ा गया विशाल रेणी-वन आन्दोलन शुद्ध पर्यावरण के मुद्दों पर आधारित था।

रेणी आन्दोलन के कारण ही सरकार को मज़बूर होकर चमोली ज़िले के

१२०० वर्ग किलोमीटर के क्षेत्र में सन् १९८६ तक के लिए वनों का कटान बन्द करने की घोषणा करनी पड़ी। पेड़ों को बचाने वाले आन्दोलन की तब यह नैतिक ज़िम्मेदारी बन गयी कि वह यहाँ की ज़मीन पर हरा कवच बढ़ाने में भी मदद करे। 'चिपको आन्दोलन' ने चमोली ज़िले में सन् '७४ से '७७ के बीच कई जगह पेड़ लगाये थे। दशौली ग्राम स्वराज्य संघ ने सन् '७८ में तय किया कि वह अब वनीकरण के लिए ज़िले के सबसे भयानक इलाक़े को चुनेगा।

पीपलकोठी से पातालगंगा तक अलकनन्दा के दोनों किनारों का इलाक़ा डगमगाने लगता है और इन दोनों किनारों पर बसे २७ गाँव की नींद उचट जाती है। कब किसका मकान, किसके खेत, किसकी गौशाला भूस्खलन की चपेट में आकर अलकनन्दा की भेंट चढ़ जायेगी कहा नहीं जा सकता। आदमी की दख़लन्दाजी और ख़ुद हिमालय की भीतरी हलचल ने इस इलाक़े के हरे आवरण को बुरी तरह से छेद दिया है। पहले से ही बहुत कमज़ोर हो चुके इस इलाक़े में सन् '७० में आयी अलकनन्दा की बाढ़ ने रही-सही कसर भी पूरी कर दी। तब से यह इलाक़ा सँभलने का नाम ही नहीं ले रहा है।

दशौली ग्राम स्वराज्य संघ ने जब सन् '७८ में गरुड़गंगा के इस इलाक़े में कुछ थोड़े-से लोगों के सहयोग के साथ वनीकरण का काम शुरू किया तब उसके मन में गरुड़गंगा योजना का कोई पूरा चित्र सामने नहीं था। लेकिन उस किये गये दो वनीकरणों के कारण (पहाड़ों में साल में दो बार पेड़ लगाये जा सकते हैं—कुछ जातियाँ मानसून में लगती हैं और कुछ बर्फ़ गिरते समय) दशौली ग्राम स्वराज्य संघ ने इस भयानक इलाक़े से परिचय भी बढ़ाया और साथ ही उसे यहाँ के लोगों की ज़रूरतों को समझने का मौक़ा भी मिला। शुरू के वनीकरणों में स्थानीय लोग संस्था के साथ नहीं आये। लेकिन संस्था इस मामले में उन्हें ग़लत नहीं मानती। पहाड़ों की कठिन ज़िन्दगी में किसी को भी अपने हाथ का काम छोड़ कर चाहे जिस काम में शामिल होने की फुर्सत ही कहाँ होती है। शुरू में यहाँ के लोगों ने माना कि कुछ लोग आये हैं और पेड़ लगा कर चले जायेंगे। क्या ये पेड़ उनके काम आने वाले हैं? पर दो वनीकरणों के बाद स्थानीय लोगों को लगा कि दशौली ग्राम स्वराज्य संघ सचमुच इस इलाक़े में कुछ काम कर सकेगा। संघ के कार्यकर्त्ताओं ने इस बीच में गरुड़गंगा इलाक़े के

२७ गाँव में घूम-घूमकर लोगों से सम्पर्क किया, उन्हें जंगल बचाने और नये जंगल लगाने के काम की जानकारी दी और हर गाँव की समस्याओं को समझने की कोशिश की।

इन २७ गाँवों की सबसे बड़ी समस्या है ईंधन यानी जलाऊ लकड़ी और चारापत्ती की कमी तथा थोड़ी-सी बरसात में ही पूरे गाँव का धँस जाने का डर। इन २७ गाँवों में से २० गाँव सड़क से दूर और काफ़ी कठिन परिस्थितियों में जी रहे हैं। अनाज की कमी के कारण लोग जो कुछ भी थोड़ा-बहुत पैदा कर सकते हैं उसे हासिल करने की कोशिश करते हैं। इसलिए तीख़ी ढलानों पर भी सीढ़ीदार खेत बनाये गये हैं। लेकिन ये बेचारे खेत साल भर में कुछ ही महीनों लायक अनाज दे पाते हैं। पहाड़ों की बाक़ी जगहों की तरह इस इलाक़े में भी जंगल कट जाने के कारण धरती की उपजाऊ पहली सतह धीरे-धीरे बहती जा रही है। इसी उत्पादकता को फिर से वापस लाने के लिए खेत में गोबर और पत्तियों की खाद डाली जाती है। इसलिए यहाँ जानवरों को दूध के ख़याल से उतना नहीं बल्कि उनके गोबर से मिलने वाली खाद के कारण पाला जाता है। खेती में साल भर तक खाद डालने के लिए चार-पाँच पशुओं की ज़रूरत पड़ती है। लेकिन इन जानवरों को साल भर तक चराने के लिए भी ज़मीन की ज़रूरत होती है। गौशाला में बाँज जैसे पेड़ों की पत्तियाँ लाकर बिछायी जाती हैं। इन पर पशुओं का गोबर पड़ने के बाद काफ़ी अच्छी खाद बनती है। पत्तियों के लिए पेड़ों को बुरी तरह से नोचा जाता है। जंगलों पर फिर इसका बोझ पड़ता है। मामला घूम-फिर कर फिर से भूक्षरण और ज़मीन की उत्पादकता की कमी पर आकर अटकता है। इस दुश्चक्र के कारण यहाँ के लोगों को मैदानों की ओर रोज़ी-रोटी की तलाश में भागना पड़ता है। इसलिए अक्सर कहा जाता है कि इन पहाड़ी गाँवों की आर्थिक व्यवस्था मैदानों से भेजे गये मनीऑर्डर पर टिकी है।

ज़मीन की उत्पादकता कम हो, उसे फिर से बढ़ाने के लिए अधिक जानवर रखे जायें, परिवार के आदमी रोज़गार के लिए मैदान में जायें—हर चीज़ का असर उत्तराखण्ड की औरतों पर पड़ता है। घर और खेत का काम देखने के अलावा यहाँ की हर औरत को अपने चूल्हे के लिए जलाऊ लकड़ी और पशुओं के लिए चारापत्ती लाने के लिए हफ़्ते में कम से कम तीन दिन जंगल जाना पड़ता है। और उनके घर और जंगल के बीच की

दूरी लगातार बढ़ती जा रही है। पीठ के इस बोझे से उसे मुक्त कराये बिना गाँव की यह आधे से ज़्यादा आबादी न तो जीवन-स्तर को ऊपर उठाने और न बिगड़ते पर्यावरण को सुधारने के किसी काम में शामिल हो पायेगी।

औरतों के इस बोझ को कम करने, खेती की उत्पादकता को बढ़ाने और कुल मिलाकर आसपास के पूरे पर्यावरण को सुधारने के ख़याल से 'दशौली ग्राम स्वराज्य संघ' ने गरुड़ गंगा इलाक़े के २७ गाँवों को लेकर एक नयी योजना शुरू की है। दो छोटे-छोटे वनीकरण शिविरों से उत्साहित होकर इस योजना को '७८ की ५ जून को शुरू किया गया था। योजना में शामिल १६ गाँव अलकनन्दा की दायीं तरफ़ हैं और ११ बायीं तरफ़। योजना का क्षेत्र पीपलकोठी के ३ किलोमीटर आगे से प्रारम्भ होकर पाखी, टँगनी, गड़ायी मोल्टा, लँगसी गाँव की पहाड़ियों को जोड़ता हुआ अलकनन्दा के किनारे (३५०० फ़ुट की ऊँचाई) से उठ कर तक्षुचैड़-कुँआरी पास (१२०० फ़ुट) की ऊँचाई को छूता है। १० किलोमीटर लम्बा और ६ किलोमीटर चौड़ा यह पूरा इलाक़ा ९ ग्रामसभाओं के बीच आता है। दायीं तरफ़ के कुल क्षेत्रफल ७२११ एकड़ में से केवल १०४३ एकड़ भूमि खेती लायक है। इसी तरह बायीं तरफ़ के ४३२५ एकड़ क्षेत्रफल में से सिर्फ़ २०० एकड़ पर खेती की जा सकती है। दायीं तरफ़ के गाँव में ६७४ परिवार हैं और कुल जनसंख्या २०११ है। बायीं तरफ़ ७३० परिवार हैं, कुल जनसंख्या ३१६८ है।

अभी दशौली ग्राम स्वराज्य इन २७ गाँवों में भूमि के उपयोग की पूरी-पूरी जानकारी एकत्र नहीं कर पाया है। फिर भी मोटे तौर पर कहा जा सकता है कि ये गाँव बहुत ही तीख़े ढलानों पर खेती करने के लिए मजबूर हैं। यह खेती न तो किसान के लिए लाभदायक है और न पर्यावरण के लिए। अलकनन्दा का यह पूरा हिस्सा बहुत ही अस्थिर है। उत्तराखण्ड की नदियों में अलकनन्दा में साद की मात्रा काफ़ी है। गरुड़गंगा और उसके आसपास के इलाक़ों से लगातार भूक्षरण होता है। इससे स्थानीय लोगों को अचानक बाढ़ जैसे ख़तरे को झेलने के लिए तैयार रहना पड़ता है।

गरुड़गंगा योजना के माध्यम से संघ कोशिश कर रहा है कि यहाँ लोग अपने खेतों में अनाज के बदले पेड़ लगायें। पेड़ों की खेती में ईंधन, चारा, फल और खोद देने वाले पेड़ों का ख़ास ध्यान रखा जायेगा। पर यह लम्बा

काम है। और कठिन भी। लोग सदियों पुरानी आदतें एकाएक नहीं छोड़ते। इन गाँवों को अनाज भी चाहिये और लकड़ी भी। इसलिए संघ ने इन गाँवों में फ़िलहाल काम करने के लिए बीच का रास्ता निकाला है—ख़ाली पड़ी ज़मीन पर पेड़ लगाना। लेकिन पेड़ों को बढ़ने में समय लगता है और गाँव के ग़रीब अपनी रोज़मर्रा की ज़रूरतों को पूरा करने में ही लगे रहते हैं, उन्हें इतना धीरज कहाँ? इसलिए शुरू में संघ ने अपने कार्यकर्त्ताओं की मदद से इस क्षेत्र के पाखी गाँव में ४ वनीकरण शिविर लगाये। इनमें आसपास के सभी गाँवों की औरतों और आदमियों को भी बुलाया। शुरू में लोग अपना काम छोड़कर आये नहीं, पर जब उन्होंने देखा कि संघ सचमुच कुछ करना चाहता है—उन्हीं के लिए तो तादाद बढ़ने लगी। संघ ने आरम्भ में पाखी गाँव के पास अखरोट के पौधे अपने ख़र्च से लगाये। इससे लोगों का भरोसा बढ़ा है। संघ के कार्यकर्त्ता इस बीच इन २७ गाँवों में गये और वहाँ उन्होंने ख़ाली ज़मीन पर पेड़ लगाने के काम का महत्त्व लोगों को, ख़ासकर औरतों को समझाया है। कई गाँवों ने अपनी सभाओं में भी ऐसे प्रस्ताव पास किये हैं कि अगर उन्हें अनाज मिलने की गारंटी हो तो वे अपने खेतों में अनाज की खेती के साथ पेड़ों की खेती भी शुरू कर सकेंगे। पाखी गाँव के एक किसान ने तो अपने गाँव की मेढ़ पर फलदार वृक्ष लगा ही लिए हैं और ये पेड़ अब पाँच फ़ुट ऊँचे हो गये हैं।

गरुड़गंगा क्षेत्र में सन् '७९ में कृषि वैज्ञानिक एम.एस. स्वामीनाथन और बी.जी.वर्गीज के दौरे के बाद एक नयी चीज़ और जुड़ी है। अब तक पहाड़ों में 'काम के बदले अनाज' योजना में केवल सार्वजनिक निर्माण के काम शामिल किये जाते थे। पर संघ ने इस इलाक़े में योजना को वनीकरण से भी जोड़ने का सुझाव रखा। श्री वर्गीज और स्वामीनाथन जी के प्रयासों से उत्तर प्रदेश शासन ने इसे स्वीकार कर लिया है।

इस नयी योजना के बाद सभी २७ गाँव इस बात के लिए तैयार हो गये हैं कि वे गाँव की खेती लायक ज़मीन से १०० मीटर बाहर कृषि सुरक्षा दीवार बनायेंगे और १०० मीटर के इस घेरे में जलाऊ लकड़ी, चारा और फल देने वाले पेड़ लगायेंगे। इसके दो फायदे मिलेंगे—इन गाँवों के पास बचे जंगलों में जैसे-जैसे पेड़ कटते जा रहे हैं, इसमें रहने वाले जंगली जानवरों को खाने-पीने के लिए दिक़्क़त आने लगी है। इसलिए अब ये जानवर अक्सर गाँव की फसलों पर हमला करते हैं। पत्थरों को तोड़ कर

बनायी गयी एक मीटर की ऊँची दीवार खेती को इन जानवरों से बचायेगी। साथ ही १०० मीटर के घेरे में लगे पेड़ ६ महीने से दो साल के बीच में गाँव की ज़रूरतों को पूरा करने लगेंगे। जैसे-जैसे इस पट्टी के पेड़ बढ़ते जायेंगे, आसपास के जंगलों पर दबाव कम होता जायेगा। और अगर यह प्रयोग सफल होने लगा तो लोग धीरे-धीरे अपने खेतों को भी इस १०० मीटर की पट्टी में बढ़ाते जायेंगे। पत्थर की दीवार बनाने और पेड़-पौधे लगाने के लिए गाँव के लोगों को 'काम के बदले अनाज' योजना से अनाज दिया जायेगा। गाँव की ज़रूरत के पौधे वन विभाग की नर्सरियों से मुफ़्त में मिल सकें ऐसी सम्भावना ज़रूर है, पर दशौली ग्राम स्वराज्य संघ उस पर निर्भर नहीं रहना चाहता। संघ ने अपनी नर्सरी भी विकसित की है और वह इन गाँवों में भी कुछ नर्सरी बनाने का प्रयास कर रहा है; उरलीकांचन (पूना, महाराष्ट्र) में काम कर रही भारतीय एग्रो इण्डस्ट्रीज फ़ाउण्डेशन ने मैदानी इलाक़ों में घास, चारापत्ती और सुधरी हुई नस्ल की गायों पर काफ़ी काम किया है। फ़ाउण्डेशन अपने मैदानी अनुभव से ऊपर उठकर गरुड़गंगा योजना के पहाड़ी इलाक़े में भी इस दिशा में कुछ मदद करने के लिए तैयार है। इसी तरह कश्मीर में उन्नत घास के प्रयोग कर रही एक अन्य संस्था ने दशौली आकर यहाँ भी उस उन्नत घास को लगाने का प्रशिक्षण दिया है।

सड़क से दूर बसे इन गाँवों में बहुत-सी असहाय और विधवा औरतें भी हैं जो रोज़गार के लिए अपने गाँव से बाहर नहीं जा सकतीं। संघ इन गाँवों में ऐसी औरतों की सूची बना रहा है। १०० मीटर के वनीकरण में ऐसी औरतों को प्राथमिकता के आधार पर रोज़गार दिया जायेगा। एक मोटे अनुमान के अनुसार ये औरतें इस काम में शुरू के तीन साल तक लगी रह सकती हैं।

दशौली ग्राम स्वराज्य संघ के पास इस योजना को बाक़ायदा शुरू करने के साधन नहीं हैं। लेकिन फिर भी उसने अपने सीमित साधनों और सीमित कार्यकर्त्ता शक्ति से इस इलाक़े में थोड़ी-बहुत शुरुआत कर दी है; उसने गरुड़गंगा को एक प्रयोग और एक चुनौती की तरह स्वीकार किया है : पर्यावरण, जिसमें मनुष्य भी शामिल है, को केन्द्र में रख कर इन २७ गाँवों के विकास की योजना बनाना और उसे अमल में उतारना उसका संकल्प है। बिना सोचे-समझे किया गया विकास आज देश के कई भागों में

विनाश का रूप ले रहा है। विकास का विष सब जगह फैल रहा है। गरुड़गंगा योजना इस विकास का विष हरने का एक स्थानीय प्रयत्न है। हमारी परम्परा में विष्णु का वाहन गरुड़ है। वह विषधर यानी साँप का शत्रु भी है। इसलिए विकास के विष को हरने के लिए गरुड़गंगा का क्षेत्र यों प्रतीक के लिहाज़ से भी ठीक बैठता है। यहाँ के अनुभव से, यहाँ की सफलताओं और असफलताओं से कुछ नया सीखकर दशौली ग्राम स्वराज्य संघ पर्यावरण को बिना बिगाड़े विकास करने की सम्भावनाओं को पहचानना चाहता है। यह विकास ऐसा हो जो अब तक बिगड़ चुके पर्यावरण को फिर से सुधार सके। पिछली पीढ़ियों की ग़ल्तियों ने इस इलाक़े को बौखला दिया है। क्या इस संवेदनशील इलाक़े को आज की पीढ़ी फिर से सुधार सकेगी ? इस सवाल का जवाब पाने की एक विनम्र कोशिश है— गरुड़गंगा योजना।

गाँधी मार्ग, १९८०

इवान इलिच–दोनों हाथ उलीच!

एक हाथी अपनी पूरी ज़िन्दगी में जितनी ऑक्सीजन लेता है, उतनी ऑक्सीजन बर्बाद करते हुए इवान इलिच पिछले दिनों हवाई जहाज़ से भारत आये। लन्दन–भारत हवाई यात्रा में प्रति व्यक्ति जलकर बर्बाद होने वाली ऑक्सीजन का यह अन्दाज़ ख़ुद इलिच ने ही तैयार किया है।

इस बर्बादी से वे काफ़ी उदास थे लेकिन अपनी भारत यात्रा से पर्याप्त प्रसन्न। भीमकाय संगठनों और दानवी औद्योगीकरण का घोर विरोध करने वाले मैक्सिको के इस विचारक की यह दूसरी यात्रा थी। इससे पहले इलिच १९७२ में भारत आये थे। यों उससे भी पहले शिक्षण संस्थाओं पर तीख़ा हमला करने वाली उनकी पुस्तक 'डी स्कूलिंग सोसायटी' यहाँ पहुँचकर इलिच के झण्डे गाड़ चुकी थी।

इलिच ने १९७२ की यात्रा में बहुत सरसरी तौर पर भारत को देखा था। लौटते समय वे अपने साथ गाँधी की और गाँधी पर लिखी गयी ७३ किताबें ले गये थे। आधुनिक सभ्यता के ढाँचे में छिपी हर ख़तरनाक कील को टटोलने वाले इलिच को इस साहित्य ने और आगे बढ़ाया। उन्होंने यह भी महसूस किया कि गाँधी की ज़मीन को अँग्रेज़ी में लिखी गयी किताबों के बदले यहीं की भाषाओं के माध्यम से जानना और समझना होगा। अपने छह हफ़्ते के इस प्रवास में उन्होंने हिन्दी का प्रारम्भिक अध्ययन किया, अमृत के पहरों, क़स्बों और गाँवों को देखा और विभिन्न वर्गों के लोगों से सम्पर्क किया। जहाँ भी मौक़ा मिला छोटी–छोटी आत्मीय गोष्ठियों में अपने विचारों को भी रखा।

इलिच के विचार चौंकाते हैं, हँसाते भी हैं पर ध्यान से सोचने पर वे

आपको परिस्थिति की गम्भीरता ही बताते हैं। आधुनिक सभ्यता, समाज और राज्य का उनका विश्लेषण यह जतला देता है कि आपकी नाव में पानी भर गया है। इलिच अपनी प्रभावशाली शैली में लोगों से बार-बार बहुत व्यग्रता के साथ हर जगह यही आग्रह करते हैं कि अगर आप समझदार हैं, सयाने हैं तो आप इस पानी को दोनों हाथों उलीचिये। यह पानी कई तरह का है—शिक्षण संस्थाओं का है, चिकित्सा सेवाओं का है, आपके कल्याण की योजनायें बनाने वालों का है, नक़ली ज़रूरतें पैदा करके उनकी खपत बढ़ाने वालों का है, हज़ारों के कई हज़ार घण्टे बर्बाद कर कुछ गिने-चुने लोगों को तेज़ वाहन देने वालों का है।

इवान इलिच इन सब कामों को धन्धा मानते हैं और इनमें लगे लोगों को धन्धेबाज़। तरह-तरह के धन्धे और धन्धेबाज़, आदमी को हर तरह से घेरते जा रहे हैं। आदमी के सहज और सरल जीवन को नष्ट कर अपने उत्पादनों की खपत बढ़ाने के लिए ये धन्धे कई तरह की रणनीति अपनाते हैं। बिना आपसे पूछे ये अपनी ही तरफ़ से घोषणा कर देते हैं कि आपको किस चीज़ की ज़रूरत है, किसकी नहीं। तिस पर भी तुर्रा यह है कि ये घोषणायें आदेशों की तरह होती हैं। शिक्षा के धन्धेबाज़ घोषणा करेंगे कि निरक्षरता को सहन नहीं किया जायेगा, यानी स्कूल में जाना ही पड़ेगा। चिकित्सा का धन्धा घोषित करेगा कि मलेरिया से छुटकारा पाना ही होगा, यानी अब आपको डी.डी.टी. छिड़कवाना ही पड़ेगा, हैजे या चेचक का टीका अनिवार्य हो जायेगा।

इलिच इन धन्धेबाज़ों की एकतरफ़ा घोषणाओं से आगे बढ़कर यह भी दिखाते हैं कि इन धन्धों में जो वायदे किये हैं उन्हें भी ये पूरा नहीं कर पाते। दरअसल, ये धन्धे अपने मूल लक्ष्यों से कभी के भटक चुके हैं और अब बिल्कुल ही ग़लत व अवांछनीय दिशा में बढ़ते जा रहे हैं। शिक्षा का अर्थ था लोगों को, बच्चों को समझदार बनाना, उनकी बुद्धि को विस्तार देना ताकि वे ख़ुद अपने को और अपने आसपास और दूर की दुनिया को समझ सकें और समाज के प्रति एक सार्थक भूमिका निभा सकें। लेकिन आज शिक्षा की संस्थायें मोटे तौर पर ऐसे 'पढ़े-लिखे मूर्ख' पैदा कर रही हैं जो अपनी ज़मीन से उखड़ जाते हैं और कुल मिलाकर समाज पर बोझ बन जाते हैं। इसी तरह चिकित्सा सेवाओं ने दावा किया था कि वे बीमारियों को हटा देंगी। इन सेवाओं ने जितनी बीमारियों को हटाया है उनसे कहीं

ज़्यादा नयी बीमारियों को जन्म दे दिया है। एक रोग को मिटाने के लिए दी गयी दवा प्राय: शरीर में किसी नये तरह के विकार को पैदा कर जाती है।

इसी तरह तेज़ गति के वाहनों का धन्धा लीजिये। धन्धे का दावा है कि ये आपको ज़रूरत के समय एक जगह से दूसरी जगह तक तेज़ी से पहुँचा देंगे। पर अब बड़े शहरों में कारों की संख्या इतनी बढ़ गयी है कि आये दिन यातायात रुक जाता है। इवान इलिच इन उदाहरणों से इस नतीजे पर पहुँचते हैं कि चीज़ें अपने ही रास्ते में अड़ने लगी हैं। समस्याओं के हल ही आड़े आने लगे हैं। एक तरह से 'ख़ुद ओझा को ही भूत लग गया है।'

इवान इन धन्धों की बढ़ती जा रही खुराफ़ातों को खोल कर रखते जाते हैं। कुछ दशकों पहले तक इन धन्धों में तानाशाही का हल्का-सा पुट ज़रूर था फिर भी कुल मिलाकर ये काफ़ी उदार थे। धीरे-धीरे इन धन्धों ने अपना विस्तार किया और अपने-अपने 'उत्पादनों' की खपत बढ़ायी। इस अभियान में इनके स्वरूप में तानाशाही आ गयी। धन्धेबाज़ों ने नियम बना लिए कि उनका धन्धा कौन करेगा, कैसे करेगा, कब तक करेगा। सबसे अचरज की बात तो यह है कि बाद में इन लोगों ने यह भी तय कर लिया कि उनकी इन 'महान्' सेवाओं को कौन लेगा! और अब इन तानाशाहों की निगाहें समाज पर कड़ी निगरानी रखती हैं कि उनकी सेवाओं से कोई बच न पाये।

शिक्षण अनिवार्य कर दिया गया है, तो अब यदि स्कूल जाने वाली उम्र के बच्चे घर में बैठे दिख गये तो उनके माँ-बाप पर कार्यवाही की जा सकती है। निरक्षरता को शिक्षा के धन्धे ने एक असहनीय अपराध मान लिया है। ख़बरदार आप निरक्षर पाये गये। कई देशों में चिकित्सा के धन्धे ने ढेर सारी प्राकृतिक क्रियाओं को भी अपने क़ब्ज़े में लिया है। स्वीडन में घर में प्रसव करना एक अपराध है। नौवें महीने हर स्त्री को अस्पताल की ही शरण लेनी होगी क्योंकि स्वीडन की सरकार पहले हफ़्ते शिशु के जीवन में अवधि रिकार्ड कायम रखना चाहती है।

इवान इन सब धन्धों पर एक-सा हमला करते हैं फिर भी उनके ज़्यादातर उदाहरण चिकित्सा सेवाओं से होते हैं। डाक्टरों से भरी सभा में भी वे पूरे प्रमाणों के साथ घोषित करते हैं, इस ताज़े दौर में कम से कम १८ देशों में

वयस्कों की औसत आयु में गिरावट आयी है—तमाम दवाओं और विशेषज्ञों के रहते हुए भी। ''प्रौढ़ और वृद्धों की औसत आयु ज़रूर बढ़ी है।'' इवान इलिच कबूल करते हैं तो डाक्टरों के चेहरों पर विजय गर्व की मुस्कान आ जाती है पर फिर इलिच अगले वाक्य में कहते हैं, ''लेकिन उनका सुख छिन गया है। वे अपने-अपने बढ़े दिन काटते हैं, सुख से जीते नहीं हैं।'' कैंसर चिकित्सकों का दावा है कि वे अपने रोगी का जीवन बढ़ाते हैं और उसका दर्द कम करते हैं। पर इलिच इस दावे को चुनौती देते हैं। उनका कहना है कि अब यह तथ्य स्वीकार कर लिया गया है कि कैंसर का रोगी कैंसर विशेषज्ञ के हाथों में पड़ने के बाद जल्दी ही मरता है। कैंसर का ऑपरेशन उसके दर्द को भी बढ़ाता है और प्रायः उसके अन्त को और क़रीब ला देता है।

धन्धे और धन्धेबाज़ों के विश्लेषण में इलिच एक और धन्धे को शामिल करते हैं—कल्याण का दावा करने वाले राज्य का धन्धा। विचारधारा कोई भी क्यों न हो, सभी राज्य अपनी जनता के कल्याण का, उसके जीवन में स्वर्ग उतारने का दावा करते हैं। पर हर धन्धे की तरह उनका भी यह दावा बेहद झूठा साबित हुआ है। कुल मिलाकर, ये सब धन्धे लोगों के अपने अभिक्रम को समाप्त कर चुके हैं और समूची पीढ़ी को अपाहिज़ बनाते जा रहे हैं। हर आदमी हाथ पर हाथ धरे इन धन्धेबाज़ों की तरफ़ ताक़ता रहता है।

दुनिया के कई हिस्सों में ये धन्धे उस हालत पर पहुँच चुके हैं जहाँ इनके हल ही समस्यायें बन गये हैं। ऐसी जगहों में लोगों का इन पर से विश्वास उठता जा रहा है। इसलिए इन धन्धों ने अपनी साख फिर से बनाने के लिए अब एक नयी रणनीति अपना ली है। इस रणनीति में इनके पुनर्विस्तार का भी ध्यान रखा गया है। अब पश्चिम के कई देशों में और कुछ हद तक भारत में भी 'स्वयं सीखो' जैसी योजनायें चल निकली हैं। 'रोज़ाना सुबह १५ मिनट कसरत कीजिये और रोग को दूर रखिये' जैसी योजनायें भी आपको अकेला नहीं छोड़तीं। इसके लिए भी आपको एक विशेषज्ञ की ही किताब पढ़नी पड़ेगी। इवान इलिच का कहना है कि 'अंग हिलाने-डुलाने वाले' विशेषज्ञों का एक नया धन्धा उभरता जा रहा है। योग हो या जिमनास्टिक आपको इसके विशेषज्ञ की ही शरण लेनी पड़ेगी। स्वयं शिक्षा की ये योजनायें चिकित्सा सेवा को अस्पताल से, शिक्षण सेवाओं

को स्कूल और कॉलेजों से बाहर फैलाने का काम कर रही हैं। जो बूढ़े समझदार अपने बचपन में स्कूल जाने से बच गये थे, अब साक्षरता अभियान वाले, प्रौढ़ शिक्षा वाले इन बेचारों को उनके घर में जाकर पकड़ रहे हैं।

इलिच पर अक्सर यह आरोप लगाया जा रहा है कि वे इन संगठनों और सेवाओं की बुराइयाँ तो दिखा देते हैं पर इनका विकल्प नहीं सुझाते। दरअसल, वे एक भीमकाय संगठन को दूसरे संगठन में बदलने के पक्ष में नहीं हैं बल्कि वे तो पूरे समाज को कुछ नये मूल्यों के आधार पर खड़ा करना चाहते हैं। चिकित्सा सेवाओं को ही लीजिये। वह तो साफ़ ही है कि बड़े पैमाने पर ज़्यादा से ज़्यादा स्वस्थ रहने वाला समाज, बहुत ही छोटे पैमाने पर, अस्पतालों पर कम से कम निर्भर रहेगा। साफ़-सुथरे घरों में रहने वाले, साफ़-सुथरा पानी पीने वाले, ठीक खाना खाने वाले, जन्म, विकास, सार्थक काम, सुख और दुख को भी सहने और अन्त में शान्तिपूर्वक मरने वाले लोग ही स्वस्थ माने जायेंगे। ऐसे स्वस्थ समाज में चिकित्सा सेवाओं की कम से कम ज़रूरत होगी। पर आज हर जगह इन सेवाओं का दख़ल बढ़ता जा रहा है और कुल मिलाकर आदमी 'स्वस्थ' बने रहने के लिए अधिक से अधिक दवायें खाता जा रहा है। इलिच को उम्मीद है कि जब समाज इन धन्धों के ग़ैर-ज़रूरी उत्पादनों की खपत पर रोक लगाना शुरू कर देगा तो इन धन्धों की जड़ें हिल जायेंगी। जो लोग इन जड़ों को उखाड़ सकते हैं क्या वे इन नये मूल्यों पर आधारित एक बेहतर समाज के छोटे-छोटे पौधे नहीं रोप सकेंगे?—इलिच पूछते हैं।

गाँधी मार्ग, मई, १९७८

तरीक़ा बदले बिना चारा नहीं

आज जिस ढर्रे पर दुनिया चल रही है, उस पर वह आगे चल नहीं सकेगी। सरकारें, बड़े-बड़े औद्योगिक संस्थान, वित्त-निगम, आर्थिक संगठन और अनेक अन्तरराष्ट्रीय संस्थायें इस दुनिया के जीवन पर हावी हो बैठी हैं और ये रोज़-रोज़ अपने हाथों में पहले से भी कहीं ज़्यादा अधिकार समेटती जा रही हैं। लेकिन क्या वर्तमान की तरह दुनिया का भविष्य भी इन भीमकाय संस्थाओं के द्वारा रौंदा जाता रहेगा? छोटी-छोटी संस्थाओं और समूहों में जीवन बिताने की वकालत करने वाले चिन्तक जे.जी. बैनेट का कहना है कि आने वाले दौर को इन भीमकाय संस्थाओं से मुक्ति पाना ही होगा, अन्यथा यह दुनिया अपने पैर पर कुल्हाड़ी चला लेगी।

श्री बैनेट इन भीमकाय संस्थाओं की तुलना डायनासोर नामक उन भीमकाय पशुओं के साथ करते हैं जो आज से एक सौ अस्सी लाख साल पहले पृथ्वी को रौंद रहे थे। असीमित शक्ति वाले ये पशु एकाएक लुप्त क्यों हो गये? एक कारण तो यह था कि इन भीमकाय पशुओं में पृथ्वी में बदलते वातावरण और तापमान से लड़ने की शक्ति नहीं थी, और शायद दूसरा कारण यह भी हो सकता है कि इन बड़े शरीरों को संचालित करने वाला मस्तिष्क तुलनात्मक रूप से बेहद छोटा और अक्षम साबित हो रहा था। आज की दुनिया की बड़ी संस्थाओं के बारे में भी यही कहा जा सकता है—इनका मस्तिष्क बहुत ही छोटा है। तब क्या आज की भीमकाय संस्थाओं का भी हश्र कुछ वैसा ही होगा? क्या आने वाली सदियों में इन संस्थाओं के 'अस्थिपंजर' खुदाई में हाथ लगा करेंगे? तब क्या वह क्षण अब आने ही वाला है जब ये संस्थायें देखते ही देखते चरमराकर ढह जायेंगी?

फिर से पृथ्वी के उस प्रागैतिहासिक युग में लौटें। सैंकड़ों फ़ुट ऊँचे और मनों भारी शरीर वाले ये पशु तेज़ी से बदलते जा रहे वातावरण और तापमान का मुक़ाबला नहीं कर पाये। लेकिन उसी दौर में एक बिलकुल ही मामूली और ज़रा-सा स्तनपायी पशु टिका रह गया। इस स्तनपायी में अपनी शरीर रचना को बदलती परिस्थिति के अनुकूल ढाल लेने की क्षमता जो थी। यह तुलना और भी आगे बढ़ायी जा सकती है और कहा जा सकता है कि पृथ्वी को रौंद रही इन भीमकाय संस्थाओं के बीच कहीं न कहीं मामूली-सा वह 'स्तनपायी जीव' ज़रूर छिपा हुआ है जो शायद आने वाली दुनिया का नया मालिक बनेगा। सवाल है कि क्या इस पृथ्वी का वातावरण बदल रहा है। और यदि बदल रहा है तो क्या वह इन भीमकाय संस्थाओं का अस्तित्व ख़तरे में डाल सकेगा? और यदि ये संस्थायें भरभराकर गिर गयीं तो उनकी जगह लेने वाला 'स्तनपायी' कौन होगा? इन संस्थाओं के अभाव में इस पृथ्वी पर जीवन कैसे संचालित होगा?

एक लम्बे अरसे से दुनिया विस्तारवाद के सिद्धान्त पर टिकी हुई है। विस्तार की यह प्रवृत्ति मनुष्य के बद्धू जीवन के बाद लगातार बढ़ती ही गयी। जैसे ही मनुष्य ने एक निश्चित स्थान पर जम कर रहना शुरू किया, उसकी इच्छाओं में विस्तार के पंख लग गये। अपनी संस्था, आकार, शक्ति और क्षेत्र को विस्तृत करते जाना ही सफलता का पर्याय बन गया। यही हवा आज तक बही चली आ रही है। 'जितना ज़्यादा फैल सको, पा सको, बटोर सको, बढ़ सको उतना ही अच्छा'—यह है आज की दुनिया का सिद्धान्त!

लेकिन लगता है कि अब यह सिद्धान्त अपनी चरम सीमा को छू रहा है। इस सिद्धान्त ने हमारे पैर ही उखाड़ दिये हैं। हमने धरती के स्रोतों का जितना शोषण पूरे इतिहास में नहीं किया, उससे ज़्यादा शोषण पिछले पाँच दशकों में कर लिया है। कुछ ही वर्ष पहले तक इसे हम प्रकृति पर अपने विज्ञान की एक उपलब्धि की तरह देखते थे और इस 'विजय' पर फूल कर कुप्पा हो जाते थे। पर अब? इस विजय के पीछे छिपी अपनी मूर्खता की साफ़ झलक भी दिखने लगी है। इन स्रोतों का ख़ज़ाना ख़ाली हो चला है। इसलिए अब कम से कम कुछ लोगों को तो यह दिखने लगा है कि 'ज़्यादा से ज़्यादा फैलना, उपभोग करना, सम्पन्नता की नहीं बल्कि मूर्खता की निशानी है!'

ऐसी परिस्थिति में ज़्यादा से ज़्यादा विस्तार या उपभोग पर टिकी संस्कृति का भविष्य क्या होगा यह बताना ज़रूरी नहीं है। उसके पैरों का उखड़ जाना तय ही है। तब फिर हम 'ज़्यादा से ज़्यादा' के बदले 'कम से कम' के तरीक़े पर कैसे मुड़ेंगे? गुणात्मकता के बदले गुणों की तरफ़ कैसे झुकेंगे? आज तो हरेक व्यक्ति, संस्था, समूह या राष्ट्र अपना अधिक से अधिक विस्तार करना चाहता है। होड़ भरे ऐसे वातावरण में परिवर्तन का छोर कौन-सा होगा?

लोग कहेंगे कि यदि भीमकाय संस्थायें नष्ट होने जा रही हैं तो हमें व्यक्ति की ओर लौटना चाहिये। पर क्या एक अलग-थलग पड़ा व्यक्ति इन भीमकाय संस्थाओं के बने रहते हुए उनके तीख़े पंजों से सुरक्षित रह पायेगा? भीमकाय डायनासोरों से एकदम सूक्ष्म जीवाणु पर लौटने के बजाय शायद हमें भी स्तनपायी पशुओं तक आना होगा—याने 'उचित आकार' के सामूहिक जीवन तक। इसमें व्यक्ति अकेला नहीं पड़ेगा, कन्धे से कन्धा मिलाकर खड़ा होगा उसके साथियों का एक समूह!

ऐसे सामूहिक जीवन के प्रयोग आज नये नहीं हैं। पूरी दुनिया में अलग-अलग जगहों पर अलग-अलग तरीक़ों से ऐसे प्रयोग चल रहे हैं। एक मोटे अन्दाज़ के हिसाब से दुनिया भर में आज 'उचित आकार' की लगभग दस हज़ार संस्थायें, आश्रम या सामूहिक जीवन केन्द्र स्थापित हो चुके हैं। इनमें रहने वाले लोग बेहतर और आत्मीय दुनिया को रचने की कोशिश कर रहे हैं।

आरोप लगाया जाता है कि इस नयी दुनिया को रचने वाले समूहों में से अनेक समूह भीमकाय संस्थाओं पर आश्रित हैं। अनेक आश्रम व सामूहिक केन्द्र राज्य-सरकारों या फिर ऐसी ही अन्य किसी भीमकाय संस्था के अनुदान पर टिके रहते हैं। मानना पड़ेगा कि वह आरोप पूरी तरह ग़लत भी नहीं है। लेकिन सोचना चाहिये कि भीमकाय संस्थाओं की छाया में ये उचित आकार की संस्थायें कैसे पनप सकेंगी? उनके इस क़दम में सैद्धान्तिक विरोधाभास तो है ही, व्यावहारिक दृष्टिकोण से भी देखें तो वह कम ख़तरनाक नहीं है। 'वातावरण' के परिवर्तन के साथ ये भीमकाय संस्थायें आगे-पीछे लड़खड़ाकर गिरने ही वाली हैं। उनका पल्ला पकड़कर चलना कहाँ तक ठीक है। तब क्या इन 'उचित आकार' की संस्थाओं, संगठनों और समूहों को स्वावलम्बी ही बनाना पड़ेगा? स्वावलम्बी बनना चाहिये

पर यह सबके लिए सम्भव नहीं होगा। यहाँ स्वावलम्बन इतना ज़रूरी नहीं है, जितना कि 'स्तनपायी' का वह गुण जो उसकी काया को स्वनियन्त्रण और स्वचालन की विवेकपूर्ण शक्ति देता है।

अब तक शक्ति का अविवेकपूर्ण उपयोग हुआ है। विवेकपूर्ण शक्ति 'अधिक से अधिक' के सिद्धान्त को तो ख़त्म करेगी ही, वह एक-दूसरे पर हावी होने की परम्परा पर भी रोक लगायेगी। तब एक समूह दूसरे समूह के नज़दीक आयेगा पर उसे निगलेगा नहीं, उस पर हावी नहीं होगा। इसलिए आने वाली नयी दुनिया में सत्ता या शक्ति अधिकारों को बटोरने वाले के हाथों में नहीं बल्कि अधिकारों को त्यागने वाले के हाथों में होगी।

दिक़्क़त तो यह है कि ऐसे आदर्श वाक्य आसानी से कह दिए जाते हैं पर उनको अमल में उतारना काफ़ी कठिन होता है। पर अब इस खाई को पाटे बिना काम चलेगा नहीं। या तो हमें 'उचित आकार' की संस्थाओं-समूहों में रहना सीखना होगा या फिर हमें मिट जाने के लिए तैयार रहना पड़ेगा— तीसरा रास्ता बचेगा नहीं।

गाँधी मार्ग, जुलाई, १९७७

जनता पार्टी का उदय : राजनैतिक बसन्त का आगमन

आज छोटी-बड़ी चार नदियाँ सागर में मिलने जा रही थीं। प्रगति मैदान (नयी दिल्ली) के रामगंगा मार्ग, यमुना मार्ग, कावेरी मार्ग और महानदी मार्ग आज अपना नाम सार्थक कर रहे थे। जनता पार्टी अधिवेशन स्थल 'हॉल ऑफ़ नेशंस' की ओर जाने वाले इन मार्गों पर सुबह से ही लोगों की बाढ़ आ गयी थी। सितारे के आकार का यह बड़ा हॉल लोगों की बाढ़ को देखते हुए छोटा पड़ गया था। सीढ़ियों और गलियारों तक में लोग बुरी तरह से ठँस गये थे। सम्मेलन के शुरू होते न होते, देखते ही देखते सुबह ९ बजे तक हॉल में तिल धरने की जगह भी नहीं बच पायी थी। अब भीड़ की लहरें पहले से भरे उस हॉल के प्रवेश-द्वारों पर टकरा-टकरा कर बाहर उथल-पुथल मचाने लगी थीं। 'जनता पार्टी का जन्म जन-क्रान्ति की कोख से हुआ है'—इस बात की सचाई पर पहली मई की सुबह ने मुहर लगा दी थी।

मंच पर बैठे चन्द नेताओं के अलावा कोई अन्य व्यक्ति सम्मेलन में (विशिष्ट) नहीं बचा। सबके सब एक बराबर! सम्मेलन का पूरा बन्दोबस्त बहुत सादा था। एक मामूली, किसी भी तरह की सजावट से अछूते मंच के पीछे, देश को आपात् स्थिति से उबार कर लाने वाला 'चक्र हलधर' का बड़ा-सा निशान पूरे सम्मेलन पर अपने आत्मविश्वास में चमक रहा था। मंच के तीन तरफ़ दरियाँ बिछी थीं। उन्हीं पर अधिकांश मन्त्री, संसद सदस्य तथा अन्य तमाम प्रतिनिधि एक-दूसरे से सट कर बैठे थे। बाहर

खड़ी भीड़ में कुछ मन्त्री, गायत्री देवी और जॉर्ज वर्गीस जैसे पत्रकार, लोगों के धक्कों के बीच सुभीते की जगह ढूँढ़ते घूम रहे थे। 'जनता के सेवकों' की सुरक्षा का ताम-झाम नदारद था। ड्यूटी पर तैनात पुलिस की छोटी-सी टुकड़ी के सिपाही सिर्फ़ पोशाक से चुस्त दिखायी पड़ रहे थे— दबंग और मौज़ूँ प्रतिनिधियों के सामने वे असहाय हो गये थे। इन्तज़ाम के साधारण-से नियम भी टूट चुके थे; भारत के कोने-कोने से आये बीस हज़ार प्रतिनिधि आख़िर व्यवस्था के किसी नियम की ख़ातिर, सम्मेलन में शामिल होने का अपना हक़ कैसे छोड़ देते!

मोरारजी भाई की अध्यक्षता में सम्मेलन शुरू हुआ। राजनैतिक दलों के इतिहास में अवधि के हिसाब से शायद सबसे छोटा पर महत्त्व में सबसे अलग यह सम्मेलन लगभग ढाई घण्टे चला। वन्दे मातरम् के बाद प्रतिनिधियों ने एक मिनट का मौन रख कर आपात्काल के शहीदों को श्रद्धांजलि अर्पित की।

नये दल को अपना आशीर्वाद देने के लिए श्री जयप्रकाश नारायण और आचार्य कृपलानी सम्मानित अतिथि के तौर पर सम्मेलन में आमन्त्रित किये गये थे। लेकिन अचानक ऑपरेशन के लिए अमरीका रवाना हो जाने की वजह से जे.पी. का सन्देश पढ़ कर सुनाया गया। 'जनता पार्टी को अपनी कार्यप्रणाली में बुनियादी परिवर्तन करने होंगे, तभी इस देश के लोगों की आशायें पूरी की जा सकेंगी।' इस सलाह के साथ ही उन्होंने जनता, विशेषकर छात्रों और युवकों को चेतावनी दी कि, 'वे जनता पार्टी से किसी चमत्कार की उम्मीद न करें, देश की समस्यायें विकट हैं; उनसे निपटने में समय लगेगा।' नब्बे वर्षीय आचार्य कृपलानी स्वयं मौजूद थे। उम्र के कारण लड़खड़ाते शरीर की इस लड़खड़ाती आवाज़ ने बहुत ही दृढ़ता के साथ पार्टी के नेताओं को सलाह दी कि वे चापलूस, जी-हुजूर और गिरगिट की तरह रंग बदलने वाले लोगों से सावधान रहें। सन् १९३७ में गाँधी जी द्वारा कांग्रेस के मन्त्रियों को दी गयी सलाह को दोहराते हुए 'दादा' ने कहा कि जनता पार्टी के मन्त्रियों को सादगी से रहना चाहिये और उन्हें जी-तोड़ मेहनत करनी चाहिये।

जनता पार्टी के गठन ने राजनैतिक दल के गठन की प्रचलित प्रक्रिया को औंधा कर दिया। पार्टी का संसदीय दल पहले बना और उसका संगठन बाद में। पिछली जनवरी में चुनाव अचानक घोषित हो जाने के बाद इस

बात की ज़रूरत पैदा हो गयी थी कि संगठनों के ऐके की औपचारिकताओं में समय खोये बिना चुनाव एक पार्टी के रूप में लड़ा जाना चाहिये। भालोद, सोपा, जनसंघ और संगठन कांग्रेस के नेताओं ने तब जनता से वायदा किया था कि चुनाव के बाद वे अपनी-अपनी पार्टियों का एक नयी पार्टी में विलय कर देंगे। इसी वायदे को पूरा करने के लिए वे इस सम्मेलन में एकत्र थे।

भारतीय लोकदल, सोशलिस्ट पार्टी, भारतीय जनसंघ और संगठन कांग्रेस चारों राष्ट्रीय दलों की तरफ़ से उनके अध्यक्षों तथा कांग्रेस से विद्रोह करके आये लोगों की तरफ़ से श्री चन्द्रशेखर ने जनता पार्टी में अपने-अपने संगठनों और समूहों के विलय की संक्षिप्त घोषणायें कीं—हर घोषणा के साथ उस संगठन का विलय जनता पार्टी में होता और घोषणा का विलय होता तालियों की गड़गड़ाहट में। आचार्य कृपलानी अपने भाषण के दौरान यह तो पहले ही बता चुके थे कि लोकतान्त्रिक कांग्रेस ने भी जनता पार्टी में शामिल होने का फ़ैसला कर लिया है। जब मोरारजी देसाई अपने भाषण में इस ख़बर की तफ़सील दे रहे थे तभी लोकतान्त्रिक कांग्रेस के अध्यक्ष जगजीवन राम ने सम्मेलन में प्रवेश करके एक बार यहाँ से वहाँ तक तालियों की बिजली कड़कड़ा दी।

लोकतान्त्रिक कांग्रेस : शुरुआत—२ फ़रवरी १९७७, लक्ष्य और उद्देश्य—
''लोकतान्त्रिक कांग्रेस भारतीय राष्ट्रीय कांग्रेस के विवेक का विद्रोह है जिसका लक्ष्य इस महान् संगठन की परम्पराओं और लक्ष्यों को सँजोकर रखना व उनकी रक्षा करना तथा उन्हें आगे बढ़ाना है। लोकतान्त्रिक कांग्रेस का जन्म इसलिए हुआ है कि आपात् स्थिति समाप्त हो, नागरिकों की स्वतन्त्रता पुनः स्थापित हो, सार्वजनिक जीवन से भय समाप्त हो और हम सब मिलकर अपनी सम्पन्न सांस्कृतिक धरोहर के अनुसार वैज्ञानिक समाजवाद के आधार पर भारत के निर्माण के लिए अग्रसर हों।''

सितारे की शक्ल के सभा मण्डप में तालियाँ, हर बार फिर से बजने के लिए ही रुकती थीं। दोपहर के ग्यारह बजाने वाली सुइयों के साथ भारतीय राजनैतिक इतिहास में एक नये दौर की शुरुआत हुई—बीस हज़ार प्रतिनिधियों ने पूरे उत्साह से हाथ उठाकर जनता पार्टी के गठन के प्रस्ताव को सर्वसम्मति से पारित कर दिया। आपात्कालीन भूकम्प के ज़ोरदार झटके से हिली हुई भारतीय लोकतन्त्र की नींव को इन ईंटों ने मिलजुल कर मज़बूत बना दिया।

जनता पार्टी के गठन से एक-दो दिन पहले इन अलग-अलग घटकों ने अपने-अपने अन्तिम सम्मेलन किये थे। उन सभी के लिए एक अलग दल के रूप में अपने-अपने संघर्षशील इतिहास को पीछे मुड़कर देखने का यह आख़िरी मौक़ा था। विलीन होने वाले सभी दलों की परम्परायें और राजनैतिक दृष्टिकोण भिन्न-भिन्न रहे हैं।

जयप्रकाश, राममनोहर लोहिया, मीनू मसानी, अच्युत पटवर्धन, अशोक मेहता, आचार्य नरेन्द्र देव तथा सम्पूर्णानन्द जैसे लोगों ने सन् १९३४ में कांग्रेस के भीतर ही 'कांग्रेस सोशलिस्ट पार्टी' नामक एक दल का गठन किया था। आज़ादी के बाद सोशलिस्ट पार्टी के रूप में यह दल अलग हो गया। सन् १९५२ में सोशलिस्ट पार्टी और आचार्य कृपलानी के दल 'किसान मज़दूर प्रजा पार्टी' को मिलाकर प्रजा सोशलिस्ट पार्टी का गठन हुआ। पर कुछ समय बाद राममनोहर लोहिया और उनके साथियों ने प्रसोपा से अलग होकर फिर से सोशलिस्ट पार्टी बनायी। उसके बाद से समाजवादी आन्दोलन लगातार टूट और विलय का शिकार बनता रहा। पर टूट और विलय की यह प्रक्रिया एक तेज़ वैचारिक संघर्ष का परिणाम थी इसलिए समाजवादी आन्दोलन ने भारतीय राजनीति को सबसे मौलिक आर्थिक व राजनैतिक परिकल्पनायें दीं।

आज़ादी के बाद सोशलिस्ट पार्टी कांग्रेस के सशक्त विकल्प के रूप में सामने आयी थी। जैसा कि जनता पार्टी के सम्मेलन में आचार्य कृपलानी ने अपने भाषण में कहा कि एक समय प्रसोपा की कार्यसमिति में नेहरू सरकार के मन्त्रिमण्डल से ज़्यादा बड़े और महत्त्वपूर्ण लोग थे। पर भारतीय राजनीति के वामपन्थी क्रान्तिकारियों की यह धारा कभी भी एक बड़े और मज़बूत संगठन का रूप न ले सकी।

सोशलिस्ट पार्टी : शुरुआत—१९३४; लक्ष्य और उद्देश्य—लोकतान्त्रिक व शान्तिपूर्ण तरीक़ों के एक ऐसे समाजवादी समाज की स्थापना करना जो किसी मनुष्य या राष्ट्र द्वारा किसी अन्य मनुष्य या राष्ट्र के सामाजिक, राजनैतिक व आर्थिक शोषण से सर्वथा मुक्त हो। दल, शान्तिपूर्ण, क्रान्तिकारी वर्ग संघर्षों, जन संघर्षों और सिविलन/फरमानियों को संगठित करेगा, उन्हें मार्गदर्शन देगा व उनका नेतृत्व करेगा तथा अन्याय व सामन्तवादी-पूँजीवादी शोषण को जड़ से समाप्त करने के लिए दल संसदीय तरीक़ों के माध्यम से राजनैतिक सत्ता हासिल करेगा।

बीच की एक अवधि में लोहिया ने समाजवादी आन्दोलन को बहुत ज़्यादा शक्ति और तेजस्विता दी थी। लोहिया के नेतृत्व में ही संयुक्त सोशलिस्ट पार्टी सन् १९६७ के चुनावों में हिन्दी क्षेत्र पर छा गयी थी। पर, ६७ में लोहिया के निधन के बाद यह आन्दोलन क्षीण होता चला गया।

वर्तमान सोशलिस्ट पार्टी ९ अगस्त, १९७१ में संसोपा और प्रलोपा के विलय के बाद अस्तित्व में आयी थी। पर जल्दी ही राजनारायण, मामा बालेश्वर दयाल और रवि राय के नेतृत्व में एक बड़ी संख्या में समाजवादी कार्यकर्ता सोपा से अलग हो गये।

भारतीय जनसंघ का जन्म २१ अक्टूबर, १९५१ में हुआ था। श्यामाप्रसाद मुखर्जी के नेतृत्व में यह दल राष्ट्रीयता, भारत के पुनर्जागरण और देश को शक्तिशाली बनाने के उद्देश्य को लेकर गठित हुआ था। दल की लोकप्रियता जैसे-जैसे बढ़ी, हिन्दू महासभा से खिंचकर लोग इस दल में शामिल होते गये। यही वजह है कि एक अर्से तक अन्य विरोधी दल भी जनसंघ को एक साम्प्रदायिक दल मानकर उससे परहेज़ करते रहे। बिहार आन्दोलन से पहले तक जनसंघ की तस्वीर आर्थिक नीतियों के मामले में एक अनुदार दल की थी। इस आन्दोलन में पहली बार जनसंघ ने खुलकर यह कहा था कि देश के आर्थिक संगठन में वह बुनियादी परिवर्तन के ख़िलाफ़ नहीं है। वास्तव में बिहार आन्दोलन के बाद जनसंघ के दृष्टिकोण में व्यापक परिवर्तन आया और दल ने देश के आर्थिक, सामाजिक प्रश्नों पर ज़्यादा स्पष्टता से सोचना शुरू किया।

भारतीय जनसंघ : शुरुआत—३१ अक्टूबर, १९५१; लक्ष्य और उद्देश्य—भारतीय संस्कृति के आधार पर भारत की पुनर्रचना करना तथा राजनैतिक, सामाजिक व आर्थिक लोकतन्त्र के माध्यम से देश के हर नागरिक को व्यक्ति स्वातन्त्र्य और समान अवसर उपलब्ध कराना—ताकि भारत एक समृद्धशाली उन्नत, शक्तिवान आधुनिक व प्रगतिशील देश की तरह उभर सके और अपनी तरफ़ आँख उठाने वाले देशों से लोहा ले सके व साथ ही शान्तिप्रिय देशों के साथ कन्धे से कन्धा मिलाकर विश्व-शान्ति के प्रयासों में अपना योगदान दे सके।

३० अप्रैल को जनसंघ के अन्तिम अधिवेशन में अटल बिहारी वाजपेयी ने इसी 'विचार यात्रा' की तरफ़ इशारा किया था—'गाँधीवादी सिद्धान्तों

और आदर्शों को स्वीकार किये जाने से विभिन्न किन्तु समान विचारधारा वाले दलों के जनता पार्टी के रूप में विलय का मार्ग प्रशस्त हो गया था। भारतीय जनसंघ की नीतियाँ भी सार रूप में गाँधीवादी नीतियाँ ही रही थीं।'

सोशलिस्ट पार्टी से टूट कर अलग हुए समाजवादियों ने देश में राजनैतिक शक्तियों के ध्रुवीकरण पर ज़ोर दिया। उनका कहना था कि कांग्रेस को सत्ता से तभी अपदस्थ किया जा सकता है जब सभी विरोधी दल एक हों। समाजवादी नेताओं के अलावा भारतीय क्रान्ति दल के नेता चौधरी चरण सिंह तथा उत्कल कांग्रेस के नेता बीजू पटनायक की पहल पर नौ छोटी-बड़ी पार्टियों को मिलाकर २९ अगस्त, १९७४ को भारतीय लोकदल का गठन किया गया। अपने जन्म के समय से ही इस दल ने राजनैतिक शक्तियों के और बड़े ध्रुवीकरण की ज़रूरत पर ज़ोर दिया था और घोषणा की थी कि अगर ऐसा कोई दल बना तो यह दल बिना हिचकिचाहट के उस दल में विलीन होने के लिए तैयार रहेगा।

भारतीय लोकदल : शुरुआत—२९ अगस्त, १९७४; भालोद का विश्वास इन चार सिद्धान्तों में है—लोकतन्त्र, राष्ट्रवाद, धर्मनिरपेक्षता और सामाजिक न्याय, जिसका निहित अर्थ है समानता और समृद्धि के आधार पर जनता का कल्याण। भालोद का विश्वास है कि सम्पत्ति के स्वामित्व व उत्पादन के साधनों का भारी मात्रा में विकेन्द्रीयकरण ही लोकतन्त्र को सुरक्षा प्रदान कर सकता है। भालोद आर्थिक शक्ति के हर प्रकार के केन्द्रीयकरण (चाहे यह कुछ पूँजीपतियों के हाथों में हो अथवा राज्य के हाथों में) का विरोध करता है।

राजनैतिक आर्थिक दृष्टिकोण के रूप में भालोद ने गाँधीवादी रास्ते को स्वीकार किया था। राजनैतिक-आर्थिक सत्ता के विकेन्द्रीयकरण पर विशेष ज़ोर देते हुए उसने औद्योगिक अर्थव्यवस्था के बजाय कृषि प्रधान ग्राम समाज का पक्ष लिया था। भालोद की ये आस्थायें ज़्यादा स्पष्ट होकर सामने आतीं, इससे पहले देश में आपात् स्थिति की घोषणा हो गयी।

संगठन कांग्रेस सन् '६९ में भारतीय राष्ट्रीय कांग्रेस में टूट के बाद अस्तित्व में आयी। इस दल के राजनैतिक-आर्थिक विश्वास कमोबेश वही थे जो सत्ताधारी कांग्रेस के थे। पर प्रचार की सारी मशीनरी सत्ताधारी पार्टी के

हाथ में होने के कारण संगठन कांग्रेस के लोगों को प्रतिगामी और पूँजीपतियों का हमदर्द प्रचारित किया जाता रहा। मुख्यतः गुजरात आन्दोलन में साझेदारी और संगठन कांग्रेस के नेतृत्व में गुजरात में बनी पहली जनता मोर्चा सरकार के बाद ज़्यादा साफ़ ढंग से संगठन कांग्रेस की नीतियाँ प्रकाश में आयीं। लोकतान्त्रिक मूल्यों में उसकी आस्था जे.पी. के आन्दोलन में साझेदारी के समय और ज़्यादा प्रकट हुई।

भारतीय राष्ट्रीय कांग्रेस (संगठन): १९६९ के अन्त में कांग्रेस में हुई टूट के बाद अस्तित्व में आयी; लक्ष्य और उद्देश्य—भारत की जनता की ख़ुशहाली व उसकी तरक्की करना। भारत में शान्तिपूर्ण तथा संवैधानिक तरीक़ों से एक ऐसे समाजवादी समाज की रचना करना, जिसमें उसके सभी नागरिकों को समान अवसर मिले, उन्हें राजनैतिक, आर्थिक व सामाजिक अधिकार मिलें। ऐसे समाज का लक्ष्य भाईचारा व विश्वशान्ति होगा।

विलीन होने वाले घटकों के दृष्टिकोणों में यों पर्याप्त भिन्नता थी। पर समाजवादी पार्टी को छोड़ दें तो यह इतनी मौलिक नहीं थी। यह भिन्नता ऐतिहासिक परिस्थितियों की वजह से पनपी थी—इस बात को भारतीय राजनीति में पहले-पहल सन् १९६६ में समझा गया। सन् '६७ में कई प्रदेशों में बनी ग़ैर-कांग्रेसी सरकारें इस दिशा में पहला क़दम थीं। केन्द्र की कांग्रेसी सरकार के षड्यन्त्र और अपने अन्तर्विरोधों को हल न कर पाने के कारण ये संविद सरकारें टूटीं और वह पहला प्रयोग ऊपरी तौर पर असफल साबित हुआ।

संविद सरकारें लोहिया की दूरदृष्टि और पहल का परिणाम थीं। लोहिया के ग़ैर-कांग्रेसवाद की रणनीति इस तर्क पर आधारित थी कि राजनैतिक सिद्धान्तों के आधार पर गठित हुए दल देश के भरपूर राजनीतिक-ध्रुवीकरण की दिशा में सफल नहीं हुए; राष्ट्रीय आन्दोलन की विरासत और सरकारी शक्ति के बूते पर कांग्रेस जनता को विपक्षी दलों से विमुख किये रहने में सफल रही; कोई भी विरोधी दल भारतीय जनता के सामने एक राष्ट्रीय विकल्प प्रस्तुत नहीं कर सका; जब तक ऐसा विकल्प जनता के सामने नहीं आ पाता, तब तक कांग्रेस एक विशेषाधिकार प्राप्त स्थिति में बनी रहेगी और अपने असन्तोष के बावजूद लोग उसे सत्ता से उतार नहीं सकेंगे; कोई भी राजनैतिक सिद्धान्त जनता की ताक़त के बिना अर्थपूर्ण

साबित नहीं होता; राजनीति में जब जनता की साझेदारी बढ़ती है तो वही बातें राजनीति का मुद्दा बनती हैं, जो जनता के व्यापक हित में हों,—और इसलिए यह ज़रूरी है कि जनाभिमुख राजनीति को सम्भव बनाने के लिए विभिन्न विचारधाराओं के लोग एक-दूसरे के नज़दीक आयें और अपने सिद्धान्तों को जन-राजनीति की रोशनी में एक व्यावहारिक शक्ल दें।

लोहिया के प्रयत्नों से ही सन् '६७ में साम्यवादी दल और पूँजीवादी अर्थनीति के समर्थक स्वतन्त्र पार्टी एक मंच पर आये थे। लोहिया चाहते थे कि कांग्रेस के ख़िलाफ़ सभी दलों का एक मोर्चा बने ताकि उसका पहले से तय कोई एक पूर्वाग्रह न हो और उसकी राजनैतिक दृष्टि कांग्रेस को हटाने के राजनैतिक संघर्ष के दौरान विकसित हो। पर लोहिया की मृत्यु के बाद समाजवादी नेता ग़ैर-कांग्रेसवाद की रणनीति को वैसी तेजस्विता के साथ निभा नहीं पाये।

कांग्रेस में सन् '६९ में टूट हुई और सन् '७१ में वामपन्थी जामे और अलंकारिक नारों के बूते पर कांग्रेस एक बड़े बहुमत के साथ सत्ता में आ गयी। कांग्रेस के लोकप्रिय आधार में व्यापक बढ़ोत्तरी के बावजूद उसका वैसा संगठन खड़ा नहीं हो पाया। परिणाम यह हुआ कि राजनैतिक सत्ता को बचाये रखने के लिए सरकारी दल ने पहले से भी अधिक तेज़ी के साथ राजनैतिक शक्ति के केन्द्रीयकरण की कोशिश शुरू कर दी—परिणति २६ जून, १९७५ को लगी आपात्स्थिति में हुई।

समाजवादियों की पहल पर १९७३ में एक बार फिर से राजनैतिक शक्तियों के ध्रुवीकरण की चर्चा चली। सन् '७४ में उत्तर प्रदेश और उड़ीसा में विधान सभाओं के चुनाव इन राज्यों में मज़बूत राष्ट्रीय और क्षेत्रीय पार्टियों ने मिलकर लड़े। गुजरात और बिहार में विरोधी दल एक-दूसरे के और नज़दीक आये। एक नया दल बनाने की बात शुरू हुई और कुछ लोगों ने जयप्रकाश जी से उसका नेतृत्व करने का आग्रह किया। जे.पी. ने एक दल के प्रयत्नों का स्वागत किया पर वे ख़ुद राजनीति से अलग रहना चाहते थे इसलिए उन्होंने इसका नेतृत्व करने से इनकार कर दिया। इन्हीं दिनों आचार्य कृपलानी ने दिल्ली के गुजरात भवन में विरोधी दलों की एक बैठक बुलायी। ऐके की बात कुछ और आगे बढ़ी।

लोहिया ने सन् '६९ में कहा था कि नये दल की राजनैतिक आर्थिक दृष्टि

कांग्रेस को अपदस्थ करने के राजनैतिक संघर्ष के दौरान विकसित होगी। हुआ भी यही। जे.पी. का आन्दोलन जैसे-जैसे एक राष्ट्रीय आन्दोलन की शक्ल लेता गया, इस आन्दोलन में शामिल विभिन्न दल एक-दूसरे के नज़दीक आये। आन्दोलन ने भारतीय जीवन के राजनैतिक और आर्थिक मुद्दों को फिर से परिभाषित किया और इसी में से एक स्पष्ट और क्रान्तिकारी दृष्टि का विकास हुआ, जिससे एकात्म होने में इन दलों को कोई झिझक नहीं हुई।

आपात स्थिति ने देश की परिस्थिति में गुणात्मक परिवर्तन ला दिया। खुली राजनीतिक कार्यवाही ठप्प कर दी गयी। धीरे-धीरे निरंकुश शासन की विसंगतियाँ सामने आयीं जिनमें सबसे विकृत रूप में सामने आयी नसबन्दी। इससे जनता और नौकरशाही दोनों में व्यापक रोष पैदा हुआ। जे.पी. जानते थे कि वर्तमान परिस्थिति में वोट या सत्याग्रह की जनता का एक कारगर हथियार साबित हो सकता है; मौजूद दलों के विलय से बना एक नया राष्ट्रव्यापी दल ही जनता में वह आत्मविश्वास पैदा कर सकता है, जो उसे इनमें से किसी एक हथियार को आज़माने के लिए प्रेरित करे।

चण्डीगढ़ (अस्पताल) जेल से बाहर आने के बाद जे.पी. ने एक दल के निर्माण को अपने प्रयत्नों का एकमात्र लक्ष्य बना लिया। पर कोई न कोई अड़चन पैदा होती रही। श्रीमती गाँधी पार्टियों के ऐके के प्रयत्नों को बहुत चिन्ता से देख रही थीं। चुनावों की घोषणा के पीछे भी शायद एक बड़ा कारण एक दल के गठन से पहले चुनाव करवा लेना रहा हो। पर पाँसा उल्टा पड़ा। जैसे ही चुनाव घोषित हुए, विरोधी दल आनन-फानन एक हो गये। कांग्रेस के चुनाव अभियान में प्रचारित किया गया कि विभिन्न दलों का यह नया संगठन 'खिचड़ी' है। पर सन् '७७ के मतदाताओं ने बासे-बूसे पुलाव के बदले इस 'अधपकी ताज़ी खिचड़ी' को पसन्द किया। आपातृस्थिति की बीमारी के बाद मतदाताओं ने इस खिचड़ी को 'पथ्य' मान कर लिया।

जनता पार्टी को सत्ता अपने संघर्ष के बूते पर नहीं, बल्कि जनता के विद्रोह के कारण मिली है—इसलिए अगर उसकी जड़ें जनता में बहुत तेज़ी से नहीं फैलतीं तो जनता सरकार देश के सामाजिक आर्थिक ढाँचे में कोई बड़ा परिवर्तन नहीं कर पायेगी। पिछले तीस सालों में कांग्रेस सरकार के लगातार भ्रष्ट और निकम्मा होते जाने के पीछे एक बड़ा कारण यही था कि

कांग्रेस पार्टी का संगठन दिन–ब–दिन ठण्डा होता गया था।

जनता पार्टी : शुरुआत। मई १९७७; उद्देश्य—स्वाधीनता संग्राम के दौरान जिन उदात्त निष्ठाओं ने हमारा मार्ग प्रशस्त किया था और जो विरासत हमें गाँधी जी के आदर्शों के रूप में मिली, उनसे प्रेरणा लेकर जनता पार्टी एक लोकतान्त्रिक, धर्मनिरपेक्ष और समाजवादी राष्ट्र के निर्माण के लिए कृतसंकल्प है। वह मेरी राज्य व्यवस्था में विश्वास करती है जिसमें आर्थिक और राजनीतिक सत्ता का विकेन्द्रीयकरण अनिवार्य रूप से हो। वह शान्तिमय तथा लोकतान्त्रिक तरीक़े से विरोध प्रकट करने के अधिकार को मानती है, जिसमें सत्याग्रह और अहिंसक विरोध शामिल है।

कोई भी राजनैतिक संगठन, क्रान्तिकारी जन–आन्दोलनों के ज़रिये ही जनता के बीच गहरा और व्यापक बना रह सकता है। सरकारी दल की स्वाभाविक सीमायें उसे आन्दोलन अभिमुख होने और फलतः जनता की आशाओं और आकांक्षाओं का ठीक प्रतिनिधित्व करने से रोकती हैं।

फ़िलहाल ऐसे संकेत हैं जिनसे जनता पार्टी कांग्रेस की भूमिका में उतर जाने से बच सकेगी। जनता पार्टी के संगठन की जिम्मेदारी जिन लोगों को सौंपी गयी है, वे सरकार में शामिल लोगों से किसी क़दर उन्नीस नहीं हैं। यह हालत जनता पार्टी को जनता सरकार का उपजीवी होने से बचायेगी। और अगर ये लोग अपनी पुरानी संघर्षशीलता को बचा कर रख पाये तो जनता पार्टी के लिए मुँहबाये खड़ी विकट राजनैतिक–आर्थिक समस्याओं पर जन–आन्दोलनों का संगठन करना असम्भव नहीं होगा। दूसरा संकेत जे.पी. द्वारा अपने आपको देश की मूलभूत समस्या को लेकर संघर्षरत रहने के संकल्प से मिलता है। अपने स्वास्थ्य के कारण जे.पी. राजनीति में ख़ुद बहुत सक्रिय शायद ही रह पायें, पर उनकी प्रेरणा और सहयोग शक्तिशाली जन–आन्दोलनों के विकास में काफ़ी महत्त्वपूर्ण साबित होगा।

१ मई मज़दूर दिवस के अलावा कुछ देशों में सर्द मौसम के बाद बसन्त की शुरुआत के उत्सव के रूप में मनाया जाता है। कहते हैं प्राचीन भारत और मिस्त्र में भी इस अवसर पर ऐसे ही बड़े–बड़े उत्सव होते थे। भारतीय राजनीति में जनता पार्टी का उदय बसन्त का आगमन ही है। ''ग़ुलामी की रात काफ़ी लम्बी थी और देश की आज़ादी का हमारा संघर्ष भी कोई कम कष्टदायक नहीं था। पर हमने देश के लोगों की मूलभूत समस्याओं को

पूरी गहरायी से समझने की कोशिश नहीं की। उनकी समस्याओं के प्रति शाश्वत उपेक्षा के कारण ही आज आज़ादी की इस प्रभात-बेला में उसकी स्वाभाविक चमक नहीं बची है।' सन् १९५० में सोशलिस्ट पार्टी के सम्मेलन में जे.पी. ने ये वाक्य कहे थे। सावधान रहना होगा कि कहीं इन वाक्यों को दोहराने की ज़रूरत न पड़े।

बनवारी और अनुपम मिश्र
गाँधी मार्ग, जून, १९७७

डॉ. मोहनलाल चोरड़िया : पक्के माल का पक्का सिद्धान्त

खलिहान में भूसे के ढेर के सहारे टिक कर धूप ताप रहे उस साधारण से किसान से डॉ. मोहनलाल चोरड़िया का पता पूछते समय उम्मीद भी नहीं की थी कि यही डॉ. चोरड़िया होंगे। घुटने तक की धोती और आधी बाँह की साधारण कमीज पहने डाक्टर साहब ने वहीं ज़मीन पर बैठने का इशारा कर दिया। रसायन-शास्त्र में पी-एच.डी. वैज्ञानिक इतनी सादगी से रह सकता है? यह शक मिटा नहीं था सो उनके सामने बैठते हुए एक बार फिर से साफ़ करना चाहा कि मुझे चोरड़िया से मिलना है!

नाम के साथ जुड़ी 'डाक्टर' जैसी भारी उपाधि श्री चोरड़िया के सादे व्यक्तित्व से कतई मेल नहीं खाती और इसलिए इनसे पहली बार मिलने वाला धोखा खा जाता है। मगर डाक्टर साहब की यह सादगी किसी सिद्धान्त का अंग नहीं है, उन्हीं के शब्दों में, "यह एक व्यावहारिक रणनीति है।"

सादगी को अपनाना सिद्धान्त नहीं है। सन् १९२२ में रतलाम के एक प्रतिष्ठित परिवार में जन्मे मोहनलाल जी के लिए यह कोई ऐसी मजबूरी नहीं थी—घर में सोना, चाँदी, लोहे और कपड़े का व्यापार होता था। पिताजी चाहते थे कि लड़का काम-चलाऊ पढ़-लिखकर ख़ानदान के व्यापार में मदद करने लगे। इसी ख़याल से मोहनलाल जी थादला (ज़िला झाबुआ) के एक जैन विद्यालय में भरती किये गये। अंकों और अक्षरों ने

मोहनलाल जी को बचपन के खिलौनों से भी ज़्यादा मज़ा दिया—उन्हें पढ़ने की धुन लग गयी। सात साल की उम्र में पाँचवीं कक्षा पास कर ली। छठी और सातवीं की पढ़ाई खाचरोद क़स्बे के एक अन्य जैन स्कूल से पास की। पर इस परम्परागत स्कूल में गणित और विज्ञान विषय नहीं थे। मोहनलाल जी की रुचि इन दोनों ही विषयों में बढ़ती जा रही थी। इसलिए उन्होंने ऐसे स्कूल में जाना तय किया, जहाँ ये विषय पढ़ाये जाते हों। पिताजी इसके पक्ष में नहीं थे। फिर भी मोहनलाल जी स्कूल बदलने में सफल हो गये। नये स्कूल ने उन्हें आठवीं में नहीं, फिर से पाँचवीं में प्रवेश दिया—उन्हें अपने प्रिय विषयों के लिए तीन साल की क़ीमत चुकानी पड़ी।

डाक्टर साहब के जीवन में यहीं से सादगी रणनीति की तरह आयी। पिताजी पढ़ाई के पक्ष में नहीं थे। मोहनलाल जी को लगा कि कोट-पैंट पहनूँगा, पढ़ाई पर ज़्यादा ख़र्च करूँगा तो हो सकता है कि पिताजी पढ़ाई बन्द करवा दें। इसी डर से वे साधारण धोती-कुरता पहनने लगे और घर के काम-काज में पहले से भी ज़्यादा हाथ बँटाने लगे। इस रणनीति के कारण पिताजी को प्रसन्न बनाये रखना आसान हो गया और पढ़ाई चलती चली गयी।

एक सम्पन्न परिवार में जन्म लेने के बावजूद उन्होंने बहुत ही सादगी से रहते हुए मैट्रिक की, और फिर इस रणनीति के बल पर वे कॉलेज में पहुँचे। कॉलेज के प्रिंसिपल को लगा कि लड़का बहुत होशियार है कहीं इसकी 'ग़रीबी' पढ़ाई में आड़े नहीं आये। उन्होंने मोहनलाल जी को निर्धन छात्र-सहायता कोष से कुछ मदद देनी चाही। पर मोहनलाल जी ने पैसा लेने से इनकार किया। रसायन शास्त्र में एम.एससी. करने के बाद ये पी-एच.डी. करना चाहते थे। मगर पिताजी ने सोचा कि लड़का व्यापार से तो गया ही, अब वकील ही बन जाये। पिताजी को सन्तुष्ट रखने के लिए मोहनलाल जी रसायनशास्त्र में पीएच.डी. करते रहे और साथ-साथ एल-एल.बी. की पढ़ाई भी।

इसी बीच गाँधी जी का निधन हुआ। मोहनलालजी के मन पर भी इस घटना का काफ़ी असर पड़ा। उनका वैज्ञानिक मन देश सेवा की तरफ़ झुका। सन् '५१ में उन्होंने अपने सब काम छोड़कर देश का व्यापक दौरा किया—देश की परिस्थिति को समझने के लिए। इसी दौरे में वे श्री

कुमारप्पा से मिले। तब तक डाक्टर साहब पूरी तरह से यह फ़ैसला नहीं कर पाये थे कि उन्हें आगे क्या करना है। पढ़ाई-लिखाई की तरफ़ झुकनेवाला उनका एक मन उन्हें उच्च अध्ययन के लिए विदेश जाने के लिए प्रेरित कर रहा था तो दूसरा मन उन्हें समाज-सेवा की तरफ़ खींच रहा था। "पर कुमारप्पा के विचारों ने मेरे मन को हिला कर रख दिया," मोहनलालजी बताते हैं। उनसे हुई बातचीत के दौरान जब मैंने विदेश जाने का इरादा जाहिर किया तो वे तपाक से बोले, "ज़रूर जाओ, पर जाते समय इस देश की कोई एक समस्या अपने साथ लेते जाना और जब वापस आओ तो यहाँ की किसी एक समस्या का हल भी अपने साथ लेकर आना!" इस वाक्य को सुनने के बाद विदेश जाने का सवाल ही नहीं उठता था।

विवाह कॉलेज के दिनों में ही हो चुका था। उनकी पत्नी कमला चार किताब पढ़ी थीं। उन्हें डाक्टर साहब ने ख़ुद ही आगे पढ़ाया था। मोहनलालजी ने सोचा कि वे कुछ वर्ष तक पत्नी कमला के साथ विनोबा के आश्रम में रहेंगे और यहीं रहते-रहते आगे के काम की दृष्टि मिल जायेगी। आश्रम में पत्नी-पति को अलग-अलग रहना था, पर श्रीमती कमला ने कहा कि जीवन भर के लिए हम साथी बने हैं, अलग-अलग नहीं रहेंगे। आश्रम में रहने का विचार छोड़ना पड़ा।

डाक्टर साहब वापस रतलाम आये। वे खेती करना चाहते थे, पर पिता जी ने मंजूरी नहीं दी। पिताजी उन्हें एक सफल व्यापारी की तरह ही देखना चाहते थे, पर मोहनलालजी व्यापार में शामिल नहीं हुए। घर में रहकर घर का सब काम करते हुए उन्होंने अपने कुछ साथियों की मदद से सन् '५३ में रतलाम सर्व सेवा संघ की स्थापना की। सम्मिलित कुटुम्ब में रहकर काम करने की वजह से कई छोटी-मोटी समस्यायें उठती रहीं और उन्हीं से जूझते हुए डॉ. मोहनलाल ने एक नया पाठ सीखा—'सिद्धान्त संस्था के आधार पर नहीं, परिवार के आधार पर खड़ा होना चाहिये। जो सिद्धान्त परिवार में रचने-पचने की शक्ति नहीं रखता, उसके लिए कोई संस्था खड़ी करना लगभग निरर्थक है।'

परिवार की कसौटी पर सिद्धान्तों की परीक्षा होने लगी। जो इस कसौटी पर खरे उतरे वे चलते रहे, बाक़ी छूटते गये। इसी दौर में परिवार का आधार और विस्तृत हुआ। उसमें पड़ोस के परिवार भी शामिल हुए। इन सामूहिक परिवारों में चरखा चला और गो-सेवा की प्रवृत्तियाँ शुरू हुईं।

कुछ समय बाद डाक्टर साहब सामूहिक परिवारों से व्यक्तिगत परिवार के प्रयोग पर आये। इन प्रयोगों के बीच उनका आकर्षण एक लड़की की ओर हुआ। उस आकर्षण को उन्होंने विभिन्न पहलुओं से देखने का प्रयत्न किया तो लोगों ने उन पर व्यभिचार का आरोप लगा दिया। इस घटना के बाद डाक्टर साहब ने ३६ दिन का उपवास किया। कुछ समय तक उन्हें जेल में भी रहना पड़ा। जेल से लौटकर डाक्टर साहब ने अपनी सभी प्रवृत्तियाँ बन्द कीं और करमदी गाँव की गिट्टी खदान पर चले आये। कमला बहन जब विनोबा के आश्रम में अलग नहीं रह सकीं तो इस कठिन अवसर पर वे कैसे अलग रह पातीं। सम्पन्न परिवार से एक सम्पन्न परिवार में आयीं कमला बहन भी अपने पति के साथ गिट्टी खदान पर चली आयीं। सन् १९५७ की बात है यह। पति-पत्नी दोनों दिन भर गिट्टी तोड़ते, जो मज़दूरी मिलती उसी से गुज़ारा करते। खदान के बग़ल में रहने वाले अन्य मज़दूरों की तरह ही ये दोनों एक झोपड़ी में रहते। पुराने दौर के कुछ मित्र कभी-कभी डाक्टर साहब से मिलने खदान पर आते, डॉ. मोहनलाल थोड़ी देर के लिए अपना काम रोक देते। मित्र के विदा होने पर फिर से काम शुरू हो जाता। डाक्टर साहब के हाथ पत्थरों को तोड़ते रहे और उनका मन भीतर ही भीतर न जाने कौन-कौन से विचारों को जोड़ता रहा।

उसी दरमियान पिताजी ने पारिवारिक बँटवारा कर एक हिस्सा डाक्टर साहब के नाम करना चाहा। उनकी मंशा डाक्टर साहब को व्यापार में लगाने की थी, पर डाक्टर साहब इस बीच कुछ और ही तय कर चुके थे।

बँटवारे से मिले रुपयों से चोरड़ियाजी ने रतलाम से सात किलोमीटर दूर दिलीपनगर गाँव में चालीस बीघा ज़मीन ख़रीदी और खेती शुरू कर दी। खेती भी ऐसी कि आज पूरे रतलाम ज़िले में वैसा उदाहरण नहीं मिल सकता। उनकी इस असाधारण खेती के पीछे एक असाधारण लगन की कहानी है।

सन् '५७ में खेत में पहली बार पैर रखने के बाद डॉ. मोहनलाल चोरड़िया ने सन् '७२ तक 'काला अक्षर भैंस बराबर माना'। पन्द्रह साल तक उन्होंने खेत के बाहर क़दम नहीं रखा। हर फसल की आमदनी अगली फसल में लगाते रहे। न आमदनी का कोई हिसाब रखा और न ख़र्च का ही।

अपने खेत पर बैठे डाक्टर साहब बताते हैं, ''पहले इसी खेती से सिर्फ़

पच्चीस क्विंटल अनाज पैदा होता था। आज मैं दो सौ क्विंटल की पैदावार ले रहा हूँ। सिर्फ़ अनाज ही नहीं, हरा चारा भी इसमें शामिल है। इस चालीस बीघे पर आज हमारे ७६ पशु, बीस सहयोगी और हम चार प्राणियों की गृहस्थी चल रही है। अच्छी खेती करने वालों की कमी नहीं है, पर खेती से अपना जीवन पलट देने वाले लोग कम ही मिलेंगे।'' निस्सन्देह, डाक्टर साहब ने खेती से अपना जीवन पलट लिया है। उन्हीं के शब्दों में, ''इस खेती में योगदान देने वाले हर तत्त्व (फैक्टर) का चक्र पूरा है। ज़मीन को जितनी कम्पोस्ट व हरी खाद मिलती है (डाक्टर साहब ने रासायनिक खाद बन्द कर दी है) उससे कम फसल लेता हूँ। गायों को जितनी खुराक देता हूँ, उससे थोड़ा कम ही दूध निकालता हूँ, मज़दूरों को जितनी मज़दूरी देता हूँ, उससे कम मेहनत लेता हूँ और इसी तरह मैं जितना खाता हूँ, उससे थोड़ा कम ही श्रम करता हूँ—पूरी व्यवस्था से हर तरह का शोषण हटाता गया हूँ।''

पिछले बीस साल की खेती में उन्होंने कई नयी बातें जोड़ी हैं। उन्हीं में से है पक्के माल का सिद्धान्त। डाक्टर साहब खेत के कच्चे माल को ज्यों का त्यों बाज़ार में बेच देना पसन्द नहीं करते। हर चीज़ की प्रोसेसिंग पर उनका बहुत ज़ोर है। 'खेत से गन्ना नहीं, बल्कि गुड़, अरहर नहीं, अरहर की दाल निकलनी चाहिये। खेत केवल खेत नहीं दिखे, उसके हर कोने में किसी न किसी प्रोसेसिंग का दर्शन होना चाहिये।' प्रोसेसिंग का यह सिद्धान्त डाक्टर साहब को आलू की चिप्स तक ले जाता है। आलू की फसल निकलने के बाद वे, उनकी पत्नी कमला, उनके एक मित्र की बेटी कमला और उनकी बेटी ओहो—पूरा का पूरा परिवार आलू की चिप्स बनाने में व्यस्त हो जाता है।

खेती ने उनके पूरे परिवार को एक अलग ही तरह के जीवन में ढाल दिया है। अस्सी हज़ार की सालाना खेती के बावजूद सम्पत्ति का मोह पास नहीं फटक पाता। घर में कम से कम सामान है, अधिकांश बर्तन भी मिट्टी के हैं। डाक्टर साहब कारण बताते हैं, ''कलई की झंझट नहीं और न चोरी का डर। गाँव के मेले में हम मिट्टी के बर्तन ख़रीद लेते हैं और इस तरह से हमारा पैसा गाँव के कुम्हार को चला जाता है।'' बातचीत रुक जाती है। डाक्टर साहब के कमरे में कोई आता है और चार पोस्टकार्ड माँगता है। वे बग़ल की काली सन्दूक से चार कार्ड निकालकर उसे देते हैं और उसी

सन्दूक में पैसा डाल देते हैं। तभी ध्यान कमरे में रखे डाक के ख़ाली थैलों और कुछ मुहरों की तरफ़ जाता है। पूछने पर वे बताते हैं—'बड़ी लड़की कमला पोस्ट ऑफ़िस का काम सँभालती है। बहुत पहले डाक विभाग ने यह काम हमारे जिम्मे कर दिया था। कभी-कभी कमला गौशाला में इतनी व्यस्त हो जाती है कि इस काम को मुझे देखना पड़ता है।'

डाक्टर साहब की गौशाला में इस समय ७० गायें हैं। सुबह उनकी छोटी बेटी ओहो साइकिल पर दूध के ड्रम लादकर रतलाम बेचने जाती है। शाम का दूध बड़ी बेटी कमला ले जाती है। पिछले दिनों इन दोनों बहनों ने मिलकर एक स्कूटर ख़रीद लिया है। यों डाक्टर साहब इस ख़रीद से सन्तुष्ट नहीं हैं। उनका कहना है कि "घोड़ी ख़रीदते तो हर घोड़ी से घोड़ी पैदा होती, स्कूटर से स्कूटर पैदा नहीं हो सकता। मैंने इन्हें अपनी राय बता दी थी, मगर इन्हें जो ठीक लगे वही इन्हें करना चाहिये।"

लोकतन्त्र, श्रम की प्रतिष्ठा, सादगी और प्रेम—हर सिद्धान्त को परिवार के स्तर पर लागू करना डाक्टर साहब की पहली कोशिश होती है। 'परिवार को वे बुनियादी इकाई मानते हैं। परिवार को असन्तुष्ट छोड़कर समाज की सेवा के लिए निकल जाना मुझे जमता नहीं।'

लेकिन डाक्टर साहब समाज से भी कट नहीं गये हैं। उन्होंने अपने खलिहान में भूसे का एक बड़ा भण्डार बना रखा है। अकाल के दिनों में इस भण्डार से वे उचित दाम पर भूसा बाँटते हैं। हर साल तंगी के उन दिनों में भूसा दस गुने दाम पर भी नहीं मिल पाता, तब डाक्टर साहब के खलिहान पर तहसील के किसानों की भीड़ लग जाती है।

आने वाले दिनों में डॉ. चोरड़िया अपनी ज़मीन कम करना चाहते हैं। "मेरी कोशिश है कि कम-से-कम ज़मीन पर प्रोसेसिंग के सिद्धान्त को उतार कर लोगों को बता सकूँ कि इस देश की बुनियादी संस्कृति खेती पर टिकी हुई है। एक बीघे में भी पूरी दुनिया छिपी है, बशर्ते हम उस दुनिया को देख सकने की नज़र पा जायें।"

गाँधी मार्ग, अप्रैल-मई, १९७७

उजड़ते हुए ये जंगल

पेड़ों की कटाई एक बड़ा उद्योग ही बन गया है। दुनिया के हर कोने में लकड़ी और उससे बनने वाले काग़ज़ का इस्तेमाल रोज़-रोज़ बढ़ता जा रहा है। पर क्या ये जंगल हमारी ज़रूरतों को अनिश्चित काल तक पूरा करते रह सकेंगे। और फिर इस ज़रूरत को पूरा करने में चुक रहे ये जंगल क्या प्रकृति की तराजू में और अधिक असन्तुलन नहीं ले आयेंगे ?

सहारा का रेगिस्तान एक ज़माने में घास का विशाल मैदान था, जिसमें जहाँ-तहाँ घने जंगल थे। इज़िप्ट, रोम-साम्राज्य का पेट भरा करता था। अफ्रीका का उत्तरी हिस्सा रोम-साम्राज्य के शिकारियों की शिकारगाह बन गया था। कभी-कभी तो एक-एक दिन में हज़ार-हज़ार तक बड़े जानवरों का शिकार खेला जाता था। आज वह उत्तरी अफ्रीका रेगिस्तान में बदल गया है। इज़िप्ट, बेबीलोनिया, फारस, चीन, ग्रीस, रोम के ये साम्राज्यवादी सभी देश आज या तो भयानक रेगिस्तानों के बीचों-बीच खड़े हैं या फिर उजाड़ धरती से घिरते जा रहे हैं। सत्ता और गौरव से तनी हुई उनकी साम्राज्यवादी छाती अब सिकुड़ चुकी है, सिकुड़ती जा रही है।

ये सभी साम्राज्य एक ज़माने में बेहद उपजाऊ भूमि पर खड़े थे। यहाँ झील, तालाब और नदियों से भरे जंगल हुआ करते थे। अब यह सब उजड़ चुका है। जंगल नदारद हैं। धरती का सब कुछ निचुड़ गया है। वह लगभग बाँझ हो गयी है।

इन देशों को इस तबाही से आगाह न किया गया हो ऐसी बात नहीं है। उन्हें चेतावनी दी गयी, पर उन्होंने उसे सुना-अनसुना कर दिया। स्वयं सुकरात ने ग्रीस को समय रहते सावधान किया था कि वह अपने घने जंगलों को

सफाचट न करे। लेकिन चेतावनियाँ आयी-गयी हो गयीं और धीरे-धीरे इन साम्राज्यों के दिन भी लद गये। दुनिया के भौगोलिक नक़्शे पर सब तरफ़ भरा हुआ हरा रंग जगह-जगह से उड़ने लगा और उसकी जगह पीले धब्बे आ गये, याने जंगल और उपजाऊ मैदान रेगिस्तानों में बदल गये।

लेकिन पूछा जा सकता है, इस सबका जंगल कटने से क्या लेना-देना है?

जंगलों का इससे काफ़ी कुछ लेना-देना है। जंगल अपनी पत्तियों से मिट्टी को ढक देते हैं। केंचुए और ऐसे ही न जाने कितने छोटे-छोटे कीड़े इन पत्तियों को सड़ाने में मदद करते हैं और इन्हें मिट्टी से एक-जी कर देने के लिए अथक परिश्रम करते हैं। इस क्रिया से मिट्टी मज़बूत बनती है और अपने में पानी को समा लेने की उसकी ताक़त बढ़ जाती है। इसीलिए घने जंगल बरसात के तेज़ झले को थाम लेते हैं, अपने में समा लेते हैं और फिर धीरे-धीरे उस पानी को छोड़ते जाते हैं। इस तरह मिट्टी की उपजाऊ सतह तेज़ झले के साथ बह नहीं पाती। पानी को धारण करने की इस शक्ति के कारण धरती का जल-स्तर बना रहता है। नदी और झरनों के स्रोतों का बहाव भी ठीक रहता है।

ऐसे लोग जिनके स्वार्थ की जड़ें इन जंगलों में काफ़ी गहरी पहुँच गयी हैं, प्रकृति की तराजू की दलील से भड़क उठते हैं। वे जवाब में कहते हैं कि जितना जंगल काटा जाता है, उतना फिर से लगाया भी तो जाता है। बल्कि कई बार जंगल लगाने के आँकड़े जंगल काटने के आँकड़ों से भारी बैठते हैं। यह बात किसी हद तक सही हो तो भी बात नहीं बनती। क्योंकि लगाये जाने वाले पेड़ों की जाति अकसर वह नहीं होती जिसकी ज़रूरत प्रकृति को है। हम इन पेड़ों को अपनी औद्योगिक ज़रूरतों के मुताबिक लगाते हैं। साथ ही साथ रोज़ बढ़ती जा रही आबादी के बीच जंगल से पैदा होने वाली चीज़ों की खपत बढ़ती जाती है। बीसवीं सदी के शुरू में औसत अमरीकी नागरिक एक साल में कुल मिलाकर पच्चीस किलो काग़ज़ का इस्तेमाल करता था। आज लगभग सत्तर साल बाद यह आँकड़ा दस गुना हो गया है। ध्यान देने की बात है कि एक टन काग़ज़ बनाने के लिए दो टन लकड़ी की ज़रूरत होती है। और अब तो ज़माना ही 'कोरा काग़ज़ काली स्याही' का है।

हिन्दुस्तान का ही उदाहरण लें तो आज से कोई तीस साल पहले पूरे

मुहल्ले में एकाध घर में अख़बार आया करता था। आज अख़बार पढ़ने वालों की तादाद कई गुना बढ़ गयी है। दस लाख छपने वाले किसी भी अख़बार के रविवारीय संस्करण के लिए अस्सी एकड़ का जंगल साफ़ करना पड़ता है। फिर स्कूलों में जो काम स्लेट-पट्टी और लकड़ियों की तख़्तियों पर हो जाता था, अब वह सब काग़ज़ पर चल निकला है। तिस पर जंगल काटकर बनने वाली चीज़ों में काग़ज़ एक ही चीज़ तो नहीं है।

हम जंगल कटान और नये लगान पर वापस लौटें। जो मिलवाँ जंगल साफ़ हो चुके हैं, उनके बदले अब चीड़ के या फिर हल्की लकड़ी के ऐसे जंगल रोपे जा रहे हैं, जिनसे तुरन्त लाभ कमाया जा सके। नाज़ुक जातियों को कीड़ों से बचाने के लिए रासायनिक दवाओं का खुलकर इस्तेमाल किया जाता है। साथ ही इन जंगलों में अपने-आप उग आने वाले ग़ैर-ज़रूरी जाति के पौधों को ज़हरीली दवाओं के ज़रिये ख़त्म किया जाता है। जंगलों के स्वाभाविक चलने वाले प्राकृतिक चक्र में आदमी ने अपनी टाँग अड़ा दी है।

जंगलों के लिए एक और जानलेवा समस्या है—मोटरों से निकलने वाला धुआँ। फ़िलहाल शायद हिन्दुस्तान जैसे विकासशील देश इस ख़तरे से अछूते ही हैं। पर दावे से नहीं कहा जा सकता कि कब तक हम इससे बचे रह सकेंगे। विकसित देशों में मोटरों के धुएँ की धुन्ध ने अनकटे घने जंगलों को भी लगभग बेकार बनाना शुरू कर दिया है। अमरीका के लॉस एंजिल्स शहर से उठा मोटरों का धुआँ बगल में ही खड़े १६१,००० एकड़ के घने जंगल पर हमला कर रहा है। धुएँ के विषैले प्रभाव से पेड़ बीमार हो चले हैं और कीड़ों के हमले को रोकने की ताक़त ख़त्म हो रही है। लगभग १५ लाख पेड़ ऐसे धुएँ की चपेट में आ चुके हैं। अमरीकी वन विभाग के डॉ. पॉल आर. मिलर का कहना है, ''इस विषैले धुएँ से जंगल को बचाने का कोई रास्ता ही नहीं सूझ रहा है। एक ही चारा दिखता है कि यहाँ के एक-एक पेड़ को उठाकर साफ़-सुथरी छनी हवा के किसी कठघरे में खड़ा कर दिया जाय।''

हम कब इन बातों से कुछ सीखेंगे ? ठोकर खाने के बाद सीखना कितना अटपटा है। हमेशा अपने ही अनुभव से सीखने की आदत ठीक नहीं है। जंगलों के मामले में अपने अनुभव से सीखने का अर्थ होगा—जंगलों का उजड़ जाना, बाढ़ों का उफन पड़ना, जान-माल की तबाही, ज़मीन में

जल–स्तर का गिर जाना और रेत का उड़ने लगना—यानी हर जंगल का रेगिस्तान में बदल जाना।

बहुत हद तक तो हमें इसका अनुभव होने लगा है। शायद हम पूरा–पूरा अनुभव लेने के लिए कटिबद्ध हैं।

गाँधी मार्ग, जुलाई, १९७६

बच्चे क्या सोचते हैं

बच्चों को आज सबसे ज़्यादा किस चीज़ की ज़रूरत महसूस हो रही है ? समाज के बारे में उनकी क्या राय है ? ऐसी कौन-सी चीज़ें हैं जिन्हें वे पाना चाहते हैं। कोई दो वर्ष पहले तोक्यो की एक संस्था 'कावासाकी किसेन कइशा' ने ऐसे ही कुछ सवालों को लेकर एक सर्वेक्षण किया था। इस सर्वेक्षण को 'यह है दुनिया के बच्चों की राय' नाम दिया गया। इसमें अमरीका, जापान और इंग्लैण्ड जैसे विकसित देशों के अलावा थाईलैण्ड जैसे विकासशील देश भी शामिल थे। कुल बारह देशों के सात सौ स्कूल चुने गये और उनमें ६ से १२ साल की उम्र तक के बच्चों के सामने पाँच सवाल रखे गये थे : १. बड़े होकर तुम क्या बनना चाहोगे ? २. यदि तुम्हें तीन वरदान मिल जायें तो तुम क्या-क्या माँगोगे ? ३. ऐसी कौन-सी चीज़ है जिसे तुम दुनिया से ग़ायब कर देना चाहोगे ? ४. तुम्हारा सबसे प्रिय खेल कौन-सा है ? और ५. तुम अपने माँ-बाप से क्या चाहते हो ?

सर्वेक्षण की उपलब्धियों को किन्हीं बने-बनाये खाँचों में विभाजित कर देना बहुत कठिन काम साबित हुआ। एक ही सवाल के जवाबों में ज़मीन-आसमान का अन्तर था, क्योंकि बच्चों के जवाब उनके अपने देश, समाज, वातावरण और घर-परिवार की हालत पर आधारित थे। 'बड़े होकर क्या बनना चाहते हो' के जवाब में अमरीका के कुछ बच्चे अन्तरिक्ष यात्री और अन्तरिक्ष-यान के पायलट तक की ऊँचाई छूना चाहते थे, तो जापान के कुछ बच्चे डाक्टर, वैज्ञानिक या फ़ोटोग्राफ़र बनना पसन्द कर रहे थे। थाइलैण्ड के एक साधारण स्कूल में पढ़ने वाले बच्चे का सपना था, बड़े होकर 'मैं तो घड़ी पहनना चाहूँगा।' सर्वेक्षण

करने वालों ने उसे समझाना चाहा कि घड़ी तो तुम पहनोगे ही पर यह तो बताओ कि धन्धा कौन–सा करोगे। पर उसका जवाब था 'धन्धा कोई भी हो घड़ी ज़रूर पहनूँगा मैं।' जापान की स्कूली लड़कियों की एक बड़ी संख्या एयर होस्टेस, गायिका और हीरोइन बनना चाहती थी और विकासशील देशों के सम्पन्न बच्चों के सामने इंजीनियर और डाक्टर बनने के सपने ही ज़्यादा थे। सभी देशों के साधारण स्कूलों में पढ़ने वाले साधारण बच्चों की नज़रों में पढ़ाने का काम भी कोई कम मनमोहक नहीं था। मज़दूर परिवारों के कुछ बच्चों ने बड़े होकर 'मालिक' बनने की इच्छा जाहिर की।

पहले सवाल की अपेक्षा 'तीन वरदानों' की छूट पर बच्चे ज़्यादा खुलकर सामने आये। 'क्या बनना चाहते हो' का जवाब देते हुए उनके मन में शायद यह भी रहा हो कि जो कहेंगे उसे पूरा कर दिखाना भी ज़रूरी हुआ तो? पर वरदानों के मामले में ऐसी कोई झंझट नहीं थी, लिहाज़ा 'टैक्स ख़त्म हों', स्कूल ख़त्म हो जायें, कोई ऐसी दवा मिल जाये जिसे पीकर मैं होशियार बन जाऊँ, यहाँ तक कि 'अलादीन का चिराग़' जैसे वरदानों की इच्छा सामने आयी। लेकिन 'अमीर बनने का वरदान' बाजी मार ले गया। अमरीका से लेकर थाईलैण्ड तक बहुत कम बच्चे 'अमीर' बनने की इच्छा दबा सके। इच्छाओं के इस झुण्ड में 'चाँद' की सैर के मुक़ाबले 'स्वर्ग' की सैर ज़्यादा बार सामने आयी!

जापान और अमरीका की घनी आबादी में हो–हल्ले के बीच रहने वाले कुछ बच्चों ने अपने तीन वरदानों में से एक का इस्तेमाल 'शान्त जगह', 'प्रकृति के बीच', अच्छे वातावरण में रहने के लिए भी किया। जापान के उन हिस्सों के बच्चों ने जहाँ रहने की जगह एक समस्या बन गयी है, अपना एक वरदान बड़े मकान को पाने के लिए माँगना पसन्द किया।

लेकिन एक अमरीका के अपवाद को छोड़कर किसी देश के बच्चे का ध्यान युद्ध या शान्ति जैसी चीज़ों की तरफ़ नहीं गया। लम्बे अर्से तक वियतनाम युद्ध में फँसे अमरीकी परिवारों के कुछ बच्चों ने अपने वरदान को 'युद्ध समाप्त हों' 'सभी तरफ़ शान्ति फैले' जैसी इच्छाओं में भुनाना चाहा।

ऐसी कौन–सी चीज़ है जिसे तुम इस दुनिया से ग़ायब कर देना चाहोगे? विकासशील देशों के ऊँचे स्कूलों में पढ़ने वाले बच्चों की राय में 'ग़रीबी'

और 'भूख' इस दुनिया से ग़ायब होनी चाहिये। लेकिन इन्हीं देशों के साधारण स्कूलों में जाने वाले ग़रीब बच्चों ने 'ग़रीबी' का कोई ज़िक्र नहीं किया। उनमें से कुछ ने 'डाँट' और 'मार' जैसी चीज़ों को दुनिया से रवाना करना पसन्द किया। अमरीका और जापान में 'प्रदूषण' को चलता करने पर सबसे ज़्यादा ज़ोर दिया गया। दूसरे नम्बर पर 'बुरे लोग' और 'अपराध' थे। लेकिन मोटर-गाड़ियों से पटे पड़े तोक्यो शहर के कई बच्चों की इच्छा थी कि उनके शहर से 'सड़क दुर्घटनायें' ग़ायब हो जायें। 'वार्षिक परीक्षाओं' को ग़ायब करवाने वाले बच्चों की भी कमी नहीं थी। कुछ ने तो स्कूलों को ही ग़ायब कर देने की राय रखी।

'मन पसन्द खेल' पर आये जवाब दो टुकड़ों में बँट गये। ज़्यादातर बच्चों ने इसे 'ख़ुद' खेलने के बदले 'देखने-भर' के अर्थ में ले लिया। ख़ुद कुछ खेलने के बजाय दूसरों को खेलता देखकर ख़ुश होने की प्रवृत्ति, मनोरंजन के क्षेत्र में बढ़ती हुई अकर्मण्यता को उजागर करती है। सम्पन्न देशों में इतवार को टेलीविज़न पर कोई मैच देख लेना भर पर्याप्त हो गया है। घनी आबादी में खेल के मैदानों की कमी की वजह से बच्चे अपनी गली या सड़क को खेल के मैदान में बदलना तो चाहते हैं पर उनके माँ-बाप उन्हें ऐसा करने से रोकते हैं। ख़ुद खेल में शामिल होने की सम्भावना घटती जाती है और इसलिए टिकिट ख़रीदकर खेल देख सकने की सम्भावना सरल होने के कारण उसकी इच्छा बढ़ती जाती है।

विरल और छितरी हुई आबादी के बच्चे खेल के दर्शक नहीं खिलाड़ी ही बने और उन्होंने गेंद से खेले जाने वाले कई तरह के खेलों को अपनी पसन्द की सूची में लुढ़काया।

जहाँ तक 'अपने माँ-बाप से क्या-कुछ चाहने' का सवाल है, जापान और अमरीका में ज़्यादातर बच्चों ने और अधिक जेब ख़र्च की माँग रख दी। माँ-बाप से और अधिक उदारता की चाह को दूसरी जगह मिली। इस तरह कई बच्चों ने शिकायत की कि माँ-बाप उन्हें मारते-पीटते हैं, यह सब बन्द होना चाहिये। जिन समाजों में स्त्री-पुरुष साथ-साथ काम पर चले जाते हैं, वहाँ 'मेरे माता-पिता मेरे साथ खेलें' या मैं चाहता हूँ कि 'माँ दफ़्तर जाना बन्द कर दे और हमारे साथ घर पर रहे' जैसे जवाब भी काफ़ी तादाद में आये। सबसे दुखद और चिन्ताजनक जवाब भी इन्हीं व्यस्त समाजों से आये, जैसे 'मेरे माँ-बाप मेरी बात तो सुन लिया करें' या 'वे

मुझे समझते क्यों नहीं।' ये जवाब समाज में पालक और बच्चों के बीच टूटते रिश्तों पर खासी रोशनी डालते हैं।

क्या बच्चों के ये जवाब बड़ों के विरुद्ध लगाये गये आरोप नहीं हैं?

गाँधी मार्ग, जून, १९७६

लोकशक्ति बनाम राज्यशक्ति

बाङ्ला देश के स्वतन्त्रता संग्राम और स्वतन्त्रता की प्राप्ति से दो बातें बिल्कुल स्पष्ट हो गयी हैं। पहली यह कि बीसवीं शताब्दी का सबसे पवित्र नन्दी है राज्य नाम का संगठन और दूसरी यह कि स्वतन्त्रता के लिए राज्य का सैनिक हस्तक्षेप अभी भी अनिवार्य है। ये दोनों बातें अन्ततः एक ही निष्कर्ष को पुष्ट करती हैं कि विश्व भर की लोकशक्ति संगठित राज्यशक्ति के विरुद्ध अपनी महत्ता स्थापित नहीं कर पायी है और बावजूद महात्मा गाँधी और शेख मुजीबुर्रहमान के ज़बरदस्त अहिंसक असहयोग आन्दोलनों के, लोकशक्ति अभी भी राज्यशक्ति पर निर्भर रहने के लिए बाध्य है।

पाकिस्तान की संगठित और शस्त्रों से सुसज्जित सैन्यशक्ति ने नौ महीने तक लगातार पूर्व बंगाल में जघन्य नरसंहार किया। कोई पन्द्रह लाख निहत्थे और बेकसूर लोगों को उनके घर–आँगन से उखाड़ कर भारत में शरणार्थी बनकर आने पर मजबूर किया। पाकिस्तानी सेना के इन कुकृत्यों का विवरण लगभग पूरे संसार के अख़बारों में छपा, रेडियो पर सुनाया गया और टेलीविज़न पर दिखाया गया। राष्ट्रों, जातियों, धर्मों और विचारधाराओं के भेदभाव को तोड़कर बंगालियों के दुख ने संसार के लोगों की चेतना को जगाया और लोकस्तर पर संसार के कई देशों ने इन अत्याचारों की भर्त्सना की। दुनिया के कई भागों से शरणार्थियों और आक्रमण के शिकार लोगों के लिए सहायता आयी। यह सब हुआ लेकिन लोकमत के आधार पर स्थापित राज्यों में से भी कोई पाकिस्तान के बर्बर फ़ौलादी हाथ को न रोक सका। ऐसे बहुत–से राष्ट्र थे, जिनके द्वारा खैरात में दिये गये हथियारों का उपयोग पाकिस्तानी सेना पूर्व बंगाल में कर रही थी, जिनके अपने लोग इस संहार के ख़िलाफ़ थे और जिनका पाकिस्तान के

शासकों पर काफ़ी असर था। लेकिन इन राष्ट्रों ने बंगालियों पर हुए अत्याचारों को अनदेखा किया, अपने लोगों की राय को अनसुनी किया और राष्ट्रपति याह्या ख़ाँ को चंगेज ख़ाँ बनने से नहीं रोका। ये राष्ट्र कहते रहे कि यह पाकिस्तान का अन्दरूनी मामला है और हम कुछ नहीं कर सकते।

संसार के राष्ट्र बाङ्ला देश के मामले में कुछ नहीं कर पाये क्योंकि याह्या ख़ाँ राज्य नाम के पवित्र नन्दी पर बैठे हुए थे और पवित्र नन्दी की सवारी करने वाला कोई भी व्यक्ति नन्दी–आसीन दूसरे व्यक्ति को कुछ नहीं कह सकता। राज्य की सार्वभौमता मानव–अधिकार से बड़ी है! एक सार्वभौम राज्य अपने बहुमत पर भी चाहे कितने ही हिंसक अत्याचार कर ले बीसवीं शताब्दी में 'राज्यकीय हिंसा हिंसा न भवति' है। सभी राज्य सार्वभौमता के नाम पर अपने ही लोगों को कुचलने का पवित्र अधिकार सुरक्षित रखना चाहते हैं, यह बात और है कि कुछ राज्यों को इस अधिकार के उपयोग के अवसर नहीं मिलते।

जो बात राज्यों के बारे में सही है वह संयुक्त राष्ट्र संघ के बारे में भी सही है। राष्ट्र संघ मानव अधिकार और स्वतन्त्रता आदि की रक्षा के लिए बना है लेकिन वह भी राज्य को मान्यता देता है, जनता के आत्मनिर्णय के अधिकार को नहीं। नौ महीनों तक पाकिस्तान ने राष्ट्र संघ के चार्टर की पूर्व बंगाल में धज्जियाँ उड़ायीं लेकिन शरणार्थियों के लिए कुछ सहायता के अलावा राष्ट्र संघ कुछ नहीं कर सका। क्यों नहीं कर सका? इसलिए कि पूर्व बंगाल का मामला दो राज्यों के बीच नहीं बल्कि एक सैनिक तानाशाही राज्य का अपनी बहुसंख्यक जनता के साथ संघर्ष था और राष्ट्र संघ जनता को नहीं मानता।

राष्ट्र संघ की इन दयनीय सीमाओं का उपयोग पाकिस्तान ने खुलकर किया। और जब उसने देखा कि पूर्व बंगाल के गुरिल्ले पूर्व पाकिस्तान को नष्ट कर ही देंगे तब उसने अपने हित में राष्ट्र संघ का उपयोग करने के लिए भारत पर आक्रमण किया और जिसे सारे राष्ट्र पाकिस्तान का अन्दरूनी मामला कह रहे थे वह एकदम एक अन्तरराष्ट्रीय मामला हो गया।

इसे राष्ट्र संघ की ट्रेजडी नहीं तो क्या माना जाय कि जो विश्वसंस्था पूर्व बंगाल के नरसंहार के प्रति नौ महीने तक अन्धी, बहरी, गूँगी और निष्प्राण बनी रही वह भारत और पाकिस्तान के बीच युद्ध छिड़ने के चौबीस घण्टों के अन्दर एकदम जीवन्त, सक्रिय और सर्वदर्शी हो गयी। उसके सदस्यों

ने एकदम पूरे ज़ोर से माँग की कि युद्ध तत्काल बन्द होना चाहिये क्योंकि बन्दूक की गोली से कोई समस्या हल नहीं होती। दो दिन के युद्ध से ये राष्ट्र इतने घबरा गये जैसे तत्काल लड़ाई न रोकी गयी तो प्रलय हो जायेगी। लेकिन ये ही राज्य नौ महीने से लाखों लोगों के क़त्लेआम को देख रहे थे और उसे रोकने की ज़रूरत इन्होंने नहीं समझी। भारत-पाकिस्तान के बीच चले चौदह दिन के युद्ध में दोनों तरफ़ के मृतकों और घायलों की पूरी संख्या को भी ले लें तो वह पूर्व बंगाल में पाकिस्तानी सैनिकों द्वारा बेरहमी से मारे गये निहत्थे लोगों की संख्या से पचासों अंश कम है। इन राज्यों के लिए निहत्थे बंगालियों का ख़ून तो पानी था लेकिन मरने-मारने के लिए प्रशिक्षित और सुसज्जित किये गये सैनिकों का ख़ून और उसका बहना गम्भीर संकट का विषय बन गया।

समस्याओं के हल में गोली की निरर्थकता का भारत को उपदेश देने वाले इन राष्ट्रों ने याह्या ख़ाँ को क्यों नहीं समझाया कि बाङ्‌ला देश का मामला पन्द्रह लोगों को मारने, एक करोड़ लोगों को भगाने और सोनार बाङ्‌ला पर फ़ौजी जूते का आतंक जमाने से हल नहीं होगा। यह उपदेश देने वालों में दो प्रमुख राष्ट्र थे अमरीका और चीन और ये दोनों राष्ट्र ही वे गोलियाँ और बन्दूक पाकिस्तान को देते रहे हैं जिनसे याह्या ख़ाँ ने बाङ्‌ला देश का मामला हल करने की कोशिश की थी। लिबर्टी स्टेच्यू की छाया में रहने वाली अमरीकी सरकार और दुनिया भर के दबे-पिटे लोगों की आज़ादी की ठेकेदार चीनी सरकार पूरी तरह पाकिस्तान के तानाशाही राज्य के पक्ष में थी और इस राज्य को टूटने से बचाये रखने के लिए उन्होंने एड़ी-चोटी का पसीना एक कर दिया। राष्ट्र संघ महासभा में एक सौ चार राष्ट्रों ने युद्धबन्दी और सेना वापसी की माँग की। लेकिन पूर्व बंगाल से अपनी नृशंस सेना हटाने का आग्रह किसी ने भी पाकिस्तान से नहीं किया क्योंकि वह बन्दूक के बल पर राज्य करने वाली पाकिस्तानी सरकार के राज्य का अंग था, साढ़े सात करोड़ बंगालियों का देश नहीं था। सारे राज्यों ने भारत को एक राज्य को तोड़ने का पापी बताया; साढ़े सात करोड़ लोगों की आज़ादी, आत्मनिर्णय और सम्मान की रक्षा का श्रेय नहीं दिया।

तो मार्च '७० से लेकर दिसम्बर '७० तक के नौ महीनों में राज्य की रक्षा सबने की; जनता की, मानवता की, सभ्यता और आज़ादी की रक्षा किसी ने नहीं की। यह इसलिए कि राज्य बीसवीं शताब्दी का पवित्र नन्दी है और

उसकी रक्षा उस जनता की रक्षा से भी ज़्यादा ज़रूरी है कि जिसके कारण उसे प्रतिष्ठा और पवित्रता प्राप्त है। राज्य सार्वभौम है और जनता उसकी असहाय अनुकरणीया है।

दूसरी बात यह कि भारत के संगठित राज्य की सुप्रशिक्षित और सुसज्जित सेना अगर तीन और चार दिसम्बर को बाङ्‌ला देश में कूच नहीं करती तो सोलह दिसम्बर को ढाका में याह्या ख़ाँ की फ़ौज आत्मसमर्पण नहीं करती और बंगालियों का 'बाङ्‌ला देश' जाने कब तक देशनिकाले से त्रस्त लोगों का सपना बना रहता। इसमें कोई सन्देह नहीं कि बाङ्‌ला देश के सपने को साकार करने में बंगालियों ने कोई कम लड़ाई नहीं लड़ी है। मुक्तिवाहिनी के जवान गुरिल्लाओं के साहस, शौर्य और त्याग की जितनी प्रशंसा की जाये कम ही होगी। फिर भी हमें भूलना नहीं चाहिये कि मुक्तिवाहिनी अपने प्रशिक्षण और हथियारों के लिए भारतीय सेना की आभारी है। भारतीय सेना से रक्षित भूमि पर गुरिल्लाओं को अड्डे बनाने की सुविधा नहीं होती तो उनका इतने कम समय में इतना प्रभावशाली होना लगभग असम्भव होता। यह सही है कि बंगालियों के दिल में अगर आज़ादी की आग नहीं होती और उसके लिए वे मर मिटने को तैयार नहीं होते तो भारतीय सेना अपनी पूरी ताक़त के बावजूद बाङ्‌ला देश को आज़ाद नहीं करा सकती थी लेकिन यह भी उतना ही सही है कि बिना किसी संगठित और सुसज्जित सेना के या राज्य की अप्रत्यक्ष सहायता के बंगाली पाकिस्तानी सेना को अपने देश से खदेड़ नहीं पाते। २५ मार्च के बाद बंगालियों ने जिस तरह का स्वतन्त्रता–संग्राम छेड़ा था उसकी सफलता राज्य की मदद के सिवाय असम्भव थी। एक सेना से जब शस्त्रों के बल पर लड़ते हैं तो निर्णायक शस्त्र बल ही होता है और सबसे ज़्यादा शस्त्र बल राज्य के पास ही है।

उत्तर वियतनाम का अमरीका के शस्त्र बल से इतने वर्षों से निरन्तर लड़ने का उदाहरण अक्सर दिया जाता है। इसमें कोई सन्देह नहीं कि वियतनाम के लोग बहुत बहादुर हैं और उनकी आत्मा इस्पात की है। लेकिन हमें याद रखना चाहिये रूस और चीन की शस्त्र सहायता के बिना ये लोग भी अमरीका का सामना नहीं कर सकते थे।

बंगाली गुरिल्लाओं और मुक्तिवाहिनी की जो मदद भारतीय सेना ने की वैसी मदद भारत नहीं करता तो कोई और करता। शेख मुजीब और उनकी

अवामी लीग अगर प्रजातान्त्रिक होने के बजाय माओवादी होती तो चीन ने आज जो सहायता पाकिस्तान की की है उससे ज़्यादा मदद वह बाङ्ला देश के लोगों की करता और पाकिस्तान से दोस्ती छोड़ने में उसे दो दिन नहीं लगते। इस बहाने चीन को भारतीय उपमहाद्वीप में क़दम रखने और पूरे दक्षिण एशिया को अपनी जागीरदारी में लाने का मौक़ा मिलता और इसे वह कभी छोड़ता नहीं। लेकिन चूँकि बाङ्ला देश का स्वतन्त्रता संग्राम माओवादी नहीं था इसलिए चीन ने उसे जनता का स्वतन्त्रता संग्राम तक नहीं माना। चीन की राय में माओ को मानने वाली जनता ही है बाक़ी सब साम्राज्यवाद के पिट्ठू हैं।

और अगर अमरीका इन दिनों रूस के ख़िलाफ़ चीन से दोस्ती करने के दौर में नहीं होता और शेख मुजीब प्रजातान्त्रिक नेता होने के बजाय सैनिक तानाशाह होते तो अमरीका पाकिस्तान के विभाजन की पूरी कोशिश करता और याह्या के साथ शेख मुजीब की भी सहायता करता क्योंकि उसने भी साम्यवाद से दुनिया की रक्षा करने का ठेका ले रखा था।

चीन और अमरीका दोनों ही पाकिस्तान के इसलिए संरक्षक हैं कि उन्हें भारत को दबाये रखना है और इसलिए वे बाङ्ला देश के बनने के ख़िलाफ़ थे और हैं क्योंकि एक स्वतन्त्र और प्रजातान्त्रिक बाङ्ला देश भारत के पक्ष में जाता है। रूस ने भी बाङ्ला देश के बनने में इसलिए मदद की क्योंकि वह चाहता है कि भारत ताक़तवर हो। एक ताक़तवर भारत ही अमरीका की चीन से दोस्ती के असर को रूस के पक्ष में काट सकता है।

तो न केवल भारत की राज्य शक्ति बल्कि संसार की राजनीति भी बाङ्ला देश के निर्माण में कुछ हद तक सहायक हुई है। अगर एक राज्य शक्ति और विश्व राजनीति का एक खेमा बाङ्ला देश की हत्या पर तुला हुआ था तो दूसरी राज्य शक्ति और विश्व राजनीति का दूसरा खेमा उसका निर्माण चाहता था। जीत उसकी हुई जिसकी तरफ़ बंगालियों का वजन था।

बाङ्ला देश की स्वतन्त्रता एक महान् घटना है। जैसी उसे स्वतन्त्रता मिली भगवान सबको दे। जैसे बंगालियों के दिन फिरे वैसे सबके फिरें। लेकिन बंगाली भी सोचें और लोकशक्ति में विश्वास करने वाले हम लोग भी कि आख़िर क्यों बंगालियों को राज्य शक्ति की ज़रूरत पड़ी?

गाँधी मार्ग, जनवरी, १९७२

स्थायी पाकिस्तान की खोज में

"बड़ी ज़बरदस्त क़ुर्बानी के बाद पाकिस्तान बना है। अब उसे खोना नहीं है। लेकिन अगर पार्लियामेंटरी तरीक़ा अपनाये रहे तो पाकिस्तान टिक नहीं सकेगा।" श्री आगा ख़ाँ ने अयूब ख़ाँ को बताया। उन्होंने कहा, "मैंने आपको यही समझाने के लिए यहाँ (लन्दन) बुलाया है। पाकिस्तान अगर पार्लियामेंटरी तरीक़े से चला तो आप लोग उसे खो देंगे। आप ही वह आदमी हैं जो चाहें तो उसे बचा सकते हैं।"

श्री अयूब ख़ाँ ने जब यह कहा कि "हालात धीरे-धीरे ठीक हो जायेंगे" तो आगा ख़ाँ ने कहा, "आप नहीं समझते। हालात इस तरह कभी सुधरने वाले नहीं हैं।"[१]

आगा ख़ाँ ने सन् १९०६ में जिस इमारत की ईंट रखी थी, सन् १९४७ में वह बन तो गयी, मगर ख़ुद उन्हें ही सन् १९५१ में उसके खोखलेपन और ना-पायदारी का अहसास हो गया था, यह उस समय की इस बातचीत से साफ़ हो जाता है। पाकिस्तान की घटनाओं का विकास और उनकी आज की परिणति पर इस बातचीत से काफ़ी प्रकाश पड़ सकता है।

संसदीय प्रणाली ग़रीब देशों के लिए एक चिन्त्य प्रणाली मानी जाती है। वह ख़र्चीली होती है और उसमें सुधार चाहे जाने पर भी बहुत धीरे-धीरे होते हैं। इसलिए ग़रीब देश में और विशेषकर ऐसी ग़रीब जनता के बीच हिंसा जिसकी परम्परा के विरोध में नहीं बैठती, इस प्रणाली के समाप्त होने और उसे समाप्त करने के सिलसिले में किये गये कार्यों के कारण राष्ट्र की हानि की सम्भावनायें प्रबल रहती हैं। किन्तु, आगा ख़ाँ ने जनता की क्रान्ति के बजाय सेना की क्रान्ति सुझाई और इस बात पर बहुत ज़ोर

दिया कि रातोंरात सेना इस क्रान्ति को करके संसदीय प्रणाली या जनक्रान्ति से पाकिस्तान को बचा ले।

प्राय: किसी देश की शासन प्रणाली के भावी रूप को निश्चित करने वाला तत्त्व होता है उसके स्वतन्त्रता संग्राम का स्वभाव। पाकिस्तान ने स्वतन्त्रता का संग्राम किया था, यह कहना कठिन है। वह तो स्वतन्त्रता के लिए संघर्ष करने वालों का विरोध करने के बदले मिली हुई खिलअत थी। देशभक्तों की पीठ में छुरा भौंकने का इनाम था। उसका जन्म बड़ी अस्वाभाविक परिस्थितियों, इच्छाओं और दुरभिसन्धियों का परिणाम था। कहा जा सकता है कि कम्पनी के शासन को समाप्त करके क्लाइव ने इंग्लैण्ड के लिए जो सुविधा जुटायी थी, अखण्ड भारत को दो टुकड़ों में बाँटकर श्री माउण्ट बेटन ने शायद शोषण और सत्ता की उससे भी अधिक सुविधाजनक परिस्थितियाँ इस भूभाग में पैदा कर दीं। इस कारसाजी से उन्होंने एक अनन्त सम्भावना वाले उपमहाद्वीप को निरन्तर परमुखापेक्षी परस्पर संघर्षशील आँचल बना डाला और यश लूटा न्याय, सद्भावना और मानवीय भावना के धनी होने का।

भारत में आज़ादी के बाद शासन प्रणाली के स्वरूप में तफ़सील पर तो विचार हुआ किन्तु यह द्विविधा किसी के मन में नहीं हुई कि प्रणाली लोकतान्त्रिक हो या न हो। भारत की आज़ादी की लड़ाई के दौरान धर्म के आधार पर देश के बँटवारे की माँग देश के उन अंचलों से उठी थी, जिनमें माँग करने वाले स्वयं अल्पमत थे, इसलिए जब बँटवारा हुआ तो वे भारत में रह गये और पाकिस्तान में बहुमत उन लोगों का रहा जिन्होंने न बँटवारे की माँग की थी न आज़ादी के लिए बहुत उत्सुक ही थे, तथापि शासन की बागडोर भारत से जाकर मुसलिम लीग के कर्णधारों ने सँभाली। प्रारम्भ में श्री जिन्ना सर्वेसर्वा थे, वे लोकतन्त्र के हामी थे। उन्होंने पाकिस्तान की प्रणाली को लोकतन्त्रीय व्यवस्था देने का सीमित प्रयत्न किया। उन्होंने कहा, ''पाकिस्तान बन जाने के बाद अब मुसलमान, हिन्दू, ईसाई आदि की बात नहीं करनी है—अब तो हम सब पाकिस्तानी हैं।'' तथापि उनके विचार का आचार वहाँ असम्भव था क्योंकि उस राष्ट्र के निर्माण का आधार कोई उदार धार्मिक भावना न होकर कट्टर फिरकापरस्ती थी।

यह तो प्रारम्भ से ही स्पष्ट था कि पाकिस्तान में एक व्यक्ति न सही एक

दल का राज होगा और वह दल सिवा मुस्लिम लीग के कोई और नहीं होगा। इस दल के प्रारम्भिक सदस्य वे अमीर-उमराव, वकील-बैरिस्टर, धार्मिक मौलवी-मुल्ला थे जो साधारण ग़रीब जनता से कटे हुए थे। दल के विकास के साथ उसके इस स्वभाव में कोई अन्तर नहीं हुआ। पाकिस्तान बन जाने के बाद भी मुस्लिम लीग की सदस्यता बहुत तो शहरी मध्यमवर्गीय लोगों तक गयी। गाँवों में उसकी सदस्यता तब भी नहीं फैली। वह व्यापारियों, वकीलों और ज़मींदारों की ही संस्था बनी रही। दल का दृष्टिकोण किसी बदलाव लाने का, बराबरी की इच्छा जगाने का या किन्हीं बड़े सामाजिक सुधारों के करने का भी नहीं था। इसलिए उपेक्षित होकर जनता उन नयी-नयी पार्टियों की ओर आकृष्ट होने लगी जो क्षेत्रीय, आर्थिक, राष्ट्रीय या एकाध बार धर्म निरपेक्ष दृष्टिकोण को लेकर चलने की कोशिश कर रही थीं। शासनकर्ता दल को लगा कि एक बार यदि इन पार्टियों ने शक्ति समेट ली तो उन्हें चुप करना कठिन हो जायेगा, इसलिए उसने इन पार्टियों के अँग्रेज़ी शासनकाल में बने हुए उन क़ानूनों के बल पर जो भारत की आज़ादी की लड़ाई को कुचलने के लिए बनाये गये थे, कुचलना शुरू कर दिया।

बहुमत शासन करने वालों के साथ नहीं था किन्तु सत्तारूढ़ इस अल्पमत को इस बात का ठीक अहसास नहीं था कि बहुमत के आधार पर लोकतन्त्रीय शासन की बात करना कम से कम उनके लिए घातक सिद्ध हो सकता है। आगा ख़ाँ ने श्री अयूब से लन्दन में जो बातचीत की थी, उसमें यह मुद्दा तो गर्भित ही था। इस प्रकार एक अल्पमत के द्वारा शोषण की प्रक्रिया चलती रही।

यह शोषण यों तो पूरे पाकिस्तान का होता रहा लेकिन पूर्व पाकिस्तान में यह अधिक महसूस किया जा रहा था। वहाँ का जनमानस इसलिए लोकतन्त्र के लिए व्याकुलता का अनुभव करने लगा और आर्थिक शोषण तथा उस क्षेत्र की भाषा तथा संस्कृति के प्रति उपेक्षा ही नहीं, दमन के विरोध में वहाँ के नेता और जनसमूह मुखर हो उठे। सत्तारूढ़ दल ने अपने रवैये को सही सिद्ध करने के लिए पश्चिमी पाकिस्तान के लोगों को पाकिस्तान के निर्माण की याद दिलाना शुरू किया और वे उनमें यह भावना भरने लगे कि पूर्व का बंगाली मुसलमान मन से हिन्दू है और वह देश के प्रति गद्दार तक हो सकता है। पूर्व बंगाल के हिन्दू के विषय में तो यह बात कि वह

पाकिस्तान के प्रति सच्चा नहीं है इसलिए और भी अधिक आसानी से लोगों के गले उतारी जा सकती है। पिछले २३ वर्षों में पूर्व बंगाल से बीच-बीच में हिन्दुओं के भगाये जाते रहने के पीछे इस प्रचार का भरपूर हाथ रहा है।

पाकिस्तान में शासन प्रणाली किस प्रकार की हो इसे लेकर दो प्रमुख विचार-धारायें बराबर अपना पक्ष प्रस्तुत करती रहीं। एक विचार यह था कि पाकिस्तान बंगाली, पंजाबी, सिन्धी, बलूची, पठान आदि कई लोगों का राष्ट्र है, इसके विभिन्न अंचलों की भाषा और संस्कृति भी अलग-अलग है। इन सबके साथ न्याय तभी हो सकता है जब शासन की पद्धति लोकतान्त्रिक हो। राष्ट्र के उक्त 'सभी घटक लोकतान्त्रिक ढाँचे में ही मिल-जुल कर रह सकते हैं। लोकतन्त्र को नष्ट करने का प्रयास अन्ततोगत्वा पाकिस्तान को ही नष्ट कर देगा।'[२] दूसरे विचार के अनुसार 'राष्ट्र एक ऐसा इस्लामी राष्ट्र होना चाहिये, जिसमें प्रभुसत्तात्मक अधिकार अल्लाह के होंगे और लोग अपना शासन पवित्र कुरान और सुन्ना के उपदेशों के अनुसार चलायेंगे।'[३] पहली धारा बिखेरते हुए विभाग पाकिस्तान को धर्मनिरपेक्ष लोकतन्त्र का मज़बूत आधार देना चाहती थी, वह धर्म को संस्कृति और भाषा से अलग करके देख सकती थी, उसके अन्तर को जानती थी और उन्हें जोड़कर रखना भी। दूसरी धारा धर्माधारित राष्ट्र को ही मज़बूत करना चाहती थी और अल्पमतीय घटक बहुमतीय घटकों को इसी के नाम पर दबाकर रखना चाहते थे। स्पष्ट ही अल्पमतीय घटकों की शक्ति कम हो रही थी, मुस्लिम लीग का प्रभाव कम हो रहा था, जनता के मन में उसके प्रति आदर की भावना पहले-जैसी नहीं रही थी।

जिनकी बात का लोगों पर सीधा असर नहीं होता और जो अल्पमत में भी होते हैं वे एक निश्चित सीमा तक रक्षण के आकांक्षी होते हैं। उनका मन कमज़ोरी का अनुभव करता रहता है, वे आसपास के लोगों से भयभीत रहते हैं, क्योंकि वे जिस सिद्धान्त की वकालत करते हैं उसे वे स्वयं पूरे मन से स्वीकार नहीं करते। मुस्लिम लीग ने इस्लाम के आधार पर नये राष्ट्र की माँग की थी लेकिन स्वयं ही धर्म के मामले में जितनी कट्टर दिखती थी उतनी थी नहीं। इस्लाम के प्रति कट्टरपन उसे अपने अस्तित्व की रक्षा के लिए अपनाना पड़ा था, लगभग उसी तरह जैसे कांग्रेस ने आज़ादी के संघर्ष के दौरान अहिंसा और सत्याग्रह को सिद्धान्ततः स्वीकार

नहीं किया था, 'नीति' की तरह किया था। वह स्वीकृति मानो लाचारी थी। स्वतन्त्रता का संघर्ष गाँधी के बिना चल नहीं सकता था और गाँधी अहिंसा और सत्य के बिना नेतृत्व की डोर हाथ में रखने को तैयार नहीं थे। मुस्लिम लीग की गाड़ी भी बिना इस्लाम का नाम लिए आगे नहीं बढ़ सकती थी। पाकिस्तान बन जाने के बाद भी अपने अस्तित्व के लिए उसे इसी आधार को बनाये रखना ज़रूरी था। रक्षण की आकांक्षा ने आधुनिक शस्त्रों से सजी एक सेना की अनिवार्यता राष्ट्र के सामने पहली आवश्यकता के रूप में रखी। बँटवारे के समय फील्ड मार्शल अयूब ख़ाँ से भारतीय सेना के एक वरिष्ठ अधिकारी करिअप्पा ने, जो बाद में भारतीय सेना के जनरल बने, सेना को अविभाजित रखने की बात की थी। लेकिन उनके लेखे 'पाकिस्तान के पास अपनी स्वतन्त्रता की रक्षा करने और 'अपनी नीति लागू' करने के लिए एक अलग सेना अनिवार्य थी।'[४] अयूब ने आधुनिक शस्त्रास्त्र से सुसज्जित प्रशिक्षित सेना को ही पाकिस्तान का 'प्राण' माना था। पाकिस्तान के इस प्राण में महत्त्वाकांक्षी लोग भरे पड़े थे। हालाँकि आज़ादी से पहले की अविभाजित सेना राजनीति से अलिप्त थी। लेकिन बँटवारे के बाद पाकिस्तान की सेना में राजनीति का बड़ा प्रबल संचार हुआ। नीची रैंकों के लोग अचानक ही अफ़सर बना दिये जाते थे। सेना में इस कारण पर्याप्त अशान्ति भी फैलने लगी थी। अयूब ने स्वीकार किया है कि ''तब हर अफ़सर को ऐसा लगता था कि बिना सेनाध्यक्ष बने लोगों को इस बात का विश्वास कैसे दिलाया जा सकता है कि उसने भी कुछ काम किये हैं। हर अफ़सर अपने मन में नेपोलियन बोनापार्ट था।'[५]

शासन की स्थिति भी सेना से अच्छी नहीं थी। कायदे आजम जिन्ना की उपस्थिति में किसी तरह सरकार चलायी जा रही थी। देश के पास इतनी सेना तो थी (इस पर श्री अयूब को गर्व था) लेकिन कोई संविधान नहीं था। इससे पहले कि जिन्ना देश को संविधान दे पायें, उनकी सन् १९४८ में मृत्यु हो गयी। लियाकत अली के आने पर केन्द्र में लीग की स्थिति बहुत कमज़ोर हो गयी। उन्होंने संविधान से ज़्यादा ज़रूरी काम केन्द्र में मुस्लिम लीग को मज़बूत बनाना माना। प्रान्तों और केन्द्र में मज़बूत होने के विचार से उन्होंने चुनाव करवाया। किन्तु, चुनावों के दौरान वे लोकप्रिय सिद्ध नहीं हुए और फिर उनकी हत्या कर दी गयी। उनके बाद से सन्

१९५८ तक शासन ढीला-ढाला चलता रहा। बुनियादी सिद्धान्त का पहला मसौदा जिसे लियाकत अली ने रखा था, अमान्य हो गया। फिर निज़ामुद्दीन आये। उन्होंने १६ महीने की अवधि में संविधान पर दूसरी रपट तैयार की। इस रपट का भी भाग्य वही रहा जो पहली का हुआ था। किसी तरह सन् १९५६ में चौधरी मुहम्मद अली ने एक संविधान बनाया, जिसमें प्रमुख दृष्टि अधिकारों के विकेन्द्रीकरण की रखी गयी थी। श्री अयूब ने सन् १९५४ में ही एक संविधान बना लिया था किन्तु वे उसे लागू करवाने की स्थिति में नहीं थे। नवम्बर १९५७ में सन् १९५६ के संविधान के अनुसार चुनाव कराने का आश्वासन दिया गया। कट्टरपन्थियों ने चुनाव को तलवार की धार से जीतने की कोशिश शुरू की। खान अब्दुल कयूम ख़ाँ ने क़रीब साठ हज़ार सदस्यों की संख्या का मुस्लिम लीग नेशनल गार्ड्स नामक सशस्त्र संगठन ही तैयार कर डाला। स्थिति यह थी कि कुल दल राष्ट्र को इस्लाम से जोड़कर, उसे शस्त्र से पाना और शस्त्र से ही कायम रखना चाहते थे।

इस तरह इस्लाम राष्ट्र को बचाने के लिए हर बार एक संविधान तैयार किया जाता था, चुनाव के वायदे होते थे लेकिन इस नाटक की परिणति तो सैनिक शासन में ही होती थी। मानो पाकिस्तान के सामने अपने इस्लामी स्वरूप को कायम रखने का एक ही रास्ता रखा गया था—सैनिक शासन।

'देश के भले के लिए' सन् १९५८ में पिछला संविधान, राष्ट्रीय असेम्बली, विधान सभायें और सभी राजनैतिक दलों को रद्द कर दिया गया और अयूब ख़ाँ ने सैनिक शासन की घोषणा कर दी। राष्ट्रपति ने ७ अक्टूबर सन् १९५८ की घोषणा में संविधान को भी भंग करने में थोड़ा संकोच तो किया लेकिन उन्होंने उस क़दम को उचित ठहराते हुए कहा, संविधान को पवित्र कहा जाता है, लेकिन संविधान और दूसरी किसी भी चीज़ से ज़्यादा पवित्र होता है देश। उसके नागरिकों का कल्याण और सुख। इसलिए राज्याध्यक्ष के नाते अल्लाह और जनता के प्रति यह मेरा कर्त्तव्य है कि मैं पाकिस्तान की एकता बनाये रखूँ। राष्ट्र की एकता और जनता के सुख को बनाये रखने का एकमात्र हल मज़बूत केन्द्रीय शासन घोषित किया गया और विकेन्द्रीकरण की आवाज़ गद्दारों की आवाज़ साबित कर दी गयी। फिर इस आवाज़ को रोकने के लिए सैनिक प्रशासन ने जन

नेताओं की बड़ी पैमाने पर गिरफ़्तारियाँ शुरू कीं। अख़बारों पर सरकार का नियन्त्रण हो गया। तीन–चार अख़बार तो लाइलाज मानकर बन्द ही करवा दिये। बहुमत की भावनाओं की वाणी को स्वतन्त्रता छीन कर दबा दिया गया।

इस बीच देश की नयी पीढ़ी में असन्तोष बहुत बढ़ चुका था। अयूब–शासन ने अपनी 'प्रगतिशीलता' को सामने रखने के लिए राष्ट्रीय शिक्षा कमीशन बिठा दिया। शिक्षा के मामले में स्वयं अयूब के विचार हास्यास्पद ही थे। पाकिस्तान की एकता के लिए उन्होंने सभी भाषाओं की समान लिपि की बात की और वह लिपि थी—रोमन। ब्रितानी व्यवस्था में सैनिकों को सम्बोधित करने सेना के बड़े अधिकारी हिन्दुस्तानी रोमन लिपि में लिखते थे। अयूब ने सेना से यही सीखा था और उन्होंने शासन की बटेर हाथ लग जाने पर पूरे राष्ट्र को वही सिखाना चाहा। लेकिन अयूब के सुझाव को ही नहीं छात्रों ने शिक्षा कमीशन की रपट को भी अमान्य घोषित कर दिया। आन्दोलन शुरू हो गया और जगह–जगह सेना बुलायी जाने लगी। एक जगह के विद्रोह के दबते न दबते उसकी सहानुभूति में दूसरी जगह हड़ताल होने लगती थी। सैनिक दिमाग़ के पास इस परिस्थिति को सुलझाने का एक ही हल था। २८ मार्च, १९६३ को आन्दोलन, हड़ताल, प्रदर्शन आदि की ख़बरों पर रोक लगाने वाला प्रेस ऑर्डिनेंस जारी कर दिया गया।

अयूब ख़ाँ के लिए सन् '६८–६९ बहुत बुरे साबित हुए। देश के दोनों भाग उनकी मुखालिफत में एक हो गये थे। अयूब के सामने एक ही रास्ता था, उसे अपनाना लाचारी थी अर्थात् देश को संविधान देना, लोकतन्त्र देना, बहुमत के आधार पर शासन चलने देना। अयूब ने देखा, अपने निरंकुश पैर पर कुल्हाड़ी तो मारना ही है, तो क्यों न कुल्हाड़ी की धार कुछ कुण्ठित कर ली जाये। धर्मनिरपेक्ष लोकतन्त्र के बदले धर्माधारित लोकतन्त्र की खोज शुरू हुई। अयूब ख़ाँ के शब्दों में, ''इसका कोई सुलभ हल नहीं था, इस्लामी संविधान का कोई नमूना नहीं था। पवित्र कुरान के उपदेश निर्देश तो थे, पर देश को चलाने के लिए विस्तृत संविधान नहीं था। निस्सन्देह पैगम्बर साहब द्वारा इस्लामी राष्ट्र को संगठित करने का उदाहरण था। पैगम्बर साहब के बाद चार खलीफ़ाओं ने इस्लामी सिद्धान्तों की अपनी–अपनी दृष्टि से व्याख्या की और उन्हें राज्य–व्यवस्था पर लागू

किया। किन्तु, सरकार का कोई निश्चित रूप या राज्याध्यक्ष तक के चुनाव का कोई तरीक़ा स्थिर नहीं किया था! अर्थात् इस्लाम ने यह भार समाज पर ही छोड़ दिया है कि वह अपनी परिस्थितियों के अनुकूल कोई ढाँचा तैयार कर ले, शर्त केवल इतनी ही है कि कुरान और सुन्ना के आदेशों का पालन होता रहे।''[६] और जब उन्होंने इस्लामी इतिहास और इस्लामी राज्यों के संविधान का गहन अध्ययन किया तो देखा कि, इस्लाम में राजत्व का कोई स्थान नहीं रहा है।... समाज द्वारा चुने गये प्रतिनिधि को सरकार चलाने, उसकी व्यवस्था करने के लिए पर्याप्त अधिकार होने चाहिये। ''अयूब ख़ाँ गोया एक ऐसी कुल्हाड़ी तैयार कर रहे थे जिससे निरंकुशता पर चोट किये जाने का भ्रम लोगों को दिया जा सके और निरंकुशता बरकरार भी रहे।... बिना मज़बूत केन्द्रीय शासन के देश को जोड़ कर नहीं रखा जा सकेगा। मुग़ल सम्राट औरंगजेब के बाद इस भूखण्ड पर मुस्लिम शासन की अधोगति शुरू हो गयी थी। तब केन्द्रीय सत्ता के कमज़ोर हो जाने से मुस्लिम सम्प्रदाय को बहुत हानि उठानी पड़ी।''[८]

उन्होंने देश और इस्लाम की रक्षा का जो हल निकाला वह था—सरकार का राज्याध्यक्षीय स्वरूप। इसमें एक निर्वाचित राष्ट्रपति को अपना मन्त्रिमण्डल चुनने का अधिकार रखा गया। राज्यों के राज्यपाल की नियुक्ति भी वही करेगा। उसे मन्त्रिमण्डल को देश की एकता छिन्न करने वाले क़दमों से विरत करने के अधिकार भी थे। अयूब ने सन् १९५४ में तैयार की गयी इस योजना को फ़रवरी १९६० में राष्ट्रपति बनने पर लागू करवाना चाहा।

एक बार फिर संविधान आयोग बिठाया गया। उसने रपट में कहा, ''पाकिस्तान में ऐसी सरकार होनी चाहिये जिसका सर्वेसर्वा केवल एक ही आदमी हो।'' १ मार्च, १९६२ को अयूब ने रेडियो पर संविधान की घोषणा की। संविधान की आलोचना और उसका विरोध पूरे देश में इतना तीख़ा हुआ कि अयूब ने लिखा, ''संविधान के लागू किये जाने पर पूरे देश ने उस जंगली घोड़े की तरह व्यवहार करना शुरू कर दिया जो पकड़ा तो जा चुका है, लेकिन जिसे अभी तक लगाम नहीं लगायी जा सकी है। जैसे ही आप उस घोड़े को प्यार से थपथपाते हैं, उसे कुछ खिलाने की कोशिश करते हैं, वह आपको काट लेता है, दुलत्ती मार देता है।''[९] वे देश को पकड़ भर पाये थे, सैनिक शासन द्वारा, लेकिन लगाम लगाने से पहले

उन्होंने एक और हथकण्डा आज़माया। उन्होंने फिर से मार्शला की घोषणा करके सत्ता याह्या ख़ाँ को सौंप दी। याह्या ने भी वही कहना शुरू रखा कि देश को संविधान दिया जायेगा और चुनाव कराये जायेंगे। लेकिन अयूब ख़ाँ की तरह उन्होंने देश को यह भी समझाया कि लोकतन्त्र की पृष्ठभूमि तैयार करने के लिए अभी कुछ समय तानाशाही आवश्यक है। वे जितने समय शासन बिना लोकतन्त्र के चला सके चलाते रहे। स्थिति फिर ख़राब हुई तो चुनाव की तारीख़ तय कर दी। किसी तरह दिसम्बर १९७० में आम चुनाव भी हो गये। लेकिन असेंबली की बैठक की राह में रोड़े अटकाये जाने लगे। पूर्व पाकिस्तान की जनता, जिसका बहुमत अब आवामी लीग की जीत से सिद्ध ही हो चुका था, इन कोशिशों को सहन न कर पायी। उसके बाद जो घटनाचक्र चला वह सारे संसार को स्तब्ध कर गया है।

इस समूचे घटनाचक्र ने जो सिद्ध किया है वह यह है कि धर्म के आधार पर देश को कायम करने वाले कभी भी देश की जनता के हाथ में शासन सौंपने की स्थिति में नहीं होंगे। यह उनकी क्रूरता नहीं लाचारी है। इस लाचारी के साथ क्रूरता जुड़ जाये तो वे क्या करें! संविधान बनते रहेंगे, बिगड़ते रहेंगे। पाकिस्तान में सैनिक शासन या लोकतन्त्र के परदे की आड़ में एक आदमी की तानाशाही बराबर कायम रखने की कोशिश चलती रहेगी। क्योंकि लोकतन्त्र आने पर सम्भव है कि पुराने देश के कोई दो टुकड़े दोस्त बन जायें और भारत और पाकिस्तान कुछ ज़्यादा जुड़कर अखण्ड भारत बनने की ओर बढ़ने लगें।

पाकिस्तानी शासकों को यह मंजूर नहीं है। वे कहते हैं, कि "कृत्रिम रूप से देश के निर्माण का अवसर इतिहास बार-बार नहीं देगा। हमारे पास जो शक्ति है हमें उसका उपयोग करना होगा। यदि हम उसका उपयोग करने में असमर्थ ठहरे तो एक अस्त-व्यस्त उजाड़ भविष्य की कलई खुल जायेगी।"[१०] और तब प्रश्न उठता है कि यदि अब कभी अन्तरराष्ट्रीय लोकमत के सामने झुक कर पाकिस्तान में लोकतन्त्र को अवसर दिया भी गया तो विरोधियों को चुन-चुन कर समाप्त कर दिये जाने और अलग विचार रखने वाली जनता को लाखों की तादाद में मौत के घाट उतार देने के बाद दो-चार दशकों तक क्या नेताओं और जनता में उन्हीं की नहीं चलेगी, जिन्होंने ऐसा घोर दमन किया है अथवा पूछा जा सकता है कि

क्या ऐसा घोर दमन इसलिए नहीं किया गया है कि आने वाले सुदूर भविष्य तक लोकतन्त्र की आड़ में एक ही कु-विचार की तूती बोलती रहे?

गाँधी मार्ग, जनवरी, १९७१

सन्दर्भ :

१. अयूब खाँ, फ्रेंड्स नॉट मास्टर्स, पृ. १९३।
२. शेख मुजीबुर्रहमान, २८ अक्टूबर १९७०, रेडियो भाषण।
३. अयूब खाँ, फ्रेंड्स नॉट मास्टर्स, पृ. २०४।
४. अयूब खाँ, फ्रेंड्स नॉट मास्टर्स, पृ. २०
५. वही, पृष्ठ ३८
६. अयूब खाँ, फ्रेंड्स नॉट मास्टर्स, पृ. ५०
७. अयूब खाँ, फ्रेंड्स नॉट मास्टर्स, पृ. ५०
८. वही, पृ. २३०
९. वही, पृ. २४९
१०. अयूब खाँ, फ्रेंड्स नॉट मास्टर्स, पृ. ३११

क्या नैरोबी में दुनिया को बचाया जा सकेगा ?

आदमी के इस 'एक ही घर' को तेज़ी से बिगड़ते जा रहे पर्यावरण से बचाने की एक और कोशिश नैरोबी (केन्या, अफ्रीका) में २ मई से १२ मई तक की जा रही है। दुनिया भर के देशों से पर्यावरण की समस्याओं पर ग़ैर-सरकारी स्तर पर काम कर रहे ७२ प्रतिनिधि बिगड़ रही ज़मीन, हवा, गन्दा हो रहा पानी, कटते जा रहे जंगल, बढ़ रहे रेगिस्तान, चुकते जा रहे ईंधन के भण्डारों और कुल मिलाकर दुनिया की आबादी के एक बड़े भाग की बद से बदतर होती जा रही ज़िन्दगी से जुड़े सवालों पर विचार-विमर्श कर रहे हैं। पिछले कई सालों से इन सभी क्षेत्रों में काम कर रहे सामाजिक कार्यकर्त्ता और आन्दोलन चला रहे सक्रिय लोग पहली बार आपस में मिले हैं और इस सम्मेलन में दुनिया के ग़रीब देशों से आये ज़्यादातर प्रतिनिधियों ने पहली ही बार अपने देश से बाहर क़दम रखा है।

यह अन्तरराष्ट्रीय गोष्ठी पर्यावरण की चिन्ता की दसवीं वर्षगाँठ के उपलक्ष्य में २ मई से १२ मई तक आयोजित की गयी है। आज से ठीक दस वर्ष पहले स्टॉकहोम में पहली बार 'विश्व पर्यावरण सम्मेलन' हुआ था। १२३ देश शामिल हुए थे और तब पहली बार एक ही दुनिया की वास्तविकता सामने आयी थी और इसे मिल-जुल कर बचाने की चिन्ता भी। उन चिन्तित सरकारों ने उस सम्मेलन से निकली १०९ संस्तुतियों में से कितनों पर अमल किया, कितनों पर नहीं, यह एकमात्र हमारा घर इन वर्षों में कुछ साफ़-सुथरा हुआ या यह पहले से भी अधिक गन्दा हो गया है—यह जाँच ये ग़ैर-सरकारी प्रतिनिधि कर रहे हैं।

इस सम्मेलन के तुरन्त बाद नैरोबी में ही १० से १८ मई तक संयुक्त राष्ट्र

पर्यावरण कार्यक्रम में शामिल सभी देशों के सरकारी प्रतिनिधि पर्यावरण मन्त्री अधिकारी मिल रहे हैं और ढूँढ़ रहे है कि स्टॉकहोम सम्मेलन से अब तक दुनिया ने क्या खोया क्या पाया है। ये सब दुनिया के पर्यावरण की रक्षा के प्रति अपने कर्त्तव्य को एक बार दुहरायेंगे। दसवीं वर्षगाँठ को मनाने वाला यह सम्मेलन कोई साधारण सम्मेलन नहीं माना जा रहा है। नाम ही है इसका 'सम्मेलन विशेष चरित्र'! इस विशेष सम्मेलन के बाद संयुक्त राष्ट्र संघ पर्यावरण की प्रबन्ध समिति की दसवीं परिषद् २० मई से २ जून तक पिछले १० वर्षों के काम का लेखा-जोखा लेगी और आगामी दस वर्षों की (८२-९२) प्राथमिकताओं को तय करेगी।

नैरोबी में दुनिया को बचाने के लिए हो रही अलग-अलग ग़ैर-सरकारी और सरकारी कोशिशों के अलावा सम्मिलित कोशिश भी हो रही है। सरकारी सम्मेलन में ग़ैर-सरकारी संस्थाओं के प्रतिनिधि भी भाग ले रहे हैं और दुनिया भर में चल रही ग़ैर-सरकारी गतिविधियों के ये प्रतिनिधि एक आवाज़ से संयुक्त राष्ट्र पर्यावरण सम्मेलन में अपनी ओर से एक बयान भी प्रस्तुत कर रहे हैं। इसके अलावा ५५ देशों से आये ग़ैर-सरकारी प्रतिनिधि रोज़ सरकारी सम्मेलन की गोष्ठियों के बीच में, पहले और बाद में सरकारी लोगों से मिलकर उन्हें अलग-अलग विषयों पर ग़ैर-सरकारी राय देने की कोशिश करते हैं और भावी योजनाओं को अपने ढंग से प्रभावित करते हैं।

पर्यावरण की दसवीं वर्षगाँठ के उपलक्ष्य में नैरोबी में हो रही इन महत्त्वपूर्ण गोष्ठियों के अलावा जून के पहले हफ़्ते में इंग्लैण्ड में 'पर्यावरण पर आम सुनवाई' तथा उधर स्टॉकहोम में ज़हरीली बरसात (एसिड रेन) पर एक सम्मेलन होगा। अमेरिका के बाल्टीमूर में दुनिया के ग़रीब-अमीर देशों के बीच उत्तर-दक्षिण गोलमेज सम्मेलन हो रहा है और आगामी नवम्बर में स्टॉकहोम में पर्यावरण को लेकर एक वैज्ञानिक गोष्ठी आयोजित की गयी है। पर्यावरण में सरकारी, ग़ैर-सरकारी और वैज्ञानिकों की चिन्ता जाहिर करने वाले इन सम्मेलनों से थोड़ा अलग हट कर दुनिया के व्यापारियों ने भी बिगड़ते पर्यावरण को अपने हित के लिए एक ख़तरा देखा है। वे इस बारे में बातचीत करने और सभी से काफ़ी पहले पिछली अप्रैल में ही स्टॉकहोम में मिल गये थे।

इन सब सम्मेलनों में 'पर्यावरण पर आम सुनवाई' अपने क़िस्म की सबसे

नयी चीज़ होगी। इसका आयोजन संयुक्त राष्ट्र संघ के पर्यावरण कार्यक्रम ने किया है। पर्यावरण को लेकर काम कर रहे कुछ चुने हुए सक्रिय लोगों और विशेषज्ञों को एक तरफ़ बिठाया जायेगा और दूसरी तरफ़ होगा अन्तरराष्ट्रीय ख्याति प्राप्त राजनेता और अन्य प्रतिभाओं का एक जूरी-मण्डल। विशेषज्ञ पिछले दस वर्ष में हुए विभिन्न कार्यों की रिपोर्ट पेश करेंगे और जूरी इस प्रगति को अपनी कसौटी पर रखेंगे। अभी तक यह पता नहीं चल पाया है कि इस आम सुनवाई में कौन-कौन सुनायेगा, कौन-कौन सुनेगा और सुनवाई कितनी देर तक चलेगी।

नैरोबी : ग़ैर-सरकारी सम्मेलन

ग़रीब-अमीर, लोकतान्त्रिक, सैनिक, तानाशाही, पूँजीवादी, समाजवादी, साम्यवादी सभी तरह के ५५ देशों से आये कोई ७० ग़ैर-सरकारी लोगों के सम्मेलन में पर्यावरण के विभिन्न पहलुओं पर हुई बातचीत में प्रारम्भिक एक-दो अपवादों को छोड़ ग़ज़ब की एक राय झलकती थी। बढ़ती आबादी और बिगड़ते पर्यावरण का प्रश्न ज़रूर सम्मेलन पर एक संकट की तरह छाता हुआ दिखा था पर एशियाई प्रतिनिधियों ने लातिनी अमेरिका और अफ्रीकी प्रतिनिधि के साथ मिल कर इस पर एक सन्तुलित तथ्यपरक बहस छेड़ी और विकसित देशों के प्रतिनिधियों को भी इस सवाल के उथलेपन से सहमत कराया। इस तीख़े मतभेद के उठने का कारण था ग़ैर-सरकारी प्रतिनिधियों की ओर से संयुक्त राष्ट्र पर्यावरण कार्यक्रम के विशेष अधिवेशन में प्रस्तुत किये जाने वाले बयान के मसविदे में बढ़ती आबादी का उल्लेख। भारत के अनिल अग्रवाल के नेतृत्व में सभी एशियाई प्रतिनिधियों का कहना था कि बढ़ती आबादी अपने आप में एक अलग बहस है, पर इसे बिगड़ते पर्यावरण के एकमात्र कारण की तरह पेश करना और कुछ नहीं, एक ख़ास तरह की बेईमानी भर है। जहाँ दुनिया के ८० प्रतिशत प्राकृतिक भण्डारों को केवल २० प्रतिशत सम्पन्न लोग हजम कर रहे हों, जहाँ उत्तरी देशों की सम्पन्न कही जाने वाली जीवन शैली और कुछ नहीं बर्बादी पर टिकी हो, वहाँ केवल ग़रीब देशों की बढ़ती आबादी को अपराधी बताना कैसे चलने दिया जायेगा? इस एक सवाल ने कई सवालों का पिटारा खोला और अन्ततः पहला मसविदा पूरी तरह से वापस

लिया गया और फिर से मसविदा तैयार करने के लिए भारत के अनिल अग्रवाल को शामिल किया गया। दूसरे मसविदे में सम्पन्न देशों में प्रति व्यक्ति बढ़ती ही जा रही खपत और ग़रीब देशों में बढ़ रही आबादी— दोनों को ही धरती के सीमित प्राकृतिक भण्डारों के प्रति ख़तरा माना गया।

इस संशोधित नये प्रारूप में दुनिया के बिगड़ते पर्यावरण की बेहतर समीक्षा की ओर आग्रह था कि बुनियादी कारणों को नजरअन्दाज़ कर केवल लक्षण को सुधारने की कोशिश हमें कहीं नहीं पहुँचा सकेगी। 'स्टॉकहोम सम्मेलन' के १० वर्षों में स्वस्थ पर्यावरण की सम्भावनाओं पर तेज़ी से अँधेरा छाता जा रहा है। पर्यावरण पर विपरीत असर डालने वाली विकास की प्रक्रिया आदमी की हालत को भी बद से बदतर करती जाती है। दुख की बात है कि हर जगह की सरकारें स्टॉकहोम की आशा को आगे बढ़ाने में बुरी तरह से असफल हुई हैं। पूरे न किये जाने वाले वायदों से भरे सम्मेलन, लागू न किये जाने वाले कायदे-क़ानून, खस्ता आर्थिक हालत वाली एजेंसियाँ, अक्षम राष्ट्रीय संस्थान और अन्तरराष्ट्रीय सहयोग में लगातार आ रही कमी से कुल मिलाकर उपेक्षा और ग़ैर-जिम्मेदारी का एक चित्र उभरता है।

प्रस्ताव ने इस अँधेरे में भी ग़ैर-सरकारी संगठनों, नागरिक मंचों की सक्रियता में आशा की किरण देखी थी। इसलिए प्रस्ताव की शुरुआत अन्तरराष्ट्रीय ख्याति प्राप्त पर्यावरणविद् बारबरा वार्ड की एक उक्ति से की गयी थी—"आशा के प्रति हमारा कर्त्तव्य है।" और अन्त हुआ था— "कर्म के प्रति हमारा उत्तरदायित्व है।"

ग़ैर-सरकारी संगठनों के इस सम्मेलन में जापान से आये मिनीमाता (पारे के प्रदूषण से होने वाला एक प्रकार का लाइलाज़ लकवा) रोग के शिकार श्री हमामोतो की उपस्थिति सभी देशों के लिए एक दारुण प्रतीक था। वे १९७२ में स्टॉकहोम सम्मेलन में भी शामिल हुए थे—तब वे एक छड़ी के सहारे चल तो लेते थे। पिछले दस वर्षों में उनकी दोनों टाँगें पूरी तरह से बर्बाद हो गयी हैं। और इस बार वे पहिएदार कुर्सी पर आये थे। उन्होंने जापानी में सम्मेलन में पूछा—"दस वर्षों में कुछ बदली है हालत ? जापान धड़ाधड़ औद्योगिक प्रगति कर रहा है पर किसकी क़ीमत पर ? मिनीमाता शहर में पाँच हज़ार लोग मिनीमाता रोग के कारण अपाहिज़ हो चुके हैं, कई तो मर चुके हैं। जापान में दरअसल अब प्रदूषण हवा का, पानी का,

जंगल का इतना अधिक फैल चुका है कि वहाँ और अधिक बर्बादी करने की जगह ही नहीं बची है। इसलिए प्रगति के पथ पर दौड़ रहा हमारा शानदार देश अब प्रदूषण का निर्यात कर रहा है। वह एशिया, लातानी अमेरिका और यूरोप तक में अपना ज़हर फैला रहा है।''

अपाहिज़ हमामोतो ने प्रदूषण के जिस निर्यात की ओर संकेत किया था, ग़ैर-सरकारी सम्मेलन में उस बात को लेकर काफ़ी काम भी हुआ। और इसके अपराधी और इसके शिकार होने वाले देशों के सदस्य मिल कर ऐसे संयुक्त अभियान भी चलाने की तैयारी कर रहे थे। जापान से आये संगठनों ने अपनी ही सरकार द्वारा अन्य देशों में की जा रही बर्बादी की पोल खोली। दक्षिण पैसेफिक में जापान और फ्रांसीसी कम्पनियों द्वारा उँडेले जा रहे आणविक कचरे के ख़िलाफ़ संयुक्त हस्ताक्षर हुए। अंटार्कटिका पर इंग्लैण्ड और अर्जेंटीना के सदस्य एकमत थे और इस तरह पश्चिम के धनी देशों से आये लोगों के मन में अपने यहाँ की उन बहुराष्ट्रीय कम्पनियों के प्रति क्रोध था जो तीसरी दुनिया में अपने ऐसे ज़हरीले उत्पादन बेच रही हैं जो वे ख़ुद अपने देशों में लागू कड़े क़ानूनों के कारण नहीं बेच सकतीं।

अन्तरराष्ट्रीय ग्राहक आन्दोलन (मुख्यालय हेग, नीदरलैण्ड) इस सवाल को लेकर विश्वव्यापी संघर्ष की तैयारी कर रहा है। इस अभियान का नाम रखा गया है—ग्राहक इण्टरपोल! (इण्टरपोल अन्तरराष्ट्रीय पुलिस विभाग) कीटनाशक और अन्य ख़तरनाक रसायनों का व्यापार करने वाली बहुराष्ट्रीय कम्पनियों को इसने माफिया का नाम दिया है। संगठन दुनिया भर के लोगों को बताना चाहता है कि—

- अमेरिका से सन् १९८० में निर्यात किये गये कीटनाशकों का २५ प्रतिशत भाग ऐसे कीटनाशकों का था जो या तो अमेरिका में पूरी तरह से प्रतिबन्धित हैं या जिनकी बिक्री पर काफ़ी सख़्त क़ानून हैं। लेकिन ये एशिया, अफ्रीका, लातिनी अमेरिका के देशों में सामान्य दुकानों पर खुलेआम बिकते हैं, कई बार तो खाने-पीने की चीज़ों के साथ रखकर।
- हर वर्ष कोई १५ लाख लोग कीटनाशकों के ज़हर के शिकार होते हैं। इनमें से लगभग पाँच लाख लोग ग़रीब देशों के होते हैं।
- खेती की तरक्की के नाम पर खुलेआम बिकने और बिना किसी

सावधानी के छिड़के जा रहे इन ज़हरों के कारण हर साल कोई ३०,००० खेतिहर मज़दूर या किसान अपने जीवन से हाथ धो लेते हैं। पर सभी देशों के सरकारी अस्पतालों के आँकड़े इस पर चुप हैं।

- पिछले वर्ष अमेरिका में बच्चों के लाखों रेडीमेड कपड़ों पर आग से बचाव करने वाला एक नया रसायन लगाया गया था। 'ट्रिस' नामक इस नयी खोज का ख़ूब प्रचार हुआ पर बाद में ग्राहक सुरक्षा आयोग ने घोषित किया कि यह रसायन बच्चों में कैंसर फैला सकता है। आयोग के कारण ऐसे कपड़ों का एक विशाल भण्डार बाज़ार से बाहर फेंक दिया गया। पर उन्हें बनाने वाली कम्पनियों ने इन गट्ठरों को जहाज़ों पर लादकर तीसरी दुनिया के बाज़ारों में पहुँचा दिया।
- कई रासायनिक कम्पनियाँ अपने उत्पादनों पर ठीक जानकारी देने वाला लेबल भी नहीं लगातीं। साधारण ग्राहक तो छोड़िये, डाक्टर को भी पता नहीं चलता कि इससे क्या-क्या नुकसान हो सकते हैं और ऐसी किसी दुर्घटना के मौक़े पर क्या इलाज किया जाना चाहिये।
- भारत में एस्बेस्टस बनाने वाली अनेक ब्रितानी और अमेरिकी कम्पनियाँ अपने 'मायके' देश के उत्पादन नियमों से कोई ५० वर्ष पीछे चल रही हैं।
- अमरीकी पर्यावरण सुरक्षा एजेंसी के अनुसार सन् १९८० में अमेरिका में ५ करोड़ ७० लाख टन ज़हरीला कचरा बचा था—इसको ठिकाने लगाने की वहाँ कहीं जगह ही नहीं है। यह कहाँ जायेगा ? जाहिर है, तीसरी दुनिया के ग़रीब देशों की ज़मीन पर या उनके समुद्रों में।

सम्मेलन के दौरान ऐसे रसायनों को भेजने और पाने वाले देशों के ग़ैर-सरकारी सदस्य सम्बन्धित सरकारी प्रतिनिधि मण्डलों से लगातार बातचीत करते रहे हैं। पर केवल बातचीत पर्याप्त नहीं होगी। इसलिए इन कीटनाशक ज़हरीली दवाओं का विश्वव्यापी व्यापार करने वाले दादाओं से निपटने के लिए हर जगह नागरिकों के संगठनों को बनाया जाने लगा है।

अरबों रुपयों के मालिक इन दादाओं से लड़ने वाले निहत्थे नागरिकों का सबसे बड़ा हथियार सही सूचना और तथ्य माने गये हैं और हर जगह इन 'हथियारों' का भण्डार जमा किया जा रहा है। ग्राहक इण्टरपोल ने हाल में

ही ज़हर का घेरा (सर्किल ऑफ़ पॉयज़न) या कीटनाशक : केवल निर्यात के लिए (पेस्टीसाइड्स फॉर एक्सपोर्ट ओनली) नामक एक बहुत ही भयानक फ़िल्म बनायी है। यह दुनिया की तमाम रासायनिक बहु-राष्ट्रीय कम्पनियों की कलई खोलती है। फ़िल्म बहुत ताक़तवर है इसलिए अभी उसे बड़े पैमाने पर दिखाने के रास्ते में तरह-तरह की अड़चनें डाली जा रही हैं। ग़ैर-सरकारी सम्मेलन के प्रतिनिधियों ने इसे देखने के बाद अपने-अपने देशों में इसकी प्रतियाँ लेनी चाही हैं पर उनके पास पैसा नहीं है। संयुक्त राष्ट्र पर्यावरण कार्यक्रम भी दबे तौर पर इसे जगह-जगह दिखाना तो चाहता है पर वह अपने सदस्य देशों की इज़ाज़त के बिना ऐसा कर नहीं पायेगा। कहते हैं कि नैरोबी के सरकारी सम्मेलन के दौरान इसे 'यूनेप' की प्रबन्ध समिति को दिखाया जायेगा। पर डर यही है कि सदस्य देश ख़ासकर, वे अमीर देश (जिनकी कम्पनियाँ यह सब कर रही हैं) इसे पास नहीं होने देंगे।

लेकिन यह सब बहुत उलझा हुआ मामला बनता जा रहा है। नुकसान पहुँचाने वाले देशों की और नुकसान भोगने वाले देशों की सरकारें अक्सर एक-सा सोचती हैं। कीटनाशकों के अन्धाधुन्ध उपयोग के उजागर तथ्यों के बाद भी कई ग़रीब देशों की सरकारें अमीर देशों के इस स्वर में स्वर मिला देती हैं कि कीटनाशक के उपयोग से नुकसान के मुक़ाबले फायदा कहीं ज़्यादा हो रहा है। बहरहाल, नैरोबी में एशिया के प्रतिनिधियों ने तय किया है कि वे अपने-अपने देशों में एकजुट होकर कीटनाशकों के ख़िलाफ़ संघर्ष चलायेंगे। ऐसे अभियानों को मुख्य सहायता मलेशिया स्थित पेनॉस ग्राहक अभियान की ओर से मिलेगी। पेनॉस इस विषय में अपने देश में काफ़ी मज़बूत लड़ाई लड़ रहा है।

कुछ ऐसा ही हाल जंगलों का है। अब सम्पन्न देशों का कुल्हाड़ा ग़रीब देशों के जंगलों पर पड़ रहा है। और दुख की बात है कि विदेशी मुद्रा की लालच में ये ग़रीब देश इस लुटायी को अपना हक़ मानते हैं। ब्राज़ील अमेज़न स्थित घने जंगल हर साल १००,००० वर्गमील के हिसाब से गिराये जा रहे हैं। इसमें बड़ी-बड़ी अन्तरराष्ट्रीय कम्पनियाँ जैसे—गुडइयर, नेस्ले, फोक्सवेगन, लिक्वी गैस, एंडरसन क्लायटोन शामिल हैं। दस साल पहले स्टॉकहोम में भी ब्राज़ील की इस लुटायी पर चर्चा छिड़ी थी तो ख़ुद ब्राज़ील की सरकार ने बड़े गर्व से कहा था कि हर देश को अपने प्राकृतिक

भण्डारों के उपयोग (दुरुपयोग) का अधिकार है। ''हम अपने जंगलों के साथ क्या करते हैं, इससे दूसरों का कोई लेना-देना नहीं है।'' स्टॉकहोम में प्रदूषण की बहस के दौरान ब्राज़ील ने ही दूसरे देशों को अपने यहाँ आमन्त्रित किया था, 'लाइये, हमारे यहाँ अपना प्रदूषण, हमारे यहाँ अभी सैकड़ों नदियाँ साफ़-सुथरी बह रही हैं।''

गाँधी मार्ग

बिसारिये न ओरण को

आज हमारा समाज जीवन की बुनियादी बातों को भूलने लगा। बहुत से गाँव में ओरण की भूमि को अब उस श्रद्धा और पवित्रता से नहीं देखा जाता।

थोड़ी-सी नयी पढ़ाई पढ़-लिख गये समाज के नये लोगों ने इन बातों को पुराना कह कर ठुकरा दिया है। आश्चर्य की बात तो यह है कि पुराना ढाँचा अलग करते हुए, उसे पूरी तरह से मिटाते हुए समाज के इस नये वर्ग ने बदले में कोई सार्थक ठीक ढाँचा नहीं खड़ा किया है, आधा-अधूरा भी।

हमारे जीवन के लिए, गाँव के जीवन के लिए, कृषक और पशुपालक समाज के लिए वनों का महत्त्व कितना अधिक है, यह बताना आवश्यक नहीं। कोई दो सौ साल पहले अँग्रेज़ों ने जब जाने-अनजाने में इस सब व्यवस्थित ढाँचे को तोड़ना शुरू किया था तो उन्होंने उसके बदले जो कुछ खड़ा किया था वह अपनी ज़रूरत के लिए खड़ा किया था। समाज की ज़रूरत के लिए उसके सुख-दुख से उसका सम्बन्ध नहीं था। लेकिन आज़ादी के बाद तो इस सब पर फिर से विचार किया जाना चाहिये था। लेकिन तब भी यह सब ज्यों का त्यों रहा।

दुर्भाग्य से न तो सरकारों का, नेतृत्व का इस तरफ़ ध्यान है और न सामाजिक संस्थाओं ने ही इस बड़े विषय को छूने में कोई विशेष रुचि दिखायी। सभी लोग अँग्रेज़ी की भारी-भरकम, ख़र्चीली, अव्यावहारिक विरासत को ढोने में लगे रहे। यदि कभी कुछ सुधार भी हुआ तो वह भी उसी ढाँचे के दोषों को ढँकने के ख़याल से किया गया लगता है।

उदाहरण के लिए, जब वन नीति के विरुद्ध कुछ आवाज़ उठने लगी,

हलचल बढ़ने लगी तो सामाजिक वानिकी के नाम से एक बड़ी योजना देश के सामने आयी थी। देश के सभी राज्यों के वन विभागों ने इसे अपने ढंग से, कुछ हद तक स्वतन्त्र रूप से, कुछ हद तक सामाजिक संस्थाओं की मदद से लागू किया था। संयुक्त राष्ट्र संघ से लेकर विदेशी अनुदान और सहायता जुटाने वाली लगभग सभी संस्थाओं ने तब इसे अपना प्रमुख मुद्दा बनाया था। लेकिन आज हम पाते हैं कि सामाजिक वानिकी का नाम लेने वाला कोई नहीं है।

सामाजिक वानिकी का ऊँचा लहराता हुआ झण्डा कब फट गया, कब नीचे उतार लिया गया, इसकी तरफ़ भी किसी का ध्यान नहीं गया। किसी ने इस पर कोई कहने लायक ठीक अध्ययन भी नहीं किया। सामाजिक वानिकी का हरा-भरा माना गया दौर एक दशक के भीतर ही सूख गया था।

फिर नया दौर आया परती भूमि के विकास का। सारे देश में कहाँ-कहाँ, किस-किस राज्य में कितनी परती भूमि फैली है, इसका बहुत व्यवस्थित हिसाब निकाला गया और उसके सुधार और विकास की एक बड़ी महत्त्वाकांक्षी योजना बनायी गयी। इस काम के लिए एक अलग विभाग भी पहली बार बनाया गया। उपग्रहों से चित्र खींचे गये और देश भर के सामने इस समस्या को इस वादे के साथ रखा गया कि हम इसे बहुत जल्दी सुलझा लेंगे।

इस योजना में भी सरकार के स्वतन्त्र विभाग के अलावा बड़े पैमाने पर स्वयंसेवी संगठनों ने भी इसमें भागीदारी की थी। लेकिन इस महत्त्वाकांक्षी योजना का हश्र भी दुर्भाग्य से वही हुआ जो सामाजिक वानिकी का हुआ था। पहले की तरह इसमें भी प्रतिवर्ष कुछ करोड़ रुपये बर्बाद करने के बाद पता चला कि यह योजना बन्द की जा रही है। धीरे-धीरे इसे देखने वाला स्वतन्त्र विभाग भी किसी मन्त्रालय में विलीन कर दिया गया। लेकिन वनों से सम्बन्धित प्रश्न जहाँ का तहाँ पड़ा रहा। नया अक्षय ढाँचा सुलझाने में सफल नहीं हो रहा था।

एक और कोशिश हमारे सामने फिर से आयी। यह सबसे ताज़ा प्रयास माना जा सकता है। इसका नाम संयुक्त वन प्रबन्ध है। इसमें वन विभाग और समाज दोनों मिलकर काम करेंगे। आशा की जा रही है कि इससे देश में लगातार बिगड़ रहे वनों में कुछ सुधार हो सकेगा और वन क्षेत्र से जुड़े

गाँव में भी फिर से हरियाली वापस लौटेगी। पिछली तमाम योजनाओं की तरह इसमें भी संयुक्त राष्ट्र संघ, विश्व बैंक और अन्य अनुदान देने वाली संस्थायें शामिल हैं। इसी तरह सरकारों और स्वयंसेवी संस्थाओं ने भी इसे मिल-जुलकर उठाया है। लेकिन पूरे भरोसे के साथ नहीं कहा जा सकता है कि संयुक्त वन प्रबन्ध अपने ऊँचे लक्ष्यों को पा सकेगा।

इन तमाम नयी योजनाओं के सन्दर्भ में यदि हम ओरण की पुरानी व्यवस्था पर फिर से निगाह डालें तो हमें उसकी व्यापकता, उसकी व्यावहारिकता ज़रूर समझ में आ सकेगी।

देश के इस कोने से उस कोने तक—वनों के प्रबन्ध के बारे में हमारे समाज ने कुछ व्यवस्थित निर्णय लिए थे। इसमें इतने बड़े देश के लिए कोई बड़ी योजना बनाते समय जो सावधानियाँ बरतनी चाहिये, वे सब बरती गयीं।

पहली सावधानी तो यही थी कि क़दम-क़दम पर परिस्थिति बदलती है। इसलिए योजना का रूप भी बदलना चाहिये। देश में इस कोने से उस कोने तक ओरण परम्परा एक समान, सुन्दर मज़बूत धागे में अलग-अलग पिरोये गये फूलों की माला की तरह बनायी गयी थी। हर फूल का आकार, रंग और सुगन्ध अपने-अपने ढंग की थी। कहीं इसे 'देवराई' कहा गया तो कहीं 'सरना'। सरना शब्द सम्भवत: वनदेवी की शरण— इस भाव से बनाया गया होगा। कहीं इसे 'रैखन' कहा गया तो कहीं 'रखतबनी' भी कहा गया। सब में भाव यही था कि इस वन विशेष को सँभाल कर रखना है।

प्राय: इन सब परम्पराओं में उस क्षेत्र में व्याप्त किसी देवी या देवता को समर्पित किया जाता रहा है। इनके आकार-प्रकार भी उस क्षेत्र की आवश्यकता को देखते हुए छोटे-बड़े होते थे। मरुभूमि में वनों की, हरियाली की, पेड़-पौधों की सबसे ज़्यादा ज़रूरत भी है और पर्यावरण के हिसाब से महत्त्व भी, इसलिए मरुभूमि का ओरण सैकड़ों हेक्टेयर में फैला होता था। इस अनुपात को देखें तो महाराष्ट्र, बिहार आदि में मरुभूमि के मुक़ाबले आधे और चौथाई ओरण भी काम दे जाते थे।

इन ओरणों में एक तो पूरी श्रद्धा के साथ वन संरक्षण किया जा सकता था, फिर साथ ही आज जिसे अँग्रेज़ी में बायोडायवर्सिटी कहा जाता है, उसका

भी पूरा विस्तार सुरक्षित रखा जाता था। उस क्षेत्र की सबसे महत्त्वपूर्ण प्रजाति के सर्वोत्तम पेड़ यहाँ की ओरण, सरना या देवराई में सुरक्षित रखे जाते थे। आज भी वन विभागों के पास शायद इतने अच्छे साल के, सागौन के पेड़ नहीं मिलेंगे, जितने अच्छे वहाँ की सरना में मिलते हैं। अनेक स्थानों में ओरण में बड़े पेड़ों के अलावा दुर्लभ प्रजाति की झाड़ियाँ, वनस्पति और जड़ी-बूटियाँ भी बचाकर रखी जाती थीं।

लेकिन इतने महत्त्वपूर्ण ढाँचे को हमने बिना समझे तोड़ दिया। हमने उसकी उपेक्षा की, उसकी प्रतिष्ठा हर ली और उसकी देख-रेख करने वाली व्यवस्था को तोड़ दिया। ऐसे में किसी भी विचारधारा की सरकार आयी हो, कितना भी सहृदय अधिकारी रहा हो, कितना भी कुशल नेतृत्व रहा हो, वह ओरणों की तरफ़ ध्यान नहीं दे पाया। पहले बहुत से ओरण उस समय के लोकप्रिय माने गये 'बीस सूत्री कार्यक्रम' में नष्ट कर दिये गये थे। किसी भी राज्य में इस समृद्ध वन क्षेत्र की गिनती वन विभाग की भूमि के अन्तर्गत नहीं की जा सकी थी। बहुत हुआ तो इन्हें राजस्व का हिस्सा माना गया, एक ऐसा हिस्सा जिसे ज़िले के अधिकारी गाँव से बिना पूछे हुए किसी भी काम में झोंक सकते हैं, कभी भी दो कौड़ी के वोट के लिए बाँट सकते हैं।

सौभाग्य से पिछले कुछ समय से लोगों का ध्यान फिर से ओरणों की तरफ़ जाने लगा है। कुछ स्वयंसेवी संस्थायें भी, कुछ गाँव भी इस स्वयंसिद्ध और समयसिद्ध परम्परा का महत्त्व समझने लगे हैं—कुछ जगह स्वयं वन विभागों ने अपने क्षेत्र में व्याप्त ओरणों का सर्वे किया है।

निस्सन्देह यह शुरुआत ही है। पर निश्चित ही एक शुभ लक्षण भी है। अब भी हम सबको इसे समझने की दिशा में लम्बा रास्ता तय करना है। फिर भी यह क्या कम है कि अब हमारे हाथ में पहली बार राजस्थान राज्य के अधिकांश ज़िले के ओरणों की सूची आ गयी है। हम सब यदि इस दिशा में अपना कर्त्तव्य पूरा करें तो देखते ही देखते हम अपने प्रदेश के ओरणों की वर्तमान स्थिति समझ सकेंगे। तब सब मिलकर इनके सुधार की दिशा में भी एक मज़बूत क़दम उठा सकेंगे।

पिछले दौर में हमने अपनी समस्याओं के हल के लिए आधुनिक मानी गयी पद्धतियों को अपनाकर देख लिया है। दुर्भाग्य से वे हल हमें पूरी तरह

से सहारा नहीं दे पाये। आज इसलिए फिर से अपनी परम्परा को देखने का अवसर आया है।

ओरण पर फिर से लौटने का समय आ गया है। ओरण राजस्थान में फैलते सूखे अकाल को एक बार फिर से हरियाली की चादर से ढँक लेगा।

जनसत्ता, ४ सितम्बर, २००५

एक ख़तरनाक रज़ामन्दी

अच्छे लोग जब राज के नज़दीक पहुँचते हैं तो उनको विकास का रोग लग जाता है, भूमण्डलीकरण का रोग लग जाता है। उनको लगता है कि सारी नदियाँ जोड़ दें, सारे पहाड़ों को समतल कर दें—बुलडोजर चला कर, उसमें खेती कर लेंगे। यह ख़याल प्रकृति के विरुद्ध है। मैं बार-बार कह रहा हूँ कि यह प्रभु का काम है, सुरेश प्रभु न करें। नदियाँ प्रकृति ही जोड़ती है। गंगा कहीं से निकली, यमुना कहीं से निकली। अगर ऊपर हेलीकॉप्टर से देखें तो एक ही पर्वत के ठीक नीचे दो बिन्दु से दिखेंगे। वहाँ उनमें गंगोत्री और यमुनोत्री में बहुत दूरी नहीं है। प्रकृति उन्हें वहीं जोड़ देती। लेकिन सब जगह अलग-अलग सिंचाई करके दोनों कहाँ मिलें यह प्रकृति ने तय किया था। तब वहाँ संगम बना। उसके बाद डेल्टा की भी सेवा करनी है नदी को।

जब दामोदर नदी पर बाँध बन रहा था, तब कपिल भट्टाचार्य नाम के इंजीनियर थे। वे किसी वैचारिक संगठन से नहीं जुड़े थे। लेकिन वे नदी से जुड़े हुए आदमी थे। 'उन्होंने अपने विभाग से अनुरोध किया कि दामोदर नदी घाटी योजना को रोक लें। लोगों ने कहा कि तुम क्यों इसे रोकना चाहते हो। इतने करोड़ की योजना है। इससे यह लाभ होगा, वह होगा। इससे औद्योगिक विकास होगा। भट्टाचार्य ने कहा था कि दामोदर का प्रवाह रोकोगे तो वहाँ से नीचे डेल्टा तक असर पड़ेगा। गंगा नदी पर, हुगली पर और कोलकाता तक पर असर पड़ेगा। कोलकाता बन्दरगाह नष्ट होगा। उसमें जहाज़ नहीं आ पायेंगे। उसकी गहरायी कम हो जायेगी। जिस प्रवाह से सिल्ट बाहर आती है, उसे महँगे यन्त्रों के ज़रिये बाहर

निकालना पड़ेगा। करोड़ों रुपये ख़र्च होंगे नदी की गहरायी कृत्रिम तरीक़े से बढ़ाने के लिए। यह भी चार-पाँच साल कर पाओगे। फिर तब तक इतनी मिट्टी आ चुकी होगी कि यह भी बन्द करना पड़ेगा। तब आपको बन्दरगाह बदलना पड़ेगा। तब तक बांग्लादेश नहीं बना था। भट्टाचार्य ने यह भी कहा था कि इस बाँध के कारण पड़ोसी देश के साथ आपके सम्बन्ध बिगड़ते जायेंगे।'

तटबन्ध और टेक्नोलॉजी से समुद्र का कोई सम्बन्ध नहीं होता है। वह अपनी विशेष शक्ति रखता है। उसमें मनुष्य हस्तक्षेप करे, विज्ञान के विकास के नाम पर तो सचमुच प्रकृति उसे तिनके की तरह उड़ा देती है। सुन्दरवन ऐसे समुद्री तूफ़ानों को रोकते हैं। पाराद्वीप का सुन्दरवन नष्ट हुआ इसलिए ओड़ीशा में चक्रवात आया। इसके आगे 'सुपर' विशेषण लगाना पड़ा था। अथाह जन-धन हानि हुई। अथाह बर्बादी। यह सब देख लगता है कि प्रकृति के ख़िलाफ़ अक्षम्य अपराध हो रहे हैं। इनको क्षमा नहीं किया जा सकता। इसकी कोई सज़ा भी नहीं दी जा सकती। नदी जोड़ना उस कड़ी में सबसे भयंकर दर्जे पर किया जाने वाला काम होगा। इसको बिना कटुता के जितने अच्छे ढंग से समझ सकते हैं, समझाना चाहिये। रोक सकें तो रोकना चाहिये। नहीं तो कहना चाहिये कि भाई, अपने पैर पर तुम अपनी कुल्हाड़ी मारना चाहते हो तो मारो लेकिन यह निश्चित पैर पर कुल्हाड़ी है। ऐसा करने वालों के नाम एक शिलालेख में लिखे जायें। लिख कर दर्ज कर देना चाहिये। और कुछ विरोध नहीं हो सके तो किसी बड़े पर्वत की चोटी पर—यह शिलालेख लगा दें कि भैया आने वाले दो-सौ सालों तक के लिए अमर रहेंगे ये नाम। इनका कुछ नहीं किया जा सका।

मैं सर विलियम वेल्कॉक नामक अँग्रेज़ अधिकारी को याद करना चाहूँगा। १९३८ में बंगाल प्रेसीडेंसी के इंजीनियरों के सामने उन्होंने छह भाषण दिये। वेल्कॉक ने अपने सभी युवा अधिकारियों के सामने कहा था कि ७०-८० साल में अँग्रेज़ों ने जो नहरें बनायी हैं, उसका आर्थिक लाभ एक पलड़े में और नुकसान दूसरे पर तो नुकसान का पलड़ा कहीं ज़्यादा भारी है। हमने पूरे बंगाल की सोनार-संस्कृति को नष्ट किया है। वेलॉक ने कहा था कि उत्पादन घटा है नहरों के आने के बाद।

मध्य प्रदेश में तवा बाँध को लेकर यही हुआ। '७३-७४ के समय विवाद

के कारण नर्मदा पर बाँध नहीं बन सकते थे तो तवा पर बाँध बनाया गया। इस बाँध के कारण खेतों में दलदल हो गया। खेती बर्बाद हो गयी। काली मिट्टी वाले इलाक़े में, जहाँ अनाज भारी मात्रा में होता था, तबाही मच गयी। जर्मन विकास बैंक ने इस तबाही के कारण बदनामी को देखते हुए तवा बाँध पर लगाये गये पैसे वसूलने की भी ज़रूरत नहीं समझी और चुपचाप खाता बन्द कर दृश्य से ही ग़ायब हो गया। उस समय अकेले गाँधीवादी बनवारीलाल चौधरी ने तवा बाँध का विरोध किया। फिर बाद में बाँध के कारण आयी विपदा से मुक्ति के लिए मिट्टी बचाओ अभियान शुरू किया। ऐसा ही अभियान अब नदियों की रक्षा के लिए चलाना होगा।

वेल्कॉक ने अस्सी–नब्बे साल पहले कहा था कि, 'नदियों के प्रवाह कम होने से उत्पादन घटा है। बाढ़ की सम्भावना बढ़ी है। खारापन, लवणीकरण इस इलाक़े में बढ़ा है। उन्होंने एक और आश्चर्यजनक तथ्य बताया था कि मलेरिया का प्रकोप इस इलाक़े में केवल नदियों को छेड़ने के बाद आया है। नदी जोड़ो योजना से पूरे डेल्टा के इलाक़े में यह सब कुछ और बढ़ेगा।'

आज़ादी से थोड़ा पहले बंगाल के सिंचाई विभाग के वरिष्ठ अधिकारी प्रो. मजूमदार का एक भाषण भी महत्त्वपूर्ण है। मजूमदार ने कहा था कि यह मानने की ग़लती या बेवकूफ़ी नहीं करो कि नदी का पानी समुद्र में 'बर्बाद' जाता है। समुद्र में जाकर ये नदियाँ हम पर उपकार करती हैं इसलिए इनको देवी माना गया है।

राज–रोग क्या होता है और इससे निपटने का एक ही तरीक़ा होता है। जब राज हाथ से जाता है तो यह रोग भी चला जाता है। उससे पहले यह जाता नहीं है। इसका सबसे अच्छा उदाहरण रामकृष्ण हेगड़े का है। कर्नाटक में आज से पच्चीस साल पहले वेड़धी नदी पर एक बाँध बनाया जा रहा था। किसानों को इस बाँध के बनने से उनकी खेती के चक्र के नष्ट होने की आशंका हुई। उन्होंने इसका विरोध किया। कर्नाटक के किसानों ने संगठन बना कर सरकार से कहा कि उन्हें इस बाँध की ज़रूरत ही नहीं है। सम्पन्नतम खेती वे बिना बाँध के ही कर रहे हैं और इस बाँध के बनने से उनका सारा चक्र नष्ट हो जायेगा। हेगड़े उस आन्दोलन के अगुवा बने। पाँच साल तक वे इस आन्दोलन के एकछत्र नेता रहे। बाद में राज्य के मुख्यमन्त्री बने। मुख्यमन्त्री बनने के बाद हेगड़े वेड़धी बाँध बनाने के पक्ष

में हो गये। लोगों ने कहा कि आप तो इस बाँध के प्रमुख विरोधियों में थे तो उन्होंने कहा तब मैं सरकार में नहीं था। अभी मुझे पूरे कर्नाटक की ज़रूरत दिखायी देती है। क्षेत्र विशेष की ज़रूरत में अब मेरी दिलचस्पी नहीं है। उससे उनको नुकसान भी होगा तो भोगने दो। लेकिन कर्नाटक को इतनी बिजली मिलेगी जितनी ज़रूरत है। औद्योगीकरण होगा। हेगड़े के पाला बदलने के बावजूद किसानों का आन्दोलन चलता रहा। हेगड़े का राज चला गया। उनका राज-रोग भी चला गया। लेकिन किसानों का आन्दोलन चलता रहा। आन्दोलन के कारण वह बाँध आज भी नहीं बन सका। देश में इस तरह का यह पहला उदाहरण है।

मेरा मानना है कि नदी जोड़ो परियोजना पर प्रेमपूर्वक बात करनी चाहिये। ज़रूर कोई न कोई सुनेगा। यह दौर बहुत विचित्र है और इस दौर में सब विचारधारायें और हर तरह का राजनैतिक नेतृत्व सर्वसम्मति रखता है विनाश के लिए। उनमें रजामन्दी है विनाश के लिए। और किसी चीज़ में एक-दो वोट से सरकार गिर सकती है, पलट सकती है, बन सकती है, बिगड़ सकती है। लेकिन इस विकास और विनाश वाले मामले में ग़ज़ब की सर्वसम्मति है। इस सर्वसम्मति के बीच में हमारी आवाज़ दृढ़ता और संयम से उठनी चाहिये। जो बात कहनी है, वह कहनी पड़ेगी। प्रेम से कहने के लिए हमें तरीक़ा निकालना पड़ेगा। हमें अब सरकार के पक्ष को समझने की कोई ज़रूरत नहीं है। उसे समझने लगें तो ऐसी भूमिका हमें थका देगी। हम कोई पक्ष नहीं जानना चाहते। हम कहना चाहते हैं कि यह पक्षपात है देश के साथ, देश के भूगोल के साथ, उसके इतिहास के साथ—इसको रोकें।

जनसत्ता, ७ दिसम्बर, २००३

तुम्हीं ने दर्द दिया, तुम्हीं दवा देना

आयोगों के ढेर में एक पाँच सितारा आयोग। दुनिया के बिगड़ते पर्यावरण पर बैठाये गये इस आयोग ने २७ अप्रैल को अपनी रिपोर्ट पेश कर दी है। नार्वे की प्रधानमन्त्री की अध्यक्षता में २२ देशों के मन्त्रियों, विशेषज्ञों और कुछ चुनी हुई प्रसिद्ध अन्तरराष्ट्रीय संस्थानों के निदेशकों के इस पाँच सितारा दल ने कोई ६ करोड़ रुपये के ख़र्च, ९०० दिन की मेहनत और सचमुच पूरी दुनिया के पाँचों महाद्वीप की की गयी तूफ़ानी यात्राओं और हज़ारों नागरिकों की राय सुनकर जो कुछ भी लिखा है, वह एक उम्दा दस्तावेज़ है। संयुक्त राष्ट्र संघ के ढाँचे से उम्मीद रखने वाले लोगों को इस आयोग से आशा की जितनी किरणें निकलती दिखायी देंगी, उतनी शायद ही किसी और सूरज से उन्हें मिलेंगी!

चरैवेति-चरैवेति—घूमते रहो, ज्ञान तो बढ़ेगा ही। विश्व पर्यावरण आयोग इतना घूमा है तो उसका ज्ञान निश्चित ही बढ़ा है। लेकिन उसकी यह आत्म-उपलब्धि औरों के क्या काम आयेगी, यह कहा नहीं जा सकता। इस रिपोर्ट की सबसे अच्छी बात तो यह है कि यह पूरी दुनिया के पैमाने पर पर्यावरण के हर अंग को रौंदने वाले इस दौर में भी प्रलय का डरावना चित्र नहीं खींचती। उसने कुछ डरावनी भविष्यवाणियाँ ज़रूर की हैं लेकिन सामान्य लोगों से ले कर ग़ैर-सरकारी संगठनों, राष्ट्रीय अन्तरराष्ट्रीय महाजनों, भीमकाय कम्पनियों तथा संयुक्त राष्ट्र संघ के ढाँचे तक इस बुरे दौर को थामने का भरोसा प्रकट करके पूरी रिपोर्ट को एक निराशा के रंग में पुतने नहीं दिया है। इस तरह यह देख कर अच्छा लगता है कि आयोग ने आशा के प्रति कर्त्तव्य की भावना को बनाये रखा है।

लेकिन आयोग अपनी रिपोर्ट में विरोधाभासों से भी बच नहीं सका है। उन्हें आयोग ने भी पूरे भक्ति भाव से दुहराया है। ग़रीबी और बढ़ती हुई जनसंख्या को हमेशा दुनिया के विकासशील देशों के बिगड़ते हुए पर्यावरण का कारण पढ़ते और सुनते हुए आँख और कान थक गये हैं। आयोग के पन्नों पर भी ग़रीबी और बढ़ती आबादी का रोना-पीटना यहाँ-वहाँ मिलता है। लेकिन दुनिया भर में इतना घूमने फिरने से आयोग ने पश्चिम की अमीरी और ज़्यादा से ज़्यादा हड़पने वाली उसकी मुट्ठी भर आबादी के क़िस्से भी सुने हैं। उसकी झलक भी यहाँ-वहाँ दिखती है। बिगड़ते पर्यावरण के इन दो घोषित सबसे बड़े 'अपराधियों' के बारे में साफ़ समझ न होने के लिए आयोग को ज़्यादा कोसा नहीं जा सकता। क्योंकि ख़ुद ग़ैर-सरकारी पर्यावरण आन्दोलन के भीतर भी ऐसे लोगों और संस्थाओं की बेहद कमी है जो ग़रीबी और बढ़ती आबादी के ऊपर लगाये गये इस कलंक को धोने की हिम्मत रखते हैं।

यहाँ तक तो ठीक है लेकिन जब आयोग जीवन के स्तर की बात करता है, और सुख की परिभाषा देने लगता है और तब पैमाने की तरह वह पश्चिम के जीवन स्तर, वहाँ की ऊर्जा खपत, 'कैलोरी' खपत आदि के आँकड़े देता है तो दुःख होता है। भारत को आज़ादी मिलने के तुरन्त बाद किसी ब्रितानी पत्रकार ने गाँधी जी से सवाल पूछा था कि, 'अब तो आप इस देश को इंग्लैण्ड जैसे जीवन-स्तर तक उठाना चाहेंगे।' तो गाँधी जी ने पलट कर जवाब दिया था कि, 'ऐसी हालत में हमें पूरी दुनिया को ग़ुलाम बनाना पड़ेगा।' पश्चिम के जीवन स्तर का पैमाना लेकर पूरी दुनिया को सुखी बनाने वाले लोग इस बात को कब समझेंगे कि दुनिया की बहुत सारी समस्यायें जिसमें बिगड़ता पर्यावरण तथा बढ़ती ग़रीबी, और आबादी भी शामिल है, पश्चिम की सुख की परिभाषा और जीवन स्तर को बनाये रखने की ज़िद की उपज है।

लेकिन दुनिया भर की सरकारें चाहे वे विकासशील लोकतान्त्रिक देशों की हों, सैनिक तानाशाही की हों या कट्टर धार्मिक पन्थों की सरकारें हों— पश्चिम के इस जीवन स्तर को पाने के लिए सिर्फ़ उत्सुक ही नहीं हैं बल्कि इसके लिए अपने देश के पर्यावरण की मिट्टी, पानी, जंगल, खनिज, हवा, लोग यहाँ तक कि अपनी औरतों और बच्चों तक को पश्चिमी विकास के सौदागर और महाजन के हाथ गिरवी रखने और बेचने के लिए

तैयार हैं। यदि पश्चिम का यह विकास इतना अनिवार्य होता तो इन देशों में उसको लाने के लिए एक अच्छी बहस चल सकती थी और तब इसको पाने के लिए हम त्याग से लेकर बलिदान तक की बात सोच सकते थे। लेकिन आज तो यह सारा काम हमारा अपमान करके, हमारी हर चीज़ को पिछड़ा कह कर, हमारी सहज बुद्धि को अज्ञान और अन्धविश्वास बताकर हमें वैज्ञानिक ढंग से विकसित करने के नाम पर किया जा रहा है। और काम में लगभग हर देश के बुद्धिजीवी, अख़बार, ग़ैर-सरकारी संस्थायें भी शामिल हो जाती हैं तो क्या कहा जाये। ऐसे में केवल विश्व बैंक जैसी और उस जैसी अन्य संस्थाओं को हम किस मुँह से दोषी ठहरायें ? बिगड़ते पर्यावरण का ग़रीबी से सम्बन्ध नहीं है बल्कि इस विकास से उसका सम्बन्ध है। हमारी भाषा में 'ग़रीबी की रेखा' जैसा शब्द तभी आया है जब यह विकास आया है।

विकास ग़रीबी और बिगड़ते पर्यावरण की इस पेचीदा बहस की आग में से यदि आयोग पूरी तरह झुलस कर नहीं निकला है तो उसका श्रेय जाता है उन जन सुनवाइयों को जिनमें कुछ इने-गिने लोगों ने पर्यावरण के नाम से जाने जा रहे इस संकट को एक सांस्कृतिक सवाल की तरह आयोग के सामने रखा था। फिर आयोग की ज़िन्दगी के ९०० दिनों में पश्चिम के देशों में भी ऐसी घटनायें हुईं जिनकी तरफ़ से आँख नहीं मूँद सकता था। इस बीच एशिया, अफ्रीका में ही नहीं बल्कि यूरोप में भी एक नदी लगभग मार दी गयी थी। स्विट्ज़रलैण्ड के एक रासायनिक भण्डार घर में आग लगी और उसकी ज़हरीली राख रेने नाम की नदी में बह गयी। इसका असर जर्मनी और नीदरलैण्ड की पेय जल व्यवस्था पर भी पड़ा। रूस में चेरनोबिल काण्ड हुआ और उसके कारण दूध, फल, सब्ज़ी तक को लेकर महाशक्तियों के बीच में बेहद तनाव बढ़ा। यानी कुल मिला कर विकास की इस दौड़ में हम भी पिटे हैं और वे भी। हाँ, वे इस दौड़ में जीत कर थक रहे हैं और हम इस दौड़ में हार कर खीज रहे हैं। एक के सिर पर जीत का बोझ है तो दूसरे के सिर पर हार की शर्म।

इसलिए इस विचित्र मुकाम पर पहुँच कर आज विकास के इसी ढाँचे में कमियाँ ढूँढ़ कर उसे ठीक करके अपनी समस्याओं का हल मिल जायेगा, ऐसा नहीं मानना चाहिये। लेकिन आयोग कुछ ऐसा ही मान कर चला है। यों वह ख़ुद जानता है कि जिस ढाँचे से—पश्चिम और पूरब की सरकारों

से विश्व बैंक आदि से, संयुक्त राष्ट्र संघ से—वह पर्यावरण और विकास के सवाल को हल करने की उम्मीद कर रहा है वह उसकी नादानी है। अपनी रिपोर्ट में उसने कई जगह स्वीकार किया है कि इस सबको सुधारने के लिए जिस समझ और लगन की ज़रूरत है वह आज निर्णय लेने, अमल में उतारने वाले ढाँचों में न तो राष्ट्रीय स्तर पर दिखते हैं, न अन्तरराष्ट्रीय स्तर पर। उसे तो इन संस्थाओं, ढाँचों से इस बारे में किसी ठीक तरह की बातचीत तक की उम्मीद नहीं है।

फिर भी आयोग इसी ढाँचे से चीज़ें सुधरती देखना चाहता है। आयोग 'तुम्हीं ने दर्द दिया है, तुम्हीं दवा देना' कह रहा है। शायद यह उसकी मजबूरी ही है क्योंकि उसे इसी ढाँचे के तहत रचा गया था और इसी ढाँचे को वह अपनी रिपोर्ट दे रहा है। इसलिए इस सारे क़िस्से का अन्तिम परिणाम भी अगर यही निकले कि संयुक्त राष्ट्र संघ के मानव अधिकार घोषणा-पत्र की तरह हमारे हाथ में पर्यावरण संरक्षण का एक सुन्दर-सा सुनहरा घोषणा-पत्र भी आ जाये।

यह भी तय है कि आयोग की रिपोर्ट के बाद बनने वाले और पर्यावरण के घोषणा-पत्र में एक ही धरती के और एक ही मानव-जाति के अस्तित्व की बात बार-बार आयेगी। ऐसे में आयोग के सामने ब्राज़ील में हुई एक जन सुनवाई में उस अनाम वक्ता की वह आवाज़ बार-बार गूँजेगी जिसने कहा था, ''आप' लोग जीवन की बात तो कर ही नहीं रहे। आप तो बस अस्तित्व की रट लगा रहे हो। जब जीवन की सम्भावनायें ख़त्म होने लगती हैं तभी अस्तित्व की सम्भावनायें खोजी जाने लगती हैं। अमेजन नदी के इस इलाक़े में हम तो जीवन जी रहे हैं। हम अपने मस्त जीवन को नदी की कगार तक नहीं लाना चाहते।''

जनसत्ता, ७ मई, १९८७

ऊँचा बाँध नीचे लोग

राजनीतिक उथल-पुथल भरे अप्रैल '८७ के दिनों में किसी ने भी नहीं सोचा था कि प्रधानमन्त्री को नर्मदा बाँधों की अटकी पड़ी फ़ाइल को निपटाने का मौक़ा मिल पायेगा। लेकिन बेहद भड़भड़ी में बुलायी गयी एक संक्षिप्त बैठक में मध्य प्रदेश, गुजरात, महाराष्ट्र और राजस्थान के मुख्यमन्त्रियों, मुख्य सचिवों और पर्यावरण मन्त्री भजनलाल और सचिव टी.एन. शेषन की उपस्थिति में प्रधानमन्त्री ने नर्मदा घाटी परियोजना को स्वीकृति दे दी।

अगली सदी में पूरी होने वाली इस योजना में पश्चिम की ओर बहने वाली देश की इस प्राचीनतम नदी पर दस बड़े बाँध मुख्यधारा पर, बीस बड़े बाँध विभिन्न सहायक नदियों पर, तीन सौ मँझोले बाँध और तीन हज़ार छोटे बाँध बनेंगे। कुल मिला कर एक हज़ार तीन सौ बारह किलोमीटर लम्बी नर्मदा क़दम-क़दम पर बिजली और सिंचाई के लिए बाँधी जायेगी।

बीस हज़ार करोड़ की इस योजना के लाभ काग़ज़ों पर तो बहुत मोहक हैं : विवादास्पद दो बड़े बाँधों—सरदार सरोवर और नर्मदा सागर (नया नाम इन्दिरा सागर)—से कोई तेईस लाख हेक्टेयर भूमि में सिंचाई होगी और २२५० मेगावाट बिजली मिलेगी। लेकिन इस मोह की क़ीमत भी बहुत बड़ी चुकानी पड़ेगी : कोई एक लाख तीस हज़ार लोग विस्थापित होंगे और एक लाख अट्ठाईस हज़ार हेक्टेयर भूमि डूबेगी। इसमें इन्दिरा सागर से डूबने वाला चवालीस हज़ार हेक्टेयर वन क्षेत्र भी शामिल है।

मोटे तौर पर इसी वन क्षेत्र के कारण ये बाँध पर्यावरण के विवाद में फँस कर अटके थे। और यह विवाद किसी सशक्त आन्दोलन के कारण नहीं,

बल्कि ख़ुद सरकार के वन अधिनियम के कारण कुछ इतना गम्भीर हो उठा था कि शिलान्यास हो चुकने के बाद भी केन्द्र सरकार ने उन्हें रोक लिया था। पिछले तीन वर्षों में ऐसा वातावरण बना दिया था कि स्वयं प्रधानमन्त्री राजीव गाँधी इस योजना के पक्ष में नहीं हैं। बीच-बीच में अख़बारों में केन्द्र के हवाले से ऐसी ख़बरें भी छपती रहीं कि केन्द्र सरकार वनों की क़ीमत पर बिजली बनाने के पक्ष में नहीं है। पर्यावरण मन्त्रालय के सचिव टीएन शेषन भी इन बाँधों के ख़िलाफ़ थे और इस मामले में वे अपनी राय गोपनीय टिप्पणियों से लेकर सार्वजनिक मंचों तक से भी जाहिर करते रहे थे। वे यों भी कोई साधारण अधिकारी नहीं माने जाते—देश के पर्यावरण के अलावा वे प्रधानमन्त्री की निजी सुरक्षा जैसी महत्त्वपूर्ण ज़िम्मेदारी भी निभा रहे हैं। इसलिए इस मंज़ूरी की सरकारी घोषणा के क्षण से ठीक पहले तक भी सभी को लगता रहा कि नर्मदा योजना को मंज़ूरी नहीं मिल पायेगी। मंज़ूरी मिल भी गयी तो मूल योजना में काफ़ी संशोधन करवाया जायेगा। पर्यावरण का नुकसान कम से कम होगा और विस्थापितों को अधिक से अधिक सुविधायें मिल सकेंगी।

कहाँ तो स्वीकृति से पहले प्रधानमन्त्री और केन्द्र सरकार के पर्यावरण मन्त्रालय की यह धारणा थी कि डूबने वाले चवालीस हज़ार हेक्टेयर अति महत्त्वपूर्ण वन क्षेत्र की भरपायी नहीं हो पायेगी और कहाँ अब यह दावा किया जा रहा है कि सिर्फ़ इतना ही नहीं, मध्य प्रदेश सरकार तो इससे भी दुगना यानी ९७,४२५ हेक्टेयर वन लगा कर दिखायेगी। यों अभी तक इतना बड़ा वन क्षेत्र लगाने के लिए ज़मीन भी नहीं खोजी जा सकी है।

विस्थापितों का मामला तो और भी भयंकर है। कोई ठीक अन्दाज़ ही नहीं है कि कितने लोग उजड़ेंगे। हर बार नये आँकड़े मिलते हैं। सरकारी अनुमान कोई पचासी हज़ार से एक लाख तीस हज़ार लोगों के विस्थापन का है तो ग़ैर-सरकारी सूत्र इसे दो लाख तक ले जाते हैं। विस्थापितों के पुनर्वास की कोई ठोस कोशिश अभी शुरू भी नहीं हो पायी है जबकि बाँध निर्माण में जुटने वाले अधिकारियों की व्यवस्थित कॉलोनी बन गयी है।

इतनी बड़ी तादाद में उजड़ने वालों को बसाने का थोड़ा-सा भी अनुभव किसी को नहीं है। ख़ुद नर्मदा प्राधिकरण (मध्य प्रदेश) के अध्यक्ष

सुशील चन्द वर्मा ने स्वीकार किया है कि अभी तक पुनर्वास के मामले में भयानक उपेक्षा बरती जाती रही है। जो रुख़ अब तक बनी लगभग १६०० बड़ी योजनाओं में नहीं बदला, वह एकाएक नर्मदा योजना में भला कैसे सुधर जायेगा? नर्मदा के इन बाँधों को बनाने के लिए ये सरकारें इतनी ज़्यादा उत्सुक रही हैं कि गुजरात के मुख्यमन्त्री ने पिछले दिनों यहाँ तक कह दिया था कि विस्थापितों को ठीक जगह नहीं मिली तो हम उनको अपनी राजधानी गाँधी नगर में लाकर बसायेंगे। होनी के पिटारे में उनका यह बयान शायद सच ही निकले पर बहुत ही दुखद रूप में—अपने ही आँगन में पराये हो जाने वाले विस्थापित अन्य बाँधों की तरह दर-दर भटक कर अन्ततः राजधानियों और बड़े शहरों की फुटपाथों पर ही आयेंगे। गुजरात में बने उकाई बाँध के विस्थापितों के साथ यही तो हुआ था।

नर्मदा प्राधिकरण स्वयं स्वीकार करता है कि भाखड़ा बाँध से विस्थापित दो हज़ार एक सौ परिवारों में से सात सौ तीस परिवार ही अपने आपको बसा पाये हैं। शेष इधर-उधर भटक रहे हैं। अच्छा हो, मध्य प्रदेश और गुजरात सरकारें इन परिवारों को बसाने की कोशिश करें। इससे उनको पुनर्वास के काम का अनुभव होगा जो आगे नर्मदा घाटी में काम आयेगा और वह राष्ट्रीय एकता भी कुछ सधेगी, जिसकी आज बड़ी ज़रूरत है!

मध्य प्रदेश सरकार इतनी दूर पंजाब, हिमाचल में नहीं जाना चाहे तो नर्मदा घाटी में ही सन् १९७४ में बने तवा बाँध के विस्थापितों को बसा कर एक तो वह अपने पाप धो सकती है और साथ ही साथ नर्मदा के इतने बड़े काम का अभ्यास भी कर सकती है।

नर्मदा योजना में वन और विस्थापन के अलावा ढेर सारे तकनीकी विवाद भी हैं : इतनी बड़ी-बड़ी कृत्रिम झीलों से इस भाग में भूकम्प आयेंगे या नहीं, काली मिट्टी का इलाक़ा नहर सिंचाई से कहीं दलदल में तो नहीं बदल जायेगा, बाढ़ के दिनों में उनाव (बैकवाटर) कितना ऊँचा उठा करेगा, आदि। इन विवादों को फ़िलहाल यह मान कर छोड़ भी दें कि देश में उपलब्ध तकनीकी ज्ञान इनका हल खोज लेगा, तो भी कहा जा सकता है कि पूरी योजना एक ऐसे आधुनिक अन्धविश्वास की नींव पर खड़ी की गयी है, जो यह मान कर चलता है कि बिना इन बाँधों के मध्य प्रदेश और गुजरात पिछड़े ही रह जायेंगे और इक्कीसवीं सदी में जाने योग्य नहीं रहेंगे।

हत्या से कुछ दिन पहले नर्मदा सागर बाँध का शिलान्यास करते हुए इन्दिरा गाँधी ने कहा था कि वे इन बड़े बाँधों के पक्ष में नहीं हैं, पर विशेषज्ञ उन्हें बताते हैं कि इनके बिना काम चलेगा नहीं। गुजरात, मध्य प्रदेश, महाराष्ट्र और एक हद तक राजस्थान के विकास के लिए बन रहे ये भीमकाय बाँध एक क़िस्म के अश्वमेध यज्ञ के घोड़े हैं। इनकी लगाम छूने तक का दुस्साहस किसी ने किया नहीं था। लेकिन यज्ञ को लेकर तीनों राज्यों के नेताओं और विशेषज्ञों में भारी मतभेद थे। इस बहस में कि कौन कितनी आहुति देगा और उसके लाभ का बँटवारा किस अनुपात में मिलेगा, तैंतीस बरस बीत गये।

सन् १९४० में शुरू हुई इस बहस में तीनों राज्यों के नेताओं और विशेषज्ञों की दो पीढ़ियाँ बदल गयीं। पर प्रकृति की आर्थिक तराजू पर खोटे बाँट रख कर तौलने की नज़र नहीं बदली। इनकी तीसरी पीढ़ी को भी यही लगता रहा कि कमबख़्त नर्मदा हमसे बिना पूछे ३४५४ अरब घन मीटर पानी खम्बात की खाड़ी में बहा ले जा रही है। इस पर बड़े-बड़े बाँध बना लें तो पचीस सौ से तैंतीस सौ मेगावाट बिजली मिल जायेगी और कोई तेईस लाख हेक्टेयर में सिंचाई हो जायेगी। लेकिन इतने लाभकारी यज्ञ की क़ीमत बहुत थी।

वहाँ डूबने वाली क़ीमती सवा लाख हेक्टेयर ज़मीन और वन, और कोई डेढ़ लाख लोगों की बात नहीं हो रही—क़ीमत यानी वह रुपया जो इस सपने को आकार देता। उन दिनों के सस्ते ज़माने में भी क़ीमत छह सौ से एक हज़ार करोड़ रुपये थी, जो आज शायद बीस हज़ार करोड़ रुपये के आसपास झूल रही है। झगड़ रहे तीनों राज्यों में से किसी की भी जेब में इतना रुपया नहीं था कि वे अपने दम पर या केन्द्र की मदद से ये बाँध बना पाते। बहुत कम लोगों को याद होगा कि १९६७ में मध्य प्रदेश के इकतीस संसद सदस्यों ने इन्दिरा गाँधी से नर्मदा घाटी योजना को भारत-सोवियत व्यापार में शामिल करने का आग्रह भी किया था!

सबसे विवादास्पद बाँध सरदार सरोवर को लेकर सन् '६७ से लेकर १९७४ तक मध्य प्रदेश और गुजरात सरकार के बीच जो ऊलजलूल बयानबाज़ी और झगड़े हुए, वे अपने आप में एक छोटे-मोटे महाभारत की याद दिलाते हैं। सन् १९६९ में मध्य प्रदेश के मुख्यमन्त्री श्यामाचरण शुक्ल ने ज़ोर-शोर से कहा था कि गुजरात में नर्मदा पर बनने वाले बाँध से

मध्य प्रदेश की एक इंच जगह भी डूब में नहीं आयेगी (बाद में यह आँकड़ा एक इंच से बढ़ कर सत्ताईस हज़ार एकड़ उम्दा कृषि भूमि में बदल गया)। इसी दौरान गुजरात और मध्य प्रदेश में अपने-अपने बाँधों की ऊँचाई बढ़ा कर अधिक बिजली बना लेने की जैसे होड़ लग गयी। केवल बिजली का बहाना थोड़ा शर्मनाक लग सकता था, इसलिए दोनों राज्यों ने अपने-अपने किसानों के 'हितों' को भी बढ़ाना शुरू कर दिया। इन दोनों बाँधों की ऊँचाई जितनी बढ़ती, उतनी अधिक क़ीमती ज़मीन और वन भी उनकी डूब में आते, इसलिए बाँधों की ऊँचाई का सारा विवाद नीचता की हद तक उतरता गया। लगता है कि पुण्याई कमाने के ख़याल से ही उस समय यह भी जोड़ दिया गया कि अगर बाँध ऊँचा बना तो उसमें एक लम्बी नहर निकाल कर राजस्थान जैसे 'प्यासे' राज्य को भी कुछ पानी दे दिया जायेगा।

तीन राज्यों के मुख्यमन्त्री और उनके अधिकारी और इंजीनियर आख़िर कब तक झगड़ते? सन् '७३ में सारा विवाद इन्दिरा गाँधी को सौंपा गया। वे हाथ, जो इस देश की सारी समस्याओं का हल खोजने के लिए लगातार मज़बूत किये जाते रहे, नर्मदा के मामले में बेहद कमज़ोर साबित हुए। इन्दिरा गाँधी हल नहीं खोज सकीं तो उन्होंने इस विवाद को सन् '७४ में एक पंचाट को सौंप दिया। यहाँ कुछ पुरानी बातें एक बार फिर दुहरा लें। सन् '७४ से बहुत दूर नहीं था सन् '७५ में लगा आपात्काल। सारे झगड़े समाप्त हो गये। पंचाट चुपचाप काम करती रही।

आपात्काल हटा और केन्द्र और राज्यों में आयी जनता पार्टी सरकार। और कुछ समय बाद सन् '७९ में पंचाट ने अपना फ़ैसला दिया—उसने सबसे विवादास्पद सरदार सरोवर की ऊँचाई ४५५ फ़ुट तय की। तब मध्य प्रदेश में विपक्ष की बेंच पर बैठी इन्दिरा कांग्रेस उछल कर इन बाँधों पर टूट पड़ी। पूरे फ़ैसले को राज्य के लिए अभिशाप बताया गया। पर जनता सरकार चली ही कितने दिन? सन् '८० में वापस शासन में आते ही इन्दिरा कांग्रेस ने अब तक के अभिशाप को वरदान की तरह स्वीकार किया और पंचाट के जो पंच उसे विपक्ष की कुर्सी से कपटी दिख रहे थे, वे परमेश्वर दिखने लगे।

लेकिन फिर उसी दौरान नया वन विधेयक आया और ये बाँध उसके घेरे में अटक गये। पर्यावरण का यह विवाद सरकारी क़ानून से ही उपजा था।

धीरे–धीरे इसे देश की कुछ ग़ैर–सरकारी संस्थाओं ने भी उठाया और बाद में तो यह अन्तरराष्ट्रीय मंचों में भी बहस का मुद्दा बनता गया।

पर क्या पर्यावरण का मुद्दा सचमुच कोई नया आयाम है? जिस सर्वगुण सम्पन्न पंचाट में पानी, नदी, मिट्टी, सिंचाई, फसल, बिजली, भूगर्भ, भूकम्प, भूजल के सैकड़ों विशेषज्ञ थे, दोनों राज्यों के जनता के चुने हुए प्रतिनिधि नेता थे, योजना वाले जानकार थे, जिसके सामने तब तक देश की दूसरी नदियों पर बन चुके बाँधों के गुणों–अवगुणों का पूरा लेखा–जोखा था, उसे इस पर्यावरण नाम की चिड़िया का अता–पता न होना अटपटी बात है।

पिछले वर्षों में कई तरह की बदनाम योजनाओं का ब्याज़ ढो रहे विश्व बैंक ने अपना पल्ला बचाने के लिए ऐसी तमाम योजनाओं को पैसा देने के पहले पर्यावरण का डिठोना लगाना ज़रूरी समझा। पैसा पाने के लिए आतुर सरकारों को भी मजबूरी में पर्यावरण सुरक्षा की जाँच करनी पड़ी इसीलिए नर्मदा के बड़े बाँधों को लेकर राज्य सरकारों को भी मजबूरी में पर्यावरण सुरक्षा की जाँच करनी पड़ी इसीलिए नर्मदा के बड़े बाँधों को लेकर राज्य सरकारों ने नवम्बर '८४ में 'पर्यावरण जाँच समिति' बनायी। पहली बैठक थी दिसम्बर '८४ की तीन तारीख़ को। पर्यावरण का सबक सीखने के लिए इससे भयानक कोई और दिन न उगे। भोपाल उसी रात विकास की भारी क़ीमत अदा कर चुका था।

लेकिन भोपाल भी धीरे–धीरे भुला दिया गया। इसी बीच बंगलूर के 'इण्डियन इंस्टीट्यूट ऑफ़ साइंस' की एक रिपोर्ट ने चेतावनी दी कि मध्य प्रदेश में नर्मदा बाँधों से सिंचित होने वाले क्षेत्र का चालीस प्रतिशत भाग (लगभग एक लाख हेक्टेयर) दलदल में बदल सकता है। अध्ययन दल ने इस ख़तरे को रोकने के कुछ उपाय भी बताये। रिपोर्ट पर काफ़ी हल्ला मचा। लेकिन सरकार ने कहा कि इससे घबराने की कोई बात नहीं क्योंकि यह अध्ययन तो ख़ुद सरकार ने बंगलूरू को सौंपा था। लगभग यही तर्क विश्व बैंक का था। उसने भी कहा कि पर्यावरण पर पड़ने वाले प्रभावों का यह अध्ययन बैंक की शर्त का एक हिस्सा था। इससे चौंकने की ज़रूरत नहीं है। लेकिन अध्ययन की पहल का श्रेय ले लेने से उसमें छिपे नुकसान के ख़तरे को टाला नहीं जा सकता।

नर्मदा के पानी को लेकर झगड़ते रहे राज्यों को अब यह भी मालूम पड़ गया है कि नदी में उतना पानी नहीं बचा है, जितने को ध्यान में रख कर ये सारी योजनायें बनायी गयी हैं। अनुमानित २८० लाख एकड़ फ़ुट के बदले पिछले कुछ वर्षों का औसत २३० लाख एकड़ फ़ुट है। पानी की कमी के कारण ऊँचे बाँध रीते रह जायेंगे। नदी के पनढाल (जलागम) क्षेत्रों में एक तो बड़े बाँधों के कारण पश्चिमी मध्य प्रदेश का कोई ४३०६४ हेक्टेयर वन डूबेगा और बचा हुआ पनढाल इतनी बुरी तरह से नंगा किया जा चुका है कि यह अब बाँधों में साद भरने का ही काम करेगा।

यों केन्द्र सरकार ने विश्व खाद्य संगठन से आये एम.एल.दीवान की अध्यक्षता में इन बाँधों को ध्यान में रख कर नर्मदा के पनढाल का सर्वे और उसे भूक्षरण से बचाने, वनीकरण करने के सुझाव देने के लिए एक समिति बनायी थी। समिति ने काम पूरा किया। सुझाव दिया कि यदि इन बाँधों की उम्र बढ़ानी है तो बाँध बनने से पहले ही पनढाल को हरा-भरा बना लेना चाहिये। ख़र्च आयेगा कोई चौदह सौ करोड़ रुपये। पर बाँध वाले कहते हैं कि उनके पास इतना पैसा नहीं है। वे बाँध बनायेंगे, बाँध की सेहत का ख़याल कोई और रखे।

कुल मिला कर होगा यही कि इसका ख़याल कोई नहीं रखेगा और बाँध बन जायेंगे। तब बरसात के दिनों में बाढ़ आयेगी और अपने साथ मिट्टी बहा कर इन बाँधों को भेंट करेगी। धीरे-धीरे इससे उस बिजली पर भी असर पड़ेगा जिसे बनाने के लिए यह सारा तमाशा खड़ा किया जा रहा है। लेकिन बाँध वाले इसे कोई ख़तरा नहीं मानते। अब तक बनाये गये सभी बाँधों में साद भरी है, उनकी अनुमानित उम्र घटी है और इसलिए बाँध बनाने वाले कम उम्र के बाँधों के इतने अभ्यस्त हो गये हैं कि 'चिरंजीव' शब्द उन्हें पुसाता नहीं!

कुछ लोगों की राय है कि इन बाँधों की कमज़ोरियाँ या ग़ल्तियाँ बताने से कुछ नहीं निकलेगा। बाँध वालों के पास इन सब का हल होगा, जवाब होगा। फ़िलहाल उन बातों को सामने रखना चाहिये जिन्हें उन्होंने अनदेखा किया है। लेकिन आज सिंचाई विभाग अपनी ग़ल्तियों के बारे में कैसे सोचता है इसका एक उदाहरण है गुजरात में टूटा मोरबी बाँध। विभाग के कुछ लोग आज भी पूरी ईमानदारी से मानते हैं कि मोरबी बाँध तकनीक

या प्रबन्ध की ग़ल्तियों के कारण नहीं षड्यन्त्र के कारण टूटा था। षड्यन्त्र भी मामूली नहीं, अमेरिका ने अपने एक उपग्रह से संकेत भेज कर इस पर निशाना साधा था। लेकिन हमारी सरकार ने इस पर ज़ोरदार विरोध क्यों नहीं प्रकट किया ? जवाब है कि पर्याप्त प्रमाण नहीं जुटाये जा सके थे।

ख़ैर ! ग़ल्तियों की बात छोड़ें, नर्मदा योजना की अनदेखी को देखें। अनदेखी की सूची तो बहुत लम्बी है। सबसे भयानक समस्या होगी 'उनाव' की। यह शब्द अभी ज़्यादा नहीं चला है क्योंकि यह समस्या भी अभी उतनी नहीं उठी है। उनाव यानी बाढ़ के समय पीछे पलट कर लगातार उठने वाला जलस्तर। उसे बाँध वाले 'बैक वाटर' कहते हैं। बड़े बाँधों के कारण नदी का जलस्तर काफ़ी ऊपर उठ जायेगा। तब जब भी बाढ़ आयेगी, पूर में बह रही नर्मदा में जो असंख्य सहायक नदियाँ और नाले मिलेंगे, उन सब में पानी का स्तर मुख्य धारा के बढ़ते जलस्तर के कारण लगातार अपने किनारे तोड़ कर आसपास के खेत, घर, रास्तों को अपने में लपेटेगा।

अभी तक बाँध वालों ने केवल मुख्य धारा के उनाव का थोड़ा-बहुत अध्ययन किया है। पर सभी जानते हैं कि नर्मदा घाटी दोनों तरफ़ पहाड़ों से घिरी एक सँकरी घाटी है। इनमें क़दम-क़दम पर मिलने वाली सहायक नदियों के उनाव की कल्पना करते हुए भी डर लगता है।

दूसरी अनदेखी है इन भीमकाय बाँधों के सरोवरों से इस क्षेत्र में भूकम्प आने की सम्भावनायें। कुछ लोगों ने पिछले दिनों कोयना बाँध के भूकम्प को उसके जलाशय के दाब से जोड़ा है। ज्यों-ज्यों सरोवर में जलस्तर बढ़ता जाता था, भूकम्प की परिस्थितियाँ बनने लगती थीं। उसका पानी छोड़ते जाने से ये सम्भावनायें भी कम होने लगती हैं। नर्मदा घाटी में खरगौन के पास सेंधवा में पिछले १३७ बरस में पाँच बार भूकम्प आया है। कहा जा सकता है कि बाँधों को भूकम्प सहने लायक मज़बूत बनाया जा रहा है पर आसपास की बस्तियों का क्या होगा ?

बिजली के पीछे जा रहे योजनाकारों को अब यह भी पता चल गया है कि नर्मदा घाटी में तेल की भी गुंजाइश है। तेल कम निकलेगा या ज़्यादा, यह अभी तक तय नहीं हो पाया है। तेल और प्राकृतिक गैस आयोग ने जो कुछ यहाँ देखा-परखा है उस आधार पर कहा जा रहा है कि यह क्षेत्र बम्बई से

ईरान जा रही एक तेल पट्टी की पीठ है। इसे बाँधों में डुबोने से पहले यह तो जाँच लें कि हम क्या-क्या खोने जा रहे हैं।

हम क्या-क्या खो रहे हैं यह जानना ज़रूरी है, क्योंकि इक्कीसवीं सदी आख़िरी मंज़िल नहीं है। वह एक पड़ाव भर होगी। बाईसवीं सदी भी आयेगी, तेईसवीं भी और उसके आगे भी सूरज उगेगा और डूबेगा। तब भी मालवा, निमाड़, गुजरात और देश का विकास करना होगा। इसलिए विकास के (अगर यह सचमुच विकास है तो) सारे माध्यमों पर इन्हीं पन्द्रह-बीस सालों में क़ब्ज़ा करना ज़रूरी नहीं है। नर्मदा पर बाँधों की कुछ दर्जन भर जगहें अगली पीढ़ी के लिए भी सुरक्षित छोड़ी जा सकती हैं। ऐसी क्या हाय-तौबा है कि तीस बड़े, तीन सौ मँझोले और तीन हज़ार छोटे बाँध बना लेने की सारी ज़िम्मेदारी इसी पीढ़ी के नाज़ुक कन्धों पर आ गयी है? सारा जंगल यही पीढ़ी काट ले, डुबो दे, भूमि का सारा उपजाऊपन यही पीढ़ी खींच ले?

पिछली पीढ़ियाँ आने वाली पीढ़ियों के लिए यह सब छोड़ती आयी हैं। ऐसा नहीं था कि वे इनमें से ज़्यादातर काम कर ही नहीं सकती थीं। इसलिए उन्होंने किये नहीं। नर्मदा के किनारे बड़वानी के पास बावनगजा तीर्थ है। जो लोग आज से २०३१ साल पहले पत्थर की बावन गज यानी १५० फ़ुट ऊँची मूर्ति बना सके, वे यहाँ की प्रकृति को अपने विकास के लिए डुबो भी सकते थे।

कोई सात हज़ार साल पहले मालवा के पठार में आकर बसे लोगों ने त्रिपुरी, महिष्मती जैसे शक्तिशाली राज्यों की नींव रखी थी। चिकल्दा, झाकड़ा, खेड़, पिपल्दा आदि उनके केन्द्र थे। चेटियों, गोंड और हैहय वंशों ने नर्मदा के सुवर्ण कछार की समृद्धि से अपने राज्य मज़बूत किये। जिस खम्बात की खाड़ी में आज नर्मदा अपना 'सारा जल बर्बाद' कर रही है, वही खम्बात उस दौर में हमारा सबसे पुराना और विकसित बन्दरगाह था। वहाँ से अरब, इज़राइल और अफ्रीका के साथ व्यापार होता था।

आज नर्मदा घाटी का इलाक़ा पिछड़ा बता दिया गया है। इसका पिछड़ापन दूर करने के लिए ये बाँध कल्याणकारी यज्ञ की तरह प्रचारित किये जा रहे हैं। इन यज्ञों के लिए आहुति चाहिये। ऐसे लोगों की पहले भी कमी नहीं थी जो अपने क्षेत्र की उन्नति के लिए बलिदान हो जाते थे। नर्मदा के बहुत

से इलाक़ों में आज भी 'गाता' (गाथा) मिलेंगे। सिल के आकार के पत्थरों पर उकेरी हुई ये मूर्तियाँ उन शहीदों की स्मृतियों के लिए हैं जो अपनी और अपने समाज की शान, आन के लिए मर मिटे थे।

आज भी 'गाता' के पास मेले लगते हैं और हाट सजते हैं। लेकिन नर्मदा के बाँधों में शहीद होने वालों का गाता नहीं बनेगा। नर्मदा घाटी के विकास के लिए नर्मदा घाटी के लोग अपने ही आँगन में पराये बना दिये जायेंगे।

जनसत्ता, १९८६

दक्षिण में सहयोग की तेलुगू गंगा उलटी बही

दक्षिणी राज्यों के बीच सहयोग की गंगा मानी गयी तेलुगू गंगा फ़िलहाल उलटी बहने लगी है। मई–जून में इस पर पैसे के संकट के बादल छाये रहे और फिर जुलाई–अगस्त में कर्नाटक और महाराष्ट्र के साथ विवाद की बाढ़ आ गयी। दक्षिण की परिधि पर निर्णय की स्वायत्तता और हर तरह के तालमेल के सपने ज़रा–सा संकट आते ही केन्द्र में खिंच आये हैं। अगस्त के पहले हफ़्ते में केन्द्रीय सिंचाई मन्त्रालय में कृष्णा नदी से तेलुगू गंगा नहर में बहने वाले पानी के बँटवारे को लेकर बातचीत शुरू हो गयी है। इस बातचीत में केवल कर्नाटक और महाराष्ट्र भाग ले रहे हैं। लेकिन तेलुगू गंगा का 'भगीरथ' राज्य आन्ध्र इसमें शामिल नहीं हुआ है। आन्ध्र ने कहा है कि इस मामले में उसका किसी भी राज्य से मतभेद नहीं है।

आन्ध्र का किसी के साथ मतभेद हो या नहीं हो, पड़ोसी राज्यों का आन्ध्र के साथ मतभेद बढ़ता जा रहा है। मतभेदों के ये बीज ढाई बरस पहले तब नहीं दीखते थे, जब प्यासे मद्रास और सूखे रायल सीमा इलाक़े तक कृष्णा नदी का पानी बहाने के लिए तेलुगू गंगा योजना पर समझौते पर दस्तख़त हुए थे। तमिलनाडु के मुख्यमन्त्री रामचन्द्रन और आन्ध्र प्रदेश के रामराव ने ऐतिहासिक माने गये उस समझौते की याद में अपनी क़लमों का आदान–प्रदान किया था। तब रामचन्द्रन को अपनी प्यासी राजधानी के लिए पानी चाहिये था और रामराव को पाँच माह पहले मिले राज्य के लिए सद्भाव चाहिये था।

यह सद्भाव किस भाव पड़ेगा इसकी चिन्ता तब रामराव को नहीं थी। रामकृष्ण हेगड़े को भी इसका राजनैतिक भाव मालूम नहीं था, क्योंकि तब

उन्हें भी आन्ध्र में उदित हुए एक ग़ैर-कांग्रेसी नेता की चमक से अपनी आभा को और अधिक चमकीला बनाने की गारंटी दिख रही थी। शायद इसी कारण से मई १९८३ में तेलुगू गंगा परियोजना के उद्घाटन के अवसर पर मद्रास में बने भव्य मंच पर श्री हेगड़े भी उपस्थित थे। एक-दूसरे से चमक रहे क्षेत्रीय नेताओं की चमक कहीं केन्द्र की चकाचौंध को फीका न कर दे, शायद कुछ ऐसा ही सोच श्रीमती गाँधी भी इस मंच पर आयी थीं। उन्होंने उस दिन तमिलनाडु के मुख्यमन्त्री की ओर से आन्ध्र के रामराव को इस पुण्य काम के लिए ३० करोड़ रुपये का पहला चेक भेंट किया था। साक्षी थे महाराष्ट्र के तत्कालीन मुख्यमन्त्री वसन्तदादा पाटिल। यानी कृष्णा घाटी में बसे हर राज्य के मुख्यमन्त्री पानी के बँटवारे पर सहमति के मंच पर विराज रहे थे।

लेकिन कोई साढ़े छह से सात अरब रुपये की इस ख़र्चीली योजना का उद्घाटन ही उलटी तरफ़ से हुआ। आन्ध्र से कृष्णा के पानी को मद्रास तक ले जाने वाली ३३० किलोमीटर लम्बी नहर तेलुगू गंगा का उद्घाटन मद्रास के उस छोर पर हुआ, जहाँ योजना दरअसल १९९० में ख़त्म होने पर पहुँचती। इस विचित्र उद्घाटन में कुछ और भी विचित्र बातें थीं। उद्घाटन प्रधानमन्त्री ने किया था, पर योजना को तब तक कौन कहे, आज तक केन्द्र से स्वीकृति नहीं मिली। और न तब आँकी गयी ६५० करोड़ रुपये की कुल लागत में मदद का कोई भरोसा भी। रामराव ने इसे अपने दम पर खोदना शुरू किया लेकिन पैसे के अभाव में ३३० किलोमीटर लम्बी नहर के लिए ठेकेदार भी नहीं मिल पा रहे थे। पहले वर्ष में तमिलनाडु से मिले ३० करोड़ में से ९ करोड़ ख़र्च हो पाये और कहा जाता है कि बचा पैसा कहीं और लगा दिया गया। तमिलनाडु सरकार इस अनुभव से कुछ समझदार हो गयी और उसने अगले वर्ष के लिए हाथ खींच लिया। सन् '८४-८५ में आन्ध्र ने फिर १५ करोड़ की दूसरी किस्त माँगी। पिछली बकाया राशि के उचित उपयोग का आश्वासन मिलने पर तमिलनाडु ने और रुपये दिये। उसे मद्रास के लिए पानी जो चाहिये था। उस दौर में ४५ करोड़ के बुलडोज़र और ख़ुदाई आदि की मशीनें, ट्रक वग़ैरह भी ख़रीदे गये। पर काम की चाल सुस्त रही और धीरे-धीरे इसका हल्ला भी मचने लगा। नये बजट वर्ष में तमिलनाडु विधानसभा में यह मामला उठा। आन्ध्र में पैसे की कमी और समय की बर्बादी को तमिलनाडु

के हाथ से गये १०० करोड़ रुपये के तराजू पर तोला गया। लगा कि अगर तेलुगू गंगा को सचमुच १९९० तक बहाना है तो आन्ध्र को अगले पाँच वर्षों में हर साल इस काम के लिए कम से कम १०० करोड़ रुपये ख़र्च करने पड़ेंगे।

हिसाब–किताब होने लगा तो तेलुगू गंगा एक मृगतृष्णा–सी बन चली। ६५० करोड़ रुपये का ख़र्च बढ़ कर ८०० करोड़ रुपये हो गया। जून में रामराव दिल्ली आये। राजीव गाँधी से आर्थिक मदद के अलावा योजना को केन्द्र की स्वीकृति दिलवाने का भी आग्रह किया। इस २० मिनट की बातचीत के बाद भी योजना में कोई कहने लायक प्रगति नहीं हो पायी। जुलाई में राजीव गाँधी मद्रास जाते हुए कुछ देरी के लिए विशाखापत्तनम रुके तो रामराव ने फिर तेलुगू गंगा की मौखिक याद दिलायी, योजना का एक विस्तृत ब्यौरा लिख कर दिया और इसे एक केन्द्रीय योजना की तरह अपनाने का अनुरोध किया। उधर मद्रास में रामचन्द्रन ने भी यही सब दुहराया।

पर इसी बीच पैसे की कमी से उलझ रही तेलुगू गंगा कर्नाटक के साथ राजनैतिक झगड़े में अटक गयी। कर्नाटक में विरोधी नेता वीरप्पा मोइली ने रामराव के इस सपने को कर्नाटक के लिए एक दुःस्वप्न बताते हुए इसे मई १९७६ में हुए बछावत एवार्ड का खुला उल्लंघन कहा। बछावत समझौते में कृष्णा घाटी के तीनों राज्यों आन्ध्र, कर्नाटक और महाराष्ट्र के बीच पानी के बँटवारे को लेकर तालमेल बैठा था। तीनों राज्यों के बीच पानी का यह झगड़ा पहले सन् १९६९ में उभरा था। बछावत पंचाट ने कृष्णा की भरोसेमन्द क्षमता २०६० अरब घन फ़ुट पानी आँकते हुए उसमें से ८०० अरब घन फ़ुट पानी आन्ध्र को, ७०० कर्नाटक को और ५६० अरब घन फ़ुट पानी महाराष्ट्र के उपयोग के लिए बाँटा था। लेकिन इस मामले में सात साल तक काम करने के बाद भी पंचाट कृष्णा में बहने वाले कुल पानी को ठीक–ठीक नहीं नाप पाया था। इसलिए पंचाटों ने सन् १९७६ के फ़ैसले में यह भी जोड़ दिया कि सन् २००० की मई के बाद एक और पंचाट या अधिकरण इस मामले पर काम कर फिर से फ़ैसले पर विचार करेगा।

राजीव गाँधी की २१वीं सदी में जाने से पहले इन्दिरा गाँधी की २०वीं सदी के मोड़ पर खड़े मद्रास में सन् १९७४ और ७५ में पीने के पानी का

अकाल पड़ा। द्रविड़ मुनेत्र कणगम की करुणानिधि सरकार को धकियाते हुए श्रीमती इन्दिरा गाँधी ने महाराष्ट्र, कर्नाटक और आन्ध्र से मद्रास के लिए पानी जुटाने की कोशिश की। तीनों राज्य कृष्णा से पाँच-पाँच अरब घन फ़ुट पानी मद्रास को देने के लिए राजी हुए। इस समझौते में भी बछावत अवार्ड को आधार बनाते हुए स्वीकार किया गया था कि मद्रास की प्यास बुझाने के लिए आ रहा यह पानी किसी और काम के लिए उपयोग में नहीं लाया जायेगा। यों तीनों राज्यों में कांग्रेस सरकार थी और इस समझौते की पहल ख़ुद श्रीमती इन्दिरा गाँधी ने की थी पर १९७६ से १९८३ तक इसमें ज़रा भी प्रगति नहीं हुई।

१९८३ में आन्ध्र में तेलुगू देशम छाया और उधर मद्रास '७४-७५ के अकाल से भी बुरे संकट में फँस गया। पानी का ऐसा अभाव कि राज्य सरकार को स्कूल, कॉलेज बन्द करने पड़े। मद्रास तक रेलगाड़ियों से पानी पहुँचाया गया और शहर में जगह-जगह पानी तुल कर भी बिका। सरकारी और ग़ैर-सरकारी स्तरों पर पानी बरसाने के लिए जादू-टोना, संगीत, यज्ञ से लेकर आधुनिकतम वैज्ञानिक टोटकों का सहारा लिया गया। बादलों को 'हाँक कर' मद्रास के ऊपर पानी गिराने अमेरिका से जहाज़ बुलवाया गया। पर पानी किसी भी तरह बरसा नहीं। तभी रामराव ने पिछले समझौतों को एक लोकप्रिय रूप में तेलुगू गंगा की तरह रखा। इसके पक्ष में वातावरण इतनी तेज़ी से बना कि लगने लगा कि इस गंगा को किसी शिव की ज़रूरत नहीं पड़ेगी और न कोई जह्नु ऋषि का क्रोध ही इसे रोक पायेगा।

दो राज्यों के बीच हुए इतने बड़े समझौते की ख़बर उस समय आन्ध्र प्रदेश और तमिलनाडु की विधानसभाओं में भी नहीं दी गयी। यह तो कुछ समय बाद पता चला कि श्री सैलम जलाशय से २९ अरब घन फ़ुट पानी निकाला जायेगा और इसे दो अन्य जलाशयों में ले जाया जायेगा। और मद्रास तक पहुँचने से पहले रायलसीमा क्षेत्र के सूखे इलाक़े में इससे २३५३० हेक्टेयर भूमि में सिंचाई भी की जायेगी। सिंचाई का यह नया इन्तज़ाम उस समय कर्नाटक और महाराष्ट्र के मुख्यमन्त्रियों को विश्वास में लेकर किया जा सकता था। लेकिन ऐसा नहीं हुआ।

जैसे-जैसे ये सब बातें सामने आने लगीं, कर्नाटक और महाराष्ट्र के कान खड़े होने लगे। आज तेलुगू गंगा के खुले विरोध से काफ़ी पहले श्री हेगड़े

ने इस मामले में अपनी शंकायें चिट्ठी-पत्री के ज़रिये केन्द्र के पास सन् १९८४ की अप्रैल में भी रखी थीं। तब शायद बेहतर होता कि श्री हेगड़े इन मतभेदों को सीधे रामराव के साथ बैठकर सुलझा लेते। लेकिन पिछले महीने कर्नाटक के विरोधी नेता वीरप्पा मोइली ने कर्नाटक राज्य के हित में तेलुगू गंगा के ख़िलाफ़ जो कड़ा रुख़ अपनाया है कुछ इस वजह से भी श्री हेगड़े इस मामले में अब ज़्यादा ही कट्टर बन गये हैं। अब कर्नाटक को लगता है कि मद्रास की प्यास बुझाने के साथ-साथ आन्ध्र सिंचाई के लिए जिस २७.५ अरब घन फ़ुट पानी का अतिरिक्त इस्तेमाल करेगा, उससे सन् २००० में बछावत एवार्ड पर फिर से विचार करते समय वह कृष्णा नदी पर अपना दावा बढ़ा सकता है। लेकिन श्री रामराव का मानना है कि जब कोई आठ अरब रुपये ख़र्च कर मद्रास तक पानी जा रहा है तो क्यों न रास्ते में पड़ने वाले सूखे इलाक़े में सिंचाई का इन्तज़ाम कर लिया जाये।

इस हफ़्ते तक महाराष्ट्र इस विवाद में खुल कर सामने नहीं आया था। अब उसे भी लगने लगा है कि आठ अरब की इस योजना में आन्ध्र प्रदेश रायल सीमा सिंचाई के लिए चार अरब पचास करोड़ ख़र्च करेगा तो उसे वह बाद में ३१ मई, २००० में यह कह कर भुनाने की कोशिश करेगा कि इतना पैसा लग गया है तो अब सिंचाई के लिए उसे अतिरिक्त पानी आगे भी मिलता रहना चाहिये। उसे यह भी लगता है कि आन्ध्र की तरह ही महाराष्ट्र में भी अकालग्रस्त इलाक़े हैं। कृष्णा में बहने वाले अतिरिक्त पानी के उपयोग की कुछ योजनायें भी उसके मन में हैं। इसलिए अब उसे भी डर लग रहा है कि कहीं ऐसा न हो कि सारा अतिरिक्त पानी आन्ध्र प्रदेश ले भागे।

कुल मिला कर फ़िलहाल अनखुदी और अनबही तेलुगू गंगा के किनारे ने पड़ोसी राज्यों को एक-दूसरे से दूर कर दिया है। ऐसा नहीं लगता कि आने वाले महीनों में ये मिल-बैठकर इसे सुलझा पायेंगे। पुराने झगड़ों को निपटा रहे राजीव गाँधी इस नये झगड़े को भी अपने हाथ में ले सकते हैं। लेकिन तब शायद केन्द्र पर इसके ख़र्च की भी कुछ ज़िम्मेदारी आ सकती है। केन्द्र की जेब कुछ हलकी पड़े तो विश्व बैंक का दरवाज़ा भी खटखटाया जा सकता है। लेकिन पानी की यह छीनाझपटी बन्द नहीं हो पायेगी। जो शहर जितना ताक़तवर होगा वह उतना अधिक पानी चाहे जितनी दूरी से, चाहे जिस क़ीमत पर जुटाने की कोशिश करेगा। आज तमिलनाडु की

राजधानी मद्रास पर यह संकट है तो कल मध्य प्रदेश की राजधानी भोपाल का भी नम्बर आ सकता है। नर्मदा के किनारे पर बसे जबलपुर को उसका पानी पीने को नहीं मिलेगा पर भोपाल में वह ८० किलोमीटर दूर से लाया जा सकेगा। इन्दौर में भी नर्मदा का पानी इसी तरह लाया गया था। अब वह भी कम पड़ने लगा है तो वहाँ नर्मदा के दूसरे चरण की योजना को भी मंज़ूरी मिल गयी है। यमुना किनारे बसी दिल्ली गंगा भी बहा कर ले आयी है।

पानी सब जगह सबको चाहिये। खेतों में भी और मटकों में भी। लेकिन तब हर इलाक़े और शहर को अपनी ज़रूरत देखते हुए स्थानीय प्रबन्ध जुटाने की कोशिश करनी चाहिये। कहीं तालाब खोद कर बरसात के पानी को इकट्ठा करना पड़ेगा तो कहीं भूमिगत पानी के भण्डार का समझदारी के साथ इस्तेमाल बढ़ाना पड़ेगा। तेलुगू गंगा हर जगह नहीं पहुँच सकेगी। कुछ एक जगहों पर पहुँच भी गयी तो पानी कम, पैसा और अनबन ज़्यादा बहायेगी। अनबही तेलुगू गंगा के क़िस्से का यही सबक है।

जनसत्ता, २२ अगस्त, १९८५

पर्यावरण दिवस : बाक़ी दिनों में क्या होता है

दिवस और दिनों में बहुत फ़र्क़ है। तीन सौ चौंसठ दिनों में की गयी ग़ल्तियों को ढँकने के काम आता है दिवस। पिछले बारह वर्षों से पाँच जून को मनाया जाने वाला विश्व पर्यावरण दिवस कुछ ऐसा ही ढक्कन बन गया है। इस ढक्कन का उपयोग दो तरह से होता है : यह साल भर की गन्दगी को ढाँकता है और साथ ही कुछ के मन में छिपे ग़ुस्से को निकालने के लिए सेफ्टी वाल्व भी इसमें है। इस दिन इस लेख की तरह ढेर सारे लेख लिखे जायेंगे, प्रदर्शनी लगेंगी, भाषण होंगे, कहाँ क्या-क्या प्रदूषित हो रहा है, कहाँ-कहाँ का पर्यावरण बिगड़ रहा है, इसकी सूची भी बन सकती है। लेकिन फिर बाक़ी साल भर इस सूची को कम करने की तरफ़ शायद ही ध्यान जायेगा, जाने-अनजाने सूची को बढ़ाने का काम होता रहेगा। जब से पर्यावरण दिवस मन रहा है तब से यानी सन् १९७२ से सन् '८५ तक देश के पर्यावरण को सुधारने की तमाम कोशिशों के बावजूद यह चौतरफ़ा दिन-दूना रात-चौगुना बिगड़ा है और इस पर टिकी आबादी का जीवन पहले से ज़्यादा ख़तरे में पड़ता जा रहा है।

इसलिए अब यह सारा मामला प्रदूषण का, पर्यावरण का या संवर्धन का उतना नहीं बचा है, जितना कि राजनीति, विकास नीति का और उन तमाम योजनाओं का बनता जा रहा है जो देश को आधुनिक और समृद्ध बनाने के लिए रची जा रही हैं। फिर भी देश की आबादी के एक बड़े भाग को पिछड़ा बना रही हैं और न जाने कितने लोगों को पचाती ही जा रही है।

सचमुच आज पर्यावरण की चिन्ता में दुबले हो रहे विभागों, सरकारी-

ग़ैर-सरकारी विशेषज्ञों को, काम करने वालों को इस बात का कोई ठीक अन्दाज़ नहीं है कि देश का बिगड़ता पर्यावरण कितने लोगों को उखाड़ रहा है। विकास करने वालों को तो विकास की क़ीमत चुकानी ही पड़ेगी। क़ीमत चुकाने वाले लोग कितने हैं, और वे क्या क़ीमत चुका रहे हैं इसको लोग जान-बूझकर समझना ही नहीं चाहते। समझने की कोशिश करने की ग़लती कर बैठें तो उनके विकास का पटरा बैठ जायेगा।

विकास की क़ीमत का एक छोटा लेकिन मोटा अन्दाज़ भोपाल ने दिया है। कोई पाँच हज़ार लोग पहले छह दिन में मारे गये, छह हफ़्तों में कोई एक लाख लोग अपना घर-बार, शहर छोड़ यहाँ से वहाँ भागते फिरे। छह महीनों में पता चला है कि कोई एक लाख लोगों को बस किसी तरह घुट-घुट कर ज़िन्दा रहना है। और अब ख़बरें आ रही हैं उस पीढ़ी की, जो भोपाल के समय पेट में थी। गैस काण्ड के बाद भोपाल में अब तक जन्मे बच्चों में से कोई दो सौ मरे हुए थे, चार सौ जन्म के कुछ समय बाद मर गये। जो ज़िन्दा हैं वे भी सब स्वस्थ नहीं हैं। वे फेफड़ों और आँखों के तरह-तरह के रोगों से पीड़ित हैं।

जो पूरी दुनिया भोपाल से कुछ हिल गयी-सी दिखती थी, अब फिर विकास की धुरी पर स्थिर हो गयी है।

ऐसा नहीं था कि भोपाल से पहले ऐसी घटनायें नहीं हुईं, पर वे आँखों को नहीं दिखती थीं, जो विकास के सावन में अन्धी हो चुकी हैं। फिर भी इनके कानों में बिगड़ते पर्यावरण का कुछ शोर तो जाता ही है। इसलिए ये सक्रिय हो उठते हैं देश का पर्यावरण बचाने के लिए। पर्यावरण के लिए विभाग खुलते हैं, पर्यावरण मन्त्रालय बनते हैं, ढेरों कायदे-क़ानून लिखे जाते हैं, संवर्धन की अनेक योजनाओं का उद्‌घाटन होता है, दिवस मनाये जाते हैं पर साल के दिन ज्यों के त्यों रहते हैं।

आधुनिक विकास आज एक राजयक्ष्मा, राजरोग और आसान शब्दों में कहें तो तपेदिक की बीमारी की तरह लोगों को तिल-तिल खा रहा है, गला रहा है। कभी ज़्यादा हल्ला मच जाये तो विकास वाले उदारतापूर्वक इस रोग का 'इलाज' करने के लिए राजवैद्य नियुक्त कर देते हैं। हमीं ने दर्द दिया-हमीं दवा देंगे। ये दवायें कैसी हैं? भोपाल काण्ड के बाद आस्था-अभियान, पूरे देश में वनों को बर्बाद करने के बाद वनीकरण,

सामाजिक वानिकी के नाम पर सफेदे के पेड़ लगाना। देश भर की नदियों को सारे शहर और उद्योग अपना कचरा ठिकाना लगाने का सबसे सस्ता माध्यम मान चुके हैं, पर इसके ख़िलाफ़ कुछ हल्ला होने लगे तो केन्द्रीय और राज्य स्तरीय जल प्रदूषण निवारण और नियन्त्रण बोर्ड बन जाते हैं। कभी-कभी इन सबमें कुछ अच्छे लोग आ जाते हैं पर वे इधर-उधर हाथ-पैर मारने के अलावा कुछ कर नहीं पाते। क्योंकि इन क़ानूनों को, विभागों को न तो पर्याप्त अधिकार होते हैं, न उनके पास ठीक मात्रा में साधन होते हैं।

कुल-मिलाकर आबादी के एक बड़े हाथ से उसके प्राकृतिक साधनों को छीनने-झपटने का एकतरफ़ा युद्ध जारी है। यह अघोषित युद्ध कोई बदनाम बहुराष्ट्रीय कम्पनी ही नहीं लड़ रही, सब स्वनाम-धन्य राष्ट्रीय कम्पनियाँ भी इसमें शामिल हैं। इसमें लालची पूँजीवादी भी हैं और कल्याणकारी समाजवादी सार्वजनिक उद्योग भी। विकास के सावन में केवल सत्तारूढ़ दल का नेतृत्व ही नहीं होता, विरोधी दल के लोग भी उसी हरे को हरा मानते हैं। इसलिए राज बदलता है तो सारे सलाहकार बदल जाते हैं पर सलाह नहीं बदलती, ज़्यादातर विकास के उसी रास्ते पर देश चलता रहता है। ट्राम्बे (बम्बई), कोटा (राजस्थान) और कल्पक्कम में अणु बिजली-घरों के तमाम ख़तरों को जानने-बूझने कर्नाटक में सत्तारूढ़ जनता पार्टी के नेतृत्व में एक सर्वदलीय प्रतिनिधि मण्डल केन्द्र से आवेदन करने आता है कि अगला अणु बिजलीघर कर्नाटक में ही लगना चाहिये। तथास्तु। और कर्नाटक के कारवार क्षेत्र में कैगा नाम की एक जगह पर दुनिया भर में विकास का सबसे बदनाम उद्योग बाक़ायदा न्यौता देकर लगाया जा रहा है। इसी तरह मध्य प्रदेश का तवा बाँध है। कोई तीन अरब रुपये की क़ीमत पर बना यह बाँध अच्छे उपजाऊ खेतों को पानी में डुबोने के कारण काफ़ी बदनाम हुआ है। मध्य प्रदेश में जब मतदाताओं की मेहरबानी से कांग्रेस जीतती है तो विरोधी दल को इन किसानों की समस्यायें एकदम दिखने लगती हैं और जब एकाध बार विरोधी दल या जनता पार्टी का राज आता है तो कांग्रेसी इस बाँध को किसानों के लिए अभिशाप कहने लगते हैं। लेकिन इनमें से कोई भी ऐसी योजनाओं को अभिशाप कहलवाने वाली कुर्सी पर बहुत नहीं बैठना चाहते। सबको सत्ता की वही कुर्सी चाहिये जिस पर बैठने के बाद उन्हें इस विकास में वरदान दिखायी देने लगे।

इसलिए केवल बहुराष्ट्रीय नहीं धुर राष्ट्रीय बन चुके इस विकास के रोग से, हमले से, लड़ने के तरीक़े आज क्या हैं? और कभी नहीं तो कम से कम पर्यावरण दिवस पर ही इसे टटोलकर देख लेना चाहिये। लेकिन तरीक़ों के पहले युद्ध का चरित्र समझना चाहिये। इस आधुनिक माने जा रहे विकास के कारण प्रकृति पर, प्राकृतिक साधनों पर और इन साधनों पर आबादी के जिस बड़े भाग का पूरा जीवन टिका है—उस पर चार तरह से हमला हो रहा है। पहला हमला हर तरह के उद्योग के भीतर काम करने वाले मज़दूरों पर है। दूसरा हमर उस उद्योग से निकल रहे कचरे, गन्दे पानी, गन्दी हवा से आसपास के नागरिकों पर है। तीसरा हमला इन उद्योगों में बन रहे पक्के माल के उपभोक्ताओं पर है और चौथा हमला उन असंख्य लोगों पर है जो वहाँ बसे हैं जहाँ से इन उद्योगों को चलाने के लिए कच्चा माल आता है।

पर्यावरण पर इस हमले में कुछ संगठन तो शुद्ध 'रेडक्रॉस' क़िस्म के हैं। वे घायलों की दवादारू और मरहम-पट्टी करने में लगे हैं। पर यह काम भी अब पूरी तरह से नहीं हो पाता। पहले यह काम पर्यावरण के लिए काम कर रही कुछ ग़ैर-सरकारी संस्थाओं ने निभाया। पिछले दौर में इन छोटे-छोटे संगठनों ने विकास के कारण बिगड़ रहे पर्यावरण की क़ीमत चुका रहे लोगों का सवाल उठाया। शायद इससे कुछ ताक़त भी संगठित होते दिखी। पर फिर देश की सबसे बड़ी अदालत के दरवाज़े ग़रीब के लिए अचानक खुल गये। तब से पीड़ितों के ज़्यादातर मामले स्थानीय स्तर पर संगठन के बदले बड़ी कचहरी में आने लगे। उन दिनों इनमें सबसे ज़्यादा नाम पाया था रतलाम के एक मुक़दमे ने। रतलाम के वार्ड नम्बर १२ के नागरिकों ने नगरपालिका की घोर उदासीनता के कारण बिगड़ रहे पर्यावरण को दिल्ली की अदालत से न्याय पाने के लिए घण्टा बजाया था। न्यायमूर्ति कृष्ण अय्यर और न्यायमूर्ति चिन्नपा रेड्डी ने इस मामले पर अपना अमर फ़ैसला सुनाया और एक टुच्ची नगर-पालिका समेत महान् मध्य प्रदेश शासन को भी दोषी पाया। अपने ऐतिहासिक कड़े फ़ैसले में उन्हें ज़ोरदार ढंग से लताड़ा और तुरन्त इस अन्याय को ठीक करने के आदेश दिये। यह सन् १९८० का क़िस्सा है। कई लोगों को लगा कि अब उनके पास प्रदूषण फैलाने वालों को पीटने के लिए वाया सुप्रीम कोर्ट एक छड़ी आ गयी है। इसके बाद तो सुप्रीम कोर्ट में ऐसे मुक़दमों का ढेर लग गया। मन्दसौर में

स्लेट-पेंसिल की छोटी-छोटी फ़ैक्टरियों में पेंसिल काटने से उड़ने वाली धूल के कारण मर रहे सैकड़ों मज़दूरों, बड़े-बड़े बाँधों, बिजलीघरों से विस्थापित हो रहे लोगों, प्रदूषित नदियों के किनारे बसे नागरिकों की आवाज़ यहाँ उठायी गयी। लेकिन इन क्रान्तिकारी और ऐतिहासिक माने गये फ़ैसलों का अमल एक दूसरा ही दुखद क़िस्सा है। रतलाम में आज पाँच साल बाद परिस्थिति पहले से भी भयानक हो गयी है।

कुछ ऐसा ही हाल गुजरात में नर्मदा पर बन रहे सरदार सरोवर बाँध का है। सारे आश्वासनों के बावजूद विस्थापितों को ठीक से बसाने की योजना और उनको दिये जाने वाले मुआवज़े की बात एकदम ताक पर रखकर बाँध का काम चालू है। सर्वोच्च न्यायालय ने ऐसे एक प्रकरण की सुनवायी के बाद स्थगन आदेश दिये हैं। कहा गया है कि जब तक विस्थापितों को ठीक पैसा न मिल जाये तब तक बाँध का काम नहीं होगा पर राज्य सरकार इस फ़ैसले को फाड़कर अपने बुलडोजर चलाये जा रही है।

इसी तरह रेडक्रॉस वाली भूमिका भी क्षीण होती दिखायी है। उद्योगों के भीतर के हमले से चाहे तो मज़दूर संगठन निपटने के तरीक़े खोज सकते हैं। इसी तरह उद्योगों के बाहर नागरिकों पर हो रहे प्रदूषण के हमले को काफ़ी हद तक नागरिकों की चेतना, उनके आन्दोलन रोक लेंगे। लेकिन अगर उद्योगों के भीतर और उसके आसपास फैल रहे प्रदूषण का सवाल हल हो जाता है तो इस हमले के तीसरे और चौथे मोर्चे की तरफ़ ध्यान जाने के मौक़े और भी कम हो सकते हैं। आधुनिक विकास के इन उद्योगों में बनने वाला पक्का माल हर घर को अपना बाज़ार बनाने पर तुला हुआ है। इस पक्के माल से बिगड़ रहे पर्यावरण की तरफ़ लोगों का ध्यान आसानी से नहीं जाता इसलिए भोपाल हत्याकाण्ड से पहले हमारे देश में कभी भी यह बहस नहीं उठ पायी कि कीड़ेमार दवायें सचमुच ज़रूरी हैं या नहीं ?

भोपाल के बाद यह सवाल उठा ज़रूर है लेकिन लोगों को भरोसा नहीं। आधुनिक विकास की यह सबसे बड़ी जीत है। फ़िलहाल हमारी अच्छी से अच्छी पद्धति या चीज़ के बारे में यह हमारे मन में सेंध लगा देता है, घृणा पैदा कर देता है। पीने का पानी जुटाने वाले परम्परागत तरीक़े हों, घर बनाने की परम्परागत सामग्री हो, बेरोक-टोक ठीक फसल देने वाले बीज हों, बाज़ार पर निर्भर रहने वाली पूरी कृषि पद्धति हो, माँ के स्तन का दूध

हो—सब चीज़ों का बाज़ारू विकल्प दिये बिना विकास नहीं होता। और ऐसा विकास कुछ लोगों के लिए सोने के सुनहरे फ़ीतों में लिपटा हुआ है। वे इन फ़ीतों को खोलते जाते हैं और लाभ कमाते रहते हैं।

दूसरी तरफ़ इस विकास में हर तरफ़ छिपे धोखे और ख़तरे से बचने की कोई भी कोशिश न हो पाये, इसके लिए कुछ लाल फ़ीते बाँध दिये जाते हैं। इन लाल फ़ीतों को न खुलने देने की कोशिश में वे सभी लोग लगे रहते हैं जो इसके सुनहरे फ़ीते खोल रहे हैं। इसमें देश का नेतृत्व, नौकरशाही, विज्ञान और तकनीक के लोग, सामाजिक संस्थायें, शिक्षण संस्थायें आदि सभी कुछ शामिल करने की शानदार कोशिश जारी रहती है—कहीं से कोई उँगली न उठा पाये इस विकास पर! और उठाना भी हो तो उसके लिए एक दिवस दिया जा सकता है, तीन सौ चौंसठ दिन नहीं।

जनसत्ता, २ जून, १९८५

पानी के नये ज़मींदार

स्लेट-पेंसिल लेकर मामूली-सा हिसाब करें तो पता चलेगा कि पीने के पानी को लेकर पिछले वर्षों में जो थोड़ी-बहुत प्रगति हुई थी, वह भी इस बीच पुछ गयी है। राज्य सभा में पिछले कृषि और विकास मन्त्री बूटासिंह ने एक सवाल के जवाब में बताया है कि देश में २ लाख ३० हज़ार ८७४ समस्याग्रस्त गाँवों में से १ लाख ७१ हज़ार २२८ गाँवों में पीने का पानी उपलब्ध कराया गया है। बचे रह गये हैं ५९,५५६ गाँव।

लेकिन कुछ साल पीछे मुड़ कर देखें। सन् १९७४ के अन्त में एक ऐसे ही सवाल के जवाब में ५७ हज़ार ऐसे गाँवों की जानकारी दी गयी थी जिनमें पीने के पानी की व्यवस्था करनी थी। तो क्या इन दस वर्षों में सरकारें कुएँ खोदने के बदले घास खोदती रहीं कि इस सूची में नये २५५६ गाँव और जुड़ गये। गाँवों में पीने के पानी का मामला इतना बिगड़ता जा रहा है कि स्लेट-पेंसिल से समझा नहीं जा सकता। हिसाब-किताब करते रहें तो पता चलेगा कि सरकार जहाँ से चली थी उसी जगह वापस आ गयी है। यह विचित्र कवायद किसी ऐरे-ग़ैरे ने नहीं ख़ुद योजना आयोग ने पहचानी है।

पहली बार चौथी पंचवर्षीय योजना में सरकार ने गाँवों में पीने का पानी जुटाने पर ख़ास ज़ोर दिया था। ऐसे गाँवों को छाँटा गया जिनमें डेढ़ किलोमीटर के घेरे में पीने के पानी का कोई पक्का इन्तज़ाम नहीं था। इन्हें समस्याग्रस्त गाँव माना गया। एक अन्य सूची ऐसे गाँव की बनायी गयी जहाँ एक निश्चित दूरी के भीतर पानी ज़रूर है पर भरोसेमन्द नहीं। पानी में खाद, लोहा, फ्लोराइड है या नारू और पेट के कीड़े हैजा आदि रोग

फैलते रहते हैं। इन्हें 'स्वास्थ्य समस्या' के गाँव कहा गया। इन दो सूचियों को लेकर काम चालू हुआ।

सन् १९८० से अन्तरराष्ट्रीय पेय दशक की शुरुआत हुई। संयुक्त राष्ट्र संघ के इस कार्यक्रम पर भारत ने भी दस्तख़त किये और सन् १९९० तक हर गाँव में पीने का पानी जुटाने की कसम खायी। कुछ पैसा भी मिला। दुबारा सर्वे हुए तो पता चला कि कई राज्यों की पुरानी सूचियाँ बेहद अधूरी हैं। इसका एक कारण तो १९७९ में पड़ा अकाल था। उस दौर में अपने कामचलाऊ जल स्रोत खो बैठने वाले गाँवों की संख्या कम नहीं थी। दूसरा बड़ा कारण देश के बड़े और मझोले शहरों और औद्योगिक गन्दगी के कारण प्रदूषित होती जा रही वे नदियाँ और तालाब हैं जिन्हें अब तक पीने के पानी के मामले में काफ़ी भरोसे के साथ देखा जा रहा है।

१४२ बड़े शहरों (एक लाख से ऊपर आबादी) और १९० मझोले (पचास हज़ार से एक लाख तक की आबादी) शहरों ने एक तरह से देश की १४ बड़ी नदियों को गिरवी-सा रख दिया है। बड़े शहर हर रोज़ कोई ७० करोड़ लीटर और मझोले शहर १३ करोड़ लीटर गन्दा पानी इन नदियों में उड़ेल रहे हैं। बड़े शहरों की गन्दगी का कोई ६० प्रतिशत भाग सीवर के ज़रिये और शेष ४० प्रतिशत सीधे नदियों में मिलता है। मझोले शहरों में सीवर से बहने वाली गन्दगी केवल १६ प्रतिशत है। वहाँ शेष ८४ प्रतिशत गन्दगी नदी में सीधे ही मिल जाती है। सीवरों में बहने वाली गन्दगी भी नदी में डालने से पहले पूरी तरह से निथारी या साफ़ नहीं की जाती।

हालाँकि बेहद ख़र्चीली सीवर व्यवस्था बनायी इसलिए जाती है। बड़े शहरों के सीवरों से बह कर आ रही कुल गन्दगी का केवल ३७ प्रतिशत भाग किसी तरह निथारा जा पा रहा है। मझोले शहरों में यह इन्तज़ाम और भी कमज़ोर है। वहाँ के सीवरों में बहने वाली कुल गन्दगी का केवल पाँच प्रतिशत भाग ख़ुद सरकारी रिपोर्टों के अनुसार बस नाम के लिए साफ़ हो जाता है।

गुणा-भाग को भूल जाइए, कुल मिलाकर ये १४२ बड़े शहर और १९० मझोले शहर अपनी गन्दगी से हर नदी की बारह बजा रहे हैं। और नदियों के किनारे बसे हैं ज़्यादातर वे गाँव जो समस्याग्रस्त गाँवों की सूची में

शामिल नहीं किये जाते। किसान नेता शरद् जोशी ने खेती के मामले में जिस इण्डिया और भारत को आपके सामने रखा है, पेय जल के मामले में वह और भी भयानक रूप में सामने आ रहा है। इण्डिया के गटर भारत की नदियों को चौपट किये जा रहे हैं।

शहरों की दादागिरी उपलब्ध जल स्रोतों को बर्बाद करने तक की ही नहीं है। वह साफ़ पानी के स्रोतों को छीनने भी लगी है। 'जिसकी लाठी उसी का पानी' भी हो रहा है। सत्ता की लाठी के कारण आज कुआँ ख़ुद प्यासे के पास भी आने लगा है। हर साल देश में ऐसे बड़े शहरों की सूची बढ़ती जा रही है जो अपने से बहुत दूर बह रही नदी का पानी भी खींच कर लाने लगे हैं। इन्दौर में कोसों दूर से नर्मदा का, दिल्ली में यमुना के रहते हुए गंगा का पानी इसी तरह लाया गया है। भोपाल ने पहले समुद्र जैसे माने गये तालाब को अपने गटरों से गन्दा कर दिया और अब ७० किलोमीटर दूर से नर्मदा का पानी लाने का नारा दिया है। पहाड़ी गाँवों में पीने के पानी की हालत और भी विचित्र ढंग से ख़राब हो चली है। पहले घने जंगलों से घिरे इन गाँवों के आसपास सदाबहार बारहमासी झरने हुआ करते थे। धीरे-धीरे कुछ गाँवों में नल से पानी देने की योजनायें बनीं। फिर जंगल भी कटने लगे, जिसका असर झरनों पर पड़ा। ज़्यादातर गाँवों में नल के पाइप इन्हीं झरनों से जोड़े गये थे। आज ऐसे कई पहाड़ी गाँवों में सूखे नल और उसके टूटे पाइपों पर बच्चे झूलते नज़र आते हैं और अब इन गाँवों की औरतों को पहले से भी ज़्यादा दूर से पानी ढो कर लाना पड़ता है। देहरादून घाटी में चूने के पहाड़ों के बीच बसे गाँवों के परम्परागत जल स्रोत चूना खदानों ने तहस-नहस कर दिये हैं और अब वहाँ विश्व बैंक से उधार लिए गये रुपये दूर नीचे बह रही नदी से पानी ऊपर उठा कर लाने में ख़र्च किये जा रहे हैं।

गाँव हो या शहर—पीने के पानी को जुटाने के लिए आसपास उपलब्ध परम्परागत स्रोतों को बचाने, उन्हें बर्बाद न होने की नीति बनानी पड़ेगी। यह लोगों का मामला है इसलिए इसे हमेशा के लिए सरकारों पर नहीं छोड़ा जा सकेगा। कुछ हिस्सों में ऐसा हुआ भी है। पानी को प्रदूषण से बचाने वाले क़ानूनों के रहते हुए भी वह बचता हुआ नहीं दिख रहा है जहाँ लोगों ने इस बारे में आवाज़ उठायी है। सोन, ताप्ती, नर्मदा, गंगा, चैलियाद जैसी बड़ी नदियों के छोटे-छोटे हिस्सों में और शिवनाथ, पार्वती जैसी

छोटी नदियों के किनारों पर भी आन्दोलन चले हैं। पर अभी इनमें से ज़्यादातर जगहों में लोगों का ध्यान उद्योगों से निकलने वाली गन्दगी की तरफ़ गया है। शहरों की गटरों की तरफ़ नहीं। कम से कम जल प्रदूषण के मामले में तटस्थ रहने से काम नहीं चलेगा, यहाँ तो पानी में उतरना ही होगा।

जनसत्ता, २६ जनवरी, १९८५

मौसम के न्यौते हुए रोग

दवा बनाने वाली कम्पनियों, चिकित्सक, पढ़ाने वाले कॉलेज, वहाँ से पढ़कर निकले डाक्टर और उनको खपाने वाले अस्पतालों के बीच घिरा बीमार यह समझ ही नहीं पाता कि चिकित्सा का पूरा ढाँचा आधुनिक टीम-टाम की ओझागिरी है। हर तरह और तरफ़ से अधिक से अधिक मुनाफ़ा कमाने वाला यह ढाँचा देश में आमतौर पर फैलने वाले रोगों और उनके मौसम के प्रति अन्धा हो तो अचरज ही क्या।

लोगों के स्वास्थ्य के बारे में चिन्ता करने वाले कुछ विशेषज्ञों ने पिछले दौर में बीमारियों के मौसम पर काफ़ी काम किया है। अप्रैल के इन हफ़्तों में खेतों से गेहूँ काट कर खलियानों में आ जाता है। गाँव के खेतिहर भूमिहीनों के पास कुछ समय तक के खाने का जुगाड़ ज़रूर हो जाता है, लेकिन पिछला क़र्ज़, शादी-ब्याह उसकी पोटली ख़ाली करवा लेते हैं। खेतों में काम शुरू होने में अभी कुछ दिन बाक़ी होते हैं, लू चलने लगती है, पानी के इने-गिने स्रोत सूखने लगते हैं, रोग फैलाने वाले मच्छर, मक्खियों जैसे कीड़ों की पहली लहर इसी दौर में उठती है। गर्मी बहुत तेज़ हो गयी तो मच्छर वग़ैरह एक-दो दिन के लिए ग़ायब ज़रूर हो जाते हैं, लेकिन उन्हें फिर वापस आते देर नहीं लगती।

मौसम के मामले में इलाक़ा यदि सचमुच सौभाग्यशाली है तो लू-लपट के बाद बरसात का मौसम आ टपकता है। इसकी जगह यदि अकाल ने ले ली तो छोटी-मोटी बीमारियों की क्या कहें, जीवन-मरण का सवाल सिर पर मँडराने लगता है। लेकिन यदि ठीक पानी गिर गया तो भी बीमारी का मौसम ख़त्म नहीं होता। इंग्लैण्ड के 'इंस्टीट्यूट ऑफ़ डेवलपमेंट स्टडीज'

के रॉबर्ट चैंबर्स ने तीसरी दुनिया के बहुत-से देशों में ज़्यादातर बीमारियों का सम्बन्ध इस मौसम से जोड़ा है। एक तरह से देखा जाये तो यह गर्मी के मौसम से भी ज़्यादा गड़बड़ करता है।

पहला झला आया नहीं कि खेती-बाड़ी का काम शुरू हो जाता है। किसान और खेतिहर मज़दूर जुताई-बुवाई में लगते हैं। मेहनत बढ़ जाती है, लेकिन मेहनती खुराक का प्रबन्ध अभी नहीं हो पाता। सब जगह पेशगी मज़दूरी नहीं मिल पाती। जहाँ पेशगी अनाज मिलता है वहाँ बँधुआ प्रथा उसके साथ नत्थी रहती है। औरतें भी खेतों में आ जाती हैं और दूध पीते बच्चों की साज-सँभाल कम हो जाती है। जगह-जगह कीचड़ और पानी ठहरने के कारण मलेरिया, डेंगू पहले से ज़्यादा फैलने लगते हैं। रॉबर्ट चैंबर्स का कहना है कि गाँव की ग़रीबी की बात करते समय ज़्यादातर लोग इस बात को नहीं समझ पाते कि ये ग़रीब सबसे ज़्यादा ग़रीब कब होते हैं। मौसमी बीमारियाँ इन्हें एक विचित्र दुश्चक्र में पटक देती हैं। इस दौर में बीमार पड़ने वाला कमाई के मौसम में बेरोज़गार रहता है। जब तक वह ठीक होगा तब तक खेत का काम ख़त्म भी हो सकता है। अगली फसल तक जीवित रहने का रास्ता अकसर गाँव के महाजन की गली से होकर गुज़रता है। इस दौर में हुई छोटी-सी बीमारी ग़रीब को और ज़्यादा ग़रीब और कभी-कभी हमेशा के लिए भयानक ग़रीब बनाकर छोड़ती है।

लेकिन बीमारियों के इन्हीं महीनों में स्वास्थ्य सेवायें सबसे ज़्यादा कमज़ोर हो जाती हैं। गाँव और प्राथमिक स्वास्थ्य केन्द्र के बीच की दूरी कीचड़, बाढ़, टूटी पुलिया आदि के कारण और भी बढ़ जाती है। यों भी स्वास्थ्य केन्द्रों में नाममात्र की दवायें, सुविधायें रहती हैं, लेकिन इस मौसम में ज़िला मुख्यालय से सम्पर्क टूटने के कारण जो थोड़ी-बहुत दवायें मिल सकती हैं वे भी नहीं होतीं। डॉ. चैंबर्स का कहना है कि कोई भूला-भटका डाक्टर गाँव में पहुँच भी जाये तो उसे खेतों में काम करते हुए स्वस्थ लोग दिखते हैं। खटिया पर पड़े बीमार उसके सामने नहीं आते।

कुल मिलाकर, हमारी स्वास्थ्य सेवा आबादी के एक छोटे-से हिस्से से आगे नहीं जा पायी है तो उधर अनछुई आबादी के बड़े हिस्से में रोगों का दायरा भी बढ़ता जा रहा है। पुराने रोगों से निपटने का इन्तज़ाम कोसों दूर है और इधर बिल्कुल नये-नये तरह के रोग और फैलने लगते हैं।

भारतीय चिकित्सा अनुसन्धान परिषद् के महानिदेशक डॉ. रामलिंगा स्वामी

ने इस परिस्थिति का वर्णन करते हुए कहा है कि हम दोहरे बोझ को ढोने के लिए अभिशप्त होते जा रहे हैं। पिछड़ेपन से आगे बढ़ने की कोशिशों में चल रही और बनायी जा रही विकास योजनायें नये-नये रोगों को जन्म दे रही हैं। जिन हज़ारों गाँवों में पीने के पानी का कोई साफ़-सुथरा इन्तज़ाम नहीं था वे नास के कीड़े जैसे रोगों की चपेट में थे ही अब तेजी से फैल रहे औद्योगिक जल प्रदूषण के कारण साफ़-सुथरे पानी के स्रोत वाले गाँव भी किसी न किसी बीमारी की चपेट में आ रहे हैं।

नयी दिल्ली के 'सेंटर फॉर साइंस एण्ड एनवायर्नमेंट' के निदेशक अनिल अग्रवाल की राय में बस एक चेचक को छोड़ बाक़ी सभी बड़ी बीमारियाँ जैसे मलेरिया, तपेदिक, अतिसार, फाइलेरिया, दिमाग़ी बुखार अपना हमला और तेज़ करती जा रही हैं। सिंचाई के नक़्शे में जोते जा रहे नये इलाक़ों में पानी के जमाव और ठीक निकास के अभाव में फैल रहा मलेरिया अब हठी मलेरिया में बदल चुका है। सबसे पहले सन् १९७३ में इसने उत्तर-पूर्वी हिस्सों में धीरे से क़दम रखा था, लेकिन आज यह नगालैण्ड, असम, मेघालय, अरुणाचल और मिज़ोरम में पैर जमाने के बाद बंगाल, बिहार, उत्तर प्रदेश, महाराष्ट्र, आन्ध्र तक अपने पैर जमा चुका है। इसी बड़े बाँधों के इलाक़ों में तेजी से हुए पर्यावरण परिवर्तन के कारण मिट्टी में खारापन, फ्लोराइड, चूना, जस्ता और मैगनीज जैसी धातुओं के तत्त्व भी बढ़े हैं। ये तत्त्व फसल चक्र के ज़रिये शरीर में पहुँचते हैं और फिर इनका किसी न किसी ढंग से बुरा असर पड़ता है। कर्नाटक और तमिलनाडु के उन इलाक़ों में जहाँ नयी सिंचाई योजनायें बनी हैं वहाँ फैलने वाले अपेक्षाकृत नये रोगों में जेनु वल्गम रोग है। यह घुटनों के टेढ़ेपन का रोग है। इसके पचहत्तर प्रतिशत रोगी दस से बीस साल की उम्र के खेतिहर हैं।

सिंचाई योजनाओं के साथ आयी कीटनाशक दवाओं ने रोगों के लिए एक नया दरवाज़ा खोला है। सन् '६५ के एक सर्वे के अनुसार हर भारतीय की रगों में डी.डी.टी. की मात्रा सबसे ज़्यादा है। सन् '७५ में कर्नाटक के मलनाड इलाक़े में फैली एक नयी बीमारी का क़िस्सा बड़ा विचित्र है। इस रोग के सभी शिकार हरिजन थे। '७० से '७७ के बीच यह कोई ४० गाँवों में फैला था। साल के कुछ ख़ास दिनों में जब घरों में अनाज नहीं होता तो ये लोग धान के खेतों से केंकड़े पकड़कर खाते थे। फिर इस इलाक़े में ज़्यादा उपज देने वाली धान की क़िस्में आयीं और उसके साथ कीटनाशक

भी। ये केंकड़े कीटनाशकों के कारण ज़हरीले हो गये थे। और उन्हीं को खाकर इन हरिजनों के पैर ख़राब हुए। फ़िलहाल यह रोग 'एंडेमिक एमिलियल ऑथराइटिस ऑफ़ मलनाड' कहला रहा है।

सीमेंट, चूना भट्ठियों, एस्बेस्टस के कारख़ानों, सूती कपड़ा और बनावटी कपड़ा बनाने वाली कम्पनियों के भीतर काम करने वाले और आसपास रहने वाले बाहरी लोगों पर भी इन सबसे निकलने वाली धूल, धुएँ और गैसों से तपेदिक, अस्थमा और कैंसर जैसे रोग बढ़ रहे हैं।

प्रगति के इन रोगों के अलावा कुछ ऐसे भी नये रोग सामने आ रहे हैं जिन्हें व्यापारिक रोग कहा जा सकता है। इनमें तम्बाकू उद्योग के दबाव, विज्ञापनों के साथ फैल रहा कैंसर, विज्ञापनों के डण्डे के बल पर पाउडर का दूध बेचने के कारण अबोध बच्चों में फैल रहा जानलेवा अतिसार, दवा के उद्योगों और डाक्टरों की मिलीभगत से ज़्यादा से ज़्यादा मात्रा में तेज़ से तेज़ दवायें खाने के कारण हठी बनते जा रहे नये रोग शामिल हैं।

एक तरफ़ देश के बिगड़ते स्वास्थ्य की यह तस्वीर है। और दूसरी तरफ़ सन् २००० ईसवी तक सभी देशवासियों को उत्तम स्वास्थ्य प्रदान करने का लक्ष्य। ग़ज़ब का आत्मविश्वास है स्वास्थ्य की ऐसी योजनाओं को बनाने वालों में। क्या इसका कारण यह तो नहीं कि सन् २००० में वे जवाब देने के लिए उपलब्ध नहीं रहेंगे।

जनसत्ता, २० अप्रैल, १९८४

दिल्ली ने लील लिया है यम की बहन को

यम की बहन यमुना दिल्ली में लगभग मार डाली गयी है। केन्द्र शासित दिल्ली में उत्तर-पूर्व में प्रवेश करते ही वजीराबाद पर इसका प्रवाह रोक लिया जाता है। बरसात के तीन महीनों की बात छोड़ दें तो बचे नौ महीनों में वजीराबाद पर यमुना की एक-एक बूँद छेंक ली जाती है, यहाँ की रोज़-रोज़ बढ़ती जा रही आबादी के लिए। फिर भी दिल्ली की ४८ किलोमीटर की सीमा में यमुना बहती हुई दिखती है तो यह यमनोत्री से निकली वह धारा नहीं है, जिसमें हिमालय की अनेक छोटी-बड़ी सहायक नदियाँ, अपना पानी मिलाती हैं। यह पानी उन गन्दे नालों का है, जो दिल्ली की ७० लाख आबादी की टट्टी-पेशाब और कोई ४००० छोटे-बड़े उद्योगों का ज़हरीला पानी वग़ैरह बहाकर इसमें गिराते हैं।

वजीराबाद से सचमुच दस क़दम आगे यमुना में दिल्ली का सबसे बड़ा गन्दा नाला मिलता है। यह नज़फ़गढ़ नाला दूर से और बिलकुल पास से भी नदी जितना ही बड़ा दिखता है, और ठीक किसी नदी जितना ही पानी लेकर आता है। इसलिए वजीराबाद के पुल के एक तरफ़ फैली यमुना और दूसरी तरफ़ फैले नज़फ़गढ़ नाले का गन्दा पानी पुल से गुज़र रहे लोगों को इस बात का ज़रा भी शक नहीं होने देते कि ठीक उनके पैर के नीचे से यमुना 'खिसक' चुकी है। नज़फ़गढ़ नाले का बहाव इतना तेज़ है कि यमुना में मिलते ही उसका एक भाग यमुना के बचे-खुचे पानी को लेकर उलटी तरफ़ बहने लगता है और फिर नदी के पाट की चौड़ाई पार कर बायें किनारे को छूकर एक नयी धारा बना लेता है। यह धारा थोड़ी आगे आकर नाले की पहली सीधी धारा में मिलती है और कुछ सुस्त पड़े उससे पहले ही उसमें दिल्ली की उत्तरी-पश्चिमी आबादी की गन्दगी ढो

रहे दूसरे नाले मिलने लगते हैं।

दिल्ली के किनारे जिस हिस्से में यमुना का पानी सबसे ज़्यादा गन्दा है, उसी हिस्से में नदी के बायें तट पर पुरानी आबादी भी बसी है। यहीं हैं मन्दिर, मठ, गुरुद्वारे। मजनूँ के टीले से शुरू हुई आबादी की यह पट्टी यमुना बाज़ार तक चलती है और फिर शाहदरा के पुल पर टूटती है। इसी के बीच है सिविल लाइन्स मुहल्ला जो अभी कुछ ही बरस पहले तक दिल्ली की सारी चमक-धमक का केन्द्र था। यमुना से बिलकुल कटी नयी दिल्ली ने, उसकी नयी संस्कृति ने पुरानी आबादी की इस पूरी पट्टी को भदरंग किया और जिस यमुना पर यहाँ के लोगों को बड़ा गर्व था, उस यमुना को बिना किसी शर्म और झिझक के अपने नये शहर का कूड़ादान बना दिया।

शाहदरा पुल के बाद आईटीओ पुल तक और ऐसी कोई आबादी नहीं है जिसे यमुना से कोई लगाव हो—यहाँ मुहल्लों और नदी के बीच दूरी बढ़ती जाती है, नदी कटती जाती है। बायीं ओर भी ज़रा से हिस्से में गाँधी नगर, कृष्णा नगर, और गीता कालोनी का कुछ हिस्सा है पर एक तो वह भी नदी के बहुत पास नहीं है और फिर ये मुहल्ले ख़ुद ही दिल्ली से कटे हुए हैं। दाहिने किनारे पर राजघाट बिजलीघर यमुना में अपना गर्म पानी झोंकते-झोंकते ठण्डा पड़ गया। लेकिन अब उसी जगह एक नया बिजलीघर फिर सिर उठा रहा है। आईटीओ के पुल के एकदम बाद दायीं ओर इन्द्रप्रस्थ बिजलीघर है। जो बिजली बनाने के बहाने यमुना को चाहे जितना करेंट मार सकता है। यहाँ यमुना में इतना ज़्यादा गरम पानी छोड़ा जाता है कि आगे एक-डेढ़ किलोमीटर तक उसकी धारा कुनकुनी बनी रहती है।

इन्द्रप्रस्थ बिजलीघर दिल्ली की हवा की भी बारह बजाता है और यमुना को भी साँस नहीं लेने देता। इसकी तीन चिमनियाँ एशियाड से पहले तक हवा में राख मिलाती थीं। पास में ही बना यमुना वेलोड्रम खुला स्टेडियम है और ये चिमनियाँ साफ़ हवा के अन्तरराष्ट्रीय तराजू पर पिट जाने वाली थीं। इसलिए श्रीमती इन्दिरा गाँधी की निजी पहल पर इन चिमनियों में 'बिजली की छलनियाँ' लगायी गयीं। तब से ये छलनियाँ चिमनी की राख रोकती ज़रूर हैं पर हर रोज़ टनों के हिसाब से जमा होने वाली इस राख को क्या किया जाये? उसे थोड़े आगे तक पानी के बड़े-बड़े पाइपों में बहाया जाता है और फिर रिंग रोड के पास नोएडा के पुल से पहले यमुना में चुपचाप घोल दिया जाता है।

गन्दी हो चुकी यमुना इस ज़हरीली राख के भार से कुछ और बोझिल बन जाती है तथा सरक कर बायीं ओर हो लेती है। और तब फिर से उसे 'तारने' आता है बारहपुला नाला। कालिंदी यमुना का ही एक और नाम है। इसी नाम से एक बड़ा और सम्पन्न मुहल्ला यहाँ बसा है पर तब तक कालिंदी नदी दिल्ली से बस किसी तरह पीछा छुड़ाते हुए अपने दायें तट को छोड़ पूरी तरह बायीं ओर हो जाती है। आगे उसके किनारे दिल्ली देहात का कुछ भाग आता है और फिर ओखला। ओखला कभी दिल्ली का 'जलकल केन्द्र' भी रहा है। दक्षिण दिल्ली की आबादी के लिए वजीराबाद से पानी लाना ख़र्चीला काम था, इसलिए यहाँ से भी पीने का कुछ पानी रोक कर बाँटा जाता था। नयी दिल्ली के प्रारम्भिक कुछ वर्षों में यह 'जलकल' ठीक-ठाक चलता रहा। पर फिर जैसे-जैसे इसके पीछे के नालों में बहने वाले गन्दे पानी की मात्रा और कुल गन्दगी की तादाद बढ़ती गयी, यहाँ से पानी साफ़ करना कठिन और महँगा होने लगा। लोगों को इसकी शुद्धता का भी भरोसा नहीं रहा। पर सरकारी प्रचार तन्त्र इस भरोसे को जमाता भी रहा। सन् '६० और '७० के बीच इस जलकल से जुड़े मुहल्लों में पीलिया आदि रोग इस बुरी तरह से फैले कि सरकार ने इसको बन्द ही-सा कर दिया।

१७ गन्दे नालों के बहाव से अपवित्र कर दी गयी यमुना ओखला में एक बार फिर पूरी तरह से रोक ली जाती है। यहाँ से आगरा नहर निकलती है, उत्तर प्रदेश में कुछ भाग में सिंचाई के लिए इस नहर से बची यमुना पर जलकुम्भी का राज छा जाता है और मूल धारा सूख जाती है।

यहीं जलकुम्भी के विशाल जंगल में दिल्ली की सीमा भी छिप जाती है। आगे वृन्दावन और मथुरा में कौन-सी यमुना बहती है, यह रहस्य ही है। यम की बहन यमुना दिल्ली में वजीराबाद पर प्रवेश करते ही दम तोड़ने लगती है और ४८ किलोमीटर तक छटपटाने के बाद सचमुच विलीन हो जाती है। यमुना को किसने मारा है, यह बताना ज़रूरी नहीं। यमुना को मारने वाली संस्थाओं ने ही समय-समय पर अपना पाप छिपाने के लिए यमुना को 'प्रदूषण-मुक्त' करने की योजनायें भी बनायी हैं। वे कितनी सफल हुईं इसे जानने के लिए दिल्ली के ४८ किलामीटर लम्बे किनारे पर कहीं भी यमुना का पानी एक चुल्लू में लेकर देखा जा सकता है।

जनसत्ता

राहत नहीं रोकथाम

कलकत्ता, हावड़ा, चौबीस परगना और उसके आसपास के हिस्से बाढ़ के आतंक में डूब गये हैं। ५ और ६ जून को हुई मूसलाधार बरसात ने कोई २६ लोगों की जानें ली हैं और शहरी, ग्रामीण, औद्योगिक इलाक़ों के लगभग डेढ़ लाख लोगों को घेर लिया है। हर साल की तरह यह संकट की शुरुआत भर है। मानसून के बादलों की झोली ख़ाली होने तक देश के विभिन्न भागों में बाढ़ का प्रकोप फैलता रहेगा।

देश के बाढ़-पीड़ित इलाक़ों में हर साल पानी गिरता है। नदियाँ उफनाती हैं। ऐसा नहीं है कि बरसात की मात्रा बढ़ रही हो, पर हर साल उसकी मार बढ़ती जाती है और उससे सम्भावित होने वाले लोगों का संकट भी। लेकिन इस सबके कारण होने वाली मौतों और बर्बादी के बाद भी इनकी रोकथाम या इनकी मार को कम करने की तरफ़ बहुत कम ध्यान दिया गया है। ऐसे ज़्यादातर मौक़ों पर ध्यान रखा जाता है तो केवल राहत जुटाने और बाँटने पर। देशी-विदेशी सरकारी-ग़ैर-सरकारी संगठन कुछ ज़रूरी और कुछ ग़ैर-ज़रूरी राहत बाँटकर अपने हाथ झाड़ कर अलग हो जाते हैं। कोई नहीं सोचता कि कभी बाढ़, कभी अकाल, कभी तूफ़ान क्यों आते हैं और क्यों पिछले कुछ समय से उनकी मार बढ़ती जा रही है। इन्हें 'प्राकृतिक विपदायें' कहकर राज और समाज मुक्त हो जाता है।

लेकिन लगता है कि इन 'प्राकृतिक विपदाओं' के बारे में राज की न सही, कुछ लोगों की राय तेज़ी से बदल चली है। रेड क्रास आन्दोलन की एक अन्तरराष्ट्रीय रिपोर्ट इस १३ जून को स्टॉकहोम में जारी की जाने वाली है।

'इलाज से बेहतर है रोकथाम' नामक यह रिपोर्ट पहली बार बड़े पैमाने पर प्राकृतिक विपदाओं के मानवीय कारणों को उजागर करती है। रिपोर्ट का कहना है कि छठे दशक के मुक़ाबले सातवें दशक में ऐसी विपदाओं में छह गुना अधिक लोग मारे गये। रिपोर्ट का कहना है कि प्रकृति में कोई ख़ास बदलाव आये बिना भी प्राकृतिक विपदाओं की संख्या में भारी वृद्धि हुई है। अकाल, भूकम्प और समुद्री तूफ़ानों के मुक़ाबले बाढ़ की घटनायें सबसे ज़्यादा घटी हैं। दो वर्ष की मेहनत के बाद तैयार की गयी इस रिपोर्ट में रेडक्रास ने पाया है कि इन घटनाओं को अब 'प्राकृतिक' कहते हुए हमें शर्म आनी चाहिये। ये दरअसल राज और समाज द्वारा फैलायी जाती हैं। रिपोर्ट ने इन घटनाओं के मूल में ग़रीबी, ग़ैर-बराबरी तथा बिगड़ता पर्यावरण पाया है। ग़रीब आबादी हमेशा ऐसे इलाक़ों की तरफ़ ठेल दी जाती है, जहाँ बाढ़ की मार ज़्यादा होती है। समाज का जो सम्पन्न हिस्सा इन्हें ऐसे सम्भावित ख़तरों के इलाक़ों की तरफ़ ठेलता है, वही इन इलाक़ों के लिए प्राकृतिक विपदाओं के ख़तरे भी पैदा करता है। और फिर यही हिस्सा राहत की टोकरी लेकर आता है। रिपोर्ट के अनुसार कुल मिलाकर ऐसी ज़्यादातर घटनायें ग़रीब देशों के ग़रीब लोगों पर कहर ढाती हैं।

कलकत्ता और पश्चिम बंगाल के अन्य इलाक़ों में आयी ताज़ा बाढ़ भी यही बताती है। कलकत्ता में खिदिरपुर और वाटगंज इलाक़ों में दो दिन की तेज़ बरसात ने लगभग एक लाख लोगों को घेर लिया है। खिदिरपुर और वाटगंज महानगर के निचले इलाक़े हैं। सभी शहरों की तरह यहाँ भी ऊँची ज़मीन के दाम ऊँचे और नीची ज़मीन के दाम नीचे हैं।

शहर के ऊँचे हिस्सों में बसी आबादी के गटर निचले इलाक़ों की तरफ़ ही खुलते हैं। पर ये गटर कचरे से पट चले हैं। अब इनमें पूरा पानी बहाने की क्षमता भी नहीं है। आसपास बनी सड़कों और फैलती रेल लाइनों के जाल ने भी ऐसे निचले इलाक़ों को पानी की जेल में बन्द करने का काम किया है। सड़कें और रेलें पानी में डूबें नहीं, इसलिए इन्हें मिट्टी डालकर ऊँचाई से निकाला जाता है और ऐसी स्थिति में निचले इलाक़ों में अटके बरसात के पानी को और आगे बहने का रास्ता भी नहीं रह जाता।

ऑक्सफेम नामक एक ग़ैर-सरकारी संगठन ने पश्चिम बंगाल की ऐसी घटनाओं पर तैयार अपनी एक रिपोर्ट में कहा है कि अब इस हिस्से को

वार्षिक बाढ़ से बचाना एक कठिन काम है। यहाँ की नदियों के जलागम क्षेत्रों में हुए जंगलों के भारी कटान, उसके कारण नदियों में भर चली गाद, खेती और उससे भी ज़्यादा शहरीकरण के बढ़ते अव्यवस्थित क़दमों ने इस इलाक़े को लगता है बाढ़ के हाथ सौंप दिया है।

जनसत्ता

सात बाँधों का पाश

कर्नाटक की जनता सरकार ने विरोधी इंका और सहयोगी भाजपा वग़ैरह के कुछ बल खोलते हुए पिछले पखवाड़े अपनी पहली वर्षगाँठ तो मना ली। पर अभी भी वह उत्तर कन्नड़ ज़िले के किसानों में उलझी हुई है। इनमें से कुछ समस्यायें पिछली सरकार से विरासत में मिली हैं, जैसे उत्तर-कन्नड़ ज़िले में बन रही और बनने जा रही कुछ पनबिजली और सिंचाई योजनायें। नव विपक्ष के नाते जनता पार्टी और ख़ुद रामकृष्ण हेगड़े ने इन मामलों में किसानों का साथ दिया था। और बताया जाता है कि जनता पार्टी इन्हीं सीढ़ियों से सत्ता तक चढ़ी थी।

पिछले सितम्बर में ख़ुद जनता शासन के दौर में जंगलों के अनाप-शनाप कटान के कारण उभरा अप्पिको यानी चिपको आन्दोलन दूसरी बड़ी समस्या है। दोनों समस्यायें उत्तर-कन्नड़ ज़िले में धान, केले, सुपारी, इलायची और काली मिर्च की खेती करने वाले किसानों की हैं। इन्हें ठीक से समझकर निपटाने के बदले ताज़ी जनता सरकार ने वैसे ही तरीक़े अपनाये हैं जैसे दिल्ली सरकारें अपनाती रही हैं।

प्राकृतिक साधनों में धनी यह इलाक़ा पिछले दो सौ सालों से राजनैतिक और प्रशासनिक सनक भुगतता रहा है। सन् १७९९ में हैदरअली और मराठाओं के बीच युद्ध के बाद यह मद्रास प्रॉविंस में शामिल कर लिया गया था। लेकिन १८६१ में इसे बम्बई बन्दरगाह के विकास के लिए बम्बई प्रॉविंस में खींच लिया गया, ताकि यहाँ के घने जंगलों का, जहाज़ वग़ैरह बनाने के काम में दोहन हो सके। पहले तो लूट मद्रास जाती थी, वह फिर बम्बई जाने लगी। पर लाभ इस इलाक़े में कभी वापस नहीं

आया। आज़ादी के कुछ पहले तक इस भाग की ख्याति इसकी सम्पन्नता के कारण नहीं थी। भयानक मलेरिया के नाम पर उसे जानबूझकर कुख्यात बनाये रखा गया। १९५६ में राज्यों के पुनर्गठन के मौक़े पर यह भाग बम्बई से निकाल कर मैसूर या आज के कर्नाटक में शामिल कर लिया गया। लेकिन उत्तर-कन्नड़ ज़िले का दोहन बन्द नहीं हुआ है।

अब नये दूधिये हैं कर्नाटक के उद्योग। सीधे वनों के कच्चे माल पर टिके उद्योग तो हैं ही, बाक़ी उद्योगों की नज़र भी उत्तर-कन्नड़ ज़िले में छिपी पनबिजली पर है। इसलिए कर्नाटक की नयी प्रस्तावित १२ पनबिजली योजनाओं में से ७ इसी इलाक़े में बनने जा रही हैं। ज़िले की ऊँची-नीची पहाड़ियों से बहने वाली काली, बेड़ती, अघनाशिनी और शरावती नदियों को अलग-अलग चरणों में बाँध कर कोई २२०० मेगावाट बिजली पैदा की जाने वाली है। सब मिलकर कोई ३०० गाँव पूरी तरह डूबेंगे और कोई १५० बुरी तरह से बर्बाद होंगे। गाँव के साथ काली मिर्च, सुपारी, इलायची के उपजाऊ बग़ीचे जायेंगे और साथ ही सदाबहार जंगल भी।

ऐसी सभी योजनाओं में दाँव पर क्या-क्या लगा है—यह पता नहीं चल पाता। क्योंकि इस सबका व्यवस्थित ब्यौरा देने वाले विशेषज्ञ अकसर सरकारी योजनाओं में भरती रहते हैं। लेकिन सन् १९८१ में उत्तर-कन्नड़ के किसान संगठन 'टोटनगर को-ऑपरेटिव सोसायटी' ने देश भर के वैज्ञानिकों, सामाजिक कार्यकर्त्ताओं, सिंचाई, वन, बिजली विशेषज्ञों को अपनी ओर से न्यौता दिया, इस इलाक़े को समझने और समझकर उसे उसी भाषा में औरों को समझाने के लिए, जिन्हें आँकड़ों के अलावा कोई और भाषा समझ में नहीं आती। उस दौर में इन किसानों ने देश के जाने माने कोई ७० विशेषज्ञों से सम्पर्क साधा और जनवरी १९८१ में इन सबको एक मंच पर ला खड़ा किया। समानान्तर आँकड़ों की बाढ़ ला दी इस कोशिश ने। बाँधों के लागत-लाभ अनुपात को चुनौती दी, सम्भावित रोज़गार के आँकड़ों को बाँधों से बढ़ने वाले बेरोज़गारी से तौला गया। बाँधों की आँकी गयी उम्र घट गयी। कुल मिलाकर इन किसानों ने मैसूर पाक कार्पोरेशन द्वारा देखे और दिखाये गये सपनों पर मिट्टी डाल दी। एक साल तक तो कुछ काम ही नहीं हो पाया।

फिर अँग्रेज़ सरकार ने एक समिति बनायी इन बाँधों पर जनमत एकत्र

करने के लिए। जनमत एक ही निकला मत बनाओ इन बाँधों को। विपरीत नतीजे से सरकार कैसे ख़ुश होती। माना गया कि देहाती किसानों की भी कोई राय ठीक हो सकती है ? मामला एक बार फिर आन्ध्र की एक वैज्ञानिक संस्था को सौंपा गया। उसकी राय भी प्रस्तावित योजना के ख़िलाफ़ गयी। बहरहाल, दोनों समितियों की रिपोर्ट आज तक उजागर नहीं की गयी। फिर आयी जनता सरकार। उम्मीद बनी कि यह उन योजनाओं को रद्द करेगी। पर एक साल बीता है और अभी तक सरकार की कोई पक्की नीति सामने नहीं आयी है। बल्कि इस बीच मुख्यमन्त्री ने कहीं कहा है कि इस बाँध योजना का विरोध तो उनकी निजी राय थी, सरकार की राय कुछ और भी हो सकती है।

यह सरकारी राय क्या बला है ? नेतृत्व की राय अगर सरकार की राय नहीं है तो इसका मतलब है कि अफ़सरों और इंजीनियरों की राय पर सरकारी राय बनती है। उत्तर-कन्नड़ ज़िले में बाँध के बाद पिछले दिनों उभरे वन आन्दोलन 'अप्पिको' के साथ भी कुछ ऐसा ही हुआ है। ग़लत जगह, ग़लत ढंग से काटे जा रहे पेड़ों का नौजवान किसानों ने सात मोर्चों पर विरोध किया, तो उससे निपटने का काम वन विभाग और पुलिस के हाथों आया, चुने हुए जन-प्रतिनिधियों के ज़िम्मे नहीं। राज्य के मुख्य वन संरक्षक महोदय ने आन्दोलनकारियों से बातचीत करने के बदले पत्रकार सम्मेलन बुलाकर अपना फ़ैसलानुमा एक बयान दे डाला कि उत्तर-कन्नड़ ज़िले में चिपको आन्दोलन की कोई ज़रूरत नहीं है। इसे इंका और भाजपा समर्थित आन्दोलन भी बताया गया। यह भी उड़ाया गया कि अगर इन गाँवों ने आन्दोलन बन्द नहीं किया तो उत्तर-कन्नड़ के शहरी इलाक़ों में जलाऊ लकड़ी का संकट छा जायेगा और तब शहरी लोग ख़ुद गाँवों के जंगलों पर हमला करने आ सकते हैं।

उत्तर-कन्नड़ ज़िले में आज से बीस साल पहले ८१ प्रतिशत ज़मीन पर जंगल थे आज यह घटकर केवल २६ प्रतिशत बचा है। पूरे राज्य की स्थिति भी कोई बेहतर नहीं है। कुल १९०.५ लाख हेक्टेयर वन भूमि है। पर उसमें से भी बस १३.५ लाख हेक्टेयर पर कहने लायक जंगल है। लगातार सिकुड़ते जा रहे जंगलों से वन विभाग भी कभी-कभी चिन्तित हो उठता है। सन् '८३ के अन्तिम दिनों में तैयार की गयी एक रिपोर्ट में वन विभाग ने बड़े ही दुख के साथ लिखा है कि कच्चे माल की उपलब्धता

जाँचे बिना प्लाईवुड के १६ नये कारख़ानों को राज्य में पैर जमाने और इससे पहले से ही चल रहे काग़ज़, रेयान और माचिस के कारख़ानों को और पैर फैलाने की इज़ाज़त दी गयी है। वन विभाग बड़ी मजबूरी दिखाते हुए कहता है कि अब इन सबका पेट भरना उसका नैतिक दायित्व है। आम लोगों के लिए जलाऊ लकड़ी, चारा, हरी खाद वग़ैरह जुटाने की ज़िम्मेदारी भी कोई चीज़ हुई भला?

लेकिन आज उत्तर कन्नड़ के किसान भी इस ज़िम्मेदारी को वन विभाग पर छोड़ने से डर रहे हैं क्योंकि उनके बग़ीचे (सुपारी, इलायची, काली मिर्च के खेत) बिना जंगल के टिक नहीं सकते। हर एक एकड़ बग़ीचे के पीछे ९ एकड़ जंगल की ज़रूरत पड़ती है। इन जंगलों से बग़ीचों को हरी खाद मिलती है और साल भर इन्हीं से बग़ीचों के लिए आवश्यक नमी बनी रहती है। ये जंगल 'बेट्टा' कहलाते हैं। दरअसल, बेट्टा जंगल भी उन्हें सन् १९३०-३४ में चले 'जंगल सत्याग्रह' के कारण मिले थे। उस समय अँग्रेज़ी राज ने यहाँ के जंगलों को बड़े पैमाने पर तहस-नहस करना शुरू किया था। आन्दोलन का दबाव पड़ा और राज को मजबूर होकर यहाँ के किसानों को कुछ सुविधायें देनी पड़ीं। यह समझौता 'केनरा प्रिविलेज' कहलाया। उनके तहत किसान को हर एकड़ बग़ीचे के पीछे नौ एकड़ जंगल सौंपा गया था। इस अधिकार या सुविधा के बदले किसान वन विभाग के प्रति कुछ कर्त्तव्य भी निभाता रहा है जैसे बेट्टा के साथ जुड़े सरकारी जंगल की रखवाली। उसे चोरी या आग वग़ैरह से बचाना। पर अब वन विभाग को यह सब पुसाता नहीं। वह मानता है कि किसानों का ज़ोर अधिकारों पर तो है पर वे अब अपने कर्त्तव्य भूल गये हैं। इसलिए उनसे ये अधिकार भी छीन लेने चाहिये। और बेट्टा हाथ से जाने का मतलब है बग़ीचों का उपजाऊपन चला जाना। सो यहाँ के किसान बेट्टा जंगल को अपनी छाती से लगा रहे हैं। सिर्फ़ बेट्टा ही नहीं विभाग के पड़ोसी जंगल को भी वे बर्बाद नहीं होने देना चाहते। इसलिए शुरू हुआ है 'अप्पिको' यानी पेड़ों को आलिंगन में लेकर उन्हें कटने से बचाना।

जिन सात बाँधों के ज़रिये 'बिजली-ज़िला' बनाने की कोशिश की जा रही है आज वह ज़िला बिना बिजली पैदा किये प्रशासन को, योजनाकारों को करंट मार रहा है। बन चुके बाँधों का विरोध देश में कई जगह हुआ है पर

बाँधों को बनने से पहले ही विरोध का ऐसा स्वर कहीं नहीं उठ पाया है। सरकार किसानों के इस विरोध को कितना बाँध पाती है, योजनाओं में लोगों की भागीदारी को कितना अपना पाती है—यह उसकी सामाजिक इंजीनियरी की क्षमता से तय होगा।

जनसत्ता

जहाँ विज्ञान पढ़ाना एक आन्दोलन है

केरल में जन-विज्ञान आन्दोलन चलाने वाली 'केरल शास्त्र साहित्य परिषद्' के लोग इस हफ़्ते दिल्ली में हैं। ये यहाँ केरल सप्ताह के उत्सव में भाग लेने आये हैं और साथ ही यह भी बताने कि केरल की संस्कृति में सिर्फ़ कथकली ही सब कुछ नहीं है।

भीड़भाड़ भरी सड़क के नुक्कड़ पर बने एक कामचलाऊ मंच के आसपास सैकड़ों लोग जमा हो जाते हैं और फिर शुरू हो जाते हैं, पाँच-पाँच, दस-दस मिनट के छोटे-छोटे नाटक। इनके विषय होते हैं स्वास्थ्य, शिक्षा, पर्यावरण, विकास वग़ैरह। बिना किसी तैयारी के खेले जाने वाले इन नाटकों के पीछे छिपा है बहुत लम्बी तैयारी से, मेहनत से पनपा, फैला एक जन-आन्दोलन। जिसका संचालन कर रही है केरल शास्त्र साहित्य परिषद्।

'रहस्यों के तिलिस्म तोड़ना ही सही विकास है' मानने वाली परिषद् विज्ञान का छोर पकड़ कर केरल में काफ़ी ऊपर से काफ़ी नीचे तक फैल गयी है। आज इस आन्दोलन के ४००० सक्रिय सदस्य हैं, २५० शाखायें हैं और गाँवों में परिषद् का कामकाज देखने-फैलाने वाले कोई ६०० ग्रामीण विज्ञान मंच हैं। सन् १९५७ में शुरू हुए इस जन-विज्ञान आन्दोलन ने ख़ुद अपने ही बनाये कुछ तिलिस्म भी तोड़े हैं। १९६७ तक यह केवल विज्ञान विषय पढ़ने-पढ़ाने वाले लोगों के बीच काम करता था। बाद में इसने सभी उत्सुक लोगों के लिए सदस्यता का दरवाज़ा खोला और विज्ञान को ज्ञान की एक बड़ी धारा में मिला दिया।

मार्क्सवाद से प्रभावित होते हुए भी परिषद् के काम का तरीक़ा काफ़ी विकेन्द्रित है। नीतियाँ सालाना आम सभा में तय होती हैं, रोज़मर्रा की बातें

और काम बुनियादी और ज़िला समितियाँ करती हैं। कुछ गिने-चुने कार्यकर्त्ता वेतन लेते हैं बाक़ी सारा काम स्वैच्छिक सहयोग पर होता है। परिषद् की आय का एक मात्र स्रोत उसके ढेर सारे प्रकाशनों की बिक्री है। परिषद् स्कूल-कॉलेज के छात्रों के लिए कई तरह की विज्ञान पत्रिकायें छापती है। प्राइमरी स्कूल के बच्चों के लिए सन् १९७० से लगातार छप रही पत्रिका 'यूरेका' की साठ हज़ार प्रतियाँ बिकती हैं। ज़्यादातर चीज़ें मलयालम में ही छपती हैं।

अक्तूबर के महीने में तो ऐसा लगता है कि परिषद् का हर सदस्य अपना घर-दफ़्तर छोड़ सड़क पर आ गया है। तब पूरे महीने भर 'शास्त्र कला यात्रा' निकलती हैं। राज्य के दो कोनों—त्रिवेन्द्रम और कण्णोन—से शुरू होने वाली ये यात्रायें कोई ३६० अलग-अलग जगहों पर लोगों के जीवन से जुड़े मामलों पर छोटे-छोटे नाटक दिखाते हुए, एक बड़ी बहस चलाते हुए राज्य के बीचोंबीच त्रिचूर में आ मिलती हैं। दवा बनाने वाली बहुराष्ट्रीय कम्पनियाँ हम लोगों की ज़िन्दगी पर, हमारे स्वास्थ्य, हमारी जेब पर किस किस तरह से हमला कर रही हैं—इसे बताता है 'युद्ध' नामक नाटक, सरकारी अस्पतालों की बदइन्तज़ामी को उजागर करता है 'नरक', 'तोता' आज की तोतारटन्त शिक्षा पद्धति पर है तो 'हाथी' सरकारी बसों के सफ़ेदपन को दिखाता है।

आज की हर चीज़ को अपनी चुस्त निगाह से देखने, तौलने और उसके विकल्प खोजने के कारण कई बार केरल 'शास्त्र साहित्य परिषद्' को लम्बी लड़ाइयों में भी उलझना पड़ा है। बिरलाओं की एक रेयन फ़ैक्टरी से बर्बाद हो रही चालियार नदी और उसके पानी पर टिके कई गाँवों को बचाने के लिए परिषद् ने महीनों काम किया। फ़ैक्टरी के सामने हज़ारों लोगों ने धरना दिया। आख़िरकार फ़ैक्टरी बन्द कर दी गयी, तब तक के लिए जब तक वह अपने ज़हरीले पानी को साफ़ करने का इन्तज़ाम न कर ले। इस मोर्चे पर आज भी लड़ाई जारी है।

राज्य सरकार की साइलेंट वैली पनबिजली योजना के ख़िलाफ़ पिछले वर्षों में छेड़े गये आन्दोलन से परिषद् का नाम केरल से बाहर भी काफ़ी जाना जाने लगा है। मार्क्सवाद से ही प्रेरित परिषद् का यह मोर्चा उस समय की मार्क्सवादी सरकार, मार्क्सवादी मज़दूर संगठनों के ख़िलाफ़ था। पर्यावरण की दलीलों पर पनबिजली परियोजना का विरोध करने के

कारण परिषद् को अपने ही मार्क्सवादी दोस्तों से ख़ूब खरी–खोटी सुनने को मिली। उसे राज्य को औद्योगिक रूप से पिछड़ा बनाये रखने की सी.आई.ए. साजिश में 'हिस्सेदार' तक बताया गया। लेकिन परिषद् आन्दोलन चलाती रही। पिछले महीने मेनन समिति की रिपोर्ट के आधार पर श्रीमती गाँधी ने इस पनबिजली योजना को हमेशा के लिए रद्द कर दिया है। परिषद् की जीत हुई है पर इस जीत ने उसके ऊपर नयी ज़िम्मेदारी डाल दी है। अब परिषद् के कार्यकर्त्ता मालाबार के इस पिछड़े इलाक़े में घूम–घूम कर लोगों को बताना चाहते हैं कि विकास का मतलब बस एक बाँध, एक सड़क, एक बिजलीघर भर नहीं होता। एक जंगल के बच जाने से भी विकास हो जायेगा, सो बात भी नहीं। सवाल है विकास के ऐसे तरीक़ों को खोजना जो आदमी के पेट और धरती की पीठ दोनों को ध्यान में रखें।

आज केरल शास्त्र साहित्य परिषद् की प्रसिद्धि ने केरल की सीमायें पार कर ली हैं। अब मध्य और उत्तर भारत के राज्यों में भी ऐसे किसी आन्दोलन को फैलाने की कोशिशें होने लगी हैं। लेकिन केरल में इस आन्दोलन की शानदार सफलता के पीछे केरल का भव्य इतिहास और एक अलग पहचान रखने वाले वर्तमान का भी हाथ है। पिछली सदी में केरल ने कई तरह के सामाजिक, राजनैतिक और धार्मिक आन्दोलनों की शृंखला देखी है। कुछ पुराने त्रावनकोर और कोचीन रियासतों में शेष भारत की तुलना में अँग्रेज़ी शासन के देरी से पड़े क़दम को भी वहाँ की जागरूकता और ख़ुशहाली से जोड़ते हैं। उदाहरण के लिए, स्वास्थ्य को ही लें। आज केरल देश का सबसे अमीर राज्य नहीं है पर लोगों के स्वास्थ्य के मामले में वह सबसे तंदरुस्त राज्य है। १९७८ में देश की मृत्यु दर हर हज़ार पर १४ थी, पिछड़े उत्तर प्रदेश में २०, पर केरल में केवल ७ थी। केरल का यह आँकड़ा अमीर दुनिया के औद्योगिक राष्ट्रों की बराबरी करता है। इसी तरह देश की बाल–मृत्यु दर के आँकड़ों में भी केरल बाक़ी सब राज्यों को हैरान कर रहा है—राष्ट्रीय औसत १२९ है लेकिन केरल में बस केवल ५६ ही है। ताज्जुब की बात है कि आर्थिक दृष्टि से प्रगतिशील पंजाब और हरियाणा भी लोगों के स्वास्थ्य के मामले में केरल से कोसों दूर हैं। शायद इसका कारण यह भी है कि केरल की आर्थिक समृद्धि का लाभ वहाँ की महिलाओं को भी मिला है, लेकिन पंजाब–हरियाणा में यह

लाभ परिवार के मुखिया पुरुषों की जेब में अटक कर रह गया है।

केरल में देश भर में सबसे अधिक साक्षरता है—७० प्रतिशत। इसमें महिलायें भी पीछे नहीं हैं। पढ़ने-लिखने की उनमें काफ़ी आदत है, इसलिए कई परिवार अपने छोटे बच्चों तक के लिए पढ़ने की अच्छी चीज़ें ख़रीदने में कन्नी नहीं काटते। भूमि-सुधारों के मामले में भी यहाँ बाक़ी राज्यों से काफ़ी बेहतर हालत रही है। ये सब कुछ मिले-जुले कारण हैं जिनसे केरल में ऐसा एक अनोखा आन्दोलन फैल सका है।

केरल शास्त्र साहित्य परिषद् अब अपने से मिलते-जुलते काम दूसरे राज्यों में फैलाना चाहती है। पिछले साल परिषद् ने पहली बार अपनी वार्षिक आमसभा में पहले देश भर में गाँव विकास, संघर्ष आदि कामों में लगे तरह-तरह के संगठनों को न्यौता दिया था। एक दूसरों के कामों को समझने का यह अच्छा मौक़ा बना। इसी बीच परिषद् ने कर्नाटक और महाराष्ट्र में कुछ स्थानीय संस्थाओं के साथ मिल कर काम शुरू किया है। परिषद् के कुछ सदस्य पिछले दिनों मध्य प्रदेश का दौरा भी कर आये हैं। इस कड़ी में यह दिल्ली यात्रा परिषद् के सचिव कृष्णकुमार के शब्दों में, 'यहाँ अपने नाटकों से लोगों का मनोरंजन करने नहीं, उनका दिमाग़ हिलाने के लिए आये हैं। यह बहुत ज़रूरी है, क्योंकि देश को हर तरफ़ से, हर तरह से ऊसर बनाने वाली योजनायें या विचार काफ़ी हद तक दिल्ली के दिमाग़ से ही उपजते हैं।'

जनसत्ता

आभार

संचयन के लिए सामग्री जुटाने में गाँधी शान्ति प्रतिष्ठान की सुमन भण्डारी, अमृता शर्मा; राष्ट्रीय गाँधी संग्रहालय से अजय और दीपाली; माधवराव सप्रे संग्रहालय से अमर श्री नायक और उनके साथी राजेश पटेल एवं एन.डी. शुक्ला और जवाहरलाल नेहरू संग्रहालय से अलका त्यागी से मदद मिली। इसके अलावा एप्लाईड एन्वायर्नमेंटल रिसर्च फ़ाउण्डेशन, पुणे से अर्चना गोडबोले, और एम.आई.टी. स्कूल ऑफ़ गवर्नमेंट, पुणे से चित्रसेन गायकवाड, ने पुरानी रिकार्डिंग भेजने में सहयोग दिया।

इन सबके सहयोग के लिए आभार।